SPÉCIALITÉ

Physique Chimie

Tle

Objectif BAC

Cédric DÉTRÉ
Certifié de Physique-Chimie

Rudy LATCHIMY
Certifié de Physique-Chimie

Étienne LOUGUES
Agrégé de Physique-Chimie

Ginaud NARALINGOM
Certifié de Physique-Chimie

Sébastien ZARDET
Certifié de Physique-Chimie

hachette
ÉDUCATION

MODE D'EMPLOI

Chacun des 16 chapitres de cet ouvrage comporte 5 grandes parties :

LE COURS

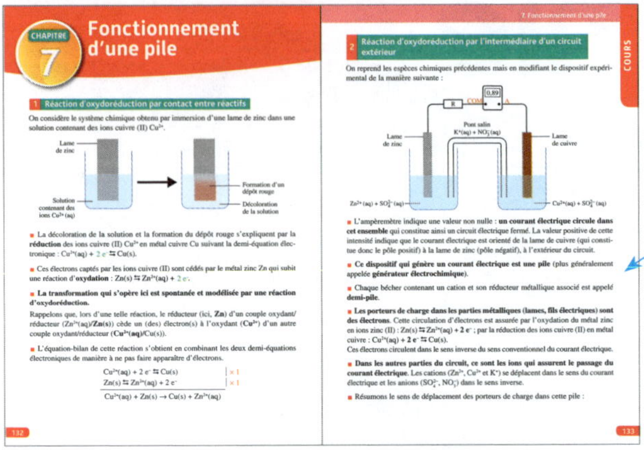

Un cours clair et structuré, avec tout ce qu'il faut savoir

COMMENT FAIRE

Intitulé de la méthode à acquérir

Énoncé de l'exercice illustrant la méthode

Corrigé détaillé et commenté

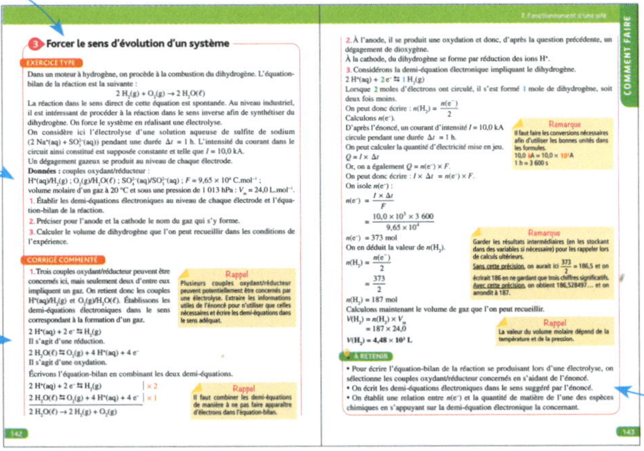

À retenir : le résumé de la méthode à mettre en œuvre pour résoudre l'exercice

Conception graphique
Couverture : Stéphanie Benoit
Intérieur : Manon Guérin

Composition, schémas et mise en pages : Grafatom

Édition : Emmanuel Meier, Morgane Boubault

Crédits photographiques :
© shutterstock : pp. 4 et 11, isak55 ; pp. 6 et 215, guteksk7 ; pp. 7 et 279, Capitano Productions Eye ; pp. 8 et 353, LittlePerfectStock ; p. 25, Ekaterina43 ; p.100, Nitr ; p. 148, Chesky ; p. 206, Bildagentur Zoonar Gmbh ; p. 232 haut, Transport Stockphoto ; p. 232 bas, taffpixture ; p. 312, Yellow Cat ; p. 316, Kit Leong ; p. 389, Pierre-Olivier ; p. 397, Aleksandr Beliakov ; p. 407, Kim Christensen ; p. 414, Remus Rigo.
© Photothèque Hachette : p. 387 ; p. 398 ; p. 408.

I.S.B.N. 978-2-01-726918-2

www.parascolaire.hachette-education.com

Achevé d'imprimer en juin 2024 en Slovaquie par Polygraf - Dépôt légal : Juillet 2024 - Édition 01

LES EXERCICES

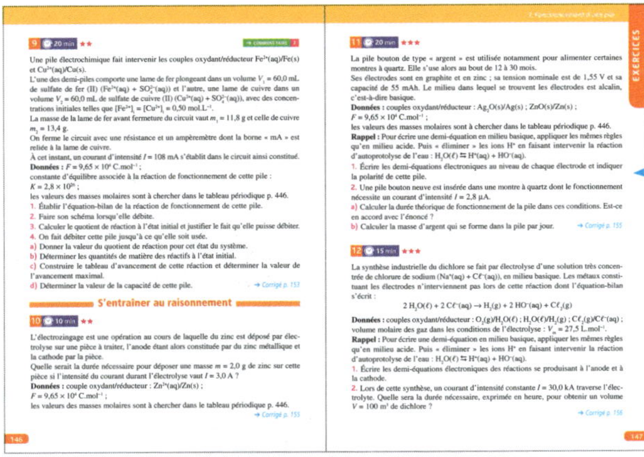

Des exercices progressifs et minutés pour bien s'entraîner

EXERCICE DE BAC

Ces exercices permettent de s'auto-évaluer et de s'entraîner pour l'épreuve du Bac

TOUS LES CORRIGÉS

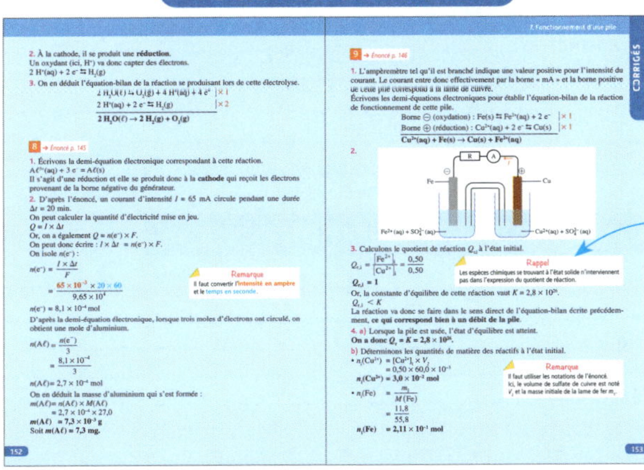

De nombreuses aides (rappels de cours, conseils, point maths…) complètent utilement les corrigés détaillés

SOMMAIRE

CONSTITUTION ET TRANSFORMATIONS DE LA MATIÈRE

1 LES TRANSFORMATIONS ACIDE-BASE

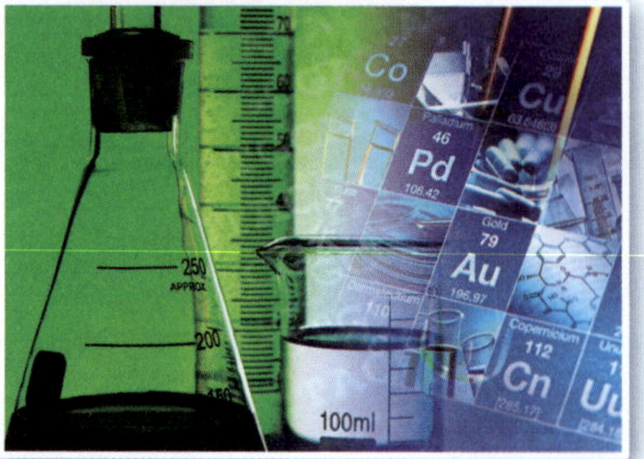

2 ANALYSER UN SYSTÈME PAR DES MÉTHODES PHYSIQUES

3 ANALYSER UN SYSTÈME PAR DES MÉTHODES CHIMIQUES

4 ÉVOLUTION TEMPORELLE D'UNE TRANSFORMATION CHIMIQUE

MOUVEMENT ET INTERACTIONS

10 MOUVEMENT D'UN SYSTÈME

11 RELIER LES ACTIONS APPLIQUÉES À UN SYSTÈME À SON MOUVEMENT

12 ÉCOULEMENT D'UN FLUIDE

L'ÉNERGIE : CONVERSIONS ET TRANSFERTS

Suite et fin du sommaire en page 8. ▶

ONDES ET SIGNAUX

16 LES PHÉNOMÈNES ONDULATOIRES

17 LUNETTE ASTRONOMIQUE

18 MODÈLE PARTICULAIRE DE LA LUMIÈRE

19 DYNAMIQUE D'UN SYSTÈME ÉLECTRIQUE

DÉFINITION DE L'ÉPREUVE

■ L'épreuve de spécialité de physique-chimie comporte deux parties : une **partie écrite** et une **partie pratique** (appelée *évaluation des compétences expérimentales,* ECE).

■ Les **thématiques** des sujets portent sur le **programme de Terminale** et les **notions, les contenus, les capacités et les compétences** sont ceux du **cycle terminal (Première et Terminale)**.

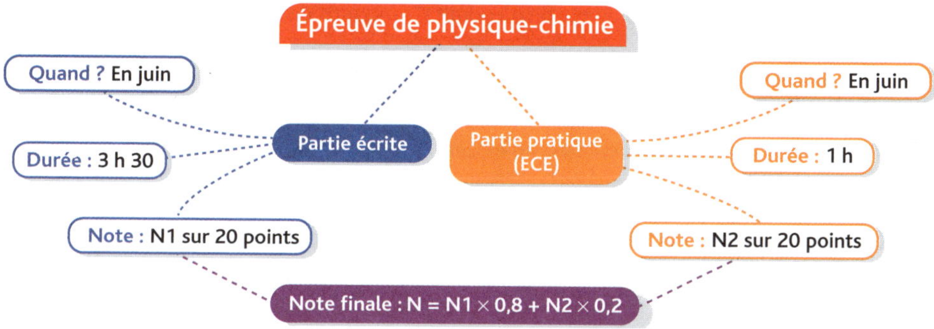

La note finale est comptabilisée avec un **coefficient 16** dans la **note totale du bac.**

1. La partie écrite

■ **Le sujet :**

– comporte **trois exercices indépendants** ;
– s'appuie de manière équilibrée sur les quatre thèmes du programme (*Constitution et transformations de la matière, Mouvement et interactions, L'énergie : conversions et transferts, Ondes et signaux*) ;
– accorde une **place significative à la modélisation et à la résolution de problèmes** ;
– peut inclure des questions relevant des capacités expérimentales ou numériques ;
– précise si l'usage de la calculatrice est autorisé.

2. La partie pratique

Elle vise à évaluer les compétences expérimentales. **Les capacités expérimentales mobilisées sont celles du cycle terminal.**

■ **Le sujet :**

– se présente sous la forme d'une problématique assortie de documents ;
– induit l'élaboration ou la mise en œuvre d'un ou plusieurs protocoles ;
– nécessite la réalisation d'une ou plusieurs expériences ;
– invite le candidat à communiquer ses résultats et à les valider.

■ **Comment se fait le choix du sujet ?**

– **Une banque nationale, accessible en ligne à tous, regroupe toutes les situations d'évaluation.**
– Chaque académie retient des situations d'évaluation dans cette banque.
– Chaque lycée choisit un certain nombre d'entre elles.
– **Le candidat tire au sort son sujet parmi un sous-ensemble d'au moins quatre de ces situations (50 % à dominante physique, 50 % à dominante chimie).**

CONSEILS GÉNÉRAUX

1. La partie écrite

■ Faire un **découpage du temps** : si le premier exercice est noté sur 5 points, par exemple, il faut y consacrer le quart de la durée de l'épreuve (environ 50 minutes donc). Tous les exercices seront ainsi traités et cela prévient l'impasse qui proviendrait d'un temps de composition mal géré.

■ **Lors de l'entame d'un exercice**, il est préférable de ne pas « foncer » vers les questions :
– faire une **première lecture rapide** de l'énoncé, afin de fixer des informations et d'appréhender le cadre de l'exercice : quelle(s) thématique(s) ? quelles notions ? quel(s) document(s) support(s) ?
– **refaire une lecture, attentive** cette fois, en faisant ressortir les mots-clés (soulignés, surlignés) pour affiner ce cadre ;
– s'aider d'un **support graphique** si besoin (schéma, carte mentale) ;
– **repérer les données nécessaires** (notamment les constantes).

■ **Pour les questions,** il est indispensable de **s'assurer de bien avoir compris la consigne avant d'y répondre** (procéder comme lors de l'entame d'un exercice si nécessaire).

■ **Ne pas aligner les formules et les calculs** : il s'agit d'une composition. Il faut donc aussi **rédiger**, avec concision et précision, afin de rendre le propos et le raisonnement explicites.

> **Rappel**
>
> **Lors de l'utilisation d'une formule :** écrire l'expression littérale, isoler la grandeur à calculer, faire l'application numérique (en veillant à utiliser les bonnes unités), écrire le résultat (symbole de la grandeur, valeur en respectant le nombre de chiffres significatifs, unité).

■ Très souvent, l'enchaînement dans un exercice est tel qu'une réponse sert de levier aux questions suivantes. En cas de blocage, se relire à rebours (revoir éventuellement les éléments mis en évidence dans l'énoncé) peut s'avérer utile.

■ Le sujet peut comporter des **problèmes à résoudre. Trouver la problématique si elle n'est pas indiquée et l'écrire sur la copie**. Préciser également les documents utilisés pour étayer le propos. La justesse du résultat est un critère de réussite, mais il y en a d'autres : le raisonnement, l'argumentation, la qualité rédactionnelle…

2. La partie pratique

■ L'autonomie, l'initiative et la démarche scientifique sont notamment évaluées.

■ **Il est donc primordial d'être actif et réflexif** lors des activités menées en classe. **Ne pas faire d'impasse** durant le cycle de formation, mais profiter de ce temps pour **remédier aux difficultés**. Cette discipline évidente est un gage de réussite.

CONSTITUTION ET TRANSFORMATIONS DE LA MATIÈRE

Le chimiste décrypte l'infiniment petit pour développer des procédés et des dispositifs qui permettent de répondre aux enjeux énergétiques.

Les transformations acide-base

CHAPITRE 1

La notion de pH a été introduite au collège, ainsi que celle d'acide et de base. Mais qu'est-ce qui différencie dans leur structure un acide et une base ?

1 Transfert d'ions H^+

A. Mise en évidence expérimentale

■ Mélangeons de l'acide éthanoïque CH_3COOH et de l'eau H_2O. L'analyse des espèces chimiques en solution montre que les produits de cette transformation sont les ions oxonium H_3O^+ et les ions éthanoate CH_3COO^-. L'équation associée à cette transformation est donc :

$$CH_3COOH(\ell) + H_2O(\ell) \rightarrow CH_3COO^-(aq) + H_3O^+$$

Ainsi, il semble que cette transformation se fait par un transfert d'ion hydrogène H^+ entre l'acide éthanoïque et l'eau : l'eau récupère cet ion cédé par l'acide éthanoïque.

■ L'atome d'hydrogène ${}^1_1H$ est constitué d'un proton et d'un électron, l'ion hydrogène H^+ est donc un proton.

B. Acide et base de Brønsted

■ Il existe différentes définitions pour un acide et une base. La plus fréquemment utilisée est celle développée par Joannes Brønsted (chimiste danois, 1879-1947) en 1923 :

– **Un acide est une entité (molécule ou ion) susceptible de libérer en solution un ou plusieurs protons (H^+). On l'écrit généralement AH.**

L'équation de libération d'un proton en solution s'écrit : $AH \rightarrow A^- + H^+$.

L'acide éthanoïque CH_3COOH est donc un acide, car $CH_3COOH \rightarrow CH_3COO^- + H^+$.

Exemples d'acides :

l'acide sulfurique H_2SO_4 : $H_2SO_4 \rightarrow HSO_4^- + H^+$;

l'eau H_2O : $H_2O \rightarrow HO^- + H^+$;

l'ion ammonium NH_4^+ : $NH_4^+ \rightarrow NH_3 + H^+$;

l'ion hydrogénocarbonate HCO_3^- : $HCO_3^- \rightarrow CO_3^{2-} + H^+$.

– **Une base est une entité (molécule ou ion) susceptible de capter en solution un ou plusieurs protons (H^+). On l'écrit généralement B.**

L'équation correspondant à la capture d'un proton en solution s'écrit :

$B + H^+ \rightarrow BH^+$.

L'eau H_2O est donc une base car $H_2O + H^+ \rightarrow H_3O^+$.

Exemples de bases :
L'ion hydroxyde HO^- : $HO^- + H^+ \rightarrow H_2O$;
l'ammoniac NH_3 : $NH_3 + H^+ \rightarrow NH_4^+$;
l'ion carbonate CO_3^{2-} : $CO_3^{2-} + H^+ \rightarrow HCO_3^-$.

C. Couples acide/base

■ Considérons l'acide AH. AH peut donc libérer en solution un proton H^+ : on a alors $AH \rightarrow A^- + H^+$. Par conséquent, l'espèce A^- est capable de capturer un proton H^+ selon $A^- + H^+ \rightarrow AH$. A^- est donc une base, c'est la **base conjuguée** de l'acide AH. On parle de **couple acido-basique** AH/A^-.

■ Considérons la base B. B peut donc capturer en solution un proton H^+ : on a alors $B + H^+ \rightarrow BH^+$. Par conséquent, l'espèce BH^+ est capable de libérer un proton H^+ selon $BH^+ \rightarrow B + H^+$. BH^+ est donc un acide, c'est l'**acide conjugué** de la base B. On parle de **couple acido-basique** BH^+/B.

■ Par conséquent, à chaque acide correspond une base qui lui est associée et réciproquement, formant ainsi un couple acido-basique. On notera chaque couple **acide/base**. L'équation associée à la transformation de l'un en l'autre est une **demi-équation acido-basique**, que l'on écrit **Acide $\leftrightarrows$ Base + H^+**.

Exemples de couples acido-basiques :

Acide éthanoïque/ion éthanoate	$CH_3COOH(aq)/CH_3COO^-(aq)$
Chlorure d'hydrogène/ion chlorure	$HC\ell(g)/C\ell^-(aq)$
Acide sulfurique/ion hydrogénosulfate	$H_2SO_4(\ell)/HSO_4^-(aq)$
Acide phosphorique/ion dihydrogénophosphate	$H_3PO_4(\ell)/H_2PO_4^-(aq)$
Acide benzoïque/ion benzoate	$C_6H_5COOH(aq)/C_6H_5COO^-(aq)$
Acide carbonique/ion hydrogénocarbonate	$CO_2,H_2O/HCO_3^-(aq)$
Ion ammonium/ammoniaque	$NH_4^+(aq)/NH_3(aq)$

D. Réactions acido-basiques

Une réaction acido-basique a lieu si un acide d'un couple Acide1/Base1 cède à une base d'un autre couple Acide2/Base2 un **seul proton**.
On obtient alors l'équation suivante :

Acide1 $\leftrightarrows$ Base1 + H^+ *Produits*

Acide 2 $\leftrightarrows$ Base2 + H^+ *Réactifs*

Acide1 + Base2 + H^+ $\rightarrow$ Acide 2 + Base1 + H^+

Soit **Acide1 + Base2 $\rightarrow$ Acide2 + Base1**.

Au cours d'une réaction acido-basique, aucun proton n'est formé ni consommé : il y a autant de protons libérés par l'acide Acide1 que de protons captés par la base Base2.

2 Structure

Rappel : La représentation de Lewis d'une molécule est la représentation faisant intervenir tous les doublets (liants et non liants) de cette molécule.

Molécule ou ion	Formule semi-développée	Formule de Lewis
Acide carboxylique	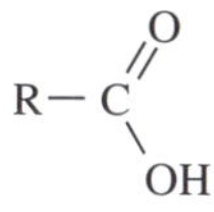	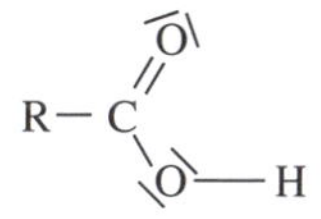
Ion carboxylate	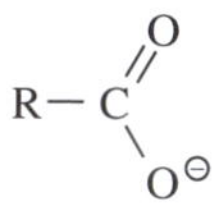	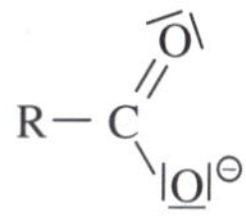
Amine	$R-NH_2$	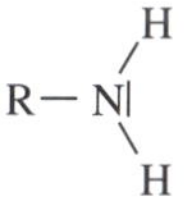
Ion ammonium	$R-NH_3^+$	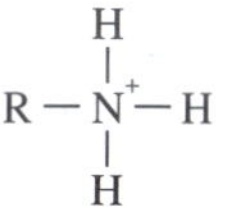

R est une chaîne carbonée quelconque ne comportant que des atomes de carbone et d'hydrogène.

3 Espèces amphotères

■ L'eau appartient à deux couples acido-basiques : H_3O^+/H_2O et H_2O/HO^-. Cela signifie que l'eau peut réagir comme un acide si elle est en présence d'une base, ou comme une base si elle est en présence d'un acide. Une telle espèce présente un caractère **amphotère**. On dit que c'est un **ampholyte**.

Exemples :

– Action de l'acide éthanoïque sur l'eau (couples CH_3COOH/CH_3COO^- et H_3O^+/H_2O) : $CH_3COOH + H_2O \rightarrow CH_3COO^- + H_3O^+$.

– Action des ions dihydrogénophosphate sur l'eau (couples H_3PO_4 /$H_2PO_4^{2-}$ et H_2O/HO^-) : $H_2PO_4^{2-} + H_2O \rightarrow H_3PO_4 + HO^-$.

■ La dissolution du dioxyde de carbone en solution donne naissance à une solution d'acide carbonique CO_2, H_2O. La base conjuguée de cet acide, l'ion hydrogénocarbonate HCO_3^-, est lui aussi un ampholyte, car il appartient aux deux couples acido-basiques $CO_2,H_2O/\mathbf{HCO_3^-}$ et $\mathbf{HCO_3^-}/CO_3^{2-}$.

■ Les acides α-aminés NH_2–CHR–COOH sont aussi des espèces ampholytes.

Rappel

Un acide aminé est une molécule qui porte à la fois les groupements amine et carboxyle. Il est dit α-aminé si ces deux fonctions sont portées par le même atome de carbone.

COMMENT FAIRE

1 Déterminer la base conjuguée d'un acide

EXERCICE TYPE

1. L'acide perchlorique $HC\ell O_4$ est un acide utilisé lors de la réalisation de circuits imprimés. Quelle est sa base conjuguée ?

2. L'ion hydrogénosulfate HSO_4^- est présent dans certaines eaux minérales. Quelle est sa base conjuguée ?

3. L'acide benzoïque C_6H_5–COOH fait partie des additifs alimentaires et porte le numéro E210. Quelle est sa base conjuguée ?

CORRIGÉ COMMENTÉ

1. Un acide est une espèce susceptible de libérer en solution un proton H^+. Par conséquent, pour passer d'un acide à sa base conjuguée, il suffit de retirer H^+ à sa formule. Ce processus peut se faire en deux étapes :
– retirer un hydrogène H à la formule de la molécule : $HC\ell O_4$ devient $C\ell O_4$;
– retirer une charge positive à la formule : dans notre cas, l'entité étant neutre, si l'on enlève une charge positive, elle va devenir un ion porteur d'une charge négative : $C\ell O_4^-$.
La base conjuguée de l'acide perchlorique est donc l'ion perchlorate $\mathbf{C\ell O_4^-}$ et le couple acido-basique est $HC\ell O_4/C\ell O_4^-$.

2. On utilise toujours le processus en deux étapes :
– retirer un hydrogène H à la formule : HSO_4^- devient SO_4^- ;
– retirer une charge positive à la formule : dans notre cas, l'entité étant un ion porteur d'une charge négative, si l'on enlève une charge positive, elle va devenir un ion porteur de deux charges négatives : SO_4^{2-}.
La base conjuguée de l'ion hydrogénosulfate est donc l'ion sulfate $\mathbf{SO_4^{2-}}$ et le couple acido-basique est HSO_4^-/SO_4^{2-}.

3. On utilise toujours le processus en deux étapes :
– retirer un hydrogène H à la formule : C_6H_5–COOH devient C_6H_5–COO ;
– retirer une charge positive à la formule : dans notre cas, l'entité étant neutre, si l'on enlève une charge positive, elle va devenir un ion porteur d'une charge négative : C_6H_5–COO^-.
La base conjuguée de l'acide benzoïque est donc l'ion benzoate $\mathbf{C_6H_5}$**–**$\mathbf{COO^-}$ et le couple acido-basique est C_6H_5–COOH/C_6H_5–COO^-.

À RETENIR

• Lorsque la formule de l'acide est écrite de façon à faire ressortir le groupement carboxyle, l'atome d'hydrogène que l'on va enlever est celui présent dans le groupe carboxyle. De plus, la charge électrique négative sera portée par l'atome d'oxygène qui a perdu l'atome d'hydrogène : R–COOH devient $R{-}COO^-$.

Rappel
Le groupement carboxyle est le groupement R — COOH ou

O
||
R — C — OH.

• Un couple acido-basique sera toujours cité en précisant d'abord l'acide, puis la base : acide/base.

2 Déterminer l'acide conjugué d'une base

EXERCICE TYPE

1. L'ion carbonate CO_3^{2-} est un ion présent dans la céruse, utilisée comme pigment blanc. Quel est son acide conjugué ?

2. L'aniline C_6H_7N a été, au XIXe siècle, à la base du développement de l'industrie des colorants de synthèse. Quel est son acide conjugué ?

3. L'ion acétate $CH_3{-}COO^-$ est utilisé dans de nombreux produits d'entretien. Quel est son acide conjugué ?

CORRIGÉ COMMENTÉ

1. **Une base est une espèce susceptible de capter en solution un proton H^+**. Par conséquent, pour passer d'une base à son acide conjugué, il suffit d'ajouter H^+ à sa formule. Ce processus peut se faire en deux étapes :
– ajouter un hydrogène H à la formule brute : CO_3^{2-} devient HCO_3^{2-} ;
– ajouter une charge positive à la formule : dans notre cas, l'entité étant négativement chargée deux fois, si l'on ajoute une charge positive, elle va devenir un ion porteur d'une seule charge négative : HCO_3^-.
L'acide conjugué de l'ion carbonate est donc l'ion hydrogénocarbonate $\mathbf{HCO_3^-}$ et le couple acido-basique est HCO_3^-/CO_3^{2-}.

2. On utilise toujours le processus en deux étapes :
– ajouter un hydrogène H à la formule brute : C_6H_7N devient C_6H_8N ;
– ajouter une charge positive à la formule : dans notre cas, l'entité étant neutre, si l'on ajoute une charge positive, elle va devenir un ion porteur d'une charge positive : $C_6H_8N^+$.
L'acide conjugué de l'aniline est donc l'ion $\mathbf{C_6H_8N^+}$ et le couple acido-basique est $C_6H_8N^+/C_6H_7N$.

3. On utilise toujours le processus en deux étapes :
– ajouter un hydrogène H à la formule brute : CH_3–COO^- devient CH_3–$COOH^-$;
– ajouter une charge positive à la formule : dans notre cas, l'entité étant porteuse d'une charge négative, si l'on ajoute une charge positive, elle va devenir neutre : CH_3–COOH.
L'acide conjugué de l'ion acétate est donc l'acide éthanoïque **CH_3–COOH** et le couple acido-basique est CH_3–COOH/CH_3–COO^-.

À RETENIR

• Lorsque la formule de la base est écrite de façon à faire ressortir le groupement carboxylate R–COO^-, alors l'atome d'hydrogène que l'on va ajouter sera localisé sur le groupement carboxylate, le transformant ainsi en groupement carboxyle : R–COO^- devient R–COOH.

3 Identifier des couples acide/base

EXERCICE TYPE

Parmi les espèces suivantes, déterminer les couples acido-basiques que l'on peut écrire :
HF ; HSO_3^- ; HOOC–COO^- ; SO_3^{2-} ; HOOC–COOH ; F^- ; H_2SO_3.

CORRIGÉ COMMENTÉ

Un couple acide/base est fait de deux espèces dont les formules diffèrent seulement d'un proton H^+.
– **HF :** considérons que cette espèce est un acide. Ainsi, sa base conjuguée est F^- (Comment faire 1). On a donc un premier couple **HF/F^-**.
Considérons maintenant que cette espèce est une base. Son acide conjugué est donc H_2F^+ (Comment faire 2). Cette espèce n'est pas proposée !
– **HSO_3^- :** considérons que cette espèce est un acide. Ainsi, sa base conjuguée est SO_3^{2-}. On a donc le couple **HSO_3^-/SO_3^{2-}**.
Considérons maintenant que cette espèce est une base. Son acide conjugué est donc H_2SO_3. On a ainsi le couple **H_2SO_3 / HSO_3^-**.
– **HOOC–COO^- :** considérons que cette espèce est un acide. Ainsi, sa base conjuguée est $^-$OOC–COO^-. Cette espèce n'est pas proposée !
Considérons maintenant que cette espèce est une base. Son acide conjugué est donc HOOC–COOH. On a ainsi le couple **HOOC–COOH/HOOC–COO^-**.

À RETENIR

• On peut rapidement savoir si deux espèces forment un couple acide/base si les formules diffèrent d'un seul atome d'hydrogène. L'acide est alors celui qui a le plus d'hydrogène.
• Un acide porte toujours une charge positive supplémentaire par rapport à sa base conjuguée.

4 Établir l'équation d'une réaction acido-basique

EXERCICE TYPE

L'acide propanoïque C_2H_5–COOH réagit avec l'ion hydroxyde HO^-. Quelle est l'équation de la réaction acido-basique entre ces deux espèces ?

CORRIGÉ COMMENTÉ

• Il faut, dans un premier temps, établir les couples acide-base impliqués dans la réaction :
– la base conjuguée de l'acide propanoïque est l'ion propanoate C_2H_5–COO^-, d'où le couple acido-basique C_2H_5–COOH/C_2H_5–COO^- ;
– l'acide conjugué de la base hydroxyde HO^- est l'eau H_2O, d'où le couple acido-basique H_2O/HO^-.
• Il faut ensuite écrire les deux demi-équations acido-basiques correspondant à ces couples :
– $\boxed{C_2H_5\text{–}COOH} \leftrightarrows C_2H_5\text{–}COO^- + H^+$;
– $H_2O \leftrightarrows \boxed{HO^-} + H^+$.
• On additionne membre à membre les deux demi-équations en mettant du même côté les réactifs (encadrés en rouge dans les demi-équations ci-dessus) et de l'autre côté les produits : $\mathbf{C_2H_5\text{–}COOH + HO^- \rightarrow C_2H_5\text{–}COO^- + H_2O}$.

À RETENIR

• Il y a autant d'ions H^+ de part et d'autre de la flèche dans l'équation, c'est pour cela qu'on ne les écrit pas.
• L'équation de la réaction s'obtient en faisant la somme des deux demi-équations.
• Pour repérer réactifs et produits, on doit s'aider des indications du texte. Ainsi, les expressions « on mélange », « réagit avec » ou « on ajoute » nous donneront les réactifs, alors que « on obtient », « donnent » ou « forment » indiquent les produits.

Remarque

Le nombre de protons échangés dans une transformation acido-basique étant toujours de 1, on peut utiliser la règle dite « Règle du γ ».

– Pour cela, il faut placer les deux couples acido-basiques l'un sous l'autre, en commençant par le couple de l'acide qui réagit.

Dans notre exemple, cela donne : $C_2H_5–COOH / C_2H_5–COO^-$
H_2O / HO^-

– On trace un γ : $C_2H_5–COOH / C_2H_5–COO^-$
H_2O / HO^-

– On écrit l'équation en ajoutant les diagonales : $C_2H_5–COOH + HO^- \rightarrow H_2O + C_2H_5–COO^-$.

5 Représenter le schéma de Lewis d'une molécule

EXERCICE TYPE

La glycine, de formule $NH_2–CH_2–COOH$, est le plus simple des acides aminés. Quelle est sa représentation de Lewis ?

CORRIGÉ COMMENTÉ

• Il faut, dans un premier temps, utiliser la représentation développée de cette molécule :

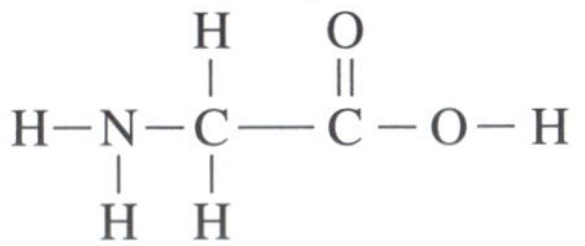

• Ensuite, placer le nombre de doublets non liants nécessaires pour que chaque atome, excepté l'hydrogène, soit entouré de 4 doublets au total :

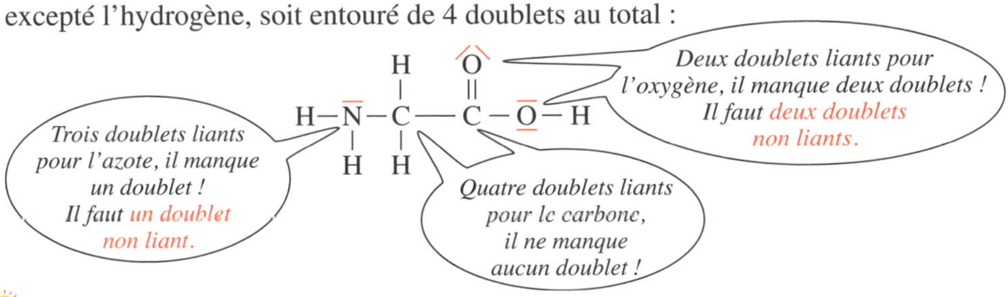

À RETENIR

• Un atome de carbone fait toujours 4 liaisons, un atome d'azote 3 liaisons, un atome d'oxygène 2 liaisons et un atome d'hydrogène 1 liaison.

• Pour être stable, un atome autre que l'atome d'hydrogène doit être entouré de 4 doublets (règle de l'octet). Il faut donc ajouter à chaque atome ne faisant pas 4 liaisons, des doublets, sous forme de doublets non liants.

EXERCICES

Connaître le cours

Pour chaque exercice du *connaître le cours*, indiquer la (ou les) bonne(s) réponse(s) :

1 4 min Couples acide/base

	A	B	C
1. Un acide :	cède un ou plusieurs protons	gagne un ou plusieurs protons	cède un ou plusieurs électrons
2. Une base :	cède un ou plusieurs protons	gagne un ou plusieurs protons	gagne un ou plusieurs électrons
3. Une base et son acide conjugué :	forment un couple acide/base	sont liés par Base + $H^+ \leftrightharpoons$ Acide	sont liés par Acide + $H^+ \leftrightharpoons$ Base
4. Dans la demi-équation acido-basique $NH_3 + H^+ \leftrightharpoons NH_4^+$:	NH_3 est un acide	NH_3 est une base	NH_4^+ est un acide
5. La base conjuguée de HSO_4^- est :	SO_4^-	H_2SO_4	SO_4^{2-}
6. Un acide conjugué de NO_3^- peut être :	HNO_3	NO_3H	HNO_3^-

→ Corrigé p. 26

2 2 min Transformations acido-basiques

	A	B	C
1. Dans une réaction acide-base, le nombre de protons cédés par l'acide :	apparaît dans l'équation	est égal au nombre de protons gagnés par la base	est différent du nombre de protons gagnés par la base
2. La réaction d'équation $H_3O^+ + HO^- \rightarrow 2\,H_2O$:	fait intervenir les deux couples de l'eau	est une réaction acide-base	H_3O^+ est une base
3. La réaction d'équation $HCO_3^- + NH_3 \rightarrow CO_3^{2-} + NH_4^+$:	fait intervenir le couple NH_3/NH_4^+	est une réaction acide-base	fait intervenir le couple NH_4^+/NH_3

→ Corrigé p. 26

Appliquer le cours et les savoir-faire

3 5 min ★

→ COMMENT FAIRE 1

Trouver les bases conjuguées des acides suivants :

1. $C_2H_5NH_3^+$
2. HBr
3. $H_2AsO_4^-$
4. H–COOH

→ Corrigé p. 26

4 5 min ★ → COMMENT FAIRE 2

Trouver les acides conjugués des bases suivants :

1. I^- **3.** $CH_3–NH_2$

2. CrO_4^{2-} **4.** $CH_3–C_6H_4–COO^-$ → Corrigé p. 26

5 10 min ★ → COMMENT FAIRE 3

Parmi les espèces suivantes, déterminer les couples acido-basiques que l'on peut écrire :

C_5H_5N ; HS^- ; $H_2BrO_3^-$; $C_5H_5NH^+$; H_3BrO_3 ; H_2S ; $HBrO_3^{2-}$. → Corrigé p. 26

6 5 min ★ → COMMENT FAIRE 3

1. Comment rapidement savoir que la diéthylamine $(C_2H_5)_2NH$ est la base du couple qu'elle forme avec l'ion diéthylammonium $(C_2H_5)_2NH_2^+$?

2. Écrire le couple correspondant.

3. Écrire la demi-équation acido-basique. → Corrigé p. 26

7 5 min ★ → COMMENT FAIRE 3

Considérons l'équation suivante $CH_3–COO^- + NH_4^+ \rightarrow CH_3–COOH + NH_3$.

1. Indiquer les deux couples acide/base impliqués dans cette transformation.

2. Écrire les deux demi-équations acide-base. → Corrigé p. 26

8 5 min ★ → COMMENT FAIRE 4

L'acide benzoïque $C_6H_5–COOH$ réagit avec les ions carbonate CO_3^{2-}.

1. Indiquer les deux couples acide/base impliqués dans cette transformation.

2. Écrire l'équation de la réaction acide-base entre ces deux espèces. → Corrigé p. 27

9 10 min ★ → COMMENT FAIRE 5

Donner les représentations de Lewis des espèces suivantes :

1. Acide aspartique :

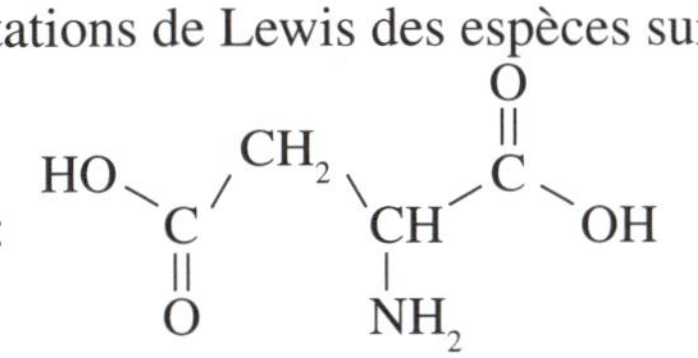

2. 4-nitrobenzoate :

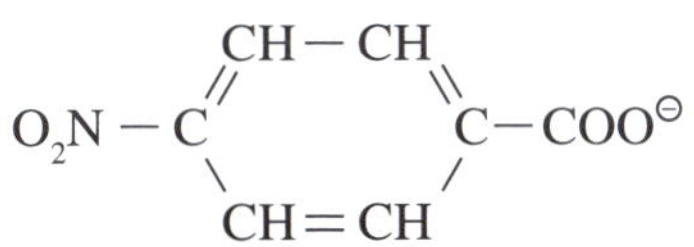

3. Éthylammonium : 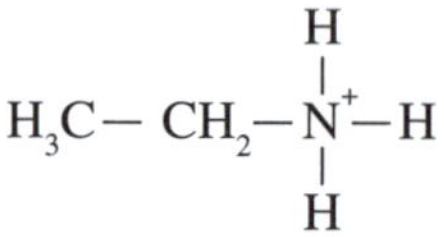

→ Corrigé p. 27

S'entraîner au raisonnement

10 5 min ★★

Considérons la transformation suivante : 2 $HSO_4^- \rightarrow SO_4^{2-} + H_2SO_4$.

1. Montrer que cette transformation est une transformation acide-base.
2. Identifier les couples impliqués.
3. Que peut-on dire de l'ion hydrogénosulfate HSO_4^- ?

→ Corrigé p. 27

11 10 min ★★★

L'eau, même pure, contient des ions H_3O^+ et des ions HO^-.

1. L'eau est une espèce amphotère. Que cela signifie-t-il ?
2. Écrire les deux couples acide/base impliquant l'eau.
3. Écrire les deux demi-équations associées à ces deux couples.
4. Écrire l'équation de la réaction acide-base permettant la synthèse des ions oxonium H_3O^+ et des ions hydroxyde HO^-.

→ Corrigé p. 28

12 10 min ★★★

Considérons le couple acide/base constitué des espèces suivantes : triméthylammonium $(CH_3)_3NH^+$/triméthylamine $(CH_3)_3N$.

1. Écrire la demi-équation acide-base de ce couple.
2. Que se passe-t-il si l'on mélange de la triméthylamine à de l'eau ?
3. Donner les représentations de Lewis du triméthylammonium et de la triméthylamine.
4. Où va se fixer le proton que capte la triméthylamine ?
5. Par extension, que peut-on dire du caractère acide ou basique des amines ?

→ Corrigé p. 28

EXERCICE DE BAC

Exercice 30 min **10 points**

L'acide citrique au quotidien

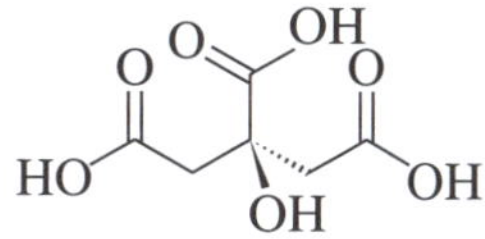

Représentation de la molécule d'acide citrique

L'acide citrique est un triacide présent en abondance dans le citron. Dans le monde, la synthèse de cet acide approche deux millions de tonnes par an. Il est utilisé dans les boissons, les cosmétiques, en pharmacie, etc.

Dans le commerce, on peut le trouver sous forme de poudre blanche anhydre ou monohydratée.

Document : Représentations des différentes espèces acido-basiques des couples de l'acide citrique.

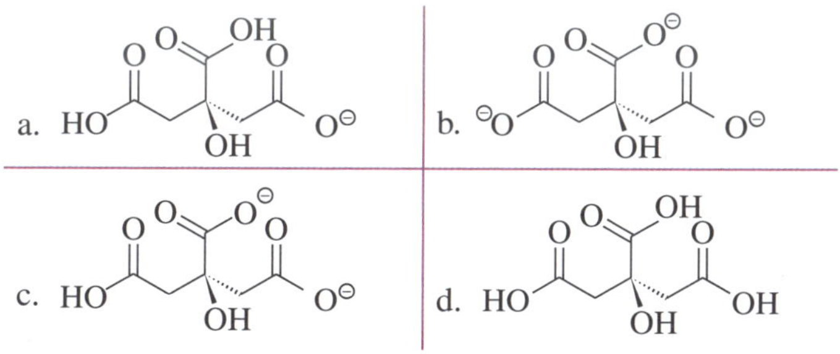

Étude des propriétés acido-basiques de l'acide citrique

1. [1 pt] Rappeler ce qu'est un acide selon Brønsted.

2. [1 pt] Expliquer pourquoi l'acide citrique est qualifié de « triacide ».

3. [3 pt] Parmi les quatre espèces acido-basiques (a, b, c, d), indiquer les couples acide/base que l'on peut former.

4. [4 pt] Représenter les quatre espèces a, b et c et d en représentation de Lewis.

5. [1 pt] Que peut-on dire des espèces a et c ?

→ Corrigé p. 28

CORRIGÉS

1 → *Énoncé p. 22*

1. **A** ; **2.** **B** ; **3.** **A** et **B** ; **4.** **B** et **C** ; **5.** **C** ; **6.** **A** et **B**.

2 → *Énoncé p. 22*

1. **B** ; **2.** **A** et **B** ; **3.** **B** et **C**.

3 → *Énoncé p. 22*

On trouve la base conjuguée d'un acide en enlevant H^+ à la formule de l'acide.

1. $C_2H_5NH_2$

2. Br^-

3. $HAsO_4^{2-}$

4. $H{-}COO^-$

> **Rappel**
> On trouve la base conjuguée d'un acide en enlevant H^+ à la formule de l'acide.

4 → *Énoncé p. 23*

On trouve l'acide conjugué d'une base en ajoutant H^+ à la formule de la base.

1. HI

2. $HCrO_4^-$

3. $CH_3{-}NH_3^+$

4. $CH_3{-}C_6H_4{-}COOH$

> **Rappel**
> On trouve l'acide conjugué d'une base en ajoutant H^+ à la formule de la base.

5 → *Énoncé p. 23*

Les différents couples que l'on peut former sont :

– $C_5H_5NH^+/C_5H_5N$;

– H_2S/HS^- ;

– $H_3BrO_3/H_2BrO_3^-$ et

– $H_2BrO_3^-/HBrO_3^{2-}$.

> **Rappel**
> Les couples acido-basiques s'écrivent toujours acide/base.

6 → *Énoncé p. 23*

1. La diéthylamine est la base car sa formule brute contient moins d'atomes d'hydrogène que l'ion diéthylammonium.

2. Le couple correspondant est $(C_2H_5)_2NH_2^+/(C_2H_5)_2NH$.

3. La demi-équation acido-basique est :

$(C_2H_5)_2NH_2^+ \leftrightarrows (C_2H_5)_2NH + H^+$.

> **Rappel**
> L'acide contient toujours plus d'hydrogène que la base.

> **Rappel**
> Une demi-équation s'écrit toujours Acide $\leftrightarrows$ Base + H^+.

7 → *Énoncé p. 23*

1. Les deux couples acide/base impliqués dans cette transformation sont : $CH_3{-}COOH/CH_3{-}COO^-$ et NH_4^+/NH_3.

2. Les deux demi-équations acide-base sont : $CH_3{-}COOH \leftrightarrows CH_3{-}COO^- + H^+$ et $NH_4^+ \leftrightarrows NH_3 + H^+$.

8 → *Énoncé p. 23*

1. Les deux couples acide/base impliqués dans cette transformation sont : $C_6H_5–COOH/C_6H_5–COO^-$ et HCO_3^-/CO_3^{2-}.

2. L'équation de la réaction acide-base entre ces deux espèces est :

$C_6H_5–COOH + CO_3^{2-} \rightarrow C_6H_5–COO^- + HCO_3^-$.

Rappel

Une équation acide/base entre les couples Acide1/Base1 et Acide2/Base2 s'écrit toujours Acide1 + Base2 ⟶ Base1 + Acide2.

9 → *Énoncé p. 23*

La représentation de Lewis se fait à partir de la formule développée.

1. Acide aspartique :

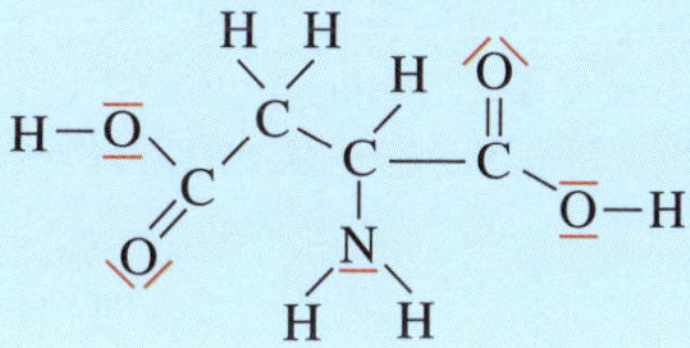

2. 4-nitrobenzoate :

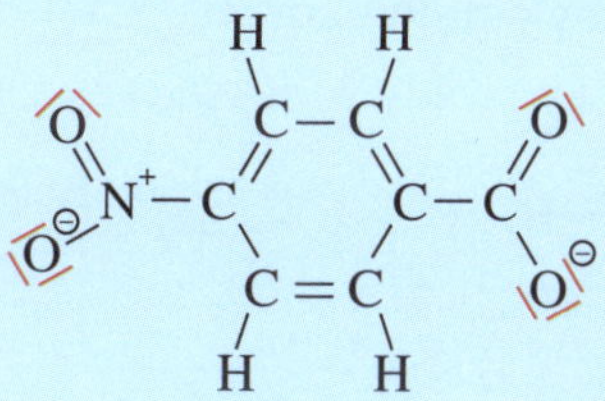

3. Éthylammonium :

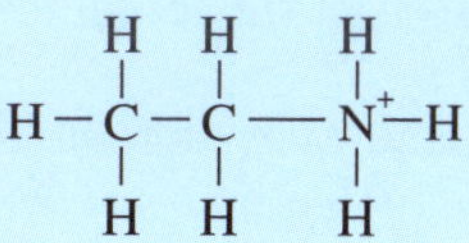

Rappel

Pour obéir à la règle de l'octet, chaque atome, hors ceux d'hydrogène, doit être entouré de 4 doublets.

10 → *Énoncé p. 24*

1. Cette transformation est une transformation acide-base, car, si on l'écrit différemment, on a :

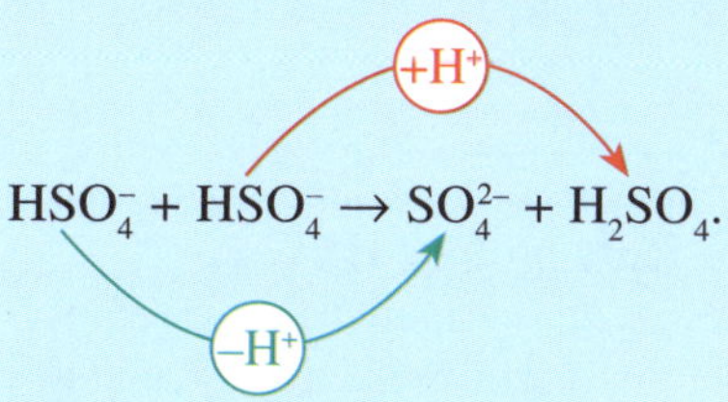

Il y a bien un transfert de proton H^+ entre deux espèces chimiques.

2. Les couples impliqués sont HSO_4^-/SO_4^{2-} et H_2SO_4/HSO_4^-.

3. L'ion hydrogénosulfate HSO_4^- est un ampholyte.

Rappel

Un ampholyte est une espèce chimique qui peut réagir comme un acide ou comme une base.

11 → *Énoncé p. 24*

1. Cela signifie qu'en présence d'un acide, l'eau présentera des caractéristiques basiques, alors que face à une base, elle présentera des caractéristiques acides.
2. Les deux couples acide/base impliquant l'eau sont H_3O^+/H_2O et H_2O/HO^-.
3. Les deux demi-équations sont $H_3O^+ \leftrightarrows H_2O + H^+$ et $H_2O \leftrightarrows HO^- + H^+$.
4. L'équation de la réaction acide-base est :
$H_2O + H_2O \rightarrow H_3O^+ + HO^-$.

> **Définition**
> La transformation
> $2\ H_2O(\ell) \rightarrow H_3O^+ + HO^-(aq)$
> est l'**autoprotolyse de l'eau.**

12 → *Énoncé p. 24*

1. La demi-équation acide-base de ce couple est : $(CH_3)_3NH^+ \leftrightarrows (CH_3)_3N + H^+$.
2. La triméthylamine étant basique, elle va réagir avec l'eau sous sa forme acide (couple H_2O/HO^-) et on aura $(CH_3)_3N + H_2O \rightarrow (CH_3)_3NH^+ + HO^-$.

3. Représentations de Lewis du triméthylammonium 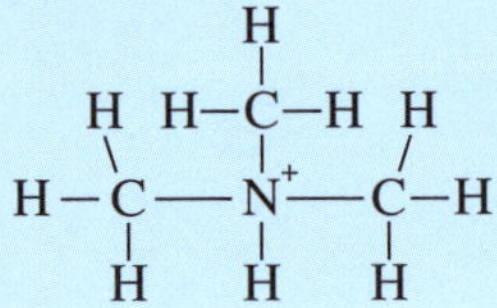

et de la triméthylamine : 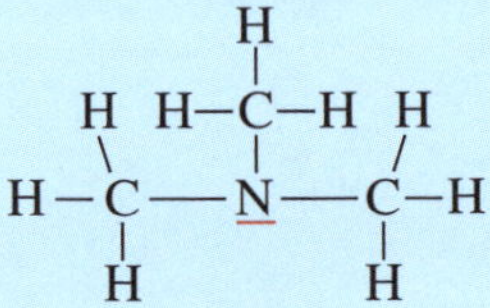

4. Le proton capté par la triméthylamine se fixe sur le doublet non liant porté par l'atome d'azote.
5. Les amines possédant un doublet non liant, elles sont susceptibles de capter un proton, adoptant ainsi un caractère basique.

EXERCICE DE BAC

Exercice → *Énoncé p. 25*

1. Selon Brønsted, un acide est une espèce chimique capable de céder un ou plusieurs protons H^+.
2. L'acide citrique est qualifié de « triacide », car, étant donné qu'il possède 3 groupes carboxyle, il peut céder 3 protons H^+.

> **Rappel**
> Le groupe carboxyle peut facilement perdre un proton : il est donc responsable de l'acidité d'une molécule.

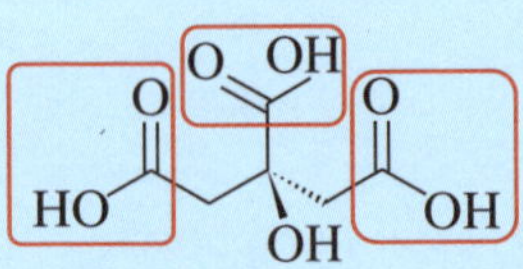

3. Les espèces a, b, c et d diffèrent par le nombre d'atomes d'hydrogène. Les couples que l'on peut former sont d/a, a/c et c/b.

4. a :

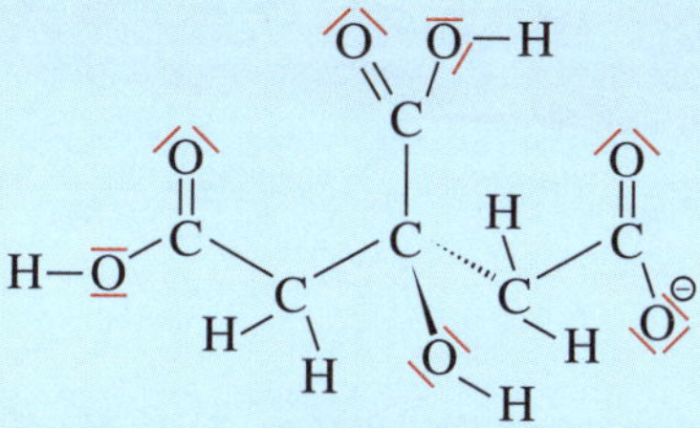

b :

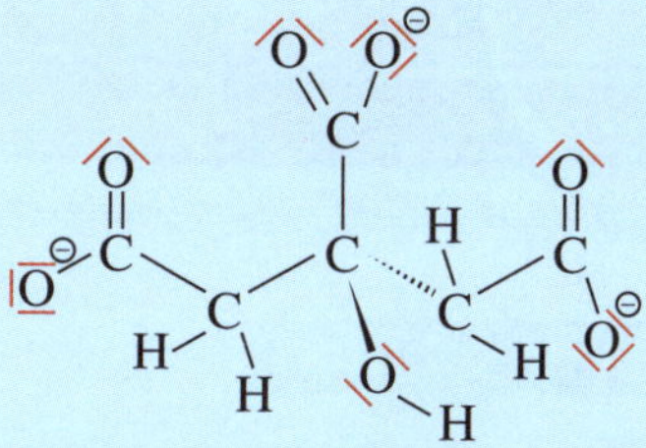

c :

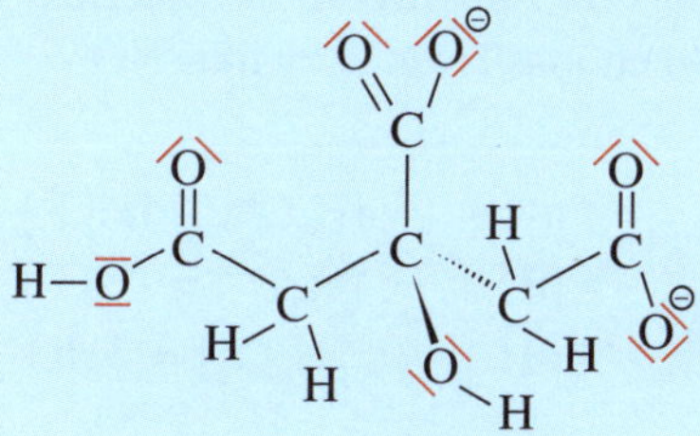

d :

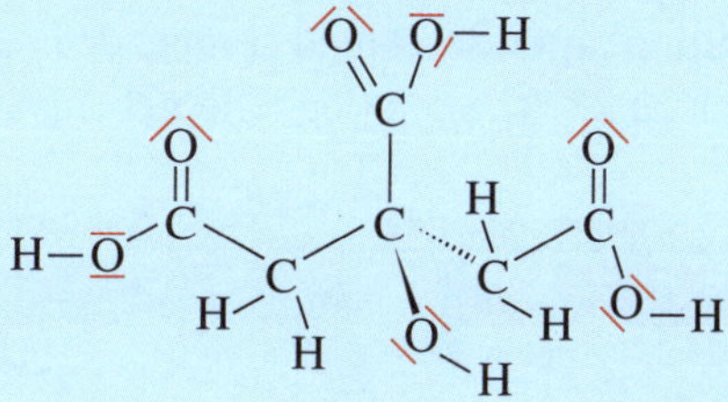

5. Les espèces a et c appartiennent toutes deux à deux couples acide/base différents, ce sont donc des ampholytes.

CHAPITRE 2 Analyser un système par des méthodes physiques

1 pH d'une solution

■ **Le pH est une grandeur sans dimension qui mesure l'acidité ou la basicité d'une solution aqueuse**. Il rend compte de la concentration en ions H_3O^+ et en ions HO^-.
Ainsi, à 25 °C, on a l'échelle pH suivante :

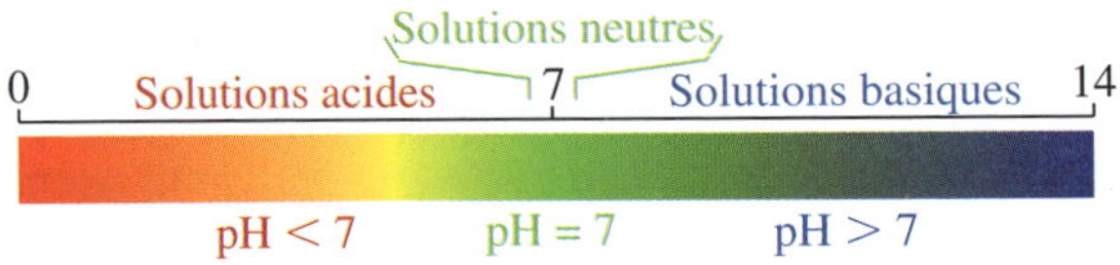

- $pH < 7 : [H_3O^+] > [HO^-]$;
- $pH = 7 : [H_3O^+] = [HO^-]$;
- $pH > 7 : [H_3O^+] < [HO^-]$.

Une solution est d'autant plus acide que son pH est proche de 0. Elle est d'autant plus basique que son pH est proche de 14.

■ Le **p**otentiel **H**ydrogène d'une solution traduit la libération d'ions hydrogène H^+ par une ou plusieurs des entités chimiques présentes en solution (ce sont donc des acides de Brønsted), lesquels ions H^+ se combinent ensuite avec des molécules d'eau pour donner des ions oxonium H_3O^+.
Il se calcule à l'aide de la relation :

$$pH = -\log\frac{[H_3O^+]}{C_0}$$

$[H_3O^+]$ en $mol.L^{-1}$
$C_0 = 1\ mol.L^{-1}$ (concentration standard)

Dans un souci de simplification, cette relation sera notée par la suite :

$$pH = -\log [H_3O^+]$$

On peut également calculer la concentration en ions oxonium à partir du pH en utilisant la fonction réciproque de logarithme :

$$[H_3O^+] = 10^{-pH}$$

Domaine de validité de cette relation : il faut que $[H_3O^+] \leqslant 5{,}0 \times 10^{-2}\ mol.L^{-1}$.

2 Des lois pour déterminer une concentration ou une quantité de matière

A. Loi de Beer-Lambert

■ **Les solutions absorbent certaines radiations lumineuses de façon plus ou moins importante.** C'est l'absorption d'une partie de la lumière par les entités présentes dans le milieu qui donne à la solution sa couleur perçue.

On introduit ainsi l'**absorbance** A, grandeur sans dimension qui caractérise la capacité qu'a une solution à absorber une radiation de longueur d'onde donnée λ.
Plus la valeur de l'absorbance est élevée, plus cette radiation a été absorbée.

■ **La courbe $A = f(\lambda)$ pour une solution donnée en constitue le spectre d'absorption.**

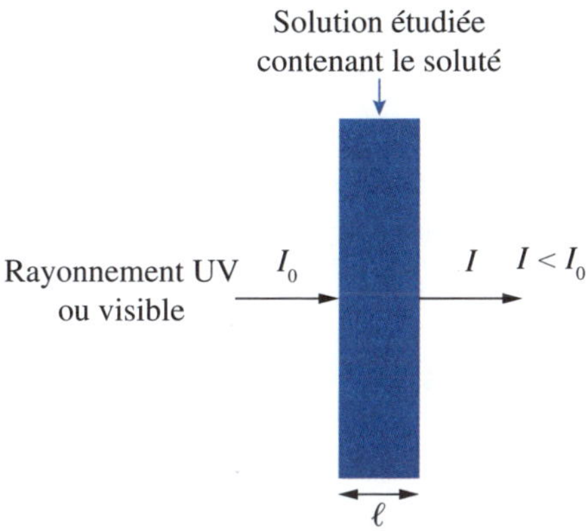

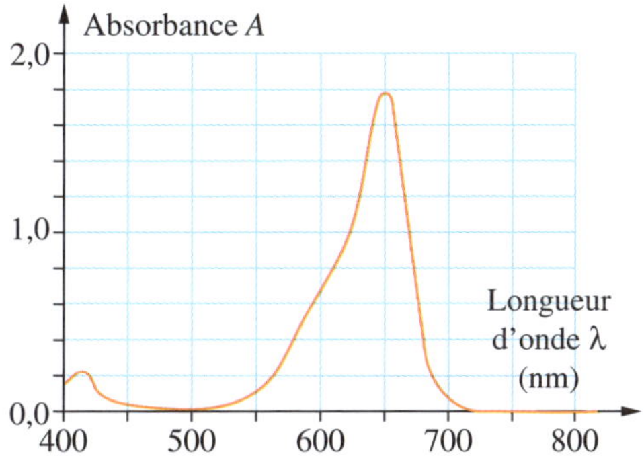

Spectre d'absorption d'un colorant alimentaire (bleu patenté – E131)

Plus le rapport $\frac{I}{I_0}$ est petit, plus l'absorbance est élevée.

On parle de spectroscopie UV-visible, car les radiations utilisées appartiennent à ces domaines du spectre électromagnétique.

■ L'absorbance A et la concentration en quantité de matière C sont liées par la relation :

$$A = \varepsilon \times \ell \times C$$

avec A : absorbance de la solution, sans unité ;
- ε : coefficient d'extinction molaire, en litre par mole par centimètre ($L.mol^{-1}.cm^{-1}$) ;
- ℓ : épaisseur de la cuve, en centimètre (cm) ;
- C : concentration en quantité de matière, en mole par litre ($mol.L^{-1}$).

Cette relation constitue la loi de Beer-Lambert.

■ Le coefficient d'extinction molaire dépend de la longueur d'onde de la radiation traversant la solution et de la nature du solvant.

Dans le cas d'étude fréquent où l'épaisseur de la cuve et le solvant sont fixés, et la lumière utilisée monochromatique, cette relation se simplifie en :

$$A = k \times C$$

($k = \varepsilon \times \ell$ et s'exprime donc en $L.mol^{-1}$.)

Domaine de validité de cette loi : il faut que $C \leqslant 5{,}0 \times 10^{-2}$ mol.L^{-1}.

B. Loi de Kohlrausch

■ Dans une solution, c'est la **présence d'ions qui permet le passage du courant électrique**. Intuitivement, **plus la concentration de ces ions est élevée, plus grande est la conductivité de la solution.**

Tous les porteurs de charges participent à la conductivité. Il faut donc tenir compte de tous les ions présents en solution.
Enfin, les différents ions présents ne contribuent pas de la même manière à la conduction électrique.
C'est cela que traduit la **loi de Kohlrausch** :

$$\sigma = \sum_i \lambda_i \times [X_i]$$

avec σ : conductivité de la solution, en siemens par mètre ($S.m^{-1}$) ;
λ_i : conductivité molaire ionique, en siemens mètre carré par mole ($S.m^2.mol^{-1}$) ;
$[X_i]$: concentration en quantité de matière, en mole par mètre cube ($mol.m^{-3}$) ;
Les conductivités molaires ioniques dépendent du solvant et de la température, et sont référencées dans des tables (voir p. 443).
Domaine de validité de cette loi : il faut que $[X_i] \leqslant 1{,}0 \times 10^{-2}$ mol.L^{-1}.

C. Loi des gaz parfaits

■ La loi des gaz parfaits, également appelée équation d'état des gaz parfaits, permet de déterminer la quantité de matière d'un **gaz ayant un comportement de gaz parfait et se trouvant dans un système fermé** (sans échange de matière avec le milieu extérieur) :

$$P \times V = n \times \mathrm{R} \times T$$

avec P : pression dans le système, en pascal (Pa) ;
V : volume du système, en mètre cube (m^3) ;
n : quantité de matière du gaz parfait, en mole (mol) ;
R : constante des gaz parfaits (8,314 $J.mol^{-1}.K^{-1}$) ;
T : température dans le système, en kelvin (K).
Domaine de validité de cette loi : gaz ayant un comportement de gaz parfait et se trouvant dans des conditions usuelles de température et de pression.

■ Dans le cas où le système renferme plusieurs gaz, cette relation devient :

$$PV = \sum_i n_i \mathrm{R}T$$

3 Spectroscopie infrarouge

■ Certaines molécules sont capables d'absorber des radiations électromagnétiques situées dans le domaine des infrarouges, en fonction des atomes les constituant et de la multiplicité des liaisons covalentes liant ces atomes. Cela conduit à la vibration de certaines de ces liaisons.

■ **La détermination des longueurs d'onde pour lesquelles ces absorptions se produisent et l'importance de ces dernières permettent de tracer le spectre infrarouge de la molécule et d'identifier des groupes d'atomes présents dans celle-ci. On dit que le spectre comporte des bandes d'absorption.**

Exemple : spectre IR de l'hexan-1-ol (famille des alcools)

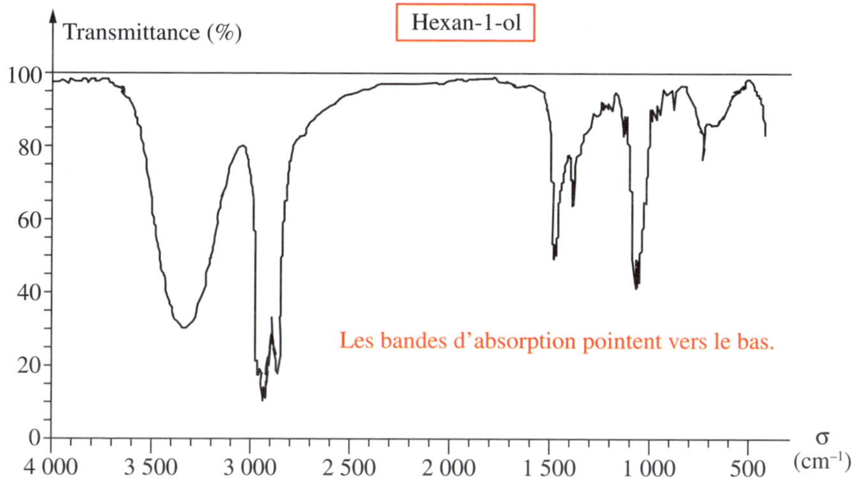

Décryptons les grandeurs au niveau des axes :

• en abscisse : **nombre d'onde σ** (en cm^{-1}) **qui est égal à l'inverse de la longueur d'onde λ** (en cm) ;

• en ordonnée : **transmittance *T*** en %. Plus l'absorption à une longueur d'onde est importante, plus la transmittance est faible.

La position des bandes et leur forme (largeur, longueur) permettent d'identifier des groupes d'atomes et notamment des groupes caractéristiques au sein de la molécule. Cette analyse nécessite l'utilisation de tables (voir p. 443).

Par exemple, sur le spectre ci-dessus, on retrouve vers 3 400 cm^{-1} une bande large qui correspond à la vibration de la liaison O–H caractéristique des alcools.

COMMENT FAIRE

1 Calculer la valeur du pH d'une solution à partir de sa concentration en ions oxonium et inversement

EXERCICE TYPE

L'acide fluorhydrique est très utilisé dans l'industrie, par exemple pour le traitement de surface des composants électroniques.

On prépare un volume $V = 10$ L de cette solution par dissolution d'une quantité de matière $n = 2{,}0 \times 10^{-2}$ mol de fluorure d'hydrogène gazeux.

L'équation-bilan de la réaction de dissolution est :

$$HF(g) + H_2O(\ell) \rightarrow F^-(aq) + H_3O^+(aq)$$

Cette réaction est totale.

1. Calculer le pH de la solution ainsi préparée.

2. On procède ensuite à la dissolution de cette solution. Le pH de la solution fille obtenue vaut alors $pH_{fille} = 4{,}0$. Calculer la valeur du facteur de dilution F.

CORRIGÉ COMMENTÉ

1. La réaction étant totale, on a :

$n(H_3O^+) = n(HF) = 2{,}0 \times 10^{-2}$ mol.

On en déduit la concentration en ions H_3O^+.

$$[H_3O^+] = \frac{n(H_3O^+)}{V} = \frac{2{,}0 \times 10^{-2}}{10} = 2{,}0 \times 10^{-3}\ \text{mol.L}^{-1}$$

D'où la valeur du pH :

$$\text{pH} = -\log [H_3O^+]$$
$$= -\log (2{,}0 \times 10^{-3})$$

pH = 2,7.

> **Rappel**
> Pour calculer le pH, il faut déterminer au préalable la valeur de la concentration en ions oxonium $[H_3O^+]$.

2. Déterminons la nouvelle concentration en ions oxonium dans la solution fille.

$$[H_3O^+]_{fille} = 10^{-pH_{fille}} = 10^{-4{,}0}$$
$$[H_3O^+]_{fille} = 1{,}0 \times 10^{-4}\ \text{mol.L}^{-1}.$$

Le facteur de dilution vaut alors :

$$F = \frac{[H_3O^+]}{[H_3O^+]_{fille}}$$
$$= \frac{2{,}0 \times 10^{-3}}{1{,}0 \times 10^{-4}}$$

$F = \mathbf{20}$ **.**

> **Rappel**
> Lors de la dilution d'une espèce, on a la relation :
> $C_{mère} \times V_{mère} = C_{fille} \times V_{fille}$
> Il est pratique en laboratoire de travailler avec le facteur de dilution F.
> $F = \frac{C_{mère}}{C_{fille}} = \frac{V_{fille}}{V_{mère}}$

À RETENIR

- Déterminer au préalable la valeur de la concentration en ions oxonium permet d'accéder au pH.
- Dans une réaction faisant intervenir les ions H_3O^+, la valeur du pH permet de déterminer la composition du système (en dressant un tableau d'avancement).

2 Utiliser des lois pour déterminer une concentration en quantité de matière

EXERCICE TYPE 1

On prépare au laboratoire une solution S de permanganate de potassium de concentration en soluté apporté $C = 2,0 \times 10^{-2}$ mol.L^{-1}.
Les ions permanganate sont une espèce colorée pouvant être dosée par spectrophotométrie. Son spectre d'absorption est le suivant :

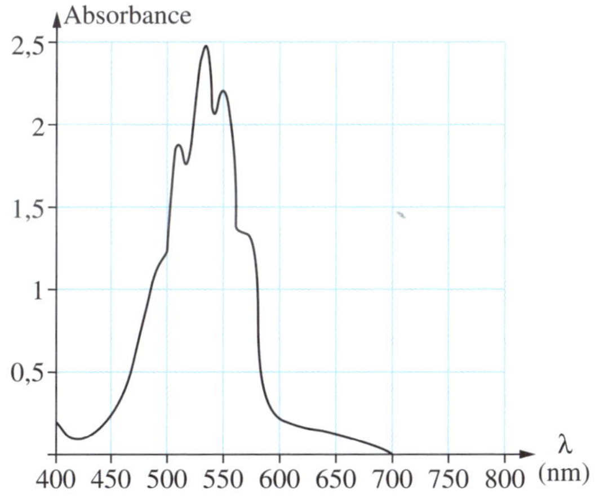

Pour vérifier que la solution S a été bien préparée, on la dilue cent fois et on mesure l'absorbance de la solution fille S_f dans une cuve de longueur $\ell = 1,0$ cm, l'appareil étant réglé sur une longueur d'onde $\lambda = 530$ nm. On lit sur le spectrophotomètre $A = 0,443$.

Donnée : coefficient d'extinction molaire des ions permanganate dans les conditions de l'expérience : $\varepsilon = 2,2 \times 10^3$ L.mol^{-1}.cm^{-1}.

1. Pourquoi la solution de départ a-t-elle été diluée ?
2. Justifier le choix de la longueur d'onde qui a été utilisée lors de la mesure.
3. La solution S a-t-elle été bien préparée ?

CORRIGÉ COMMENTÉ

1. La solution de départ a été diluée **afin que son absorbance soit mesurable par le spectrophotomètre**.

2. D'après le spectre d'absorption, l'absorbance des ions permanganate est maximale à 530 nm. **Il faut donc régler l'appareil sur cette longueur d'onde afin d'obtenir des mesures précises.**

> **Remarque**
> Les plages de mesure doivent être respectées en fonction de l'appareil utilisé.
> Voici un extrait de notice d'un appareil :
>
> La place spectrale de l'appareil s'étend de 380 à 860 nm.
> La plage d'absorbance s'étend de 0 à 2,5.
> La plage de temps d'intégration s'étend de 0,1 ms à 5 s.
> L'appareil mesure une absorbance (sans unité) ou une transmittance (en %).

3. Utilisons la loi de Beer-Lambert pour déterminer la concentration C_f de la solution S_f.

$A = \varepsilon \times l \times C_f$

$C_f = \dfrac{A}{\varepsilon \times l}$

$C_f = \dfrac{0{,}443}{2{,}2 \times 10^3 \times 1{,}0}$

$C_f = 2{,}0 \times 10^{-4}$ mol.L^{-1}.

La solution mère a été diluée cent fois. Calculons sa concentration C.

$C = 100 \times C_f = 100 \times 2{,}0 \times 10^{-4}$

$\mathbf{C = 2{,}0 \times 10^{-2}}$ **mol.L^{-1}.**

La solution a été bien préparée.

À RETENIR

Lors d'une spectroscopie UV-visible :

- la longueur d'onde λ de la lumière utilisée dans l'appareil de mesure est telle que $\lambda = \lambda_{max}$, où λ_{max} est la longueur d'onde correspondant à l'absorbance maximale de l'espèce chimique considérée ;
- les solutions doivent être suffisamment diluées pour permettre l'utilisation de la loi de Beer-Lambert.

EXERCICE TYPE 2

On dissout dans $V = 1{,}0$ L d'eau une certaine quantité de chlorure de sodium $NaC\ell$. La dissolution est totale. Son équation s'écrit :

$$NaC\ell(s) \rightarrow Na^+(aq) + C\ell^-(aq).$$

On mesure à l'aide d'un conductimètre la conductivité de la solution obtenue. On obtient $\sigma = 0{,}11$ S.m^{-1}.

Données : $M(NaC\ell) = 58{,}5$ g.mol^{-1} ;
à 25 °C : $\lambda(Na^+) = 5{,}01$ mS.m^2.mol^{-1} ; $\lambda(C\ell^-) = 7{,}63$ mS.m^2.mol^{-1}.

Déterminer la masse de solide qui a été dissous.

CORRIGÉ COMMENTÉ

D'après l'équation de dissolution,
$[Na^+] = [C\ell^-] = C$.

Appliquons la loi de Kohlrausch.

$$\sigma = \lambda(Na^+) \times [Na^+] + \lambda(C\ell^-) \times [C\ell^-]$$
$$= \lambda(Na^+) \times C + \lambda(C\ell^-) \times C$$
$$\sigma = (\lambda(Na^+) + \lambda(C\ell^-)) \times C$$

Soit :

$$C = \frac{\sigma}{\lambda(Na^+) + \lambda(C\ell^-)}$$
$$= \frac{0{,}11}{5{,}01 \times 10^{-3} + 7{,}63 \times 10^{-3}}$$
$$C = 8{,}7 \text{ mol.m}^{-3}$$
$$C = 8{,}7 \times 10^{-3} \text{ mol.L}^{-1}.$$

> **Remarque**
> Les ions H_3O^+ et HO^- sont également présents en solution, mais leurs concentrations sont négligeables.
> Il n'est donc pas nécessaire de les faire intervenir dans l'expression ci-contre.

> **Remarque**
> Faire attention aux unités ici !
> Dans l'énoncé, les conductivités molaires ioniques sont en $mS.m^2.mol^{-1}$. Nous allons les exprimer en $S.m^2.mol^{-1}$.
> $\lambda(Na^+) = 5{,}01 \text{ mS.m}^2.\text{mol}^{-1} = 5{,}01 \times 10^{-3} \text{ S.m}^2.\text{mol}^{-1}$
> $\lambda(C\ell^-) = 7{,}63 \text{ mS.m}^2.\text{mol}^{-1} = 7{,}63 \times 10^{-3} \text{ S.m}^2.\text{mol}^{-1}$
> Avec ces unités, la concentration sera en $mol.m^{-3}$.
> Pour exprimer cette dernière en $mol.L^{-1}$, on multiplie le résultat par 10^{-3}.

D'après l'équation de dissolution, la concentration en soluté apporté pour $NaC\ell$ est égale à C (1 mole de $NaC\ell$ donnant 1 mole de Na^+ et 1 mole de $C\ell^-$).

Calculons maintenant la masse m de chlorure de sodium solide qui a été dissous dans 1,0 L pour préparer cette solution.

$$m = n(NaC\ell) \times M(NaC\ell) = C \times V \times M(NaC\ell) = 8{,}7 \times 10^{-3} \times 1{,}0 \times 58{,}5$$
$$\mathbf{m = 0{,}51 \text{ g}}.$$

À RETENIR

Pour utiliser la loi de Kohlrausch, il faut :

- prendre en compte tous les ions présents dans le système, **y compris les ions spectateurs** ;
- faire preuve d'une grande rigueur au niveau des unités manipulées.

EXERCICE TYPE 3

Un flacon de volume $V = 1{,}0$ L contient un morceau de craie de masse $m = 5{,}0$ g, qu'on supposera constitué uniquement de carbonate de calcium $CaCO_3$.

On introduit dans le système de l'acide acétique CH_3COOH en excès. Le flacon est immédiatement fermé après cet ajout.

On observe alors un dégagement gazeux. Il se produit une réaction totale d'équation :

$$CaCO_3(s) + 2\ CH_3COOH(aq) \rightarrow Ca^{2+}(aq) + 2\ CH_3COO^-(aq) + CO_2(g) + H_2O(\ell)$$

Lorsque le morceau de craie a été totalement dissous, la température dans le système vaut $\theta = 30$ °C.

Calculer alors la surpression dans le flacon, due au dégagement de dioxyde de carbone. On supposera que ce gaz a un comportement de gaz parfait.

Données : constante des gaz parfaits : $R = 8{,}314\ J.mol^{-1}.K^{-1}$; $M(CaCO_3) = 100{,}1\ g.mol^{-1}$.

CORRIGÉ COMMENTÉ

La surpression est égale à la pression du dioxyde de carbone $P(CO_2)$ dans le flacon. On suppose que ce gaz a un comportement de gaz parfait, ce qui nous permet d'appliquer l'équation d'état des gaz parfaits.

$$P(CO_2) \times V = n(CO_2) \times R \times T$$

Soit :

$$P(CO_2) = \frac{n(CO_2) \times R \times T}{V}$$

D'après l'énoncé, la réaction entre le morceau de craie et l'acide est totale. De plus, l'acide est introduit en excès.

On peut donc écrire que $n(CO_2) = n(CaCO_3) = \dfrac{m}{M(CaCO_3)}$

$$P(CO_2) = \frac{\dfrac{m}{M(CaCO_3)} \times R \times T}{V}$$

$$= \frac{\dfrac{5{,}0}{100{,}1} \times 8{,}314 \times 303}{1{,}0 \times 10^{-3}}$$

$$\mathbf{P(CO_2) = 1{,}3 \times 10^5\ Pa.}$$

> **Remarque**
> Attention aux unités lors de l'application numérique.
> - La température est à exprimer en kelvin :
> $T(K) = \theta(°C) + 273$
> $T = 30 + 273 = 303\ K$
> - Le volume est à exprimer en m^3 : $1\ L = 10^{-3}\ m^3$.
> $V = 1{,}0\ L = 1{,}0 \times 10^{-3}\ m^3$

À RETENIR

- Il faut effectuer les conversions nécessaires lors de l'utilisation de l'équation d'état des gaz parfaits.
- L'utilisation de cette loi n'est possible que pour les gaz se comportant comme des gaz parfaits (voir chapitre 13 pour plus de détails).

3 Exploiter un spectre infrarouge

EXERCICE TYPE

On considère deux molécules organiques A et B dont les formules semi-développées sont :

(A)

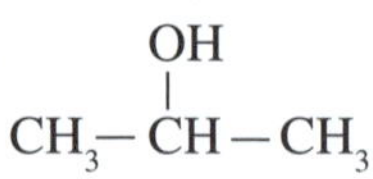

(B)

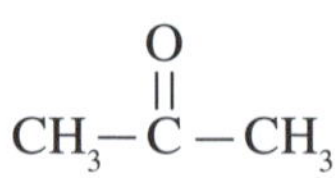

Donnée : voir table de spectroscopie IR p. 444.

1. Nommer ces deux molécules.
2. Attribuer à chaque molécule son spectre infrarouge. Justifier.

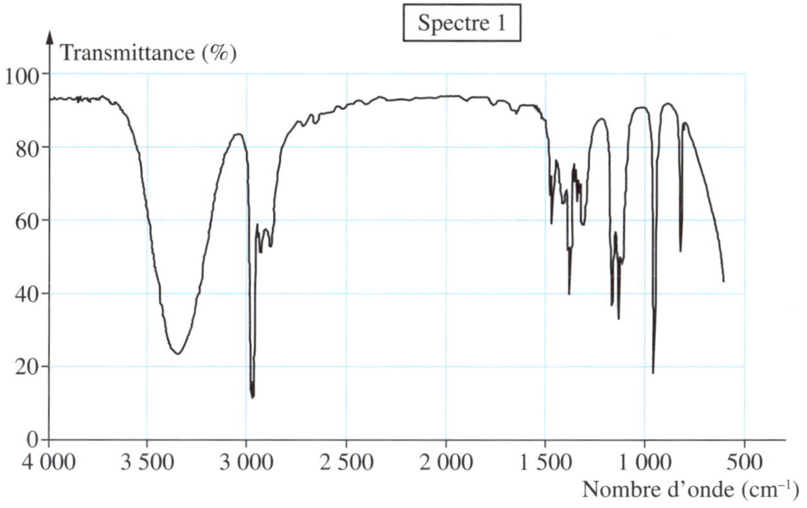

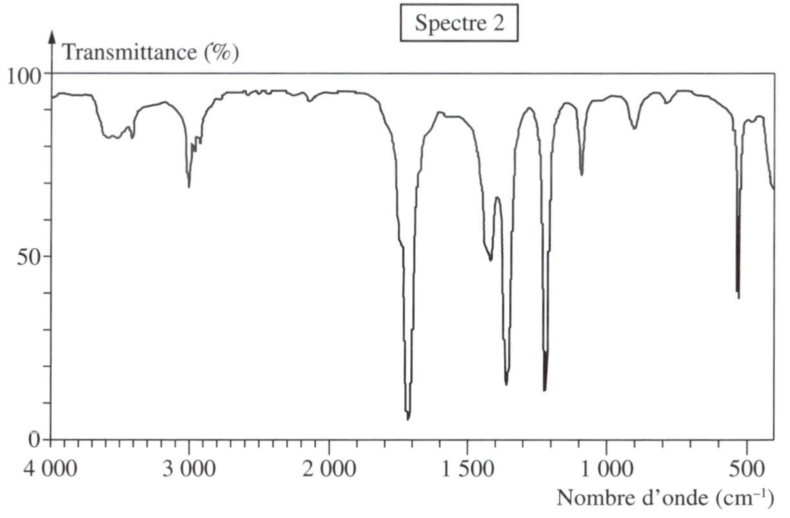

CORRIGÉ COMMENTÉ

1. A : **propan-2-ol** ;
B : **propanone**.

> **Remarque**
> Pour le composé B, il n'y a pas plusieurs possibilités pour positionner la fonction cétone. La précision propan-**2**-one est donc inutile.

2. La molécule A est un **alcool** (groupe hydroxyle). D'après les tables, on doit avoir une **bande d'intensité faible et fine entre 3 580 et 3 670 cm^{-1} s'il n'y a pas de liaison hydrogène ou une bande forte et large entre 3 200 et 3 400 cm^{-1} en cas de liaisons hydrogène.** Le spectre 1 présente une **bande forte et large vers 3 400 cm^{-1}**, ce qui n'est pas le cas du spectre 2.
Il s'agit donc du spectre du propan-1-ol.
(Ce spectre nous indique également l'existence de liaisons hydrogène.)
La molécule B est une **cétone** (groupe carbonyle). Au niveau du spectre IR, cela doit se traduire par l'apparition d'une **bande forte entre 1 650 et 1 730 cm^{-1}**. Le spectre 2 présente bien une **bande forte vers 1 700 cm^{-1}**.

À RETENIR

• Pour analyser un spectre IR, il faut :
– identifier les bandes caractéristiques au niveau du spectre ;
– s'appuyer sur les tables de données pour retrouver le(s) groupe(s) caractéristique(s) présent(s) dans la molécule ;
– recouper les informations récoltées le cas échéant.

• Pour attribuer un spectre à une molécule, il faut :
– repérer le(s) groupe(s) caractéristiques(s) présent(s) dans la molécule ;
– rechercher les bandes associées à ce(s) groupe(s) en s'appuyant sur les tables de données ;
– identifier des éléments de différenciation dans le cas de molécules quasi similaires (présence d'une double liaison C=C, par exemple).

EXERCICES

Connaître le cours

Pour chaque exercice du *connaître le cours*, indiquer la (ou les) bonne(s) réponse(s) :

1 3 min pH d'une solution

	A	B	C
1. L'échelle pH :	est toujours la même	dépend de la température	est bornée par les valeurs « 0 » et « 14 » à 25 °C
2. À 25 °C, une solution de pH = 7,1 est :	acide	neutre	basique
3. L'expression permettant de calculer le pH est :	$pH = \log [H_3O^+]$	$pH = -\ln [H_3O^+]$	$pH = -\log [H_3O^+]$
4. L'expression permettant de calculer la concentration en ions oxonium $[H_3O^+]$ est :	$[H_3O^+] = 10^{pH}$	$[H_3O^+] = e^{-pH}$	$[H_3O^+] = 10^{-pH}$
5. Une solution de pH = 3,2 est :	plus acide qu'une solution de pH = 3,6	moins acide qu'une solution de pH = 3,6	peut voir la valeur de son pH augmenter par dilution

→ Corrigé p. 47

2 4 min Des lois pour analyser un système

	A	B	C
1. La loi de Beer-Lambert :	s'applique quelles que soient les conditions expérimentales	ne s'applique que sous certaines conditions	permet de calculer la conductivité de la solution
2. Pour pouvoir utiliser la loi de Beer-Lambert, il faut que :	la lumière utilisée soit monochromatique	l'épaisseur d'échantillon traversée soit constante	la solution soit suffisamment diluée
3. La spectroscopie infrarouge d'un composé met en jeu :	des transitions électroniques	des vibrations au niveau des liaisons covalentes	une absorption de photons
4. Contribuent à la conductivité d'une solution :	toutes les entités chimiques présentes	tous les ions présents	tous les ions présents, à l'exception des ions spectateurs
5. L'équation $PV = nRT$:	s'applique à tous les gaz	ne s'applique qu'aux gaz parfaits	fait intervenir le volume en litre et la température en kelvin

→ Corrigé p. 47

Appliquer le cours et les savoir-faire

3 7 min ★ → COMMENT FAIRE 1

L'acide nitrique HNO_3 se dissocie totalement dans l'eau suivant l'équation-bilan :

$$HNO_3(aq) + H_2O(\ell) \rightarrow NO_3^-(aq) + H_3O^+(aq)$$

On dissout une quantité $n = 1{,}5 \times 10^{-3}$ mol de cet acide dans un volume $V = 100$ mL d'eau.

1. Calculer le pH de cette solution.

2. On souhaite préparer, à partir de cette solution, une solution fille telle que $pH_{fille} = 4{,}1$. Que vaut alors le facteur de dilution ?

→ Corrigé p. 47

4 7 min ★ → COMMENT FAIRE 1

L'acide permanganique $HMnO_4$ se présente sous la forme de cristaux violets.
Il se dissocie totalement dans l'eau suivant l'équation-bilan :

$$HMnO_4(s) + H_2O(\ell) \rightarrow MnO_4^-(aq) + H_3O^+(aq)$$

On dissout quelques cristaux de ce solide dans un volume $V = 200$ mL d'eau. La solution obtenue a un pH = 3,1.
Quelle masse m de solide a-t-on dissous pour préparer cette solution ?
Données : Les valeurs des masses molaires sont à chercher dans le tableau périodique p. 446.

→ Corrigé p. 47

5 10 min ★ → COMMENT FAIRE 2

Le diiode I_2 est une espèce colorée qui peut être dosée par spectrophotométrie.
Dans le cas de solutions suffisamment diluées, l'absorbance A est proportionnelle à la concentration C. On souhaite déterminer ici la concentration d'une solution en diiode.
On effectue une première mesure, en réglant le spectrophotomètre sur la longueur d'onde $\lambda = 470$ nm, avec une solution S_0 de concentration connue $C_0 = 5{,}0 \times 10^{-4}$ mol.L^{-1}. On mesure une absorbance $A_0 = 0{,}452$.
On place ensuite un échantillon de la solution S dont on souhaite déterminer la concentration dans l'appareil, en conservant les réglages. Celui-ci indique une absorbance $A = 0{,}284$.

1. Calculer la valeur de la constante de proportionnalité k entre l'absorbance et la concentration.

2. Déterminer la valeur de la concentration C en diiode dans la solution S.

3. Sachant que l'épaisseur de la cuve est $\ell = 1{,}0$ cm, calculer la valeur du coefficient d'extinction molaire ε du diiode à 470 nm.

→ Corrigé p. 48

6 6 min ★ → COMMENT FAIRE 2

On dissout, à 25 °C, dans un volume $V = 10$ L d'eau, une masse $m = 5{,}0$ g de chlorure de potassium KCℓ.
Ce solide ionique se dissocie totalement dans l'eau suivant l'équation-bilan :

$$KC\ell(s) \rightarrow K^+(aq) + C\ell^-(aq)$$

Données : à 25 °C : $\lambda(K^+) = 7{,}35$ mS.m².mol⁻¹ ; $\lambda(C\ell^-) = 7{,}63$ mS.m².mol⁻¹.
Les valeurs des masses molaires sont à chercher dans le tableau périodique p. 446.
Calculer la conductivité de la solution ainsi préparée.

→ Corrigé p. 48

7 8 min ★ → COMMENT FAIRE 2

On considère une bouteille de gaz à usage domestique, de capacité $V = 30{,}6$ L et contenant une masse $m = 13$ kg de propane C_3H_8.
Données : constante des gaz parfaits : $R = 8{,}314$ J.mol⁻¹.K⁻¹ ; 1 bar = 10^5 Pa.
Les valeurs des masses molaires sont à chercher dans le tableau périodique p. 446.

1. Calculer la pression théorique dans la bouteille de gaz, à une température $\theta = 25$ °C et en considérant que le propane se comporte comme un gaz parfait. Exprimer le résultat en bar.
2. En réalité, la pression dans la bouteille est de 6,5 bar. Expliquer l'écart constaté.

→ Corrigé p. 48

8 5 min ★ → COMMENT FAIRE 3

On considère le spectre IR d'un alcool :

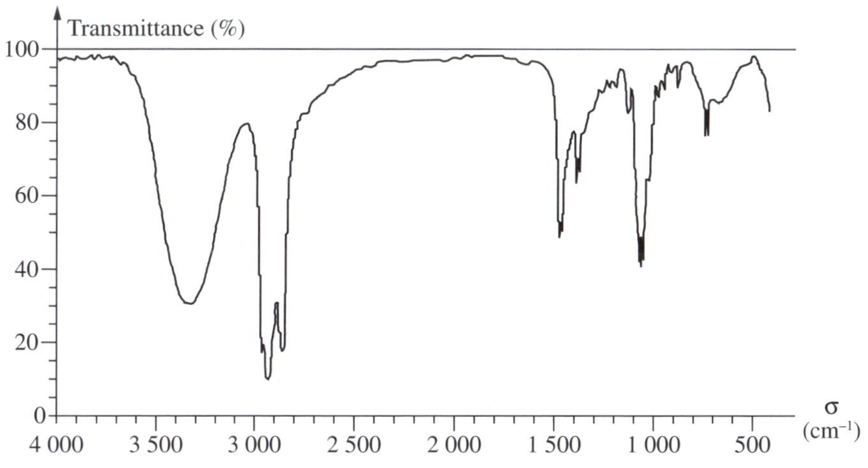

Données : voir table spectroscopie IR p. 444.

1. Justifier qu'il s'agit bien du spectre IR d'un alcool.
2. Montrer qu'il n'y a pas de double liaison C=C dans la molécule.

→ Corrigé p. 49

S'entraîner au raisonnement

9 20 min ★★

Le liquide de Ringer est une solution physiologique utilisée en médecine pour les perfusions ou la conservation d'un organe lors d'une greffe.
Il contient des ions sodium Na^+, chlorure $C\ell^-$, lactate $C_3H_5O_3^-$, potassium K^+ et calcium Ca^{2+} dans des proportions bien précises.
On prépare un volume $V = 1{,}00$ L de cette solution par dissolution de $m_1 = 0{,}298$ g de chlorure de potassium $KC\ell$, de $m_2 = 0{,}167$ g de chlorure de calcium $CaC\ell_2$, de $m_3 = 3{,}360$ g d'acétate de sodium $NaC_3H_5O_3$ et de $m_4 = 6{,}025$ g de chlorure de sodium $NaC\ell$.
Toutes ces dissolutions sont totales et d'équations :

- $KC\ell(s) \rightarrow K^+(aq) + C\ell^-(aq)$ (1)
- $CaC\ell_2(s) \rightarrow Ca^{2+}(aq) + 2\ C\ell^-(aq)$ (2)
- $NaC_3H_5O_3(s) \rightarrow Na^+(aq) + C_3H_5O_3^-(aq)$ (3)
- $NaC\ell(s) \rightarrow Na^+(aq) + C\ell^-(aq)$ (4)

Données : à 25 °C : $\lambda(K^+) = 7{,}35$ mS.m².mol⁻¹ ; $\lambda(C\ell^-) = 7{,}63$ mS.m².mol⁻¹ ;
$\lambda(Ca^{2+}) = 11{,}90$ mS.m².mol⁻¹ ; $\lambda(Na^+) = 5{,}01$ mS.m².mol⁻¹ ;
$\lambda(C_3H_5O_3^-) = 3{,}88$ mS.m².mol⁻¹.
Les valeurs des masses molaires sont à chercher dans le tableau périodique p. 446.

Calculer la valeur de la conductivité du liquide de Ringer à 25 °C.

→ *Corrigé p. 49*

10 15 min ★★★

Le chlorure d'hydrogène $HC\ell$ est un composé gazeux dans les conditions normales de température et de pression. Il est fortement soluble dans l'eau.
On introduit du chlorure d'hydrogène, assimilé à un gaz parfait ici, dans un ballon de volume $V = 500$ mL et à une température $\theta = 25$ °C. La pression due à ce gaz dans le ballon, une fois ce dernier bouché, vaut $P(HC\ell) = 248$ hPa.
On verse ensuite un volume $V_S = 100$ mL d'eau dans le ballon de telle manière que tout le chlorure d'hydrogène présent s'y dissocie, suivant la réaction d'équation-bilan :

$$HC\ell(g) + H_2O(\ell) \rightarrow C\ell^-(aq) + H_3O^+(aq)$$

Donnée : constante des gaz parfaits : $R = 8{,}314$ J.mol⁻¹.K⁻¹.

Calculer le pH de la solution obtenue.

→ *Corrigé p. 50*

EXERCICE DE BAC

Exercice 25 min **10 points**

Lors d'un banquet donné en l'honneur de Marc Antoine, Cléopâtre aurait dissous une perle de grande valeur qu'elle portait comme boucle d'oreilles dans une coupe remplie de vinaigre.
Le vinaigre a été utilisé dès le début de l'Antiquité comme condiment et pour la conservation, mais aussi à des fins thérapeutiques.
Il s'agit d'une solution aqueuse d'acide acétique dont l'obtention, à partir du jus de raisin par exemple, s'effectue en deux étapes.

Le Banquet d'Antoine et de Cléopâtre, Jacob Jordaens, XVIIe siècle (© The Metropolitan Museum of Art, New York, Rogers Fund, 1963)

Étape 1 : fermentation alcoolique

Le glucose de formule brute $C_6H_{12}O_6$, contenu dans le jus de raisin, est transformé en éthanol C_2H_6O et en dioxyde de carbone CO_2, sous l'action de levures.
Lorsque la vinification est terminée, la <u>teneur en dioxyde de carbone dans le vin est comprise entre 200 et 700 mg.L^{-1}</u>.
On procède à la vérification de cette teneur par spectrophotométrie.

Étape 2 : fermentation acétique

Sous l'action de *Micoderma Acetii*, l'éthanol est ensuite oxydé en acide acétique suivant l'équation-bilan :

$$C_2H_6O(aq) + O_2(g) \rightarrow C_2H_4O_2(aq) + H_2O(\ell)$$

Données : $M(CO_2) = 44,0$ g.mol^{-1} ;
$\lambda(H_3O^+) = 35,0$ mS.m^2.mol^{-1} ; $\lambda(CH_3COO^-) = 4,09$ mS.m^2.mol^{-1} ;
table de nombres d'onde dans le domaine des infrarouges :

Liaison	Famille chimique	Nombre d'onde (en cm^{-1})
C–H	alcane alcène	2 480 – 3 000 $>$ 3 000
O–H	alcool acide carboxylique	3 200 – 3 400 2 500 – 3 300
C=O	acide carboxylique ester aldéhyde ou cétone amide	1 700 – 1 725 1 700 – 1 750 1 650 – 1 740 1 650 – 1 695

PARTIE 1 : On considère ici un échantillon de vin dont l'absorbance vaut $A = 0{,}048$.
Les conditions de l'expérience sont telles que le dioxyde de carbone est la seule espèce à absorber et que la loi de Beer-Lambert est vérifiée.

1. [1 pt] Écrire l'équation-bilan de la réaction se produisant lors de la fermentation alcoolique.

2. [2,5 pts] Une solution étalon de concentration en dioxyde de carbone $C_0 = 10{,}0$ mmol.L^{-1} a une absorbance $A_0 = 0{,}041$ dans les mêmes conditions de mesure. Calculer la concentration en quantité de matière C de dioxyde de carbone dans ce vin.

3. [1,5 pt] Vérifier que cette valeur est cohérente avec l'information soulignée dans l'énoncé.

PARTIE 2 : À l'issue de la fermentation acétique, on obtient un vinaigre dont la conductivité vaut $\sigma = 0{,}196$ mS.cm^{-1}.
Cette conductivité est due au fait que l'acide acétique réagit avec l'eau pour donner des ions acétate CH_3COO^-(aq) et des ions oxonium H_3O^+(aq), en égale quantité.

4. [1,5 pt] Écrire les formules semi-développées de l'éthanol et de l'acide acétique. Entourer et nommer les groupes caractéristiques présents dans ces molécules.

5. [1 pt] Attribuer le spectre ci-après à l'une de ces deux espèces en justifiant.

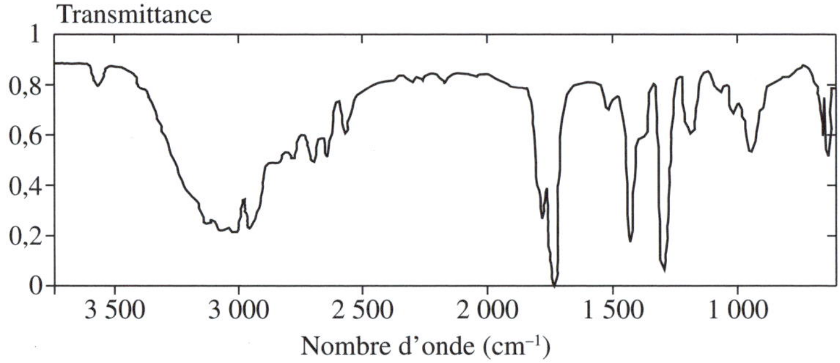

6. [2,5 pts] Calculer le pH de ce vinaigre en vous appuyant sur la loi de Kohlrausch.

→ Corrigé p. 51

CORRIGÉS

1 → Énoncé p. 41

1. **B** et **C** ; 2. **C** ; 3. **C** ; 4. **C** ; 5. **A** et **C**.

2 → Énoncé p. 41

1. **B** ; 2. **A, B** et **C** ; 3. **B** et **C** ; 4. **B** ; 5. **B**.

3 → Énoncé p. 42

1. Calculons la concentration en soluté apporté :

$$C = \frac{n}{V} = \frac{1{,}5 \times 10^{-3}}{100 \times 10^{-3}} = 1{,}5 \times 10^{-2}\ \text{mol.L}^{-1}$$

L'acide nitrique se dissociant totalement dans l'eau, on a :

$[H_3O^+] = C = 1{,}5 \times 10^{-2}\ \text{mol.L}^{-1}$

On en déduit la valeur du pH :

$\text{pH} = -\log[H_3O^+] = -\log\left(1{,}5 \times 10^{-2}\right)$

pH = 1,8

2. Par dilution, on obtient une solution fille telle que $\text{pH}_{\text{fille}} = 4{,}1$. Notons $[H_3O^+]_{\text{fille}}$ la concentration en ions oxonium dans celle-ci.

Soit F le facteur de dilution.

$$F = \frac{[H_3O^+]}{[H_3O^+]_{\text{fille}}} = \frac{10^{-\text{pH}}}{10^{-\text{pH}_{\text{fille}}}} = \frac{10^{-1{,}8}}{10^{-4{,}1}} = 10^{2{,}3}$$

$\boldsymbol{F = 2{,}0 \times 10^2}$.

Rappel

Lors de la dilution d'une espèce, on a la relation :

$$C_{\text{mère}} \times V_{\text{mère}} = C_{\text{fille}} \times V_{\text{fille}}$$

Soit $\frac{C_{\text{mère}}}{C_{\text{fille}}} = \frac{V_{\text{fille}}}{V_{\text{mère}}} = F$ (facteur de dilution).

Remarque

Pour réaliser cette dilution, il faudra utiliser une pipette jaugée de 1,0 mL et une fiole jaugée de 200 mL.

4 → Énoncé p. 42

Calculons la concentration en ions H_3O^+.

$[H_3O^+] = 10^{-\text{pH}} = 10^{-3{,}1}\ \text{mol.L}^{-1}$

La dissociation de l'acide permanganique étant totale, la concentration en soluté apporté C est telle que $C = [H_3O^+]$.

Remarque

Garder la puissance de dix le plus longtemps possible afin de limiter les imprécisions sur le résultat final.

La quantité de matière n de cet acide qui a été introduite dans le volume V vaut :

$n = C \times V = [H_3O^+] \times V$

et sa masse :

$m = n \times M = [H_3O^+] \times V \times M$.

Calculons la valeur de la masse molaire moléculaire.

$M = M(HMnO_4) = 1 \times M(H) + 1 \times M(Mn) + 4 \times M(O)$

$= 1 \times 1{,}0 + 1 \times 54{,}9 + 4 \times 16{,}0 = 119{,}9\ \text{g.mol}^{-1}$

$m = 10^{-3{,}1} \times 200 \times 10^{-3} \times 119{,}9$

$\boldsymbol{m = 1{,}9 \times 10^{-2}}$ **g.**

5 → *Énoncé p. 42*

1. Appliquons la loi de Beer-Lambert.

$A_0 = k \times C_0$

Soit, en isolant k :

$$k = \frac{A_0}{C_0} = \frac{0,452}{5,0 \times 10^{-4}}$$

$\mathbf{k = 9,0 \times 10^2\ L.mol^{-1}}$.

Remarque

On conserve le nombre de chiffres significatifs. La calculatrice affiche « 904 », mais le résultat ne peut comporter que 2 chiffres significatifs.

2. On en déduit la valeur de la concentration C.

$$C = \frac{A}{k} = \frac{0,284}{9,0 \times 10^2}$$

$\mathbf{C = 3,1 \times 10^{-4}\ mol.L^{-1}}$.

Remarque

Lors de la saisie du calcul, rappeler la valeur de k (« 904 »).

3. Pour calculer la valeur du coefficient d'extinction molaire, on utilise l'expression complète de la loi de Beer-Lambert :

$A = \varepsilon \times l \times C$

$$\varepsilon = \frac{A}{l \times C} = \frac{0,284}{1,0 \times 3,1 \times 10^{-4}}$$

$\mathbf{\varepsilon = 9,0 \times 10^2\ L.mol^{-1}.cm^{-1}}$.

6 → *Énoncé p. 43*

Calculons la concentration en soluté apporté C.

$$C = \frac{n}{V} = \frac{m}{M \times V} = \frac{5,0}{(39,1 + 35,5) \times 10} = 6,7 \times 10^{-3}\ \text{mol.L}^{-1}$$

La dissolution de ce solide ionique étant totale, on peut écrire, d'après l'équation-bilan : $[K^+] = [C\ell^-] = C$

Donnons l'expression de la conductivité de la solution à partir de la loi de Kohlrausch :

$$\begin{aligned}\sigma &= \lambda(K^+) \times [K^+] + \lambda(C\ell^-) \times [C\ell^-]\\ &= \lambda(K^+) \times C + \lambda(C\ell^-) \times C\\ &= (\lambda(K^+) + \lambda(C\ell^-)) \times C\\ &= (7,35 \times 10^{-3} + 7,63 \times 10^{-3}) \times 6,7\end{aligned}$$

$\mathbf{\sigma = 0,10\ S.m^{-1}}$.

Rappel

Attention aux unités !

$\lambda(K^+) = 7,35\ \text{mS.m}^2.\text{mol}^{-1} = 7,35 \times 10^{-3}\ \text{S.m}^2.\text{mol}^{-1}$

$C = 6,7 \times 10^{-3}\ \text{mol.L}^{-1} = 6,7\ \text{mol.m}^{-3}$

7 → *Énoncé p. 43*

1. Appliquons l'équation d'état des gaz parfaits :

$P \times V = n \times R \times T$

Soit, en isolant P :

$$P = \frac{n \times R \times T}{V}$$

L'énoncé mentionne la masse m de propane. On la fait intervenir dans l'expression précédente, sachant que $n = \frac{m}{M}$ avec :

$M = 3 \times M(C) + 8 \times M(H) = 3 \times 12,0 + 8 \times 1,0 = 44,0\ \text{g.mol}^{-1}$.

$$P = \frac{\frac{m}{M} \times \mathrm{R} \times T}{V} = \frac{m \times \mathrm{R} \times T}{M \times V}$$

$$P = \frac{13 \times 10^3 \times 8{,}314 \times 298}{44{,}0 \times 30{,}6 \times 10^{-3}}$$

$P = 2{,}4 \times 10^7$ Pa.

Soit : $\boldsymbol{P = 2{,}4 \times 10^2}$ **bar.**

Rappel

Attention aux unités !
$m = 13$ kg $= 13 \times 10^3$ g
$T = \theta + 273 = 25 + 273 = 298$ K
$V = 30{,}6$ L $= 30{,}6 \times 10^{-3}$ m^3

2. D'après les calculs précédents, la pression dans la bouteille serait de 240 bar. On est loin de la valeur effective, qui est de 6,5 bar.
Cet écart s'explique par la liquéfaction d'une bonne partie de ce gaz lors de son stockage dans la bouteille.

8 → Énoncé p. 43

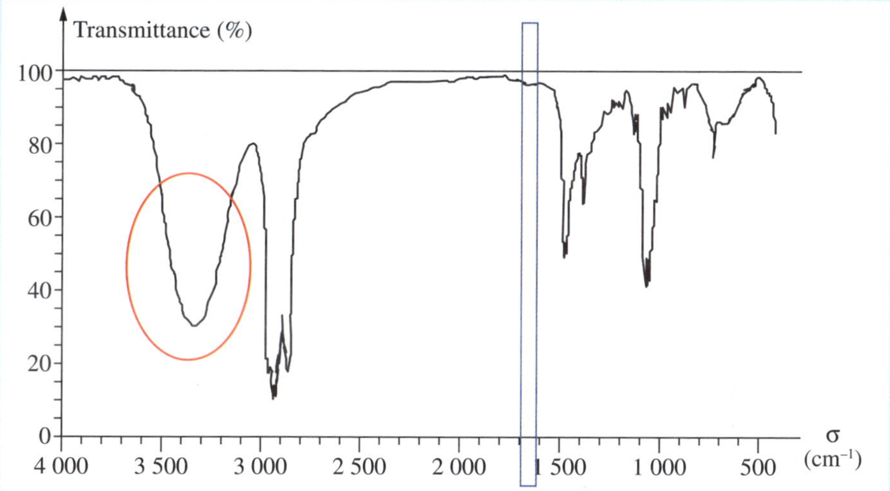

1. Il y a une bande large vers 3 350 cm^{-1}. D'après les tables, cela correspond à la vibration d'une liaison O-H (qui donne une bande large entre 3 200 et 3 400 cm^{-1}). **Il s'agit donc bien du spectre IR d'un alcool car un groupe hydroxyle est présent.**

2. La présence d'une double liaison C=C induit la présence d'une bande vers 1 625-1 685 cm^{-1}, **qu'on ne voit pas ici**.

9 → Énoncé p. 44

Déterminons la concentration en soluté apporté pour tous les solides ioniques considérés ici.

Au préalable, calculons la valeur des masses molaires moléculaires utiles :

- $M(\mathrm{KC\ell}) = M_1 = 1 \times M(\mathrm{K}) + 1 \times M(\mathrm{C\ell}) = 1 \times 39{,}1 + 1 \times 35{,}5 = 74{,}6$ g.mol^{-1}.
- $M(\mathrm{CaC\ell_2}) = M_2 = 1 \times M(\mathrm{Ca}) + 2 \times M(\mathrm{C\ell}) = 1 \times 40{,}1 + 2 \times 35{,}5 = 111{,}1$ g.mol^{-1}.

• $M(NaC_3H_5O_3) = M_3 = 1 \times M(Na) + 3 \times M(C) + 5 \times M(H) + 3 \times M(O)$
$= 1 \times 23{,}0 + 3 \times 12{,}0 + 5 \times 1{,}0 + 3 \times 16{,}0 = 112{,}0 \text{ g.mol}^{-1}$

• $M(NaC\ell) = M_4 = 1 \times M(Na) + 1 \times M(C\ell) = 1 \times 23{,}0 + 1 \times 35{,}5 = 58{,}5 \text{ g.mol}^{-1}$

D'où les concentrations en soluté apporté :

• $C(KC\ell) = C_1 = \dfrac{m_1}{M_1 \times V} = \dfrac{0{,}298}{74{,}6 \times 1{,}00} = 3{,}99 \times 10^{-3} \text{ mol.L}^{-1} = 3{,}99 \text{ mol.m}^{-3}$

• $C(CaC\ell_2) = C_2 = \dfrac{m_2}{M_2 \times V} = \dfrac{0{,}167}{111{,}1 \times 1{,}00} = 1{,}50 \times 10^{-3} \text{ mol.L}^{-1} = 1{,}50 \text{ mol.m}^{-3}$

• $C(NaC_3H_5O_3) = C_3 = \dfrac{m_3}{M_3 \times V} = \dfrac{3{,}360}{112{,}0 \times 1{,}00} = 3{,}00 \times 10^{-2} \text{ mol.L}^{-1} = 30{,}0 \text{ mol.m}^{-3}$

• $C(NaC\ell) = C_4 = \dfrac{m_4}{M_4 \times V} = \dfrac{6{,}025}{58{,}5 \times 1{,}00} = 1{,}03 \times 10^{-1} \text{ mol.L}^{-1} = 103 \text{ mol.m}^{-3}$

Exprimons les concentrations effectives de tous les ions présents en solution :

• $[K^+] = C_1$
• $[C\ell^-] = C_1 + 2 \times C_2 + C_4$
• $[Ca^{2+}] = C_2$
• $[Na^+] = C_3 + C_4$
• $[C_3H_5O_3^-] = C_3$

Remarque

Certains ions proviennent de la dissolution de plusieurs sels ioniques. Ainsi, l'espèce $C\ell^-$ intervient dans les réactions (1), (2) et (4).
Il faut tenir compte également des coefficients stœchiométriques : la dissolution de 1 mole de $CaC\ell_2$ donne 2 moles de $C\ell^-$.

Utilisons maintenant la loi de Kohlrausch pour calculer la conductivité de la solution :

$$\sigma = \lambda(K^+) \times [K^+] + \lambda(C\ell^-) \times [C\ell^-] + \lambda(Ca^{2+}) \times [Ca^{2+}] + \lambda(Na^+) \times [Na^+] + \lambda(C_3H_5O_3^-) \times [C_3H_5O_3^-]$$

$$= \lambda(K^+) \times C_1 + \lambda(C\ell^-) \times (C_1 + 2 \times C_2 + C_4) + \lambda(Ca^{2+}) \times C_2 + \lambda(Na^+) \times (C_3 + C_4) + \lambda(C_3H_5O_3^-) \times C_3$$

$$= 7{,}35 \times 10^{-3} \times 3{,}99 + 7{,}63 \times 10^{-3} \times (3{,}99 + 2 \times 1{,}50 + 103) + 11{,}90 \times 10^{-3} \times 1{,}50 + 5{,}01 \times 10^{-3} \times (30{,}0 + 103) + 3{,}88 \times 10^{-3} \times 30{,}0$$

$\boldsymbol{\sigma = 1{,}67 \text{ S.m}^{-1}}$.

10 → *Énoncé p. 44*

Calculons tout d'abord la quantité de matière $n(HC\ell)$ de chlorure d'hydrogène dans le ballon, ce gaz étant considéré comme parfait ici.

Utilisons l'équation d'état des gaz parfaits :

$P(HC\ell) \times V = n(HC\ell) \times R \times T$

$n(HC\ell) = \dfrac{P(HC\ell) \times V}{R \times T}$ avec :

• $P(HC\ell) = 248 \text{ hPa} = 2{,}48 \times 10^4 \text{ Pa}$;
• $V = 500 \text{ mL} = 5{,}00 \times 10^{-4} \text{ m}^3$;
• $T = \theta + 273 = 25 + 273 = 298 \text{ K}$.

$$n(HC\ell) = \frac{2{,}48 \times 10^4 \times 5{,}00 \times 10^{-4}}{8{,}314 \times 298}$$

$\boldsymbol{n(HC\ell) = 5{,}00 \times 10^{-3} \text{ mol}}$.

La réaction du chlorure d'hydrogène avec l'eau étant totale, on a à la fin de celle-ci :
$\boldsymbol{n\left(H_3O^+\right) = n(HC\ell) = 5{,}00 \times 10^{-3}}$ **mol.**

On en déduit la concentration en ions H_3O^+ dans la solution.

$$[H_3O^+] = \frac{n\left(H_3O^+\right)}{V_S} = \frac{5{,}00 \times 10^{-3}}{100 \times 10^{-3}}$$

$\boldsymbol{[H_3O^+] = 5{,}00 \times 10^{-2}}$ **mol.L^{-1}.**

On en déduit la valeur du pH :

$$\text{pH} = -\log[H_3O^+] = -\log\left(5{,}00 \times 10^{-2}\right)$$

pH = 1,30.

EXERCICE DE BAC

Exercice → *Énoncé p. 45*

1. $\boldsymbol{C_6H_{12}O_6(aq) \rightarrow 2\ C_2H_6O(aq) + 2\ CO_2(g)}$

2. La mesure avec la solution étalon permet de calculer la valeur du coefficient de proportionnalité dans la loi de Beer-Lambert.

$$A_0 = k \times C_0.$$

$$k = \frac{A_0}{C_0} = \frac{0{,}041}{10{,}0 \times 10^{-3}}$$

$$k = 4{,}1\ \text{L.mol}^{-1}.$$

On peut maintenant calculer la valeur de la concentration C.

$$C = \frac{A}{k} = \frac{0{,}048}{4{,}1}$$

$\boldsymbol{C = 1{,}2 \times 10^{-2}}$ **mol.L^{-1}.**

3. Déterminons la teneur en dioxyde de carbone dans ce vin. Il s'agit donc de la concentration en masse γ.

$$\gamma = C \times M\left(CO_2\right) = 1{,}2 \times 10^{-2} \times 44{,}0$$

$\boldsymbol{\gamma = 5{,}2 \times 10^{-1}}$ **g.L^{-1}.**

Soit une teneur de 520 mg par litre, valeur qui est bien comprise dans l'encadrement précisé dans l'énoncé.

4.

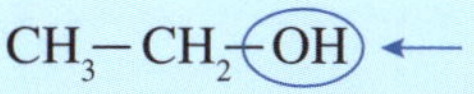

Groupe hydroxyle

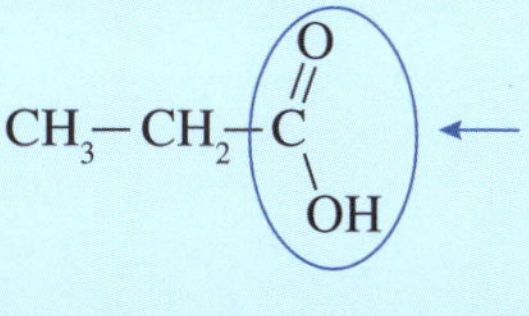

Groupe carboxyle

5.

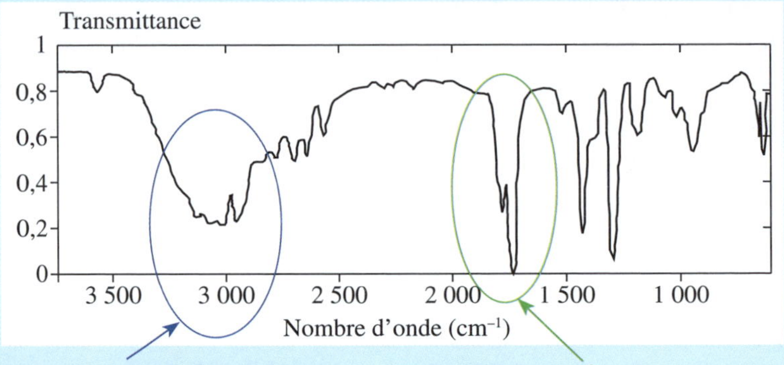

Vers 3 000 cm^{-1} : bande moyenne et large correspondant à la vibration de la liaison O-H du groupe carboxyle (pour un alcool, cette bande se trouve « plus à gauche »)

Vers 1 700 cm^{-1} : bande forte et fine correspondant à la vibration de la liaison C=O du groupe carboxyle

Il s'agit donc du spectre IR de l'acide acétique.

6. On considère ici que les seuls ions présents en solution sont les ions acétate et les ions oxonium.

D'après la loi de Kohlrausch, l'expression de la conductivité de ce vinaigre est :

$$\sigma = \lambda\left(CH_3COO^-\right) \times [CH_3COO^-] + \lambda\left(H_3O^+\right) \times [H_3O^+]$$

D'après l'énoncé, $[CH_3COO^-] = [H_3O^+]$.

Donc :

$$\sigma = \lambda\left(CH_3COO^-\right) \times [H_3O^+] + \lambda\left(H_3O^+\right) \times [H_3O^+]$$

$$\sigma = \left(\lambda\left(CH_3COO^-\right) + \lambda\left(H_3O^+\right)\right) \times [H_3O^+].$$

Soit :

$$[H_3O^+] = \frac{\sigma}{\lambda\left(CH_3COO^-\right) + \lambda\left(H_3O^+\right)}$$

$$= \frac{1{,}96 \times 10^{-2}}{35{,}0 \times 10^{-3} + 4{,}09 \times 10^{-3}}$$

$$[H_3O^+] = 5{,}01 \times 10^{-1}\ \text{mol.m}^{-3}.$$

On exprime cette concentration en mole par litre :

$$[H_3O^+] = 5{,}01 \times 10^{-4}\ \text{mol.L}^{-1}.$$

On en déduit la valeur du pH :

$$pH = -\log [H_3O^+] = -\log (5{,}01 \times 10^{-4})$$

pH = 3,3.

Remarque

Attention à l'unité de la conductivité !

$\sigma = 0{,}196\ \text{mS.cm}^{-1}$

$= 0{,}196 \times 10^2\ \text{mS.m}^{-1}$

$= 0{,}196 \times 10^2 \times 10^{-3}\ \text{S.m}^{-1}$

$= 0{,}196 \times 10^{-1}\ \text{S.m}^{-1}$

$\sigma = 1{,}96 \times 10^{-2}\ \text{S.m}^{-1}$

Analyser un système par des méthodes chimiques

CHAPITRE 3

1 Réalisation d'une solution par dilution d'une solution concentrée

Exemple : Préparons 0,200 L d'acide chlorhydrique molaire à partir d'une solution d'acide chlorhydrique commerciale.
Sur la bouteille figurent les informations suivantes : densité $d = 1{,}17$ et 37 % en masse.
On donne $M(\text{HC}\ell) = 36{,}5\ \text{g.mol}^{-1}$.

A. Détermination du volume de solution mère à prélever

■ Déterminons tout d'abord la masse d'un litre de solution à partir de la densité et de la masse volumique.
La densité d'un corps est le rapport entre la masse volumique de la solution donnée et la masse volumique de l'eau :

$$d = \frac{\rho}{\rho_{\text{eau}}} \text{ (avec } \rho_{\text{eau}} = 1\,000\ \text{g.L}^{-1}\text{)}.$$

Ici, $\rho = d \times \rho_{\text{eau}}$

$$\rho = 1{,}17 \times 1\,000 = 1\,170\ \text{g.L}^{-1}.$$

Pour un litre de solution, on a donc :

$$m = \rho \times V = 1\,170 \times 1 = 1\,170\ \text{g}.$$

■ Déterminons ensuite la masse d'acide présente dans de la solution mère :
La solution est à 37 % en masse d'acide chlorhydrique, cela veut dire qu'on a 37 g d'acide chlorhydrique pour 100 g de solution :

$$m_{\text{acide}} = 1\,170 \times 0{,}37 = 433\ \text{g}.$$

■ On va maintenant déterminer la quantité d'acide présente dans un litre de solution :

$$n(\text{HC}\ell) = \frac{m(\text{HC}\ell)}{M(\text{HC}\ell)} = \frac{433}{36{,}5} = 11{,}9\ \text{mol}.$$

■ Le volume de solution étant de 1 litre, la concentration en acide de la solution mère sera de $11{,}9\ \text{mol.L}^{-1}$.
Appliquons la formule de dilution :

$$C_{\text{m}} \times V_{\text{m}} = C_{\text{f}} \times V_{\text{f}}$$

où C_m et V_m sont respectivement la concentration et le volume prélevé de la solution mère, et C_f et V_f représentent la concentration et le volume de la solution fille.
Le volume à prélever sera donc :

$$V_m = \frac{C_f \times V_f}{C_m} = \frac{1{,}0 \times 0{,}200}{11{,}9} = 17 \times 10^{-3}\ \text{L} = 17\ \text{mL}.$$

B. Protocole de dilution

– Verser un volume suffisant de solution mère V_m dans un bécher.
– Prélever, à l'aide d'une pipette graduée munie d'une propipette ou d'un pipeteur, le volume de solution nécessaire.
– Verser le volume prélevé dans une fiole jaugée de 200 mL dans laquelle vous allez au préalable placer un peu d'eau distillée.
– Verser ensuite l'eau distillée jusqu'au trait de jauge. Homogénéiser.

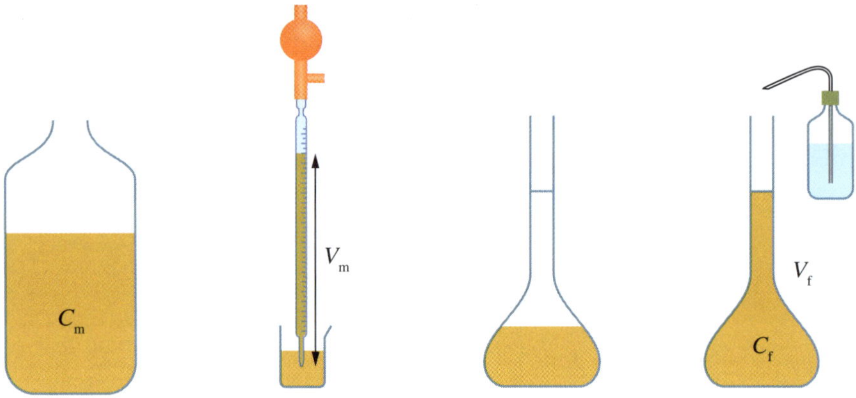

Solution mère — Prélèvement du volume V_m — On place le volume prélevé dans la fiole jaugée — On complète jusqu'au trait de jauge avec de l'eau distillée

2 Principe d'un dosage par titrage

■ Lors de la réalisation d'un dosage, on cherche à déterminer précisément la quantité de matière ou la concentration molaire d'une espèce titrée présente en solution.

■ Un dosage par titrage s'appuie sur une réaction entre le réactif titré (dont la concentration est inconnue) et l'espèce titrante. Cette réaction support du dosage doit être **rapide**, **unique** et **totale.**
Lorsque l'espèce titrée et l'espèce titrante sont introduites en proportions stœchiométriques, on parle d'**équivalence.**

■ Le repérage de cette équivalence va dépendre de la technique de dosage utilisée.

3 Titrage suivi par pH-métrie

■ Un titrage par pH-métrie permet, à l'aide d'un pH-mètre, de suivre l'évolution du pH de la solution titrée lors de l'ajout de solution titrante. La réaction support est une réaction acido-basique.

■ Le tracé de la courbe obtenue, appelée **courbe de titrage pH-métrique,** relie les variations du pH et le volume de solution titrante versée.
Elle est notée pH = $f(V_{\text{solution titrante}})$.

A. Montage expérimental et courbe obtenue

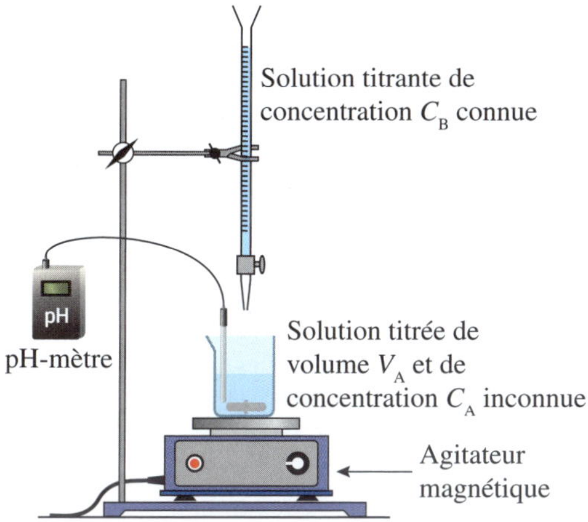

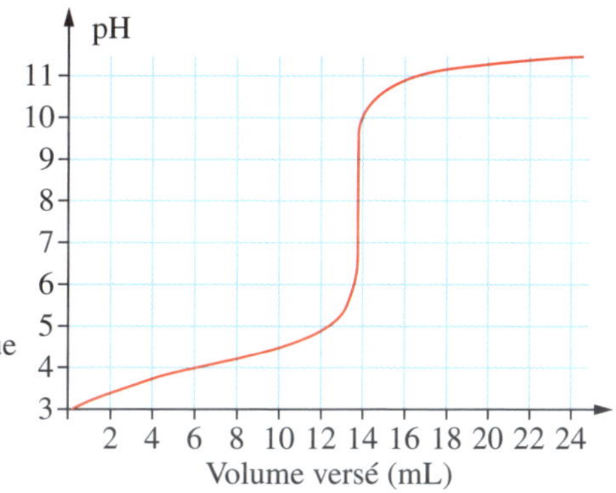

B. Exploitation de la courbe

■ **Avant l'équivalence :** le réactif titrant est en défaut, car il est consommé instantanément. C'est le réactif limitant de l'équation support du titrage. Le pH est imposé par l'espèce titrée.

■ **À l'équivalence :** le réactif titrant et le réactif titré sont introduits dans les proportions stœchiométriques. On observe alors une brusque variation de pH appelée « saut de pH ».
Le point d'équivalence peut être déterminé par deux méthodes :

Méthode des tangentes

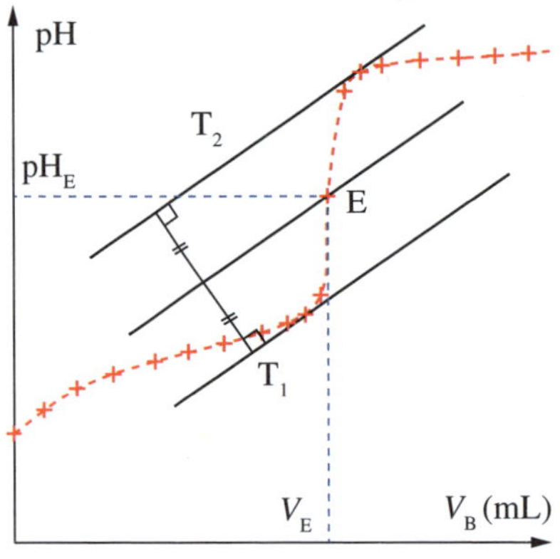

– On trace une première tangente T_1 à la courbe avant le saut de pH.
– On trace une seconde tangente T_2 à la courbe après le saut de pH et parallèle à T_1.
– On trace ensuite un segment orthogonal aux deux tangentes.
– On trace alors la médiatrice à ce segment ; le point d'intersection entre cette médiatrice et la courbe pH = *f*(*V*) donne le point d'équivalence E et donc le volume équivalent V_E.

Méthode de la courbe dérivée

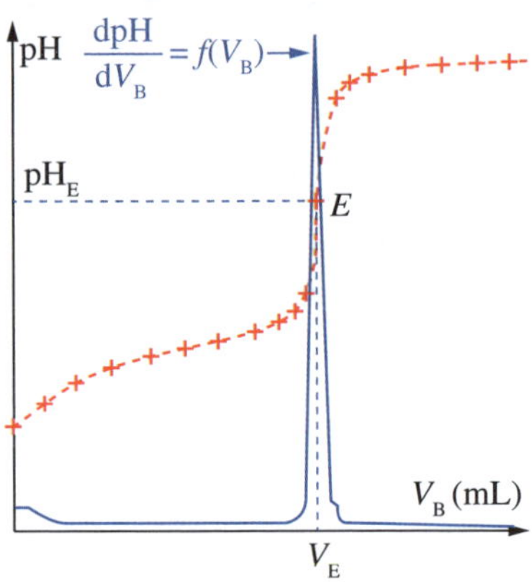

On trace la dérivée du pH en fonction du volume de réactif titrant versé.
Cette courbe présente un extremum dont l'abscisse donne le volume équivalent V_E.

Méthode
La méthode à privilégier est celle de la courbe dérivée, qui est plus précise.

À ce moment du titrage, les espèces titrée et titrante (acide et base) ont été introduites dans les proportions stœchiométriques :

$$n(\text{AH}) = n(\text{OH}^-)$$

■ **Après l'équivalence :** le réactif titré est le réactif en défaut. Le réactif titrant s'accumule dans le mélange réactionnel. Le pH est imposé par l'espèce titrante.

4 Titrage avec suivi conductimétrique

A. Principe de la conductimétrie

■ Un conductimètre permet de mesurer la conductivité σ d'une solution, grandeur physique liée à la concentration des espèces ioniques présentes dans la solution. Elle s'exprime en siemens par mètre ($S.m^{-1}$).

■ La **loi de Kohlrausch** indique ainsi qu'il y a proportionnalité entre la conductivité σ et la concentration molaire des espèces ioniques :

$$\sigma = k \times C$$

avec σ en $S.m^{-1}$, k en $S.m^2.mol^{-1}$, C en $mol.m^{-3}$.
Attention : ici, la concentration s'exprime en $mol.m^{-3}$.

■ Si la solution contient plusieurs ions, la conductivité est donnée par la formule :

$$\sigma = \sum_{\text{ions}} \lambda_i \times [X_{i(aq)}] \quad \begin{cases} \lambda_i = \text{conductivité molaire ionique de l'ion } X_i \text{ (en } S.m^2.mol^{-1}) \\ [X_{i(aq)}] = \text{concentration molaire de l'ion } X_i \text{ (en } mol.m^{-3}) \end{cases}$$

La conductivité molaire ionique λ est une grandeur caractéristique de chaque ion.
Tous les ions, même spectateurs, participent à la conductivité de la solution.
Attention ! Cette relation n'est valable que pour des solutions diluées de concentration inférieure à 10^{-2} $mol.L^{-1}$.

B. Application au titrage

■ Lors de l'ajout d'une solution titrante à la solution titrée, la conductance σ évolue. Le titrage conductimétrique consiste à suivre cette évolution.
La courbe de titrage obtenue, $\sigma = f(V_{\text{solution titrante}})$, donne donc la variation de la conductivité en fonction du volume de solution titrante ajoutée.

■ Pour éviter le phénomène de dilution et obtenir une évolution linéaire de la conductivité, il faut un volume initial de solution à titrer important par rapport au volume de solution titrée ajoutée.

Montage expérimental

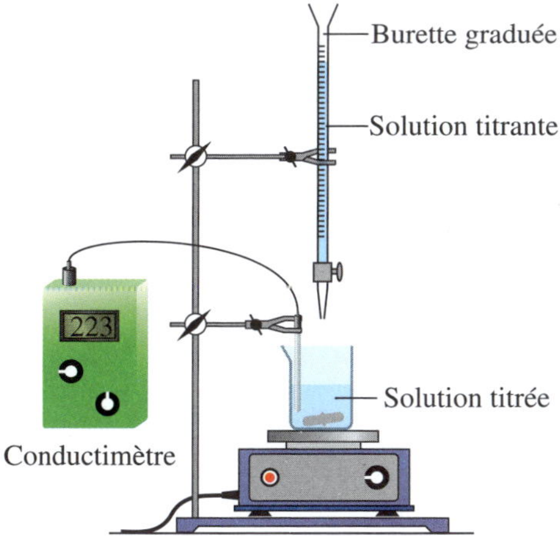

Courbe de titrage

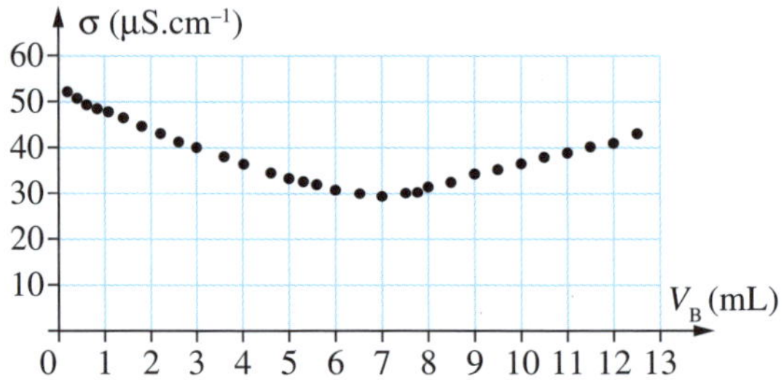

C. Exploitation de la courbe

■ **Avant l'équivalence :** la conductivité molaire varie, soit par disparition d'un ion, soit par ajout d'un ion de conductivité molaire ionique plus faible.
Parfois, lors du titrage d'un acide faible par une base forte, des ions sont formés (base faible) et font augmenter la conductivité de la solution.

■ **À l'équivalence :** le réactif titrant et le réactif titré sont introduits en proportions stœchiométriques.

■ **Après l'équivalence :** les ions apportés par la solution titrante ne réagissent plus et font augmenter la conductivité de la solution.

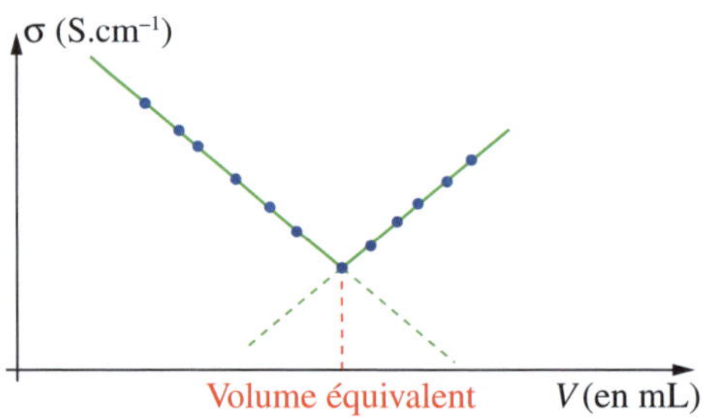

Exemple d'une courbe d'un titrage conductimétrique

L'intersection des deux droites (avant et après l'équivalence) donne un point dont l'abscisse correspond au volume équivalent V_E.

COMMENT FAIRE

1 Réaliser une solution diluée à partir d'une solution commerciale

EXERCICE TYPE

Pour déboucher les canalisations, on peut utiliser des produits à base d'hydroxyde de sodium.

Sur l'étiquette d'un déboucheur domestique, on lit : volume : 1,0 L ; densité : 1,2 ; masse de soude : 20 %.

1. Calculer la masse d'un litre de solution.
2. Déterminer la masse d'hydroxyde de sodium contenue dans la solution.
3. En déduire la quantité de matière d'hydroxyde de sodium.
4. Montrer que la concentration en hydroxyde de sodium de la solution vaut 6 mol.L^{-1}.
5. Comment obtenir, à partir de cette solution concentrée, 200 mL d'une solution de concentration $C = 0{,}50$ mol.L^{-1} ?

Données : $M(\text{NaOH}) = 40$ g.mol^{-1} ; $\rho(\text{eau}) = 1\,000$ g.L^{-1}.

CORRIGÉ COMMENTÉ

1. Pour calculer la masse d'un litre de solution, il faut tout d'abord déterminer la masse volumique :

$$\rho(\text{NaOH}) = d \times \rho(\text{eau}) = 1{,}2 \times 1\,000 = 1\,200 \text{ g.L}^{-1}.$$

Un litre de solution pèsera donc 1 200 g.

2. Sur les 1 200 g de solution, l'hydroxyde de sodium en représente 20 % :

$$m(\text{NaOH}) = 1\,200 \times 0{,}20 = 240 \text{ g}.$$

Il y a donc 240 g d'hydroxyde de sodium dans un litre de solution de déboucheur domestique.

3. La quantité d'hydroxyde de sodium est donnée par la relation :

$$n(\text{NaOH}) = \frac{m(\text{NaOH})}{M(\text{NaOH})} = \frac{240}{40} = 6{,}0 \text{ mol}.$$

La quantité de matière d'hydroxyde de sodium est donc de 6 mol.

4. La concentration est donnée par la relation :

$$C(\text{NaOH}) = \frac{n(\text{NaOH})}{V} = \frac{6{,}0}{1{,}0} = 6{,}0 \text{ mol.L}^{-1}.$$

5. Appliquons la formule de dilution pour obtenir le volume de solution mère à prélever :

$$\text{V}_\text{m} = \frac{C_\text{f} \times V_\text{f}}{C_\text{m}} = \frac{0{,}50 \times 0{,}200}{6{,}0} = 1{,}7 \times 10^{-2} \text{ L} = 17 \text{ mL}.$$

Conseil
Attention à bien convertir le volume de solution fille en litre.

Il faut donc :
– prélever 17 mL à la pipette graduée et les verser dans une fiole jaugée de 200 mL au préalable remplie avec un peu d'eau ;
– compléter jusqu'au trait de jauge ;
– boucher et agiter la fiole.

À RETENIR

- Pour réaliser une solution à partir d'une solution concentrée, il faut tout d'abord déterminer la concentration molaire de la solution mère à l'aide de ses caractéristiques comme la masse volumique, la densité et le pourcentage de masse.
- On prélève ensuite le volume de solution mère nécessaire, calculé à partir de la formule de dilution :

$$C_m \times V_m = C_f \times V_f$$

- On verse la solution prélevée dans une fiole jaugée.
- On complète avec de l'eau distillée jusqu'au trait de jauge.

2 Effectuer un titrage suivi par pH-métrie

EXERCICE TYPE

On dose 20,0 mL d'une solution d'acide chlorhydrique $H_3O^+(aq)$ et $C\ell^-(aq)$ de concentration inconnue par une solution d'hydroxyde de sodium $Na^+(aq)$ et $OH^-(aq)$ de concentration $C_B = 1{,}0 \times 10^{-1}$ mol.L^{-1}. Le suivi se fait à l'aide d'un pH-mètre.
La réaction support de du dosage est :

$$H_3O^+(aq) + OH^-(aq) \rightarrow 2H_2O(\ell)$$

On obtient les courbes suivantes :

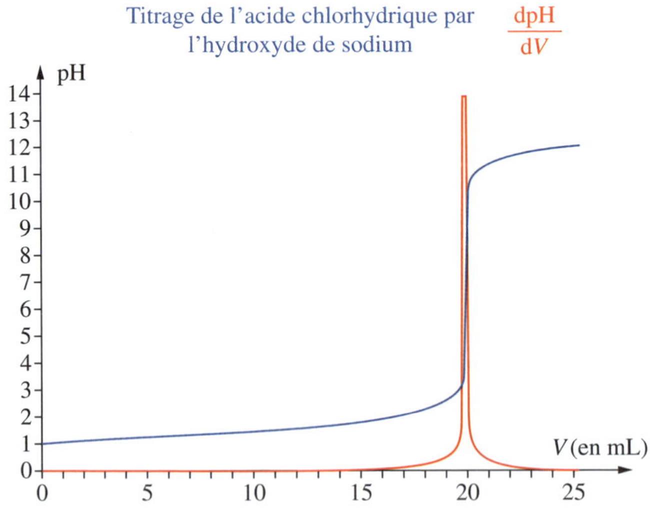

1. Qu'est-ce qu'un dosage ?

2. Quel est le réactif titrant ? le réactif titré ? Pourquoi la réaction support du dosage est-elle adaptée ?

3. Schématiser le dispositif expérimental.

4. Quel est le pH initial ?

5. Que se passe-t-il avant l'équivalence ? Quel est le réactif limitant ?

6. Après avoir défini l'équivalence, déterminer le volume équivalent.

7. Déterminer la concentration de la solution d'acide titrée.

8. Que se passe-t-il après l'équivalence ? Quel est le réactif limitant ?

CORRIGÉ COMMENTÉ

1. Un dosage est la détermination expérimentale de la quantité de matière ou de la concentration d'un réactif présent en solution.

2. Le réactif titrant est le réactif présent dans la burette : il s'agit de l'ion hydroxyde OH^-. Le réactif titré est le réactif présent dans le bécher : il s'agit de l'ion oxonium H_3O^+. La réaction entre ces ions est une réaction totale, unique et rapide.

3.

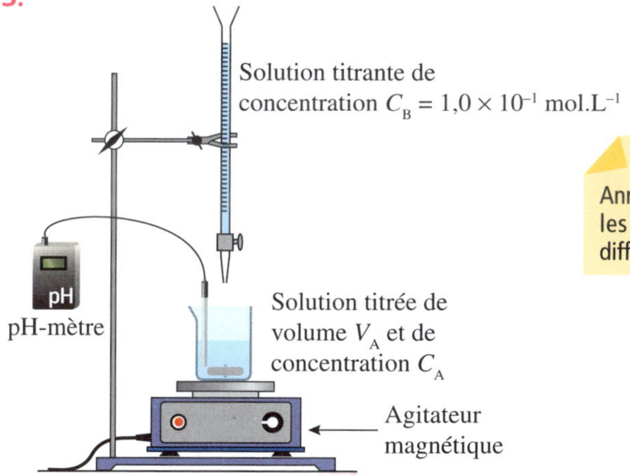

> **Conseil**
> Annoter toujours vos schémas en précisant les concentrations et volumes des différentes solutions.

4. La lecture graphique donne un pH initial de 1. La solution titrée est donc l'acide chlorhydrique.

5. Avant l'équivalence, les ions hydroxyde versés réagissent immédiatement avec les ions oxonium et disparaissent : l'hydroxyde de sodium est donc le réactif limitant.

6. À l'équivalence, le réactif titré et le réactif titrant sont dans les proportions stœchiométriques de l'équation support. Le volume équivalent se lit graphiquement grâce la courbe $\frac{\mathrm{dpH}}{\mathrm{d}V_B}$. On lit $V_E = 20$ mL.

7. Déterminons la quantité d'hydroxyde de sodium versée :

$$n(OH^-) = C_B \times V_E = 1{,}0 \times 10^{-1} \times 20 \times 10^{-3} = 2{,}0 \times 10^{-3} \text{ mol.}$$

D'après la définition de l'équivalence,

$$n(OH^-) = n(H_3O^+).$$

Donc :

$$C_A \times V_A = n(H_3O^+)$$

$$C_A = \frac{n(H_3O^+)}{V_A} = \frac{2{,}0 \times 10^{-3}}{20 \times 10^{-3}} = 1{,}0 \times 10^{-1} \text{ mol.L}^{-1}.$$

La concentration de la solution d'acide chlorhydrique est de $1{,}0 \times 10^{-1}$ mol.L^{-1}.

8. Après l'équivalence, le réactif titré a entièrement disparu ; le réactif titrant (ions hydroxyde) s'accumule dans le mélange réactionnel. Le dosage est terminé.

À RETENIR

- Un dosage sert à déterminer une concentration molaire, massique, une masse ou une quantité de matière.
- Un dosage par titrage s'appuie sur une réaction chimique rapide, totale et unique.
- Lors d'un titrage pH-métrique, on suit l'évolution du pH, à l'aide d'un pH-mètre, lors de l'ajout de réactif titrant dans un bécher contenant le réactif titré.
- Lorsque les réactifs titrant et titré sont introduits dans les proportions stœchiométriques de l'équation support du dosage, on parle d'équivalence.
- Cette équivalence se caractérise par un saut de pH. On repère le volume équivalent par la méthode des tangentes ou la méthode de la courbe dérivée.

3 Effectuer un titrage suivi par conductimétrie

EXERCICE TYPE

On dose, par titrage conductimétrique, une solution d'hydroxyde de sodium, $Na^+(aq) + HO^-(aq)$, par une solution d'acide chlorhydrique, $H_3O^+(aq) + C\ell^-(aq)$, de concentration $C_A = 1{,}0 \times 10^{-1}$ mol.L^{-1}.

Pour cela, on prélève un volume $V_B = 20{,}0$ mL de la solution à doser et on complète avec un volume suffisant d'eau déminéralisée. On négligera par la suite l'effet de cette dilution.

L'équation support de la réaction de titrage est :

$$H_3O^+(aq) + OH^-(aq) \rightarrow 2H_2O(\ell)$$

Le suivi du titrage par conductimétrie permet de tracer le graphe $\sigma = f(V_A)$ ci-après :

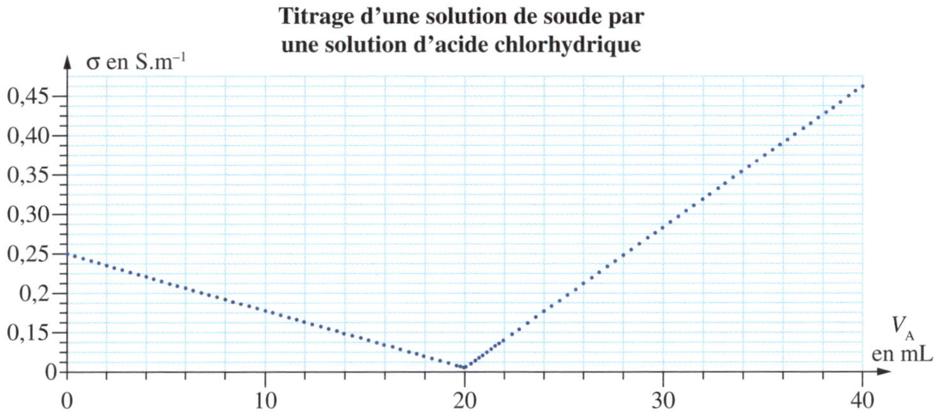

On donne les conductivités molaires ioniques : $\lambda(OH^-) = 19,8$ mS.m².mol⁻¹ ; $\lambda(H_3O^+) = 35,0$ mS.m².mol⁻¹ ; $\lambda(Na^+) = 5,01$ mS.m².mol⁻¹ ; $\lambda(C\ell^-) = 7,63$ mS.m².mol⁻¹.

1. Faire un schéma légendé du dispositif de titrage.

2. On se place avant l'équivalence.

a) Quel est le réactif limitant ? Faire le bilan des espèces présentes.

b) À l'aide des conductivités molaires ioniques, établir l'expression de la conductivité σ.

c) Justifier l'évolution de la conductivité σ.

3. Déterminer le volume équivalent V_E du titrage et la concentration de la solution titrée.

4. On se place maintenant après l'équivalence.

a) Le réactif limitant est-il le même qu'avant l'équivalence ? Justifier.

b) Justifier l'évolution de la conductivité de la solution contenue dans le bécher après l'équivalence du titrage.

CORRIGÉ COMMENTÉ

1. Montage expérimental

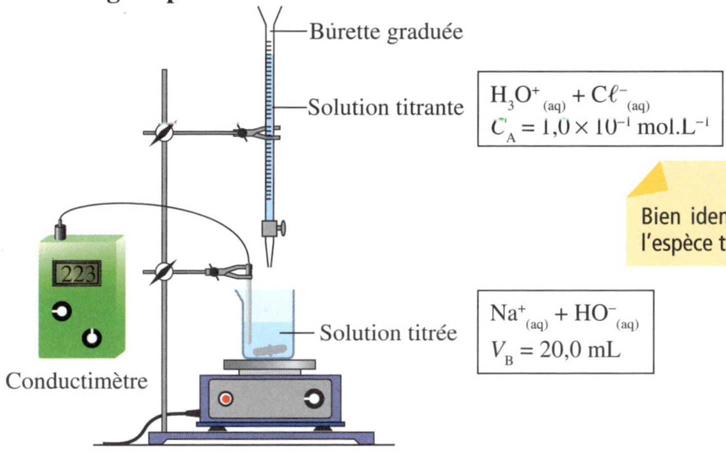

Conseil

Bien identifier l'espèce titrée et l'espèce titrante.

2. a) Le réactif limitant est ici l'ion oxonium H_3O^+, car c'est l'espèce titrante qui réagit. Les espèces présentes sont H_3O^+, HO^-, Na^+, $C\ell^-$, H_2O.

b) Avant l'équivalence, la conductivité σ s'écrit :

$$\sigma = \sum_{\text{ions}} \lambda_i \times [X_{i(aq)}]$$

$$\sigma = \lambda(HO^-) \times [HO^-] + \lambda(Na^+) \times [Na^+] + \lambda(C\ell^-) \times [C\ell^-].$$

Remarque

Les ions oxonium réagissent dès leur introduction et n'apparaissent donc pas dans le calcul de σ.

c) D'après l'équation support du titrage, les ions hydroxyde OH^-, de conductivité molaire ionique importante, réagissent avec les ions H_3O^+ pour former de l'eau, espèce non conductrice. Ils sont remplacés par les ions chlorure apportés par la solution titrante, mais de plus faible conductivité molaire ionique. La conductivité de la solution décroît au fur et à mesure des ajouts de solution acide jusqu'à disparition totale des ions hydroxyde.

3. Le point équivalent se situe à l'intersection des deux droites. Le volume équivalent est donné par l'abscisse de ce point. Ici, $V_E = 20$ mL.

Pour déterminer la concentration de la solution titrée, il faut tout d'abord calculer la quantité d'ions H_3O^+ versés.

$$n(H_3O^+) = [H_3O^+] \times V_E = 1{,}0 \times 10^{-1} \times 20 \times 10^{-3}$$

$$n(H_3O^+) = 2{,}0 \times 10^{-3} \text{ mol.}$$

D'après la définition de l'équivalence, $n(OH^-) = n(H_3O^+)$.

Donc :

$$C_B \times V_B = n(OH^-)$$

$$C_B = \frac{n(OH^-)}{V_B} = \frac{2{,}0 \times 10^{-3}}{20 \times 10^{-3}} = 1{,}0 \times 10^{-1} \text{ mol.L}^{-1}.$$

La concentration de la solution d'hydroxyde de sodium est de $1{,}0 \times 10^{-1}$ mol.L^{-1}.

4. a) Après l'équivalence, le réactif titré a été entièrement consommé : l'ion hydroxyde est donc devenu le réactif limitant.

b) Le changement de réactif limitant induit un changement de pente. En effet, les ions oxonium introduits dans le mélange ne réagissent plus et leur forte conductivité molaire ionique entraîne une augmentation de la conductivité σ.

À RETENIR

• Un titrage conductimétrique consiste à suivre l'évolution de la conductivité σ de la solution titrée au cours de l'ajout de la solution titrante.

La **conductivité** σ d'une solution dépend de la nature et des concentrations des ions X_i qu'elle contient :

$$\sigma = \sum \lambda_i \times [X_{i(aq)}]$$

• La courbe de titrage obtenue, $\sigma = f(V_{\text{Sol. titrante versée}})$, donne les variations de la conductivité σ en fonction du volume de solution titrante versée.

Le volume équivalent est repéré par un changement de pente de la courbe.

EXERCICES

Connaître le cours

Pour chaque exercice du *connaître le cours*, indiquer la (ou les) bonne(s) réponse(s) :

1 4 min Réalisation d'une solution par dilution d'une solution concentrée

	A	B	C
1. La densité *d* d'une solution de masse volumique ρ sera égale à :	$\frac{\rho}{\rho_{eau}}$	$\frac{\rho_{eau}}{\rho}$	$\rho \times \rho_{eau}$
2. La masse *m* de 500 mL d'une solution de densité *d* = 1,17 sera de :	0,585 g	585 g	0,585 kg
3. Pour réaliser une dilution, on utilise de préférence :	une burette	une fiole jaugée	une éprouvette

→ *Corrigé p. 75*

2 5 min Principe d'un dosage par titrage

	A	B	C
1. La réaction support d'un dosage doit être :	rapide	unique	limitée
2. Lors d'un titrage :	le réactif titré est entièrement consommé	le réactif titrant est entièrement consommé	aucun réactif n'est consommé
3. À l'équivalence :	les réactifs titrants et titrés sont introduits dans les mêmes proportions	les réactifs titrants et titrés sont introduits dans les proportions stœchiométriques	il n'y a aucune relation entre réactifs titrant et titré
4. On peut suivre le titrage d'un acide par une base :	par pH-métrie	par conductimétrie	par spectrophotométrie

→ *Corrigé p. 75*

3 5 min Titrage suivi par pH-métrie

	A	B	C
1. La réaction support du titrage est de type :	oxydoréduction	acido-basique	précipitation
2. Lorsqu'on dose un acide fort par une base forte, on obtient comme courbe pH = $f(V_B)$:	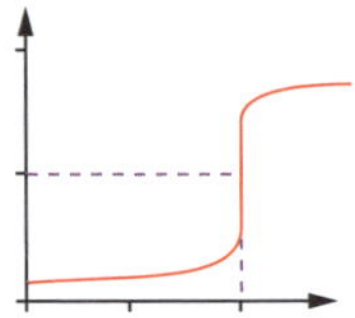	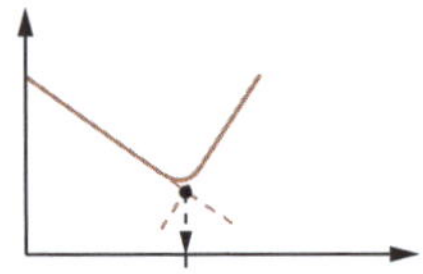	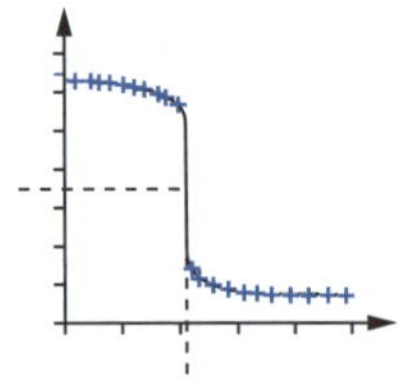
3. On dose un acide H_2A par l'hydroxyde de sodium. La réaction support du dosage est :	$H_2A(aq) + H_2O(\ell) \rightarrow HA^-(aq) + H_3O^+(aq)$	$H_2A(aq) + HO^-(aq) \rightarrow HA^-(aq) + H_2O(\ell)$	$H_2A(aq) + 2HO^-(aq) \rightarrow A^{2-}(aq) + 2H_2O(\ell)$
4. À l'équivalence, on a la relation :	$n(H_2A) = n(OH^-)$	$n(H_2A) = 2n(OH^-)$	$2n(H_2A) = n(OH^-)$

→ *Corrigé p. 75*

4 5 min Titrage suivi par conductimétrie

	A	B	C
1. Un titrage conductimétrique s'appuie :	sur des espèces ioniques	sur des molécules	sur des changements de phase
2. Lorsqu'on dose un acide fort par une base forte, on obtient comme courbe $\sigma = f(V_B)$:	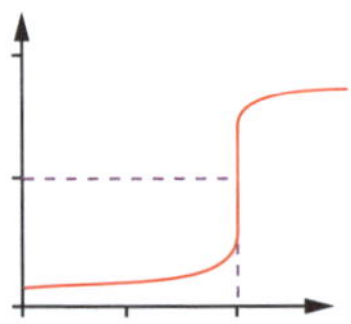	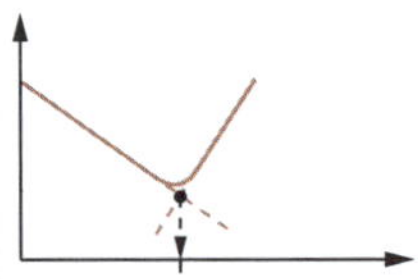	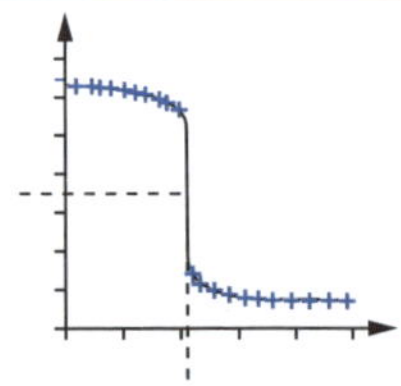
3. Pour obtenir des droites, la solution à doser doit être :	suffisamment concentrée	suffisamment diluée	suffisamment chaude
4. En conductimétrie, la concentration s'exprime en :	$mol.L^{-1}$	$mol.m^2$	$mol.m^{-3}$

→ *Corrigé p. 75*

Appliquer le cours et les savoir-faire

5 10 min ★

→ COMMENT FAIRE 1

On a besoin, au laboratoire, de 0,50 L d'une solution d'acide sulfurique à 2 mol.L^{-1}. Pour la préparer, on dispose d'une solution commerciale d'acide sulfurique de formule H_2SO_4.

Sur l'étiquette, on lit :

Volume : 1 L
Masse molaire : 98 g.mol^{-1}
Contient 98 % d'acide sulfurique
Densité : 1,83

Proposer une méthode pour déterminer le volume à prélever.

Donnée : $\rho_{eau} = 1\,000$ g.L^{-1}.

→ Corrigé p. 75

6 20 min ★

→ COMMENT FAIRE 2

Titrage pH-métrique

On prépare une solution S_1 d'hydroxyde de potassium en dissolvant 0,28 g de KOH solide pur dans de l'eau distillée et en complétant à 0,50 L exactement.

1. Quels sont les ions présents dans la solution S_1 et leur concentration ?

On dose, par pH-métrie, 10,0 mL de cette solution S_1, par une solution S_2 d'acide chlorhydrique (H^+, $C\ell^-$) de concentration $C_A = 1{,}0 \times 10^{-2}$ mol.L^{-1}.

2. Qu'est-ce qu'un dosage ?
3. Écrire l'équation de la réaction support du dosage de S_1 par S_2.
4. Déterminer le volume équivalent théorique.

On trace la courbe pH = $f(V_{\text{solution titrante}})$. On obtient la courbe suivante :

Dosage d'une solution aqueuse de potasse KOH par une solution d'acide chlorhydrique HCℓ

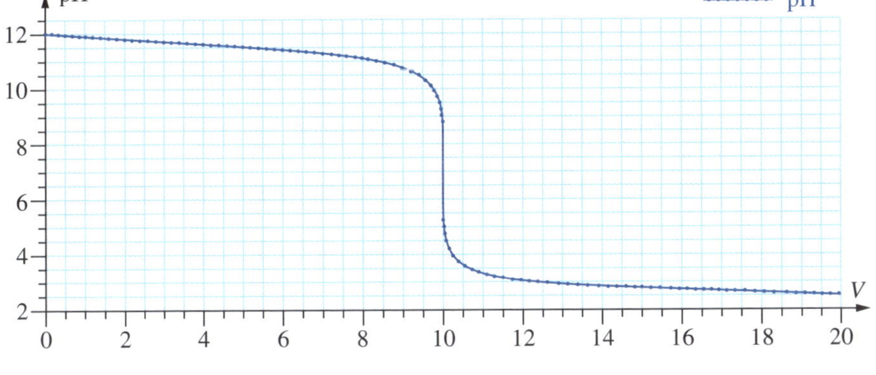

5. Déterminer graphiquement V_E. Le résultat est-il en accord avec celui de la question précédente ?
Données : $M(K) = 39$ g.mol^{-1} ; $M(O) = 16$ g.mol^{-1} ; $M(H) = 1$ g.mol^{-1}.

→ *Corrigé p. 75*

7 15 min ★★ → COMMENT FAIRE 2

Dosage acido-basique d'une solution d'acide ascorbique

On désire déterminer la teneur en acide ascorbique d'une solution. Pour cela, on envisage un dosage reposant sur le caractère acide de la molécule.
Donnée : couple acide-base $C_6H_8O_6(aq)/C_6H_7O_6^-(aq)$

On réalise un dosage pH-métrique de 10,0 mL de la solution d'acide ascorbique $C_6H_8O_6(aq)$ par une solution d'hydroxyde de sodium ou soude $(Na^+(aq) + HO^-(aq))$ de concentration molaire $C_B = 5{,}0 \times 10^{-4}$ mol.L^{-1}.
On obtient la courbe suivante :

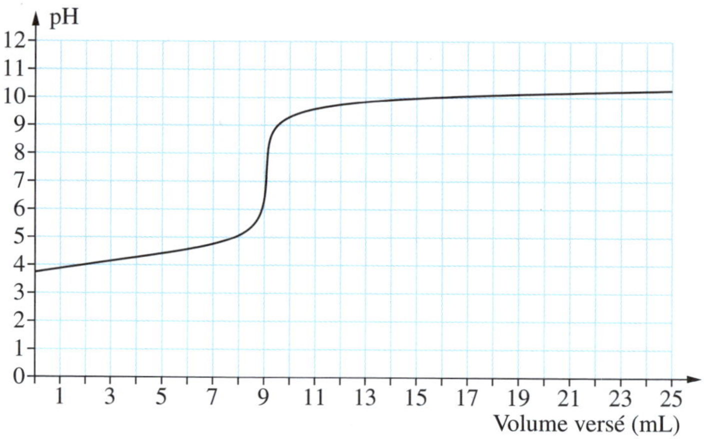

1. Écrire l'équation support de la réaction de dosage.

2. Définir l'équivalence du dosage.

3. À l'aide de la courbe, déterminer le volume V_E versé à l'équivalence en explicitant la démarche utilisée.

4. Écrire la relation entre les quantités de matière des réactifs à l'équivalence et en déduire la valeur de la concentration molaire de la solution titrée.

→ *Corrigé p. 76*

8 30 min ★★ → COMMENT FAIRE 3

On dose 10,0 mL d'une solution d'ammoniaque de concentration inconnue C_B, et diluée dans 200 mL d'eau distillée, par une solution aqueuse d'acide chlorhydrique $(H_3O^+(aq)$ et $C\ell^-(aq))$ de concentration égale à $C_A = 0{,}10$ mol.L^{-1}. La réaction est suivie par conductimétrie.

L'équation support de dosage est :

$$NH_3(aq) + H_3O^+(aq) \rightarrow NH_4^+(aq) + H_2O(\ell)$$

On trace $\sigma = f(V_A)$.
On obtient les résultats suivants :

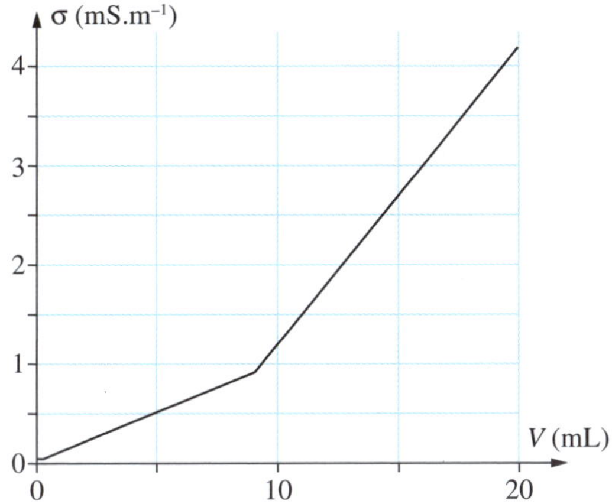

Données :
$\lambda(NH_4^+) = 7{,}4$ mS.m².mol⁻¹ ;
$\lambda(H_3O^+) = 34{,}98$ mS.m².mol⁻¹ ;
$\lambda(C\ell^-) = 7{,}63$ mS.m².mol⁻¹.

1. Quelles doivent être les caractéristiques de la réaction support du titrage ?
2. Justifier qualitativement l'allure des droites avant et après l'équivalence.
3. Déterminer graphiquement le volume équivalent.
4. Déterminer la concentration en ammoniaque de la solution titrée.

→ *Corrigé p. 77*

S'entraîner au raisonnement

9 20 min ★★

Pour déterminer la masse d'acide sulfamique (considéré comme un acide fort) contenue dans la poudre d'un détartrant, on procède à un titrage pH-métrique.
Pour cela, on dissout une masse $m = 1{,}00$ g de ce détartrant dans de l'eau déminéralisée pour obtenir une solution S de volume $V = 100{,}0$ mL.
Une solution aqueuse d'hydroxyde de sodium, de formule $(Na^+(aq) + HO^-(aq))$ et de concentration $C_B = 0{,}200$ mol.L⁻¹, permet de doser un volume $V' = 20{,}0$ mL de la solution S.
Donnée : masse molaire de l'acide sulfamique $M = 97{,}0$ g.mol⁻¹.

Les résultats expérimentaux sont les suivants :

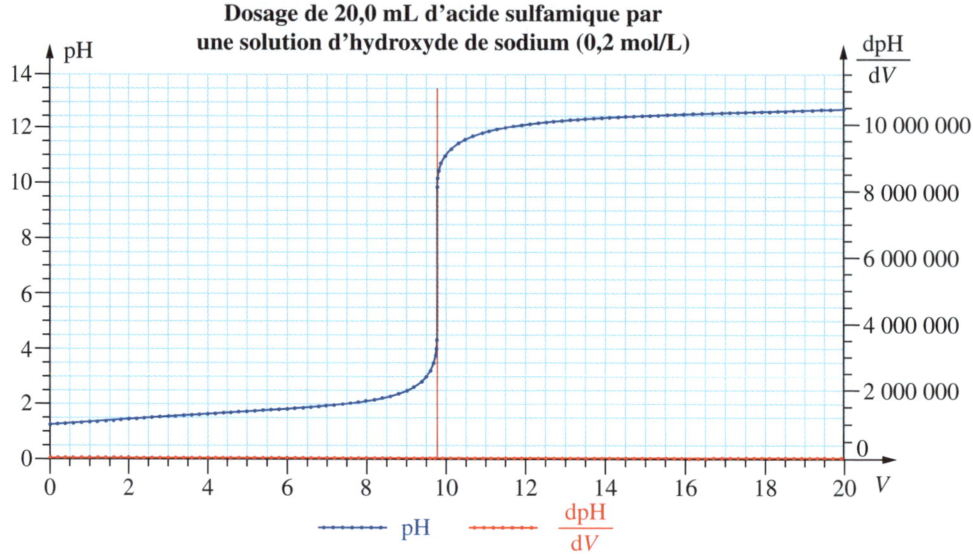

1. En notant AH l'acide sulfamique, écrire l'équation de la réaction support du dosage.

2. Définir l'équivalence d'un titrage.

3. Déterminer graphiquement que la valeur du volume équivalent V_E est 9,8 mL.

4. Détermination de la masse d'acide sulfamique contenue dans la poudre détartrante.

a) Exprimer à l'aide de C_B et V_E la quantité de réactif titrant $n(OH^-)$ versé.

b) La calculer.

c) En déduire la quantité d'acide présent dans la solution titrée.

d) Déterminer alors la masse $m(AH)$ d'acide sulfamique contenue dans $m = 1{,}00$ g de détartrant.

5. Un sachet de détartrant n° 2 contient 20 g de poudre à diluer dans 0,50 L d'eau.

a) Déduire de ce qui précède la masse m_2 d'acide sulfamique contenue dans 20 g de poudre détartrante.

b) Calculer la concentration molaire c_2 en acide sulfamique dans la solution ainsi préparée.

→ *Corrigé p. 78*

10 30 min ★★★

On désire vérifier expérimentalement la masse du chlorure de sodium ($Na^+_{(aq)} + C\ell^-_{(aq)}$) dissous dans une lotion capillaire de 1 litre.

Pour cela, on prélève 10,0 mL de lotion qu'on verse dans 200 mL d'eau distillée, puis on réalise le titrage des ions chlorure par une solution titrante de nitrate d'argent de formule chimique ($Ag^+(aq) + NO_3^-(aq)$) et de concentration molaire $C = 2{,}00 \times 10^{-2}$ mol.L^{-1}.

Ce titrage est suivi par conductimétrie.

Action des ions argent (I) sur les ions chlorure : lorsqu'on met en présence des ions argent (I) Ag^+ et des ions chlorure $C\ell^-$, il se produit une réaction de précipitation instantanée et totale conduisant à la formation de particules solides de chlorure d'argent. L'équation de la réaction modélisant cette transformation chimique s'écrit :

$$Ag^+(aq) + C\ell^-(aq) \rightarrow AgC\ell(s)$$

On mesure la conductivité σ en fonction du volume de solution titrante et on obtient la courbe suivante :

Courbe de titrage obtenue

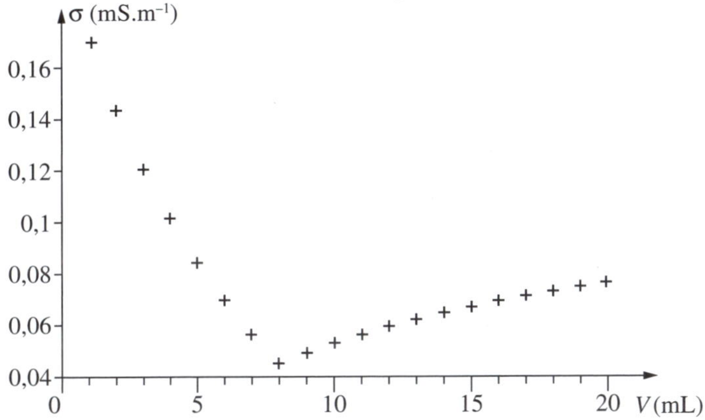

Données : M(Na) = 23,0 g.mol⁻¹ ; M(Cℓ) = 35,5 g.mol⁻¹.

1. Avec quelle verrerie a-t-on prélevé le volume d'essai V_{ESSAI} = 10,0 mL ?
2. Donner deux arguments pour justifier l'ajout d'environ 200 mL d'eau distillée à la prise d'essai.
3. Quelle est la réaction support du titrage ?
4. Interpréter qualitativement le changement de pente observé sur le graphe $\sigma = f(V)$.
5. Rappeler la définition de l'équivalence d'un titrage.
6. Déterminer le volume équivalent V_E.
7. En déduire la masse de chlorure de sodium présente dans la solution.

→ Corrigé p. 78

11 30 min ★★★

L'acide citrique est un acide organique présent en particulier dans les agrumes. Produit à près de deux millions de tonnes par an dans le monde, ses usages sont multiples, notamment dans l'agro-alimentaire et dans l'industrie des cosmétiques, mais aussi dans les produits ménagers.

On lit sur l'étiquette d'un sachet de détartrant à destination des cafetières ou des bouilloires :

Détartrant poudre : élimine le calcaire déposé dans les tuyaux de la machine
Formule : 100 % acide citrique, non corrosif pour les parties métalliques
Contenance : 40,0 g

Afin de vérifier l'indication de l'étiquette du détartrant, on dissout le contenu d'un sachet dans un volume d'eau distillée V égal à 2,00 L. La solution ainsi obtenue est notée S.

On réalise alors le titrage pH-métrique d'une prise d'essai V_A de 10,0 mL de la solution S par une solution aqueuse d'hydroxyde de sodium, ($Na^+(aq) + HO^-(aq)$), de concentration molaire C_B égale à $(1,00 \pm 0,02) \times 10^{-2}$ mol.L^{-1}.

L'acide citrique étant un triacide, il est noté AH_3. Sa masse molaire vaut 192 g.mol^{-1}.

L'équation de la réaction, support du titrage, est la suivante :

$$AH_3(aq) + 3\ HO^-(aq) \rightarrow A^{3-}(aq) + 3\ H_2O(\ell)$$

1. À partir de l'exploitation des courbes données ci-dessous, déterminer la concentration molaire d'acide citrique de la solution titrée.

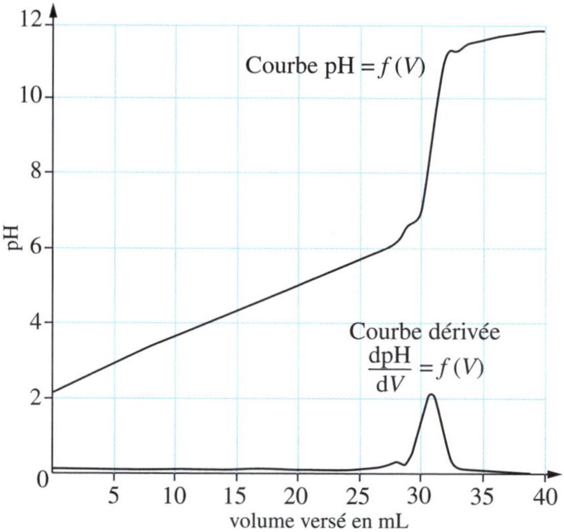

Titrage pH-métrique de la solution de détartrant

2. Calculer le pourcentage en masse, noté p, d'acide citrique dans le sachet de détartrant.

3. L'incertitude Δp sur le pourcentage en masse p est donnée par la relation :

$$\Delta p = p\sqrt{\left(\frac{\Delta C_B}{C_B}\right)^2 + \left(\frac{\Delta V_{eq}}{V_{eq}}\right)^2 + \left(\frac{\Delta V_A}{V_A}\right)^2 + \left(\frac{\Delta V}{V}\right)^2}$$

La précision relative de la verrerie étant de 0,5 % et celle sur le volume équivalent estimée à 1 %, déterminer l'incertitude relative sur le pourcentage en masse p.

Le résultat obtenu pour le pourcentage en masse p est-il en cohérence avec l'étiquette ?

→ *Corrigé p. 79*

EXERCICE DE BAC

Exercice 25 min **10 points**

Titrage de l'acide ascorbique par suivi pH-métrique

On souhaite vérifier l'indication figurant sur une boîte de comprimés de vitamine C vendue en pharmacie : le fabricant annonce que la masse d'acide ascorbique ($C_6H_8O_6$) est de 500 mg par comprimé.

Un comprimé de vitamine C est écrasé dans un mortier. La poudre est ensuite dissoute dans une fiole jaugée de 200,0 mL que l'on complète avec de l'eau distillée jusqu'au trait de jauge en homogénéisant le mélange. On obtient la solution S.

On prélève 10,0 mL de cette solution que l'on titre avec une solution d'hydroxyde de sodium ($Na^+(aq) + HO^-(aq)$) de concentration molaire $1{,}00 \times 10^{-2}$ mol.L^{-1}.

On suit le titrage par pH-métrie.

Le graphique représentant l'évolution du pH en fonction du volume de solution d'hydroxyde de sodium versé est représenté ci-dessous.

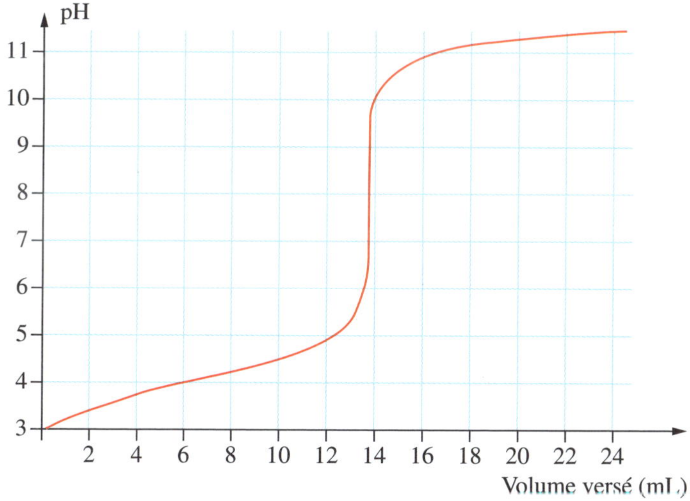

L'acide ascorbique sera noté AH dans la suite de l'exercice.

1. [1,5 pt] Réaliser un schéma annoté du montage expérimental nécessaire à la mise en œuvre du titrage.

2. [1 pt] Écrire l'équation de la réaction support du titrage.

3. [1,5 pt] À partir du protocole mis en œuvre et des résultats obtenus, déterminer la masse d'acide ascorbique contenu dans le comprimé.

4. [1 pt] Préciser les sources d'erreurs possibles. Calculer l'écart relatif entre la masse théorique et la masse expérimentale. Commenter la valeur obtenue.

Titrage conductimétrique

On envisage d'effectuer le titrage conductimétrique d'une solution S′ d'acide ascorbique, dont la concentration molaire est de l'ordre de 6×10^{-3} mol.L^{-1}, par une solution d'hydroxyde de sodium de concentration $C'_B = 1{,}00 \times 10^{-1}$ mol.L^{-1}.

On dispose de pipettes jaugées de 10,0 mL ; 20,0 mL et 25,0 mL, ainsi que de fioles jaugées de 50,0 mL ; 100 mL ; 200,0 mL et 250,0 mL.

5. [1,5 pt] Expliquer pourquoi il n'est pas pertinent de titrer la solution d'acide ascorbique S′ par la solution d'hydroxyde de sodium de concentration molaire C'_B.

6. [2 pts] À partir des réactifs proposés, établir un protocole expérimental permettant d'effectuer le titrage conductimétrique, en précisant :
- les éventuelles adaptations effectuées au niveau des concentrations ;
- le volume de solution d'acide ascorbique prélevé.

7. [1,5 pt] Plusieurs allures de courbes modélisant ce titrage sont proposées ci-dessous. En argumentant, identifier la courbe qui peut correspondre au titrage conductimétrique de l'acide ascorbique par la solution d'hydroxyde de sodium.

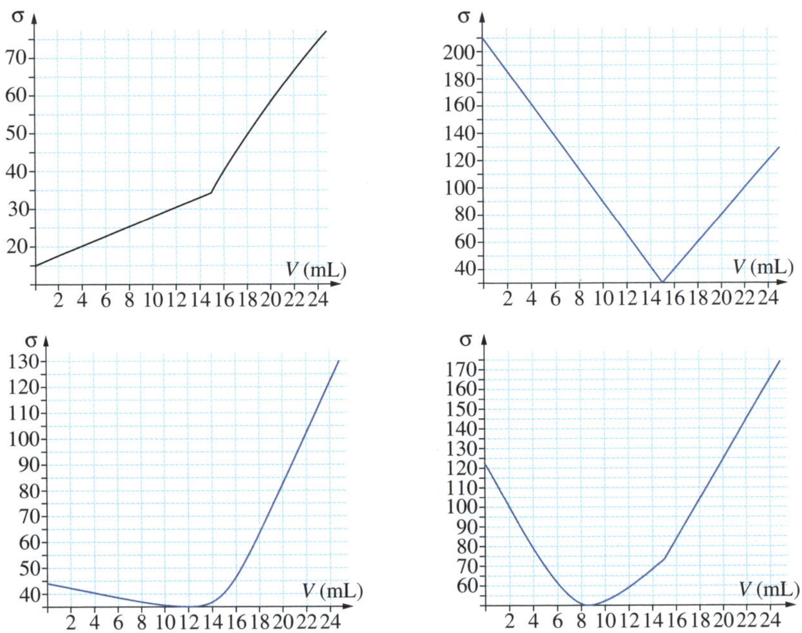

Données :
- Masses molaires atomiques : $M(\text{H}) = 1{,}0$ g.mol^{-1} ; $M(\text{C}) = 12{,}0$ g.mol^{-1} ; $M(\text{O}) = 16{,}0$ g.mol^{-1}.
- Conductivités molaires ioniques à 25 °C :
$\lambda(HO^-) = 19{,}8$ mS.m^2.mol^{-1} ; $\lambda(Na^+) = 5{,}01$ mS.m^2.mol^{-1} ;
λ(ion ascorbate A^-) = 2,5 mS.m^2.mol^{-1}.

→ Corrigé p. 80

CORRIGÉS

1 → *Énoncé p. 65*

1. **A** ; **2.** **B** et **C** ; **3.** **B**.

2 → *Énoncé p. 65*

1. **A** et **B** ; **2.** **A** ; **3.** **B** ; **4.** **A** et **B**.

3 → *Énoncé p. 66*

1. **A** ; **2.** **A** ; **3.** **C** ; **4.** **C**.

4 → *Énoncé p. 66*

1. **A** ; **2.** **B** ; **3.** **B** ; **4.** **C**.

5 → *Énoncé p. 67*

Il faut tout d'abord déterminer la masse de la solution commerciale :

$$\rho = d \times \rho_{eau} = 1{,}83 \times 1\,000 = 1\,830 \text{ g.L}^{-1}.$$

La solution faisant un litre, sa masse est donc de 1 830 g.
Il faut ensuite déterminer la masse d'acide sulfurique présente :

$$m(H_2SO_4) = 1\,830 \times 0{,}98 = 1\,793 \text{ g}.$$

Calculons maintenant la quantité de matière, puis la concentration en acide de la solution commerciale :

$$n(H_2SO_4) = \frac{m(H_2SO_4)}{M(H_2SO_4)} = \frac{1\,793}{98} = 18{,}3 \text{ mol}.$$

Le volume de solution étant de 1 litre, la concentration sera de 18,3 mol.L^{-1}.
Appliquons la formule de dilution pour obtenir V_m :

$$V_m = \frac{C_f \times V_f}{C_m} = \frac{2{,}0 \times 0{,}500}{18{,}3} = 5{,}5 \times 10^{-2} \text{ L} = 55 \text{ mL}.$$

6 → *Énoncé p. 67*

1. On réalise une dissolution. Les ions présents sont les ions apportés par le soluté : les ions potassium K^+ et hydroxyde HO^- selon l'équation de dissolution :

$$KOH(s) \rightarrow K^+(aq) + HO^-(aq)$$

Calcul des concentrations :
D'après l'équation de dissolution, la quantité de matière en soluté sera identique à celle de la potasse. Calculons d'abord la quantité de matière de potasse dissoute :

$$n(KOH) = \frac{m(KOH)}{M(KOH)} = \frac{0{,}28}{56} = 5{,}0 \times 10^{-3} \text{ mol}.$$

> **Rappel**
> On calcule la masse molaire d'une espèce formée de plusieurs atomes en additionnant les masses molaires de tous ses atomes :
> $M(KOH) = M(K) + M(O) + M(H)$
> $= 39 + 16 + 1 = 56 \text{ g.mol}^{-1}$.

Calculons la concentration molaire des ions présents :

$$[OH^-] = [K^+] = \frac{n(KOH)}{V_1} = \frac{5,0 \times 10^{-3}}{0,50} = 1,0 \times 10^{-2}\ mol.L^{-1}.$$

2. Un dosage consiste à déterminer précisément la quantité de matière ou la concentration molaire d'une espèce chimique en solution.

3. La réaction support du dosage est :

$$H_3O^+(aq) + OH^-(aq) \rightarrow 2H_2O(\ell)$$

4. Calculons la quantité d'acide présent dans le bécher :

$$n(OH^-) = C_B \times V_B$$
$$n(OH^-) = 1,0 \times 10^{-2} \times 10 \times 10^{-3}$$
$$n(OH^-) = 1,0 \times 10^{-4}\ mol.$$

À l'équivalence, nous avons :

$$n(OH^-) = n(H_3O^+).$$

Calculons maintenant le volume équivalent V_E.
Donc,

$$V_E = \frac{n(H_3O^+)}{C_A} = \frac{n(OH^-)}{C_A} = \frac{1,0 \times 10^{-4}}{1,0 \times 10^{-2}} = 10\ mL.$$

5. La détermination du volume équivalent par la méthode des tangentes permet de confirmer le résultat de la question **4**.

7 → *Énoncé p. 68*

1. $C_6H_8O_6(aq) + HO^-(aq) \rightleftharpoons C_6H_7O_6^-(aq) + H_2O(\ell)$

2. À l'équivalence, le réactif titré et le réactif titrant sont introduits en proportions stœchiométriques :

$$n(C_6H_8O_6(aq)) = n(HO^-(aq)).$$

3. On détermine le volume équivalent par la méthode des tangentes : $\mathbf{V_E = 9,0\ mL.}$

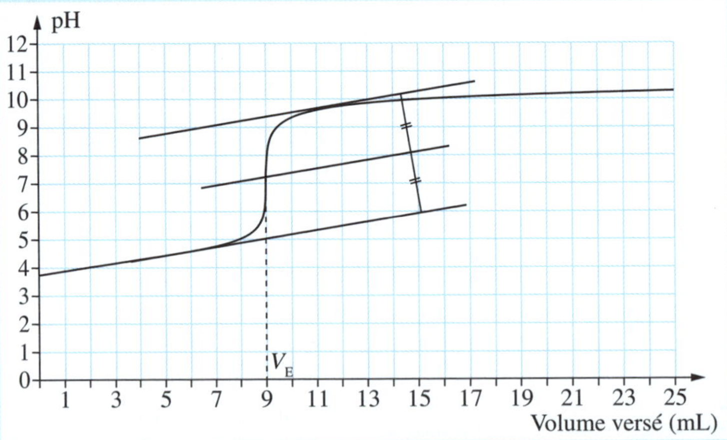

Remarque

Expérimentalement en pH-métrie, lorsqu'on s'approche du volume équivalent, on diminue le volume de solution titrante ajouté pour augmenter le nombre de points autour de E.

4. À l'équivalence, $n(HO^-)$ versée = $n(C_6H_8O_6)$ initiale.

$n(HO^-) = C_B \times V_E = 5{,}0 \times 10^{-4} \times 9{,}0 \times 10^{-3} = 4{,}5 \times 10^{-6}$ mol

$n(C_6H_8O_6)_{\text{initiale}} = C_A \times V_A = n(HO^-)$

$$C_A = \frac{n(OH^-)}{V_A}$$

$$C_A = \frac{4{,}5 \times 10^{-6}}{10{,}0 \times 10^{-3}} = \mathbf{4{,}5 \times 10^{-4}\ mol.L^{-1}}.$$

La concentration molaire en acide ascorbique de la solution titrée vaut donc **$4{,}5 \times 10^{-4}$ mol.L^{-1}**.

8 → *Énoncé p. 68*

1. La réaction doit être totale, rapide et unique.

2. • Avant l'équivalence : lorsqu'on verse la solution titrante, on ajoute des ions oxonium et chlorure. Les ions oxonium réagissent immédiatement avec les molécules d'ammoniaque pour former l'ion ammonium, espèce conductrice. Les ions chlorure sont eux aussi une espèce conductrice La conductivité de la solution augmente donc.

• Après l'équivalence : tout l'ammoniaque a réagi ; la conductivité augmente, car on ajoute les ions oxonium et chlorure.

3. Une lecture graphique donne : $V_E = 8{,}7$ mL.

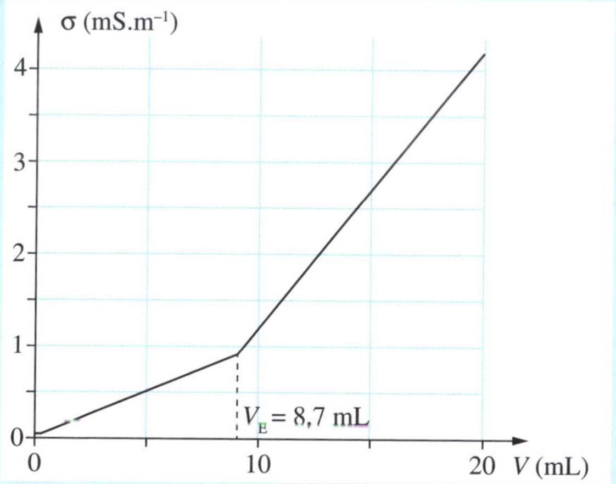

4. À l'équivalence : les réactifs ont été introduits en proportions stœchiométriques :

$$n(H_3O^+) = n(OH^-).$$

Déterminons la quantité d'ions oxonium versée :

$n(H_3O^+) = C_A \times V_E = 0{,}10 \times 8{,}7 \times 10^{-3} = 8{,}7 \times 10^{-4}$ mol

donc $n(OH^-) = C_B \times V_B$.

Déterminons la concentration de la solution titrée :

$$C_B = \frac{n(OH^-)}{V_B} = \frac{8{,}7 \times 10^{-4}}{10 \times 10^{-3}} = 8{,}7 \times 10^{-2}\ \text{mol.L}^{-1}.$$

9 → *Énoncé p. 69*

1. L'acide sulfamique étant considéré comme un acide fort, la réaction support du dosage s'écrit :

$$AH(aq) + HO^-(aq) \rightleftharpoons A^-(aq) + H_2O(\ell)$$

2. À l'équivalence, le réactif titré et le réactif titrant sont introduits en proportions stœchiométriques :

$$n(AH(aq)) = n(HO^-(aq)).$$

3. L'abscisse du point extremum de la courbe $\frac{dpH}{dV}$ donne le volume équivalent V_E.

Par lecture graphique, on a $V_E = 9{,}8$ mL.

4. a) $n(HO^-(aq)) = C_B \times V_E$.

b) $n(HO^-(aq)) = 0{,}200 \times 9{,}8 \times 10^{-3} = 2{,}0 \times 10^{-3}$ mol.

c) À l'équivalence :

$$n(AH(aq)) = n(HO^-(aq))$$

$$n(AH(aq)) = 2{,}0 \times 10^{-3} \text{ mol.}$$

d) Calculons la masse d'acide présent dans la solution titrée :

$$m(AH) = n(AH) \times M(AH)$$

$$m(AH) = 2{,}0 \times 10^{-3} \times 97 = 0{,}19 \text{ g.}$$

Le volume de la solution mère étant cinq fois plus important, la masse d'acide présente dans un gramme de détartrant sera donc :

$$m(AH)_i = 5 \times 0{,}19 = 0{,}95 \text{ g.}$$

5. a) Dans 1,00 g de détartrant, il y a 0,95 g d'acide sulfamique. Donc, dans 20 g, il y en aura vingt fois plus :

$$m_2 = 20 \times m(AH)_i$$

$$m_2 = 20 \times 0{,}95 = 19 \text{ g.}$$

b) $C_A = \dfrac{m_2}{M(AH) \times V} = \dfrac{19}{97 \times 0{,}5} = 0{,}39 \text{ mol.L}^{-1}$.

10 → *Énoncé p. 70*

1. Pour avoir la plus grande précision possible, le volume d'essai doit être prélevé avec une pipette jaugée de 10,0 mL.

2. On doit ajouter un volume d'eau suffisant pour que les concentrations soient suffisamment faibles pour que la loi $\sigma = \sum \lambda_i [X_i]$ soit applicable et pour que la sonde soit correctement immergée.

Rappel

Le volume de solution titrée est aussi appelé volume (ou prise) d'essai.

3. $Ag^+(aq) + C\ell^-(aq) \rightarrow AgC\ell(s)$

4. • Avant l'équivalence : lorsqu'on verse la solution titrante, on ajoute des ions Ag^+ et des ions nitrate NO_3^-. Les ions argent réagissent immédiatement avec les ions chlorure pour former un précipité de chlorure d'argent $AgC\ell$ solide qui ne participe donc pas à la conductivité de la solution.

La concentration en ions chlorure diminue, mais celle en ions nitrate augmente. Cependant, la conductivité molaire ionique de ces derniers étant plus faible que celle des ions chlorure, la conductivité globale diminue.

• Après l'équivalence : les ions chlorure ont été entièrement consommés. L'ajout de solution titrante introduit des ions Ag^+ et NO_3^- qui ne réagissent pas et font augmenter la conductivité globale de la solution. Les ions présents dans la solution n'étant plus les mêmes qu'avant l'équivalence, la pente de cette droite est différente de celle de la droite précédente.

5. Lorsque le réactif titré et le réactif titrant sont introduits en proportions stœchiométriques, on parle d'équivalence

6. Le volume équivalent V_E est la valeur de l'abscisse du point d'intersection des deux droites. Graphiquement, on lit $V_E = 7{,}8$ mL.

7. Déterminons tout d'abord la quantité d'ions chlorure présents dans la solution titrée :

À l'équivalence : $n(Ag^+) = n(C\ell^-)$,

$n(Ag^+) = C \times V_E$

$n(Ag^+) = 2{,}00 \times 10^{-2} \times 7{,}8 \times 10^{-3} = 1{,}6 \times 10^{-4}$ mol

$n(C\ell^-) = 1{,}6 \times 10^{-4}$ mol.

Déterminons maintenant la quantité de chlorure de sodium présente initialement : d'après l'équation de dissolution du chlorure de sodium ($NaC\ell(s) \rightarrow Na^+(aq) + C\ell^-(aq)$),

$n(C\ell^-) = n(NaC\ell) = 1{,}6 \times 10^{-4}$ mol.

On peut en déduire la masse présente dans l'échantillon :

$m(NaC\ell) = n(NaC\ell) \times M(NaC\ell)$

$m(NaC\ell) = 1{,}6 \times 10^{-4} \times 58{,}5 = 9{,}4$ mg.

Pour la solution de volume 1 L, la masse sera de :

$m'(NaC\ell) = 9{,}4 \times 10^{-3} \times 100 = 0{,}94$ g.

11 → *Énoncé p. 71*

1. Détermination de V_E :

Le dosage est suivi par pH-métrie ; le volume équivalent est donné par l'abscisse de l'extremum de la fonction dérivée. On lit $V_E = 31$ mL.

Déterminons ensuite la quantité de réactif titrant versée :

$$n(OH^-) = C_B \times V_E = 1{,}00 \times 10^{-2} \times 31 \times 10^{-3} = 3{,}1 \times 10^{-4} \text{ mol.}$$

On peut en déduire la quantité d'acide citrique présente dans la solution.

À l'équivalence, les réactifs ont été introduits dans les proportions stœchiométriques de l'équation support du titrage :

$$3 \times n(AH_3) = n(OH^-)$$

$$n(AH_3) = \frac{n(OH^-)}{3}$$

$$n(AH_3) = \frac{3{,}1 \times 10^{-4}}{3} = 1{,}03 \times 10^{-4} \text{ mol.}$$

La concentration C_A peut maintenant être calculée :

$$C_A = \frac{n(AH_3)}{V_A} = \frac{1{,}03 \times 10^{-4}}{10 \times 10^{-3}} = 0{,}103 \text{ mol.L}^{-1}.$$

2. Calcul du pourcentage p :

Dans un premier temps, calculons la quantité n' d'acide citrique présente dans la solution de 2,00 L.

$n'(AH_3) = C_A \times V = 0{,}103 \times 2{,}00 = 0{,}206$ mol.

Nous pouvons donc calculer p :

$$p = \frac{m(AH_3)}{m_{tot}} = \frac{n'(AH_3) \times M(AH_3)}{m_{tot}} = \frac{0{,}206 \times 192}{40} = 0{,}994 = 99{,}4\ \%.$$

> **Conseil**
> Les valeurs des calculs intermédiaires, non arrondies, doivent être conservées dans la mémoire de la calculatrice.

3. $\Delta p = 0{,}994 \times \sqrt{\left(\frac{0{,}02 \times 10^{-1}}{1{,}00 \times 10^{-1}}\right)^2 + (0{,}01)^2 + (0{,}005)^2 + (0{,}005)^2} = 0{,}994 \times 0{,}02$
$= 2\ \%$.

Le résultat (99 ± 2 %) est cohérent avec les indications du paquet (100 % acide citrique).

EXERCICE DE BAC

Exercice

→ Énoncé p. 73

1.

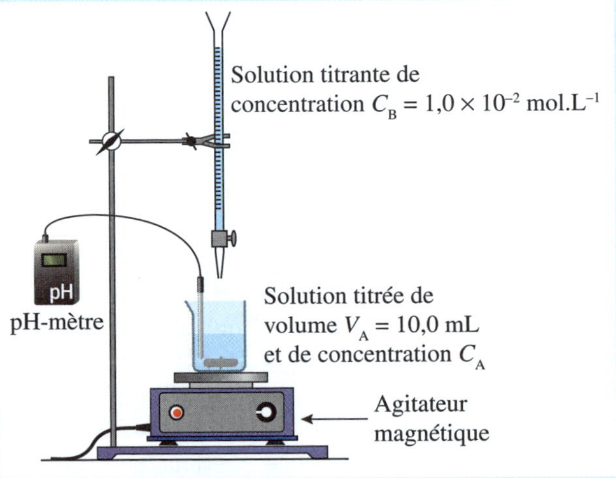

2. La solution titrée est composée d'acide ascorbique. La solution titrante est une solution d'hydroxyde de sodium.

L'équation support du titrage est donc :

$$AH(aq) + HO^-(aq) \rightarrow A^-(aq) + H_2O(\ell)$$

3. • Déterminons tout d'abord la quantité d'acide présente dans la solution :

À l'équivalence, le réactif titrant et le réactif titré ont été introduits dans les proportions stœchiométriques.

Dans un premier temps, déterminons graphiquement le volume équivalent par la méthode des tangentes :

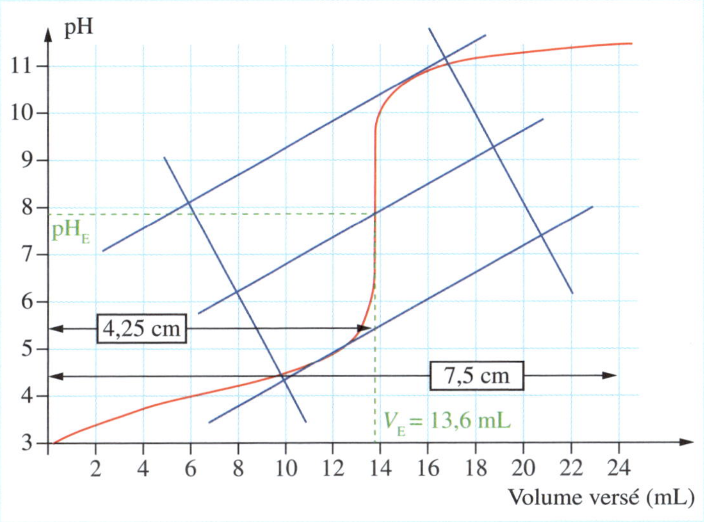

Méthode

V_E mesure 4,25 cm.

L'échelle est de 7,5 cm pour 24 mL.

Donc $V_E = \frac{4{,}25 \times 24}{7{,}5}$
$= 13{,}6$ mL.

On lit V_E =13,6 mL.

• Déterminons maintenant la quantité d'hydroxyde versée à l'équivalence :

$$n(OH^-) = C_B \times V_E = 1{,}00 \times 10^{-2} \times 13{,}6 \times 10^{-3} = 1{,}36 \times 10^{-4} \text{ mol.}$$

D'après la définition de l'équivalence,

$$n(OH^-) = n(AH)$$

$$n(AH) = 1{,}36 \times 10^{-4} \text{ mol.}$$

• Nous pouvons maintenant calculer la masse d'acide ascorbique présente dans la solution de 10,0 mL :

$$m(AH) = n(AH) \times M(AH)$$

$$m(AH) = 1{,}36 \times 10^{-4} \times (6 \times 12 + 8 \times 1 + 6 \times 16) = 2{,}4 \times 10^{-2} \text{ g.}$$

Le volume de la solution mère (0,200 L) est 20 fois plus important que le volume de la prise d'essai. La masse initiale est donc de :

$$m(AH)_i = 20 \times m(AH) = 0{,}479 \text{ g.}$$

4. Écart relatif :

$$\frac{\left|m(AH)_{\text{titré}} - m(AH)_{\text{théorique}}\right|}{m(AH)_{\text{théorique}}} = \frac{|479 - 500|}{500} = 4{,}2\ \%.$$

L'écart relatif est inférieur à 5 %, donc acceptable.

Les causes d'erreur peuvent être :

– perte de solide lors de la dissolution,

– incertitude sur la fiole jaugée

– incertitude sur la lecture du volume équivalent (lecture graphique).

5. Lors d'un dosage par suivi conductimétrique, l'équation support du dosage reste la même.

Calculons le volume équivalent théorique :

Appelons C'_A la concentration en acide de la solution titrée et V'_A son volume. D'après la verrerie présentée, le volume maximum de la prise d'essai est de 25 mL.

Calculons tout d'abord la quantité d'acide présent théoriquement :

$$n(\text{AH}) = C'_A \times V'_A = 6{,}00 \times 10^{-3} \times 25 \times 10^{-3} = 1{,}5 \times 10^{-4} \text{ mol.}$$

Nous pouvons maintenant estimer le volume équivalent théorique V_E.

$$V_E = \frac{n(\text{OH}^-)}{C_B} = \frac{n(\text{H}_3\text{O}^+)}{C_B} = \frac{1{,}5 \times 10^{-4}}{1{,}0 \times 10^{-1}} = 1{,}5 \times 10^{-3} \text{ L}$$

$$V_E = 1{,}5 \text{ mL.}$$

Ce volume est trop faible et le risque d'erreur est trop important.

Il faut diluer la solution titrante, par exemple d'un facteur 10.

6. Mode opératoire :

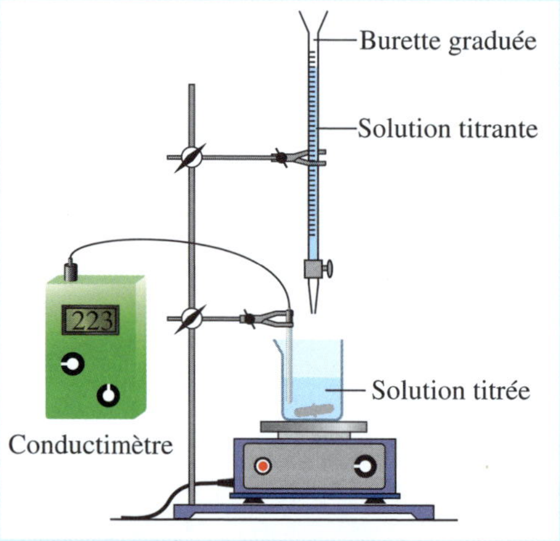

– Verser dans un bécher 25,0 mL de solution d'acide ascorbique et compléter avec un volume suffisant d'eau (pour obtenir un volume total de 200 mL, par exemple).

– Placer le bécher sur un agitateur magnétique et y incorporer la cellule conductimétrique et un barreau aimanté.

– Remplir la burette avec la solution d'hydroxyde de sodium diluée.

– Verser progressivement la solution titrante et relever la conductivité σ en fonction du volume versé.

– On trace $\sigma = f(V_{\text{sol titrante}})$. Il apparaît deux droites dont l'abscisse du point d'intersection donne V_E.

7. Interprétation des courbes :

• Avant l'équivalence : les ions hydroxyde réagissent avec la molécule d'acide ascorbique. Ils disparaissent, mais il se forme des ions A^- participant à la conductivité de la solution. Les ions sodium Na^+ ajoutés participent eux aussi à la conductivité. La conductivité σ augmente et la courbe obtenue a un coefficient directeur positif.

• Après l'équivalence : les ions hydroxyde versés ne réagissent plus, car tout l'acide a réagi. Ces ions et les ions Na^+ font augmenter la conductivité, mais la conductivité molaire ionique des ions OH^- étant supérieure à celle des ions A^-, le coefficient directeur de cette droite est supérieur à celui de la droite précédente.

La courbe 1 correspond à cette description.

Évolution temporelle d'une transformation chimique

CHAPITRE 4

1 Cinétique chimique

■ **La cinétique chimique étudie l'évolution temporelle d'un système chimique**. Elle permet notamment de quantifier la vitesse d'une transformation chimique, c'est-à-dire d'attribuer un caractère plus ou moins rapide au déroulement d'une réaction chimique en s'appuyant sur des grandeurs physico-chimiques.

■ On distingue **trois types de transformations chimiques d'un point de vue cinétique** :
– **rapide (ou instantanée)** : l'état final du système est atteint quelques dixièmes de seconde tout au plus après que les réactifs ont été mis en contact (réactions de précipitation, explosions) ;
– **lente** : la durée d'évolution varie de quelques secondes à plusieurs jours (dismutation de l'eau oxygénée, les estérifications) ;
– **infiniment lente** : la réaction chimique est à ce point lente qu'elle semble ne pas se produire. Les durées s'étalent de quelques années (formation de la rouille, vieillissement du vin) à plusieurs millions d'années (formation du pétrole).

2 Notions de vitesse volumique et de temps de demi-réaction

■ **Considérons une transformation chimique modélisée par une réaction dont l'équation-bilan s'écrit : $aA + bB \rightarrow cC + dD$.**

Pour rendre compte de l'évolution du système, le chimiste est très souvent amené à considérer les courbes $n_i = f(t)$ ou $C_i = f(t)$, courbes représentant l'évolution des quantités de matière ou des concentrations en quantité de matière en fonction du temps.

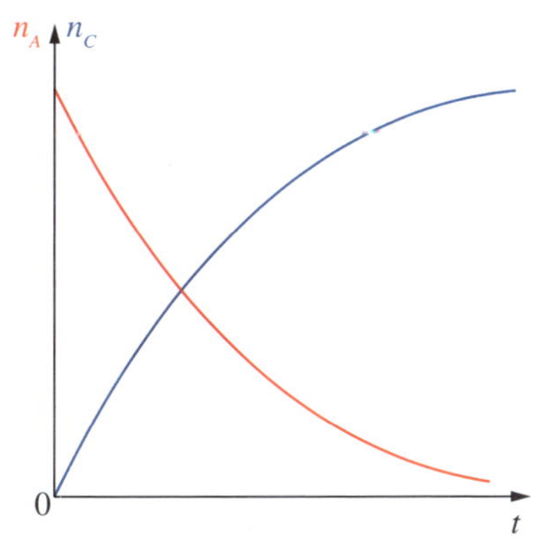

Intéressons-nous à l'allure de ces courbes pour l'un des réactifs (A) et l'un des produits (C). Évidemment, la quantité de matière de A diminue au cours du temps et celle de C augmente.

D'autres points sont plus remarquables :

• la quantité de matière de A diminue assez rapidement à la date $t = 0$, puis bien plus lentement en fin de réaction ;

• la quantité de matière de C augmente assez rapidement au début et de plus en plus lentement à mesure que l'on se rapproche de l'état final.

■ **Pour rendre compte de cette différence de comportement en fonction de la date considérée, on introduit la notion de vitesse volumique.**

– **Vitesse volumique de disparition d'un réactif** $v_{\text{réactif}}$:

$$v_{\text{réactif}} = -\frac{\mathrm{d}[\text{réactif}]}{\mathrm{d}t}$$

Elle est égale à l'opposée de la dérivée temporelle de la concentration en quantité de matière de ce réactif et s'exprime en mole par litre par seconde ($mol.L^{-1}.s^{-1}$).

– **Vitesse volumique d'apparition d'un produit** v_{produit} :

$$v_{\text{produit}} = \frac{\mathrm{d}[\text{produit}]}{\mathrm{d}t}$$

Elle est égale à la dérivée temporelle de la concentration en quantité de matière de ce produit et s'exprime également en mole par litre par seconde ($mol.L^{-1}.s^{-1}$).

■ **Les vitesses de formation et d'apparition pour les espèces chimiques présentes dans le système ne sont pas égales, mais proportionnelles suivant les égalités :**

$$\frac{v_A}{a} = \frac{v_B}{b} = \frac{v_C}{c} = \frac{v_D}{d}$$

■ Pour savoir si une réaction est instantanée, lente, ou infiniment lente, on peut déterminer son **temps de demi-réaction, noté $t_{1/2}$. Il s'agit du temps au bout duquel l'avancement de la réaction x a atteint la moitié de sa valeur finale.**

3 Facteurs cinétiques

■ Rappelons que lors d'une réaction chimique, au niveau microscopique, se produisent des **chocs entre les réactifs** permettant une **recombinaison atomique conduisant aux produits**.

■ **Un facteur cinétique est un paramètre qui influe sur la vitesse d'une transformation chimique**. La vitesse d'une réaction augmente avec :

– **la température** : l'agitation des entités chimiques permet d'augmenter le nombre de chocs efficaces ;

– **la concentration des réactifs** : la fréquence des chocs augmente, car les entités par unité de volume sont plus nombreuses ;

– **l'utilisation d'un catalyseur** : il s'agit d'une substance chimique qui accélère considérablement la réaction, mais qui n'intervient pas dans son équation-bilan.

4 Loi de vitesse d'ordre 1

■ La vitesse d'une réaction est donc fonction de la concentration des réactifs. Il existe de nombreux cas de figure pour la relation entre ces grandeurs.
Cette étude cinétique peut permettre de déterminer l'énergie nécessaire au déroulement d'une réaction et son mécanisme réactionnel, en plus de donner l'évolution temporelle de la concentration des différentes espèces chimiques présentes dans le système.

■ **Nous nous bornerons ici à la loi de vitesse d'ordre 1**, qui constitue un cas simple d'étude cinétique.
Considérons à nouveau la réaction $aA + bB \rightarrow cC + dD$.
Si elle est d'ordre 1 par rapport à A (**lorsque B est introduit en excès ou constitue le solvant par exemple**), on a la relation suivante :

$$\frac{v_A}{a} = k \times [A]^1 = k \times [A]$$

k est appelé constante de vitesse et s'exprime en s^{-1}.

■ **De cette égalité découle une équation différentielle linéaire du premier ordre. Nous n'en verrons pas la résolution ici, mais allons nous focaliser sur les différentes méthodes possibles pour identifier une loi de vitesse d'ordre 1, en fonction des données.**

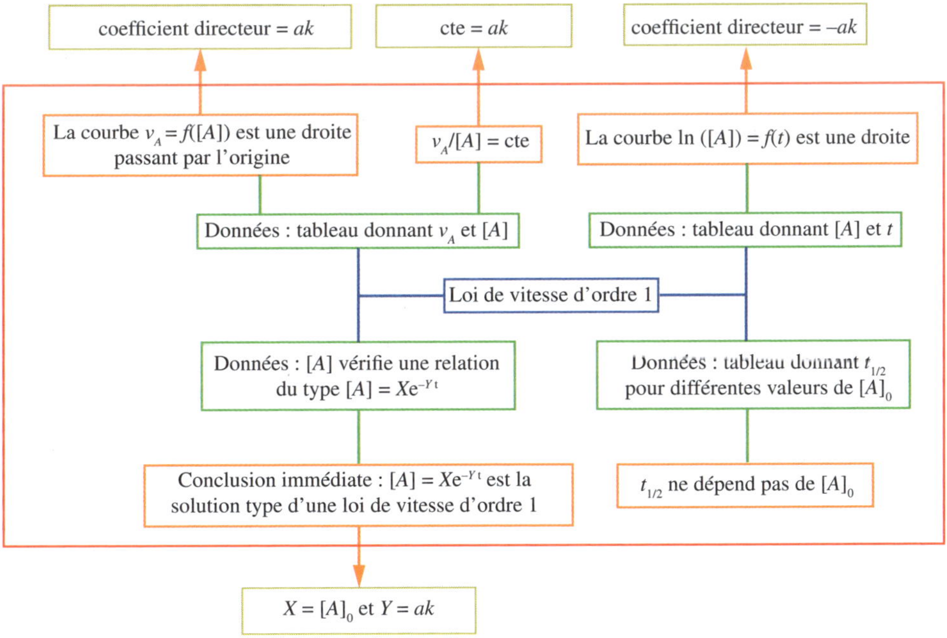

5 Mécanisme réactionnel

■ **Un mécanisme réactionnel montre ce qu'il se passe au niveau microscopique lors d'une réaction chimique**.

Comprenons-en les grands principes à travers un exemple simple : l'hydratation du propène.

Étape 1

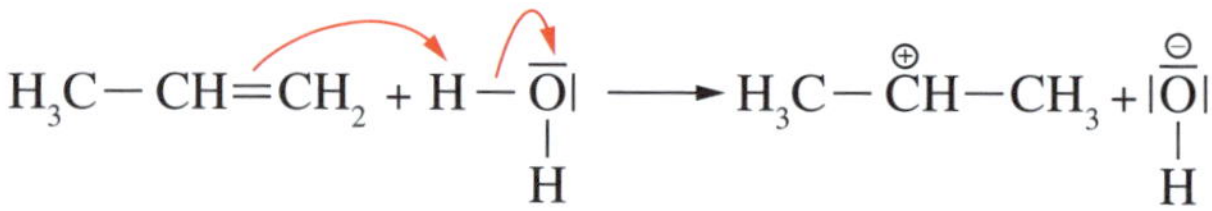

Étape 2

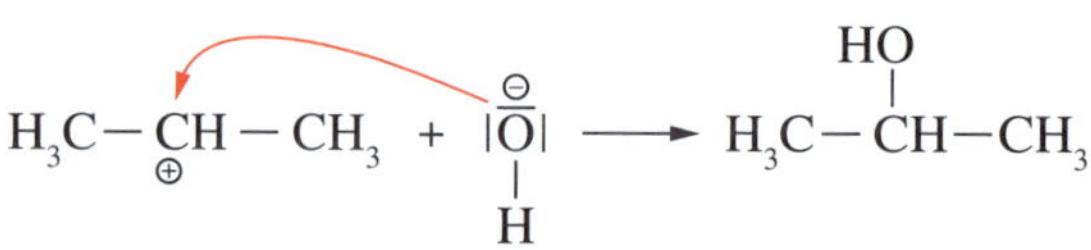

Il comporte **plusieurs étapes** correspondant à des **actes élémentaires** de la réaction chimiques.

– Chaque acte élémentaire fait intervenir une ou deux espèces chimiques.

– Chaque étape comporte **une ou deux flèches courbes qui montrent les ruptures et formations de liaisons**.

– **Une flèche est toujours orientée d'un site nucléophile** (donneur d'électrons : double liaison, doublet non liant, charge négative) **vers un site électrophile** (accepteur d'électrons : charge positive, lacune électronique).

Étape 1

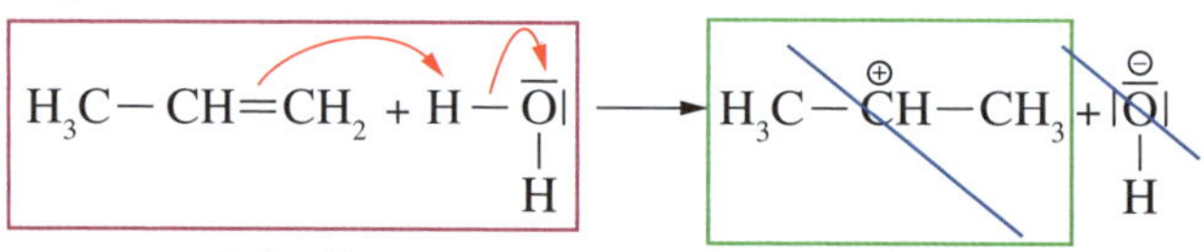

Réactifs — Intermédiaire réactionnel

Étape 2

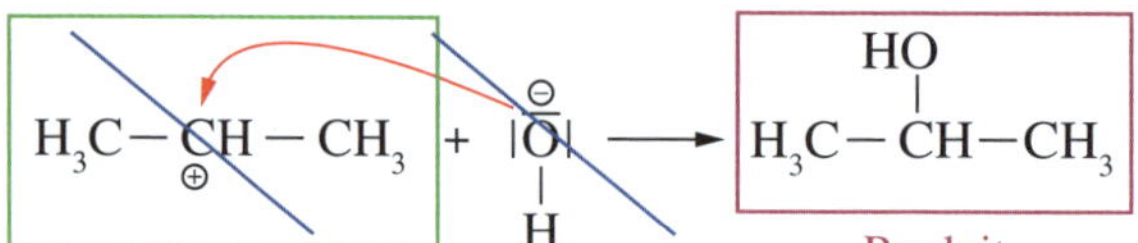

Produit

– L'équation-bilan de la réaction se déduit en additionnant toutes les étapes (en pratique, barrer comme ci-contre les « redondances » afin de parvenir rapidement à son écriture).

– **Les espèces chimiques qui ne sont ni des réactifs, ni des produits, sont appelées *intermédiaires réactionnels***.

Équation-bilan : $H_3C-CH=CH_2 + H_2O \longrightarrow H_3C-CH(OH)-CH_3$

COMMENT FAIRE

1 Calculer des grandeurs cinétiques

EXERCICE TYPE

On introduit dans un bécher, à la date $t = 0$, un volume $V_1 = 50{,}0$ mL d'eau oxygénée H_2O_2 de concentration $C_1 = 1{,}7 \times 10^{-2}$ mol.L^{-1}, un volume $V_2 = 40{,}0$ mL d'iodure de potassium (K^+(aq) + I^-(aq)) de concentration $C_2 = 5{,}0 \times 10^{-2}$ mol.L^{-1} et un volume $V_3 = 10{,}0$ mL d'acide sulfurique ($2H^+$(aq) + SO_4^{2-} (aq)) de concentration $C_3 = 1{,}0$ mol.L^{-1}. On observe une coloration du milieu réactionnel due à la formation de diiode. L'équation-bilan de la réaction s'écrit :

$$H_2O_2(aq) + 2\ I^-(aq) + 2\ H^+(aq) \rightarrow 2\ H_2O(\ell) + I_2(aq)$$

À différentes dates, la concentration en diiode dans le milieu est déterminée par spectrophotométrie. On obtient alors la courbe suivante :

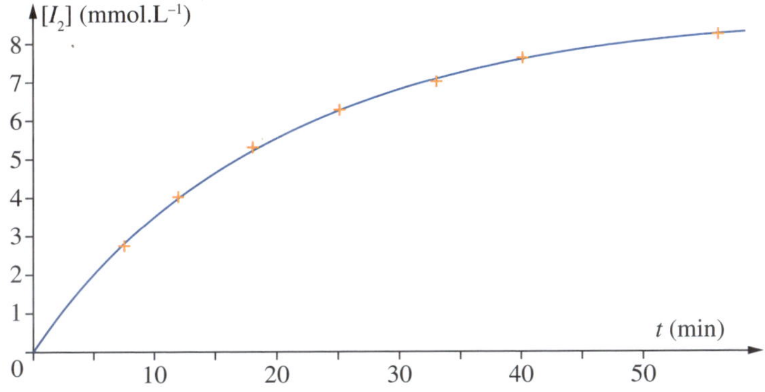

1. Calculer la vitesse volumique d'apparition du diiode à l'instant initial et à $t = 25$ min.

2. En déduire la valeur de la vitesse volumique de disparition des ions iodure aux mêmes dates.

3. Déterminer la valeur du temps de demi-réaction sachant qu'il s'agit d'une réaction totale.

CORRIGÉ COMMENTÉ

1. On a $v_{I_2} = \dfrac{d[I_2]}{dt}$.

Traçons les deux tangentes afin d'en déterminer la pente.

> **Rappel**
>
> $\dfrac{d[I_2]}{dt}$ représente la pente de la tangente à la courbe $[I_2] = f(t)$ à la date considérée.

• **À $t = 0$:** $v_{I_2}(0) = \left(\dfrac{d[I_2]}{dt}\right)_{t=0}$

Déterminons la pente de la tangente à la courbe à $t = 0$.

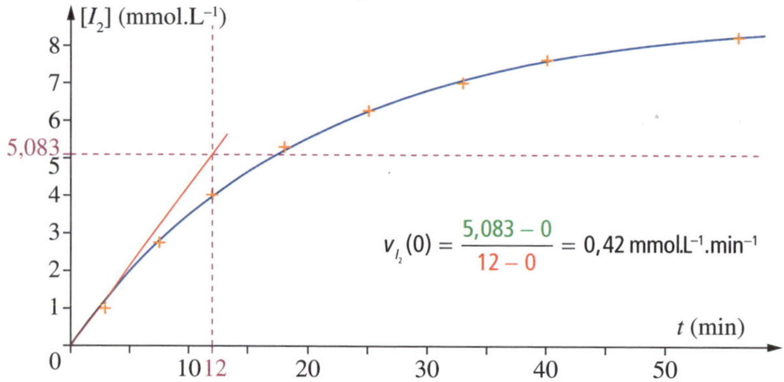

Rappel

Pour calculer une pente, on choisit deux points de la droite et on effectue le calcul $\dfrac{\Delta y}{\Delta x}$ en faisant attention au signe.

Ici, les deux points choisis sont (0 ; 0) et (12 ; 5,083).

Remarques

• Pour les unités, sauf indication contraire de l'énoncé, il est pratique de se cantonner à celles indiquées au niveau de la courbe (ici, le temps est exprimé en minute et la concentration en millimole par litre, et donc la vitesse en millimole par litre par minute) ou du tableau de valeurs.

• Les coordonnées affichées ici sont d'une précision exagérée au regard du nombre de chiffres significatifs des mesures et de la précision du tracé. Le prendre en considération lors de l'écriture du résultat.

• **À $t = 25$ min :** $v_{I_2}(25) = \left(\dfrac{d[I_2]}{dt}\right)_{t=25}$

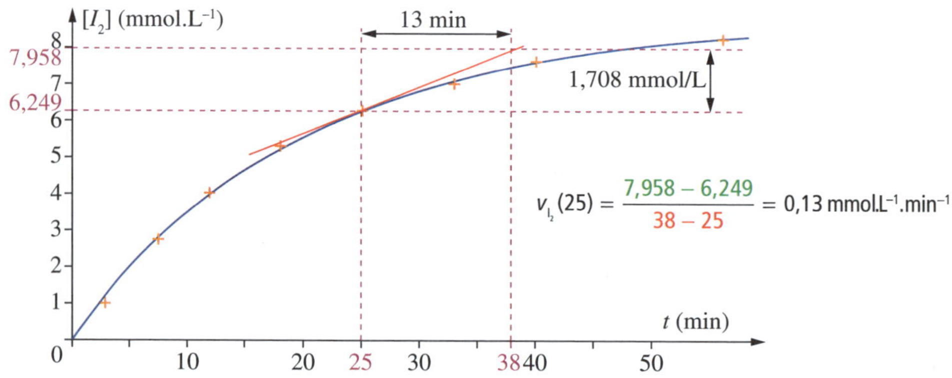

2. Calculons maintenant la vitesse de disparition des ions iodure.

Rappelons l'équation-bilan :

$H_2O_2(aq) + 2\ I^-(aq) + 2\ H^+(aq) \rightarrow 2\ H_2O(\ell) + 1\ I_2(aq)$

On a :

$$\frac{v_{I^-}}{2} = \frac{v_{I_2}}{1}$$

Donc, $v_{I^-} = 2 \times v_{I_2}$.

$\mathbf{v_{I^-}(0) = 2 \times v_{I_2}(0) = 2 \times 0,42}$
$\mathbf{= 0,85\ mmol.L^{-1}.min^{-1}}$

$\mathbf{v_{I^-}(25) = 2 \times v_{I_2}(25) = 2 \times 0,13}$
$\mathbf{= 0,26\ mmol.L^{-1}.min^{-1}}$

Rappel

Le résultat du premier calcul peut surprendre. Pourquoi 0,85 et pas 0,84 ? Lorsqu'on l'effectue, il faut tenir compte de la valeur de $v_{I_2}(0)$ avec toutes les décimales (0,42358333….).
$2 \times 0,4235833\ldots = 0,8471666..$

3. • Établissons le tableau d'avancement de cette réaction :

Équation de la réaction		$H_2O_2(aq)$ +	$2\ I^-(aq)$	$+ 2\ H^+(aq)$	$\rightarrow 2\ H_2O(\ell)$ +	$I_2(aq)$
État du système	Avancement (mol)	Quantités de matière (mol)				
Initial	$x = 0$	$n_i(H_2O_2)$	$n_i(I^-)$	EXCÈS	EXCÈS	0
Intermédiaire	x	$n_i(H_2O_2) - x$	$n_i(I^-) - 2x$	EXCÈS	EXCÈS	x
Final	x_{max}	$n_i(H_2O_2) - x_{max}$	$n_i(I^-) - 2x_{max}$	EXCÈS	EXCÈS	x_{max}

$n_i(H_2O_2) = C_1 \times V_1$
$= 1,7 \times 10^{-2} \times 50,0 \times 10^{-3}$
$n_i(H_2O_2) = 8,5 \times 10^{-4}$ mol.

$n_i(I^-) = C_2 \times V_2$
$= 5,0 \times 10^{-2} \times 40,0 \times 10^{-3}$
$n_i(I^-) = 2,0 \times 10^{-3}$ mol.

Remarque

Ici, l'avancement final est égal à l'avancement maximal, car la réaction est totale comme précisé dans la question.

• Déterminons maintenant le réactif limitant.

– Si H_2O_2 est le réactif limitant, on aura :

$n_i(H_2O_2) - x_{max1} = 0$
$x_{max1} = n_i(H_2O_2)$
$x_{max1} = 8,5 \times 10^{-4}$ mol.

– Si I^- est le réactif limitant, on aura :

$n_i(I^-) - 2x_{max2} = 0$

$$x_{max2} = \frac{n_i(I^-)}{2}$$

$$x_{max2} = \frac{2,0 \times 10^{-3}}{2}$$

$x_{max2} = 1,0 \times 10^{-3}$ mol.

$x_{max1} < x_{max2}$

Le réactif limitant est H_2O_2 et $x_{max} = x_{max1} = 8,5 \times 10^{-4}$ mol.

• Par définition, lorsque $t = t_{1/2}$, l'avancement a atteint la moitié de sa valeur finale. On en déduit la valeur de la concentration en quantité de matière du diiode à cet instant.

$$[I_2](t = t_{1/2}) = \frac{x(t_{1/2})}{V_{total}}$$

$$= \frac{\frac{x_{max}}{2}}{(V_1 + V_2 + V_3)}$$

$$= \frac{8,5 \times 10^{-4}}{2 \times (50,0 + 40,0 + 10,0) \times 10^{-3}}$$

$[I_2]_{t_{1/2}} = 4,2 \times 10^{-3}$ mol.L^{-1} = 4,2 mmol.L^{-1}.

Par détermination graphique, on recherche l'antécédent de cette valeur de $[I_2]$.

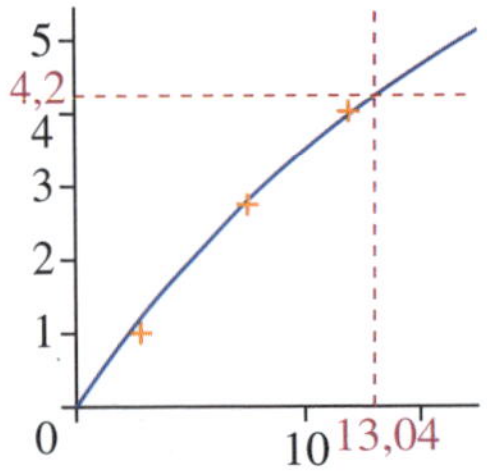

On a $t_{1/2}$ = 13 min.

À RETENIR

• Utiliser la courbe $C = f(t)$ pour déterminer graphiquement une vitesse volumique d'apparition d'un produit (ou de disparition d'un réactif), en déterminant la pente de la tangente à la courbe (ou son opposé) à la date considérée.

• Pour déterminer un temps de demi-réaction, il faut trouver la date à laquelle l'avancement a atteint la moitié de sa valeur finale. **Dans le cas d'une réaction totale et si la concentration en quantité de matière du réactif limitant dans le mélange réactionnel à $t = 0$ vaut C_0, on aura $C = \frac{C_0}{2}$ à $t = t_{1/2}$. Il est également aisé de raisonner avec les produits de la réaction en considérant leurs concentrations finales C_{f_i} : $C = \frac{C_{f_i}}{2}$ à $t = t_{1/2}$.**

2 Reconnaître une loi de vitesse d'ordre 1

EXERCICE TYPE

L'eau oxygénée, de formule H_2O_2, est utilisée pour ses propriétés oxydantes et décolorantes. Il s'agit d'une solution aqueuse instable, car cette espèce chimique peut se dismuter selon l'équation-bilan : $2\ H_2O_2(aq) \rightarrow 2\ H_2O(\ell) + O_2(g)$.
On suit l'évolution de la concentration d'une solution d'eau oxygénée telle que $[H_2O_2]_0 = 1{,}0\ \text{mol.L}^{-1}$ en réalisant un titrage manganimétrique toutes les minutes. Les volumes équivalents mesurés sont saisis dans un tableur, et sont calculées la concentration en quantité de matière de l'eau oxygénée et sa vitesse volumique de disparition $v_{H_2O_2}$. On obtient alors le tableau suivant :

t (min)	0	1	2	3	4	5	6	7	8	9	10
$[H_2O_2]$ (mol.L^{-1})	1,0	0,97	0,94	0,92	0,88	0,86	0,83	0,81	0,79	0,76	0,74
$v_{H_2O_2}$ (mol.L^{-1}.min^{-1})	0,031	0,029	0,028	0,027	0,026	0,027	0,025	0,024	0,023	0,022	0,021

1. Quelle précaution doit être prise avec chaque fraction d'eau oxygénée devant être titrée ?

2. Montrer que l'évolution de la concentration suit une loi de vitesse d'ordre 1. En déduire la valeur de la constante de vitesse k.

3. La courbe $\ln [H_2O_2] = f(t)$ a été tracée. Vérifier qu'elle conforte les réponses à la question précédente.

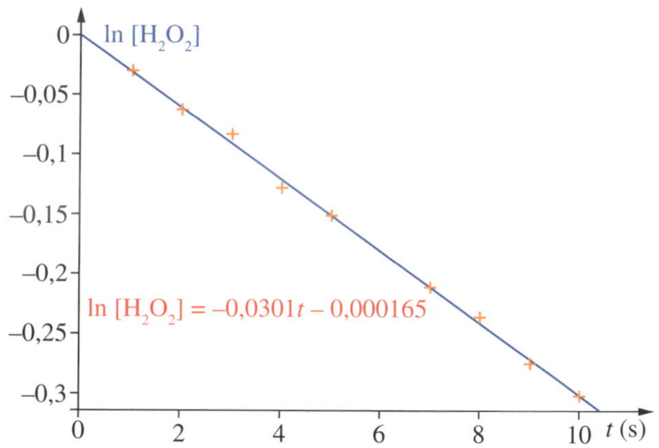

CORRIGÉ COMMENTÉ

1. Chaque fraction titrée doit être figée d'un point de vue chimique. Il faut donc ajouter de l'eau glacée à chaque fraction afin de bloquer la dismutation de l'eau oxygénée pendant le titrage. On dit que l'on a effectué une trempe du système.

> **Remarque**
> La température et la concentration sont des facteurs cinétiques. Diluer la fraction titrée avec de l'eau glacée permet d'agir sur ces deux facteurs en même temps.

2. Si la réaction est d'ordre 1, on a alors :

$\frac{v_{H_2O_2}}{2} = k \times [H_2O_2]$.

Ajoutons au tableau une grandeur calculée :

$Q = \frac{v_{H_2O_2}}{2 \times [H_2O_2]}$.

Si la réaction est bien d'ordre 1, on a $Q = k =$ cte.

Remarque

Il est également possible de tracer la courbe $v_{H_2O_2} = f([H_2O_2])$.

Si la réaction est d'ordre 1, on obtient une droite qui passe par l'origine et dont la pente vaut $2k$.

t (min)	0	1	2	3	4	5	6	7	8	9	10
$[H_2O_2]$ (mol.L^{-1})	1,0	0,97	0,94	0,92	0,88	0,86	0,83	0,81	0,79	0,76	0,74
$v_{H_2O_2}$ (mol.L^{-1}.min^{-1})	0,031	0,029	0,028	0,027	0,026	0,027	0,025	0,024	0,023	0,022	0,021
Q (min^{-1})	0,016	0,015	0,015	0,015	0,015	0,016	0,015	0,015	0,015	0,014	0,014

On s'aperçoit que $Q \approx$ cte. L'évolution de la concentration en eau oxygénée suit bien une loi de vitesse d'ordre 1 et $k = 0{,}015$ min^{-1}.

3. La courbe $\ln [H_2O_2] = f(t)$ est une droite. Cette concentration suit donc bien une loi de vitesse d'ordre 1. L'équation de cette droite est :

$\ln [H_2O_2] = -0{,}0301t - 0{,}000165$.

$-ak = -0{,}0301$ avec $a = 2$ (coefficient stœchiométrique affecté à H_2O_2 dans l'équation-bilan).

$k = \frac{-0{,}0301}{-2} = 0{,}015$ min^{-1}.

Remarque

Procéder par identification pour déterminer la valeur de la constante de vitesse.

À RETENIR

• Pour montrer qu'une concentration suit une loi de vitesse d'ordre 1, utiliser l'une des méthodes suivantes **en fonction des données de l'énoncé** :

- $\frac{v_A}{[A]} =$ cte (graphiquement, la courbe $v_A = f([A])$ est une droite passant par l'origine) ;
- la courbe $\ln[A] = f(t)$ est une droite ;
- la courbe $[A] = f(t)$ a pour équation $[A] = [A]_0 \times e^{-akt}$;
- le temps de demi-réaction $t_{1/2}$ ne dépend pas de la concentration initiale $[A]_0$.

3 Interpréter un mécanisme réactionnel

EXERCICE TYPE

L'acide méthanoïque $CH_3–COOH$ peut réagir avec le méthanol $CH_3–OH$ par catalyse acide pour former un ester. Le mécanisme réactionnel est le suivant :

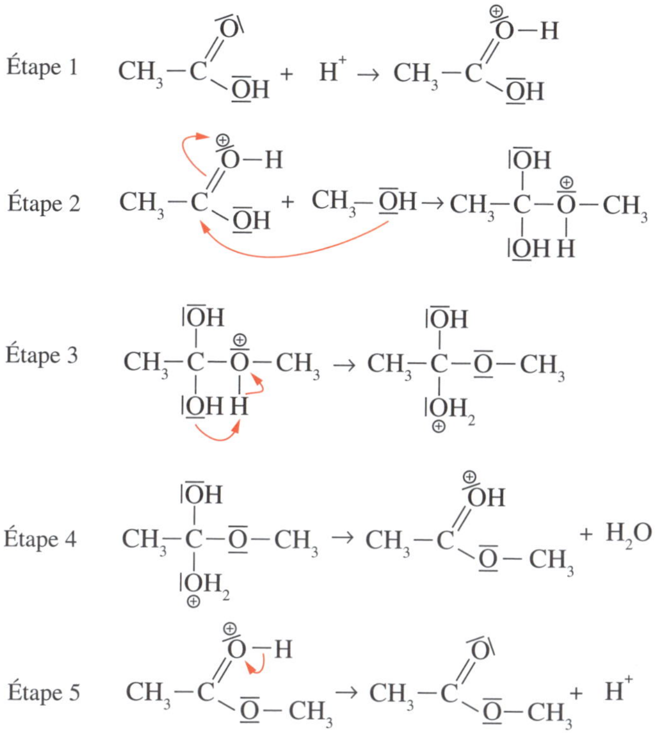

1. Écrire l'équation-bilan de cette réaction. Encadrer les intermédiaires réactionnels.

2. Compléter les étapes 1 et 4 par des flèches courbes.

3. Montrer qu'il y a bien une catalyse acide.

CORRIGÉ COMMENTÉ

1.

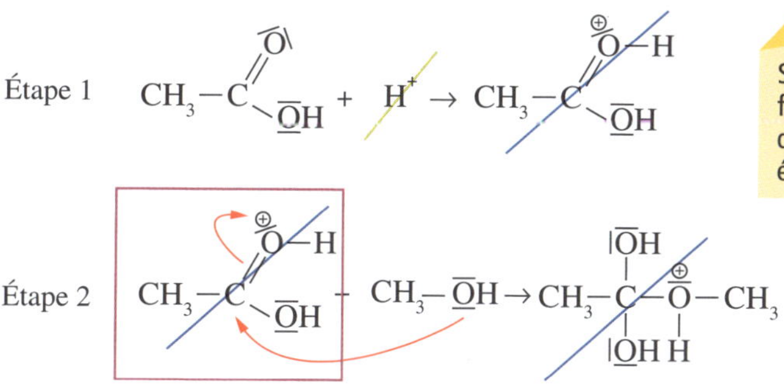

> **Conseil**
> Supprimer les espèces qui sont à la fois réactif d'une étape et produit d'une autre étape pour pouvoir écrire l'équation-bilan.

Étape 3 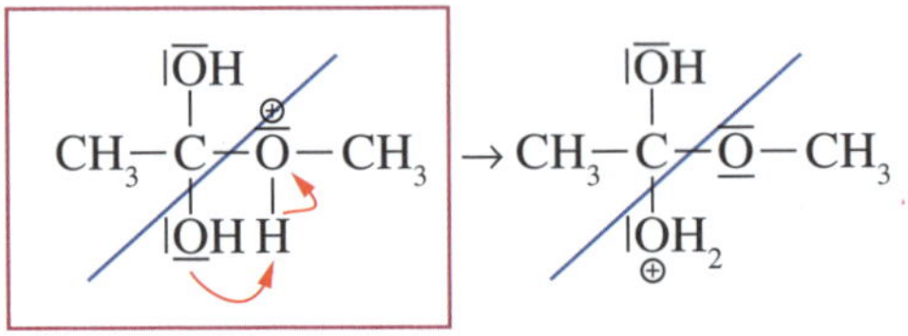

Étape 4 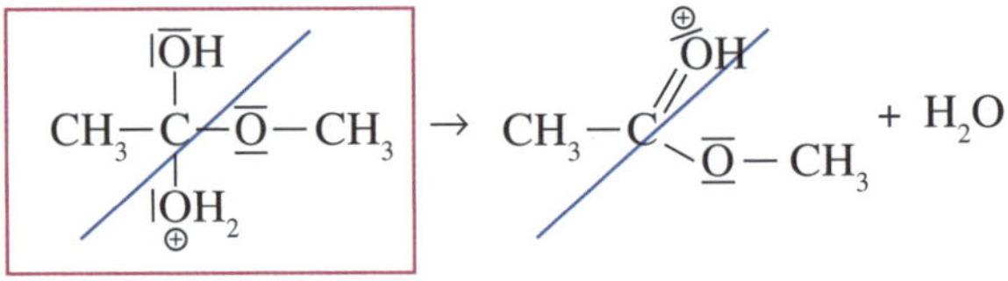

Étape 5 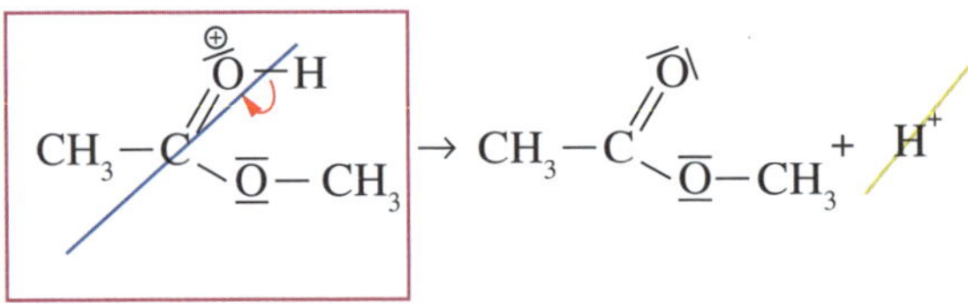

L'équation-bilan de cette réaction est :

$CH_3–COOH + CH_3–OH \rightarrow CH_3–COO–CH_3 + H_2O$

On dénombre quatre intermédiaires réactionnels.

2.

Étape 1 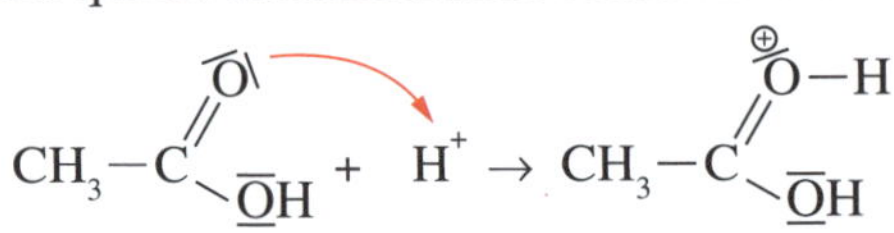

> **Rappel**
> Une flèche courbe est toujours orientée du site nucléophile vers le site électrophile.

Étape 4 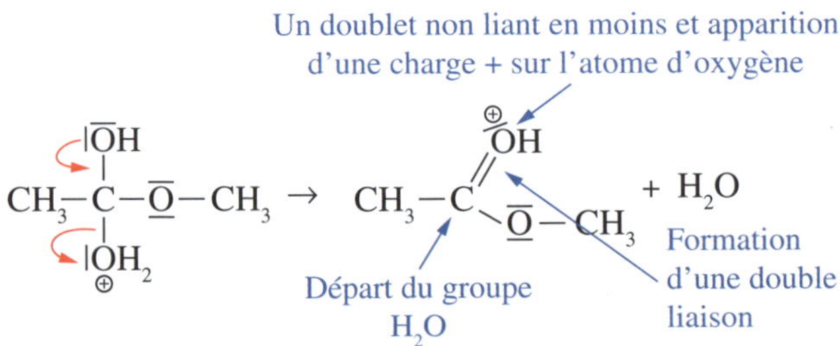

> **Conseil**
> Bien observer les modifications d'un intermédiaire réactionnel à un autre. Les flèches courbes s'en déduisent.

3. L'ion H^+, provenant d'un acide, apparaît lors de la première étape et est régénéré lors de la dernière étape : il est donc bien un catalyseur de cette réaction.

À RETENIR

- Un mécanisme réactionnel est une suite d'actes élémentaires faisant intervenir des intermédiaires réactionnels.
- Chaque acte élémentaire fait intervenir une (ou deux) flèche(s) courbe(s) orientée(s) d'un site nucléophile vers un site électrophile.
- La combinaison de ces étapes permet de déduire l'équation-bilan de la réaction.

EXERCICES

Connaître le cours

Pour chaque exercice du *connaître le cours*, indiquer la (ou les) bonne(s) réponse(s) :

1 4 min Cinétique et vitesses volumiques

	A	B	C
1. L'oxydation des aliments conduisant à leur brunissement est une réaction :	rapide	lente	infiniment lente
2. L'expression de la vitesse volumique de formation d'un produit est :	$\frac{d[\text{produit}]}{dt}$	$-\frac{d[\text{produit}]}{dt}$	$\frac{[\text{produit}]}{\Delta t}$
3. L'expression de la vitesse volumique de disparition d'un réactif est :	$\frac{d[\text{réactif}]}{dt}$	$-\frac{d[\text{réactif}]}{dt}$	$\frac{[\text{réactif}]}{\Delta t}$
4. Soit la réaction $2A + B \rightarrow C + 2D$. On a :	$2v_A = v_B$	$v_A = 2v_B$	$v_C = v_B$
5. Pour déterminer v_A à la date t_1, il faut :	utiliser la courbe $t = f([A])$	déterminer la pente de la tangente à la courbe $[A] = f(t)$ au point d'abscisse t_1	lire l'ordonnée correspondant à l'abscisse t_1 sur la courbe $[A] = f(t)$

→ Corrigé p. 102

2 3 min Mécanisme réactionnel

	A	B	C
1. Un intermédiaire réactionnel :	est un réactif	est un produit	n'est ni un réactif, ni un produit
2. Un mécanisme réactionnel :	fait intervenir des flèches courbes	rend compte du déroulement de la réaction à l'échelle moléculaire	est une suite d'actes élémentaires
3. Un catalyseur :	est indispensable pour qu'une réaction se fasse	intervient dans l'équation-bilan	n'intervient pas dans l'équation-bilan
4. Un site nucléophile :	est un site donneur d'électrons	est un site accepteur d'électrons	peut présenter une lacune électronique
5. Un acte élémentaire peut comporter :	une flèche courbe	deux flèches courbes	trois flèches courbes

→ Corrigé p. 102

Appliquer le cours et les savoir-faire

3 5 min ★ → COMMENT FAIRE 1

Soit la transformation chimique modélisée par l'équation-bilan :

$$S_2O_8^{2-}(aq) + 2\ I^-(aq) \rightarrow 2\ SO_4^{2-}(aq) + I_2(aq).$$

Les conditions expérimentales sont telles que, à la date $t = 10$ min, la vitesse volumique d'apparition du diiode vaut $v_{I_2} = 2{,}4 \times 10^{-3}$ mol.L^{-1}.min^{-1}.

Déterminer les vitesses volumiques pour les autres espèces chimiques à la même date. Préciser, à chaque fois, s'il s'agit de vitesse de disparition ou d'apparition.

→ *Corrigé p. 102*

4 8 min ★ → COMMENT FAIRE 1

On mélange 100 mL d'une solution de chlorure de cobalt (III) ($Co^{3+}(aq) + 3\ C\ell^-(aq)$) de concentration $C_1 = 2{,}0 \times 10^{-2}$ mol.L^{-1} à 100 mL d'une solution de sulfate de fer II ($Fe^{2+}(aq) + SO_4^{2-}(aq)$) de concentration $C_2 = 2{,}0 \times 10^{-2}$ mol.L^{-1}.

Il se produit une réaction d'oxydoréduction d'équation-bilan :

$$Fe^{2+}(aq) + Co^{3+}(aq) \rightarrow Fe^{3+}(aq) + Co^{2+}(aq)$$

La courbe donnant l'évolution de la concentration de Fe^{2+} en fonction du temps est représentée ci-dessous :

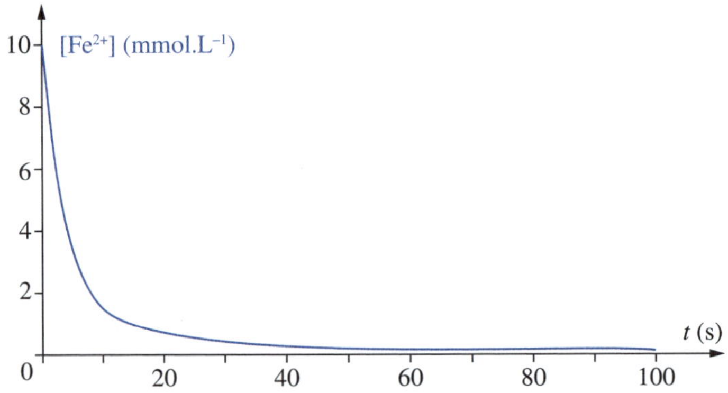

1. Déterminer la vitesse volumique de disparition des ions fer (II) à l'instant initial et à $t = 20$ s.

2. Définir le temps de demi-réaction $t_{1/2}$ et le déterminer graphiquement sachant que les ions Co^{3+} sont en excès et que la réaction est totale.

→ *Corrigé p. 102*

5 5 min ★ → COMMENT FAIRE 2

On considère la réaction suivante : $2\ A \rightarrow B + C$.

La courbe $\ln([A]) = f(t)$ est représentée ci-après :

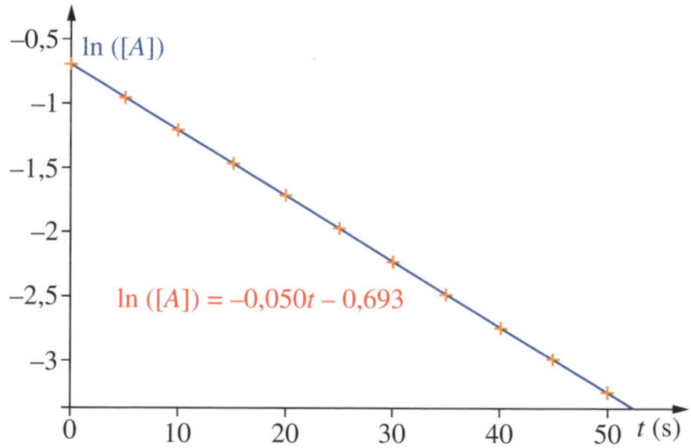

1. Montrer que l'évolution de la concentration de l'espèce A suit une loi de vitesse d'ordre 1.

2. Déterminer la valeur de la constante de vitesse. → Corrigé p. 103

6 ⏱ 8 min ★

→ COMMENT FAIRE 2

Soit la transformation chimique modélisée par l'équation-bilan :

$$S_2O_8^{2-}(aq) + 2\ I^-(aq) \rightarrow 2\ SO_4^{2-}(aq) + I_2(aq)$$

À 298 K, le suivi cinétique de la réaction a donné les résultats suivants pour la concentration en ions iodure et leur vitesse volumique de disparition :

$[I^-]$ (10^{-2} mol.L^{-1})	5,0	4,4	3,9	3,1	2,0
v_{I^-} (10^{-5} mol.L^{-1}.s^{-1})	1,5	1,1	0,88	0,58	0,24

La concentration en ions iodure suit-elle une loi de vitesse d'ordre 1 ? → Corrigé p. 103

7 ⏱ 7 min ★

→ COMMENT FAIRE 3

La réaction de saponification de l'éthanoate d'éthyle $CH_3–COO–C_2H_5$ est une réaction chimique se déroulant suivant trois actes élémentaires.

Étape 1

Étape 2

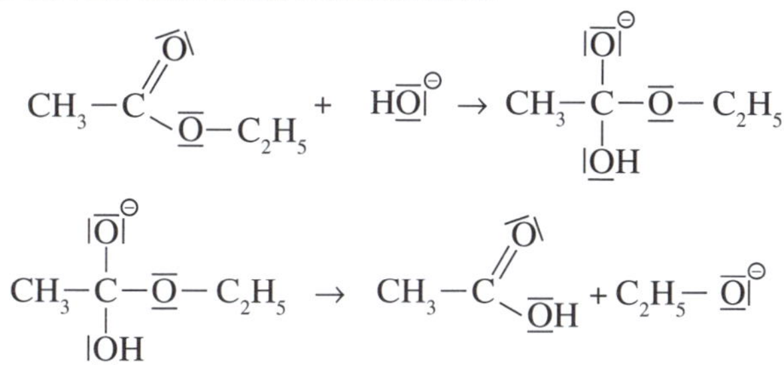

Étape 3

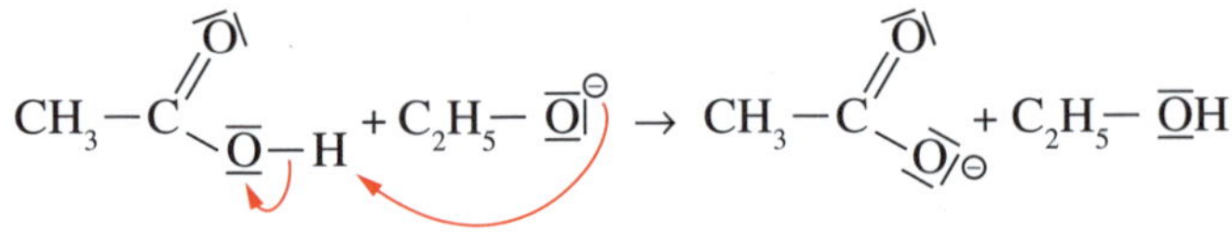

1. Compléter les étapes 1 et 2 avec les flèches courbes.
2. Encadrer les intermédiaires réactionnels.
3. Écrire l'équation-bilan de la réaction.

→ Corrigé p. 104

8 15 min ★★

→ COMMENT FAIRE 3

Une acétalisation est une réaction entre un carbonyle et un alcool.
On considère ici le mécanisme réactionnel lors de la réaction entre l'éthanal et l'éthanol.

Étape 1

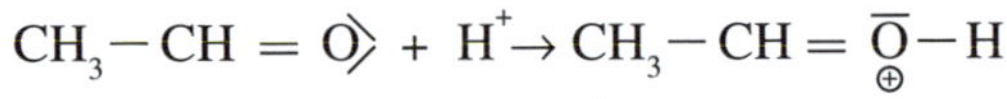

Étape 2

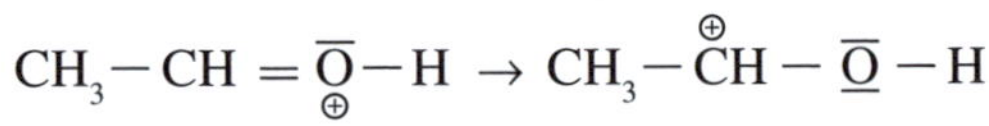

Étape 3

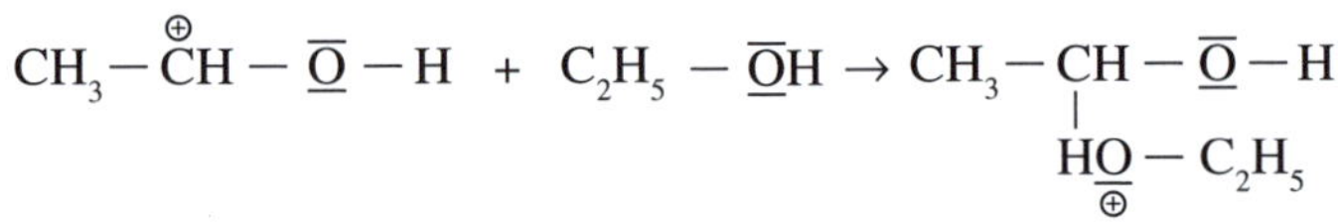

Étape 4

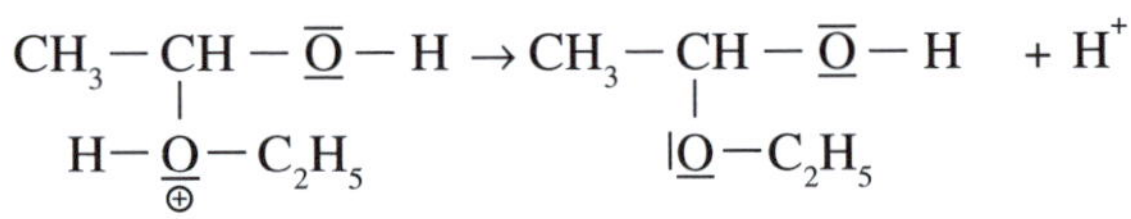

Étape 5

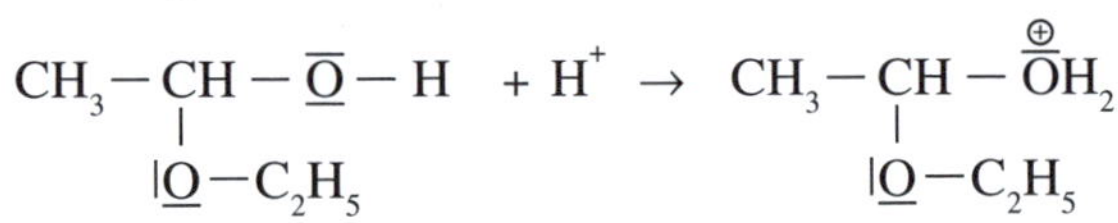

Étape 6

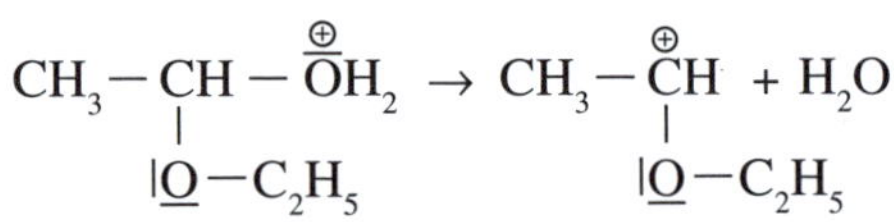

Étape 7

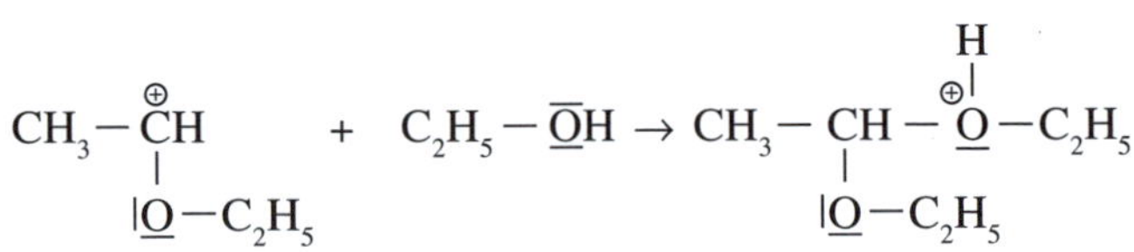

Étape 8

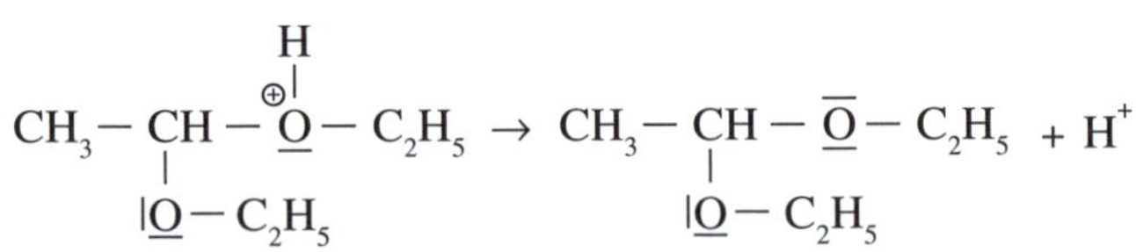

1. Indiquer la (les) flèche(s) courbe(s) pour chaque étape.
2. Écrire l'équation-bilan de cette réaction.
3. Indiquer le rôle des ions H^+ lors d'une acétalisation.

→ Corrigé p. 105

S'entraîner au raisonnement

9 15 min ★★

On effectue à 298 K le suivi cinétique de la réaction : $CrO_2^{2+}(aq) \rightarrow Cr^{2+}(aq) + O_2(g)$
La courbe donnant l'évolution de la concentration en CrO_2^{2+} au cours du temps peut être modélisée par la fonction $[CrO_2^{2+}] = 2{,}0 \times 10^{-4} \times e^{-2{,}5 \times 10^{-4} \times t}$.

1. Justifier que cette concentration suit une loi de vitesse d'ordre 1.

2. Déterminer les valeurs de la concentration initiale $[CrO_2^{2+}]_0$ et de la constante de vitesse *k*.

3. Calculer la valeur du temps de demi-réaction $t_{1/2}$, la réaction étant totale.

4. Déterminer le temps (en heure) au bout duquel la concentration en CrO_2^{2+} atteint 1 % de sa valeur initiale.

→ Corrigé p. 107

10 20 min ★★

Le peroxyde d'azote, de formule N_2O_5, est un gaz qui se décompose suivant l'équation-bilan :

$$2\,N_2O_5(g) \rightarrow 4\,NO_2(g) + O_2(g)$$

À 55 °C, le suivi cinétique de cette réaction a donné les résultats suivants :

***t* (min)**	0	5	10	15	20	25	30
$[N_2O_5]$ (10^{-2} mol.L^{-1})	2,00	1,24	0,813	0,516	0,334	0,210	0,130

On trace alors la courbe $[N_2O_5] = f(t)$.

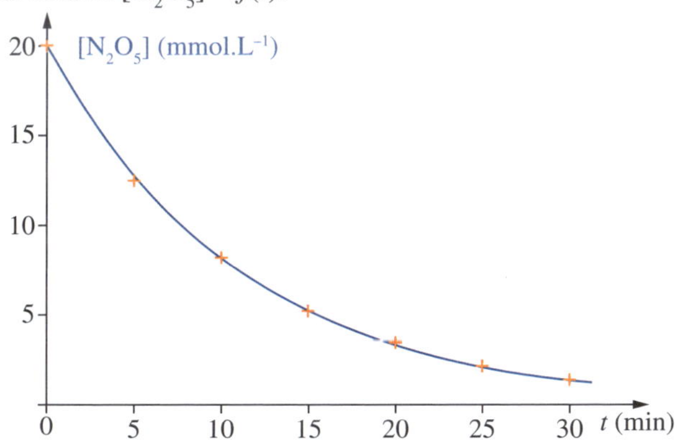

1. Démontrer que cette concentration suit une loi de vitesse d'ordre 1 (en traçant une courbe ou en effectuant une régression linéaire).

2. Montrer que cette concentration vérifie la relation :

$$[N_2O_5] = 2{,}00 \times 10^{-2} \times e^{-1{,}50 \times 10^{-3} \times t}$$

3. On admet qu'une réaction est terminée au bout d'un temps $t = 10 \times t_{1/2}$. Vérifier cette information pour la réaction étudiée ici.

→ Corrigé p. 107

EXERCICE DE BAC

Exercice 30 min **10 points**

« Un sucre inverti vaut-il deux sucres ?
Vous avez peut-être constaté sur certaines étiquettes de pâtisseries ou de confiseries la présence d'un ingrédient mystérieux : le sucre inverti. Ça vous dit de lever ce mystère ?
Qu'est-ce que le sucre inverti ?
C'est un mélange "équimolaire", comme disent les chimistes, de sirop de glucose et de sirop de fructose. Il se présente sous la forme d'une pâte translucide un peu blanchâtre. Il a un "pouvoir sucrant" plus fort que le sucre en poudre : 100 g de sucre inverti donne une saveur sucrée équivalente à 125 g de sucre en poudre environ. Le miel contient du sucre inverti. »

extrait de *https://www.monjardinchocolate.com/quest-ce-que-le-sucre-inverti/*

Le sucre est constitué de molécules de saccharose de formule $C_{12}H_{22}O_{11}$ et est extrait de la canne à sucre ou de la betterave sucrière.

Son hydrolyse en milieu acide est une réaction totale formant deux produits : le glucose et le fructose, de même formule brute $C_6H_{12}O_6$.

$$\text{saccharose(aq)} + H_2O(\ell) \rightarrow \text{glucose(aq)} + \text{fructose (aq)}$$

On écrit plus simplement :

$$S(aq) + H_2O(\ell) \rightarrow G(aq) + F(aq)$$

On effectue le suivi cinétique de cette réaction chimique, dans un milieu tamponné tel que pH = 5, après avoir dissous dans un volume V = 500 mL d'eau une masse m = 68,4 g de saccharose.

On obtient les résultats suivants pour la concentration en saccharose :

***t* (h)**	0	100	250	500	750	1 000
[S] (mol.L^{-1})	0,400	0,346	0,280	0,196	0,140	0,100

Cela a permis de tracer les courbes [S] = $f(t)$ et ln [S] = $f(t)$:

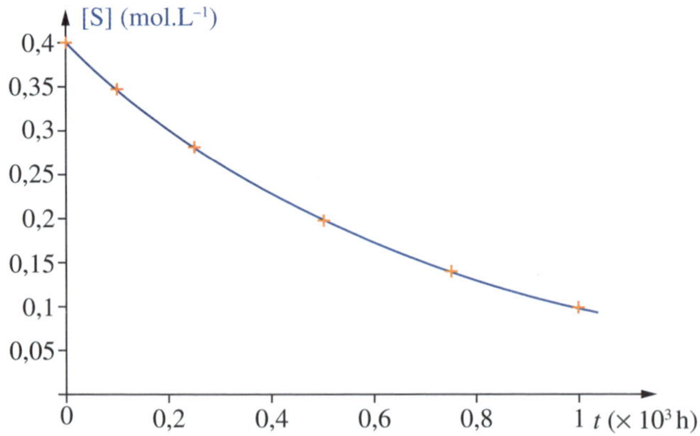

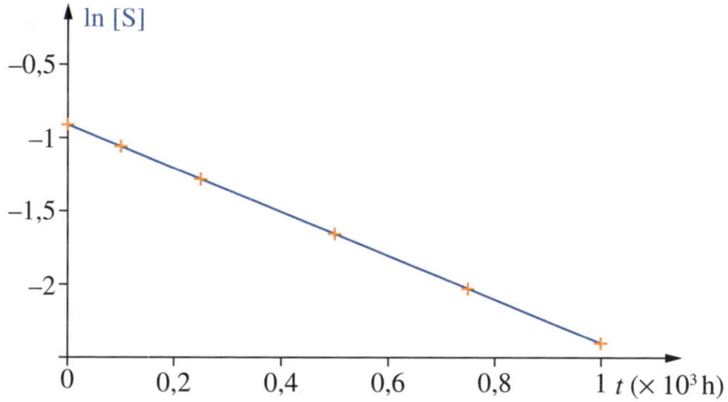

Données : $M(\text{S}) = 342,0$ g.mol^{-1} ; $M(\text{G}) = 180,0$ g.mol^{-1} ; $M(\text{F}) = 180,0$ g.mol^{-1}.

1. [0,5 pt] Justifier de manière qualitative que l'hydrolyse du saccharose permet l'obtention de sucre inverti.

2. [1,5 pt] Retrouver par le calcul la valeur de la concentration initiale $[\text{S}]_0$.

3. [0,5 pt] Donner l'expression de la vitesse volumique de disparition v_s du saccharose à un instant quelconque.

4. [1 pt] Montrer que la concentration en saccharose suit une loi de vitesse d'ordre 1.

5. [1,5 pt] Définir le temps de demi-réaction $t_{1/2}$. Déterminer graphiquement sa valeur pour la réaction étudiée ici, en prenant soin de justifier et faire apparaître le tracé.

6. [0,5 pt] Tracer sur le premier graphique (page précédente) l'allure qu'aurait la courbe si l'hydrolyse avait été réalisée à une température plus élevée.

7. [0,5 pt] Quel rôle jouent les ions H^+ lors de cette réaction chimique ?

8. [1 pt] En plus des facteurs cinétiques abordés aux questions 6 et 7, quelle autre grandeur pourrait-on modifier (et dans quel sens) pour accélérer la réaction ?

9. [3 pts] Calculer la masse de sucre inverti m_i obtenue lorsque $t = 2t_{1/2}$. En déduire la masse $m_{éq}$ de saccharose donnant une saveur sucrée équivalente à m_i.

→ *Corrigé p. 109*

CORRIGÉS

1 → *Énoncé p. 95*

1. **B** ; **2.** **A** ; **3.** **B** ; **4.** **B** et **C** ; **5.** **B**.

2 → *Énoncé p. 95*

1. **C** ; **2.** **A**, **B** et **C** ; **3.** **C** ; **4.** **A** ; **5.** **A** et **B**.

3 → *Énoncé p. 96*

D'après l'équation-bilan, on peut écrire la relation suivante entre les différentes vitesses volumiques : $\dfrac{v_{S_2O_8^{2-}}}{1} = \dfrac{v_{I^-}}{2} = \dfrac{v_{SO_4^{2-}}}{2} = \dfrac{v_{I_2}}{1}$.

• $S_2O_8^{2-}$ et I^- sont des réactifs. Calculons leurs vitesses volumiques de disparition à la date considérée ici :

$\boldsymbol{v_{S_2O_8^{2-}} = v_{I_2} = 2{,}4 \times 10^{-3}\ \text{mol.L}^{-1}.\text{min}^{-1}}$

$\boldsymbol{v_{I^-} = 2 \times v_{I_2} = 2 \times 2{,}4 = 4{,}8 \times 10^{-3}\ \text{mol.L}^{-1}.\text{min}^{-1}}$.

• SO_4^{2-} est un produit. Déterminons sa vitesse volumique d'apparition :

$\boldsymbol{v_{SO_4^{2-}} = 2 \times v_{I_2} = 2 \times 2{,}4 = 4{,}8 \times 10^{-3}\ \text{mol.L}^{-1}.\text{min}^{-1}}$.

4 → *Énoncé p. 96*

1. L'expression de la vitesse volumique de disparition des ions Fe^{2+} est $v_{Fe^{2+}} = -\dfrac{d[Fe^{2+}]}{dt}$.

À une date donnée, elle correspond donc à l'opposé du coefficient directeur de la tangente à la courbe à cette date. Traçons la tangente à la courbe aux dates $t = 0$ et $t = 20$ s afin d'en déterminer le coefficient directeur.

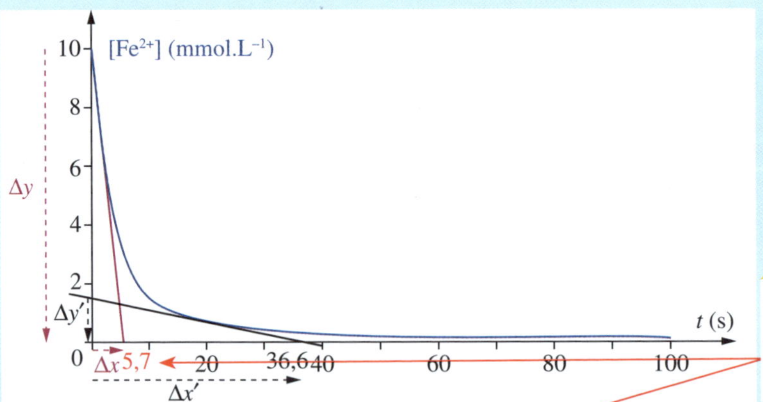

Remarque

Faire preuve de précision pour déterminer les abscisses et ordonnées nécessaires aux calculs.

• **À $t = 0$:** calculons le coefficient directeur a de la tangente en ce point (droite rouge) : $a = \dfrac{\Delta y}{\Delta x} = \dfrac{0 - 10}{5{,}7 - 0} = -1{,}8$. On a donc $v_{Fe^{2+}}(0) = \mathbf{1{,}8\ mmol.L^{-1}.s^{-1}}$.

• **À t = 20 s :** calculons le coefficient directeur a' de la tangente en ce point (droite noire) :

$$a' = \frac{\Delta y'}{\Delta x'} = \frac{0 - 1,5}{36,6 - 0} = -4,1 \times 10^{-2}.$$

Et $\boldsymbol{v_{Fe^{2+}}(20) = 4,1 \times 10^{-2}}$ **mmol.L⁻¹.s⁻¹.**

> **Remarque**
> Faire preuve de précision pour déterminer les abscisses et ordonnées nécessaires aux calculs.

2. Le temps de demi-réaction $t_{1/2}$ est le temps au bout duquel l'avancement a atteint la moitié de sa valeur finale.

Les ions Fe^{2+} étant le réactif limitant et la réaction totale, il s'agit donc de déterminer le temps au bout duquel on a :

$$[Fe^{2+}] = \frac{[Fe^{2+}]_0}{2} = \frac{1,0 \times 10^{-2}}{2} = 5,0 \times 10^{-3}\ \text{mol.L}^{-1} = 5,0\ \text{mmol.L}^{-1}.$$

Graphiquement, $\boldsymbol{t_{1/2} = 3,8}$ **s.**

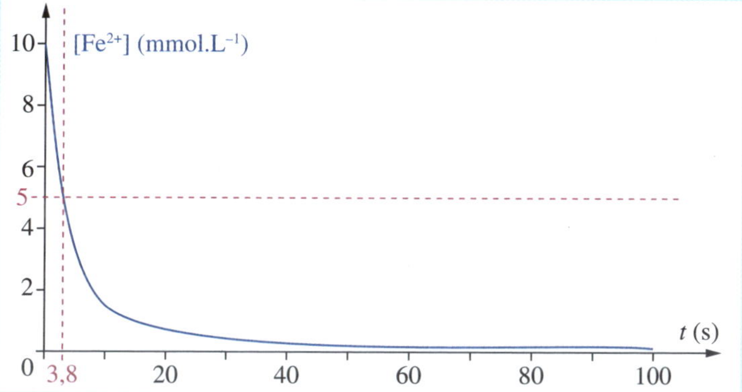

5 → *Énoncé p. 96*

1. Pour une concentration suivant une loi de vitesse d'ordre 1, la courbe ln ([A]) = $f(t)$ est une droite, ce qui est bien le cas ici.

2. On a, d'après la modélisation de la courbe :

ln ([A]) = – 0,050t – 0,693.

$-2k = -0,050$

soit $\boldsymbol{k} = \frac{-0,050}{(-2)} = \boldsymbol{0,025\ s^{-1}}$.

> **Rappel**
> Si une concentration suit une loi de vitesse d'ordre 1, la courbe ln $C = f(t)$ est une droite et le coefficient directeur de cette droite est égal à $-ak$, où a est le coefficient stœchiométrique affecté à l'espèce concernée.

6 → *Énoncé p. 97*

Si la concentration en ions iodure suit une loi de vitesse d'ordre 1, on a :

$$\frac{v_{I^-}}{2} = k \times [I^-].$$

Soit $\frac{v_{I^-}}{2 \times [I^-]} = k = \text{cte}.$

$[I^-]$ (10^{-2} mol.L^{-1})	5,0	4,4	3,9	3,1	2,0
v_{I^-} (10^{-5} mol.L^{-1}.s^{-1})	1,5	1,1	0,88	0,58	0,24
$\dfrac{v_{I^-}}{2 \times [I^-]}$ (10^{-4} s^{-1})	1,5	1,2	1,1	0,94	0,60

$\dfrac{v_{I^-}}{2 \times [I^-]} \neq$ **cte : il ne s'agit pas d'une loi de vitesse d'ordre 1.**

7 → *Énoncé p. 97*

1. et **2.**

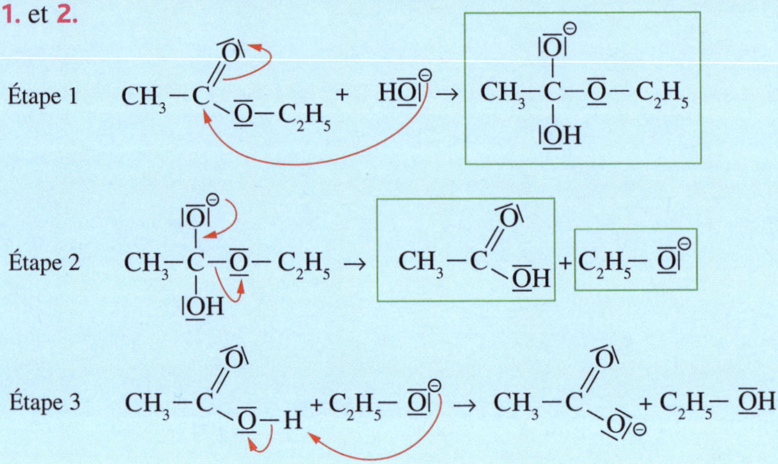

3.

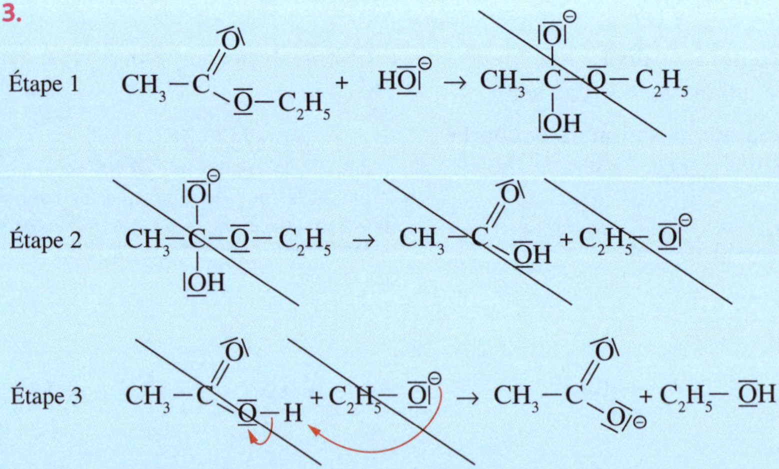

Équation-bilan :

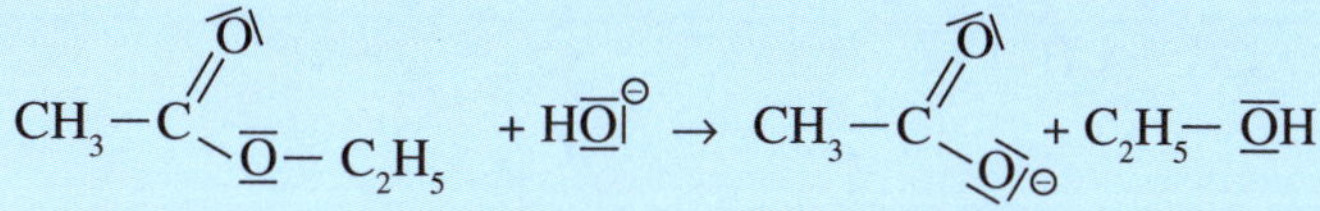

8 → *Énoncé p. 98*

1.

Étape 1

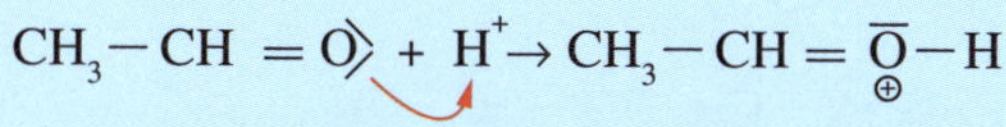

Étape 2

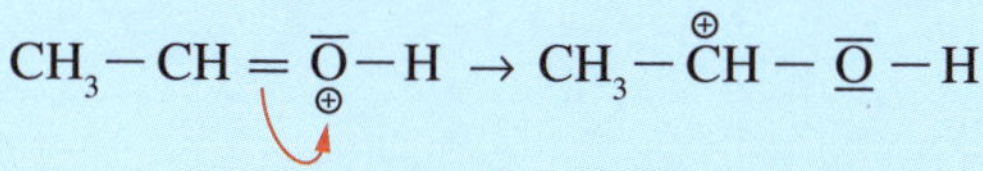

Étape 3

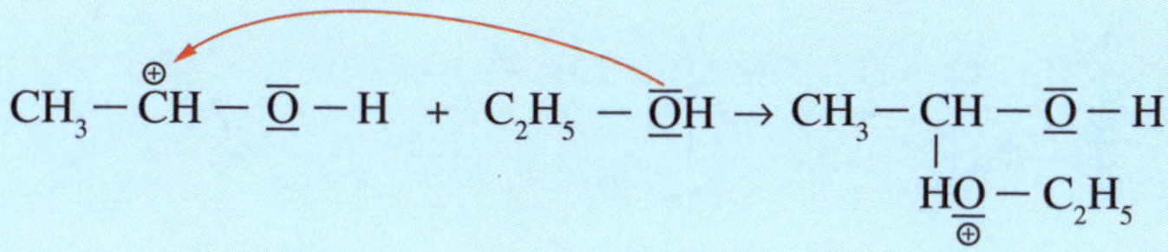

Étape 4

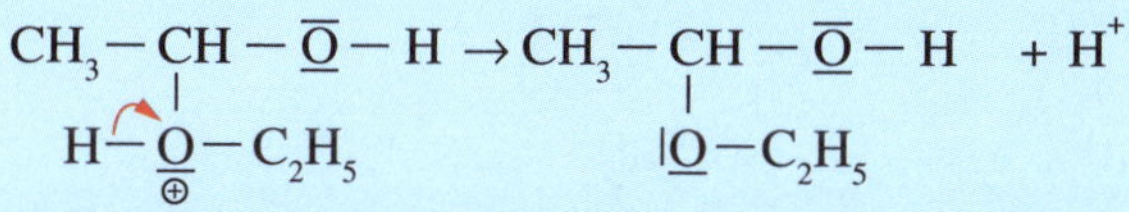

Étape 5

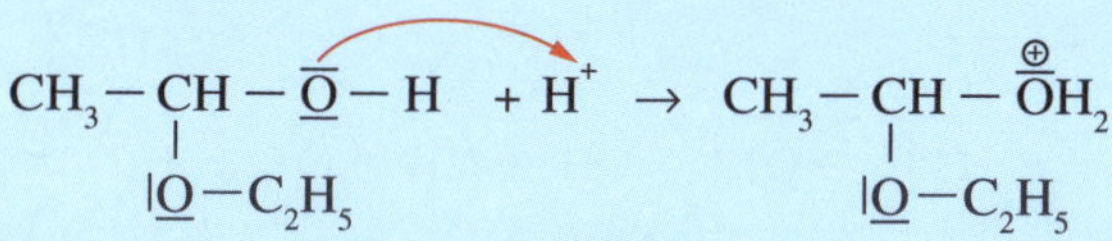

Étape 6

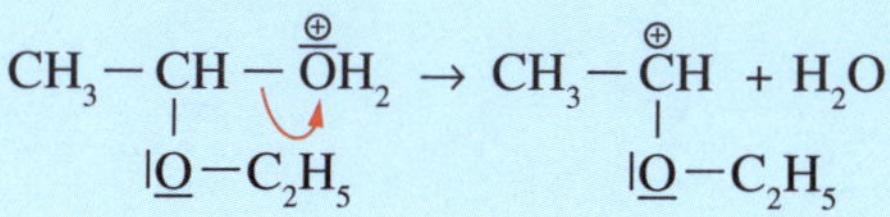

Étape 7

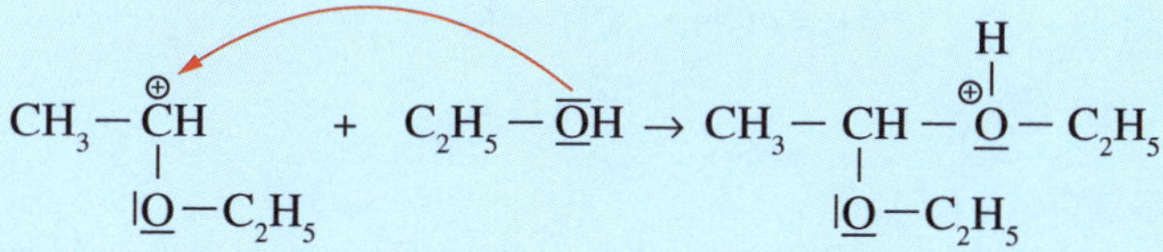

Étape 8

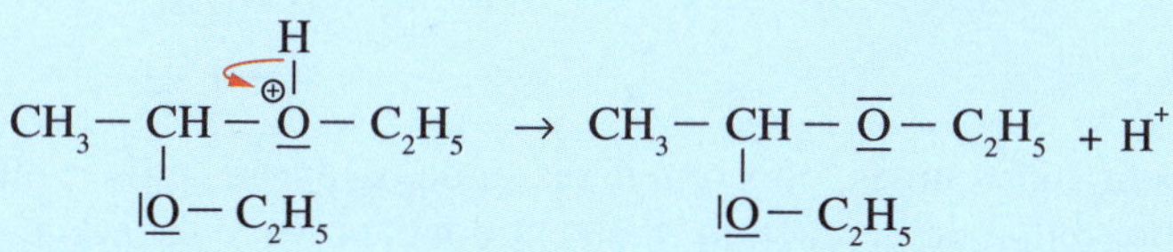

2.

Étape 1

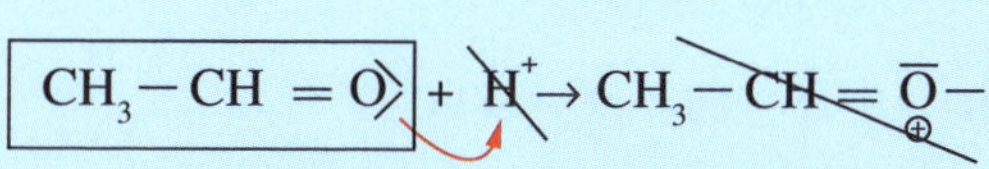

Étape 2

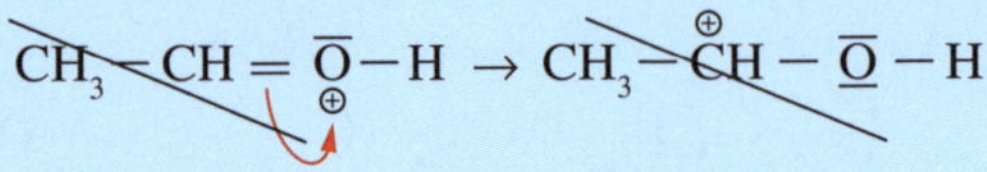

Étape 3

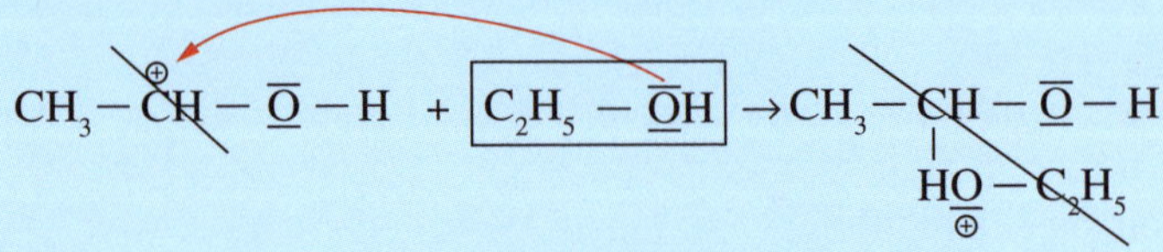

Étape 4

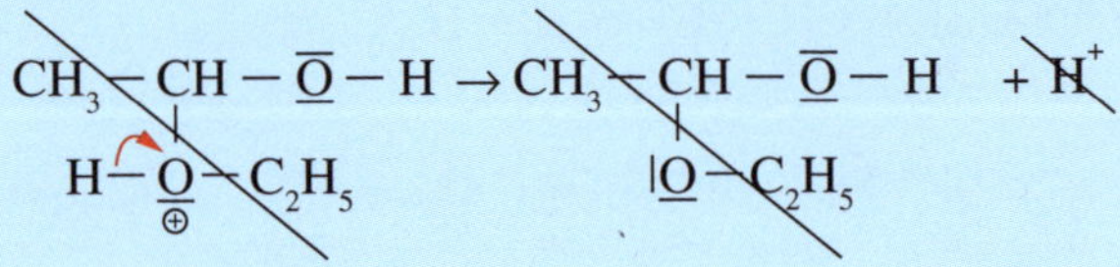

Étape 5

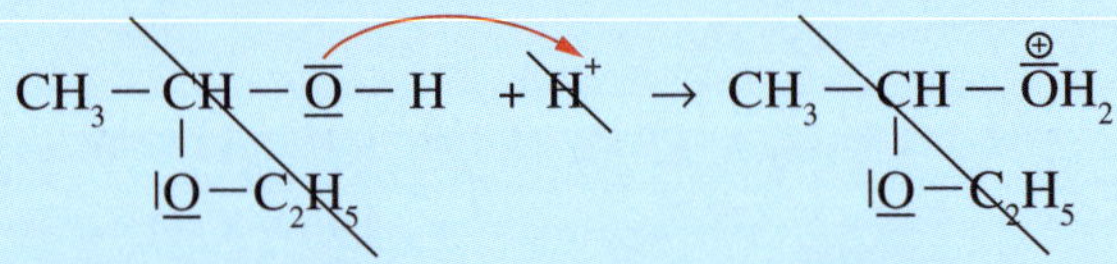

Étape 6

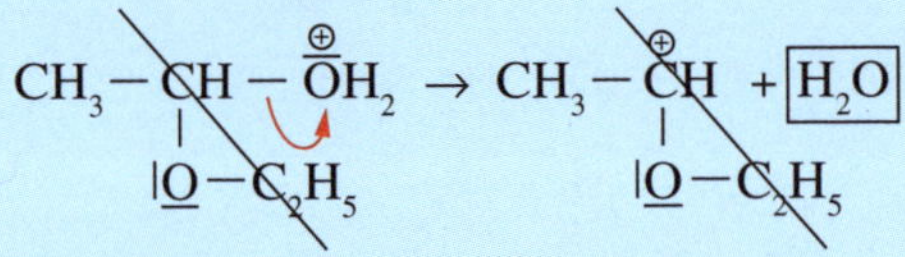

Étape 7

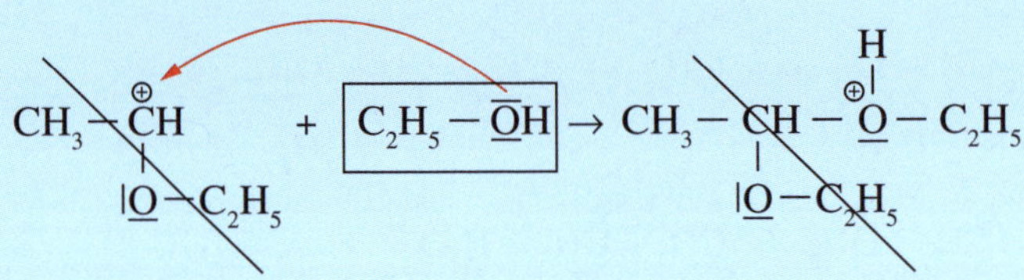

Étape 8

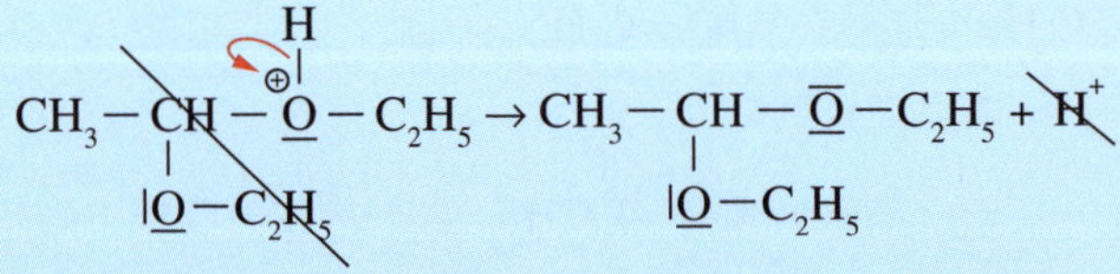

Équation-bilan : $CH_3-CH=O + 2\,C_2H_5-OH \rightarrow CH_3-CH(O-C_2H_5)-O-C_2H_5 + H_2O$

3. Les ions H^+ sont consommés, puis régénérés (à deux reprises). Ils n'interviennent pas dans l'équation-bilan de la réaction : ils sont donc un catalyseur de celle-ci. L'équation-bilan peut d'ailleurs se noter :

$$CH_3-CH=O + 2\,C_2H_5-OH \xrightarrow{H^+} CH_3-CH(O-C_2H_5)-O-C_2H_5 + H_2O$$

9 → *Énoncé p. 99*

1. Si une concentration suit une loi de vitesse d'ordre 1, on a une relation du type $[A] = [A]_0 \times e^{-akt}$, ce qui est bien le cas ici.

2. Contextualisons cette relation, sachant que $a = 1$.

$[CrO_2^{2+}] = [CrO_2^{2+}]_0 \times e^{-kt}$.

Par identification avec la relation écrite dans l'énoncé, il vient :

- $\mathbf{[CrO_2^{2+}]_0 = 2,0 \times 10^{-4}}$ **mol.L⁻¹**
- $\boldsymbol{k = 2,5 \times 10^{-4} s^{-1}}$**.**

3. Calculons le temps de demi-réaction $t_{1/2}$.

À cette date, $[CrO_2^{2+}] = \dfrac{[CrO_2^{2+}]_0}{2}$.

On peut donc écrire que :

$$\frac{[CrO_2^{2+}]_0}{2} = [CrO_2^{2+}]_0 \times e^{-kt_{1/2}}$$

$$e^{-kt_{1/2}} = \frac{1}{2}$$

$$\ln(e^{-kt_{1/2}}) = \ln\left(\frac{1}{2}\right)$$

$$-kt_{1/2} = \ln 1 - \ln 2$$

$$-kt_{1/2} = 0 - \ln 2$$

$$t_{1/2} = \frac{\ln 2}{k} = \frac{\ln 2}{2,5 \times 10^{-4}}$$

$$\boldsymbol{t_{1/2} = 2,8 \times 10^3 \text{ s.}}$$

Remarque

Cette égalité découle du fait que la réaction est totale. Si cela n'avait pas été le cas, il aurait fallu mener un raisonnement avec l'avancement final.

Point maths

Les fonctions logarithme népérien et exponentielle sont des fonctions réciproques.

- $\ln(e^x) = x$
- $e^{\ln x} = x$

4. À la date recherchée ici, $[CrO_2^{2+}] = \dfrac{1 \times [CrO_2^{2+}]_0}{100} = 0,01 \times [CrO_2^{2+}]_0$.

$$0,01 \times [CrO_2^{2+}]_0 = [CrO_2^{2+}]_0 \times e^{-kt}$$

$$e^{-kt} = 0,01$$

$$\ln(e^{-kt}) = \ln 0,01$$

$$-kt = \ln 0,01$$

$$t = \frac{\ln 0,01}{(-k)} = \frac{\ln 0,01}{(-2,5 \times 10^{-4})}$$

$$t_{1/2} = 1,8 \times 10^4 \text{ s}$$

$$\boldsymbol{t_{1/2} = 5,1 \text{ h.}}$$

10 → *Énoncé p. 99*

1. Si cette concentration suit bien une loi de vitesse d'ordre 1, la courbe $\ln [N_2O_5] = f(t)$ est une droite.

Traçons cette courbe à partir des résultats expérimentaux :

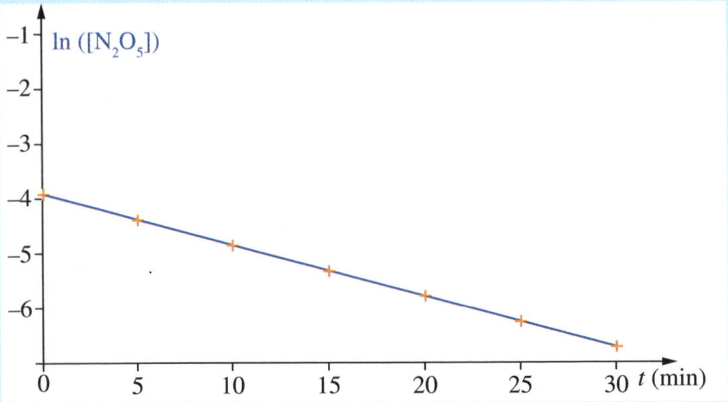

Conseil

Se référer à la notice de la calculatrice pour effectuer une régression linéaire à partir d'une liste constituée des valeurs de t et de $\ln([N_2O_5])$.

Nous obtenons bien une droite.

2. Calculons la valeur de la concentration en utilisant cette relation.

t (min)	0	5	10	15	20	25	30
$[N_2O_5]$ (10^{-2} mol.L^{-1})	2,00	1,24	0,813	0,516	0,334	0,210	0,130
$[N_2O_5]$ calculée (10^{-2} mol.L^{-1})	2,00	1,27	0,812	0,518	0,330	0,210	0,134

Les valeurs calculées sont effectivement égales ou très proches de celles déterminées expérimentalement.

3. Déterminons graphiquement le temps de demi-réaction $t_{1/2}$:

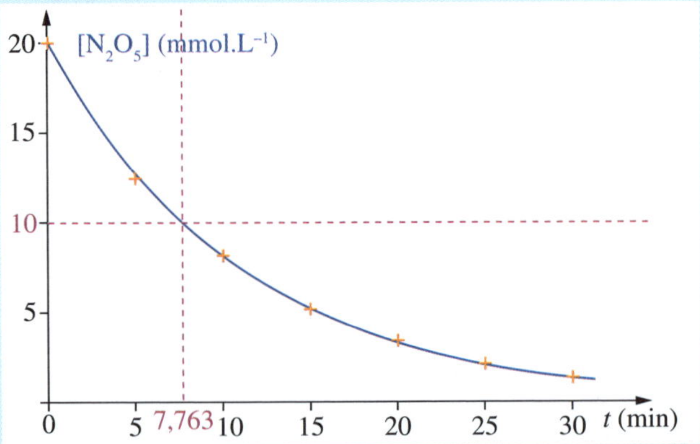

$$\text{À } t = t_{1/2},\ [N_2O_5] = \frac{[N_2O_5]_0}{2} = 1{,}00 \times 10^{-2}\ \text{mol.L}^{-1}.$$

On a $\boldsymbol{t_{1/2}}$ **= 7,7 min = 460 s.**

Lorsque $t = 10 \times t_{1/2}$, la concentration vaut :

$[N_2O_5] = 2{,}00 \times 10^{-2} \times e^{-1{,}50 \times 10^{-3} \times 10 \times 460}$

$[N_2O_5] = 2{,}00 \times 10^{-5}$ mol.L^{-1}.

Cela correspond à 0,1 % de la concentration initiale. On peut considérer que la réaction est effectivement terminée.

EXERCICE DE BAC

Exercice → Énoncé p. 100

1. L'équation-bilan montre que l'hydrolyse d'une mole de saccharose conduit à la formation d'une mole de glucose et également d'une mole de fructose. Il s'agit donc d'un mélange équimolaire de glucose et de fructose, ce qu'est le sucre inverti.

2. $[\text{S}]_0 = \dfrac{n}{v} = \dfrac{\dfrac{m}{M(\text{S})}}{V} = \dfrac{m}{M(\text{S}) \times V} = \dfrac{68{,}4}{342{,}0 \times 500 \times 10^{-3}} = 0{,}400 \text{ mol.L}^{-1}$.

On retrouve bien la valeur du tableau.

3. L'expression de la vitesse volumique de disparition du saccharose est :

$$v_s = -\frac{\text{d}[\text{S}]}{\text{d}t}$$

4. Si la concentration en saccharose suit une loi de vitesse d'ordre 1, alors la courbe $\ln [\text{S}] = f(t)$ est une droite, ce qui est bien le cas ici.

5. Le temps de demi-réaction est le temps au bout duquel l'avancement de la réaction a atteint la moitié de sa valeur finale.

Pour cette hydrolyse qui est une réaction totale, lorsque $t = t_{1/2}$, on a :

$[\text{S}] = \dfrac{[\text{S}]_0}{2} = \dfrac{0{,}400}{2} = 0{,}200 \text{ mol.L}^{-1}$.

Ici, $t_{1/2}$ = **497 h.**

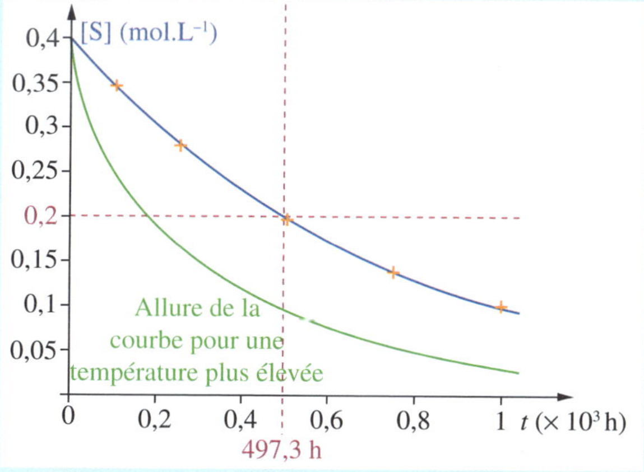

6. La température est un facteur cinétique. Si elle augmente, le nombre de chocs efficaces entre les molécules de saccharose augmente également. Sa vitesse de disparition est plus élevée au début de la réaction. Cela s'atténue par la suite du fait de la forte diminution du nombre de molécules de saccharose dans le milieu réactionnel. (voir courbe verte ci-dessus).

7. Les ions H^+ sont un catalyseur de cette réaction et l'accélèrent donc.

8. La concentration est un facteur cinétique, comme la température et l'utilisation d'un catalyseur.

L'augmentation de la concentration initiale en saccharose permettrait d'avoir une hydrolyse plus rapide.

9. On a vu que $[S](t_{1/2}) = 0{,}200$ mol.L^{-1}.

On peut retrouver la valeur de la concentration à $t = 2t_{1/2}$ graphiquement, ou plus simplement : $[S]\left(2t_{1/2}\right) = \dfrac{[S](t_{1/2})}{2} = 0{,}100$ mol.L^{-1}.

Remarque

À chaque fois que le temps augmente de $t_{1/2}$, la concentration se trouve divisée par deux. Ainsi, $[S](3t_{1/2}) = 0{,}050$ mol.L^{-1}.

Déterminons la valeur de l'avancement de la réaction à cette date sachant que :

$n(S) = n_0(S) - x$

$x = n_0(S) - n(S)$.

En divisant par le volume, on obtient la relation :

$\dfrac{x}{V} = [S]_0 - [S]$

Soit : $x = ([S]_0 - [S]) \times V = (0{,}400 - 0{,}100) \times 500 \times 10^{-3} = 0{,}150$ mol.

D'après l'équation-bilan, on a $n(G) = n(F) = x$.

On en déduit la masse de sucre inverti m_i.

$m_i = m(G) + m(F) = n(G) \times M(G) + n(F) \times M(F) = x \times M(G) + x \times M(F)$

$= 0{,}150 \times 180{,}0 + 0{,}150 \times 180{,}0$

$\boldsymbol{m_i = 54{,}0}$ **g.**

D'après l'énoncé, pour avoir une saveur sucrée équivalente à 100 g de sucre inverti, il faut 125 g de sucre, soit 1,25 fois plus.

$m_{éq} = m_i \times 1{,}25 = 54{,}0 \times 1{,}25$

$\boldsymbol{m_{éq} = 67{,}5}$ **g.**

Évolution temporelle d'un système physique

CHAPITRE 5

1 Noyau atomique

A. Structure

■ Le noyau est constitué de **nucléons**. Il existe deux nucléons différents : les **protons** et les **neutrons**.

■ Chaque noyau est caractérisé par deux nombres :
– Le nombre de nucléons (**nombre de masse**), noté A, qui représente le nombre total de nucléons dans le noyau.
– Le numéro atomique (**nombre de charge**), noté Z, qui représente le nombre de protons dans le noyau.
Un noyau comporte donc $N = A - Z$ neutrons.

■ Un élément chimique est caractérisé par son numéro atomique. Chacun d'entre eux est identifié par un nom et un symbole chimique. On note donc un noyau par : ${}^{A}_{Z}X$, avec X symbole de l'élément correspondant.

Exemples : ${}^{12}_{6}\text{C}$; ${}^{16}_{8}\text{O}$.

■ Même si on a identifié 114 éléments chimiques, le nombre de noyaux existants est beaucoup plus grand (environ 1 500). En effet, certains noyaux ne diffèrent les uns des autres que par le nombre de neutrons qu'ils contiennent. **Ils ont le même Z mais pas le même A : ce sont des isotopes.**

B. Stabilité des noyaux

■ Sur les 1 500 noyaux connus, seuls 260 sont stables. Les autres se désintègrent spontanément, plus ou moins rapidement.

> **Rappel**
> Une désintégration est la transformation d'un noyau en un autre plus petit.

■ Pour savoir comment sont répartis les noyaux suivant A et Z, on trace un diagramme, dit *diagramme de Segré*, qui représente $A - Z$ en ordonnée et Z en abscisse (voir page suivante). Chaque petit carré représente un noyau atomique.

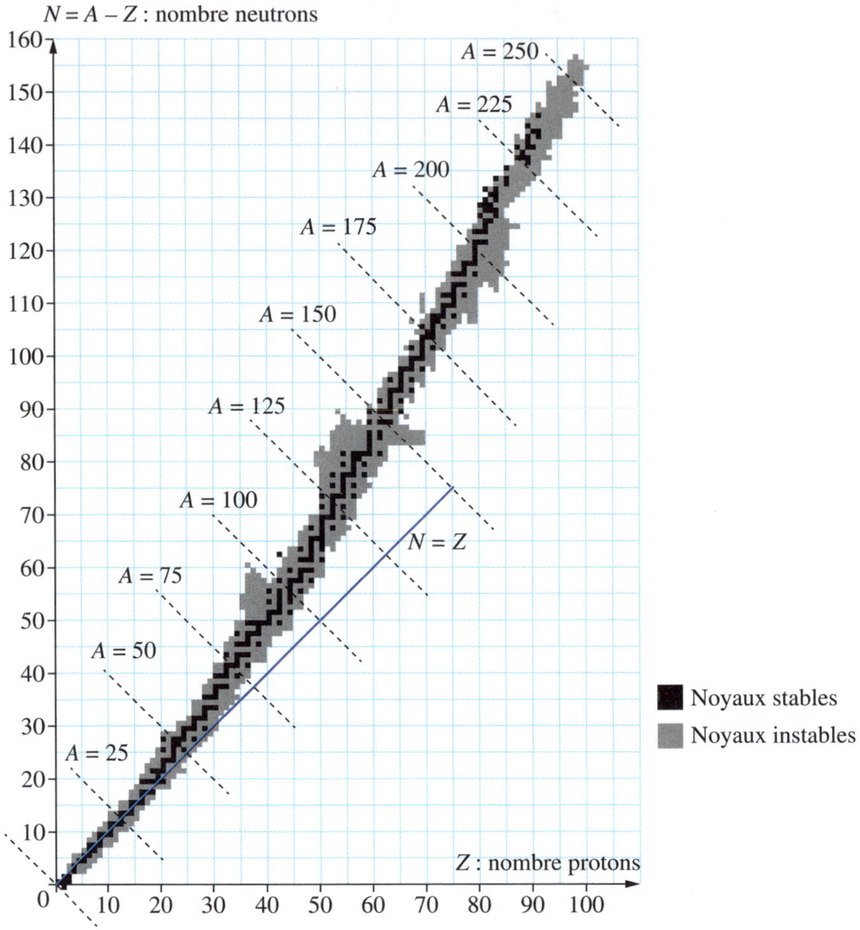

L'ensemble des noyaux stables forme la **vallée de la stabilité**.

■ Pour Z inférieur à 20, on constate que les noyaux stables sont situés sur la première diagonale (ou première bissectrice), celle pour laquelle $N = A - Z = Z$. Cela signifie que, pour eux, il y a autant de neutrons que de protons.
Pour Z supérieur à 20, la stabilité du noyau n'est assurée que s'il y a plus de neutrons que de protons.

2 Radioactivité

■ Les noyaux qui ne sont pas situés sur la vallée de la stabilité sont instables. On dit qu'ils sont **radioactifs**. Cette transformation irréversible d'un atome radioactif en un autre atome est appelée **désintégration**.

A. Réactions nucléaires

■ La désintégration d'un noyau instable est une **transformation nucléaire**. On la modélise par une équation qui porte uniquement sur les noyaux atomiques : ${}^{A_1}_{Z_1}X \rightarrow {}^{A_2}_{Z_2}Y + {}^{A_3}_{Z_3}Z$, avec X symbole du « noyau père », Y celui du « noyau fils » et Z celui de la particule qui est émise

■ Ces désintégrations ne se font pas n'importe comment : elles respectent certaines lois dites **lois de conservation** ou **lois de Soddy**. En effet, on a :
conservation de la charge électrique : $Z_1 = Z_2 + Z_3$ **;**
conservation du nombre de nucléons : $A_1 = A_2 + A_3$**.**

B. Différents types de radioactivité

■ Il existe trois types de radioactivité, suivant l'endroit où se trouve le noyau radioactif dans le diagramme de Segré :
Radioactivité α : elle concerne les noyaux radioactifs qui sont situés sur le haut du diagramme de Segré. Ils se transforment en un noyau plus léger, avec émission d'un noyau d'hélium ${}^{4}_{2}\text{He}$, appelé **particule α** : ${}^{A}_{Z}X \rightarrow {}^{A-4}_{Z-2}Y + {}^{4}_{2}\text{He}$
Radioactivité β⁻ : c'est le cas des noyaux instables situés au-dessus de la vallée de la stabilité. Cette radioactivité correspond donc à la transformation d'un neutron en un proton et un électron qui est éjecté : ${}^{A}_{Z}X \rightarrow {}^{A}_{Z+1}Y + {}^{0}_{-1}\text{e}^{-}$
Radioactivité β⁺ : c'est le cas des noyaux instables situés en dessous de la vallée de la stabilité. Cette radioactivité correspond donc à la transformation d'un proton en un neutron et un positron qui est éjecté : ${}^{A}_{Z}X \rightarrow {}^{A}_{Z-1}Y + {}^{0}_{1}\text{e}^{+}$

■ Il existe aussi la **radioactivité γ**, qui intervient lorsque le noyau fils produit n'est pas dans son état énergétique fondamental. Il y retourne alors en émettant la différence d'énergie sous forme de rayonnement électromagnétique : ${}^{A}_{Z}Y^{*} \rightarrow {}^{A}_{Z}Y + \gamma$

3 Décroissance radioactive

A. Loi de décroissance radioactive

■ Considérons un échantillon comprenant un nombre $N(t)$ de noyaux radioactifs à un instant donné. Pendant la durée Δt, le nombre de noyaux radioactifs diminue et passe de N à $N + \Delta N$, avec $\Delta N < 0$. Il y a donc eu désintégration de $-\Delta N$ noyaux.
La probabilité pour que $-\Delta N$ noyaux se soient désintégrés pendant la durée Δt correspond au rapport du nombre de cas favorables sur le nombre de cas possibles : $\dfrac{-\Delta N}{N}$.
Le processus de désintégration d'un noyau étant un phénomène aléatoire, cette probabilité est tout simplement proportionnelle à Δt. On a donc : $\dfrac{-\Delta N}{N} = \lambda \times \Delta t$ où la constante de proportionnalité λ est appelée **constante de désintégration** ou **constante radioactive.**

On a donc : $\frac{\Delta N}{\Delta t} = -\lambda N$, soit, pour un intervalle de temps Δt tendant vers 0, $\frac{\mathrm{d}N(t)}{\mathrm{d}t} = -\lambda N(t)$, où $\frac{\mathrm{d}N(t)}{\mathrm{d}t}$ est la **fonction dérivée** de $N(t)$.

C'est une équation différentielle. Sa résolution permet d'obtenir la **loi de décroissance** qui décrit l'évolution temporelle du nombre de noyaux radioactifs de l'échantillon :

Point maths

Une équation différentielle est une équation faisant intervenir une fonction et sa dérivée.

$\boldsymbol{N(t) = N_0 \times e^{-\lambda t}}$ avec N_0 nombre de noyaux radioactifs de l'échantillon à l'instant $t = 0$.

B. Activité radioactive

■ Pour étudier une source radioactive, on mesure l'**activité.** C'est le **nombre de désintégrations de noyaux radioactifs par unité de temps.** L'unité d'activité est le **becquerel (Bq)**. 1 Bq correspond à une désintégration par seconde.

Pour un intervalle de temps tendant vers 0, l'activité devient :

$$\boldsymbol{A(t) = -\frac{\mathrm{d}N(t)}{\mathrm{d}t} = \lambda N_0 \times e^{-\lambda t} = \lambda \times N(t)}$$

Ainsi, la loi de décroissance de l'activité s'écrit :

$\boldsymbol{A = A_0 \times e^{-\lambda t}}$ avec $A_0 = \lambda \times N_0$.

C. Courbe de décroissance

■ La loi de décroissance est représentée par une fonction exponentielle décroissante. D'après cette loi, on constate que, pour un temps $t = \frac{1}{\lambda}$, le nombre de noyaux radioactifs est égal à $N_0 \times e^{-1} = 0{,}37\ N_0$.

La constante de désintégration λ permet de définir un temps caractéristique de l'échantillon radioactif considéré, appelé **constante de temps.** Elle est notée τ et définie par la relation $\tau = \frac{1}{\lambda}$. La constante de temps s'exprime en s.

■ Une autre grandeur utilisée est la **demi-vie** $\boldsymbol{t_{1/2}}$**.** C'est le temps nécessaire pour que la moitié des noyaux radioactifs présents dans l'échantillon à l'instant initial se soient désintégrés. Ce temps est indépendant de N_0 et son unité est la seconde. Par définition, $N(t_{1/2}) = N_0/2 = N_0 \times e^{-\lambda t_{1/2}}$, d'où :

$$\boldsymbol{t_{1/2} = \frac{\ln 2}{\lambda} = \tau \times \ln 2}$$

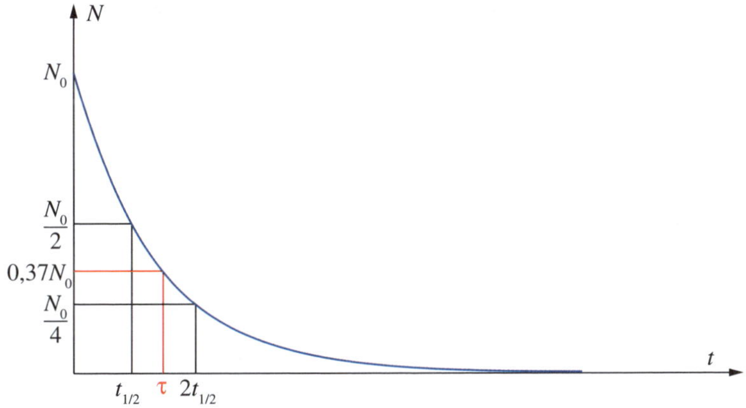

4 Applications et protection

■ La loi de décroissance radioactive permet de dater certains échantillons. La **datation au carbone 14** suppose que dans l'atmosphère et dans tous corps vivants le rapport carbone 14/carbone 12 est constant. À la mort de l'organisme considéré, le carbone 14 n'est plus régénéré et sa quantité diminue en fonction du temps. La mesure de l'activité de l'échantillon en carbone 14 permet donc de savoir à quelle époque l'organisme est mort.

■ La radioactivité peut être nocive (irradiations directes et indirectes) mais aussi utile (radiothérapie, stérilisation des instruments médicaux, techniques d'imagerie médicale, etc.).

Pour l'utilisateur, il existe différentes façons de se protéger des rayons ionisants :

– augmenter la distance entre l'utilisateur et la source radioactive ;

– réduire la durée d'exposition ;

– utiliser des écrans de protection plus ou moins épais et constitués de matériaux absorbants.

COMMENT FAIRE

1 Déterminer les isotopes radioactifs d'un élément et écrire une équation de réaction nucléaire

EXERCICE TYPE

1. À l'aide de la classification périodique p. 446 de l'ouvrage, compléter l'extrait du diagramme de Segré ci-dessous.

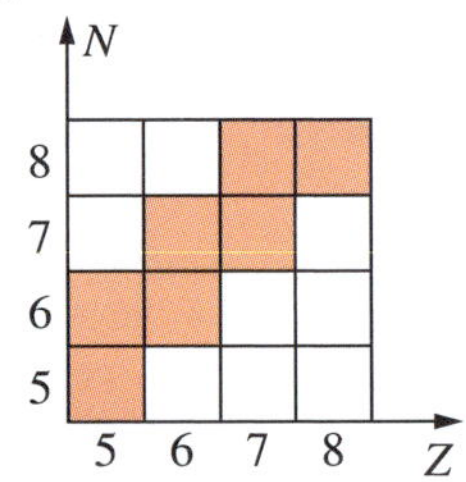

2. Comment sont placés les isotopes d'un élément dans cette classification ?

3. Que peut-on dire des éléments situés dans les cases rouges ?

4. L'azote 13 est radioactif β^+. Quel est son « fils » ?

CORRIGÉ COMMENTÉ

1. Les atomes sont représentés par leur symbole, leur numéro atomique et leur nombre de masse. On a donc le tableau ci-dessous :

N \ Z	5	6	7	8
8	$^{13}_{5}B$	$^{14}_{6}C$	$^{15}_{7}N$	$^{16}_{8}O$
7	$^{12}_{5}B$	$^{13}_{6}C$	$^{14}_{7}N$	$^{15}_{8}O$
6	$^{11}_{5}B$	$^{12}_{6}C$	$^{13}_{7}N$	$^{14}_{8}O$
5	$^{10}_{5}B$	$^{11}_{6}C$	$^{12}_{7}N$	$^{13}_{8}O$

Rappel

Le nombre de masse est égal au nombre de protons plus le nombre de neutrons.

2. Les isotopes sont les éléments qui ont le même nombre de protons, mais des nombres de nucléons différents. Ils sont donc placés dans une même colonne.

3. Les cases rouges correspondent aux éléments situés dans la première bissectrice : ce sont donc les éléments stables.

Point maths

La première bissectrice est la droite d'équation $y(x) = x$.

4. Au cours d'une radioactivité β^+, la particule éjectée est un positon (ou positron) $^{0}_{1}e^+$. L'équation est donc de la forme $^{13}_{7}N \rightarrow \, ^{A}_{Z}Y + \, ^{0}_{1}e^+$. En conservant le nombre de protons, on a $7 = Z + 1$, soit $Z = 6$ et en utilisant la loi de conservation du nombre de nucléons, on a $13 = A + 0$, soit $A = 13$. Le noyau « fils » est donc ${}^{13}_{6}Y$, soit ${}^{13}_{6}C$.

À RETENIR

- Pour identifier un noyau, il faut connaître à la fois son nombre de protons et son nombre de neutrons.
- Les noyaux stables sont situés sur la vallée de la stabilité. Pour les petits noyaux ($Z < 20$), un noyau est stable s'il a autant de protons que de neutrons. Pour les plus gros noyaux, il faut plus de neutrons que de protons pour assurer la stabilité.
- Les équations de désintégration nucléaires doivent vérifier la conservation du nombre de protons et du nombre de nucléons.

2 Exploiter la loi de décroissance radioactive

EXERCICE TYPE

La loi de décroissance radioactive concernant le carbone 14 peut également s'écrire en fonction de son activité : $A = A_0 \times e^{-\lambda t}$, avec $A_0 = A(t = 0)$ activité initiale du carbone 14 (par exemple, au moment de la mort d'un organisme) et A activité du carbone 14 mesurée à l'instant t.

Un prélèvement sur une poutre (en bois) dans la tombe du vizir Hemada à Saqqara fournit une activité au moment de la mesure telle que $A = 6{,}68$ désintégrations par minute et par gramme de carbone, alors que $A_0 = 13{,}5$ désintégrations par minute et par gramme de carbone.

1. Démontrer que l'expression qui permet de donner l'âge t de la mort d'un organisme s'écrit : $t = \frac{t_{1/2}}{\ln 2} \times \ln\left(\frac{A_0}{A}\right)$.

2. Calculer, en faisant apparaître l'application numérique, l'âge t de la tombe de ce vizir de la première dynastie des pharaons. $t_{1/2} = 5\,730$ ans.

CORRIGÉ COMMENTÉ

> **Point maths**
> Par définition des fonctions réciproques, $\ln(e^x) = e^{\ln(x)} = x$.

1. Par définition, $A = A_0 \times e^{-\lambda t}$, soit $\frac{A}{A_0} = e^{-\lambda t}$ ou encore $\frac{A_0}{A} = e^{\lambda t}$. En utilisant la fonction logarithme, fonction réciproque de la fonction exponentielle, on a $\ln\left(\frac{A_0}{A}\right) = \ln(e^{\lambda t}) = \lambda t$. Ainsi, $t = \frac{1}{\lambda} \times \ln\left(\frac{A_0}{A}\right)$.

De plus, $t_{1/2} = \frac{\ln 2}{\lambda}$, soit $\lambda = \frac{\ln 2}{t_{1/2}}$ et donc $\frac{1}{\lambda} = \frac{t_{1/2}}{\ln 2}$. En reportant la valeur de $\frac{1}{\lambda}$ dans l'expression précédente, on obtient ainsi $t = \frac{t_{1/2}}{\ln 2} \times \ln\left(\frac{A_0}{A}\right)$.

2. L'application numérique donne $t = \dfrac{5\ 730}{\ln 2} \times \ln\left(\dfrac{13{,}5}{6{,}68}\right) = 5{,}82 \times 10^3$ ans.

À RETENIR

• Pour passer de la demi-vie $t_{1/2}$ à la constante radioactive λ, on peut utiliser le diagramme ci-dessous :

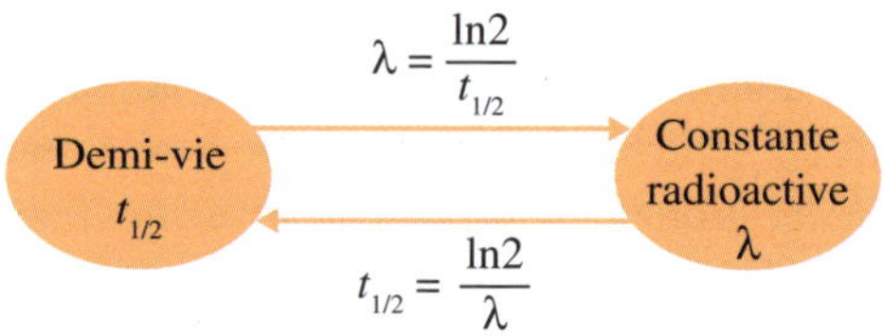

• L'unité officielle de l'activité radioactive est le becquerel, qui correspond à une désintégration par seconde. Mais ici, les deux activités radioactives sont exprimées dans la même unité, on n'a pas besoin de convertir en becquerel, car on fait un rapport des deux activités. Sinon, 1 désintégration par minute fait $\dfrac{1}{60}$ désintégration par seconde (Bq).

3 Exploiter la courbe de décroissance radioactive

EXERCICE TYPE

On enregistre l'activité d'un échantillon d'iode 131, radioactif β^- pendant 12 jours. On obtient la courbe ci-dessous.

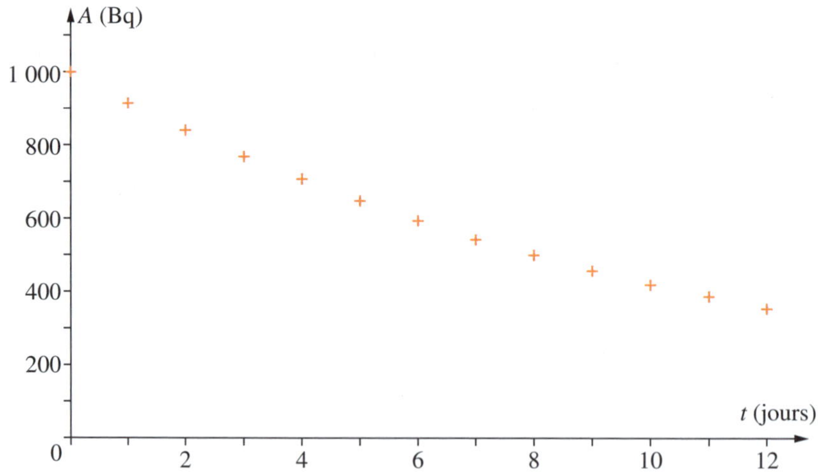

1. Déterminer graphiquement la durée de demi-vie $t_{1/2}$ de l'iode 131.
2. Déterminer graphiquement la constante de temps τ de l'iode 131.
3. Calculer le rapport $\frac{t_{1/2}}{\tau}$. Est-ce conforme à la théorie ?

CORRIGÉ COMMENTÉ

1. Par définition, la durée de demi-vie $t_{1/2}$ correspond à la durée pour laquelle la moitié des noyaux radioactifs est désintégrée. Ainsi, $N(t_{1/2}) = \frac{N_0}{2}$.

Sachant que $A(t) = \lambda \times N(t)$, on a $A(t_{1/2}) = \lambda \times N(t_{1/2}) = \lambda \times \frac{N_0}{2} = \frac{\lambda N_0}{2} = \frac{A_0}{2}$.

Après avoir tracé soigneusement la courbe à la main, on regarde à quelle abscisse correspond une ordonnée de 1 000/2 = 500 Bq.
Graphiquement, on trouve $t_{1/2}$ = 8,0 jours (tracé rouge).

2. Par définition, la constante de temps τ correspond à la durée pour laquelle le nombre de noyaux radioactifs est égal à $0{,}37 \times N_0$. Ainsi, $N(\tau) = 0{,}37 \times N_0$. Sachant que $A(t) = \lambda \times N(t)$, on a $A(\tau) = \lambda \times N(\tau) = \lambda \times 0{,}37 \times N_0 = 0{,}37 \times (\lambda \times N_0) = 0{,}37 \times A_0$.
On regarde à quelle abscisse correspond une ordonnée de $0{,}37 \times 1\,000$ = 370 Bq.
En se servant des échelles horizontale et verticale, on trouve τ = 11,4 jours (tracé vert).

> **Rappel**
> $N(\tau) = \frac{N_0}{e} = 0{,}37 \times N_0$.

3. Ainsi, $\frac{t_{1/2}}{\tau} = \frac{8{,}0}{11{,}4} = 0{,}70$. C'est conforme à la valeur théorique, car $\frac{t_{1/2}}{\tau} = \ln 2 = 0{,}69$.

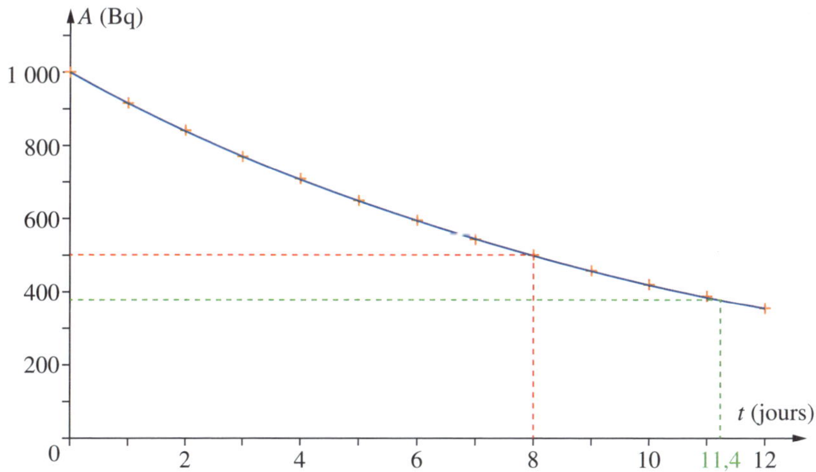

À RETENIR

• L'activité radioactive est proportionnelle au nombre de noyaux radioactifs $A(t) = \lambda \times N(t)$, le coefficient de proportionnalité étant la constante radioactive.

• Pour réaliser correctement et avec le plus de précision possible une lecture graphique lorsque la valeur souhaitée n'est pas sur une graduation, il faut mesurer cette valeur à la règle et se servir de l'échelle de représentation :

Exemple :

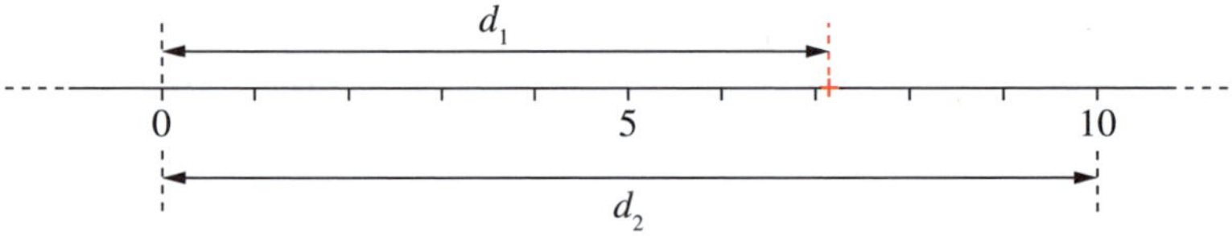

Pour d_2, on a 10.

Pour d_1, on a x, donc $x = \dfrac{d_1 \times 10}{d_2}$.

EXERCICES

Connaître le cours

Pour chaque exercice du *connaître le cours*, indiquer la (ou les) bonne(s) réponse(s) :

1 2 min Isotopes radioactifs

	A	B	C
1. Des isotopes ont :	même nombre de protons	même nombre de nucléons	des nombres de nucléons différents
2. $^{18}_{8}O$ est le symbole d'un noyau contenant :	8 protons et 8 électrons	18 neutrons et 8 protons	8 protons et 10 neutrons
3. Dans le diagramme de Segré, les noyaux instables sont situés :	au-dessus de la vallée de la stabilité	dans la vallée de la stabilité	en dessous de la vallée de la stabilité
4. Les noyaux stables de numéro atomique inférieur à 20 :	sont situés sur la droite $N = Z$	ont autant de protons que de neutrons	sont sur la première bissectrice

→ Corrigé p. 129

2 2 min Type de radioactivité

	A	B	C
1. Une réaction nucléaire mettant en jeu un noyau père de symbole $^{87}_{37}Rb$ et un noyau fils de symbole $^{87}_{38}Y$ est du type radioactivité :	α	β^+	β^-
2. Une réaction nucléaire mettant en jeu un noyau père de symbole $^{147}_{62}Sm$ et un noyau fils de symbole $^{143}_{60}Nd$ est du type radioactivité :	α	β^+	β^-
3. Une réaction nucléaire mettant en jeu un noyau père de symbole $^{64}_{29}Cu$ et un noyau fils de symbole $^{64}_{28}Ni$ est du type radioactivité :	α	β^+	β^-
4. Le noyau qui permet d'équilibrer l'équation nucléaire $^{14}_{6}C \rightarrow {}^{A}_{Z}Y + \gamma$ est :	$^{14}_{5}B$	$^{14}_{7}N$	$^{14}_{6}C$

→ Corrigé p. 129

3 2 min Type de radioactivité

	A	B	C
1. La loi de décroissance radioactive s'exprime par :	$N(t) = N_0 \times e^{\lambda t}$	$N(t) = N_0 \times e^{-\lambda t}$	$N(t) = \dfrac{N_0}{e^{\lambda t}}$
2. La relation entre la durée de demi-vie et la constante radioactive est :	$t_{1/2} = \dfrac{\lambda}{\ln 2}$	$t_{1/2} = \lambda \times \ln 2$	$t_{1/2} = \dfrac{\ln 2}{\lambda}$
3. L'activité radioactive s'exprime par :	$A(t) = \lambda \times N(t)$	$A(t) = A_0 \times e^{-\lambda t}$	$A(t) = N_0 \times e^{-\lambda t}$
4. L'activité radioactive s'exprime en :	gray (Gy)	sievert (Sv)	becquerel (Bq)

→ *Corrigé p. 129*

4 2 min Applications

	A	B	C
1. La radioactivité est utilisée en médecine pour :	soigner	aider au diagnostic (imagerie)	opérer les patients
2. La datation au carbone 14 repose sur le fait que, dans tous les organismes vivants :	le rapport $\dfrac{^{14}C}{^{12}C}$ est constant et augmente à la mort de l'organisme	le rapport $\dfrac{^{14}C}{^{12}C}$ est constant	le rapport $\dfrac{^{14}C}{^{12}C}$ est constant et décroît à la mort de l'organisme
3. Au bout de deux demi-vies, le nombre de noyaux radioactifs :	est égal au quart du nombre initialement présent	est nul	est égal au dixième du nombre initialement présent
4. Pour se protéger des rayons ionisants, on peut :	utiliser des écrans	s'éloigner de la source de rayonnement	limiter la durée d'exposition

→ *Corrigé p. 129*

Appliquer le cours et les savoir-faire

5 5 min ★ → COMMENT FAIRE 1

1. À l'aide de la classification périodique p. 446 de l'ouvrage, compléter le tableau suivant :

Nom	Nombre de protons	Nombre de neutrons	Nombre de nucléons	Symbole du noyau
titane			49	
	26	30		
				$^{226}_{88}\text{Ra}$
	30		68	
fer			55	
		25	49	
				$^{206}_{82}\text{Pb}$

2. Parmi les noyaux ci-dessus, lesquels sont isotopes ?

→ *Corrigé p. 129*

6 5 min ★ → COMMENT FAIRE 1

À l'aide de la classification périodique (p. 446 de l'ouvrage), équilibrer les équations nucléaires suivantes et indiquer le type de radioactivité :

1. $^{219}_{87}\text{Fr} \rightarrow \,^{\cdots}_{\cdots}\text{At} + \,^{4}_{\cdots}\text{He}$

2. $^{90}_{\cdots}\text{Sr} \rightarrow \,^{\cdots}_{\cdots}\ldots + \,^{0}_{-1}\ldots$

3. $^{\cdots}_{\cdots}\ldots \rightarrow \,^{13}_{6}\text{C} + \,^{\cdots}_{\cdots}\text{e}^{+}$

4. $^{30}_{15}\ldots \rightarrow \,^{\cdots}_{\cdots}\text{Si} + \,^{\cdots}_{\cdots}\ldots$

→ *Corrigé p. 129*

7 10 min ★★ → COMMENT FAIRE 2

L'iode 133 est un émetteur β^{-} et a une durée de demi-vie $t_{1/2}$ égale à 20,8 h. Un échantillon a une activité de $2{,}50 \times 10^{3}$ Bq.

1. Donner la définition de la durée de demi-vie.

2. Calculer la valeur de la constante de radioactivité λ de l'iode 133.

3. Calculer les valeurs de l'activité au bout des durées $t_1 = t_{1/2}$; $t_2 = \tau$ (constante de temps) et $t_3 = 41{,}6$ h.

→ *Corrigé p. 129*

8 5 min ★★ → COMMENT FAIRE 3

On a déterminé le nombre de noyaux radioactifs présents dans un échantillon en fonction du temps. Les résultats sont reportés dans le tableau ci-après :

t (s)	0	10	20	30	40	50	60	70	80	90	100	110	120
$N(t)$	$1{,}00 \times 10^3$	771	595	459	354	273	210	162	125	96	74	57	44

1. Déterminer la durée de demi-vie de cet élément.
2. Quelle est l'activité initiale de cet échantillon ?

→ Corrigé p. 130

9 10 min ★★

→ COMMENT FAIRE 2

On se propose de déterminer l'âge d'un bois préhistorique. Pour cela, on mesure l'activité radioactive du carbone 14 dans cet échantillon et dans un échantillon de bois fraîchement coupé, de même masse. On constate que l'activité dans le bois préhistorique est 10 fois plus faible que dans le bois fraichement coupé.
Quel est l'âge approximatif du bois préhistorique ?

Donnée : demi-vie du carbone 14 : 5 700 ans.

→ Corrigé p. 131

S'entraîner au raisonnement

10 10 min ★★

Le noyau d'uranium 238, naturellement radioactif, se transforme en un noyau de plomb 206, stable, par une série de désintégrations successives.

1. Dans la première étape, un noyau d'uranium $^{238}_{92}\text{U}$ subit une radioactivité α. Le noyau fils est du thorium (symbole Th).
a) Qu'est-ce qu'un noyau radioactif ?
b) Écrire l'équation de la réaction nucléaire en précisant les règles utilisées.

2. Dans la deuxième étape, le noyau de thorium 234 se transforme en un noyau de protactinium $^{234}_{91}\text{Pa}$. L'équation de la réaction nucléaire est : $^{234}_{90}\text{Th} \rightarrow {}^{234}_{91}\text{Pa} + {}^{0}_{-1}\text{e}^-$.
Préciser, en justifiant, le type de radioactivité correspondant à cette transformation.

3. L'équation globale du processus de transformation d'un noyau d'uranium 238 en un noyau de plomb 206 est : $^{238}_{92}\text{U} \rightarrow {}^{206}_{82}\text{Pb} + x \times {}^{0}_{-1}\text{e}^- + y \times {}^{4}_{2}\text{He}$.
Déterminer, en justifiant, le nombre de désintégrations α et β^- de ce processus.

→ Corrigé p. 131

11 15 min ★★★

On a constaté, d'une part, que les minéraux d'une même couche géologique, donc du même âge, contiennent de l'uranium 238 et du plomb 206 en proportions remarquablement constantes, et d'autre part, que la quantité de plomb dans un minéral augmente proportionnellement à son âge relatif.
Si l'on mesure la quantité de plomb 206 dans un échantillon de roche ancienne, en considérant qu'il n'y en avait pas initialement, on peut déterminer l'âge du minéral

à partir de la courbe de décroissance radioactive du nombre de noyaux d'uranium 238. Le plomb 206 provient de la désintégration de l'uranium 238 suivant l'équation $^{238}_{92}\mathrm{U} \rightarrow {}^{206}_{82}\mathrm{Pb} + 6 \times {}^{0}_{-1}\mathrm{e}^{-} + 8 \times {}^{4}_{2}\mathrm{He}$.
Étudions un échantillon de roche ancienne dont l'âge, noté t_{Terre}, correspond à celui de la Terre.

1. On considère la courbe de décroissance radioactive du nombre $N_U(t)$ de noyaux d'uranium 238 dans un échantillon de roche ancienne (voir ci-dessous).
a) Indiquer la quantité initiale $N_U(0)$ de noyaux d'uranium.
b) Déterminer graphiquement la valeur de la constante de temps τ de l'uranium 238 (représenter la construction sur la courbe). En déduire la valeur de sa constante de radioactivité λ.
c) Donner l'expression de $N_U(t)$, nombre de noyaux radioactifs présents dans l'échantillon à la date t, en fonction de $N_U(0)$.
Calculer le nombre de noyaux d'uranium 238 qui restent dans la roche à la date $t_1 = 1{,}5 \times 10^9$ années, puis vérifier graphiquement votre résultat.
d) Définir et déterminer graphiquement le temps de demi-vie $t_{1/2}$ de l'uranium 238 (représenter la construction).

2. La quantité de plomb mesurée dans la roche à la date t_{Terre}, notée $N_{Pb}(t_{\text{Terre}})$, est égale à $2{,}5 \times 10^{12}$ atomes.
a) Établir la relation entre $N_U(t_{\text{Terre}})$, $N_U(0)$ et $N_{Pb}(t_{\text{Terre}})$. Calculer la quantité $N_U(t_{\text{Terre}})$ de noyaux d'uranium.
b) Déterminer l'âge t_{Terre} de la Terre.

Courbe de décroissance radioactive de l'uranium 238

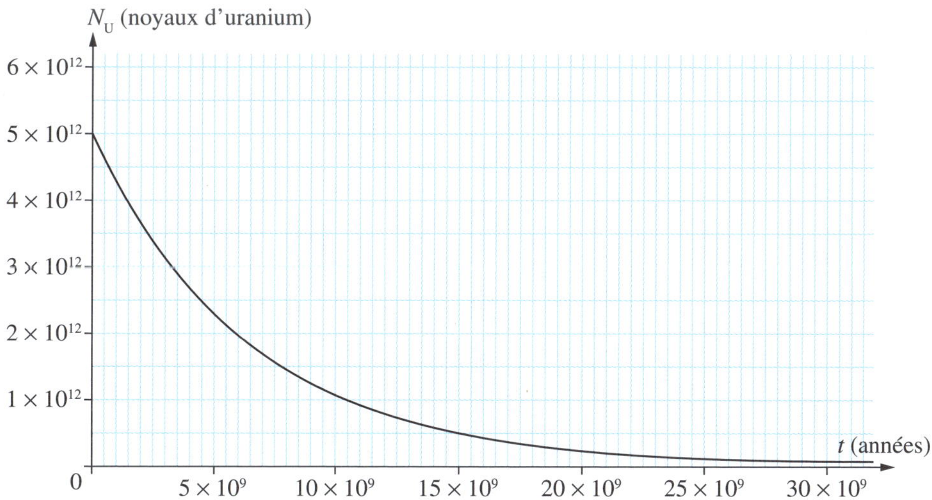

→ Corrigé p. 131

12 10 min ★★

En médecine, on peut utiliser le terbium 161 pour traiter certains cancers en irradiant les tumeurs. Il est radioactif β^-, de demi-vie 6,09 jours.
Le noyau fils se désexcite par un rayonnement de longueur d'onde 1,70 pm.

1. Quel est le type de rayonnement émis lors de cette désexcitation ?

2. Écrire les équations de désintégration du noyau père et de désexcitation du noyau fils.

3. Chaque électron émis possède une énergie de $1,25 \times 10^{-13}$ J qu'il transmet au tissu qui l'absorbe. Quelle est l'énergie transmise par unité de temps par une source d'activité $2,00 \times 10^{15}$ Bq ? Seuls 20 % des électrons atteignent la cible.

4. Quelle est l'énergie transmise aux tissus humains pendant une durée d'exposition de 2 secondes ?

5. Sachant qu'une exposition de 10 secondes à proximité immédiate d'une source d'activité 10^{15} Bq est dangereuse, que peut-on dire de l'utilisation du terbium ?

→ *Corrigé p. 133*

EXERCICE DE BAC

Exercice 20 min **10 points**

Datation au carbone 14

Dans le cycle du carbone, l'élément carbone est présent sous forme de :
- deux isotopes stables : le carbone 12 (majoritaire), le carbone 13 (minoritaire) ;
- un isotope instable : le carbone 14 (très minoritaire).

Le temps de demi-vie du carbone 14 est de l'ordre de 5 570 ans. Il est continuellement produit dans la haute atmosphère grâce à des réactions nucléaires entre les noyaux des atomes d'azote 14 de l'air et des neutrons d'origine cosmique. Ces réactions maintiennent une teneur constante en carbone 14 dans l'atmosphère.
Le carbone 14 formé réagit rapidement avec le dioxygène de l'air pour former du dioxyde de carbone, CO_2.
Tous les organismes vivants échangent du dioxyde de carbone avec l'atmosphère par la respiration et l'alimentation.
Ils fixent le carbone 14 dans leurs tissus jusqu'à leur mort, à une teneur égale à celle de l'atmosphère.
Après la mort, l'absorption et le rejet de dioxyde de carbone s'arrêtent.

Réactions nucléaires

La désintégration du noyau de carbone 14 conduit à l'émission d'un électron et d'un noyau ${}^{A}_{Z}Y$.

1. [1 pt] Écrire l'équation de la réaction nucléaire correspondante.

2. [0,5 pt] La radioactivité d'une réaction nucléaire peut être du type α, β^+ ou β^-. Quelle est celle qui correspond à la désintégration du noyau de carbone 14 ?

3. [0,5 pt] Donner le nom de l'élément Y de symbole ${}^{A}_{Z}Y$.

Loi de décroissance radioactive

4. [0,5 pt] Donner la définition du terme temps de demi-vie (noté $t_{1/2}$).

5. a) [1 pt] La loi de décroissance radioactive en fonction du temps est du type :

$$N(t) = N_0 \times e^{-\lambda \times t}.$$

Que représentent les grandeurs physiques $N(t)$, N_0 et λ ?

b) [1 pt] Sachant que $\lambda = \dfrac{\ln 2}{t_{1/2}}$, déterminer l'unité de λ par une analyse dimensionnelle.

c) [0,5 pt] Calculer λ.

Datation au carbone 14

En 1983 fut découverte l'épave d'un drakkar dans la vase du port de Roskilde (à l'ouest de Copenhague, au Danemark).

Pour valider l'hypothèse indiquant que ce navire est d'origine viking, une datation au carbone 14 est réalisée sur un échantillon de bois prélevé sur sa coque. L'activité A mesurée pour cet échantillon est de 12,0 désintégrations par minute et par gramme de carbone. Or, l'activité pour 1 gramme de carbone participant au cycle du dioxyde de carbone de l'atmosphère est égale à $A_0 = 13{,}6$ désintégrations par minute.

6. [1 pt] Justifier la variation d'activité d'un échantillon de bois au cours du temps.

7. a) [1 pt] Sachant que la loi de décroissance de l'activité en fonction du temps s'écrit : $A(t) = A_0 \times e^{-\lambda \times t}$, exprimer le temps t en fonction des autres grandeurs $A(t)$, A_0 et λ.

b) [1 pt] Calculer t.

c) [1 pt] Le temps t correspond au temps écoulé entre la date de fabrication du bateau et la date de découverte de l'épave. Déterminer l'année de construction du bateau.

d) [1 pt] La période viking s'étend du VIIIe siècle au XIe siècle (entre 700 et 1000 ans). L'hypothèse faite précédemment est-elle vérifiée ?

→ *Corrigé p. 134*

CORRIGÉS

1 → Énoncé p. 121

1. A et **C** ; **2. C** ; **3. A** et **C** ; **4. A, B** et **C.**

2 → Énoncé p. 121

1. C ; **2. A** ; **3. B** ; **4. C.**

3 → Énoncé p. 122

1. B et **C** ; **2. C** ; **3. A** et **B** ; **4. C.**

4 → Énoncé p. 122

1. A et **B** ; **2. C** ; **3. A** ; **4. A, B** et **C.**

5 → Énoncé p. 123

Rappel
Le nombre de nucléons est égal au nombre de protons plus le nombre de neutrons.

1.

Nom	Nombre de protons	Nombre de neutrons	Nombre de nucléons	Symbole du noyau
titane	22	27	**49**	$^{49}_{22}Ti$
fer	**26**	**30**	56	$^{56}_{26}Fe$
radium	88	138	226	$\mathbf{^{226}_{88}Ra}$
zinc	**30**	38	**68**	$^{68}_{30}Zn$
fer	26	29	**55**	$^{55}_{26}Fe$
chrome	24	**25**	**49**	$^{49}_{24}Cr$
plomb	82	124	206	$\mathbf{^{206}_{82}Pb}$

2. Parmi les noyaux ci-dessus, le fer 55 $^{55}_{26}Fe$ et le fer 56 $^{56}_{26}Fe$ sont isotopes.

6 → Énoncé p. 123

1. $^{219}_{87}Fr \rightarrow \, ^{215}_{85}At + \, ^{4}_{2}He$: **radioactivité α**
2. $^{90}_{38}Sr \rightarrow \, ^{90}_{39}Y + \, ^{0}_{-1}e^{-}$: **radioactivité β⁻**
3. $^{13}_{7}N \rightarrow \, ^{13}_{6}C + \, ^{0}_{1}e^{+}$: **radioactivité β⁺**
4. $^{30}_{15}P \rightarrow \, ^{30}_{14}Si + \, ^{0}_{1}e^{+}$: **radioactivité β⁺**

Rappel
Chaque équation doit conserver les nombres de protons et de nucléons.

7 → Énoncé p. 123

1. La durée de demi-vie est la durée au bout de laquelle le nombre de noyaux radioactifs est divisé par 2. C'est aussi la durée au bout de laquelle l'activité d'une source radioactive est divisée par 2.

2. Par définition, $\lambda = \dfrac{\ln 2}{t_{1/2}}$. L'application numérique donne :

$\boldsymbol{\lambda} = \dfrac{\ln 2}{20{,}8 \times 3\,600} = \mathbf{9{,}26 \times 10^{-6}\ s^{-1}}$.

3. Par définition,

$\boldsymbol{A(t_1)} = A(t_{1/2}) = \dfrac{A_0}{2} = \mathbf{1{,}25 \times 10^3\ Bq}$,

> **Point maths**
>
> $N(\tau) = N_0 \times e^{-\lambda t} = N_0 \times e^{-1} = \dfrac{N_0}{e} = 0{,}368 \times N_0$ car $\tau = \dfrac{1}{\lambda}$.

$\boldsymbol{A(t_2)} = A(\tau) = 0{,}37 \times A_0 = \mathbf{925\ Bq}$ et $\boldsymbol{A(t_3)} = A(2 \times t_{1/2}) = \dfrac{A_0}{4} = \mathbf{625\ Bq}$.

8 → *Énoncé p. 123*

1. On trace la courbe de décroissance radioactive en plaçant les points et en les reliant à la main. La durée de demi-vie correspond à la durée au bout de laquelle le nombre de noyaux radioactifs est divisé par 2, c'est-à-dire la date où il ne reste plus que 500 noyaux. Graphiquement : $\boldsymbol{t_{1/2} = 26{,}7\ s}$.

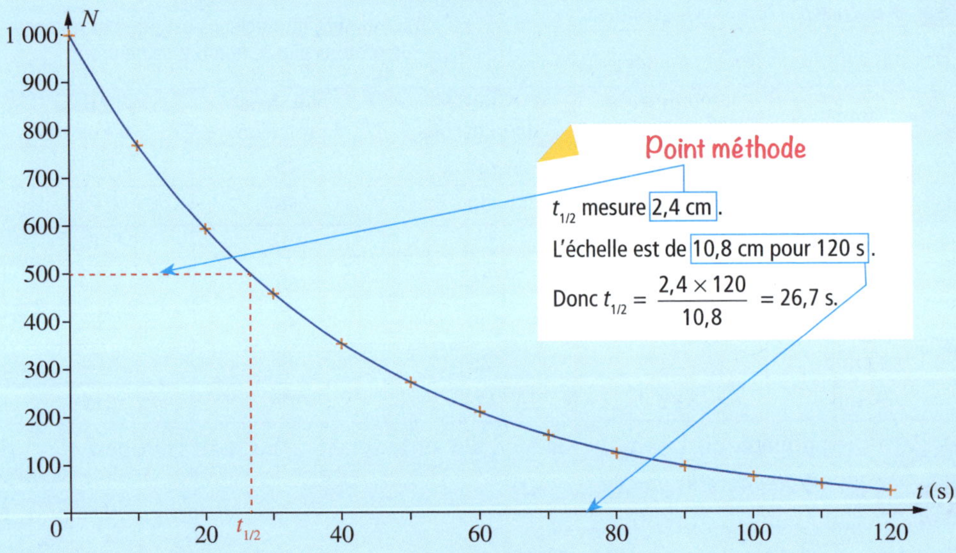

> **Point méthode**
>
> $t_{1/2}$ mesure 2,4 cm.
>
> L'échelle est de 10,8 cm pour 120 s.
>
> Donc $t_{1/2} = \dfrac{2{,}4 \times 120}{10{,}8} = 26{,}7$ s.

> **Remarque**
>
> Au bout d'une durée de 80 s, le nombre de noyaux radioactifs est de 125, soit $\dfrac{N_0}{8}$. Il s'est donc écoulé 3 demi-vies ! La demi-vie est donc de $\dfrac{80}{3} = 26{,}7$ s. On retrouve le même résultat.

2. L'activité initiale de cet échantillon est donc de $A_0 = \lambda \times N_0 = \dfrac{\ln 2}{t_{1/2}} \times N_0$.

L'application numérique donne $\boldsymbol{A_0} = \dfrac{\ln 2}{26{,}7} \times 1{,}00\ \ 10^3 = \mathbf{26{,}0\ Bq}$.

9 → Énoncé p. 124

Par définition, $A = A_0 \times e^{-\lambda t}$, soit $\frac{A}{A_0} = e^{-\lambda t}$ ou encore $\frac{A_0}{A} = e^{\lambda t}$. En utilisant la fonction logarithme, fonction réciproque de la fonction exponentielle, on a :

$$\ln\left(\frac{A_0}{A}\right) = \ln\left(e^{\lambda t}\right) = \lambda t.$$

Ainsi, $t = \frac{1}{\lambda} \times \ln\left(\frac{A_0}{A}\right)$.

De plus, $t_{1/2} = \frac{\ln 2}{\lambda}$, soit $\lambda = \frac{\ln 2}{t_{1/2}}$ et donc $\frac{1}{\lambda} = \frac{t_{1/2}}{\ln 2}$.

En reportant la valeur de $\frac{1}{\lambda}$ dans l'expression précédente, on obtient ainsi $t = \frac{t_{1/2}}{\ln 2} \times \ln\left(\frac{A_0}{A}\right)$.

L'application numérique donne :

$$t = \frac{5\,700}{\ln 2} \times \ln\left(\frac{A_0}{0{,}1 \times A_0}\right) = \frac{5\,700}{\ln 2} \times \ln\left(\frac{1}{0{,}1}\right) = \mathbf{1{,}893 \times 10^4 \text{ ans.}}$$

> **Remarque**
> L'activité dans le bois préhistorique 10 fois plus faible que dans le bois fraîchement coupé nous indique que $A(t) = \frac{A_0}{10} = 0{,}1\, A_0$.

10 → Énoncé p. 124

1. a) Un noyau radioactif est un noyau instable qui va subir une transformation nucléaire. Cette transformation est aléatoire et indépendante des conditions extérieures.

b) En utilisant les lois de conservation du nombre de protons et du nombre de nucléons, on a : $\mathbf{{}^{238}_{92}U \rightarrow {}^{234}_{90}Th + {}^{4}_{2}He}$

2. La particule éjectée est un électron : c'est une radioactivité de type β^-.

3. Pour respecter les lois de conservation (*cf.* **1. b)**), on doit avoir :

$92 = 82 + x \times (-1) + y \times 2$, soit $92 = 82 - x + 2y$ ①

et $238 = 206 + x \times 0 + y \times 4$, soit $238 = 206 + 4y$ ②.

De ②, on a $32 = 4y$ soit $\boldsymbol{y = 8}$.

En reportant dans ①, on obtient $92 = 82 - x + 2 \times 8$, soit $-6 = -x$, ce qui conduit à $\boldsymbol{x = 6}$.

La suite de transformations qui conduisent l'uranium 238 au plomb 206 est de 6 radioactivités β^- et de 8 radioactivités α.

11 → Énoncé p. 124

1. a) Graphiquement, on a $\mathbf{N_U(0) = 5 \times 10^{12}}$ **noyaux.**

b) Au bout d'une durée égale à la constante de temps τ, le nombre de noyaux radioactifs restants est de $N(\tau) = \frac{N_0}{e} = \frac{5 \times 10^{12}}{e} = 1{,}8 \times 10^{12}$ noyaux.

> **Point méthode**
> Utilisation de l'échelle pour déterminer la position de $1{,}8 \times 10^{12}$ sur l'axe.

On obtient une valeur de $\boldsymbol{\tau = 6{,}5 \times 10^9}$ **années** (construction graphique en rouge page suivante).

Par conséquent, la valeur de sa constante de radioactivité λ vaut :

$$\lambda = \frac{1}{\tau} = \frac{1}{6{,}5 \times 10^9 \times 365{,}25 \times 24 \times 3\,600} = \mathbf{4{,}9 \times 10^{-18}\ s^{-1}}.$$

Point méthode

Pour passer de l'année à la seconde et réciproquement, on peut utiliser le schéma ci-dessous :

année → $\times 365{,}25$ → jour → $\times 24$ → heure → $\times 3\,600$ → seconde

seconde → $/3\,600$ → heure → $/24$ → jour → $/365{,}25$ → année

c) $\boldsymbol{N_U(t) = N_U(0) \times e^{-\lambda t}}$.

Ainsi,

$$\begin{aligned} \boldsymbol{N_U(1{,}5 \times 10^9\ \text{années})} &= N_U(0) \times e^{-\lambda(1{,}5 \times 10^9 \times 365{,}25 \times 24 \times 3\,600)} \\ &= 5 \times 10^{12} \times e^{-4{,}9 \times 10^{-18} \times (1{,}5 \times 10^9 \times 365{,}25 \times 24 \times 3\,600)} \\ &= \mathbf{4{,}0 \times 10^{12}\ noyaux}. \end{aligned}$$

Cela concorde avec le graphique (construction graphique en vert page suivante).

d) Le temps de demi-vie $t_{1/2}$ de l'uranium 238 correspond à la durée pour laquelle la moitié des noyaux radioactifs s'est désintégrée.

Graphiquement, on a $\boldsymbol{t_{1/2} = 4{,}5 \times 10^9}$ **années** (construction en bleu page suivante).

2. a) À chaque désintégration d'un noyau d'uranium 238 apparaît un noyau de plomb 206.

Ainsi, $N_U(0) = N_U\,(t_{Terre}) + N_{Pb}(t_{Terre})$, soit $N_U\,(t_{Terre}) = N_U(0) - N_{Pb}(t_{Terre})$.

L'application numérique donne $\boldsymbol{N_U(t_{Terre})} = 5 \times 10^{12} - 2{,}5 \times 10^{12} = \mathbf{2{,}5 \times 10^{12}}$ **noyaux**.

b) D'après la loi de décroissance radioactive, $N(t_{Terre}) = N_U(0) \times e^{-\lambda t_{Terre}}$.

Ainsi, $e^{-\lambda t_{Terre}} = \dfrac{N(t_{Terre})}{N_U(0)}$, soit $e^{\lambda t_{Terre}} = \dfrac{N_U(0)}{N(t_{Terre})}$.

On a donc $\lambda t_{Terre} = \ln\left(\dfrac{N_U(0)}{N(t_{Terre})}\right)$

et finalement $t_{Terre} = \dfrac{1}{\lambda}\ln\left(\dfrac{N_U(0)}{N(t_{Terre})}\right)$.

L'application numérique donne :

$$\boldsymbol{t_{Terre}} = \frac{1}{4{,}9 \times 10^{-18}}\ln\left(\frac{5 \times 10^{12}}{2{,}5 \times 10^{12}}\right) = 1{,}4 \times 10^{17}\ \text{s} = \mathbf{4{,}5 \times 10^9\ années}.$$

Remarque

Le nombre de noyaux radioactifs d'uranium restants étant de $2{,}5 \times 10^{12}$, la moitié des noyaux initialement présents s'est désintégrée. Il s'est donc écoulé une demi-vie, soit $4{,}5 \times 10^9$ années. On retrouve le même résultat.

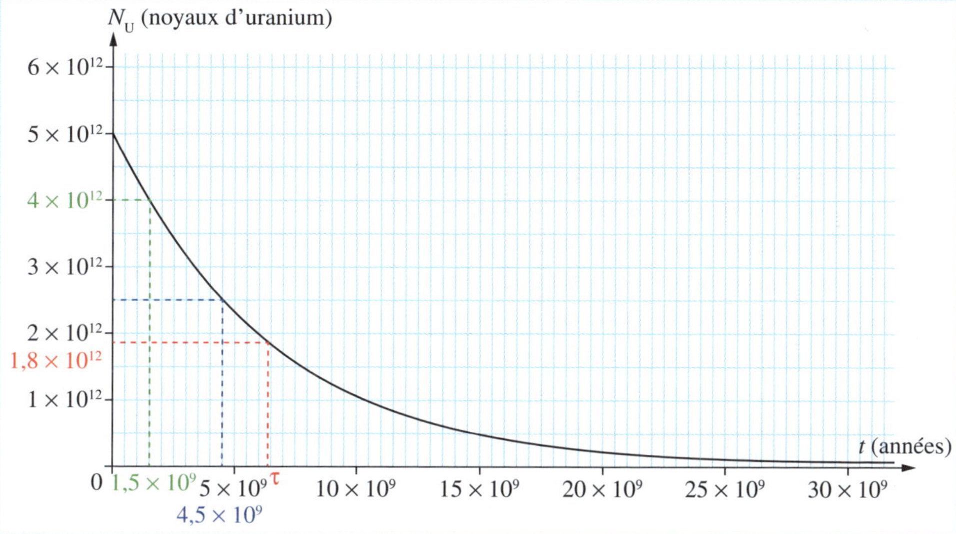

12 → Énoncé p. 126

1. Le rayonnement émis lors de la désexcitation du noyau fils est un **rayonnement γ**.

2. $^{161}_{65}\text{Tb} \rightarrow {}^{161}_{66}\text{Dy}^* + {}^{0}_{-1}\text{e}^-$ pour le **noyau père** et

$^{161}_{66}\text{Dy}^* \rightarrow {}^{161}_{66}\text{Dy} + \gamma$ pour le **noyau fils**.

> **Remarque**
> On utilise généralement un astérisque pour indiquer un noyau produit dans un état excité.

3. L'activité étant de $2{,}00 \times 10^{15}$ Bq, on en déduit qu'il y a $2{,}00 \times 10^{15}$ désintégrations par seconde, soit, d'après l'équation nucléaire, formation de $2{,}00 \times 10^{15}$ électrons par seconde.
Or, seulement 20 % des électrons produits sont utilisés, ce qui nous donne :
$2{,}00 \times 10^{15} \times 0{,}20 = 4{,}00 \times 10^{14}$ électrons utiles par seconde.
Chacun possédant une énergie de $1{,}25 \times 10^{-13}$ J, **le tissu absorbe** :
$4{,}00 \times 10^{14} \times 1{,}25 \times 10^{-13} =$ **50,0 J par seconde**.

4. Pendant une durée d'exposition de 2 secondes, **l'énergie transmise aux tissus humains est** donc de $50{,}0 \times 2 =$ **100 J**.

5. Bien que l'activité du terbium soit deux fois plus importante, sa durée d'exposition est 5 fois plus faible. On est donc en-dessous d'une exposition dangereuse : **le terbium peut être utilisé en radiothérapie**.

EXERCICE DE BAC

Exercice
→ Énoncé p. 127

1. L'équation de la réaction nucléaire de désintégration du carbone 14 est $^{14}_{6}\mathbf{C} \rightarrow {^{14}_{7}}\mathbf{N} + {^{0}_{-1}}\mathbf{e}^-$

2. La particule éjectée est un électron : il s'agit de **radioactivité β^-**.

3. Le noyau fils est le **noyau d'azote 14**.

4. Le temps de demi-vie correspond à l'instant où la moitié des noyaux radioactifs s'est désintégrée.

5. a) $N(t)$ est le nombre de noyaux radioactifs encore présent à l'instant t, N_0 est le nombre initial de noyaux radioactifs et λ est la constante radioactive.

b) Sachant que l'unité de $t_{1/2}$ est la seconde dans le système international, l'**unité de la constante radioactive** est donc le $\mathbf{s^{-1}}$.

c) En utilisant la relation donnée au **5. b)**, on a :

$$\lambda = \frac{\ln 2}{t_{1/2}} = \frac{\ln 2}{5\,770 \times 365{,}25 \times 24 \times 3\,600} = \mathbf{3{,}807 \times 10^{-12}\ s^{-1}}.$$

6. Tous les organismes vivants fixent le carbone 14 dans leurs tissus jusqu'à leur mort, à une teneur égale à celle de l'atmosphère. Après la mort, l'absorption et le rejet de dioxyde de carbone s'arrêtent, le taux de carbone 14 diminue par radioactivité, donc l'activité d'un organisme mort diminue au cours du temps.

7. a) D'après la loi de décroissance radioactive, $A(t) = A(0) \times e^{-\lambda t}$.

Ainsi, $e^{-\lambda t} = \dfrac{A(t)}{A(0)}$, soit $e^{\lambda t} = \dfrac{A(0)}{A(t)}$. On a donc $\lambda t = \ln\left(\dfrac{A(0)}{A(t)}\right)$ et, finalement, $\boldsymbol{t = \dfrac{1}{\lambda}\ln\left(\dfrac{A(0)}{A(t)}\right)}$.

b) L'application numérique donne :

$$t = \frac{1}{3{,}807 \times 10^{-12}}\ln\left(\frac{13{,}6}{12{,}0}\right) = 3{,}29 \times 10^{10}\ \text{s} = \mathbf{1{,}04 \times 10^3\ ans.}$$

c) L'année de construction du bateau est donc l'an 1983 – 1,04 × 10³, soit **l'an 943**.

d) L'hypothèse est ainsi vérifiée ; la date déterminée par datation est bien dans l'intervalle 700 – 1000 ans.

Évolution spontanée d'un système chimique

CHAPITRE 6

1 Qu'est-ce qu'un état d'équilibre ?

■ On considère un système comportant initialement $n_i(A)$ moles d'une espèce A et $n_i(B)$ moles d'une espèce B.
Ce système se transforme avec formation de deux espèces C et D de quantité respective $n(C)$ et $n(D)$ selon l'équation-bilan :

$aA(\text{aq}) + bB(\text{aq}) = cC(\text{aq}) + dD(\text{aq})$ (a, b, c, d coefficients stœchiométriques)

■ Cette transformation est caractérisée, à chaque instant, par le quotient de réaction Q_r défini par :

$$Q_r = \frac{[C]^c \times [D]^d}{[A]^a \times [B]^b}$$

Par convention :
– Si l'eau intervient dans la réaction et qu'elle est aussi solvant, alors sa concentration est remplacée par 1.
– Si un ou plusieurs solides interviennent dans la réaction, alors leur concentration est remplacée par 1.
– Les concentrations s'expriment en mol.L^{-1} mais Q_r n'a pas d'unité

■ Les transformations dans lesquelles au moins un des réactifs disparaît totalement sont dites totales, mais, dans de nombreux cas, les réactifs et les produits coexistent dans un état appelé **état d'équilibre.** Cela signifie que, lorsque les espèces A et B réagissent pour former les espèces C et D (dans le sens appelé sens direct), celles-ci réagissent simultanément pour former les espèces A et B (sens inverse). Les vitesses de disparition et d'apparition des réactifs sont égales et les quantités de matières de chaque espèce restent ainsi constantes.

Remarque : Un équilibre chimique dans lequel les paramètres macroscopiques (pH, concentrations…) n'évoluent plus, mais dont les réactions directes et inverses se déroulent à vitesse égale est appelé **équilibre dynamique**.
Alors, l'équilibre est caractérisé par une valeur particulière de Q_r :

$$Q_{r,\text{éq}} = \frac{[C]^c_{\text{éq}} \times [D]^d_{\text{éq}}}{[A]^a_{\text{éq}} \times [B]^b_{\text{éq}}} = \text{K}$$

Cette valeur est notée **K** et est appelée **constante d'équilibre**. Elle ne dépend que de la température T.

2 Évolution d'un système chimique

■ Spontanément, un système évolue vers son état d'équilibre, c'est-à-dire que Q_r va tendre vers la valeur K.

Trois cas de figure peuvent se présenter :

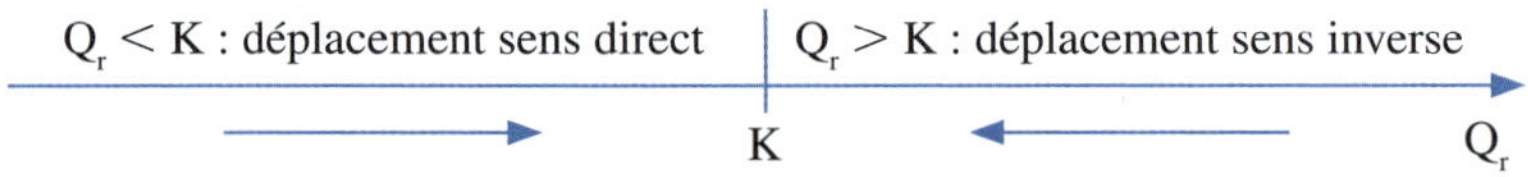

$Q_r < K$: la transformation va évoluer dans le sens direct.

$Q_r > K$: la transformation évolue dans le sens inverse.

$Q_r = K$: la transformation est à l'équilibre : elle n'évolue plus au niveau macroscopique

3 Taux d'avancement final d'une transformation

■ Le taux d'avancement τ se définit comme le quotient de l'avancement final x_f sur l'avancement maximal x_{max}.

$$\tau = \frac{x_f}{x_{max}}$$

L'avancement maximal se calcule grâce au tableau d'avancement

■ L'avancement final se détermine grâce aux paramètres expérimentaux (mesure de pH, conductimétrie…)

Si $\tau = 1$, la transformation est totale : au moins un des réactifs a entièrement disparu.

Si $\tau < 1$, la transformation est équilibrée.

COMMENT FAIRE

1 Définir un équilibre chimique

EXERCICE TYPE

On se propose d'étudier la réaction d'estérification en faisant réagir 0,40 mole d'acide éthanoïque CH_3COOH avec 0,40 mole de propanol $CH_3CH_2CH_2OH$ et quelques gouttes d'acide sulfurique agissant comme catalyseur. Il se forme un ester E et de l'eau. Le volume total est de 50 mL.

1. Écrire l'équation-bilan de cette transformation.
2. Calculer les concentrations initiales des réactifs.

À la transformation étudiée, on associe la constante d'équilibre K = 3,7.

3. Donner l'expression de Q_r, puis de K.
4. Calculer l'avancement maximal x_{max}.

Au bout de quelques minutes, l'avancement x atteint la valeur de 0,15.

5. Calculer le quotient de réaction Q_r à cet instant de la transformation.
6. La transformation est-elle finie ? Sinon, dans quelle sens évolue-t-elle ?
7. Quelle sera la valeur du quotient réactionnel lorsque l'équilibre sera atteint ?

CORRIGÉ COMMENTÉ

1. $CH_3CO_2H(\ell) + CH_3CH_2CH_2OH(\ell) = E(\ell) + H_2O(\ell)$

2. Pour l'acide éthanoïque : $[CH_3CO_2H] = \dfrac{n(CH_3CH_2CH_2OH)}{V} = \dfrac{0{,}40}{50 \times 10^{-3}} = 8{,}0\ \text{mol.L}^{-1}$.

Pour le propanol : $[CH_3CH_2CH_2OH] = \dfrac{n(C_3H_8O)}{V} = \dfrac{0{,}40}{50 \times 10^{-3}} = 8{,}0\ \text{mol.L}^{-1}$.

3. Expression du quotient de réaction : $Q_r = \dfrac{[E] \times [H_2O]}{[C_2H_4O_2] \times [C_3H_8O]}$.

À l'équilibre : $K = \dfrac{[E]_{éq} \times [H_2O]_{éq}}{[C_2H_4O_2]_{éq} \times [C_3H_8O]_{éq}}$.

> **Attention !**
> Ici, H_2O est un produit de la réaction et non le solvant ; on doit en tenir compte dans l'écriture de Q_r.

4. Faisons un tableau d'avancement :

Équation de la réaction		$CH_3CO_2H(\ell)$ +	$C_3H_8O(\ell)$ =	$E(\ell)$ +	$H_2O(\ell)$
État du système	**Avancement (mol)**	Quantités de matière (mol)			
État initial	$x = 0$	0,40	0,40	0	0
État intermédiaire	x	$0{,}40 - x$	$0{,}40 - x$	x	x
État final si transformation totale	x_{max}	$0{,}40 - x_{max}$	$0{,}40 - x_{max}$	x_{max}	x_{max}
État final réel	x_f	$0{,}40 - x_f$	$0{,}40 - x_f$	x_f	x_f

Calculons x_{max} : $0{,}40 - x_{max} = 0$; $x_{max} = 0{,}40$ mol.

5. On prend l'expression de Q_r donnée à la question **3.** et on y intègre la valeur donnée de l'avancement $x = 0{,}15$ mol.

$$Q_r = \frac{(0{,}15)(0{,}15)}{(0{,}40 - 0{,}15)(0{,}40 - 0{,}15)} = 0{,}36.$$

6. Q_r a une valeur inférieure à K, donc la réaction n'est pas terminée et évolue dans le sens direct.

7. À l'équilibre, $Q_r = K$.

À RETENIR

• La réaction $aA(aq) + bB(aq) = cC(aq) + dD(aq)$
est caractérisée par une grandeur nommée quotient de réaction telle que :

$$Q_r = \frac{[C]^c \times [D]^d}{[A]^a \times [B]^b}$$

• Si les réactifs n'ont pas totalement disparu, mais que les concentrations des réactifs et des produits n'évoluent plus, le système a atteint l'état d'équilibre, caractérisé par une constante K dite constante d'équilibre :

$$K = Q_{r,éq} = \frac{[C]^c_{éq} \times [D]^d_{éq}}{[A]^a_{éq} \times [B]^b_{éq}}$$

2 Déterminer l'évolution d'un système chimique

EXERCICE TYPE

On verse 0,60 mol d'iodure de potassium (KI) et 0,30 mol de nitrate de plomb ($PbNO_3$) dans 50 mL d'eau distillée. La constante K associée à cet équilibre vaut $7{,}4 \times 10^7$ à 25 °C.
Il se forme un précipité d'iodure de plomb selon l'équation :

$$Pb^{2+}(aq) + 2I^-(aq) = PbI_2(s)$$

1. Donner l'expression du quotient de réaction Q_r. Calculer $Q_{r,i}$ le quotient de réaction à l'état initial.

2. La réaction va-t-elle évoluer ? Si oui, dans le sens direct ou inverse ?

CORRIGÉ COMMENTÉ

1. Le quotient de réaction $Q_{r,i}$ se calcule à l'aide des concentrations initiales. Ici, PbI_2 est un solide et sa concentration est remplacée par 1.

$$Q_r = \frac{1}{[Pb^{2+}] \times [I^-]^2}.$$

Calculons d'abord les concentrations initiales des réactifs :

$[Pb^{2+}] = \dfrac{n(Pb^{2+})}{V} = \dfrac{0,30}{50 \times 10^{-3}} = 6,0 \text{ mol.L}^{-1}$

$[I^-] = \dfrac{n(I^-)}{V} = \dfrac{0,60}{50 \times 10^{-3}} = 12 \text{ mol.L}^{-1}$.

$Q_{r,i} = \dfrac{1}{[Pb^{2+}]_i \times [I^-]_i^2} = \dfrac{1}{6,0 \times 12^2} = 1,2 \times 10^{-3}$.

2. $Q_{r,i} < K$: la réaction va évoluer dans le sens direct.

À RETENIR

• Pour connaître le sens d'évolution spontanée d'une réaction chimique, il convient de comparer le quotient de réaction Q_r à la constante d'équilibre K.

Pour la réaction $aA(aq) + bB(aq) = cC(aq) + dD(aq)$, trois cas de figure se présentent :

$Q_r < K$, la transformation évolue dans le sens direct : la quantité de matière des espèces *C* et *D* augmente.

$Q_r > K$, la transformation évolue dans le sens inverse : la quantité de matière des espèces *A* et *B* augmente.

$Q_r = K$, la transformation est à l'équilibre ; les quantités de matière n'évoluent pas.

3 Distinguer une transformation totale d'une transformation équilibrée

EXERCICE TYPE

On introduit dans 50,0 mL d'eau pure $5,0 \times 10^{-4}$ mole d'acide chlorhydrique $HC\ell$. Il se forme des ions oxonium H_3O^+. Le pH vaut alors 2,0.

1. Écrire l'équation-bilan de cette transformation.

2. Déterminer la concentration en ions oxonium dans la solution.

3. En déduire la quantité de matière d'ions oxonium formée.

4. À l'aide d'un tableau d'avancement, justifier du caractère total de cette transformation.

5. Lorsqu'on mesure le pH d'une solution d'acide éthanoïque de concentration $C = 1,0 \times 10^{-2}$ mol.L^{-1}, on trouve 3,3. La transformation est-elle totale ou équilibrée ?

CORRIGÉ COMMENTÉ

1. Écrivons l'équation de réaction du chlorure d'hydrogène avec l'eau :

$$HC\ell(aq) + H_2O(\ell) = H_3O^+(aq) + C\ell^-(aq)$$

2. Calculons maintenant la concentration en ions oxonium : elle est donnée par la relation :

$$[H_3O^+] = 10^{-pH} = 10^{-2,0}$$

$$[H_3O^+] = 1,0 \times 10^{-2} \text{ mol.L}^{-1}.$$

3. $n(H_3O^+) = [H_3O^+] \times V = 1{,}0 \times 10^{-2} \times 50{,}0 \times 10^{-3} = 5{,}0 \times 10^{-4}$ mol.

4. Construisons le tableau d'avancement :

Équation de la réaction		$HC\ell(aq)$	+ $H_2O(\ell)$	= $H_3O^+(aq)$	+ $C\ell^-(aq)$
État du système	**Avancement (mol)**	Quantités de matière (mol)			
État initial	$x = 0$	$5{,}0 \times 10^{-4}$	excès	0	0
État intermédiaire	x	$5{,}0 \times 10^{-4} - x$	excès	x	x
État final si transformation totale	x_{max}	$5{,}0 \times 10^{-4} - x_{max}$	excès	x_{max}	x_{max}
État final réel	x_f	$5{,}0 \times 10^{-4} - x_f$	excès	x_f	x_f

• Calculons x_{max} :

$5{,}0 \times 10^{-4} - x_{max} = 0$

$x_{max} = 5{,}0 \times 10^{-4}$ mol.

• calculons l'avancement à l'état final x_f :

$x_f = [H_3O^+] \times V = 5{,}0 \times 10^{-4}$ mol.

• Calculons le taux d'avancement de la réaction :

$$\tau = \frac{x_f}{x_{max}} = \frac{5{,}0 \times 10^{-4}}{5{,}0 \times 10^{-4}} = 1.$$

La réaction est donc totale.

Dans le cas de la solution d'acide éthanoïque, nous allons calculer τ.

Reprenons le tableau d'avancement :

Équation de la réaction		$CH_3CO_2H(aq)$	+ $H_2O(\ell)$	= $CH_3CO_2^-(aq)$	+ $H_3O^+(aq)$
État du système	**Avancement (mol)**	Quantités de matière (mol)			
État initial	$x = 0$	$C \times V$	excès	0	0
État intermédiaire	x	$C \times V - x$	excès	x	x
État final si transformation totale	x_{max}	$C \times V - x_{max}$	excès	x_{max}	x_{max}
État final réel	x_f	$C \times V - x_f$	excès	x_f	x_f

• Nous en déduisons :

$C \times V - x_{max} = 0$

$x_{max} = C \times V$

$x_f = [H_3O^+] \times V = 10^{-pH} \times V.$

• Calculons $\tau = \frac{x_f}{x_{max}}$:

$$\tau = \frac{10^{-pH} \times V}{C \times V} = \frac{10^{-pH}}{C} = \frac{10^{-3,3}}{1,0 \times 10^{-2,0}} = 5,0 \times 10^{-2}.$$

Le taux d'avancement est inférieur à 1. La transformation n'est donc pas totale.

À RETENIR

• Pour déterminer si une transformation est totale ou équilibrée, on calcule le taux d'avancement τ, rapport entre l'avancement final et l'avancement maximal :

$$\tau = \frac{x_f}{x_{max}} \leqslant 1.$$

Si $\tau = 1$, la transformation est totale : au moins un des réactifs a disparu.
Si $\tau < 1$, la transformation est équilibrée.

EXERCICES

Connaître le cours

Pour chaque exercice du *connaître le cours*, indiquer la (ou les) bonne(s) réponse(s) :

1 1 min État d'équilibre

	A	B	C
1. Dans une transformation chimique équilibrée :	tous les réactifs disparaissent	au moins un des réactifs disparaît	les réactifs et les produits coexistent
2. Soit l'équation-bilan : $2I^-(aq) + S_2O_8^{2-}(aq) \rightarrow I_2(aq) + 2SO_4^{2-}(aq)$	$Q_r = \dfrac{[SO_4^{2-}] \times [I_2]}{[S_2O_8^{2-}] \times [I^-]}$	$Q_r = \dfrac{[SO_4^{2-}]^2 \times [I_2]}{[S_2O_8^{2-}] \times [I^-]^2}$	$Q_r = \dfrac{[S_2O_8^{2-}] \times [I^-]^2}{[SO_4^{2-}]^2 \times [I_2]}$
3. La constante d'équilibre K :	dépend de la température	dépend de la concentration initiale des réactifs	est indépendante du système

→ Corrigé p. 147

2 1 min Évolution d'un système

	A	B	C
1. Lorsque Q_r est différent de K :	il évolue vers K	sa valeur n'évolue pas	sa valeur n'atteint jamais K
2. Si $Q_r < K$, la transformation chimique évolue :	dans le sens direct	dans le sens inverse	dans les deux sens
3. Lors d'une transformation équilibrée :	$x_{max} = x_f$ donc $\tau = 1$	$x_{max} < x_f$ donc $\tau > 1$	$x_{max} > x_f$ donc $\tau < 1$

→ Corrigé p. 147

Appliquer le cours et les savoir-faire

3 10 min ★

→ COMMENT FAIRE 1

Donner l'expression des quotients de réaction Q_r dans les cas suivants :

1. $CH_3COOH(aq) + NH_3(aq) = CH_3COO^-(aq) + NH_4^+(aq)$
2. $HCOOH(aq) + H_2O(\ell) = HCOO^-(aq) + H_3O^+(aq)$
3. $2H_2O(\ell) = H_3O^+(aq) + OH^-(aq)$
4. $Cu^{2+}(aq) + 2OH^-(aq) = Cu(OH)_2(s)$
5. $Cu^{2+}(aq) + Zn(s) = Cu(s) + Zn^{2+}(aq)$

→ Corrigé p. 147

EXERCICES

4 10 min ★

→ COMMENT FAIRE 1

Déduire, à partir des quotients de réaction suivants, les équations de réactions :

1. $Q_r = \dfrac{[CH_3COO^-(aq)] \times [H_3O^+(aq)]}{[CH_3COOH(aq)]}$

2. $Q_r = \dfrac{[SO_4^{2-}(aq)]^2 \times [I_2(aq)]}{[S_2O_8^{2-}(aq)] \times [I^-(aq)]^2}$

3. $Q_r = \dfrac{[HCOOH(aq)] \times [CH_3COO^-(aq)]}{[HCOO^-(aq)] \times [CH_3COOH(aq)]}$

4. $Q_r = \dfrac{[HCOO^-(aq)] \times [CH_3COOH(aq)]}{[HCOOH(aq)] \times [CH_3COO^-(aq)]}$

5. $Q_r = \dfrac{[Cu^{2+}(aq)]}{[Ag^+(aq)]^2}$

→ Corrigé p. 147

5 15 min ★★

→ COMMENT FAIRE 2

Le carbonate de baryum $BaSO_4$ est un composé peu soluble dans l'eau.
Son équation de dissolution s'écrit :

$$BaSO_4(s) = Ba^{2+}(aq) + SO_4^{2-}(aq)$$

La constante d'équilibre K de cette réaction vaut $2,6 \times 10^{-9}$.
Déterminer la concentration molaire de chacun des ions lorsque la solution est saturée.

→ Corrigé p. 148

6 20 min ★★

→ COMMENT FAIRE 3

On prépare une solution d'acide benzoïque (C_6H_5COOH) en dissolvant 0,122 g d'acide solide dans 100 mL d'eau.

1. Calculer la concentration molaire de la solution obtenue.
2. Écrire la réaction de dissociation de l'acide dans l'eau.
3. Déterminer, à l'aide d'un tableau d'avancement, la concentration d'ions oxonium H_3O^+ et le pH de la solution si la réaction était totale.

On mesure le pH à l'aide d'un pH-mètre et on trouve 3,2.

4. La réaction est-elle totale ?
5. Calculer le taux d'avancement.

Donnée : masse molaire de l'acide benzoïque 122 g.mol^{-1}.

→ Corrigé p. 148

S'entraîner au raisonnement

7 30 min ★★★

Détermination d'une constante d'équilibre par pH-métrie

On dissout dans 100 mL d'eau 500 mg d'acide ascorbique (vitamine C) que l'on nommera dans la suite de l'exercice AH. Cet acide réagit partiellement avec l'eau. On mesure le pH de la solution obtenue et on trouve 2,8.

Donnée : masse molaire acide ascorbique 176 g.mol^{-1}.

1. Écrire l'équation-bilan de la transformation chimique. Quelles sont les espèces présentes à l'état final ?
2. Déterminer la quantité de matière d'acide ajouté et la concentration initiale de la solution.
3. Déterminer la concentration en ions oxonium lorsque l'équilibre chimique est atteint. En déduire la quantité de matière de cette espèce chimique.
4. À l'aide d'un tableau d'avancement, calculer x_{max} et x_{eq}.
5. Calculer τ. Ce résultat est-il conforme avec l'hypothèse d'une réaction équilibrée ?
6. Quelle relation existe-t-il entre $n(H_3O^+)$ et $n(A^-)$? En déduire la relation entre les concentrations de ces deux espèces.
7. Calculer la concentration d'acide AH restant lorsque l'équilibre est atteint.
8. Donner l'expression littérale de la constante d'équilibre K, puis calculer sa valeur.

→ Corrigé p. 149

8 25 min ★★

Soit la réaction entre 0,40 mol d'alcool A et 0,40 mol d'acide noté B donnant un ester E et de l'eau.

On modélisera la réaction par l'équation :

$$A(\ell) + B(\ell) = E(\ell) + H_2O(\ell)$$

La constante de réaction K associée à cet équilibre vaut 6,0.

1. Au bout de 8 min, l'avancement x vaut 0,15. À l'aide d'un tableau d'avancement, déterminer la composition du mélange à cette date.
2. Calculer alors Q_r et comparer cette valeur à K. Dans quel sens évolue la réaction ?

→ Corrigé p. 150

9 30 min ★★★

On verse dans un ballon 0,20 mole d'acide propanoïque pur $C_3H_6O_2$ et 0,20 mole de butan-1-ol pur $C_4H_{10}O$. On ajoute une petite quantité d'acide sulfurique et on observe la formation d'un ester, le propanoate de butyl noté E, et d'eau, tous deux sous forme liquide.

1. Écrire l'équation de cette réaction chimique. Donner la formule brute de l'ester obtenu.

2. Pourquoi ajouter une petite quantité d'acide sulfurique ?

3. Dresser un tableau d'avancement de la transformation.

4. Donner l'expression du quotient de réaction Q_r en fonction de l'avancement x à un instant quelconque de la réaction.

5. Calculer l'avancement à l'équilibre x_f sachant que la constante d'équilibre vaut $K = 4{,}0$.

6. Au bout de 30 minutes, le taux d'avancement τ de la réaction vaut 67 %. Est-on arrivé à la fin de la réaction ?

→ *Corrigé p. 151*

EXERCICE DE BAC

Exercice 50 min **10 points**

Données :

pK_a des couples acide/base :

acide méthanoïque $HCOOH(aq)$/ion méthanoate $HCOO^-(aq)$: $pK_{a_1} = 3{,}8$;

acide benzoïque $C_6H_5COOH(aq)$/ion benzoate $C_6H_5COO^-(aq)$: $pK_{a_2} = 4{,}2$.

1. Étude de solutions aqueuses d'acide méthanoïque et d'acide benzoïque de même concentration

On dispose de deux béchers contenant respectivement 10 mL d'acide méthanoïque et 10 mL d'acide benzoïque en solution aqueuse. La concentration des deux acides est identique : $1{,}0 \times 10^{-2}$ mol.L^{-1}. Elle sera notée C.

On mesure le pH de ces deux solutions :

– solution aqueuse d'acide méthanoïque : $pH_1 = 2{,}9$;

– solution aqueuse d'acide benzoïque : $pH_2 = 3{,}9$.

La réaction des deux acides avec l'eau

1. [1 pt] Écrire l'équation bilan de la réaction de l'acide méthanoïque sur l'eau.

2. [2 pts] À l'aide d'un tableau d'avancement, calculer l'avancement maximal, puis l'avancement final.

3. [1,5 pt] En déduire le taux d'avancement final de cette transformation. Est-elle totale ou équilibrée ?

4. [1,5 pt] Répondre aux mêmes questions avec l'acide benzoïque. Quelle est la réaction la plus avancée ?

2. Évolution d'un système chimique

Soit la réaction chimique suivante :

$$HCOOH(aq) + C_6H_5COO^-(aq) = HCOO^-(aq) + C_6H_5COOH(aq)$$

5. [2 pts] Exprimer la constante d'équilibre de cette réaction, puis calculer sa valeur en fonction de K_{a_1} et K_{a_2}.

On mélange maintenant les deux solutions précédentes et on y ajoute 20,0 mL d'une solution contenant un mélange équimolaire de méthanoate de sodium et de benzoate de sodium de concentration $C' = 2{,}5 \times 10^{-3}$ mol.L^{-1}.

6. [0,5 pt] Calculer le quotient de réaction dans l'état initial $Q_{r,i}$. Le système chimique est-il à l'équilibre ? Sinon, comment va-t-il évoluer ?

→ *Corrigé p. 152*

CORRIGÉS

1 → Énoncé p. 142

1. C ; **2.** B ; **3.** A.

2 → Énoncé p. 142

1. A ; **2.** A ; **3.** C.

3 → Énoncé p. 142

1. $Q_r = \dfrac{[CH_3COO^-] \times [NH_4^+]}{[CH_3COOH] \times [NH_3]}$.

2. $Q_r = \dfrac{[HCOO^-] \times [H_3O^+]}{[HCOOH]}$. Ici, l'eau est le solvant donc elle n'apparaît pas dans l'écriture du quotient de réaction.

3. $Q_r = [H_3O^+] \times [OH^-]$. Ici, l'eau est le solvant donc elle n'apparaît pas dans l'écriture du quotient de réaction.

4. $Q_r = \dfrac{1}{[Cu^{2+}] \times [OH^-]^2}$. L'hydroxyde de cuivre est une espèce solide qui n'apparaît donc pas dans l'écriture du quotient de réaction.

5. $Q_r = \dfrac{[Zn^{2+}]}{[Cu^{2+}]}$. Les solides n'apparaissent pas dans l'écriture du quotient de réaction.

4 → Énoncé p. 143

1. $CH_3CO_2H(aq) + H_2O(\ell) = CH_3CO_2^-(aq) + H_3O^+(aq)$

L'eau étant réactif et solvant, elle n'intervient pas dans l'écriture du quotient de réaction.

2. $S_2O_8^{2-}(aq) + 2I^-(aq) = 2SO_4^{2-}(aq) + I_2(aq)$

Les coefficients stœchiométriques placés devant les ions iodure I^- et sulfate SO_4^{2-} sont différents de 1 et apparaissent donc comme puissance dans l'écriture du quotient de réaction.

3. $HCOO^-(aq) + CH_3CO_2H(aq) = HCOOH(aq) + CH_3CO_2^-(aq)$

4. $HCO_2H(aq) + CH_3CO_2^-H(aq) = HCO_2^-(aq) + CH_3CO_2H(aq)$

La transformation se fait ici dans le sens opposé à la question précédente.

5. $2Ag^+(aq) + Cu(s) = Cu^{2+}(aq) + 2Ag(s)$

Le cuivre et l'argent sont sous forme solide et n'apparaissent donc pas dans l'écriture du coefficient de réaction.

Rappel

On remplace par 1 la concentration du solvant et des solides dans l'écriture de la constante de réaction.

5 → Énoncé p. 143

D'après l'équation-bilan, les concentrations des ions baryum et sulfate sont identiques :

$[Ba^{2+}]_{éq} = [SO_4^{2-}]_{éq} = C$

$K = [Ba^{2+}]_{éq} \times [SO_4^{2-}]_{éq} = C^2 = 2{,}6 \times 10^{-9}$

$C = \sqrt{2{,}6 \times 10^{-9}} = 5{,}1 \times 10^{-5}$ mol.L^{-1}.

6 → Énoncé p. 143

1. • Calculons d'abord la quantité de matière d'acide benzoïque :

$$n(C_6H_5CO_2H) = \frac{m(C_6H_5CO_2H)}{M(C_6H_5CO_2H)} = \frac{0{,}122}{122} = 1{,}00 \times 10^{-3} \text{ mol.}$$

• Calculons maintenant la concentration en acide :

$$[C_6H_5CO_2H(aq)] = \frac{n(C_6H_5CO_2H)}{V} = \frac{1{,}00 \times 10^{-3}}{1{,}00 \times 10^{-1}} = 1{,}00 \times 10^{-2} \text{ mol.L}^{-1}.$$

2. $C_6H_5CO_2H(aq) + H_2O(\ell) = C_6H_5CO_2^-(aq) + H_3O^+(aq)$

3. Construisons le tableau d'avancement :

Équation de la réaction		$C_6H_5CO_2H(aq)$ +	$H_2O(\ell)$	$= C_6H_5CO_2^-(aq)$+	$H_3O^+(aq)$
État du système	**Avancement (mol)**	Quantités de matière (mol)			
État initial	$x = 0$	$1{,}00 \times 10^{-3}$	excès	0	0
État intermédiaire	x	$1{,}00 \times 10^{-3} - x$	excès	x	x
État final si transformation totale	x_{max}	$1{,}00 \times 10^{-3} - x_{max}$	excès	x_{max}	x_{max}
État final réel	x_f	$1{,}00 \times 10^{-3} - x_f$	excès	x_f	x_f

Si la transformation était totale, la quantité d'ions oxonium produits serait égale à x_{max}.

• Calculons la valeur de x_{max} :

$1{,}00 \times 10^{-3} - x_{max} = 0$ donc $x_{max} = 1{,}00 \times 10^{-3}$ mol.

• Calculons maintenant la concentration en ions oxonium :

$$[H_3O^+]_{max} = \frac{n(H_3O^+)}{V} = \frac{1{,}0 \times 10^{-3}}{1{,}00 \times 10^{-1}} = 1{,}00 \times 10^{-2} \text{ mol.L}^{-1}.$$

• Calculons le pH théorique de la solution :

$pH = -\log [H_3O^+]_{max} = -\log(1{,}00 \times 10^{-2}) = 2{,}0.$

4. Calculons la concentration réelle d'ions oxonium :

$[H_3O^+]_f = 10^{-pH} = 10^{-3{,}2} = 6{,}31 \times 10^{-4}$ mol.L^{-1}.

$[H_3O^+]_f < [H_3O^+]_{max}$, donc $x_f < x_{max}$: la réaction n'est donc pas totale.

Remarque

Les valeurs des calculs intermédiaires, non arrondies, doivent être conservées dans la mémoire de la calculatrice.

5. Calcul du taux d'avancement :

$x_f = [H_3O^+]_f \times V = 6{,}31 \times 10^{-4} \times 1{,}00 \times 10^{-1} = 6{,}31 \times 10^{-5}$ mol

$$\tau = \frac{x_f}{x_{max}} = \frac{6{,}31 \times 10^{-5}}{1{,}00 \times 10^{-3}} = 6{,}31 \times 10^{-2}$$

$\tau = 6{,}31$ %.

7 → Énoncé p. 144

1. $AH(aq) + H_2O(\ell) = A^-(aq) + H_3O^+(aq)$

La réaction étant partielle, toutes les espèces chimiques présentes dans l'équation de réaction sont présentes à l'état final.

2. • Calculons la quantité d'acide dissous :

$$n(AH) = \frac{m(AH)}{M(AH)} = \frac{0{,}500}{176} = 2{,}84 \times 10^{-3} \text{ mol.}$$

• Calculons maintenant la concentration initiale d'acide :

$$[AH]_i = \frac{n(AH)}{V} = \frac{2{,}84 \times 10^{-3}}{0{,}100} = 2{,}84 \times 10^{-2} \text{ mol.L}^{-1}.$$

3. • Calculons la concentration en ions oxonium :

$[H_3O^+] = 10^{-pH} = 10^{-2{,}8} = 1{,}6 \times 10^{-3}$ mol.L^{-1}.

• La quantité de matière sera donc de :

$n(H_3O^+) = [H_3O^+] \times V = 1{,}6 \times 10^{-3} \times 0{,}100 = 1{,}6 \times 10^{-4}$ mol.

4. Construisons le tableau d'avancement :

Équation de la réaction		$AH(aq)$ +	$H_2O(\ell)$ =	$A^-(aq)$ +	$H_3O^+(aq)$
État du système	Avancement (mol)	Quantités de matière (mol)			
État initial	$x = 0$	$2{,}84 \times 10^{-3}$	excès	0	0
État intermédiaire	x	$2{,}84 \times 10^{-3} - x$	excès	x	x
État final si transformation totale	x_{max}	$2{,}84 \times 10^{-3} - x_{max}$	excès	x_{max}	x_{max}
État final réel	x_f	$2{,}84 \times 10^{-3} - x_f$	excès	x_f	$x_f = 1{,}6 \times 10^{-4}$

Si la transformation était totale, la quantité d'ions oxonium produits serait égale à x_{max}.

• Calculons la valeur de x_{max} :

$2{,}84 \times 10^{-3} - x_{max} = 0$ donc $x_{max} = 2{,}84 \times 10^{-3}$ mol.

5. $$\tau = \frac{x_{eq}}{x_{max}} = \frac{1{,}6 \times 10^{-4}}{2{,}84 \times 10^{-3}} = 5{,}6 \times 10^{-2}$$

$\tau = 5{,}6 \% < 1$.

Le résultat est conforme à l'hypothèse d'une réaction équilibrée.

6. D'après l'équation-bilan, il se forme autant d'ions A^- que d'ions H_3O^+. Donc :
$n(A^-) = n(H_3O^+)$

$$\frac{n(A^-)}{V} = \frac{n(H_3O^+)}{V}$$

$[A^-] = [H_3O^+]$: les concentrations sont elles aussi égales.

7. $n(AH)_{éq} = n(AH)_i - x_f = n(AH)_i - n(A^-)_{éq}$

$$\frac{n(AH)_{éq}}{V} = \frac{n(AH)_i}{V} - \frac{n(A^-)_{éq}}{V}$$

$[AH]_{éq} = [AH]_i - [A^-]_{éq} = [AH]_i - [H_3O^+]_{éq}$

$$[AH]_{éq} = \frac{n(AH)_i}{V} - 10^{-pH}$$

$$[AH]_{éq} = \frac{2,84 \times 10^{-2}}{0,100} - 10^{-1,6} = 2,84 \times 10^{-2} - 1,6 \times 10^{-3}$$

$[AH]_{éq} = 2,7 \times 10^{-2}$ mol.L^{-1}.

8. $K = \dfrac{[A^-]_{éq} \times [H_3O^+]_{éq}}{[AH]_{éq}}$.

Comme $[A^-]_{éq} = [H_3O^+]_{éq}$ et $[AH]_{eq} = [AH]_i - [A^-]_{eq}$

$$K = \frac{[H_3O^+]^2_{éq}}{[AH]_i - [H_3O^+]_{éq}} = \frac{(1,6 \times 10^{-3})^2}{2,84 \times 10^{-2} - 1,6 \times 10^{-3}} = 9,6 \times 10^{-5}.$$

8 → Énoncé p. 144

1. Construisons le tableau d'avancement :

Équation de la réaction		$A(\ell)$	+ $B(\ell)$	= $E(\ell)$	+ $H_2O(\ell)$
État du système	**Avancement (mol)**	Quantités de matière (mol)			
État initial	$x = 0$	0,40	0,40	0	0
État intermédiaire	x	$0,40 - x$	$0,40 - x$	x	x
État final si transformation totale	x_{max}	$0,40 - x_{max}$	$0,40 - x_{max}$	x_{max}	x_{max}
État final réel	x_f	$0,40 - x_f$	$0,40 - x_f$	x_f	x_f

À $t = 8$ min, l'avancement x vaut 0,15 mol, donc :
$n(A) = 0,40 - 0,15 = 0,25$ mol
$n(B) = 0,40 - 0,15 = 0,25$ mol
$n(E) = 0,15$ mol
$n(H_2O) = 0,15$ mol.

CORRIGÉS

Rappel
Une transformation chimique dont la constante d'équilibre K est comprise entre 10^{-4} et 10^4 est équilibrée

2. $$Q_r = \frac{[E] \times [H_2O]}{[A] \times [B]} = \frac{\frac{n(E)}{V} \times \frac{n(H_2O)}{V}}{\frac{n(A)}{V} \times \frac{n(B)}{V}}$$

$$= \frac{0{,}15 \times 0{,}15}{0{,}25 \times 0{,}25} = 0{,}36.$$

$Q_r < K$, donc la réaction évolue dans le sens direct

9 → *Énoncé p. 144*

1. $C_3H_6O_2(\ell) + C_4H_{10}O(\ell) = E(\ell) + H_2O(\ell)$

D'après la loi de conservation de Lavoisier, tous les atomes présents du côté des réactifs doivent se retrouver du côté des produits. E a donc comme formule brute : $C_7H_{14}O_2$.

2. L'acide sulfurique joue ici le rôle de catalyseur : il accélère la transformation chimique.

3. Construisons le tableau d'avancement :

Équation de la réaction		$C_3H_6O_2(\ell)$ +	$C_4H_{10}O(\ell)$ =	$C_7H_{14}O_2(\ell)$ +	$H_2O(\ell)$
État du système	**Avancement (mol)**	Quantités de matière (mol)			
État initial	$x = 0$	0,20	0,20	0	0
État intermédiaire	x	$0{,}20 - x$	$0{,}20 - x$	x	x
État final si transformation totale	x_{max}	$0{,}20 - x_{max}$	$0{,}20 - x_{max}$	x_{max}	x_{max}
État final réel	x_f	$0{,}20 - x_f$	$0{,}20 - x_f$	x_f	x_f

4. $$Q_r = \frac{[C_7H_{14}O_2] \times [H_2O]}{[C_3H_6O_2] \times [C_4H_{10}O]} = \frac{\frac{n(C_7H_{14}O_2)}{V} \times \frac{n(H_2O)}{V}}{\frac{n(C_3H_6O_2)}{V} \times \frac{n(C_4H_{10}O)}{V}}$$

$$= \frac{x \times x}{(0{,}20 - x) \times (0{,}20 - x)} = \left(\frac{x}{0{,}20 - x}\right)^2.$$

5. À l'équilibre : $K = \left(\frac{x_{eq}}{0{,}20 - x_{eq}}\right)^2 = 4$

$$\frac{x_{éq}}{0{,}20 - x_{éq}} = 2$$

$x_{éq} = 2 \times (0{,}20 - x_{éq})$

$3x_{éq} = 0{,}40$

$x_{éq} = 0{,}13.$

Rappel
L'écriture de la constante de réaction ne tient pas compte d'éventuels catalyseurs.

5. Calculons la valeur du taux d'avancement τ à l'équilibre :

$$\tau = \frac{x_{éq}}{x_{max}} = \frac{0,13}{0,20} = 0,67.$$

Nous sommes donc bien à l'état d'équilibre.

EXERCICE DE BAC

Exercice

→ Énoncé p. 146

1. La réaction des deux acides avec l'eau

1. L'équation de la réaction s'écrit : $HCOOH(aq) + H_2O(\ell) = HCOO^-(aq) + H_3O^+(aq)$

2. Construisons le tableau d'avancement :

Équation de la réaction		$HCOOH(aq)$ +	$H_2O(\ell)$	$=HCOO^-(aq)$ +	$H_3O^+(aq)$
État du système	**Avancement (mol)**	Quantités de matière (mol)			
État initial	$x = 0$	$n = C \times V$	excès	0	0
État intermédiaire	x	$C \times V - x$	excès	x	x
État final si transformation totale	x_{max}	$C \times V - x_{max}$	excès	x_{max}	x_{max}
État final réel	x_f	$C \times V - x_f$	excès	x_f	x_f

• Calculons maintenant l'avancement maximal x_{max} :

$C \times V - x_{max} = 0$

$x_{max} = C \times V = 1,0 \times 10^{-2} \times 10 \times 10^{-3}$

$x_{max} = 1,0 \times 10^{-4}$ mol.

• Calculons l'avancement final :

$x_f = n(H_3O^+)_f = [H_3O^+]_f \times V = 10^{-pH} \times V$

$x_f = 10^{-2,9} \times 10 \times 10^{-3}$

$x_f = 1,3 \times 10^{-5}$ mol.

3. Nous pouvons maintenant calculer le taux d'avancement τ :

$$\tau = \frac{x_f}{x_{max}} = \frac{10^{-pH} \times V}{C \times V} = \frac{10^{-pH}}{C} = \frac{10^{-2,9}}{1,0 \times 10^{-2}} = 0,13.$$

Le taux d'avancement est nettement inférieur à 1, donc la réaction n'est pas totale.

4. À l'aide de la formule du taux d'avancement trouvée à la question précédente, calculons celui de la réaction de dissociation de l'acide benzoïque dans l'eau :

$$\tau = \frac{10^{-3,9}}{1,0 \times 10^{-2}} = 1,3 \times 10^{-2}.$$

La réaction entre l'acide méthanoïque et l'eau est donc la plus avancée.

2. Évolution d'un système chimique

5. La constante d'équilibre de la réaction vaut :

$$K = \frac{[C_6H_5COOH]_{éq} \times [HCOO^-]_{éq}}{[C_6H_5COO^-]_{éq} \times [HCOOH]_{éq}}$$

Soit la réaction de dissociation de l'acide méthanoïque avec l'eau :

$HCOOH(aq) + H_2O(\ell) = HCOO^-(aq) + H_3O^+(aq)$

La constante d'équilibre de cette réaction s'écrit :

$$K_{a_1} = \frac{[HCOO^-]_{éq} \times [H_3O^+]_{éq}}{[HCOOH]_{éq}}$$

Appliquons le même raisonnement à l'acide benzoïque :

$C_6H_5COOH(aq) + H_2O(\ell) = C_6H_5COO^-(aq) + H_3O^+(aq)$

$$K_{a_2} = \frac{[C_6H_5COO^-]_{éq} \times [H_3O^+]_{éq}}{[C_6H_5COOH]_{éq}}$$

Reprenons l'expression de K et multiplions par $\frac{[H_3O^+]}{[H_3O^+]}$:

Point maths

Multiplier par $\frac{[H_3O^+]}{[H_3O^+]}$ équivaut à multiplier par 1.

$$K = \frac{[C_6H_5COOH]_{éq} \times [HCOO^-]_{éq}}{[C_6H_5COO^-]_{éq} \times [HCOOH]_{éq}} \times \frac{[H_3O^+]}{[H_3O^+]}$$

$$= \frac{[C_6H_5COOH]_{éq}}{[C_6H_5COO^-]_{éq} \times [H_3O^+]} \times \frac{[HCOO^-]_{éq} \times [H_3O^+]}{[HCOOH]_{éq}}$$

$$= \frac{1}{K_{a_2}} \times K_{a_1} = \frac{K_{a_1}}{K_{a_2}}$$

Donc $K = \frac{K_{a_1}}{K_{a_2}} = \frac{10^{-pK_{a_1}}}{10^{-pK_{a_2}}} = 10^{(pK_{a_2} - pK_{a_1})}$

$K = 10^{4,2 - 3,8} = 10^{0,4} = \mathbf{2,5}$.

6. Reprenons la réaction précédente :

$$Q_{r,i} = \frac{[C_6H_5COOH]_i \times [HCOO^-]_i}{[C_6H_5COO^-]_i \times [HCOOH]_i}$$

$$= \frac{\frac{C \times V}{V_T} \times \frac{C' \times V'}{V_T}}{\frac{C' \times V'}{V_T} \times \frac{C \times V}{V_T}} = 1.$$

$Q_{r,i} < K$: le système n'est pas à l'équilibre et évolue dans le sens direct.

CHAPITRE 7

Fonctionnement d'une pile

1 Réaction d'oxydoréduction par contact entre réactifs

On considère le système chimique obtenu par immersion d'une lame de zinc dans une solution contenant des ions cuivre (II) Cu^{2+}.

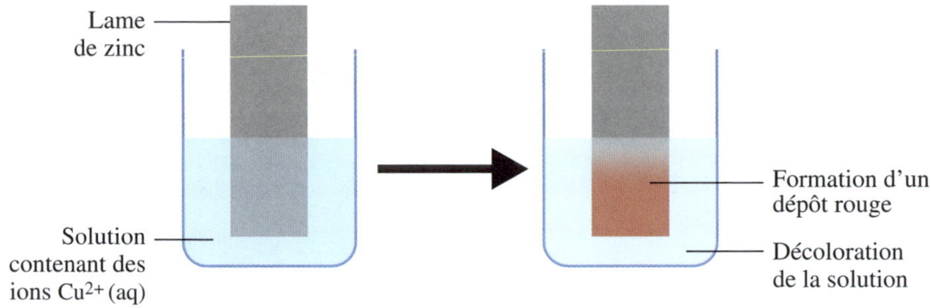

■ La décoloration de la solution et la formation du dépôt rouge s'expliquent par la **réduction** des ions cuivre (II) Cu^{2+} en métal cuivre Cu suivant la demi-équation électronique : $Cu^{2+}(aq) + 2\ e^- \leftrightarrows Cu(s)$.

■ Ces électrons captés par les ions cuivre (II) sont cédés par le métal zinc Zn qui subit une réaction d'**oxydation** : $Zn(s) \leftrightarrows Zn^{2+}(aq) + 2\ e^-$.

■ **La transformation qui s'opère ici est spontanée et modélisée par une réaction d'oxydoréduction.**

Rappelons que, lors d'une telle réaction, le réducteur (ici, **Zn**) d'un couple oxydant/réducteur (Zn^{2+}(aq)/**Zn(s)**) cède un (des) électron(s) à l'oxydant (**Cu^{2+}**) d'un autre couple oxydant/réducteur (**Cu^{2+}(aq)**/Cu(s)).

■ L'équation-bilan de cette réaction s'obtient en combinant les deux demi-équations électroniques de manière à ne pas faire apparaître d'électrons.

$$Cu^{2+}(aq) + 2\ e^- \leftrightarrows Cu(s) \quad | \times 1$$
$$Zn(s) \leftrightarrows Zn^{2+}(aq) + 2\ e^- \quad | \times 1$$
$$\overline{Cu^{2+}(aq) + Zn(s) \rightarrow Cu(s) + Zn^{2+}(aq)}$$

2 Réaction d'oxydoréduction par l'intermédiaire d'un circuit extérieur

On reprend les espèces chimiques précédentes mais en modifiant le dispositif expérimental de la manière suivante :

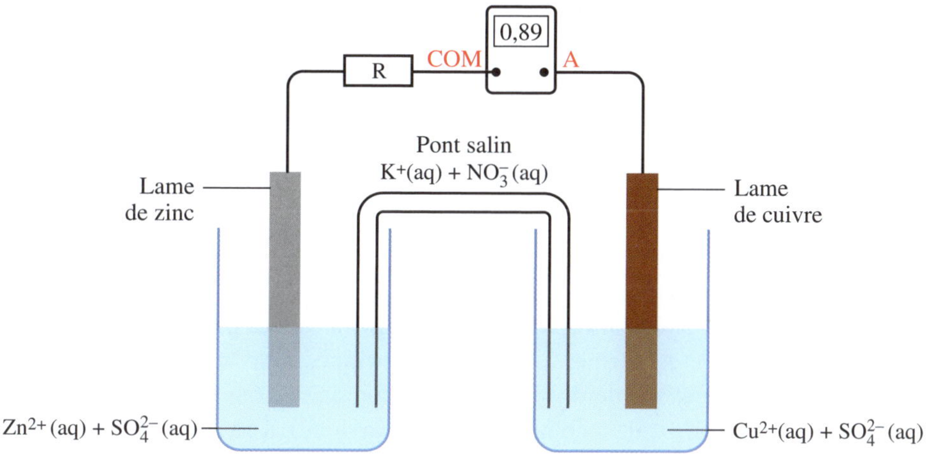

■ L'ampèremètre indique une valeur non nulle : **un courant électrique circule dans cet ensemble** qui constitue ainsi un circuit électrique fermé. La valeur positive de cette intensité indique que le courant électrique est orienté de la lame de cuivre (qui constitue donc le pôle positif) à la lame de zinc (pôle négatif), à l'extérieur du circuit.

■ **Ce dispositif qui génère un courant électrique est une pile** (plus généralement appelée **générateur électrochimique**).

■ Chaque bécher contenant un cation et son réducteur métallique associé est appelé **demi-pile**.

■ **Les porteurs de charge dans les parties métalliques (lames, fils électriques) sont des électrons**. Cette circulation d'électrons est assurée par l'oxydation du métal zinc en ions zinc (II) : $Zn(s) \leftrightarrows Zn^{2+}(aq) + \mathbf{2\ e^-}$; par la réduction des ions cuivre (II) en métal cuivre : $Cu^{2+}(aq) + \mathbf{2\ e^-} \leftrightarrows Cu(s)$.
Ces électrons circulent dans le sens inverse du sens conventionnel du courant électrique.

■ **Dans les autres parties du circuit, ce sont les ions qui assurent le passage du courant électrique**. Les cations (Zn^{2+}, Cu^{2+} et K^+) se déplacent dans le sens du courant électrique et les anions (SO_4^{2-}, NO_3^-) dans le sens inverse.

■ Résumons le sens de déplacement des porteurs de charge dans cette pile :

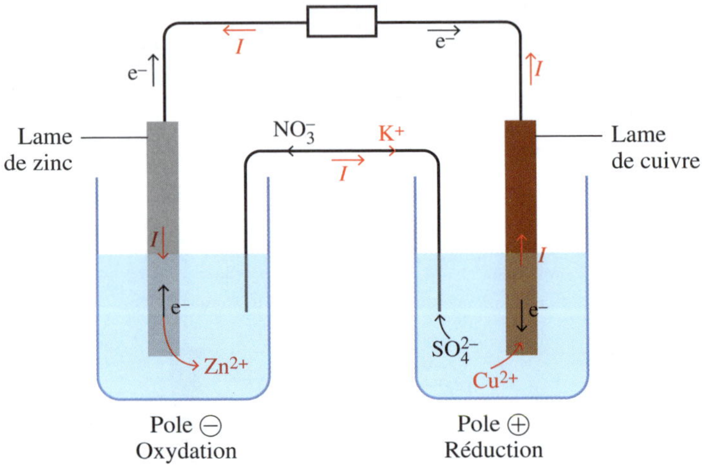

■ **Une pile est donc l'association de deux demi-piles reliées par un pont salin.** Le pont salin permet de fermer le circuit électrique, mais également d'assurer l'électroneutralité de chaque demi-pile par migration de ses ions constitutifs. Dans certains dispositifs (pile à combustible, par exemple), **une membrane est utilisée à la place du pont salin.**

■ **C'est une réaction d'oxydoréduction qui permet à une pile de débiter.** Son équation-bilan s'obtient en combinant les demi-équations électroniques des réactions électrochimiques se produisant à chaque électrode.

Pôle ⊖ (oxydation) : $Zn(s) \leftrightarrows Zn^{2+}(aq) + 2\,e^-$ | $\times 1$

Pôle ⊕ (réduction) : $Cu^{2+}(aq) + 2\,e^- \leftrightarrows Cu(s)$ | $\times 1$

$$Cu^{2+}(aq) + Zn(s) \rightarrow Cu(s) + Zn^{2+}(aq)$$

La réaction chimique est donc la même que celle qui a été vue en 1 mais le dispositif ainsi constitué permet une conversion d'énergie chimique en énergie électrique.

■ **L'électrode où se produit une oxydation est appelée anode. La cathode est le siège d'une réduction.**

3 Tension à vide, capacité électrique et usure d'une pile

■ **La tension à vide**, caractéristique importante d'une pile, **correspond à la différence de potentiel entre ses deux électrodes, en l'absence de charge**. On l'appelle également force électromotrice (f.é.m) de la pile. Elle s'exprime en volt (V) et est notée E. On la mesure à l'aide d'un voltmètre.

■ Lors de son fonctionnement, une pile fait circuler des électrons (chaque électron portant une charge $q = -e = -1{,}6 \times 10^{-19}$ C) et donc une certaine quantité d'électricité.

■ La quantité d'électricité Q et la quantité de matière d'électrons échangés $n(e^-)$ lorsque la pile a débité sont reliées par la relation :

$$Q = n(e^-) \times F$$

avec Q : quantité d'électricité, en coulomb (C) ;
$n(e^-)$: quantité de matière d'électrons échangés, en mole (mol) ;
F : le faraday (charge portée par une mole d'électrons), $F = 9{,}65 \times 10^4$ coulombs par mole ($C.mol^{-1}$).

■ La quantité d'électricité Q d'une pile qui débite un courant d'intensité constante I pendant une durée Δt vaut :

$$Q = I \times \Delta t$$

avec Q : quantité d'électricité, en coulomb (C) ;
I : intensité du courant électrique dans la pile, en ampère (A) ;
Δt : durée de fonctionnement de la pile, en seconde (s).

Attention !
La quantité d'électricité est souvent exprimée en « ampère-heure » (unité de symbole Ah).
Si l'on reprend la formule précédente, I est en ampère et Δt en heure.
Pour passer d'une unité à l'autre : 1 Ah = 3 600 C.

■ Une pile est le siège d'une réaction chimique. On peut donc calculer le quotient de réaction associée Q_r. Une pile débite tant que $Q_r \neq K$, K étant la constante d'équilibre de la réaction, suivant les critères d'évolution spontanée énoncés dans le chapitre 6.
À l'équilibre, on aura $Q_{r,éq} = K$. La pile ne débite plus : elle est dite usée et $I_{éq} = 0$.

■ La **capacité électrique d'une pile**, autre caractéristique importante, est la quantité maximale d'électricité qu'elle peut faire circuler. On la notera Q_{max}.

4 Forcer le sens d'évolution d'un système : exemple de l'électrolyse

■ Considérons une pile, siège d'une réaction d'oxydoréduction se déroulant suivant le sens direct de l'équation-bilan suivante :

$$Ox_1 + Réd_2 \rightarrow Réd_1 + Ox_2$$

Cela correspond au sens d'évolution spontanée de ce système électrochimique.
Si l'on relie les électrodes constituant cette pile à un générateur de tension continue, sous certaines conditions, on peut avoir un déroulement de cette réaction dans l'autre sens. Cela aboutit à la régénération des espèces Ox_1 et $Réd_2$. Il y a conversion d'énergie électrique en énergie chimique.
On dit que l'on a forcé le système. C'est le principe des électrolyses.

■ Lors d'une électrolyse (décomposition d'un composé chimique sous l'effet d'un courant électrique), un générateur va imposer le sens du courant et induire le comportement du système électrochimique qui lui est relié.

■ Un dispositif d'électrolyse peut être schématisé de la façon suivante :

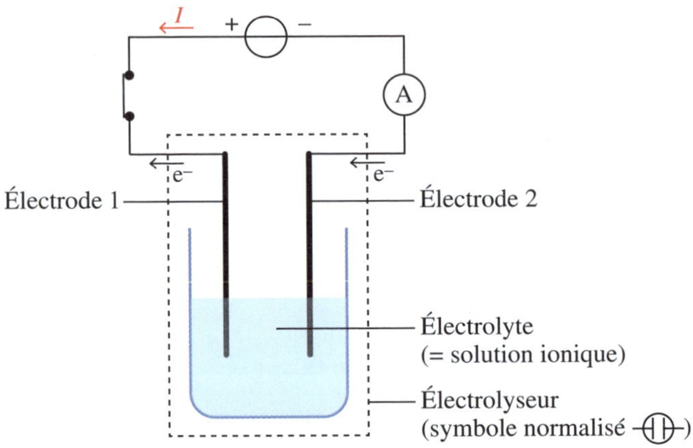

– des électrons partent de l'électrode 1, qui est donc le siège d'une oxydation ;
– ces électrons entrent dans l'électrode 2 où se déroule une réduction ;
– la connaissance de l'intensité du courant I et de la durée de fonctionnement Δt permet de déterminer les quantités de matière consommées ou formées.

■ Similitudes et différences :

Pile	**Électrolyseur**
Comportement de générateur	**Comportement de récepteur**
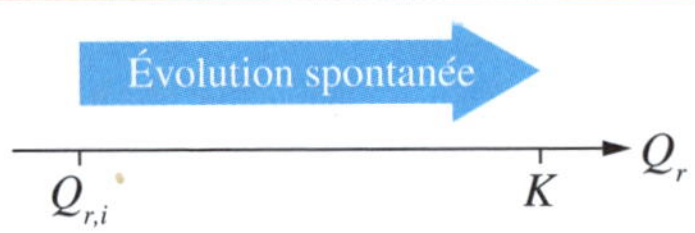	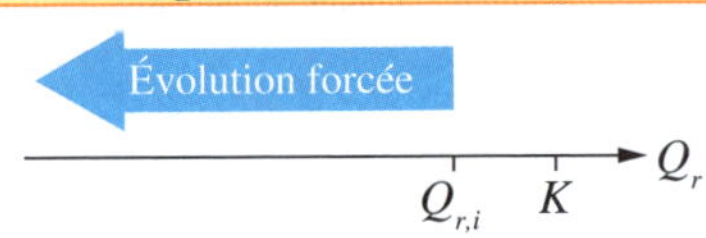
Anode : constitue la borne ⊖ de la pile Cathode : constitue la borne ⊕ de la pile	Anode : reliée à la borne ⊕ du générateur Cathode : reliée à la borne ⊖ du générateur
Anode : réaction d'oxydation Cathode : réaction de réduction	
Formules à utiliser pour décrire le système électrochimique : $Q = n(e^-) \times F$ $\quad$ $Q = I \times \Delta t$	
Conversion d'énergie chimique en énergie électrique	**Conversion d'énergie électrique en énergie chimique**

■ Certains systèmes électrochimiques, comme la batterie d'un téléphone portable par exemple, se comportent tantôt comme un générateur, tantôt comme un récepteur. Ce sont des accumulateurs appelés plus communément, de manière impropre, « piles rechargeables ».

COMMENT FAIRE

1 Modéliser et schématiser le fonctionnement d'une pile

EXERCICE TYPE

On associe deux demi-piles par l'intermédiaire d'un pont salin contenant une solution gélifiée de nitrate de potassium ($K^+(aq) + NO_3^-(aq)$).
La première demi-pile est constituée d'une lame de cuivre plongeant dans une solution de sulfate de cuivre (II) ($Cu^{2+}(aq) + SO_4^{2-}(aq)$), la seconde d'un fil d'argent plongeant dans une solution de nitrate d'argent ($Ag^+(aq) + NO_3^-(aq)$).
Le circuit est fermé à l'aide d'une résistance et d'un ampèremètre, après avoir pesé au préalable les deux électrodes. Au bout d'un certain temps, une nouvelle pesée montre une diminution de la masse pour la lame de cuivre et une augmentation pour le fil d'argent.

1. Écrire les demi-équations électroniques se produisant dans chaque demi-pile.
2. En déduire la polarité de cette pile, le sens du courant et le sens de déplacement de tous les ions présents.
3. Écrire l'équation-bilan de la réaction de fonctionnement de cette pile.
4. Faire le schéma de cette pile. Indiquer notamment les bornes de l'ampèremètre, le sens du courant et celui de déplacement des électrons.

Données : couples oxydant/réducteur : $Cu^{2+}(aq)/Cu(s)$; $Ag^+(aq)/Ag(s)$.

CORRIGÉ COMMENTÉ

1. Dans la **demi-pile avec le cuivre**, la masse du métal diminue. On en déduit le sens dans lequel écrire la demi-équation électronique impliquant le couple oxydant/réducteur $Cu^{2+}(aq)/Cu(s)$.

$Cu(s) \leftrightarrows Cu^{2+}(aq) + 2\,e^-$

Il s'agit d'une **oxydation**.

Dans la **demi-pile avec l'argent**, du métal se forme.

$Ag^+(aq) + e^- \leftrightarrows Ag(s)$

C'est une **réduction**.

2. D'après les deux demi-équations, les électrons circulent de la lame de cuivre au fil d'argent. Le cuivre constitue donc la borne négative de cette pile et le fil d'argent sa borne positive.

> **Remarque**
> Dans un énoncé, des informations permettront toujours d'identifier la demi-pile siège d'une oxydation et celle où se produit une réduction. Ici, c'est la précision sur la masse des électrodes qui guide le raisonnement.

> **Rappel**
> Les électrons circulent de la borne négative à la borne positive, à l'extérieur du circuit. Le courant est orienté dans le sens inverse.

Le courant électrique est donc orienté du fil d'argent à la lame de cuivre, à l'extérieur du circuit.

Les cations (Cu^{2+}, K^+ et Ag^+) se déplacent dans le sens du courant et les anions (NO_3^- et SO_4^{2-}) dans le sens inverse.

3. Pôle ⊖ (oxydation) : $Cu(s) \leftrightarrows Cu^{2+}(aq) + 2\ e^-$ | × 1

Pôle ⊕ (réduction) : $Ag^+(aq) + e^- \leftrightarrows Ag(s)$ | × 2

$$2\ Ag^+(aq) + Cu(s) \rightarrow 2\ Ag(s) + Cu^{2+}(aq)$$

Rappel

Les demi-équations doivent être combinées de manière à ce que les électrons n'apparaissent pas dans l'équation-bilan.

4.

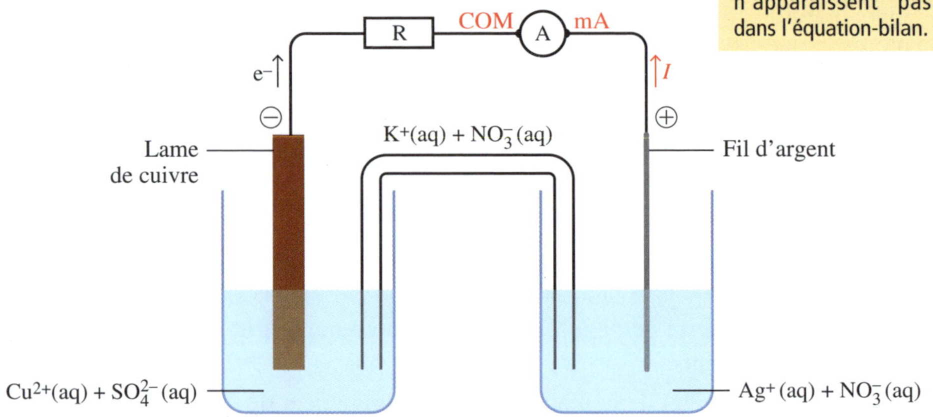

Rappel

Il faut impérativement brancher l'ampèremètre en série et de telle manière que le courant entre par la borne « mA » (ou « A ») et sorte par la borne « COM ».

À RETENIR

- Il faut respecter la conservation des éléments et la conservation de la charge électrique pour équilibrer les demi-équations électroniques.
- On s'appuie sur le sens de déplacement des électrons pour déterminer la polarité de la pile étudiée : les électrons sortent de la borne ⊖ pour entrer dans la borne ⊕.
- On positionne toujours à gauche, par convention, la demi-pile correspondant à la borne négative.

2 Déterminer la capacité électrique d'une pile

EXERCICE TYPE

La réaction de fonctionnement d'une pile constituée des couples Cu^{2+}(aq)/Cu(s) et Zn^{2+}(aq)/Zn(s) correspond au sens direct de l'équation :

$$Cu^{2+}(aq) + Zn(s) \rightarrow Cu(s) + Zn^{2+}(aq)$$

Les concentrations initiales en quantité de matière des cations métalliques sont $[Cu^{2+}]_i = [Zn^{2+}]_i = 1,0 \times 10^{-2}$ mol.L^{-1}, chaque demi-pile contenant un volume $V = 50,0$ mL de solution.

L'électrode de zinc a une masse $m_i(Zn) = 10,7$ g et celle de cuivre $m_i(Cu) = 13,4$ g.

1. Déterminer les quantités de matière initiales en réactifs.

2. Construire le tableau d'avancement de cette réaction et calculer la valeur de l'avancement maximal.

3. En déduire la capacité de cette pile.

Donnée : $F = 9,65 \times 10^4$ C.mol^{-1}.

CORRIGÉ COMMENTÉ

1. Déterminons les quantités de matière initiales.

• $n_i(Cu^{2+}) = [Cu^{2+}]_i \times V$
$= 1,0 \times 10^{-2} \times 50,0 \times 10^{-3}$

$\boldsymbol{n_i(Cu^{2+}) = 5,0 \times 10^{-4}}$ **mol**

• $n_i(Zn) = \dfrac{m_i(Zn)}{M(Zn)}$
$= \dfrac{10,7}{65,4}$

$\boldsymbol{n_i(Zn) = 1,64 \times 10^{-1}}$ **mol**

> **Rappel**
> Effectuer les conversions nécessaires afin d'utiliser les bonnes unités dans les formules.

2. Dressons le tableau d'avancement correspondant à cette réaction.

Équation de la réaction		$Cu^{2+}(aq)$ +	$Zn(s)$ →	$Cu(s)$ +	$Zn^{2+}(aq)$
État du système	**Avancement (en mol)**	Quantités de matière (mol)			
Initial	$x = 0$	$n_i(Cu^{2+})$	$n_i(Zn)$	$\boldsymbol{n_i(Cu)}$	$\boldsymbol{n_i(Zn^{2+})}$
Intermédiaire	x	$n_i(Cu^{2+}) - x$	$n_i(Zn) - x$	$n_i(Cu) + x$	$n_i(Zn^{2+}) + x$
Final	x_{max}	$n_i(Cu^{2+}) - x_{max}$	$n_i(Zn) - x_{max}$	$n_i(Cu) + x_{max}$	$n_i(Zn^{2+}) + x_{max}$

Déterminons maintenant le réactif limitant.

- Si Cu^{2+} est le réactif limitant, on aura :
  $n_i(Cu^{2+}) - x_{max1} = 0$
  $x_{max1} = n_i(Cu^{2+})$
  $x_{max1} = 5{,}0 \times 10^{-4}$ mol
- Si Zn est le réactif limitant, on aura :
  $n_i(Zn) - x_{max2} = 0$
  $x_{max2} = n_i(Zn)$
  $x_{max2} = 1{,}64 \times 10^{-1}$ mol

Rappel
Le système contient du cuivre et des ions zinc (II), produits de la réaction étudiée, à l'état initial. Il faut y penser lors du remplissage du tableau.

$x_{max1} < x_{max2}$

Le réactif limitant est Cu^{2+} et $x_{max} = x_{max1} = 5{,}0 \times 10^{-4}$ mol.

3. Écrivons la demi-équation électronique concernant le réactif limitant.

$1\ Cu^{2+}(aq) + 2\ e^- \leftrightarrows Cu(s)$

Celle-ci montre que lorsque 1 mole d'ions Cu^{2+} a réagi, 2 moles d'électrons ont circulé, soit 2 fois plus.

$n(e^-) = 2 \times n(Cu^{2+})_{\text{ayant réagi}}$

Rappel
Pour ce type de question, il faut impérativement établir une relation entre la quantité de matière d'une espèce chimique et la quantité de matière des électrons ayant circulé. S'appuyer sur l'une des demi-équations électroniques pour cela.

La capacité d'une pile correspond à la quantité d'électricité maximale qu'elle peut faire circuler.

Lorsque cette valeur est atteinte, la pile n'est plus capable de débiter : le réactif limitant a totalement disparu.

On aura alors :

$n(Cu^{2+})_{\text{ayant réagi}} = x_{max}$

Soit $n(e^-) = 2 \times n(Cu^{2+})_{\text{ayant réagi}} = 2x_{max}$

On peut maintenant déterminer la valeur de la capacité de cette pile.

$Q_{max} = n(e^-) \times F$
$= 2x_{max} \times F$
$= 2 \times 5{,}0 \times 10^{-4} \times 9{,}65 \times 10^4$

Q_{max} **= 96 C**

À RETENIR

- Construire un tableau d'avancement permet de déterminer le réactif limitant et la valeur de l'avancement maximal x_{max}.
- Calculer la capacité nécessite de considérer l'état final du système : le réactif limitant a alors disparu et $x = x_{max}$.
- Pour établir une relation entre $n(e^-)$ et x_{max}, on s'appuie sur une demi-équation électronique.

3 Forcer le sens d'évolution d'un système

EXERCICE TYPE

Dans un moteur à hydrogène, on procède à la combustion du dihydrogène. L'équation-bilan de la réaction est la suivante :

$$2\ H_2(g) + O_2(g) \rightarrow 2\ H_2O(\ell)$$

La réaction dans le sens direct de cette équation est spontanée. Au niveau industriel, il est intéressant de procéder à la réaction dans le sens inverse afin de synthétiser du dihydrogène. On force le système en réalisant une électrolyse.

On considère ici l'électrolyse d'une solution aqueuse de sulfite de sodium ($2\ Na^+(aq) + SO_3^{2-}(aq)$) pendant une durée $\Delta t = 1$ h. L'intensité du courant dans le circuit ainsi constitué est supposée constante et telle que $I = 10{,}0$ kA.

Un dégagement gazeux se produit au niveau de chaque électrode.

Données : couples oxydant/réducteur :
$H^+(aq)/H_2(g)$; $O_2(g)/H_2O(\ell)$; $SO_4^{2-}(aq)/SO_3^{2-}(aq)$; $F = 9{,}65 \times 10^4$ C.mol^{-1} ;
volume molaire d'un gaz à 20 °C et sous une pression de 1 013 hPa : $V_m = 24{,}0$ L.mol^{-1}.

1. Établir les demi-équations électroniques au niveau de chaque électrode et l'équation-bilan de la réaction.

2. Préciser pour l'anode et la cathode le nom du gaz qui s'y forme.

3. Calculer le volume de dihydrogène que l'on peut recueillir dans les conditions de l'expérience.

CORRIGÉ COMMENTÉ

1. Trois couples oxydant/réducteur peuvent être concernés ici, mais seulement deux d'entre eux impliquent un gaz. On retient donc les couples $H^+(aq)/H_2(g)$ et $O_2(g)/H_2O(\ell)$. Établissons les demi-équations électroniques dans le sens correspondant à la formation d'un gaz.

> **Rappel**
> Plusieurs couples oxydant/réducteur peuvent potentiellement être concernés par une électrolyse. Extraire les informations utiles de l'énoncé pour n'utiliser que celles nécessaires et écrire les demi-équations dans le sens adéquat.

$2\ H^+(aq) + 2\ e^- \leftrightarrows H_2(g)$

Il s'agit d'une réduction.

$2\ H_2O(\ell) \leftrightarrows O_2(g) + 4\ H^+(aq) + 4\ e^-$

Il s'agit d'une oxydation.

Écrivons l'équation-bilan en combinant les deux demi-équations.

$2\ H^+(aq) + 2\ e^- \leftrightarrows H_2(g) \quad | \times 2$

$2\ H_2O(\ell) \leftrightarrows O_2(g) + 4\ H^+(aq) + 4\ e^- \quad | \times 1$

$2\ H_2O(\ell) \rightarrow 2\ H_2(g) + O_2(g)$

> **Rappel**
> Il faut combiner les demi-équations de manière à ne pas faire apparaître d'électrons dans l'équation-bilan.

2. À l'anode, il se produit une oxydation et donc, d'après la question précédente, un dégagement de dioxygène.
À la cathode, du dihydrogène se forme par réduction des ions H^+.

3. Considérons la demi-équation électronique impliquant le dihydrogène.
$2\ H^+(aq) + 2\ e^- \leftrightarrows 1\ H_2(g)$
Lorsque 2 moles d'électrons ont circulé, il s'est formé 1 mole de dihydrogène, soit deux fois moins.
On peut donc écrire : $n(H_2) = \dfrac{n(e^-)}{2}$
Calculons $n(e^-)$.
D'après l'énoncé, un courant d'intensité $I = 10{,}0$ kA circule pendant une durée $\Delta t = 1$ h.
On peut calculer la quantité d'électricité mise en jeu.
$Q = I \times \Delta t$
Or, on a également $Q = n(e^-) \times F$.
On peut donc écrire : $I \times \Delta t = n(e^-) \times F$.
On isole $n(e^-)$:

$$n(e^-) = \frac{I \times \Delta t}{F} = \frac{10{,}0 \times 10^3 \times 3\ 600}{9{,}65 \times 10^4}$$

$n(e^-) = 373$ mol

Remarque
Il faut faire les conversions nécessaires afin d'utiliser les bonnes unités dans les formules.
$10{,}0$ kA $= 10{,}0 \times 10^3$ A
1 h = 3 600 s

On en déduit la valeur de $n(H_2)$.

$$n(H_2) = \frac{n(e^-)}{2} = \frac{373}{2}$$

$n(H_2) = 187$ mol

Remarque
Garder les résultats intermédiaires (en les stockant dans des variables si nécessaire) pour les rappeler lors de calculs ultérieurs.
Sans cette précision, on aurait ici $\dfrac{373}{2} = 186{,}5$ et on écrirait 186 en ne gardant que trois chiffres significatifs.
Avec cette précision, on obtient 186,528497… et on arrondit à 187.

Calculons maintenant le volume de gaz que l'on peut recueillir.

$$V(H_2) = n(H_2) \times V_m = 187 \times 24{,}0$$

$\mathbf{V(H_2) = 4{,}48 \times 10^3\ L}$

Rappel
La valeur du volume molaire dépend de la température et de la pression.

À RETENIR

- Pour écrire l'équation-bilan de la réaction se produisant lors d'une électrolyse, on sélectionne les couples oxydant/réducteur concernés en s'aidant de l'énoncé.
- On écrit les demi-équations électroniques dans le sens suggéré par l'énoncé.
- On établit une relation entre $n(e^-)$ et la quantité de matière de l'une des espèces chimiques en s'appuyant sur la demi-équation électronique la concernant.

Connaître le cours

Pour chaque exercice du *connaître le cours*, indiquer la (ou les) bonne(s) réponse(s) :

1 4 min Fonctionnement d'une pile

	A	B	C
1. Une réaction d'oxydoréduction peut se produire :	par contact direct entre les réactifs	lorsque $Q_r = K$	par l'intermédiaire d'un circuit extérieur
2. Dans une pile, le courant électrique est lié à un déplacement :	de molécules	d'ions	d'électrons
3. Le pôle ⊕ de la pile :	est une anode	est une cathode	est le siège d'une oxydation
4. Le pôle ⊖ de la pile :	est une anode	est une cathode	est le siège d'une oxydation
5. Dans une pile, le courant est orienté :	dans le sens de déplacement des électrons	du pôle ⊕ au pôle ⊖ à l'extérieur du circuit	du pôle ⊖ au pôle ⊕ à l'extérieur du circuit
6. Le pont salin permet :	de fermer le circuit	de bloquer le passage du courant	de maintenir l'électroneutralité dans les demi-piles
7. Lorsqu'une pile est usée :	on a $Q_r = K$	le réactif limitant a disparu	elle ne peut plus être rechargée

→ Corrigé p. 171

2 3 min Fonctionnement d'un électrolyseur

	A	B	C
1. Dans un électrolyseur, il se produit :	une réaction acido-basique	une réaction d'oxydoréduction spontanée	une réaction d'oxydoréduction forcée
2. Le symbole normalisé d'un électrolyseur est :	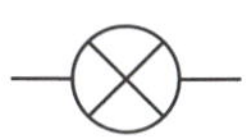	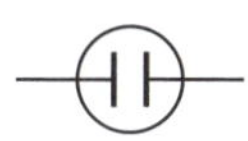	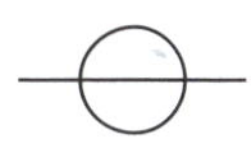
3. L'électrode reliée au pôle ⊕ du générateur :	est une anode	est une cathode	est le siège d'une oxydation

4. L'électrode reliée au pôle ⊖ du générateur :	est une anode	est une cathode	est le siège d'une oxydation
5. Un électrolyseur se comporte comme :	un générateur	un récepteur	un isolant électrique
6. Un accumulateur se comporte comme :	un générateur	un récepteur	un isolant électrique

→ Corrigé p. 171

Appliquer le cours et les savoir-faire

3 7 min ★

→ COMMENT FAIRE 1

Une pile électrochimique fait intervenir les couples oxydant/réducteur Fe^{2+}(aq)/Fe(s) et Pb^{2+}(aq)/Pb(s).

L'une des demi-piles comporte une lame de fer plongeant dans une solution de sulfate de fer (II) (Fe^{2+}(aq) + SO_4^{2-}(aq)) et l'autre, une lame de plomb dans une solution de sulfate de plomb (II) (Pb^{2+}(aq) + SO_4^{2-}(aq)).

Lorsqu'elle débite, la masse de la lame de fer diminue et celle du plomb augmente.

1. Écrire les demi-équations électroniques au niveau de chaque électrode et indiquer la polarité de cette pile.
2. En déduire l'équation-bilan de la réaction de fonctionnement.
3. Faire un schéma de cette pile, les deux électrodes étant reliées par une résistance, en indiquant le sens du courant.

→ Corrigé p. 171

4 10 min ★

→ COMMENT FAIRE 1

Une pile électrochimique fait intervenir les couples oxydant/réducteur $A\ell^{3+}$(aq)/$A\ell$(s) et Cu^{2+}(aq)/Cu(s).

L'une des demi-piles comporte une lame d'aluminium plongeant dans une solution de chlorure d'aluminium (III) ($A\ell^{3+}$(aq) + 3 $C\ell^{-}$(aq)) et l'autre, une lame de cuivre dans une solution de sulfate de cuivre (II) (Cu^{2+}(aq) + SO_4^{2-}(aq)).

On relie les deux électrodes à l'aide d'un voltmètre, la borne « V » de celui-ci étant connectée à la lame de cuivre. Il indique une tension de 0,96 V.

1. Indiquer la valeur de la force électromotrice de cette pile.
2. Écrire les demi-équations électroniques au niveau de chaque électrode.
3. En déduire l'équation-bilan de la réaction de fonctionnement.
4. Faire un schéma de cette pile en précisant le sens du courant. Placer dans le circuit un ampèremètre, en indiquant le positionnement de ses bornes « mA » et « COM », et une résistance en série.

→ Corrigé p. 171

5 5 min ★ → COMMENT FAIRE 2

On considère une pile délivrant un courant d'intensité constante $I = 45$ mA pendant une durée $\Delta t = 20$ min.

Donnée : $F = 9{,}65 \times 10^4$ C.mol^{-1}.

1. Calculer la quantité d'électricité débitée par cette pile.
2. En déduire la quantité de matière d'électrons ayant circulé. → Corrigé p. 172

6 8 min ★★ → COMMENT FAIRE 2

Une pile bouton CR1632 a les caractéristiques suivantes : masse de 1,8 g ; diamètre de 16 mm ; épaisseur de 3,2 mm ; capacité de 130 mAh.

Donnée : $F = 9{,}65 \times 10^4$ C.mol^{-1}.

1. Calculer la durée de fonctionnement théorique si l'intensité du courant vaut $I = 100$ mA.
2. En déduire la quantité de matière d'électrons ayant circulé. → Corrigé p. 173

7 8 min ★★ → COMMENT FAIRE 3

On réalise l'électrolyse d'une solution d'acide sulfurique ($2\ H^+$(aq) + SO_4^{2-}(aq)) en présence de deux électrodes inertes (qui ne réagissent pas).

Un dégagement gazeux est observé à chaque électrode.

Données : couples oxydant/réducteur : O_2(g)/H_2O(ℓ) ; H^+(aq)/H_2(g) ; $S_2O_8^{2-}$(aq)/SO_4^{2-}(aq).

1. Quelle(s) est (sont) la (les) réaction(s) susceptible(s) de se produire à l'anode ?
2. Quelle(s) est (sont) la (les) réaction(s) susceptible(s) de se produire à la cathode ?
3. Écrire l'équation-bilan de la réaction se produisant lors cette électrolyse.

→ Corrigé p. 173

8 8 min ★★ → COMMENT FAIRE 3

Lors de la production de l'aluminium, une électrolyse permet de transformer les ions aluminium (III) en aluminium métallique.

Données : couple oxydant/réducteur : $A\ell^{3+}$(aq)/$A\ell$(s) ;
$F = 9{,}65 \times 10^4$ C.mol^{-1} ;
les valeurs des masses molaires sont à chercher dans le tableau périodique p. 446.

1. Identifier l'électrode où s'opère cette réaction.
2. Calculer la masse d'aluminium obtenue si l'on réalise cette électrolyse pendant une durée $\Delta t = 20$ min et avec un courant d'intensité $I = 65$ mA. → Corrigé p. 174

9 20 min ★★

→ COMMENT FAIRE 2

Une pile électrochimique fait intervenir les couples oxydant/réducteur $Fe^{2+}(aq)/Fe(s)$ et $Cu^{2+}(aq)/Cu(s)$.

L'une des demi-piles comporte une lame de fer plongeant dans un volume $V_1 = 60{,}0$ mL de sulfate de fer (II) ($Fe^{2+}(aq) + SO_4^{2-}(aq)$) et l'autre, une lame de cuivre dans un volume $V_2 = 60{,}0$ mL de sulfate de cuivre (II) ($Cu^{2+}(aq) + SO_4^{2-}(aq)$), avec des concentrations initiales telles que $[Fe^{2+}]_i = [Cu^{2+}]_i = 0{,}50$ mol.L^{-1}.

La masse de la lame de fer avant fermeture du circuit vaut $m_1 = 11{,}8$ g et celle de cuivre $m_2 = 13{,}4$ g.

On ferme le circuit avec une résistance et un ampèremètre dont la borne « mA » est reliée à la lame de cuivre.

À cet instant, un courant d'intensité $I = 108$ mA s'établit dans le circuit ainsi constitué.

Données : $F = 9{,}65 \times 10^4$ C.mol^{-1} ;
constante d'équilibre associée à la réaction de fonctionnement de cette pile :
$K = 2{,}8 \times 10^{26}$;
les valeurs des masses molaires sont à chercher dans le tableau périodique p. 446.

1. Établir l'équation-bilan de la réaction de fonctionnement de cette pile.
2. Faire son schéma lorsqu'elle débite.
3. Calculer le quotient de réaction à l'état initial et justifier le fait qu'elle puisse débiter.
4. On fait débiter cette pile jusqu'à ce qu'elle soit usée.

a) Donner la valeur du quotient de réaction pour cet état du système.

b) Déterminer les quantités de matière des réactifs à l'état initial.

c) Construire le tableau d'avancement de cette réaction et déterminer la valeur de l'avancement maximal.

d) Déterminer la valeur de la capacité de cette pile.

→ Corrigé p. 175

S'entraîner au raisonnement

10 10 min ★★

L'électrozingage est une opération au cours de laquelle du zinc est déposé par électrolyse sur une pièce à traiter, l'anode étant alors constituée par du zinc métallique et la cathode par la pièce.

Quelle serait la durée nécessaire pour déposer une masse $m = 2{,}0$ g de zinc sur cette pièce si l'intensité du courant durant l'électrolyse vaut $I = 3{,}0$ A ?

Données : couple oxydant/réducteur : $Zn^{2+}(aq)/Zn(s)$;
$F = 9{,}65 \times 10^4$ C.mol^{-1} ;
les valeurs des masses molaires sont à chercher dans le tableau périodique p. 446.

→ Corrigé p. 177

11 20 min ★★★

La pile bouton de type « argent » est utilisée notamment pour alimenter certaines montres à quartz. Elle s'use alors au bout de 12 à 30 mois.
Ses électrodes sont en graphite et en zinc ; sa tension nominale est de 1,55 V et sa capacité de 55 mAh. Le milieu dans lequel se trouvent les électrodes est alcalin, c'est-à-dire basique.
Données : couples oxydant/réducteur : $Ag_2O(s)/Ag(s)$; $ZnO(s)/Zn(s)$;
$F = 9{,}65 \times 10^4$ C.mol^{-1} ;
les valeurs des masses molaires sont à chercher dans le tableau périodique p. 446.
Rappel : Pour écrire une demi-équation en milieu basique, appliquer les mêmes règles qu'en milieu acide. Puis « éliminer » les ions H^+ en faisant intervenir la réaction d'autoprotolyse de l'eau : $H_2O(\ell) \leftrightarrows H^+(aq) + HO^-(aq)$.

1. Écrire les demi-équations électroniques au niveau de chaque électrode et indiquer la polarité de cette pile.

2. Une pile bouton neuve est insérée dans une montre à quartz dont le fonctionnement nécessite un courant d'intensité $I = 2{,}8$ µA.

a) Calculer la durée théorique de fonctionnement de la pile dans ces conditions. Est-ce en accord avec l'énoncé ?

b) Calculer la masse d'argent qui se forme dans la pile par jour. → *Corrigé p. 177*

12 15 min ★★★

La synthèse industrielle du dichlore se fait par électrolyse d'une solution très concentrée de chlorure de sodium ($Na^+(aq) + C\ell^-(aq)$), en milieu basique. Les métaux constituant les électrodes n'interviennent pas lors de cette réaction dont l'équation-bilan s'écrit :

$$2\,H_2O(\ell) + 2\,C\ell^-(aq) \rightarrow H_2(g) + 2\,HO^-(aq) + C\ell_2(g)$$

Données : couples oxydant/réducteur : $O_2(g)/H_2O(\ell)$; $H_2O(\ell)/H_2(g)$; $C\ell_2(g)/C\ell^-(aq)$; volume molaire des gaz dans les conditions de l'électrolyse : $V_m = 27{,}5$ L.mol^{-1}.
Rappel : Pour écrire une demi-équation en milieu basique, appliquer les mêmes règles qu'en milieu acide. Puis « éliminer » les ions H^+ en faisant intervenir la réaction d'autoprotolyse de l'eau : $H_2O(\ell) \leftrightarrows H^+(aq) + HO^-(aq)$.

1. Écrire les demi-équations électroniques des réactions se produisant à l'anode et à la cathode.

2. Lors de cette synthèse, un courant d'intensité constante $I = 30{,}0$ kA traverse l'électrolyte. Quelle sera la durée nécessaire, exprimée en heure, pour obtenir un volume $V = 100$ m^3 de dichlore ?

→ *Corrigé p. 178*

EXERCICE DE BAC

Exercice 30 min **10 points**

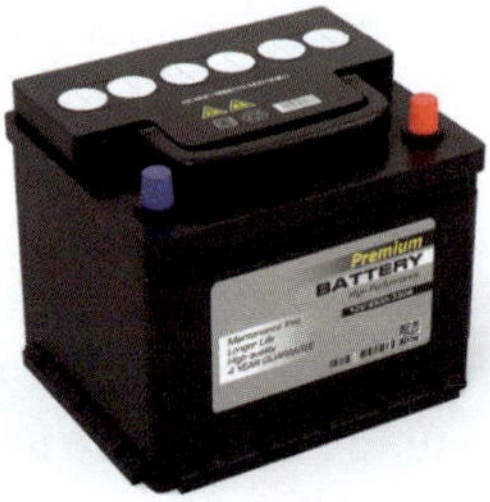

La batterie au plomb, utilisée dans les voitures, est constituée par la mise en série de plusieurs accumulateurs dans un électrolyte contenant de l'acide sulfurique. On considère ici son fonctionnement lors de la décharge (générateur).
L'une des électrodes est faite de plomb et l'autre de plomb recouvert d'oxyde de plomb PbO_2. Ces deux électrodes ne sont pas inertes : ces espèces interviennent donc dans la transformation chimique mise en jeu.
Les caractéristiques de cette batterie sont :
tension : 12 V ; capacité : 55 Ah ; intensité au démarrage : 460 A.

Données : couples oxydant/réducteur : $PbO_2(s)/Pb^{2+}(aq)$ et $Pb^{2+}(aq)/Pb(s)$;
puissance consommée par un appareil en courant continu : $P = U \times I$, où U est la tension entre ses bornes et I l'intensité du courant qui le traverse ;
les valeurs des masses molaires sont à chercher dans le tableau périodique p. 446.

1. [1 pt] Écrire la demi-équation électronique de la réaction qui se produit à l'électrode recouverte d'oxyde de plomb. Indiquer s'il s'agit de la borne positive ou de la borne négative de la batterie.

2. [1 pt] Même question pour l'électrode de plomb.

3. [0,5 pt] Établir l'équation-bilan de la réaction de fonctionnement de la batterie.

4. On considère une batterie dans laquelle $[H^+] = 7{,}4\ mol.L^{-1}$ et $[Pb^{2+}] = 2{,}0 \times 10^{-6}\ mol.L^{-1}$.

a) [0,5 pt] Expliquer pourquoi il faut manipuler cette batterie avec précaution.

b) [1 pt] Calculer le quotient de réaction pour cet état du système.

c) [0,5 pt] Comment évolue le quotient de réaction lorsque la pile débite ?

5. [1,5 pt] Calculer la durée de vie de la batterie si elle fournit en permanence son courant maximal.

6. Un conducteur oublie d'éteindre les deux phares de sa voiture. Il reprend le volant 2 heures après.
Les caractéristiques pour une lampe sont :
tension : 12 V ; puissance nominale : 60 W.

a) [2 pts] La batterie est-elle déchargée au moment où il reprend le volant ?

b) [2 pts] Calculer la masse de plomb qui a réagi pendant ces 2 heures de fonctionnement.

→ *Corrigé p. 180*

CORRIGÉS

1 → *Énoncé p. 165*

1. **A** et **C** ; 2. **B** et **C** ; 3. **B** ; 4. **A** et **C** ; 5. **B** ; 6. **A** et **C** ; 7. **A**, **B** et **C**.

2 → *Énoncé p. 165*

1. **C** ; 2. **B** ; 3. **A** et **C** ; 4. **B** ; 5. **B** ; 6. **A** et **B**.

3 → *Énoncé p. 166*

1. Écrivons les demi-équations électroniques.
D'après l'énoncé, du fer disparaît :
$Fe(s) \leftrightarrows Fe^{2+}(aq) + 2\ e^-$
Du plomb se forme :
$Pb^{2+}(aq) + 2\ e^- \leftrightarrows Pb(s)$
Les électrons sortent de la borne négative pour entrer dans la borne positive (à l'extérieur du circuit) : **la lame de fer constitue donc la borne négative de cette pile et celle de plomb la borne positive.**

> **Rappel**
> Le courant est orienté de la borne positive à la borne négative, à l'extérieur du circuit. Pour les électrons, c'est le sens inverse.

2. On en déduit l'équation-bilan de la réaction de fonctionnement :

$$Fe(s) \leftrightarrows Fe^{2+}(aq) + 2\ e^- \quad |\times 1$$
$$Pb^{2+}(aq) + 2\ e^- \leftrightarrows Pb(s) \quad |\times 1$$
$$\mathbf{Fe(s) + Pb^{2+}(aq) \rightarrow Fe^{2+}(aq) + Pb(s)}$$

3.

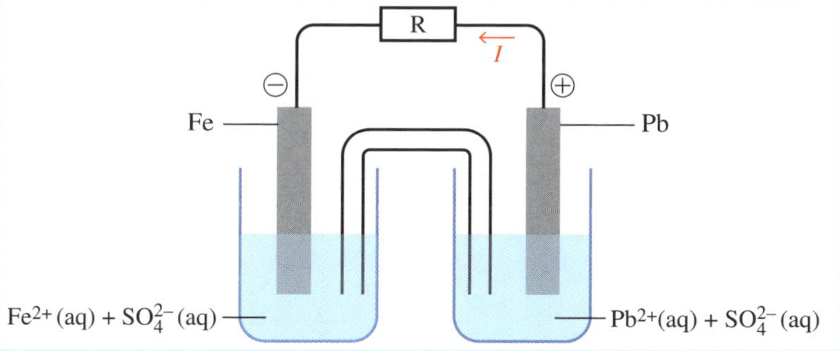

> **Rappel**
> Représenter la demi-pile correspondant à la borne négative à gauche.
> Penser à représenter le pont salin.

4 → *Énoncé p. 166*

1. La force électromotrice correspond à la tension à vide de la pile, c'est-à-dire la tension entre ses bornes lorsqu'elle ne débite pas ($I = 0$).
Donc : $\boldsymbol{E = 0{,}96\ V}$.

2. Tel que le voltmètre est positionné, il indique une valeur positive. Sa borne « V » a donc bien été reliée à la borne positive de la pile, la lame de cuivre.
On peut donc écrire les demi-équations électroniques dans le bon sens.
Borne ⊖ (anode) : lame d'aluminium.
Une oxydation se produit :
$\mathbf{A\ell(s) \leftrightarrows A\ell^{3+}(aq) + 3\,e^-}$
Borne ⊕ (cathode) : lame de cuivre.
Une réduction se produit :
$\mathbf{Cu^{2+}(aq) + 2\,e^- \leftrightarrows Cu(s)}$

3. Combinons les deux demi-équations pour écrire l'équation-bilan de la réaction de fonctionnement de cette pile.

$A\ell(s) \leftrightarrows A\ell^{3+}(aq) + 3\,e^- \quad | \times 2$

$Cu^{2+}(aq) + 2\,e^- \leftrightarrows Cu(s) \quad | \times 3$

$3\,Cu^{2+}(aq) + 2\,A\ell(s) \rightarrow 3\,Cu(s) + 2\,A\ell^{3+}(aq)$

Rappel
Les couleurs utilisées ci-contre pour les coefficients montrent comment procéder pour « éliminer » les électrons de l'équation-bilan.

4.

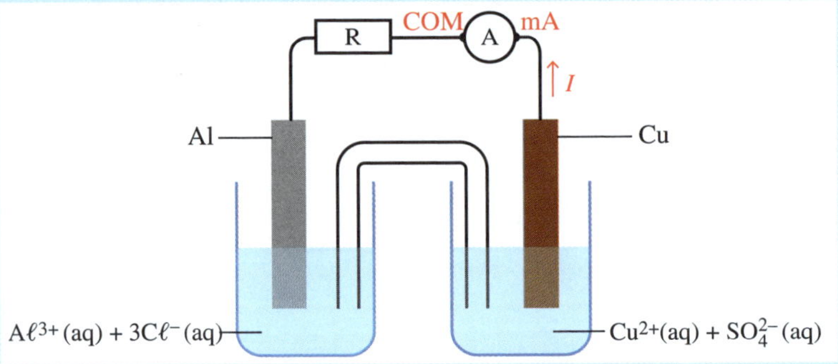

Rappel
Le courant doit entrer par la borne « mA » (ou « A ») de l'ampèremètre et sortir par la borne « COM ».

5 → *Énoncé p. 167*

1. Calculons la quantité d'électricité Q débitée par la pile.
$Q = I \times \Delta t$
$I = 45 \text{ mA} = 45 \times 10^{-3} \text{ A}$
$\Delta t = 20 \text{ min} = 1\,200 \text{ s}$
$Q = 45 \times 10^{-3} \times 1\,200$
$\mathbf{Q = 54\ C}$

Rappel
Il faut utiliser les bonnes unités lors de l'application d'une formule et ne pas oublier de faire les conversions nécessaires.

2. Déterminons la quantité de matière $n(e^-)$ d'électrons ayant circulé.
$Q = n(e^-) \times F$
$$n(e^-) = \frac{Q}{F} = \frac{54}{9{,}65 \times 10^4}$$
$\mathbf{n(e^-) = 5{,}6 \times 10^{-4}\ mol}$

6 → *Énoncé p. 167*

1. Dans l'énoncé, la capacité de cette pile est indiquée.
$Q_{max} = 130 \text{ mAh} = 130 \times 10^{-3} \text{ Ah}$
Convertissons cette valeur en coulomb :
1 Ah = 3 600 C
Donc :
$Q_{max} = 130 \times 10^{-3} \times 3\,600$
$Q_{max} = 468 \text{ C}$

Calculons la durée de fonctionnement théorique Δt si $I = 100 \text{ mA} = 0{,}100 \text{ A}$.

$Q = I \times \Delta t$

$$\Delta t = \frac{Q}{I} = \frac{468}{0{,}100}$$

$$\boldsymbol{\Delta t = 4{,}68 \times 10^3 \text{ s}}$$

$$\text{Soit } \Delta t = \frac{\mathbf{4{,}68 \times 10^3}}{\mathbf{3\,600}} = \mathbf{1{,}30 \text{ h}}$$

Aide

Exprimer la capacité en coulomb. Remplacer notamment le préfixe « milli » par la puissance de dix correspondante.
130 **m**Ah = 130 × **10⁻³** Ah

Remarque

Il faut conserver le nombre de chiffres significatifs.
Ne pas écrire, par exemple, 100 mA = 0,1 A car, d'un côté, il y a trois chiffres significatifs et de l'autre, un seul.

Conseil

L'énoncé n'oblige pas à exprimer la durée de fonctionnement en heure.
Cette dernière unité est cependant plus parlante ici.
Rappel : 1 h = 3 600 s.

2. Déterminons la quantité de matière $n(e^-)$ d'électrons ayant circulé.

$Q = n(e^-) \times F$

$$n(e^-) = \frac{Q}{F} = \frac{468}{9{,}65 \times 10^4}$$

$$\boldsymbol{n(e^-) = 4{,}85 \times 10^{-3} \text{ mol}}$$

7 → *Énoncé p. 167*

Les couples possibles ici sont :
$O_2(g)/\underline{H_2O(\ell)}$; $\underline{H^+(aq)}/H_2(g)$; $S_2O_8^{2-}(aq)/\underline{SO_4^{2-}(aq)}$.
Sont soulignées les espèces chimiques présentes dans l'électrolyte.

Conseil

Souligner les espèces présentes permet de repérer plus facilement les réactions qui peuvent se produire au niveau de chaque électrode.

1. À l'anode, il se produit une **oxydation**.
Cela concerne donc les réducteurs présents : H_2O et SO_4^{2-}.
Écrivons les demi-équations électroniques.

$2\ H_2O(\ell) \leftrightarrows O_2(g) + 4\ H^+(aq) + 4\ e^-$

$2\ SO_4^{2-}(aq) \leftrightarrows S_2O_8^{2-}(aq) + 2\ e^-$

Il est indiqué dans l'énoncé qu'il y a un dégagement gazeux.
C'est donc la première réaction qui va se produire.

2. À la cathode, il se produit une **réduction**.
Un oxydant (ici, H^+) va donc capter des électrons.
$2\ H^+(aq) + 2\ e^- \leftrightarrows H_2(g)$

3. On en déduit l'équation-bilan de la réaction se produisant lors de cette électrolyse.

$$\begin{array}{l|l} 2\ H_2O(\ell) \leftrightarrows O_2(g) + 4\ H^+(aq) + 4\ e^- & \times 1 \\ 2\ H^+(aq) + 2\ e^- \leftrightarrows H_2(g) & \times 2 \\ \hline \mathbf{2\ H_2O(\ell) \rightarrow 2\ H_2(g) + O_2(g)} & \end{array}$$

8 → *Énoncé p. 167*

1. Écrivons la demi-équation électronique correspondant à cette réaction.
$A\ell^{3+}(aq) + 3\ e^- \leftrightarrows A\ell(s)$
Il s'agit d'une réduction et elle se produit donc à la **cathode** qui reçoit les électrons provenant de la borne négative du générateur.

2. D'après l'énoncé, un courant d'intensité $I = 65$ mA circule pendant une durée $\Delta t = 20$ min.
On peut calculer la quantité d'électricité mise en jeu.
$Q = I \times \Delta t$
Or, on a également $Q = n(e^-) \times F$.
On peut donc écrire : $I \times \Delta t = n(e^-) \times F$.
On isole $n(e^-)$:

$$n(e^-) = \frac{I \times \Delta t}{F} = \frac{65 \times 10^{-3} \times 20 \times 60}{9{,}65 \times 10^4}$$

Remarque
Il faut convertir l'**intensité en ampère** et le **temps en seconde**.

$n(e^-) = 8{,}1 \times 10^{-4}$ mol

D'après la demi-équation électronique, lorsque trois moles d'électrons ont circulé, on obtient une mole d'aluminium.

$$n(A\ell) = \frac{n(e^-)}{3} = \frac{8{,}1 \times 10^{-4}}{3}$$

$n(A\ell) = 2{,}7 \times 10^{-4}$ mol

On en déduit la masse d'aluminium qui s'est formée :
$m(A\ell) = n(A\ell) \times M(A\ell)$
$= 2{,}7 \times 10^{-4} \times 27{,}0$
$\mathbf{m(A\ell) = 7{,}3 \times 10^{-3}\ g}$
Soit $\mathbf{m(A\ell) = 7{,}3\ mg}$.

9 → Énoncé p. 168

1. L'ampèremètre tel qu'il est branché indique une valeur positive pour l'intensité du courant. Le courant entre donc effectivement par la borne « mA » et la borne positive de cette pile correspond à la lame de cuivre.
Écrivons les demi-équations électroniques pour établir l'équation-bilan de la réaction de fonctionnement de cette pile.

Borne ⊖ (oxydation) : $Fe(s) \leftrightarrows Fe^{2+}(aq) + 2\ e^-$ | × 1
Borne ⊕ (réduction) : $Cu^{2+}(aq) + 2\ e^- \leftrightarrows Cu(s)$ | × 1

$$\mathbf{Cu^{2+}(aq) + Fe(s) \rightarrow Cu(s) + Fe^{2+}(aq)}$$

2.

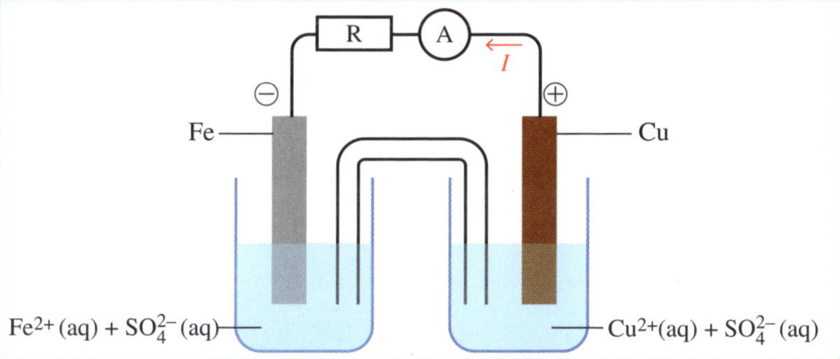

3. Calculons le quotient de réaction $Q_{r,i}$ à l'état initial.

$$Q_{r,i} = \frac{[Fe^{2+}]_i}{[Cu^{2+}]_i} = \frac{0,50}{0,50}$$

$$\mathbf{Q_{r,i} = 1}$$

Rappel
Les espèces chimiques se trouvant à l'état solide n'interviennent pas dans l'expression du quotient de réaction.

Or, la constante d'équilibre de cette réaction vaut $K = 2,8 \times 10^{26}$.
$Q_{r,i} < K$
La réaction va donc se faire dans le sens direct de l'équation-bilan écrite précédemment, **ce qui correspond bien à un débit de la pile**.

4. a) Lorsque la pile est usée, l'état d'équilibre est atteint.
On a donc $Q_r = K = 2,8 \times 10^{26}$.

b) Déterminons les quantités de matière des réactifs à l'état initial.

- $n_i(Cu^{2+}) = [Cu^{2+}]_i \times V_2$
  $= 0,50 \times 60,0 \times 10^{-3}$
  $\mathbf{n_i(Cu^{2+}) = 3,0 \times 10^{-2}\ mol}$

Remarque
Il faut utiliser les notations de l'énoncé.
Ici, le volume de sulfate de cuivre est noté V_2 et la masse initiale de la lame de fer m_1.

- $n_i(Fe) = \dfrac{m_1}{M(Fe)}$
  $= \dfrac{11,8}{55,8}$
  $\mathbf{n_i(Fe) = 2,11 \times 10^{-1}\ mol}$

c) Construisons le tableau d'avancement de cette réaction.

Équation de la réaction		$Cu^{2+}(aq)$ +	$Fe(s)$ →	$Cu(s)$ +	$Fe^{2+}(aq)$
État du système	**Avancement (en mol)**	Quantités de matière (mol)			
Initial	$x = 0$	$n_i(Cu^{2+})$	$n_i(Fe)$	$n_i(Cu)$	$n_i(Fe^{2+})$
Intermédiaire	x	$n_i(Cu^{2+}) - x$	$n_i(Fe) - x$	$n_i(Cu) + x$	$n_i(Fe^{2+}) + x$
Final	x_{max}	$n_i(Cu^{2+}) - x_{max}$	$n_i(Fe) - x_{max}$	$n_i(Cu) + x_{max}$	$n_i(Fe^{2+}) + x_{max}$

Déterminons maintenant le réactif limitant.

- Si Cu^{2+} est le réactif limitant, on aura :
  $n_i(Cu^{2+}) - x_{max1} = 0$
  $x_{max1} = n_i(Cu^{2+})$
  $x_{max1} = 3{,}0 \times 10^{-2}$ mol
- Si Fe est le réactif limitant, on aura :
  $n_i(Fe) - x_{max2} = 0$
  $x_{max2} = n_i(Fe)$
  $x_{max2} = 2{,}11 \times 10^{-1}$ mol
  $x_{max1} < x_{max2}$

Rappel
Le réactif limitant est celui qui donne la plus petite valeur lors du calcul de x_{max}.

Le réactif limitant est Cu^{2+} et $x_{max} = x_{max1} = 3{,}0 \times 10^{-2}$ mol.

d) Calculons maintenant la valeur de la capacité de cette pile.
Écrivons la demi-équation électronique concernant le réactif limitant :
$1\ Cu^{2+}(aq) + 2\ e^- \leftrightarrows Cu(s)$
Celle-ci montre que lorsque 1 mole d'ions Cu^{2+} a réagi, 2 moles d'électrons ont circulé, soit 2 fois plus.
$n(e^-) = 2 \times n(Cu^{2+})_{ayant\ réagi}$
La capacité d'une pile correspond à la quantité d'électricité maximale qu'elle peut faire circuler.
Lorsque cette valeur est atteinte, la pile n'est plus capable de débiter : le réactif limitant a totalement disparu.

On aura alors :
$n(Cu^{2+})_{ayant\ réagi} = x_{max}$
Soit $n(e^-) = 2 \times n(Cu^{2+})_{ayant\ réagi} = 2x_{max}$.

On peut maintenant déterminer la valeur de la capacité de cette pile.
$Q_{max} = n(e^-) \times F$
$= 2x_{max} \times F$
$= 2 \times 3{,}0 \times 10^{-2} \times 9{,}65 \times 10^4$
$\mathbf{Q_{max} = 5{,}8 \times 10^3\ C}$

Remarque
La calculatrice affiche « 5790 » pour ce calcul. Le résultat doit être écrit avec deux chiffres significatifs.

10 → Énoncé p. 168

On souhaite obtenir une masse $m = 2{,}0$ g de zinc.
Calculons la quantité de matière que cela représente.

$$n(\text{Zn}) = \frac{m(\text{Zn})}{M(\text{Zn})} = \frac{2{,}0}{65{,}4}$$

$n(\text{Zn}) = 3{,}1 \times 10^{-2}$ mol

La demi-équation électronique pour cette transformation s'écrit :
$Zn^{2+}(aq) + 2\ e^- \leftrightarrows Zn(s)$
D'où :

$$n(e^-) = 2 \times n(\text{Zn}) = 2 \times 3{,}1 \times 10^{-2}$$

$n(e^-) = 6{,}1 \times 10^{-2}$ mol

Remarque
Un raisonnement uniquement avec l'expression littérale est possible. Dans un souci de simplification, tous les calculs intermédiaires sont effectués ici. Dans ce cas, veiller à bien rappeler les valeurs calculées avec toutes les décimales.

Raisonnons maintenant avec la quantité d'électricité.

$$Q = I \times \Delta t = n(e^-) \times F$$

$$\Delta t = \frac{n(e^-) \times F}{I} = \frac{6{,}1 \times 10^{-2} \times 9{,}65 \times 10^4}{3{,}0}$$

$\mathbf{\Delta t = 2{,}0 \times 10^3\ s}$

11 → Énoncé p. 169

1. L'une des électrodes est en zinc, réducteur dans le couple ZnO(s)/Zn(s). Ce dernier va donc subir une oxydation. L'électrode de zinc constitue ainsi le pôle négatif de cette pile et le graphite le pôle positif.
Écrivons la demi-équation électronique comme si nous étions en milieu acide.
$Zn(s) + H_2O(\ell) \leftrightarrows ZnO(s) + 2\ H^+(aq) + 2\ e^-$
On élimine les ions H^+ de cette écriture en faisant intervenir l'autoprotolyse de l'eau.
$H^+(aq) + HO^-(aq) \leftrightarrows H_2O(\ell)$ | × 2
Soit globalement :
$\mathbf{Zn(s) + 2\ HO^-(aq) \leftrightarrows ZnO(s) + H_2O(\ell) + 2\ e^-}$

Remarque
Le coefficient multiplicateur permet d'avoir le même nombre d'ions H^+.

Pour l'autre couple, c'est une réduction qui se produit.
$Ag_2O(s) + 2\ H^+(aq) + 2\ e^- \leftrightarrows 2\ Ag(s) + H_2O(\ell)$
$H_2O(\ell) \leftrightarrows H^+(aq) + HO^-(aq)$ | × 2
Soit globalement :
$\mathbf{Ag_2O(s) + H_2O(\ell) + 2\ e^- \leftrightarrows 2\ Ag(s) + 2\ HO^-(aq)}$

On en déduit l'équation-bilan de la réaction de fonctionnement :

$Zn(s) + Ag_2O(s) \rightarrow ZnO(s) + 2\ Ag(s)$

2. a) L'intensité du courant est de 2,8 µA, soit $2,8 \times 10^{-6}$ A.

Calculons la quantité d'électricité nécessaire pour un jour de fonctionnement.

$$Q = I \times \Delta t$$
$$= 2,8 \times 10^{-6} \times 24$$
$$Q = 6,7 \times 10^{-5} \text{ Ah}$$

Or, la pile a une capacité de 55 mAh = 55×10^{-3} Ah.

On en déduit le nombre de jours théorique de fonctionnement de cette pile.

$$\frac{55 \times 10^{-3}}{6,7 \times 10^{-5}} = 8,2 \times 10^{2} \text{ jours}$$

Remarque

Dans cette formule, il est pratique ici d'exprimer le temps en heure (1 jour = 24 heures) et donc la capacité en ampère-heure. Cela permet de faire l'économie de quelques conversions dans cette question.

Un mois comportant trente jours en moyenne, on divise ce résultat par 30 pour exprimer cette durée en mois.

$$\mathbf{\frac{8,2 \times 10^{2}}{30} = 27 \text{ mois}}$$

On a bien une durée de fonctionnement (théorique) comprise entre 12 et 30 mois.

b) On a vu précédemment que, pour un jour de fonctionnement, $Q = 6,7 \times 10^{-5}$ Ah.

On exprime ce résultat en coulomb (1 Ah = 3 600 C) :

$$Q = 6,7 \times 10^{-5} \times 3\,600 = 0,24 \text{ C}$$

Rappel

Rappeler la valeur de Q avec toutes ses décimales : $6,72 \times 10^{-5}$.

On en déduit la quantité de matière d'électrons ayant circulé.

$$Q = n(e^-) \times F$$
$$n(e^-) = \frac{Q}{F}$$
$$= \frac{0,24}{9,65 \times 10^{4}}$$
$$n(e^-) = 2,5 \times 10^{-6} \text{ mol}$$

D'après la demi-équation $Ag_2O(s) + H_2O(\ell) + 2\ e^- \leftrightarrows 2\ Ag(s) + 2\ HO^-(aq)$. Lorsque 2 moles d'électrons ont circulé, il s'est formé 2 moles d'argent.

$$n(Ag) = n(e^-) = 2,5 \times 10^{-6} \text{ mol}$$
$$m(Ag) = n(Ag) \times M(Ag)$$
$$= 2,5 \times 10^{-6} \times 107,9$$

$m(Ag) = 2,7 \times 10^{-4}$ g

Soit **$m(Ag) = 0,27$ mg.**

12 → *Énoncé p. 169*

1. Les couples oxydant/réducteur possibles ici sont :

$O_2(g)/\underline{H_2O(\ell)}$; $\underline{H_2O(\ell)}/H_2(g)$; $C\ell_2(g)/\underline{C\ell^-(aq)}$

Sont soulignées les espèces présentes dans le système à l'état initial.

À l'anode, il y a une oxydation.
Deux couples sont possibles : $O_2(g)/\underline{H_2O(\ell)}$ et $C\ell_2(g)/\underline{C\ell^-(aq)}$.
L'équation-bilan de la réaction ne comporte pas l'espèce O_2.
Écrivons alors la demi-équation correspondant à l'oxydation de $C\ell^-$ en $C\ell_2$.

$$\mathbf{2\ C\ell^-(aq) \leftrightarrows C\ell_2(g) + 2\ e^-}$$

À la cathode, H_2O est réduit en H_2.
Écrivons la demi-équation comme si nous étions en milieu acide.

$$\underline{H_2O(\ell)} + 2\ H^+(aq) + 2\ e^- \leftrightarrows H_2(g) + \underline{H_2O(\ell)}$$

On élimine les ions H^+ de cette écriture en faisant intervenir l'autoprotolyse de l'eau.

$$H_2O(\ell) \leftrightarrows H^+(aq) + HO^-(aq) \ \Big| \times 2$$

Soit globalement :

$$\mathbf{2\ H_2O(\ell) + 2\ e^- \leftrightarrows H_2(g) + 2\ HO^-(aq)}$$

Remarque
Le coefficient multiplicateur $\times$ **2** permet d'avoir le même nombre d'ions H^+.

2. On souhaite obtenir un volume $V = 100\ m^3$ de dichlore.
Calculons la quantité de matière de dichlore qui correspond à ce volume.

$$n(C\ell_2) = \frac{V}{V_m}$$

À l'anode, on voit que pour 2 moles d'électrons qui ont circulé, 1 mole de dichlore s'est formée.

$$n(e^-) = 2 \times n(C\ell_2) = 2 \times \frac{V}{V_m} = \frac{2 \times V}{V_m}$$

La quantité d'électricité est telle que :

$$Q = I \times \Delta t = n(e^-) \times F$$

On isole Δt.

$$\Delta t = \frac{n(e^-) \times F}{I} = \frac{\frac{2 \times V}{V_m} \times F}{I} = \frac{2 \times V \times F}{V_m \times I} = \frac{2 \times 100 \times 1\,000 \times 9{,}65 \times 10^4}{27{,}5 \times 30{,}0 \times 10^3}$$

$$\Delta t = 2{,}34 \times 10^4\ s$$

Point maths
$1\ m^3 = 1\,000\ L$

Exprimons ce résultat en heure.

$$\frac{2{,}34 \times 10^4}{3\,600} = 6{,}50$$

$$\mathbf{\Delta t = 6{,}50\ h,\ soit\ 6\ h\ 30\ min.}$$

EXERCICE DE BAC

Exercice → Énoncé p. 170

1. PbO_2 est l'oxydant du couple $PbO_2(s)/Pb^{2+}(aq)$. Il va donc subir une réduction selon :

$$\mathbf{PbO_2(s) + 4\,H^+(aq) + 2\,e^- \leftrightarrows Pb^{2+}(aq) + 2\,H_2O(\ell)}$$

Cette électrode est donc une cathode et constitue la **borne positive** de la batterie.

2. On considère maintenant le couple $Pb^{2+}(aq)/Pb(s)$. Le plomb va être oxydé :

$$\mathbf{Pb(s) \leftrightarrows Pb^{2+}(aq) + 2\,e^-}$$

Il constitue la **borne négative**.

3. Combinons les deux demi-équations pour écrire l'équation-bilan.

$$Pb(s) \leftrightarrows Pb^{2+}(aq) + 2\,e^- \quad |\times 1$$

$$PbO_2(s) + 4\,H^+(aq) + 2\,e^- \leftrightarrows Pb^{2+}(aq) + 2\,H_2O(\ell) \quad |\times 1$$

$$\mathbf{PbO_2(s) + Pb(s) + 4\,H^+(aq) \rightarrow 2\,Pb^{2+}(aq) + 2\,H_2O(\ell)}$$

4. a) La concentration en ions H^+ est élevée, donc la valeur du pH très faible. **La solution est très corrosive**.

b) Donnons l'expression du quotient de réaction Q_r.

$$Q_r = \frac{[Pb^{2+}]^2}{[H^+]^4}$$

Rappel

Les espèces PbO_2 et Pb n'apparaissent pas dans l'expression de Q_r car elles sont solides. Le solvant, ici H_2O, ne doit pas non plus y figurer.

Avec les valeurs indiquées, on a :

$$Q_r = \frac{(2{,}0 \times 10^{-6})^2}{7{,}4^4}$$

$$\mathbf{Q_r = 1{,}3 \times 10^{-15}}$$

c) Lorsque la pile débite, le **quotient de réaction augmente jusqu'à atteindre la valeur de la constante d'équilibre de la réaction**.

5. Le courant maximal correspond à l'intensité au démarrage : $I_{max} = 460$ A.
La capacité vaut $Q_{max} = 55$ Ah.
Convertissons cette capacité en coulomb.

$$Q_{max} = 55 \times 3\,600 = 2{,}0 \times 10^5 \text{ C}$$

$$Q_{max} = I_{max} \times \Delta t$$

$$\Delta t = \frac{Q_{max}}{I_{max}} = \frac{2{,}0 \times 10^5}{460}$$

$$\mathbf{\Delta t = 4{,}3 \times 10^2\ s}$$

Ce qui représente environ 7 minutes de fonctionnement.

6. a) Calculons l'intensité du courant I qui traverse une lampe.
On sait que $P = 60$ W et que $U = 12$ V.
On applique la formule $P = U \times I$, soit, en isolant I :

$$I = \frac{P}{U} = \frac{60}{12}$$

$I = 5{,}0$ A

On en déduit la quantité d'électricité Q nécessaire pour une durée de fonctionnement $\Delta t = 2$ h.

$$Q = I \times \Delta t = 5{,}0 \times 2$$

$Q = 10$ Ah

Il y a deux lampes. Calculons la quantité d'électricité totale Q_T.

$Q_T = 2 \times Q = 2 \times 10 = 20$ Ah

La capacité de la batterie vaut $Q_{max} = 55$ Ah.

$\boldsymbol{Q_T < Q_{max}}$

La batterie n'est pas déchargée au moment où il reprend le volant.

> **Remarque**
> On suppose ici que la charge de la batterie est maximale avant l'arrêt du véhicule. Cela n'est jamais le cas, l'alternateur n'étant plus programmé pour recharger constamment la batterie. De plus, l'électronique embarquée (plus de 100 capteurs par exemple) est également à prendre en considération. Cependant, la valeur de Q_T est suffisamment éloignée de celle de Q_{max} pour pouvoir conclure.

b) On a $Q_T = 20$ Ah.
Convertissons cette valeur en coulomb.

$Q_T = 20 \times 3\,600$

$Q_T = 7{,}2 \times 10^4$ C

Calculons maintenant la quantité de matière d'électrons ayant circulé $n(e^-)$.

$$Q_T = n(e^-) \times F$$

$$n(e^-) = \frac{Q_T}{F}$$

$$n(e^-) = \frac{7{,}2 \times 10^4}{9{,}65 \times 10^4}$$

$n(e^-) = 0{,}75$ mol

Déterminons enfin la masse de plomb qui a réagi.
D'après la demi-équation écrite à la question 2, $n(\text{Pb}) = \dfrac{n(e^-)}{2}$.

$$m(\text{Pb}) = n(\text{Pb}) \times M(\text{Pb})$$

$$m(\text{Pb}) = \frac{n(e^-)}{2} \times M(\text{Pb})$$

$$m(\text{Pb}) = \frac{0{,}75}{2} \times 207{,}2$$

$\boldsymbol{m(\text{Pb}) = 77}$ **g**

CHAPITRE 8

La force des acides et des bases

1 L'eau, solvant ampholyte

L'eau est une **espèce ampholyte**, c'est-à-dire qu'elle est à la fois une espèce acide (dans le couple H_2O / HO^-) et une espèce basique (dans le couple H_3O^+/H_2O). Deux molécules d'eau vont donc pouvoir réagir ensemble selon l'équation :

$$H_2O + H_2O \leftrightarrows OH^- + H_3O^+$$
$$2\ H_2O \leftrightarrows OH^- + H_3O^+$$

Une des molécules d'eau joue ici de rôle de base (selon la définition de Brønsted) et perd un proton H^+, tandis que l'autre joue le rôle d'acide et le récupère. On obtient donc des ions oxonium et hydroxyde. Cette réaction équilibrée s'appelle **autoprotolyse** de l'eau et est caractérisée par une constante de réaction K_e, appelée produit ionique de l'eau telle que :

$$K_e = [OH^-] \times [H_3O^+]$$

À 25 °C, $K_e = 1{,}0 \times 10^{-14}$.

On définit le pK_e tel que :

$$pK_e = -\log K_e$$

À 25 °C, $pK_e = 14$.

Remarque : cette réaction est très limitée : la concentration de ces ions dans l'eau pure vaut 10^{-7} mol.L^{-1}, d'où une valeur de pH de 7.

2 Acide fort, base forte

- **Un acide AH est dit « fort »** s'il réagit totalement avec l'eau selon l'équation :

$$AH(aq) + H_2O(\ell) \rightarrow A^-(aq) + H_3O^+(aq)$$

La quantité d'acide n(AH) restante est considérée comme nulle.

Le pH d'une solution d'acide fort de concentration C_0 est donné par la relation :

$$pH = -\log [H_3O^+] = -\log C_0$$

Inversement, on peut déterminer la concentration en ions oxonium si l'on connaît le pH grâce à la relation :

$$[H_3O^+] = 10^{-pH}.$$

Exemples d'acides forts : acide chlorhydrique $HC\ell$, acide nitrique HNO_3, acide sulfurique H_2SO_4.

■ **Une base est dite « forte »** si elle réagit totalement avec l'eau selon l'équation :

$$A^-(aq) + H_2O(\ell) \rightarrow AH(aq) + OH^-(aq)$$

La quantité de base $n(A^-)$ restante est considérée comme nulle.

Exemples de bases fortes : hydroxyde de sodium (soude) NaOH, ion amidure NH_2^-.

Le pH d'une solution de base forte de concentration C_0 est donné par la relation :

$$pH = -\log \frac{K_e}{C_0} = pK_e + \log C_0$$

À 25 °C, pH = 14 + log C_0.

3 Acide faible, base faible

A. Définitions

■ **Un acide AH est dit « faible »** s'il réagit partiellement avec l'eau :

$$AH(aq) + H_2O(\ell) \leftrightarrows A^-(aq) + H_3O^+(aq)$$

Pour savoir si un acide AH est faible, on calcule, à partir du pH mesuré, la concentration en ions H_3O^+ grâce la relation $[H_3O^+] = 10^{-pH}$. Si cette concentration est inférieure à la concentration initiale d'acide AH, l'acide est faible.

■ **Une base B est dite « faible »** si elle réagit partiellement avec l'eau :

$$B(aq) + H_2O(\ell) \leftrightarrows BH^+(aq) + OH^-(aq)$$

Pour savoir si une base B est faible, on calcule, à partir du pH mesuré et du K_e, la concentration en ions HO^-. Si cette concentration est inférieure à la concentration initiale de base B, la base est faible.

B. Constante d'acidité K_a

■ Soit un couple acide/base AH/A^-. Mis en solution, l'acide réagit avec l'eau selon l'équation :

$$AH(aq) + H_2O(\ell) \leftrightarrows A^-(aq) + H_3O^+(aq)$$

La constante d'équilibre associée à cette réaction, notée K_a, est définie par :

$$K_a = \frac{[A^-]_{éq} \times [H_3O^+]_{éq}}{[AH]_{éq}}$$

Cette constante est sans unité et ne dépend que de la température. Les concentrations sont celles lorsque l'équilibre est atteint.

■ Pour définir un couple acide/base, on utilise souvent le $\mathbf{pK_a}$:

$$pK_a = -\log K_a \text{ ou } K_a = 10^{-pK_a}$$

Ainsi, plus le pK_a d'un couple est grand, plus l'acide AH est faible.

C. Relations entre pH, pK_a, concentrations d'acide et de base conjuguée

Pour un couple AH/A^-, on peut écrire :

$$pK_a = -\log K_a = -\log \frac{[A^-] \times [H_3O^+]}{[AH]}.$$

En utilisant les propriétés de la fonction logarithme, on obtient :

$$pK_a = -\log [H_3O^+] - \log \frac{[A^-]}{[AH]}$$

Soit :

$$pH = pK_a + \log \frac{[A^-]}{[AH]}$$

> **Point maths**
>
> $\log (a \times b) = \log a + \log b$.
>
> $\log \frac{a}{b} = \log a - \log b$.
>
> Si $a < 1$, alors $\log a < 0$.
>
> Si $a > 1$, alors $\log a > 0$.
>
> Si $a = 1$, alors $\log a = 0$.

D. Diagramme de prédominance

La relation précédente fait apparaître trois cas de figure :

- si $[AH] = [A^-]$, alors $pH = pK_a$, car $\frac{[A^-]}{[AH]} = 1$: les deux espèces sont présentes dans les mêmes quantités.
- si $[AH] > [A^-]$, alors $pH < pK_a$, car $\frac{[A^-]}{[AH]} < 1$: l'espèce acide AH est majoritaire (elle prédomine).
- si $[AH] < [A^-]$, alors $pH > pK_a$, car $\frac{[A^-]}{[AH]} > 1$: l'espèce basique A^- est majoritaire (elle prédomine).

On résume ces informations sur un diagramme de prédominance : sur un axe de pH, on indique le domaine d'existence de chacune des formes du couple acide/base considéré en fonction du pH ainsi que du pK_a du couple.

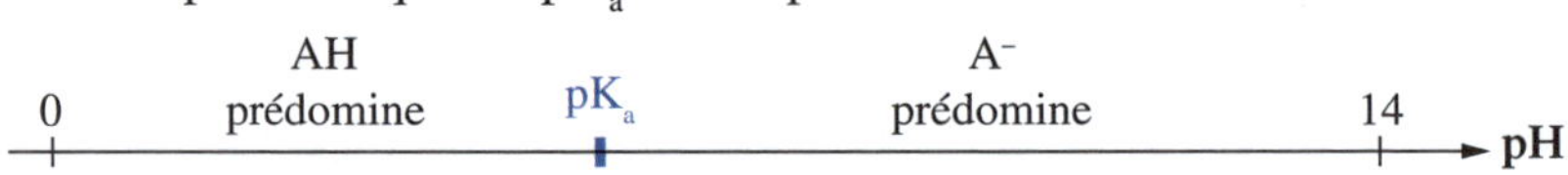

E. Solution tampon

Les **solutions tampon** sont des solutions dont le pH varie peu lors d'ajout de faibles quantités d'acide, de base ou lors d'une dilution modérée.

Le pH d'une telle solution est donnée par la relation de Henderson-Hasselbalch :

$$pH = pK_a + \log \frac{[A^-]_{éq}}{[AH]_{éq}}.$$

Le sang est une solution tamponnée dont le pH ne varie qu'entre 7,35 et 7,45.

COMMENT FAIRE

1 Utiliser le produit ionique de l'eau

EXERCICE TYPE

Pour une solution aqueuse à 25 °C :

1. Calculer $[HO^-]$ si $[H_3O^+] = 10^{-1}$ mol.L^{-1}.

2. Calculer $[H_3O^+]$ si $[HO^-] = 10^{-3}$ mol.L^{-1}.

Donnée : $K_e = 10^{-14}$.

CORRIGÉ COMMENTÉ

1. Nous sommes en présence d'une solution aqueuse, nous allons donc pouvoir utiliser le produit ionique de l'eau :

$$K_e = [OH^-] \times [H_3O^+]$$

$$[OH^-] = \frac{K_e}{[H_3O^+]}$$

$$[OH^-] = \frac{10^{-14}}{10^{-1}}$$

$$\mathbf{[OH^-]} = 10^{-14+1} = \mathbf{10^{-13}\ mol.L^{-1}}.$$

Rappel

$$\frac{10^a}{10^b} = 10^{a-b}$$

2. Comme précédemment, on utilise le produit ionique de l'eau :

$$K_e = [OH^-] \times [H_3O^+]$$

$$[H_3O^+] = \frac{K_e}{[OH^-]}$$

$$[H_3O^+] = \frac{10^{-14}}{10^{-3}}$$

$$\mathbf{[OH^-]} = 10^{-14+3} = \mathbf{10^{-11}\ mol.L^{-1}}.$$

Rappel

Dans l'eau pure, les concentrations en ions hydroxyde et oxonium sont égales :

$K_e = [H_3O^+] \times [OH^-] = [H_3O^+]^2 = 1{,}0 \times 10^{-14}$

$\mathrm{pH} = -\log [H_3O^+] = -\frac{1}{2} \log K_e$

$\mathrm{pH} = \frac{1}{2} \mathrm{p}K_e = 7$

À RETENIR

En solution aqueuse, les concentrations des ions H_3O^+ et OH^- sont liées par la relation :

$$K_e = [OH^-] \times [H_3O^+]$$

K_e est appelé produit ionique de l'eau.

À 25 °C, ce produit vaut $1{,}0 \times 10^{-14}$.

2 Calculer le pH de solutions d'acides et de bases forts

EXERCICE TYPE

Soit une solution aqueuse d'acide chlorhydrique préparée en dissolvant $4{,}0 \times 10^{-3}$ mol de chlorure d'hydrogène dans 100 mL d'eau pure.
Le pH de la solution obtenue vaut 1,4.

1. Écrire l'équation de dissolution de l'acide dans l'eau.
2. Déterminer la concentration initiale en acide de la solution.
3. Quelle est la concentration en ions oxonium H_3O^+ ?
4. La réaction de dissolution de l'acide chlorhydrique est-elle totale ? Justifier à l'aide d'un tableau d'avancement.
5. Quel serait le pH de cette solution si on la diluait 5 fois ?
6. Quel serait le pH d'une solution aqueuse d'hydroxyde de sodium NaOH de concentration $5{,}0 \times 10^{-2}$ mol.L^{-1} ?
7. En déduire la concentration en ions oxonium de cette solution.
8. Quelle serait la nouvelle concentration en ions oxonium et quel pH obtiendrait-on si l'on diluait 10 fois la solution précédente ?

Donnée : $K_e = 1{,}0 \times 10^{-14}$.

CORRIGÉ COMMENTÉ

1. Le chlorure d'hydrogène, en solution, va réagir avec l'eau pour former les ions oxonium et chlorure selon :

$$\mathbf{HC\ell(aq) + H_2O(\ell) \rightarrow H_3O^+(aq) + C\ell^-(aq)}$$

2. Calculons la concentration initiale en utilisant la relation liant concentration, quantité de matière et volume :

$$C(\text{HC}\ell) = \frac{n(\text{HC}\ell)}{V}$$

$$C(\text{HC}\ell) = \frac{4{,}0 \times 10^{-3}}{0{,}100}$$

$$= \mathbf{4{,}0 \times 10^{-2}\ mol.L^{-1}}.$$

Conseil
Penser à convertir le volume de solution en litre.

3. La concentration en ions oxonium H_3O^+ est donnée par la relation : $[H_3O^+] = 10^{-pH}$.
Donc $\mathbf{[H_3O^+]} = 10^{-1,4} = \mathbf{4{,}0 \times 10^{-2}\ mol.L^{-1}}$.

4. Construisons le tableau d'avancement de la réaction :

Équation de la réaction		$HC\ell(aq)$	$+ H_2O(\ell) \rightarrow$	$H_3O^+(aq)$	$+ C\ell^-(aq)$
État du système	**Avancement (en mol)**	Quantité de matière (en mol)			
État initial	$x = 0$	$n(HC\ell) = 4{,}0 \times 10^{-3}$	excès	0	0
État intermédiaire	x	$4{,}0 \times 10^{-3} - x$	excès	x	x
État final si transformation totale	x_{max}	0	excès	$x_{max} = 4{,}0 \times 10^{-3}$	$x_{max} = 4{,}0 \times 10^{-3}$
État final réel	x_f	$4{,}0 \times 10^{-3} - x_f$	excès	$x_f = [H_3O^+] \times V$	x_f

Calculons maintenant l'avancement final :

$x_f = [H_3O^+] \times V = 10^{-pH} \times V$

$= 10^{-1,4} \times 0{,}100$

$= 4{,}0 \times 10^{-3}$ mol.L^{-1}.

Déterminons la quantité de chlorure d'hydrogène restante :

$n(HC\ell)_f = 4{,}0 \times 10^{-3} - x_f = 0.$

La quantité finale de chlorure d'hydrogène finale étant nulle, **la réaction est totale**.

Remarque

Pour répondre à cette question, nous pouvons aussi calculer le taux d'avancement τ :

$$\tau = \frac{x_f}{x_{max}} = 1.$$

Comme le taux d'avancement vaut 1, la réaction est totale.

5. Calculons la concentration en ions oxonium de la solution diluée :

$$[H_3O^+]' = \frac{[H_3O^+]}{5} = \frac{10^{-1,4}}{5} = 8{,}0 \times 10^{-3} \text{ mol.L}^{-1}.$$

Nous pouvons maintenant calculer le pH de la solution en utilisant la relation $pH = -\log [H_3O^+]$:

$$\mathbf{pH} = -\log[H_3O^+]' = -\log\left(\frac{10^{-1,4}}{5}\right) \mathbf{= 2{,}1}.$$

6. Commençons par écrire l'équation de dissolution de l'hydroxyde de sodium dans l'eau :

$$NaOH(s) \rightarrow Na^+(aq) + HO^-(aq)$$

L'hydroxyde de sodium est une base forte, sa réaction avec l'eau est totale. Donc $[OH^-] = 5{,}0 \times 10^{-2}$ mol.L^{-1}.

Calculons maintenant le pH de la solution :

$$\mathbf{pH} = 14 + \log C = 14 + \log (5{,}0 \times 10^{-2}) \mathbf{= 12{,}7}.$$

7. Pour calculer $[H_3O^+]$, utilisons le produit ionique de l'eau :

$$K_e = [OH^-] \times [H_3O^+].$$

Exprimons la concentration en ions oxonium en fonction de K_e et $[OH^-]$:

$$\mathbf{[H_3O^+]} = \frac{K_e}{[OH^-]} = \frac{1{,}0 \times 10^{-14}}{5{,}0 \times 10^{-2}} = \mathbf{2{,}0 \times 10^{-13}\ mol.L^{-1}}.$$

8. Si la solution est diluée par 10, la concentration en ions hydroxyde est aussi divisée par 10 :

$$[OH^-]' = \frac{[OH^-]}{10} = 5{,}0 \times 10^{-3}\ mol.L^{-1}.$$

Comme précédemment :

$$[H_3O^+]' = \frac{K_e}{[OH^-]'} = \frac{1{,}0 \times 10^{-14}}{5{,}0 \times 10^{-3}} = 2{,}0 \times 10^{-12}\ mol.L^{-1}.$$

On peut maintenant calculer le pH de la solution :

$$\mathbf{pH} = -\log[H_3O^+] = -\log(2{,}0 \times 10^{-12}) = \mathbf{11{,}7}.$$

Remarque

Le pH étant une échelle logarithmique, une dilution par 10 d'une solution acide ou basique n'entraînera une variation que d'une unité de pH.

À RETENIR

- Un acide de concentration C_0 est fort s'il réagit totalement avec l'eau selon l'équation :

$$AH(aq) + H_2O(\ell) \rightarrow A^-(aq) + H_3O^+(aq)$$

Le pH de cette solution est donné par la relation :

$$pH = -\log[H_3O^+] = -\log C_0.$$

La concentration en ions oxonium est alors donnée par la relation :

$$[H_3O^+] = 10^{-pH}.$$

- Une base de concentration C_0 est « forte » si elle réagit totalement avec l'eau selon l'équation :

$$A^-(aq) + H_2O(\ell) \rightarrow AH(aq) + OH^-(aq)$$

Le pH de cette solution est donné par la relation :

$$pH = 14 + \log C_0.$$

3 Étudier le comportement d'une solution acide

EXERCICE TYPE

Soit un volume $V = 0{,}60$ L d'une solution aqueuse d'acide lactique de concentration molaire en soluté apporté $c = 1{,}0\ mol.L^{-1}$ dont le pH a comme valeur 1,9.

On notera AH la molécule d'acide lactique.

Donnée : K_a à 25 °C du couple acide lactique/ion lactate : $1{,}3 \times 10^{-4}$.

1. Écrire l'équation de la réaction de l'acide lactique avec l'eau.

2. À l'aide d'un tableau d'avancement,

a) donner l'expression de l'avancement final x_f en fonction du pH de la solution et du volume V ;

b) calculer le taux d'avancement final τ de la transformation. La transformation est-elle totale ? Justifier.

3. Donner l'expression de la constante d'acidité K_a du couple acide lactique/ion lactate.

4. À partir de l'expression de K_a, calculer le rapport $\frac{[A^-]_f}{[AH]_f}$.

5. En déduire l'espèce qui prédomine dans la solution.

6. Construire le diagramme de prédominance de l'espèce considérée.

CORRIGÉ COMMENTÉ

1. L'acide réagit avec l'eau selon :

$$\mathbf{AH(aq) + H_2O(\ell) \leftrightarrows A^-(aq) + H_3O^+(aq)}$$

2. Construisons un tableau d'avancement :

Équation de la réaction		$AH(aq)$	+ $H_2O(\ell)$	$\leftrightarrows$ $A^-(aq)$	+ $H_3O^+(aq)$
État du système	**Avancement (en mol)**	Quantités de matière (mol)			
État initial	$x = 0$	$c \times V$	excès	0	0
En cours	x	$c \times V - x$	excès	x	x
État final si réaction totale	x_{max}	$c \times V - x_{max}$	excès	x_{max}	x_{max}
État final	x_f	$c \times V - x_f$	excès	x_f	x_f

a) Déterminons l'expression de l'avancement final :

$$x_f = n(H_3O^+(aq)) = [H_3O^+(aq)] \times V = \mathbf{10^{-pH} \times V}.$$

b) Pour calculer le taux d'avancement, il faut aussi exprimer l'avancement maximal :

$$c \times V - x_{max} = 0$$

$$x_{max} = c \times V.$$

Calculons maintenant le taux d'avancement :

$$\tau = \frac{x_f}{x_{max}} = \frac{10^{-pH} \times V}{c \times V} = \frac{10^{-pH}}{c} = \frac{10^{-1,9}}{1,0}$$

$$\boldsymbol{\tau = 1,3 \times 10^{-2}} << 1.$$

La transformation n'est pas totale.

3. Constante d'acidité de l'acide lactique :

$$K_a = \frac{[A^-]_f \times [H_3O^+]_f}{[AH]_f}$$

4. Reprenons l'expression précédente et faisons apparaître le rapport $\frac{[A^-]_f}{[AH]_f}$:

$$\frac{[A^-]_f}{[AH]_f} = \frac{K_a}{[H_3O^+]_f}$$

$$\frac{[A^-]_f}{[AH]_f} = \frac{K_a}{10^{-pH}}$$

$$\frac{[A^-]_f}{[AH]_f} = K_a \times 10^{pH}$$

$$\frac{\mathbf{[A^-]_f}}{\mathbf{[AH]_f}} = 1{,}3 \times 10^{-4} \times 10^{1{,}9} = \mathbf{1{,}0 \times 10^{-2}}.$$

5. $\frac{[A^-]_f}{[AH]_f} < 1$, donc **l'espèce qui prédomine dans la solution est AH(aq)**.

6. Il faut établir le diagramme de prédominance de l'espèce chimique considérée. Pour cela, il faut calculer le pK_a du couple AH/A^- :

$$pK_a = -\log K_a = -\log (1{,}3 \times 10^{-4}) = 3{,}9.$$

À RETENIR

- Un acide est dit « faible » s'il réagit partiellement avec l'eau :

$$AH(aq) + H_2O(\ell) \leftrightarrows A^-(aq) + H_3O^+(aq)$$

- Une base est dite « faible » si elle réagit partiellement avec l'eau :

$$B(aq) + H_2O(\ell) \leftrightarrows BH^+(aq) + OH^-(aq)$$

- La réaction de dissociation d'un acide faible avec l'eau est un équilibre caractérisé par une constante d'équilibre :

$$K_a = \frac{[A^-]_{éq} \times [H_3O^+]_{éq}}{[AH]_{éq}}$$

On définit ainsi le pK_a d'un couple acide/base : $pK_a = -\log K_a$.

Ce pK_a est lié au pH de la solution : $pH = pK_a + \log \frac{[A^-]}{[AH]}$.

Si $pH < pK_a$, la forme acide est majoritaire.

Si $pH > pK_a$, la forme basique est majoritaire.

Si $pH = pK_a$, les deux formes sont présentes en même quantité.

EXERCICES

Dans tous les exercices, la température des solutions est de 25 °C.

Connaître le cours

Pour chaque exercice du *connaître le cours*, indiquer la (ou les) bonne(s) réponse(s) :

1 1 min L'eau, solvant ampholyte

	A	B	C
1. La valeur de $[OH^-]$ est donnée par la relation :	$\frac{[H_3O^+]}{K_e}$	$\frac{K_e}{[H_3O^+]}$	$K_e \times [H_3O^+]$
2. Dans une solution aqueuse, si $[H_3O^+] = 10^{-1}$ mol.L^{-1} :	$[OH^-] = 10^{-13}$ mol.L^{-1}	$[OH^-] = 10^{-1}$ mol.L^{-1}	$[OH^-] = 10^{-14}$ mol.L^{-1}
3. Si l'eau a un pH neutre :	$[H_3O^+] = 10^{-7}$ mol.L^{-1}	pH = 7	$[OH^-] = 10^{-7}$ mol.L^{-1}

→ *Corrigé p. 199*

2 2 min Acide fort, base forte

	A	B	C
1. La réaction de dissolution d'un acide fort dans l'eau est :	limitée	totale	équilibrée
2. Le pH d'une solution aqueuse est donné par la relation :	pH = –log $[HO^-]$	pH = log $[H_3O^+]$	pH = –log $[H_3O^+]$
3. Une solution d'acide chlorhydrique, acide fort, de concentration $1{,}5 \times 10^{-3}$ mol.L^{-1}, a comme pH :	1,5	2,8	–2,8
4. Une solution aqueuse d'hydroxyde de sodium, base forte, a un pH :	inférieur à 7	égal 7	supérieur à 7
5. Si une solution d'hydroxyde de sodium a une concentration de $1{,}5 \times 10^{-3}$ mol.L^{-1}, son pH vaut :	11,2	2,8	–2,8

→ *Corrigé p. 199*

3 2 min Acide faible, base faible

	A	B	C
1. La réaction de dissolution d'un acide faible dans l'eau est :	limitée	totale	équilibrée
2. La constante d'acidité K_a d'un couple acide/base s'écrit :	$K_a = \dfrac{[A^-]_{éq} \times [H_3O^+]_{éq}}{[AH]_{éq}}$	$K_a = \dfrac{[AH]_{éq}}{[A^-]_{éq} \times [H_3O^+]_{éq}}$	$K_a = \dfrac{[A^-]_{éq}}{[AH]_{éq}}$
3. Pour un acide faible, lorsque $[AH] = [A^-]$:	$pH = pK_a$	$pH = pK_e$	$pH = K_a$
4. L'acide éthanoïque a un pK_a de 4,8. Une solution de cet acide a un pH de 3,2. La forme prédominante est alors :	la forme basique	la force acide	aucune des deux
5. Pour l'acide éthanoïque, la forme prédominante sera l'ion éthanoate lorsque :	pH = 4,8	pH > 4,8	elle n'est jamais prédominante

→ Corrigé p. 199

Appliquer le cours et les savoir-faire

4 5 min ★

→ COMMENT FAIRE 2

Soit une solution d'acide chlorhydrique HCℓ de concentration $5{,}0 \times 10^{-2}$ mol.L^{-1}.

1. Calculer le pH de cette solution.
2. Quelle serait la valeur du pH si l'on diluait 2 fois la solution ?
3. Mêmes questions pour une solution d'hydroxyde de sodium (Na^+, OH^-) de même concentration molaire.

→ Corrigé p. 199

5 8 min ★

→ COMMENT FAIRE 2

L'acide nitrique HNO_3 est un acide fort. Une solution aqueuse de cet acide a un pH de 3,9.

1. Écrire l'équation de dissolution de cet acide dans l'eau.
2. Déterminer la concentration en ions oxonium.
3. Déterminer alors la concentration initiale en acide nitrique.

→ Corrigé p. 199

6 5 min ★

→ COMMENT FAIRE 2

1. Le pH d'une solution d'acide de concentration $1{,}5 \times 10^{-2}$ mol.L^{-1} vaut 3,0. Cet acide est-il un acide fort ?
2. Le pH d'une solution d'hydroxyde de potassium (K^+, OH^-) de concentration 5,0 mmol.L^{-1} vaut 11,7. L'hydroxyde de potassium est-il une base forte ?

→ Corrigé p. 200

7 15 min ★★ → COMMENT FAIRE 3

On considère une solution d'acide faible, noté AH, de concentration molaire $C = 1{,}0 \times 10^{-3}$ mol.L^{-1}. Le pH mesuré a pour valeur 4,20.

1. Écrire l'équation de dissolution de l'acide dans l'eau.

2. À l'aide d'un tableau d'avancement, déterminer le pK_a de cet acide. → Corrigé p. 200

8 8 min ★★ → COMMENT FAIRE 3

Le pK_a du couple auquel appartient l'ibuprofène, noté R–COOH, est, à 25 °C, pK_a = 4,5.

1. Placer sur un diagramme de prédominance les domaines des espèces du couple R–COOH/R–COO$^-$.

2. Quelle est l'espèce prédominante à pH = 3 ? pH = 7 ? pH = 4,5 ? → Corrigé p. 201

S'entraîner au raisonnement

9 15 min ★★

Le pH d'une solution aqueuse d'acide nitreux HNO_2(aq), de concentration C_1 = 0,20 mol.L^{-1}, a pour valeur pH_1 = 2,0 ; celui d'une solution aqueuse de méthanoate de sodium $HCOO^-$(aq) + Na^+(aq), de concentration C_2 = 0,40 mol.L^{-1}, a pour valeur pH_2 = 8,7.

Données : $pK_{a_1}(HNO_2/NO_2^-) = 3{,}3$; $pK_{a_2}(HCOOH/HCOO^-) = 3{,}8$; $pK_e = 14{,}0$.

1. Écrire l'équation de la réaction entre l'acide nitreux et l'eau. Donner l'expression de sa constante d'équilibre.

2. Écrire l'équation de la réaction entre l'ion méthanoate et l'eau. Donner l'expression de sa constante d'équilibre.

3. Sur un diagramme de prédominance, placer les domaines de prédominance des deux couples acide/base mis en jeu.

4. Préciser l'espèce prédominante dans chacune des deux solutions précédentes.

→ Corrigé p. 202

10 20 min ★★★

Un indicateur coloré est une espèce chimique dont la couleur est fonction du pH. On s'en sert lors des titrages acido-basiques : le changement de couleur indique l'équivalence.

On dispose d'un flacon d'indicateur coloré avec comme seule indication sa concentration molaire : $c = 2{,}90 \times 10^{-4}$ mol.L^{-1}.

On mesure son pH : 4,2.

Le couple acide/base présent dans cet indicateur coloré sera noté HInd/Ind⁻.
La solution d'indicateur coloré a été préparée à partir de la forme acide de l'indicateur : HInd.
L'équation de la réaction entre HInd et l'eau est : $HInd + H_2O \leftrightarrows Ind^- + H_3O^+$.

1. Déterminer la concentration des ions oxonium à l'équilibre.

2. En considérant un volume $V = 100$ mL de solution d'indicateur, déterminer le taux d'avancement final de la réaction de l'acide HInd avec l'eau.

3. Cet acide est-il totalement dissocié dans l'eau ? Justifier la réponse.

4. Donner l'expression littérale de la constante d'acidité K_a de la réaction de l'acide HInd sur l'eau.

5. On a $K_a = 1{,}8 \times 10^{-5}$. Justifier cette valeur.

6. Sachant que $pK_a = -\log K_a$, calculer le pK_a du couple Hind/Ind⁻ et identifier l'indicateur à l'aide des données du tableau suivant.

Indicateur	Couleur acide	Zone de virage	Couleur basique	pK_a
hélianthine	rouge	3,1–4,4	jaune orangé	3,7
vert de bromocrésol	jaune	3,8–5,4	bleu	4,8
bleu de bromothymol	jaune	6,0–7,6	bleu	7,0
phénolphtaléine	incolore	8,2–10,0	fuchsia	9,4

→ Corrigé p. 202

11 15 min ★★

On considère une solution d'acide citrique S_1 et une solution d'acide sulfamique S_2 de même concentration molaire en soluté apporté $c = 1{,}00 \times 10^{-2}$ mol.L⁻¹ et de même volume $V = 1{,}00$ L.
À 25 °C, on mesure un pH de valeur 2,6 pour S_1 et de valeur 2,0 pour S_2.

1. Justifier que seul l'acide citrique possède un pK_a.

2. En notant A_1H l'acide citrique, donner l'expression de la constante d'acidité K_{a_1} du couple acide citrique/ion citrate.

3. À partir d'un tableau d'avancement, calculer la valeur de la constante K_{a_1} du couple de l'acide citrique, puis celle de son pK_{a_1}.

4. Quelle forme, acide ou basique, de l'acide citrique prédomine dans la solution S_1 ? Justifier.

→ Corrigé p. 203

12 30 min ★★

Certaines fleurs, comme celles des hortensias, possèdent des couleurs variées dues à des pigments naturels.
Les couleurs rouge, mauve, violette et bleue viennent de la présence d'anthocyanines dans les pétales.
La couleur violette est due à une molécule nommée cyanidine, que l'on notera HA dans la suite de l'exercice.
HA peut appartenir à deux couples H_2A^+/HA de $pK_{a_1} = 4,3$ et HA/A^- de $pK_{a_2} = 7,0$.
L'espèce H_2A^+ est rouge, l'espèce HA est violette et l'espèce A^- est bleue.
Donnée : $pK_e = 14$.

Étudions le cas où HA se comporte comme un acide.

1. Écrire l'équation de la réaction de HA en tant qu'acide avec l'eau.
2. Donner l'expression de la constante d'équilibre K de cette réaction. Comment appelle-t-on cette constante ? Donner sa valeur.

Le pH d'une solution contenant HA est de 10.

3. À partir de l'expression de K, évaluer littéralement, puis calculer le rapport $\frac{[A^-]_{éq}}{[AH]_{éq}}$.
4. En déduire l'espèce prédominante. Conclure sur la couleur de la solution.

Étudions maintenant le cas où HA se comporte comme une base.

5. Écrire l'équation de la réaction de HA en tant que base avec l'eau.
6. Donner l'expression de la constante d'équilibre K′ de cette réaction. Quelle est la relation entre K_{a_1} et K′ ?
7. Placer sur un diagramme les domaines de prédominance des espèces H_2A^+, HA et A^- suivant les valeurs du pH.
8. Pourquoi les fleurs d'hortensias peuvent-elles changer de couleur suivant la nature du sol ?

→ Corrigé p. 204

EXERCICE DE BAC

Exercice 50 min 12 points

Un aquarium et tout ce qu'il contient forment un système complexe à l'équilibre fragile. De nombreux facteurs peuvent provoquer un déséquilibre dangereux pour la vie et la santé des poissons. En particulier, le pH de l'eau est une grandeur à mesurer régulièrement et à réguler si nécessaire. Il ne doit pas varier de plus de 0,5 unité de pH.
Un aquariophile débutant n'arrive pas à réguler le pH de son aquarium qui contient des plantes et des poissons (scalaires, néons cardinal et guppys). Le matin, le pH de l'eau est d'environ 6,7 et le soir de 7,5.
Cet exercice a pour but d'aider l'aquariophile à réguler le fonctionnement de son aquarium.
Sur les forums d'aquariophilie, on peut trouver quatre techniques d'ajustement du pH :

Technique n° 1. Ajouter un peu d'acide sulfurique, commercialisé, par exemple, sous la dénomination « pH minus ». Il s'agit d'un acide fort, la variation du pH sera rapide et peut-être plus importante que souhaitée.

Technique n° 2. Injecter du dioxyde de carbone dans l'eau.
Pour injecter du dioxyde de carbone dans un aquarium, le plus simple est d'utiliser un kit comprenant un bulleur, un détendeur et une bouteille pressurisée.
Ce système peut être couplé à une électrovanne programmable permettant de choisir les horaires des périodes d'injection du dioxyde de carbone.
Le système peut encore être optimisé en combinant un pH-mètre à l'installation, permettant une gestion automatisée de la régulation du pH.

D'après *http://www.aqua-planete.com/CO2.php*

Technique n° 3. Ajouter une solution contenant des ions hydroxyde de formule HO^-. L'ajout doit être modéré car, si l'eau devient trop basique, les ions ammonium présents dans l'eau pourraient se transformer en ammoniac, un gaz dissous particulièrement toxique pour les poissons.

Technique n° 4. Ajouter de la craie dans l'eau de l'aquarium.

Données :

• Les craies traditionnelles sont composées presque exclusivement de carbonate de calcium, un solide ionique constitué d'ions calcium Ca^{2+} et carbonate CO_3^{2-}.

• Masse molaire du carbonate de calcium : $M(CaCO_3) = 100$ g.mol^{-1}.

• Masse d'un bâton de craie : environ 10 g.

Couples acide/base	pK_a
H_2CO_3/HCO_3^-	6,3
HCO_3^-/CO_3^{2-}	10,3

Consommation et production de dioxyde de carbone et de dioxygène par les plantes aquatiques et les poissons

De jour comme de nuit, les poissons respirent ; ils absorbent donc du dioxygène et rejettent du dioxyde de carbone.

En ce qui concerne les plantes, deux phénomènes sont à prendre en compte :

– de jour comme de nuit, elles respirent ;

– de jour, lorsqu'elles reçoivent de la lumière, les plantes réalisent la photosynthèse : elles captent du dioxyde de carbone et produisent du glucose. La photosynthèse est modélisée par la réaction d'équation suivante :

$$6\,CO_2 + 6\,H_2O \xrightarrow{h\nu} C_6H_{12}O_6 + 6\,O_2$$

Globalement, lorsqu'elle reçoit suffisamment de lumière, une plante absorbe plus de dioxyde de carbone par la photosynthèse qu'elle n'en rejette par la respiration.

1. **[1 pt]** Une solution « pH minus » vendue pour faire baisser le pH dans un aquarium contient des ions H_3O^+ à la concentration de 3,0 mol.L^{-1}. Pour mettre en œuvre une des techniques, un aquariophile conseille sur un forum de prélever de l'eau de l'aquarium dans un récipient propre afin de diluer 50 fois la solution de « pH minus » avant de l'introduire dans l'aquarium. Déterminer la valeur du pH de la solution versée dans l'aquarium.

2. Une des techniques propose d'injecter du dioxyde de carbone. Le dioxyde de carbone se dissout dans l'eau et y forme l'acide carbonique H_2CO_3 selon la réaction d'équation suivante :

$$CO_2(aq) + H_2O(\ell) \leftrightarrows H_2CO_3(aq)$$

a) **[1 pt]** À l'aide des couples acide/base mis en jeu, écrire l'équation de la réaction intervenant entre l'acide carbonique et l'eau.

b) **[2 pts]** Quel est l'effet de cette injection de dioxyde de carbone sur la valeur du pH de l'eau de l'aquarium ? Cette injection est-elle à conseiller à l'aquariophile débutant ?

c) **[1,5 pt]** Tracer, sur un axe gradué, les domaines de prédominance des espèces acido-basiques H_2CO_3, HCO_3^- et CO_3^{2-}. Déterminer l'espèce prédominante le matin et le soir dans l'eau de l'aquarium étudié.

3. On considère un aquarium de volume 100 L dont l'eau a une valeur de pH égale à 3,0. On se propose d'étudier l'effet de l'ajout de craie dans l'eau comme proposé dans l'une des techniques.

a) **[2 pts]** L'ajout d'un quart de bâton de craie permettra-t-il d'obtenir une solution neutre ?

Pour répondre à cette question, on modélisera la transformation par la réaction intervenant entre les ions carbonate CO_3^{2-} présents dans la craie et les ions oxonium H_3O^+ de l'aquarium formant de l'acide carbonique et de l'eau. On considèrera cette réaction comme totale.

b) **[1 pt]** Déterminer l'espèce prédominante après traitement. La modélisation choisie est-elle pertinente ?

4. **[1 pt]** Quelles sont les techniques proposées sur Internet permettant de faire diminuer ou augmenter le pH ?

5. **[2,5 pts]** Synthèse.

En s'appuyant, entre autres, sur les équilibres acide/base mis en jeu, rédiger un paragraphe expliquant :

– la variation de pH de 6,7 à 7,5 observée en journée.

– laquelle des quatre techniques convient pour réguler le pH dans l'aquarium considéré.

→ *Corrigé p. 205*

CORRIGÉS

1 → Énoncé p. 191

1. **B** ; **2.** **A** ; **3.** **A**, **B** et **C**.

2 → Énoncé p. 191

1. **B** ; **2.** **C** ; **3.** **B** ; **4.** **C** ; **5.** **A**.

3 → Énoncé p. 192

1. **A** et **C** ; **2.** **A** ; **3.** **A** ; **4.** **B** ; **5.** **B**.

4 → Énoncé p. 192

1. L'acide chlorhydrique est un acide fort, sa réaction avec l'eau est donc totale. La valeur du pH est donnée par la relation :

$$\text{pH} = -\log\,[H_3O^+] = -\log C_0$$
$$\text{pH} = -\log\,(5{,}0 \times 10^{-2})$$
$$\mathbf{pH = 1{,}3.}$$

Remarque
Attention ! Le logarithme est ici un logarithme décimal (log), et pas népérien (ln).

2. Si l'on dilue la solution deux fois, la valeur de la concentration en ions oxonium $[H_3O^+]'$ est divisée par deux :

$$\text{pH} = -\log\,[H_3O^+]'$$
$$\text{pH} = -\log\left(\frac{[H_3O^+]}{2}\right)$$
$$\text{pH} = -\log\left(\frac{5{,}0 \times 10^{-2}}{2}\right)$$
$$\mathbf{pH = 1{,}6.}$$

3. Pour l'hydroxyde de sodium, base forte, la valeur du pH est cette fois donnée par la relation :

$$\text{pH} = 14 + \log C$$
$$\text{pH} = 14 + \log\,(5 \times 10^{-2})$$
$$\text{pH} = 12{,}7.$$

Après dilution :

$$\text{pH} = 14 + \log C$$
$$\text{pH} = 14 + \log\,(2{,}5 \times 10^{-2})$$
$$\mathbf{pH = 12{,}4.}$$

5 → Énoncé p. 192

1. Équation de dissolution :

$$\mathbf{HNO_3(aq) + H_2O(\ell) \rightarrow NO_3^-(aq) + H_3O^+(aq)}$$

2. La concentration en ions oxonium se calcule grâce à la formule :

$$[H_3O^+] = 10^{-pH}$$
$$[H_3O^+] = 10^{-3,9}$$
$$\mathbf{[H_3O^+] = 1,3 \times 10^{-4}\ mol.L^{-1}.}$$

3. Construisons le tableau d'avancement de la réaction :

Équation de la réaction		$HNO_3(aq)$ +	$H_2O(\ell)$ →	$NO_3^-(aq)$ +	$H_3O^+(aq)$
État du système	**Avancement (en mol)**	Quantités de matière (mol)			
État initial	$\mathbf{x = 0}$	$n_i(HNO_3)$	excès	0	0
État intermédiaire	$\mathbf{x}$	$n_i(HNO_3) - x$	excès	x	x
État final si transformation totale	$\mathbf{x_{max}}$	$n_i(HNO_3) - x_{max}$	excès	x_{max}	x_{max}
État final réel	$\mathbf{x_f}$	$n_i(HNO_3) - x_f$	excès	x_f	x_f

L'acide nitrique est un acide fort, la dissolution est totale. Le réactif limitant est donc l'acide nitrique et $x_f = x_{max}$:

$$n_i\,(HNO_3) - x_{max} = 0$$
$$x_{max} = n_i(HNO_3)$$
$$x_f = n(H_3O^+).$$

Ainsi, $n_i\,(HNO_3) = n(H_3O^+)$.

Donc $\mathbf{[HNO_3]_i} = [H_3O^+] \mathbf{= 1,3 \times 10^{-4}\ mol.L^{-1}}$.

6 → *Énoncé p. 192*

1. Pour un acide fort, la valeur du pH est donnée par la relation $pH = -\log [H_3O^+]$. Si la valeur trouvée est différente de 3,0 alors l'acide n'est pas un acide fort.

$$pH = -\log [H_3O^+] = -\log C_0.$$
$$pH = -\log (1,5 \times 10^{-2})$$
$$pH = 1,8.$$

Le pH calculé est différent du pH mesuré : **cet acide n'est pas un acide fort.**

2. La valeur du pH d'une base forte se calcule grâce à la formule $pH = 14 + \log C$:

$$pH = 14 + \log (5,0 \times 10^{-3})$$
$$pH = 11,7.$$

La valeur calculée est identique à celle mesurée, donc la base est une base forte.

7 → *Énoncé p. 193*

1. $\mathbf{HA(aq) + H_2O(\ell) \leftrightarrows A^-(aq) + H_3O^+(aq).}$

2. Construisons le tableau d'avancement (le volume de la solution n'étant pas précisé, on raisonnera sur un litre pour avoir égalité entre concentration molaire et quantité de matière) :

Équation de la réaction		$AH(aq)$	$+ H_2O(\ell)$	$\leftrightarrows A^-(aq)$	$+ H_3O^+(aq)$
État du système	**Avancement (en mol)**	Quantité de matière (en mol)			
État initial	$x = 0$	$C \times V$	excès	0	0
En cours	x	$C \times V - x$	excès	x	x
État final si réaction totale	x_{max}	$C \times V - x_{max}$	excès	x_{max}	x_{max}
État final	x_f	$C \times V - x_f$	excès	x_f	x_f

Pour déterminer le pK_a de cet acide, il va falloir déterminer le K_a :

$$K_a = \frac{[A^-]_f \times [H_3O^+]_f}{[AH]_f}.$$

> **Remarque**
> Ici, l'eau est le solvant. On remplace donc sa concentration par 1 lors de l'écriture de la constante K_a.

Il faut donc calculer $[H_3O^+]$, $[A^-]$ et $[AH]$ à l'équilibre.
D'après le tableau, on constate que $[A^-]_f = [H_3O^+]_f$.

Or, $[H_3O^+]_f = \frac{x_f}{V} = 10^{-pH} = 10^{-4,2} = 6,3 \times 10^{-5}$ mol.L^{-1}.

L'acide présenté est un acide faible ; seule une partie de l'acide a réagi avec l'eau. Il faut déterminer la quantité d'acide n'ayant pas réagi :

$[AH]_f = \frac{n(AH)_f}{V} = \frac{C \times V - x_f}{V} = C - [H_3O^+]_f$

$[AH]_f = 1,0 \times 10^{-3} - 6,3 \times 10^{-5}$

$[AH]_f = 9,4 \times 10^{-4}$ mol.L^{-1}.

Nous pouvons maintenant déterminer la constante d'acidité :

$$K_a = \frac{(6,3 \times 10^{-5})^2}{9,4 \times 10^{-4}} = 4,2 \times 10^{-6}.$$

Comme $pK_a = -\log K_a$, on a :

$$\mathbf{pK_a = 5,4.}$$

8 → *Énoncé p. 193*

1.

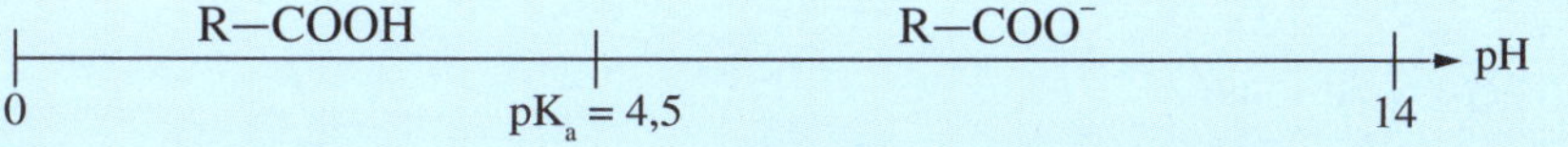

2. D'après la formule, $pH = pK_a + \log \frac{[A^-]}{[AH]}$. **Un pH inférieur à 4,5** implique un rapport $\frac{[A^-]}{[AH]}$ inférieur à 1 et **une espèce acide R–COOH prédominante. Pour un pH supérieur, c'est l'espèce basique R–COO⁻ qui est majoritaire.**

Enfin, lorsque $pH = pK_a = 4,5$, le rapport $\frac{[A^-]}{[AH]}$ vaut 1 : **les deux espèces sont dans les mêmes proportions.**

9 → *Énoncé p. 193*

1. $\mathbf{HNO_2(aq) + H_2O(\ell) \leftrightarrows NO_2^-(aq) + H_3O^+(aq)}$

$$K_{a_1} = \frac{[H_3O^+]_{éq} \times [NO_2^-]_{éq}}{[HNO_2]_{éq}}$$

2. $\mathbf{HCOO^-(aq) + H_2O(\ell) \leftrightarrows HCOOH(aq) + HO^-(aq)}$

$$K_{a_2} = \frac{[HO^-]_{éq} \times [HCOOH]_{éq}}{[HCOO^-]_{éq}}$$

3.

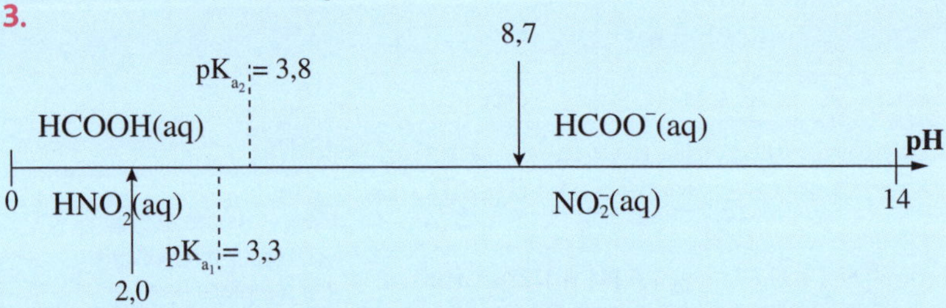

Rappel
Les valeurs 0 et 14 de l'axe correspondent aux pH minimal et maximal des solutions aqueuses.

4. La solution d'acide nitreux a un pH de 2, donc inférieur au pK_{a_1} : **l'espèce prédominante est donc l'espèce acide HNO_2.**
La solution de méthanoate de sodium a, elle, un pH de 8,7. Cette valeur est supérieure à celle du pK_{a_2}. **L'espèce prédominante est donc l'espèce basique $HCOO^-$.**

10 → *Énoncé p. 193*

1. $[H_3O^+] = 10^{-pH} = 10^{-4,2} = \mathbf{6,3 \times 10^{-5}\ mol.L^{-1}}$.

2. Construisons un tableau d'avancement :

Équation	HInd +	H_2O ⇆	Ind^- +	H_3O^+
État initial	$c \times V$	excès	0	0
En cours de transformation	$c \times V - x$	excès	x	x
État final	$c \times V - x_{éq}$	excès	$x_{éq}$	$x_{éq}$
État final si la réaction est totale	$c \times V - x_{max}$	excès	x_{max}	x_{max}

Si la réaction est totale :
$c \times V - x_{max} = 0.$

$$x_{max} = c \times V.$$

Calcul du taux d'avancement : $\tau = \dfrac{x_{éq}}{x_{max}} = \dfrac{[H_3O^+]_{éq} \times V}{c \times V} = \dfrac{10^{-pH}}{c} = 0{,}22.$

$$\boldsymbol{\tau = 22\ \%.}$$

3. Le taux d'avancement est inférieur à 1, donc la réaction est limitée.
L'acide n'est pas totalement dissocié dans l'eau.

4. $\mathbf{K_a = \dfrac{[Ind^-]_{éq} \times [H_3O^+]_{éq}}{[HInd]_{éq}}}$.

5. À l'équilibre :

$$[H_3O^+]_{éq} = [Ind^-]_{éq} = 10^{-pH}$$
$$[HInd]_{éq} = c - [H_3O^+]_{éq}$$

Point maths

$(10^a)^2 = 10^{2a}$

$$K_a = \frac{10^{-2pH}}{c - [H_3O^+]} = \frac{10^{-8,4}}{2,9 \times 10^{-4} - 10^{-4,2}} = \mathbf{1,8 \times 10^{-5}}.$$

6. $\mathbf{pK_a} = -\log K_a = -\log(1,8 \times 10^{-5}) = \mathbf{4,8}$.

L'indicateur coloré est donc l**e vert de bromocrésol**.

11 → *Énoncé p. 194*

1. Si un couple acide/base possède un pK_a, c'est qu'il s'agit d'un acide faible. Pour un acide fort, la réaction avec l'eau est totale et $pH = -\log [H_3O^+]$.

Calculons le pH d'une solution d'acide fort de concentration $1,00 \times 10^{-2}$ mol.L^{-1}.

$$pH = -\log(1,00 \times 10^{-2})$$
$$pH = 2,0.$$

La solution d'acide sulfamique a bien un pH de 2,0. C'est donc un acide fort. La solution d'acide citrique a un pH différent de cette valeur, **c'est un acide faible, caractérisé par un pK_a**.

2. $\mathbf{K_{a_1} = \dfrac{[A_1^-]_{éq} \times [H_3O^+]_{éq}}{[A_1H]_{éq}}}$

3.

Équation	$A_1H(aq)$ +	$H_2O(\ell)$ ⇆	$A_1^-(aq)$ +	$H_3O^+(aq)$
État initial	$c \times V$	excès	0	0
En cours de transformation	$c \times V - x$	excès	x	8
État final	$c \times V - x_{éq}$	excès	$x_{éq}$	$x_{éq}$
État final si la réaction est totale	$c \times V - x_{max}$	excès	x_{max}	x_{max}

D'après le tableau, $[A_1^-]_{éq} = [H_3O^+]_{éq} = \dfrac{x_{éq}}{V} = 10^{-pH}$

$$[A_1H(aq)]_{éq} = \frac{c \times V - x_{éq}}{V} = c - \frac{x_{éq}}{V} = c - [H_3O^+]_{éq} = c - 10^{-pH}$$

$$K_{a_1} = \frac{[A_1^-]_{éq} \times [H_3O^+]_{éq}}{[A_1H]_{éq}} = \frac{10^{-2pH}}{c - 10^{-pH}}$$

$$\mathbf{K_{a_1} = 8,4 \times 10^{-4}}$$

$$pK_{a_1} = -\log K_{a_1}$$

$$\mathbf{pK_{a_1}} = -\log(8,4 \times 10^{-4}) = \mathbf{3,1}.$$

4. La solution S_1 possède un pH = 2,6, donc pH < pK_{a_1}.
L'espèce qui prédomine est l'acide conjugué, **soit l'acide citrique A_1H**.

12 → *Énoncé p. 195*

1. **$HA(aq) + H_2O(\ell) \leftrightarrows A^-(aq) + H_3O^+(aq)$**

2. La constante d'équilibre entre un acide et l'eau est appelée **constante d'acidité** du couple HA/A⁻. Elle s'écrit K_a.

$$K_a = \frac{[A^-]_{éq} \times [H_3O^+]_{éq}}{[HA]_{éq}}$$

Ici, $\mathbf{K_a} = 10^{-pK_{a_2}} \mathbf{= 1{,}0 \times 10^{-7}}$.

3.

$$K_a = \frac{[A^-]_{éq} \times [H_3O^+]_{éq}}{[HA]_{éq}}$$

donc

$$\frac{[A^-]_{éq}}{[HA]_{éq}} = \frac{K_a}{[H_3O^+]_{éq}}$$

$$\frac{[A^-]_{éq}}{[HA]_{éq}} = \frac{10^{-pK_a}}{10^{-pH}}$$

$$\mathbf{\frac{[A^-]_{éq}}{[HA]_{éq}} = 10^{pH - pK_a}}$$

$$\frac{\mathbf{[A^-]_{éq}}}{\mathbf{[HA]_{éq}}} = 10^{10-7} = \mathbf{10^3}$$

$[A^-]_{éq} = 10^3 \times [AH]_{éq}$.

4. Ainsi, à pH = 10, l'espèce prédominante est la **forme basique**. La couleur de la solution est donc **bleue**.

5. **$HA(aq) + H_2O(\ell) \leftrightarrows H_2A^+(aq) + HO^-(aq)$**

6. Exprimons la constante d'acidité K' :

$$K' = \frac{[H_2A^+]_{éq} \times [HO^-]_{éq}}{[HA]_{éq}}$$

Faisons intervenir le produit ionique de l'eau : $[HO^-] = \dfrac{K_e}{[H_3O^+]}$

$$K' = \frac{[H_2A^+]_{éq}}{[HA]_{éq} \times [H_3O^+]_{éq}} \times K_e \ (1)$$

Écrivons maintenant la réaction entre la forme H_2A^+ et l'eau :

$$H_2A^+(aq) + H_2O(\ell) \leftrightarrows HA(aq) + H_3O^+(aq)$$

Exprimons la constante d'acidité de cet équilibre :

$$K_{a_1} = \frac{[HA]_{éq} \times [H_3O^+]_{éq}}{[H_2A^+]_{éq}} \quad (2)$$

En observant les équations (1) et (2), on remarque que $\mathbf{K' = \frac{K_e}{K_{a_1}}}$

7.

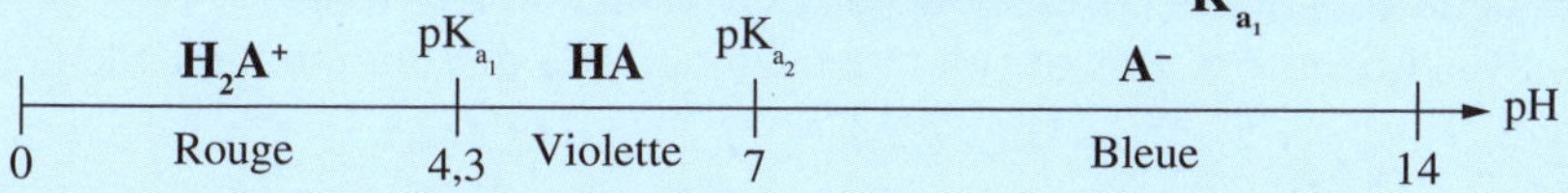

8. L'eau qui alimente les hortensias vient du sol. **Le pH de celui-ci a donc une influence sur le pH de l'eau et donc sur la couleur des plantes.**

EXERCICE DE BAC

Exercice

→ Énoncé p. 196

1. Dans la solution « pH minus », on a $[H_3O^+]_0 = 3{,}0$ mol.L^{-1}.
$pH = -\log [H_3O^+]$
Lorsqu'on dilue la solution 50 fois, on obtient une solution de concentration en ions oxonium $[H_3O^+] = \frac{[H_3O^+]_0}{50}$

$$pH = -\log \frac{[H_3O^+]_0}{50}$$

pH = 1,2.

> **Remarque**
> Lorsqu'on dilue une solution acide ou basique, son pH évolue vers 7.

2. a) $\mathbf{H_2CO_3(aq) + H_2O(\ell) \leftrightarrow HCO_3^-(aq) + H_3O^+(aq)}$

b) Le dioxyde de carbone forme de l'acide carbonique H_2CO_3. Celui-ci réagit avec les molécules d'eau et forme des ions oxonium H_3O^+. Ainsi, $[H_3O^+]$ augmente et entraîne une diminution du pH dans le milieu.
Cette méthode est à conseiller à l'aquariophile, mais elle doit être couplée à un système automatique (électrovanne et pH–mètre)

c)

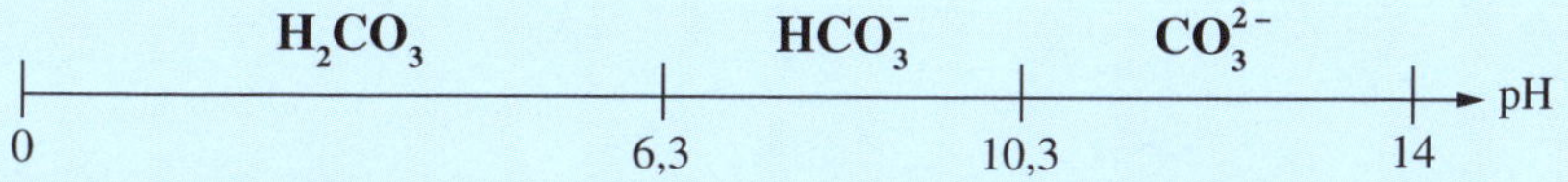

Avec un pH évoluant en journée entre 6,7 et 7,5, on est dans le domaine de pH où **HCO_3^- est prédominant**.

3. a) Soit l'équation de dissolution du carbonate dans l'eau (supposée totale) :

$$CaCO_3(s) \rightarrow Ca^{2+}(aq) + CO_3^{2-}(aq).$$

D'après cette équation, $n(CO_3^{2-}) = n(CaCO_3)$.

Donc $n(CO_3^{2-}) = n(CaCO_3) = \dfrac{m(CaCO_3)}{M(CaCO_3)} = \dfrac{2,5}{100} = 2,5 \times 10^{-2}$ mol.

Ces ions carbonate réagissent avec les ions oxonium présents dans le milieu selon :

$$2\ H_3O^+(aq) + CO_3^{2-}(aq) \rightarrow H_2CO_3(aq) + 2\ H_2O(\ell)$$

D'après cette équation, $n(H_3O^+) = 2 \times n(CO_3^{2-}) = 5,0 \times 10^{-2}$ mol.

Calculons la quantité d'ions oxonium restant après la dissolution totale de la craie :

$$n(H_3O^+)_f = n(H_3O^+)_i - n(H_3O^+)$$

$$n(H_3O^+)_f = 10^{-pH} \times V - n(H_3O^+)$$

$$n(H_3O^+)_f = 10^{-3,0} \times 100 - 5,0 \times 10^{-2}$$

$$n(H_3O^+)_f = 5,0 \times 10^{-2} \text{ mol.}$$

Calculons le pH final :

$$pH = -\log\ [H_3O^+]_f = -\log\ \frac{n(H_3O^+)_f}{V} = -\log\ \frac{5,0 \times 10^{-2}}{100} = 3,3$$

pH = 3,3.

La solution reste acide.

b) D'après le diagramme de prédominance, à un pH de 3,3, c'est la forme acide H_2CO_3 qui prédomine. **La modélisation n'est pas pertinente.**

4. **Les techniques 1 et 2 vont permettre d'abaisser le pH.**
Les deux autres vont au contraire l'augmenter.

5. En conclusion :

En journée, les plantes réalisent la photosynthèse, consomment du CO_2 et font baisser la concentration en ions oxonium. Le pH augmente.

Il faut donc utiliser une méthode faisant baisser le pH :

– ajout d'acide sulfurique concentré ;

– injection de CO_2.

La première solution est risquée, car elle pourrait entraîner une baisse trop brutale du pH. La meilleure méthode reste donc l'ajout de CO_2.

Synthèses organiques

CHAPITRE 9

1 Structure et propriétés

A. Formule topologique

■ Il existe différentes représentations possibles pour une même molécule. La plus simple est la formule brute, qui indique uniquement les atomes présents, ainsi que leur nombre. La plus détaillée est la représentation de Lewis, qui montre tous les doublets liants entre atomes, ainsi que les doublets non liants s'il y en a.

■ Il existe une représentation intermédiaire, la **formule topologique**. Dans celle-ci, on s'intéresse uniquement au **squelette carboné** de la molécule, c'est-à-dire qu'on retire de la molécule tous les atomes d'hydrogène. On ne représente que les doublets liants entre les atomes de carbone et les autres atomes. Cette représentation ne comporte donc que des segments et les atomes autres que ceux de carbone.

Exemple : molécule d'éthanamine :

Formule brute	Formule semi-développée	Formule topologique
C_2H_7N	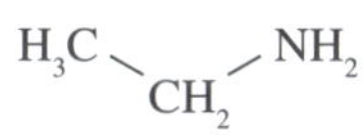	

B. Groupes caractéristiques et nomenclature

■ Les propriétés des molécules dépendent essentiellement des hétéroatomes présents dans la molécule, ainsi que de l'environnement de ces atomes. On définit ainsi des arrangements particuliers, qu'on appelle **groupes caractéristiques** (ou fonctionnels). Ce sont ces groupes qui permettent de nommer les molécules.

Nom	Groupe caractéristique	Famille
hydroxyle	– OH	**alcools**
carbonyle	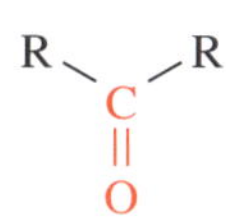	si l'un des groupements R est un atome d'hydrogène : **aldéhydes**
		sinon : **cétones**
carboxyle	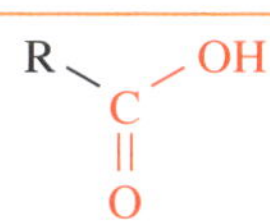	**acides carboxyliques**

Nom	Groupe caractéristique	Famille
amine	$-NH_2$	**amines**
ester	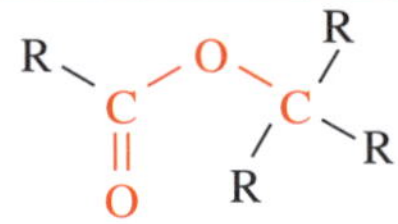	**esters**
amide	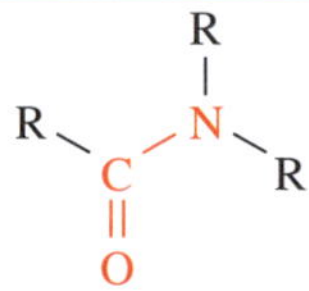	**amides**
halogène	$-X$ avec X halogène	**halogénoalcanes**

■ Nomenclature :

• **Halogénoalcanes :** pour les nommer, on nomme l'alcane correspondant et on rajoute le nom de l'halogène en indiquant sa position, qui doit être la plus petite possible.

Exemple : le 2-iodobutane $CH_3-CH(I)-CH_2-CH_3$.

• **Amines :** il existe trois types d'amines : les amines primaires R–NH_2, secondaires R–NH–R′ et tertiaires R–N(R′)–R″, et leur nom dépend du type d'amine :

– Amines primaires : on nomme la chaîne carbonée et on rajoute « amine » à la fin.

Exemples : éthanamine  ; 2-méthylpropanamine 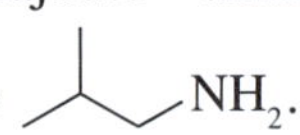.

– Amines secondaires : la chaîne la plus longue donne le nom de l'amine et on considère la chaîne la plus courte comme étant un substituant de l'azote. On l'indique alors, précédée de la lettre N.

Exemples : N-méthyl-éthanamine  ;

N-méthyl-2-méthylpropanamine 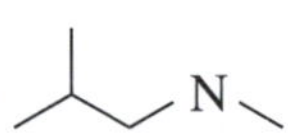.

– Amines tertiaires : la chaîne la plus longue donne le nom de l'amine et on considère les deux autres chaînes comme étant des substituants de l'azote.

Exemples : N-éthyl N-méthylpropanamine 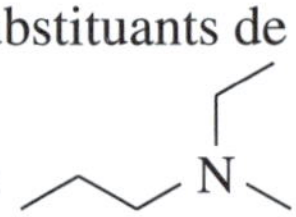 ;

N,N-diméthyléthanamine 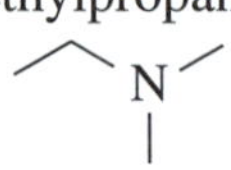.

• **Esters :** un ester est composé de deux parties distinctes. On nomme la chaîne carbonée attachée au groupement C=O en la terminant par « oate de », puis on nomme la chaîne attachée à l'atome O et on la termine par « yle ».

Exemples : butanoate d'éthyle $H_3C-CH_2-CH_2-\underset{\underset{O}{\|}}{C}-O-CH_2-CH_3$;

4 atomes de carbone : butane — 2 atomes de carbone : éthane

3-méthylbutanoate de propyle 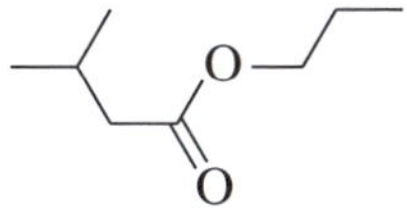 .

• **Amides :** le nom des amides est obtenu à partir du nom de l'acide carboxylique dont ils dérivent, en remplaçant la terminaison « oïque » par « amide ».

Exemple : butanamide 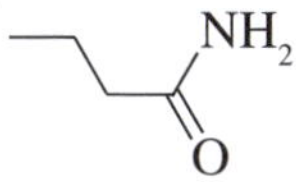 .

Si l'azote est substitué, on nomme les substituants comme pour les amines secondaires ou tertiaires.

Exemples : N-éthylpropanamide 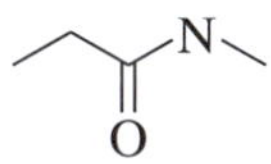 ;

N-éthyl N-méthylpropanamide 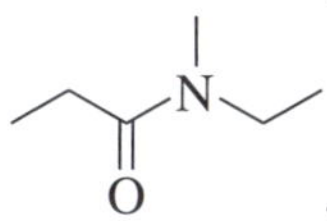 .

C. Isomères de constitution

À une même formule brute peuvent correspondre plusieurs formules développées différentes. On parle alors d'**isomérie**. Il existe différents types d'isomérie :

• **Isomérie de position** si la position d'un substituant diffère le long de la chaîne carbonée.

Exemples : avec la formule brute C_3H_8O, on peut avoir soit le propan-2-ol 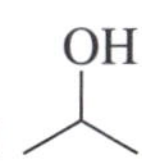, soit le propan-1-ol 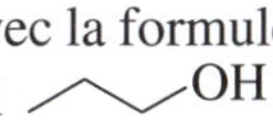.

• **Isomérie de constitution** si les enchaînements d'atomes sont différents.
Exemples : avec la formule brute $C_4H_8O_2$, on peut avoir soit l'acide butanoïque 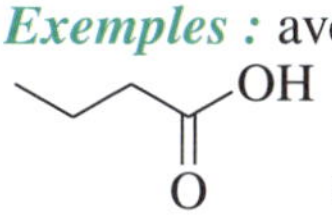 soit le propanoate de méthyle 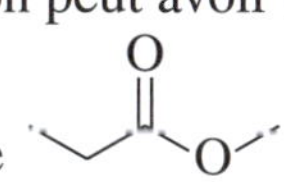.

2 Optimisation d'une étape de synthèse

■ On rappelle qu'une **synthèse chimique** est le processus d'enchaînement de réactions chimiques permettant d'obtenir un produit souhaité.

■ On peut optimiser une synthèse en travaillant sur deux axes :
• **Un axe cinétique.** On peut augmenter (ou diminuer) la vitesse d'une transformation en jouant sur les facteurs cinétiques tels que la concentration initiale des réactifs et la température. On peut aussi ajouter un catalyseur.

• **Un axe quantitatif.** Si l'on introduit un réactif en excès, on déplace l'équilibre de la transformation dans le sens de formation des produits, augmentant ainsi le rendement. Dans ce cas, le réactif en excès sera celui qui est le moins cher, ou bien celui qu'on peut le plus facilement récupérer. On peut aussi éliminer l'un des produits au fur et à mesure de sa formation, augmentant ainsi le rendement par déplacement d'équilibre.

3 Stratégies de synthèses

A. Types de chaînes

■ Il existe trois types de chaînes carbonées :

• les chaînes linéaires pour lesquelles les atomes de carbone sont sur une seule chaîne.

Exemple : l'hexane C_6H_{14} 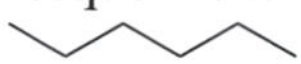.

• les chaînes ramifiées pour lesquelles des atomes d'hydrogène sont remplacés par des atomes de carbone.

Exemple : le 2,3-diméthylbutane C_6H_{14} 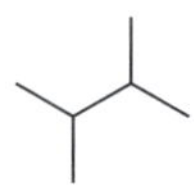.

• les chaînes cycliques.

Exemple : le cyclohexane C_6H_{12} .

■ Chacune de ces chaînes peut aussi être saturée ou insaturée (présence ou non de double liaison).

> **À savoir**
> On appelle insaturation une double ou triple liaison.

B. Types de réactions*

■ Il existe différents types de réactions, en fonction des réactifs et des produits :

• **réaction acide-base** s'il y a un échange de proton H^+ entre les réactifs.

Exemple : $CH_3{-}COOH + H_2O \rightarrow CH_3{-}COO^- + H_3O^+$.

• **réaction d'oxydo-réduction** s'il y a échange d'électrons entre les réactifs.

Exemple : $Cu^{2+} + Fe \rightarrow Cu + Fe^{2+}$.

• **réaction de substitution** si un atome ou groupe d'atomes (lié à un carbone par une liaison simple) est remplacé par un autre.

Exemples : 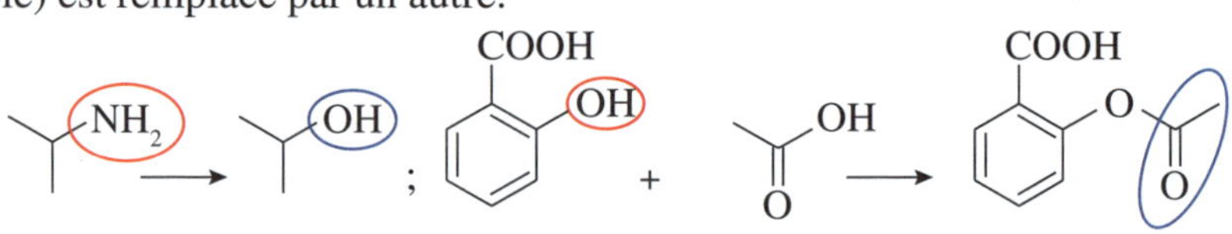

(acide salicylique + acide éthanoïque → acide acétylsalicylique, ou aspirine).

> **À savoir**
> Lors de l'étude de synthèses organiques, les équations chimiques ne sont pas forcément équilibrées, car on se concentre uniquement sur les espèces qui nous intéressent.

*Ce paragraphe ne pourra pas faire l'objet d'une question à l'épreuve écrite du Bac.

• **réaction d'addition** si des atomes ou groupes d'atomes sont ajoutés à une molécule possédant une insaturation.

Exemples : 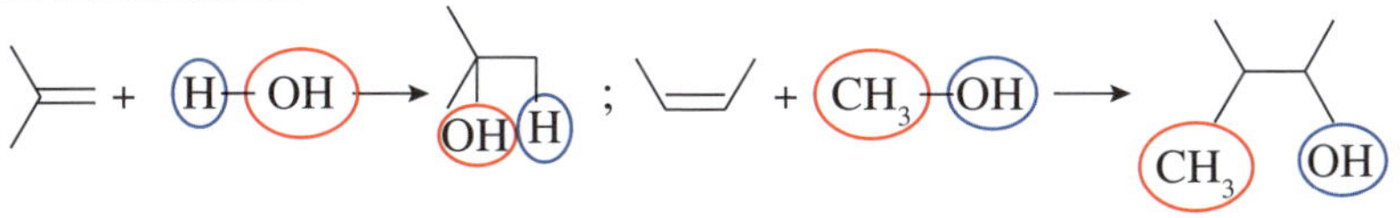

• **réaction d'élimination** si des atomes ou groupes d'atomes sont ôtés à une molécule en créant une insaturation ou une cyclisation.

Exemples : 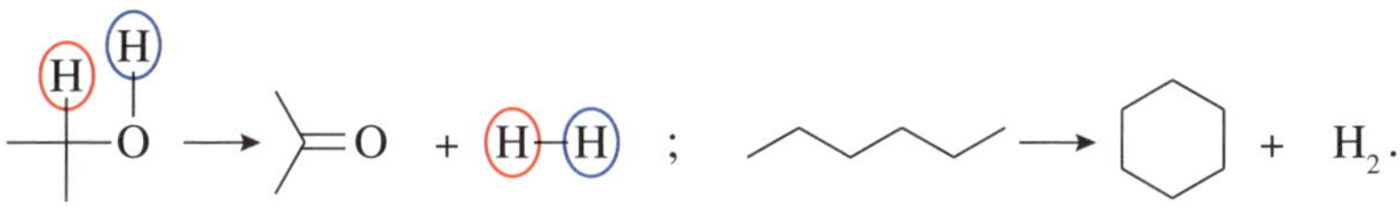

C. Modifications

Modification de chaîne

On réalise une modification de chaîne si la transformation utilisée **modifie la chaîne carbonée** de la molécule. On a 3 possibilités de modification :

• avec conservation du nombre d'atomes de carbone. C'est alors le type de chaîne qui est modifié.

Exemple : 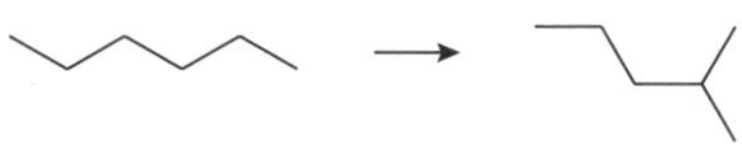

• avec diminution du nombre d'atomes de carbone. On a un raccourcissement de la chaîne.

Exemple : 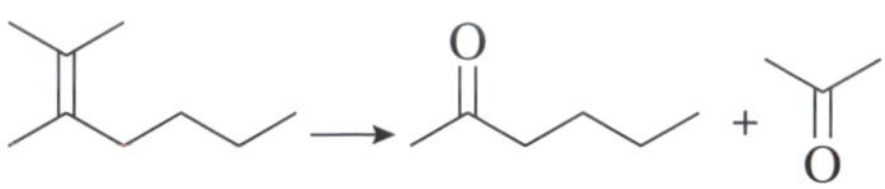

• avec augmentation du nombre d'atomes de carbone. On a alors un allongement de la chaîne carbonée.

Exemple : synthèse du polystyrène à partir du styrène :

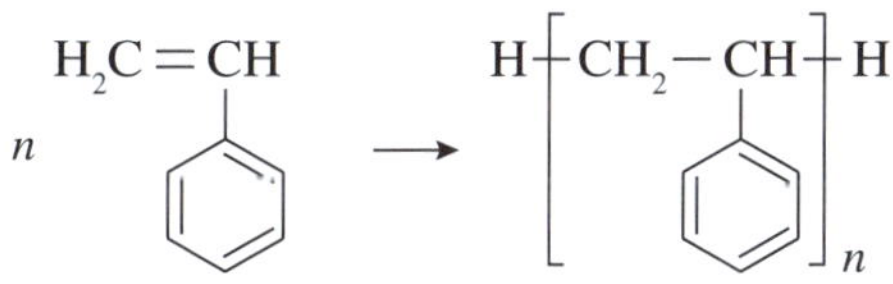

Modification de groupe caractéristique

On réalise une modification de groupe caractéristique lorsque la transformation utilisée ajoute, enlève ou remplace, un groupe caractéristique sans modifier la chaîne.

Exemple : 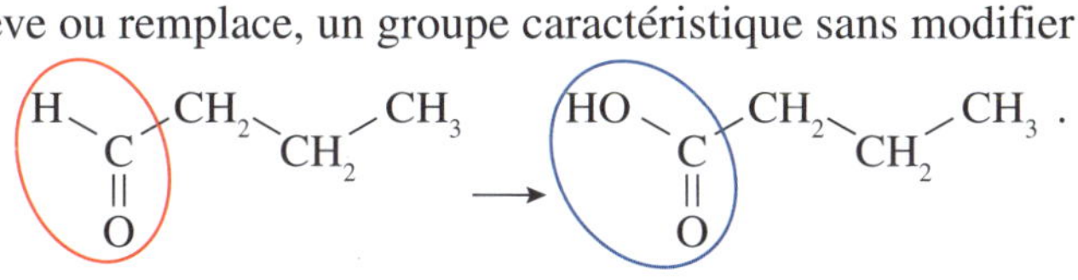

D. Polymérisation*

Par réactions d'addition successives en très grand nombre de la même molécule, qu'on appelle monomère, on obtient un **polymère**. En fonction du monomère, on obtient différents polymères aux propriétés différentes :

Monomère	Polymère	Utilisation
éthylène $H_2C=CH_2$	polyéthylène PE $H\left[CH_2-CH_2\right]_nH$	emballages
propylène $H_2C=CH-CH_3$	polypropylène PP $H\left[CH_2-CH(CH_3)\right]_nH$	plomberie
chlorure de vinyle $H_2C=CH-C\ell$	polychlorure de vinyle PVC $H\left[CH_2-CH(C\ell)\right]_nH$	tubes, vêtements
tétrafluoroéthylène $F_2C=CF_2$	polytétrafluoroéthylène PTFE $H\left[CF_2-CF_2\right]_nH$	plus connu sous le nom de Téflon®
styrène $H_2C=CH$ 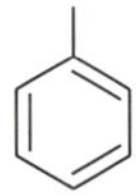	polystyrène PS 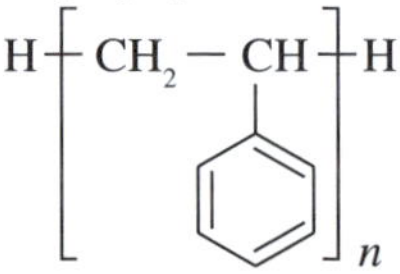	emballages
méthacrylate de méthyle $H_2C=C(CH_3)-C(=O)-OCH_3$	polyméthacrylate de méthyle PMMA $H\left[CH_2-C(CH_3)(C(=O)-OCH_3)\right]_nH$	fabrication du Plexiglas®
acides aminés H_2N-CH_2-COOH	polyamides $H\left[NH-CH_2-C(=O)\right]_nH$	fibres synthétiques, dont le nylon

Dans la formule du polymère, *n* est appelé degré de polymérisation, c'est-à-dire le nombre de fois où le monomère se répète dans la macromolécule (*n* très grand).

*Ce paragraphe ne pourra pas faire l'objet d'une question à l'épreuve écrite du Bac.

E. Protection et déprotection*

Au cours des différentes étapes d'une synthèse, on peut avoir besoin de ne modifier qu'une partie de la molécule. Malheureusement, le réactif utilisé peut réagir avec plusieurs fonctions. On doit alors protéger les fonctions qu'on ne veut pas modifier. On va ainsi utiliser des réactions réversibles pour protéger les fonctions que l'on souhaite garder, puis faire réagir celles que l'on veut modifier. Une fois la transformation faite, on doit déprotéger les fonctions que l'on a bloquées.

Exemple : pour protéger les fonctions carboxyles, on peut les transformer en fonction ester en les faisant réagir avec un alcool. Il suffit ensuite, pour les déprotéger, de faire réagir la fonction ester avec de l'eau, et on régénère les fonctions carboxyles.

4 Synthèses écoresponsables*

Afin d'avoir des synthèses plus soucieuses de l'environnement, on recherche de nouvelles voies de synthèse qui permettent d'économiser les atomes en limitant le nombre de réactifs, d'utiliser des solvants moins polluants et en plus petite quantité, d'économiser l'énergie nécessaire grâce à l'emploi, par exemple, de biocatalyseurs.

On essaiera le plus possible d'utiliser des agroressources, de valoriser les sous-produits et d'imaginer des voies de recyclage, en s'appuyant tant que faire se peut sur la chimie verte.

*Ce paragraphe ne pourra pas faire l'objet d'une question à l'épreuve écrite du Bac.

COMMENT FAIRE

1 Nommer une espèce chimique

EXERCICE TYPE

Nommer les molécules suivantes :

1. 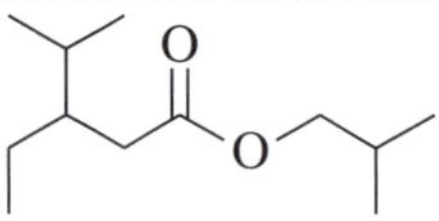

2. 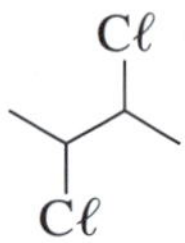

3. 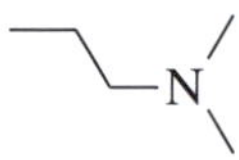

4. 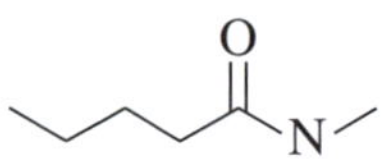

CORRIGÉ COMMENTÉ

1. La fonction (ou groupe caractéristique) portée par cette molécule est la **fonction ester** ; cette molécule est donc 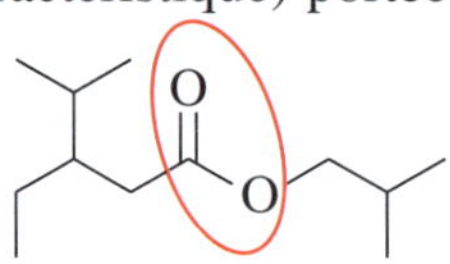. Le nom de cette molécule est donc composé de deux parties, la partie bleue et la partie verte : 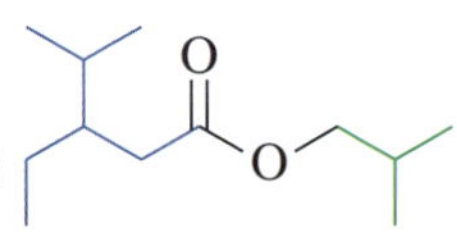.

– La chaîne carbonée bleue est constituée de 5 atomes de carbone, c'est donc un pentane. 2 atomes d'hydrogène sont substitués par un groupement éthyle (2 C) sur le carbone 3 et un groupement méthyle (1 C) sur le carbone 4 :

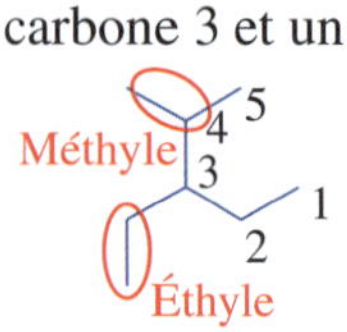

3-éthyl-4-méthylpentane.

> **À savoir**
> Dans un ester, le carbone porteur de la fonction ester est obligatoirement le carbone n° 1.

– La chaîne carbonée verte est constituée de 3 atomes de carbone, c'est donc un propane. Un atome d'hydrogène est substitué par un groupement méthyle (1 C) sur le carbone 2 : 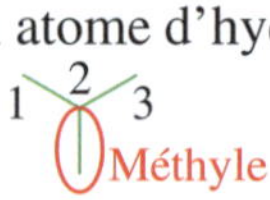

2-méthylpropane.

La molécule est donc du **3-éthyl-4-méthylpentanoate de 2-méthylpropanyle**.

2. Cette molécule porte deux substituants chlore : c'est donc un **halogénoalcane**. La chaîne carbonée la plus longue est de 4 atomes de carbone : c'est donc un butane. Les 2 atomes de chlore sont situés sur les carbones 2 et 3 : la molécule est donc du **2,3-dichlorobutane**.

> **À savoir**
> Si une molécule possède deux substituants identiques, on précède le nom du substituant par « di », sans oublier d'indiquer la position.

3. La fonction portée par cette molécule est la **fonction amine**, cette molécule est donc une **amine** : 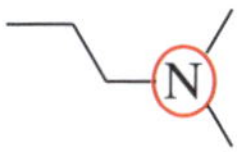. L'atome d'azote porte 3 chaînes carbonées, c'est donc une amine tertiaire.

– La chaîne carbonée la plus longue (bleue) compte 3 atomes de carbone : c'est du propane.

– Les deux autres chaînes (vertes) ne comptent qu'un seul atome de carbone : ce sont des méthyles.

La molécule est donc du **N,N-diméthyl-propanamine**.

4. La fonction portée par cette molécule est la **fonction amide**, cette molécule est donc un **amide** : 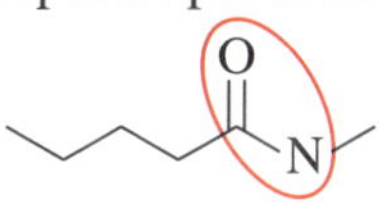. La chaîne carbonée contenant la fonction comporte 5 atomes de carbone (chaîne bleue) : c'est donc du pentane. L'atome d'azote porte un substituant constitué d'un seul atome de carbone (en vert), groupement méthyle.

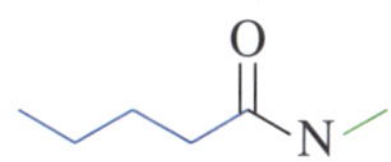

La molécule est donc du **N-méthyl-pentanamide**.

À RETENIR

- Il faut commencer par identifier la fonction (ou groupe caractéristique) de la molécule, puis identifier la chaîne carbonée la plus longue contenant la fonction.
- On identifie ensuite les différents substituants en repérant le carbone qui les porte.
- Les substituants sont rangés par ordre alphabétique.

2 Représenter une espèce chimique

EXERCICE TYPE

Donner la formule semi-développée des molécules suivantes.

1. 2-chloro-3-iodopentane.

2. N-éthyl,N-méthyl-2-éthyl-3-méthylbutanamide.

3. N-éthyl-2-méthylpropanamine.

4. Propanoate de 2-méthylbutyle.

CORRIGÉ COMMENTÉ

1. La molécule de 2-chloro-3-iodopentane est un halogénoalcane (chloro et iodo). La chaîne carbonée la plus longue contient 5 atomes de carbone (pentane). Cette chaîne est disubstituée sur les atomes de carbone 2 et 3. On obtient donc la représentation suivante :

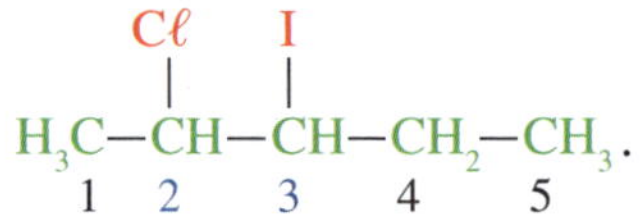

2. La molécule de N-éthyl,N-méthyl-2-éthyl-3-méthylbutan**amide** est un amide : elle comporte donc la fonction amide

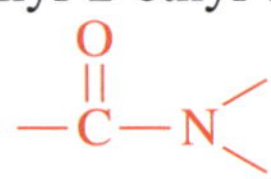

> **Rappel**
> Les substituants portés par l'azote sont précédés de la lettre N.

La représentation de la molécule est donc :

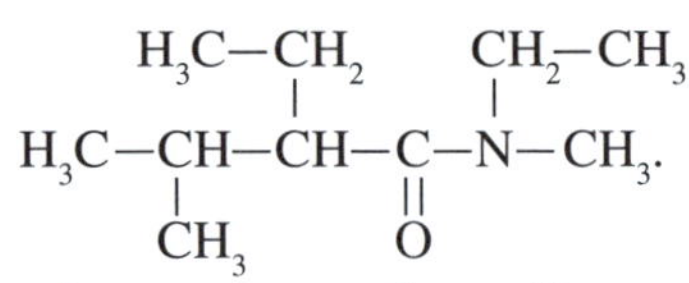

3. La molécule de N-éthyl-2-méthylpropan**amine** est une **amine** : elle comporte donc la fonction **amine** **C–NH$_2$**.

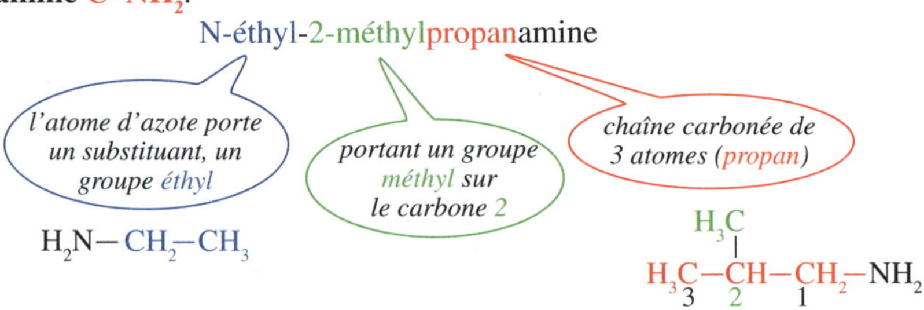

La représentation de la molécule est donc :

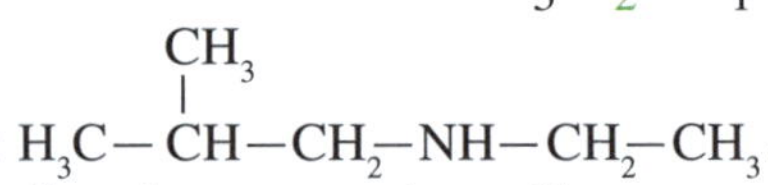

4. La molécule de propan**oate** de 2-méthylbut**yle** est un **ester** : elle comporte donc la fonction **ester**

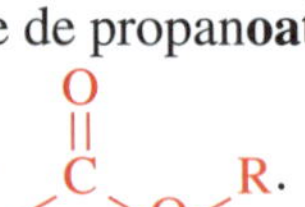

propanoate de 2-méthylbutyle

chaîne carbonée de 3 atomes (propan) — *portant un groupe méthyl sur le carbone 2* — *chaîne carbonée de 4 atomes (but)*

$$H_3C-CH_2-\overset{\overset{\displaystyle O}{||}}{C}-O-$$

$$O-\underset{1}{CH_2}-\underset{2}{\overset{\overset{\displaystyle CH_3}{|}}{CH}}-\underset{3}{CH_2}-\underset{4}{CH_3}$$

La représentation de la molécule est donc : $H_3C-CH_2-\overset{\overset{\displaystyle O}{||}}{C}-O-CH_2-\overset{\overset{\displaystyle CH_3}{|}}{CH}-CH_2-CH_3$.

À RETENIR

- Il faut commencer par identifier la fonction de la molécule, puis représenter la chaîne carbonée la plus longue contenant la fonction.
- On ajoute ensuite les différents substituants sur les atomes qui les portent.

3 Représenter des formules topologiques d'isomères de constitution

EXERCICE TYPE

Représenter tous les isomères possibles de la molécule de formule brute C_5H_{10}.

CORRIGÉ COMMENTÉ

> **Méthode**
> On commence d'abord par chercher la chaîne linéaire, puis ensuite les chaînes ramifiées.

On peut commencer par une chaîne linéaire à 5 atomes de carbone : il n'y a qu'une seule possibilité :

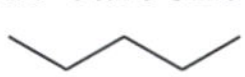 pentane.

Il faut essayer maintenant les chaînes ramifiées :

– à 4 atomes de carbone et une ramification d'un atome de carbone : il y a quatre possibilités, un groupement CH_3 sur chacun des atomes de la chaîne de quatre.

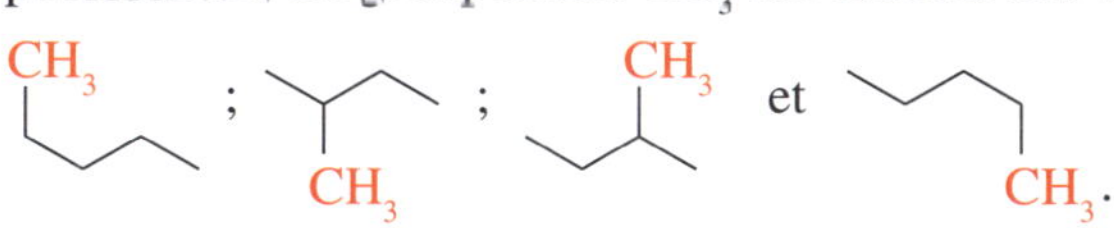

On peut éliminer la première et la dernière molécule, car ce sont des chaînes linéaires de 5 atomes. Les deux molécules restantes sont identiques, car, si on numérote les atomes de carbone à partir de la droite ou de la gauche, le groupement CH_3 est sur le carbone n° 2. Il n'y a donc qu'une seule possibilité pour une chaîne à 4 atomes de carbone : 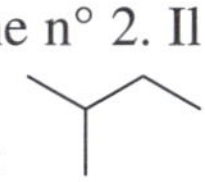, le 2-méthylbutane.

– à 3 atomes de carbone et une ramification à deux atomes de carbone : 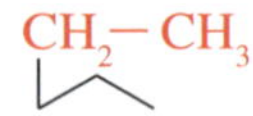 ;

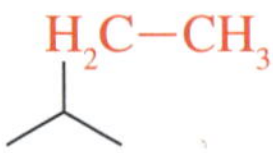 et 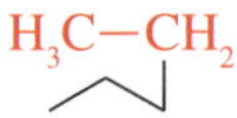. La première et la troisième molécules 1 et 3 sont identiques : c'est le pentane. La deuxième molécule correspond au 2-méthylbutane, car on peut faire une chaîne de 4 atomes de carbone. On n'a donc aucune nouvelle molécule.

– à 3 atomes de carbone et deux ramifications à 1 atome de carbone : on a 9 possibilités,

① 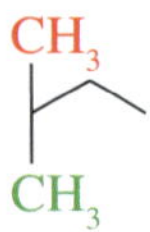 ② 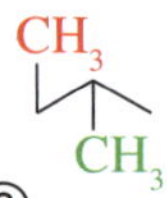 ③ 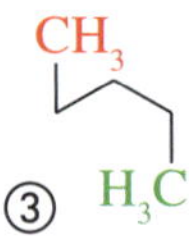 ④ 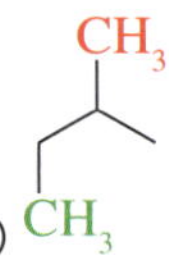 ⑤ 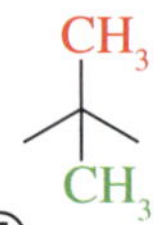

⑥ 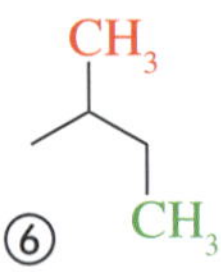 ⑦ 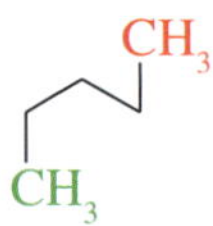 ⑧ 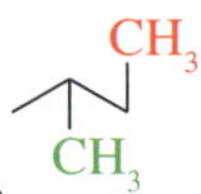 ⑨ 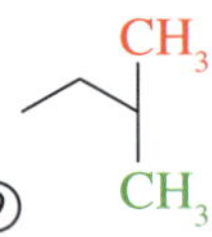.

Rappel

Pour nommer une molécule, on cherche toujours la chaîne linéaire la plus longue, qui n'est pas obligatoirement horizontale.

Les molécules ①, ②, ④, ⑥, ⑧ et ⑨ sont identiques : c'est le 2-méthylbutane. Les molécules ③ et ⑦ sont identiques : c'est le pentane. Il n'y a donc qu'une seule nouvelle possibilité : la molécule ⑤, le 2,2-diméthylpropane.

Il y a donc 3 isomères possibles pour la molécule de formule brute C_5H_{12} :

le **pentane** , le **2-méthylbutane** 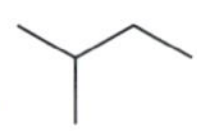 et le **2,2-diméthylpropane** .

À RETENIR

- Une chaîne ramifiée ne peut pas comporter plus d'atomes de carbone que la chaîne principale.
- La formule brute d'un alcane linéaire ou ramifié est de la forme C_nH_{2n+2}, alors que celle d'un alcène ou d'un alcane cyclique est de la forme C_nH_{2n}.

4 Identifier le motif d'un polymère d'après sa formule

EXERCICE TYPE

Quel monomère donne le polymère suivant 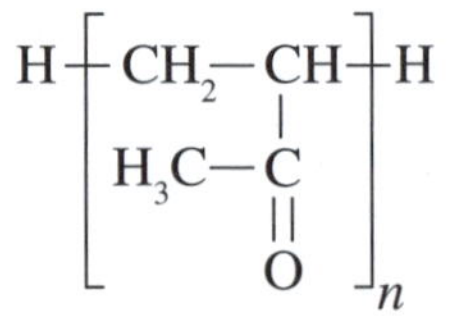 ?

CORRIGÉ COMMENTÉ

Un polymère s'obtient à partir de l'addition d'une très grande quantité de monomères. Les réactions d'addition nécessitant la présence d'une double liaison, un monomère doit contenir une insaturation. D'après la formule du polymère, les molécules s'additionnent sur les carbones en rouge de la représentation ci-après :

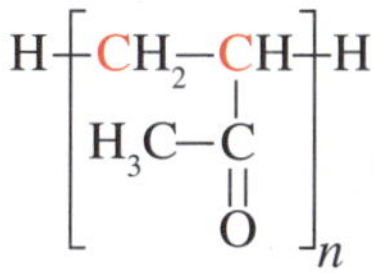
.

C'est donc entre ces deux atomes qu'est située la double liaison du monomère.

Le monomère est donc le **but-3-ène-2-one** $H_2C{=}CH{-}C({=}O){-}CH_3$.

> **Rappel**
> On indique l'existence d'une double liaison en remplaçant la terminaison « ane » par « ène » et en indiquant le premier carbone porteur de l'insaturation.

À RETENIR

- Les polymères s'obtiennent à partir de monomères.
- Excepté pour la synthèse des polyamides, les monomères s'additionnent par l'intermédiaire d'une insaturation C=C.

5 Identifier un type de réaction

EXERCICE TYPE

Indiquer de quel type de réaction il s'agit dans chacun des exemples ci-dessous :

1. $CH_2{=}CH{-}CH_3 + H_2O \rightarrow HO{-}CH_2{-}CH_2{-}CH_3$
2. $MnO_4^- + 5\ Fe^{2+} + 8H^+ \rightarrow Mn^{2+} + 5\ Fe^{3+} + 4\ H_2O$
3. $HO{-}CH_2{-}CH_2{-}CH_3 \rightarrow CH_2{=}CH{-}CH_3 + H_2O$
4. $C_6H_5{-}COOH + NH_3 \rightarrow C_6H_5{-}COO^- + NH_4^+$
5. $CH_3{-}CH_2{-}OH + I^- \rightarrow CH_3{-}CH_2{-}I + HO^-$

CORRIGÉ COMMENTÉ

1. Cette réaction est une réaction d'**addition**. En effet, on a ajouté à chacun des atomes de carbone de la double liaison des fragments de la molécule d'eau : $H_2C(OH){-}CH(H){-}CH_3$.

2. Cette réaction est une réaction d'**oxydoréduction** car, pour passer de Fe^{2+} à Fe^{3+}, l'élément fer doit perdre un électron : il doit s'oxyder.

3. Cette réaction est une réaction d'élimination. En effet, on a retiré le groupement OH du premier atome de carbone et un atome d'hydrogène du deuxième atome de carbone et, par conséquent, créé une double liaison entre ces deux atomes de carbone

4. Cette réaction est une réaction acide-base, car, pour passer des réactifs aux produits, il y a un échange de proton H^+ :

$$C_6H_5\text{–}COOH + NH_3 \rightarrow C_6H_5\text{–}COO^- + NH_4^+.$$

(+ H^+ : de NH_3 vers NH_4^+ ; – H^+ : de C_6H_5–COOH vers C_6H_5–COO$^-$)

5. Cette réaction est une réaction de substitution. En effet, dans cette molécule, on a remplacé un groupement –OH par un groupement –I :
$CH_3\text{–}CH_2\text{–}OH \rightarrow CH_3\text{–}CH_2\text{–}I$.

À RETENIR

• Si, au cours d'une réaction, il y a disparition d'une insaturation (double liaison), il s'agit d'une réaction d'addition. On peut aussi s'aider de l'équation, en observant la nature des réactifs et des produits (si, par exemple, il y a plus de réactifs que de produits, on peut avoir une réaction d'addition).
• Si, au cours d'une réaction, il y a apparition d'une insaturation (double liaison), il s'agit d'une réaction d'élimination. On peut aussi s'aider de l'équation, en observant la nature des réactifs et des produits (si, par exemple, il y a plus de produits que de réactifs, on peut avoir une réaction d'élimination).
• Si l'on passe des réactifs aux produits par échange d'électrons, c'est une réaction d'oxydoréduction.
• Si l'on passe des réactifs aux produits par échange de protons H^+, c'est une réaction acide-base.

6 Identifier une modification

EXERCICE TYPE

Pour chaque réaction ci-dessous, indiquer s'il s'agit d'une réaction de modification de chaîne, de modification de groupe caractéristique ou d'une polymérisation :

1. 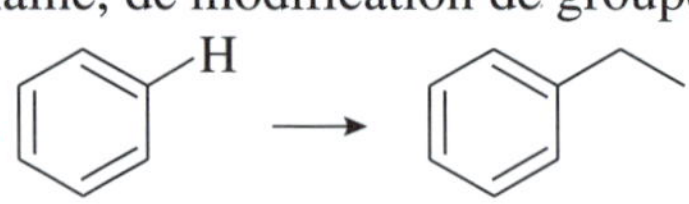

2. 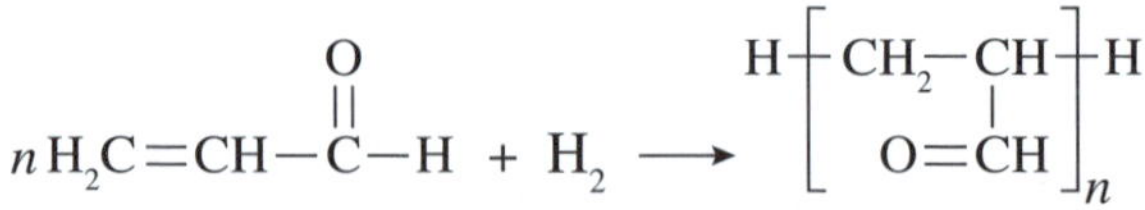

3. 

CORRIGÉ COMMENTÉ

1. Cette réaction est une réaction de **modification de chaîne**. En effet, la chaîne carbonée s'est allongée.

2. Cette réaction est une **polymérisation**, car on additionne un très grand nombre de fois la même molécule possédant une insaturation (monomère) pour obtenir une très grande molécule (polymère).

3. Cette réaction est une réaction de **modification de groupe caractéristique**. En effet, on passe d'une molécule possédant le groupement carbonyle C=O à une molécule possédant le groupe hydroxyle OH.

> **Rappel**
> Une modification de groupe caractéristique implique que la chaîne n'est pas modifiée.

À RETENIR

- Si l'on fait réagir la même molécule sur elle-même un très grand nombre de fois, il s'agit d'une polymérisation.
- Si la chaîne carbonée est modifiée (allongée, raccourcie, cyclisée ou ramifiée), c'est une modification de chaîne.
- Si la seule modification qui intervient dans une molécule est au niveau du groupe caractéristique (échange, ajout ou suppression), alors c'est une modification de groupe caractéristique.

EXERCICES

Connaître le cours

Pour chaque exercice du *connaître le cours*, indiquer la (ou les) bonne(s) réponse(s) :

1 4 min Nomenclature

	A	B	C
1. La molécule suivante 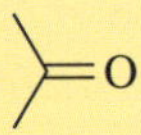 **:**	porte la fonction carbonyle	est la propan-2-one	est le propan-2-ol
2. La molécule suivante  **:**	est un alcane	possède une chaîne ramifiée	possède une chaîne linéaire
3. La molécule suivante 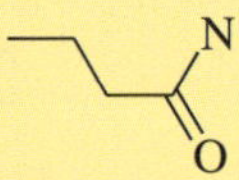 **:**	porte la fonction carbonyle	porte la fonction amide	porte la fonction amine
4. La N-éthyl-méthanamine est :	une amine primaire	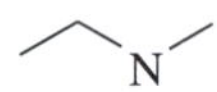	
5. La molécule 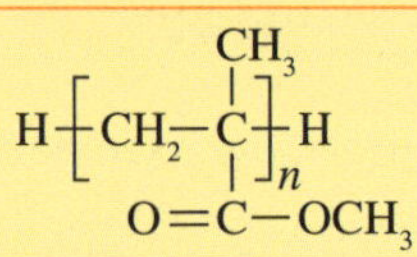 **:**	est un polymère	est un monomère	porte une insaturation
6. La formule topologique de $H_3C-CH=CH-C(=O)-O-CH(CH_3)-CH_3$ **est :**	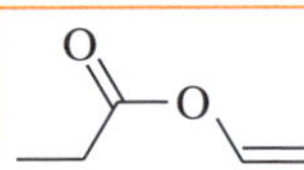	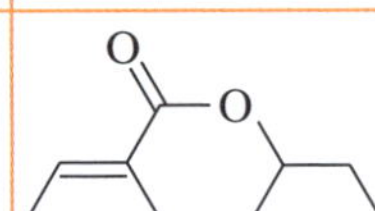	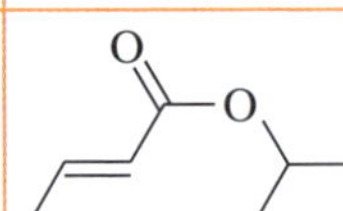

→ *Corrigé p. 230*

2 2 min Types de réaction

	A	B	C
1. La réaction suivante 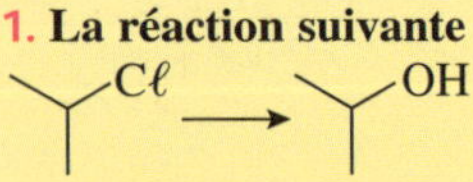 **est une réaction :**	de substitution	de modification de chaîne	de modification de groupe caractéristique
2. La réaction suivante 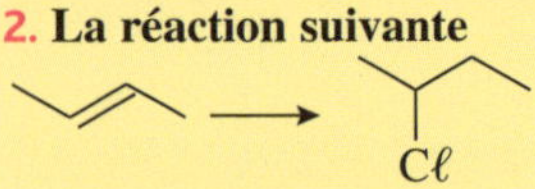 **est une réaction :**	d'élimination	de substitution	d'addition
3. La réaction suivante 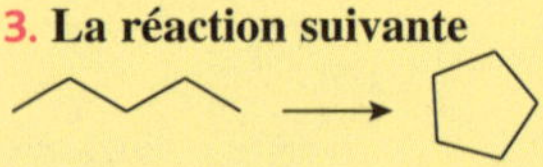 **est une réaction :**	d'élimination	de substitution	d'addition

→ *Corrigé p. 230*

Appliquer le cours et les savoir-faire

3 5 min ★ → COMMENT FAIRE 1

Nommer les molécules suivantes :

1. 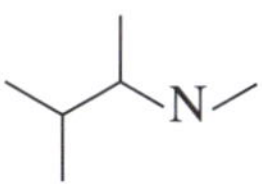

2. 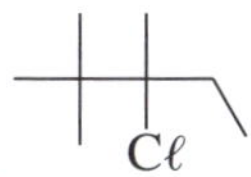

3. 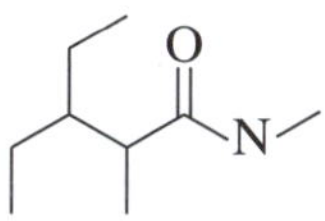

4. 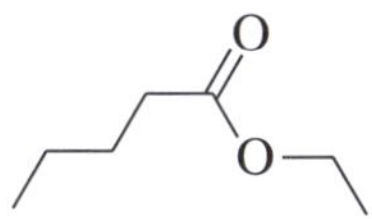

→ Corrigé p. 230

4 5 min ★ → COMMENT FAIRE 2

Représenter les molécules suivantes :

1. 2-bromo-1,3-diiodopropane.
2. 2-éthylbutanoate de 1,1-diméthyléthyle.
3. N-propyl-2-éthylbutanamine.
4. N-éthyl-éthanamide.

→ Corrigé p. 230

5 6 min ★ → COMMENT FAIRE 3

Représenter et nommer tous les alcools de formule brute $C_4H_{10}O$.

→ Corrigé p. 230

6 5 min ★ → COMMENT FAIRE 4

Identifier les monomères permettant de réaliser les polymères suivants :

1. 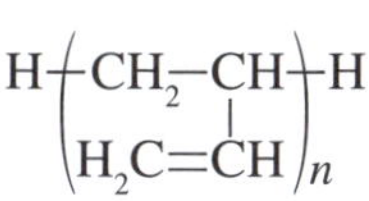

2. 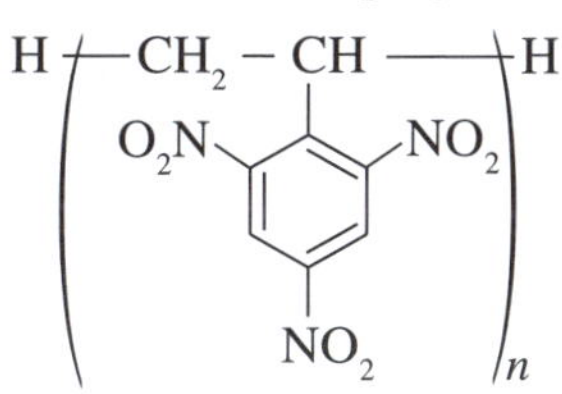

3. 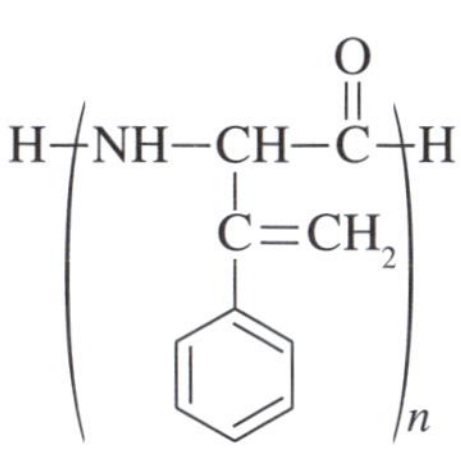

→ Corrigé p. 231

7 5 min ★ → COMMENT FAIRE 5

Indiquer de quel type de réaction il s'agit dans chacun des exemples ci-dessous.

1. $CH_3–CH_2–CH_2–CH_2–Br + HO^- \rightarrow CH_3–CH_2–CH_2–CH_2–OH + Br^-$.
2. $C\ell–CH_2–CH_3 \rightarrow CH_2=CH_2 + HC\ell$.
3. $HCO_3^- + CH_3–NH_2 \rightarrow CH_3–NH_3^+ + CO_3^{2-}$.
4. $CH_2=CH_2 + HI \rightarrow I–CH_2–CH_3$.
5. $Cu^{2+} + Fe \rightarrow Fe^{2+} + Cu$.

→ Corrigé p. 231

8 5 min ★ → COMMENT FAIRE 6

Pour chaque réaction ci-dessous, indiquer s'il s'agit d'une réaction de modification de chaîne, de modification de groupe caractéristique ou d'une polymérisation.

1. 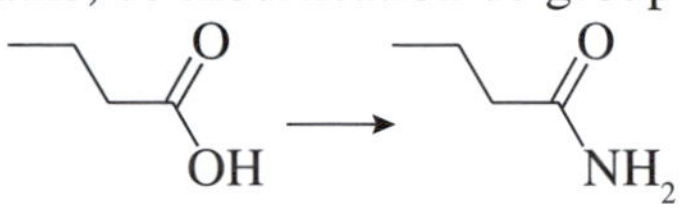

2. 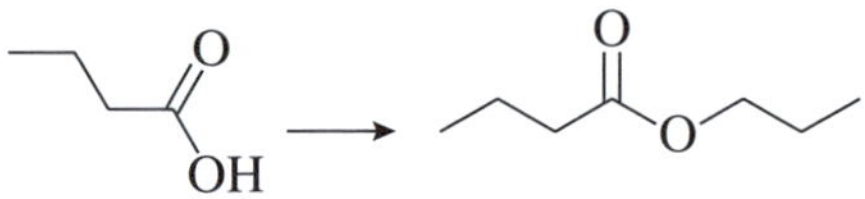

3. 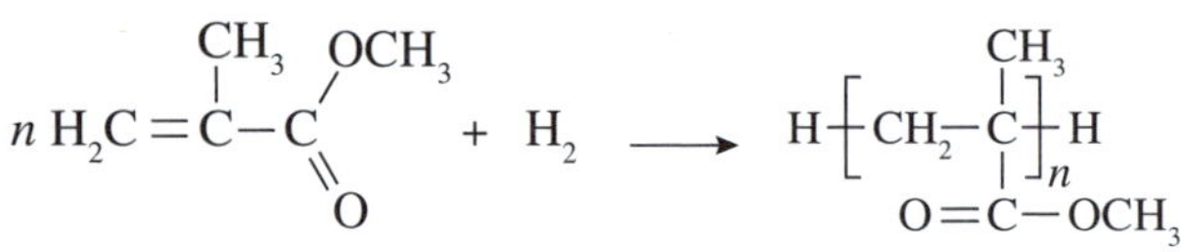

→ Corrigé p. 231

S'entraîner au raisonnement

9 10 min ★★

Considérons la synthèse de l'aspirine : 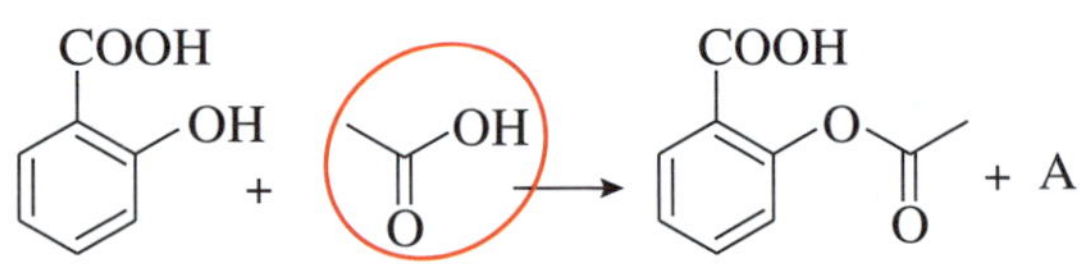

1. Identifier le produit formé A.
2. Identifier les groupes caractéristiques de chaque molécule.
3. Représenter la formule semi-développée de la molécule entourée et la nommer.
4. Cette réaction est-elle une réaction de modification de chaîne ou de groupe caractéristique ?
5. De quel type de réaction s'agit-il ?
6. Pourquoi introduit-on un des réactifs en excès ?

→ Corrigé p. 231

10 15 min ★★

La fluorescéine a été découverte et synthétisée en 1871 par Adolf von Baeyer à partir de résorcine et d'anhydride phtalique. On se propose d'étudier un extrait du protocole de synthèse :

- Broyer 3,30 g de résorcine et 2,00 g d'anhydride phtalique.
- Les introduire dans un ballon de 100 mL et placer l'ensemble dans un bain d'huile thermostaté à 180 °C.
- Ajouter quelques gouttes d'acide sulfurique concentré.

L'équation de la réaction de synthèse est :

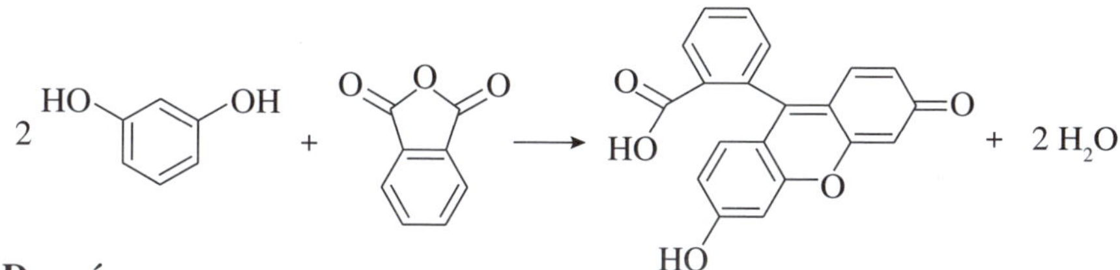

Données :

Formules brutes et masses molaires associées :

– résorcine : $C_6H_6O_2$ 110 g.mol^{-1}

– anhydride phtalique : $C_8H_4O_3$ 148 g.mol^{-1}

1. Identifier les deux réactifs résorcine et anhydride phtalique dans l'équation de réaction. Justifier la démarche.

2. Montrer que la résorcine est introduite en excès.

3. Quel est le rôle de l'acide sulfurique ?

4. De quel type de réaction s'agit-il ?

5. Une masse de 2,47 g de fluorescéine est obtenue. Quel est le rendement de la synthèse ?

→ *Corrigé p. 232*

11 20 min ★★★

Le nylon est un polyamide obtenu par une réaction chimique appelée polycondensation. C'est une réaction de polymérisation entre motifs monomères avec élimination de petites molécules.

Le nylon-6,6 est produit par réaction entre l'hexane-1,6-diamine et l'acide hexanedioïque.

Données :

Le polymère a pour formule $HO\left[C(=O)\left[CH_2\right]_4C(=O)-NH\left[CH_2\right]_6NH\right]_nH$.

Masses molaires en g.mol^{-1} : $M(C) = 12$; $M(H) = 1$; $M(N) = 14$; $M(O) = 16$.

1. Repérer le groupe caractéristique amide.
2. Donner la formule semi-développée du monomère hexane-1,6-diamine.
3. Quelle petite molécule est éliminée lorsque le nylon-6,6 est synthétisé à partir du diacide (acide hexanedioïque) ?
4. Dans la formule du polymère, *n* est appelé degré de polymérisation, c'est-à-dire le nombre de fois où le motif se répète dans la macromolécule (*n* très grand).
a) Le motif du polymère étant $-CO-(CH_2)_4-CO-NH-(CH_2)_6-NH-$, calculer sa masse molaire.
b) On obtient une masse molaire égale à $1{,}2 \times 10^5$ $g.mol^{-1}$ pour le nylon-6,6 ; calculer dans ces conditions le degré *n* de polymérisation.
5.

> Le procédé d'ammonolyse développé par Dupont permet de traiter des mélanges de polyamide 6,6 et de polyamide 6. Le cœur du procédé repose sur la dépolymérisation… Le Nylon® réagit avec un excès d'ammoniaque entre 300 et 350 °C, à des pressions comprises entre 35 et 175 bar en présence d'un catalyseur au phosphate. Les produits obtenus correspondent à un mélange de monomères et d'eau. Le rendement en monomère atteint 18 % avec le nylon.
>
> D'après le site : *ademe.fr*

a) Quel est le réactif utilisé par l'ammonolyse ?
b) Pourquoi utilise-t-on un catalyseur ?
c) Quel est l'intérêt de l'évacuation de l'eau ?

→ Corrigé p. 233

12 20 min ★★★

On souhaite, à partir de propène, synthétiser du pentanoate de 1-méthyléthyle. En s'aidant de la banque de données de réactions ci-dessous, élaborer une séquence réactionnelle de synthèse.

Données :

- Estérification (synthèse d'un ester) : $R-\overset{\overset{\displaystyle O}{\|}}{C}-C\ell + R'-OH \rightarrow R-CO-O-R' + HC\ell$
- Synthèse d'un alcool primaire à partir d'un alcène :

$$CH_3-CH=CH_2 \xrightarrow[2.\ H_2O_2,\ HO^-]{1.\ BH_3} CH_3-CH_2-CH_2-OH$$

- Synthèse d'un alcool secondaire à partir d'un alcène :

$$CH_3-CH=CH_2 \xrightarrow[2.\ H_2O]{1.\ H_2SO_4} H_3C-CH(OH)-CH_3$$

- Synthèse d'un acide carboxylique à partir d'un halogénoalcane (2 voies possibles) :

$$R-X \xrightarrow[1.\ KCN\quad 2.\ H_2O]{1.\ Mg\quad 2.\ CO_2\quad 3.\ H_2O} R-COOH$$

- Synthèse malonique : R–X → $R–CH_2–COOH$
- Synthèse d'un chlorure d'acide à partir d'un acide carboxylique (3 voies possibles) :

$$\text{R–COOH} \xrightarrow[\substack{2.\ \text{PC}\ell_3 \\ 3.\ \text{PC}\ell_5}]{1.\ \text{SOC}\ell_2} \text{R–CO–C}\ell$$

- Synthèse d'un halogénoalcane à partir d'un alcool (3 voies possibles) :

$$\text{R–OH} \xrightarrow[\substack{2.\ \text{PC}\ell_3 \\ 3.\ \text{PC}\ell_5}]{1.\ \text{SOC}\ell_2} \text{R–C}\ell$$

➔ *Corrigé p. 234*

Exercice 30 min **10 points**

L'acide cinnamique

L'acide cinnamique est utilisé dans l'industrie des parfums, des saveurs, des cosmétiques et dans l'industrie pharmaceutique. Il est présent dans certaines plantes comme le xuan shen (*Scrophularia ningpoensis*) ; il s'agit d'une plante vivace qui pousse en Asie et principalement en Chine. L'acide cinnamique peut également être facilement synthétisé en laboratoire à faible coût.

Données :

Espèce chimique	Caractéristiques	Formule
benzaldéhyde	– masse molaire : 106 g.mol^{-1} – masse volumique à 20 °C : ρ = 1,04 g.mL^{-1}	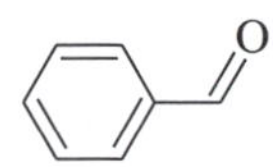
acide malonique	masse molaire : 104 g.mol^{-1}	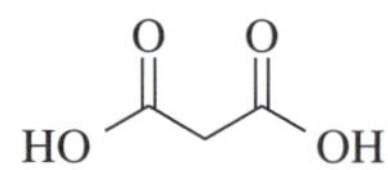
acide cinnamique	masse molaire : 148 g.mol^{-1}	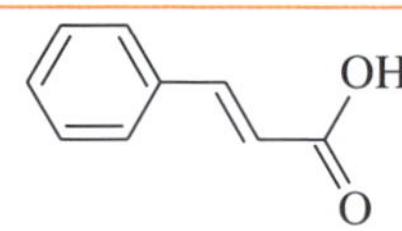

A. Étude de la molécule d'acide cinnamique

1. [2 pts] Recopier la formule de la molécule d'acide cinnamique. Entourer le groupe caractéristique et nommer la fonction chimique correspondante.

B. Synthèse de l'acide cinnamique au laboratoire

La synthèse de l'acide cinnamique peut se faire à partir du benzaldéhyde et de l'acide malonique selon la réaction d'équation suivante :

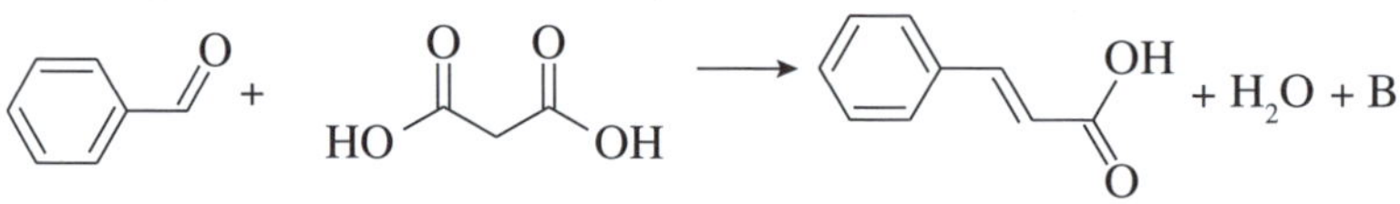

Le protocole expérimental de cette synthèse est le suivant.

– Dans un ballon à fond rond, introduire 25,0 g d'acide malonique, 10,0 mL de benzaldéhyde, en présence de bêta-alanine et de pyridine. Placer un barreau aimanté.

– Chauffer à reflux à 130 °C et agiter pendant une heure et demie.

– Laisser refroidir, ajouter 130 mL d'eau froide, puis de l'acide chlorhydrique concentré (H_3O^+, $C\ell^-(aq)$) pour amener la valeur du pH du mélange à 1. L'acide cinnamique précipite.

2. [1 pt] Déterminer la formule brute de la molécule notée B.

3. [2 pts] Choisir le nom, en nomenclature officielle, de l'acide malonique parmi les trois propositions suivantes : acide 2-méthylpropanoïque, acide propanedioïque, acide 3-hydroxypropanoïque. Justifier.

4. [1 pt] De quel type de réaction s'agit-il ?

Dans l'une des étapes de la synthèse, la pyridine réagit avec l'acide cinnamique dès sa formation suivant la réaction d'équation :

$$C_6H_5\text{–}CH{=}CH\text{–}COOH + C_5H_5N \rightarrow C_6H_5\text{–}CH{=}CH\text{–}COO^- + C_5H_5NH^+$$

5. [2 pts] Quelle est la nature de la réaction ? Justifier.

6. [2 pts] Lors de la synthèse, des étudiants ont obtenu 11,6 g d'acide cinnamique. Déterminer la valeur du rendement de la réaction.

→ *Corrigé p. 235*

CORRIGÉS

1 → *Énoncé p. 222*

1. **A** et **B** ; **2.** **A** et **C** ; **3.** **B** ; **4.** **B** ; **5.** **A** et **C** ; **6.** **C**.

2 → *Énoncé p. 222*

1. **A** et **C** ; **2.** **C** ; **3.** **A**.

3 → *Énoncé p. 223*

1. N-méthyl-1,2-diméthylpropanamine.
2. 3-chloro-2,2,3-triméthylpentane.
3. N-méthyl-3-éthyl-2-méthylpentanamide.
4. Pentanoate d'éthyle.

Rappel

Il faut, dans un premier temps, identifier le groupe caractéristique pour identifier la famille chimique. On nomme ensuite la chaîne carbonée la plus longue contenant la fonction. On ajoute ensuite les différents substituants, ainsi que leurs positions en préfixe.

4 → *Énoncé p. 223*

1. 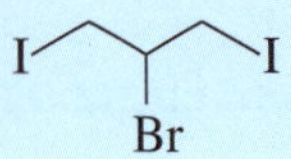

2. 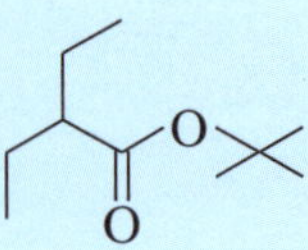

3. 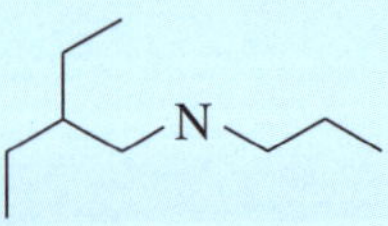

4. 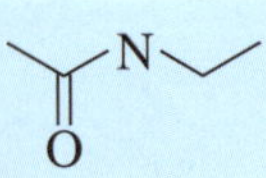

Rappel

Il faut dans un premier temps identifier la famille chimique pour identifier le groupe caractéristique. On représente ensuite la chaîne carbonée contenant la fonction. On ajoute ensuite les différents substituants à la position indiquée.

5 → *Énoncé p. 223*

Il y a 4 isomères de constitution différents :

le butan-1-ol 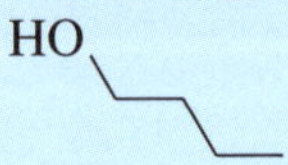

, le butan-2-ol 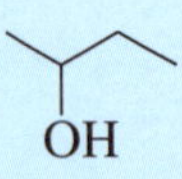

, le 2-méthylpropan-1-ol 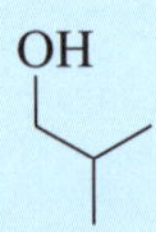

et le 2-méthylpropan-2-ol 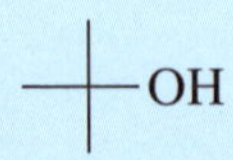

.

Rappel

Il faut, dans un premier temps, écrire toutes les formules possibles différentes de la chaîne carbonée et, dans un second temps, faire varier les possibilités de position pour le groupement hydroxyle, en éliminant les formules redondantes.

6 → Énoncé p. 223

1. $H_2C=CH-CH=CH_2$

2. 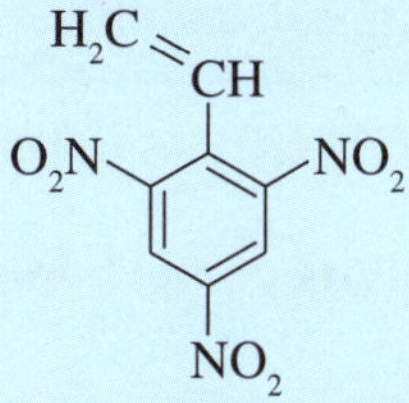

3. 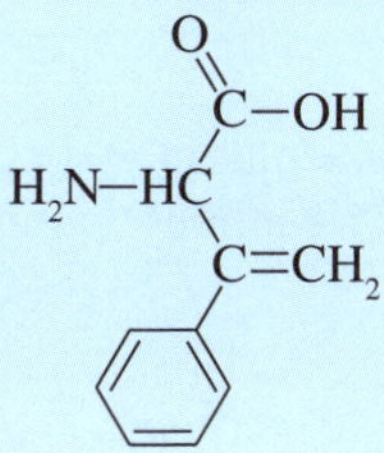

Rappel

Les réactions de synthèse des polyamides se font par création d'une fonction amide entre une amine et un groupe carboxyle.

7 → Énoncé p. 224

1. Substitution.
2. Élimination.
3. Acide/base.
4. Addition.
5. Oxydoréduction.

Rappel

Les réactions d'oxydoréduction se font par transfert d'électrons, celles entre acides et bases par transfert d'un proton. Pour les réactions d'addition, une insaturation disparaît et une apparaît lors de réactions d'élimination.

8 → Énoncé p. 224

1. Modification de groupe caractéristique.
2. Modification de chaîne.
3. Polymérisation.

9 → Énoncé p. 224

1. Dans les réactifs, il y a 9 atomes de carbone, 10 atomes d'hydrogène et 5 atomes d'oxygène. Dans les produits, il y a 9 atomes de carbone, 8 atomes d'hydrogène et 4 atomes d'oxygène. Pour équilibrer l'équation, A doit contenir 2 atomes d'hydrogène et un atome d'oxygène. Le produit formé A est donc **l'eau H_2O**.

Rappel

Une équation doit être équilibrée : on a autant d'atomes dans les réactifs que dans les produits.

2. 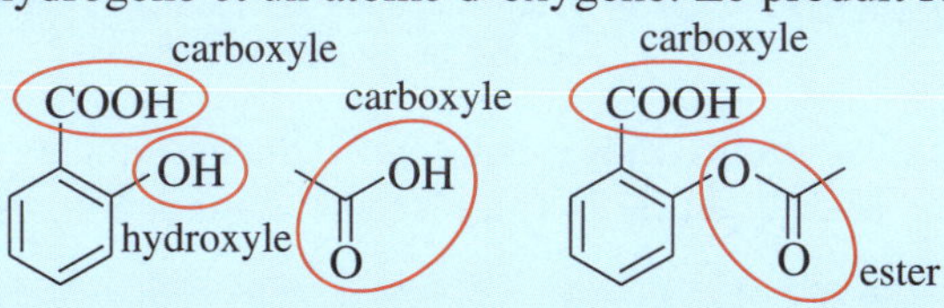

3. La formule semi-développée de la molécule entourée est 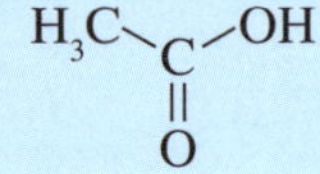 : **c'est l'acide éthanoïque**.

4. Cette réaction allonge la chaîne carbonée : c'est donc une réaction de **modification de chaîne**.

5. On a remplacé un atome d'hydrogène par un groupement $–CO–CH_3$: c'est donc une réaction de **substitution**.

6. Un des réactifs est introduit en excès **afin de déplacer l'équilibre et améliorer le rendement de la réaction**.

10 → *Énoncé p. 225*

1. La formule brute de la résorcine nous indique qu'elle contient 6 atomes de carbone. Parmi les deux molécules proposées, seule 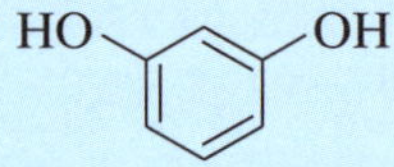 contient 6 atomes de carbone. C'est donc cette molécule.

Pour le confirmer, l'anhydride phtalique contient 8 atomes de carbone : c'est conforme à la formule topologique 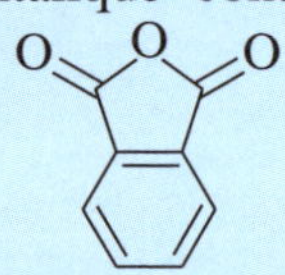 .

2. La quantité de matière de résorcine est $n_{\text{résorcine}} = \dfrac{m_{\text{résorcine}}}{M_{\text{résorcine}}} = \dfrac{3,30}{110} = 3,00 \times 10^{-2}$ mol.

La quantité de matière d'anhydride phtalique est :

$$n_{\text{anhydride}} = \frac{m_{\text{anhydride}}}{M_{\text{anhydride}}} = \frac{2,00}{148} = 1,35 \times 10^{-2} \text{ mol.}$$

Le coefficient stœchiométrique de la résorcine étant de 2, il en faut deux pour une molécule d'anhydride phtalique. Pour consommer tout l'anhydride, il faut donc $2 \times n_{\text{anhydride}} = 2,70 \times 10^{-2}$ mol de résorcine. On en a $3,00 \times 10^{-2}$ mol : la résorcine est **donc en excès.**

3. L'acide sulfurique est un **catalyseur** de la réaction : il augmente la vitesse de la réaction.

4. Cette réaction est une réaction de **substitution**.

5. La masse molaire de la fluorescéine est de 332 $g.mol^{-1}$ d'après la loi de conservation. ($2 \times M_{\text{résorcine}} + M_{\text{anhydride}} = M_{\text{fluorescéine}} + 2 \times M_{\text{eau}}$, soit $2 \times 110 + 148 = M_{\text{fluorescéine}} + 2 \times 18$).

> **Remarque**
> On peut aussi déterminer la masse molaire de la fluorescéine à partir de la détermination de sa formule brute et des masses molaires atomiques.

Le réactif limitant de cette réaction est l'anhydride phtalique. Par conséquent, les coefficients stœchiométriques de l'anhydride et de la fluorescéine étant égaux, on a $n_{\text{fluorescéine}} = n_{\text{anhydride}} = 1,35 \times 10^{-2}$ mol.

La masse maximale de fluorescéine que l'on peut former est donc de :

$m_{\text{fluorescéine}} = n_{\text{fluorescéine}} \times M_{\text{fluorescéine}}$
$= 1{,}35 \times 10^{-2} \times 332 = 4{,}48$ g.

Le rendement de cette synthèse est donc de $r = \dfrac{m_{\text{expérience}}}{m_{\text{fluorescéine}}} = \dfrac{2{,}47}{4{,}48} = 0{,}551$, soit **55,1 %**.

Rappel

Par définition, on a :

$$r = \frac{n_{\text{expérimental}}}{n_{\text{théorique}}} = \frac{m_{\text{expérimental}}}{m_{\text{théorique}}}$$

Astuce

On aurait pu aussi déterminer la quantité de matière expérimentale en anhydride à partir de la masse obtenue, à savoir :

$$n_{\text{expérimental}} = \frac{m_{\text{expérimental}}}{M_{\text{fluorescéine}}} = \frac{2{,}47}{332} = 7{,}44 \times 10^{-3} \text{ mol.}$$

On a alors $r = \dfrac{n_{\text{expérimental}}}{n_{\text{théorique}}} = \dfrac{7{,}44 \times 10^{-3}}{1{,}35 \times 10^{-2}} = 0{,}551.$

11 → *Énoncé p. 225*

1. 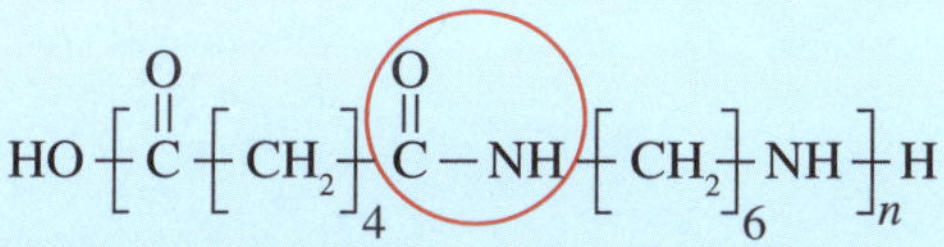

2. La formule semi-développée de l'hexane-1,6-diamine est :
$H_2N–CH_2–CH_2–CH_2–CH_2–CH_2–CH_2–NH_2$.

3. La petite molécule éliminée lorsque le nylon-6,6 est synthétisé est la **molécule d'eau**.

4. a) Le motif du polymère étant $–CO–(CH_2)_4–CO–NH–(CH_2)_6–NH–$, la masse molaire du motif du polymère est de

$M_{\text{motif}} = 12 \times M(C) + 2 \times M(O) + 2 \times M(N) + 22 \times M(H)$
$= 12 \times 12 + 2 \times 16 + 2 \times 14 + 22 \times 1$
$= \mathbf{226\ g.mol^{-1}}$.

b) Ainsi, le degré n de polymérisation est de :

$$\boldsymbol{n} = \frac{M_{\text{polymère}}}{M_{\text{monomère}}} = \frac{1{,}2 \times 10^5}{226} = \mathbf{531}.$$

5. a) Le réactif utilisé par l'ammonolyse est **l'ammoniaque**.

b) On utilise un catalyseur pour **accélérer la réaction**.

c) L'eau est l'un des produits de la réaction. En l'éliminant au fur et à mesure de sa formation, on déplace l'équilibre dans le sens de formation des produits (on empêche la réaction inverse de se réaliser). **On augmente ainsi le rendement.**

12 → *Énoncé p. 226*

On souhaite synthétiser du pentanoate de 1-méthyléthyle, soit un ester 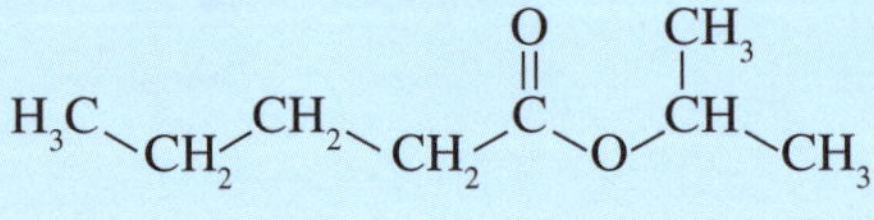. D'après la banque de données de réactions, un ester est produit en faisant réagir $R-C(=O)-C\ell$ et R′–OH. Ainsi, l'ester souhaité est obtenu en faisant réagir 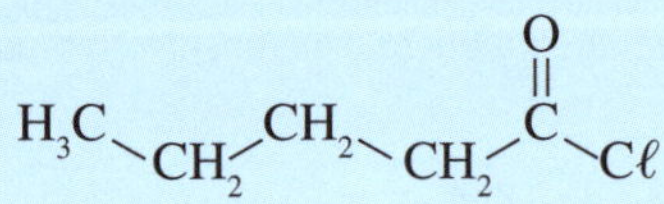 et 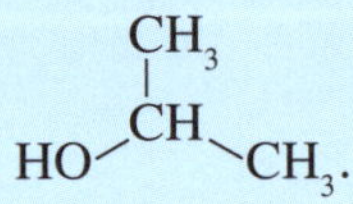.

Il faut donc trouver une suite de réactions pour passer $H_3C-CH=CH_2$ à 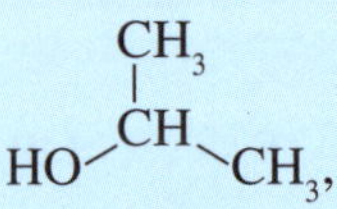, puis une autre pour passer de $H_3C-CH=CH_2$ à 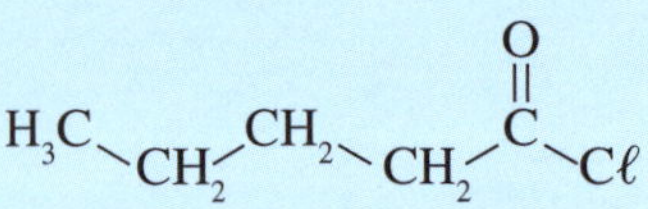.

> **Méthode**
> Il faut commencer par identifier, à l'intérieur du produit, le (ou les) réactif(s) de départ.

1. Obtention du propan-2-ol

Cette étape est relativement aisée, car elle est dans la banque de données :

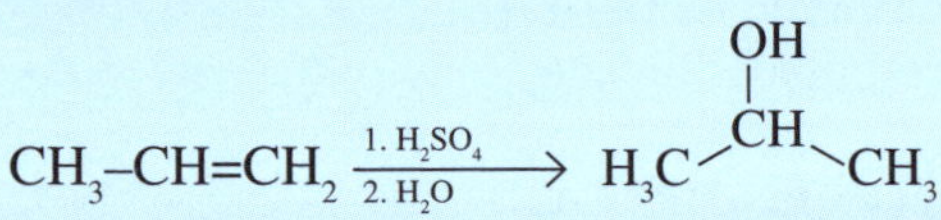

2. Obtention du chlorure d'acide

Le chlorure d'acide provient de l'action de $SOC\ell_2$ (par exemple) sur

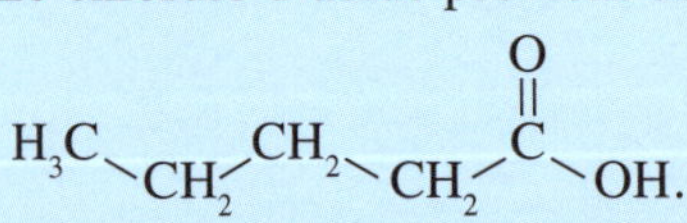.

• Mais comment produire l'acide pentanoïque ? Il peut être produit par deux voies :
– l'une à partir d'un halogénoalcane à 4 atomes de carbone,
– l'autre à partir d'un halogénoalcane à 3 atomes de carbone (synthèse malonique).
C'est cette voie que l'on va privilégier !

• Mais comment produire l'halogénopropane ?
Si c'est le 1-chloropropane, on peut l'obtenir par action du $PC\ell_3$ sur le propan-1-ol ! Et on peut obtenir le propan-1-ol à partir du propène (synthèse d'un alcool primaire à partir d'un alcène).

Ainsi, la séquence réactionnelle de synthèse est :

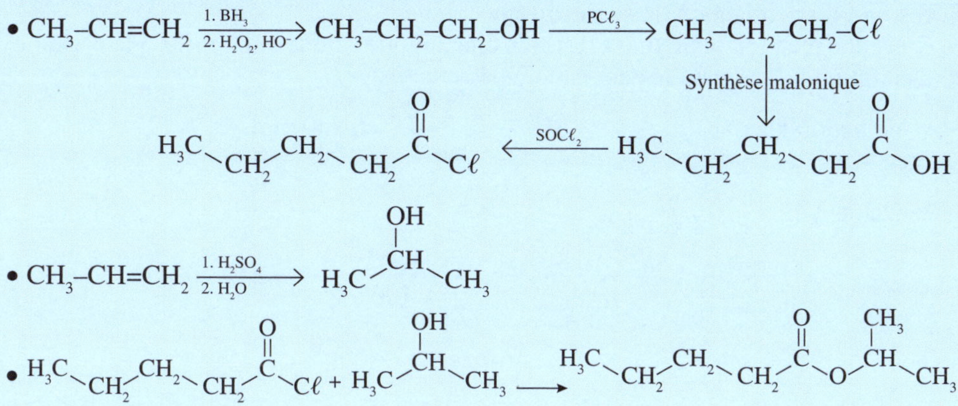

À savoir

Le procédé qui consiste à trouver l'ordre des réactions pour obtenir un produit souhaité est une rétrosynthèse.

EXERCICE DE BAC

Exercice → Énoncé p. 228

A. Étude de la molécule d'acide cinnamique

1. 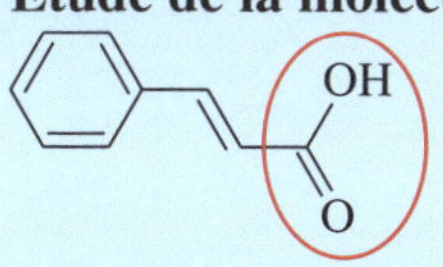 : c'est la **fonction carboxyle**.

B. Synthèse de l'acide cinnamique au laboratoire

2. Dans les réactifs, il y a 10 atomes de carbone, 5 atomes d'oxygène et 10 atomes d'hydrogène. Dans les produits, il y a, hors B, 9 atomes de carbone, 3 atomes d'oxygène et 10 atomes d'hydrogène. Ainsi, la formule brute de la molécule B est $\mathbf{CO_2}$: c'est le dioxyde de carbone.

3. Le nom, en nomenclature officielle, de l'acide malonique est l'**acide propanedioïque**. L'acide 2-méthylpropanoïque est 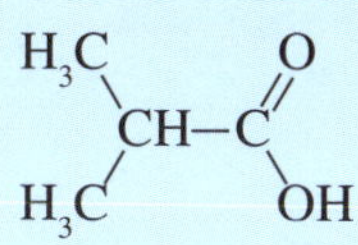 et l'acide 3-hydroxypropanoïque est 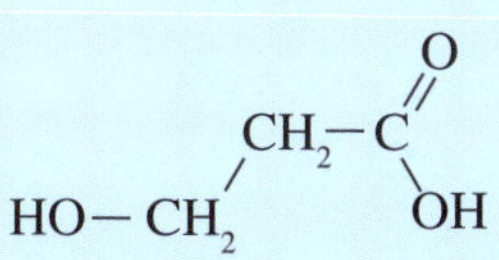.

4. Il s'agit d'une réaction de **substitution**.

5. C'est une réaction **acide/base**. L'acide cinnamique a donné un proton à la pyridine.

6. Déterminons les quantités de matière des réactifs :

– Acide malonique : $n_{\text{malonique}} = \dfrac{m_{\text{malonique}}}{M_{\text{malonique}}} = \dfrac{25{,}0}{104} = 0{,}240$ mol.

– Benzaldéhyde :

$$n_{\text{benzaldéhyde}} = \frac{m_{\text{benzaldéhyde}}}{M_{\text{benzaldéhyde}}} = \frac{\rho \times V_{\text{benzaldéhyde}}}{M_{\text{benzaldéhyde}}} = \frac{1{,}04 \times 10{,}0}{106} = 9{,}81 \times 10^{-2} \text{ mol.}$$

Rappel

La masse volumique d'un corps correspond à la masse par unité de volume : $\rho_{\text{espèce}} = \dfrac{m_{\text{espèce}}}{V_{\text{espèce}}}$, avec $m_{\text{espèce}}$ la masse de l'espèce et $V_{\text{espèce}}$ le volume occupé par cette espèce.

L'unité officielle dans le SI de la masse volumique est le $kg.m^{-3}$, mais on utilise plus souvent le $g.mL^{-1}$ ou le $g.L^{-1}$.

Les coefficients stœchiométriques des deux réactifs étant égaux et comme $n_{\text{benzaldéhyde}} < n_{\text{malonique}}$, le benzaldéhyde est le réactif limitant.

Les coefficients stœchiométriques du benzaldéhyde et de l'acide cinnamique étant égaux, il se formera donc au maximum $n_{\text{acide max}} = n_{\text{benzaldéhyde}} = 9{,}81 \times 10^{-2}$ mol, soit une masse de $m_{\text{théorique}} = n_{\text{acide max}} \times M_{\text{acide}} = 9{,}81 \times 10^{-2} \times 148 = 14{,}5$ g.

Le rendement de cette réaction est donc de $r = \dfrac{m_{\text{expérimentale}}}{m_{\text{théorique}}} = \dfrac{11{,}6}{14{,}5} = 0{,}799$, soit **79,9 %**.

MOUVEMENT ET INTERACTIONS

Du mouvement des particules dans un fluide à celui des astres : le monde est régi par des équations, le système {skateur + planche} ne fait pas exception.

Mouvement d'un système

CHAPITRE 10

1 Décrire un mouvement

A. Repère, référentiel

■ La notion d'immobilité ou de mouvement n'a de sens que si l'on se sert d'un objet comme référence. Si l'on associe à cet objet de référence trois axes gradués, alors on définit un **repère**. Si ce repère est muni d'un appareil permettant la mesure du temps, on définit alors un **référentiel**. Si l'on considère un système ponctuel, alors les coordonnées de ce système sont au nombre de quatre : les trois coordonnées spatiales *x, y* et *z* et une coordonnée temporelle *t*.

■ On définira ainsi, en se servant de l'origine O du référentiel $(O, \vec{i}, \vec{j}, \vec{k})$, le **vecteur position** $\overrightarrow{OM}(t)$ que l'on écrira, en fonction de ses coordonnées :

$$\overrightarrow{OM}(t)\begin{pmatrix} x(t) \\ y(t) \\ z(t) \end{pmatrix} \text{ ou encore } \overrightarrow{OM}(t) = x(t)\vec{i} + y(t)\vec{j} + z(t)\vec{k}$$

B. Vecteurs vitesse et accélération

■ On définit la vitesse comme étant la rapidité de déplacement d'un objet. La vitesse moyenne correspond au rapport de la distance parcourue d par la durée de ce parcours $\Delta t : v = \dfrac{d}{\Delta t}$. Si l'on veut savoir de façon plus précise quelle est la vitesse réelle d'un système à un instant donné, il faut déterminer la distance parcourue par ce système pendant une durée très petite centrée sur l'instant voulu. Pour être encore plus précis, il faut déterminer la limite, lorsque Δt tend vers 0, du rapport $\dfrac{d}{\Delta t}$. On calcule alors une dérivée et, par définition, **le vecteur vitesse instantanée $\vec{v}(t)$ correspond à la dérivée par rapport au temps du vecteur position.**

$$\vec{v}(t) = \frac{\mathrm{d}\overrightarrow{OM}(t)}{\mathrm{d}t}$$

■ Les **coordonnées du vecteur vitesse** sont :

$$\vec{v}(t)\begin{pmatrix} v_x(t) \\ v_y(t) \\ v_z(t) \end{pmatrix} \quad \text{soit} \quad \vec{v}(t) = v_x(t)\vec{i} + v_y(t)\vec{j} + v_z(t)\vec{k}$$

ou encore :

$$\vec{v}(t) = \frac{dx(t)}{dt}\vec{i} + \frac{dy(t)}{dt}\vec{j} + \frac{dz(t)}{dt}\vec{k}$$

car $v_x(t) = \frac{dx(t)}{dt}$, $v_y(t) = \frac{dy(t)}{dt}$ et $v_z(t) = \frac{dz(t)}{dt}$, où $\frac{dx(t)}{dt}$ représente la dérivée par rapport au temps de la coordonnée $x(t)$ du vecteur position, $\frac{dy(t)}{dt}$ représente la dérivée par rapport au temps de la coordonnée $y(t)$ du vecteur position et $\frac{dz(t)}{dt}$ représente la dérivée par rapport au temps de la coordonnée $z(t)$ du vecteur position.

■ On définit l'**accélération** comme étant la rapidité à laquelle la vitesse change. Elle correspond à la variation de la vitesse Δv par unité de temps Δt : $a = \frac{\Delta v}{\Delta t}$. Ainsi, si l'on veut connaître de façon plus précise l'accélération à un instant donné, on doit déterminer la variation de vitesse pendant une durée très petite centrée sur l'instant voulu. Pour être encore plus précis, il faut déterminer la limite, lorsque Δt tend vers 0, du rapport $\frac{\Delta v}{\Delta t}$. On définit alors la dérivée et, par définition, **le vecteur accélération $\vec{a}(t)$ correspond à la dérivée par rapport au temps du vecteur vitesse.**

$$\vec{a}(t) = \frac{d\vec{v}(t)}{dt}$$

■ Le vecteur vitesse étant égal au vecteur dérivé par rapport au temps du vecteur position, on a aussi : $\vec{a}(t) = \frac{d}{dt}\left(\frac{d\overrightarrow{OM}(t)}{dt}\right) = \frac{d^2\overrightarrow{OM}(t)}{dt^2}$, où $\frac{d^2\overrightarrow{OM}(t)}{dt^2}$ est la dérivée seconde du vecteur position par rapport au temps. Les coordonnées du vecteur accélération sont ainsi :

$$\vec{a}(t)\begin{pmatrix} a_x(t) \\ a_y(t) \\ a_z(t) \end{pmatrix} \quad \text{soit} \quad \vec{a}(t) = a_x(t)\vec{i} + a_y(t)\vec{j} + a_z(t)\vec{k},$$

ou encore :

$$\vec{a}(t) = \frac{dv_x(t)}{dt}\vec{i} + \frac{dv_y(t)}{dt}\vec{j} + \frac{dv_z(t)}{dt}\vec{k} = \frac{d^2x(t)}{dt^2}\vec{i} + \frac{d^2y(t)}{dt^2}\vec{j} + \frac{d^2z(t)}{dt^2}\vec{k}$$

où $\frac{dv_x(t)}{dt}$ représente la dérivée par rapport au temps de la coordonnée $v_x(t)$ du vecteur vitesse, $\frac{d^2x(t)}{dt^2}$ représente la dérivée seconde par rapport au temps de la coordonnée $x(t)$ du vecteur position, etc.

C. Repère de Frenet

On rappelle qu'un mouvement est dit **circulaire** si sa trajectoire est un arc de cercle.

■ Dans le cas de mouvements circulaires, les repères cartésiens sont plus difficiles à utiliser. On leur préférera alors un repère « tournant », qui se déplace en même temps que le système sur sa trajectoire. Ce repère, dit **repère de Frenet**, est noté (M, $\vec{u}_t$, $\vec{u}_n$), avec M (position du mobile à l'instant t) comme origine ; $\vec{u}_t$ (ou vecteur tangentiel) vecteur unitaire tangent à la trajectoire et dans le sens du mouvement ; $\vec{u}_n$ (ou vecteur normal) vecteur unitaire dirigé vers le centre de la trajectoire

■ Le vecteur vitesse étant toujours tangent à la trajectoire, il est dirigé suivant $\vec{u}_t$. D'où $\vec{v}(t)\begin{pmatrix} v_t = v \\ v_n = 0 \end{pmatrix}$, ou encore :

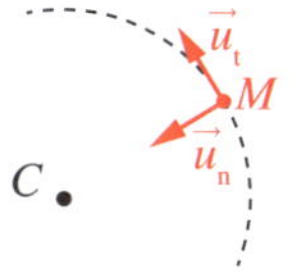

$$\vec{v}(t) = v \times \vec{u}_t$$

■ Les coordonnées du vecteur accélération dans ce repère sont :

$$\vec{a}(t)\begin{pmatrix} a_t = \dfrac{dv}{dt} \\ a_n = \dfrac{v^2}{R} \end{pmatrix} \quad \text{soit} \quad \vec{a}(t) = \frac{dv}{dt}\vec{u}_t + \frac{v^2}{R}\vec{u}_n$$

où R est le rayon de la trajectoire, $\dfrac{dv}{dt}$ la dérivée par rapport au temps de la vitesse et v la norme du vecteur vitesse.

Remarque : Si le mouvement circulaire se fait à vitesse constante, alors on parle de **mouvement circulaire uniforme** et les coordonnées du vecteur accélération sont $\vec{a}(t)\begin{pmatrix} a_t = 0 \\ a_n = \dfrac{v^2}{R} \end{pmatrix}$, car $\dfrac{dv}{dt}$ est nulle.

D. Quelques mouvements particuliers

Mouvements	Caractéristiques du vecteur accélération
Rectiligne	Le vecteur accélération garde une direction constante, celle de la trajectoire.
Rectiligne uniforme	Le vecteur accélération est égal au vecteur nul.
Rectiligne uniformément accéléré	Le vecteur accélération est égal à un vecteur constant dont la direction est celle de la trajectoire. Si le mouvement est accéléré, les vecteurs vitesse et accélération sont dans le même sens. Si le mouvement est ralenti, ils sont en sens opposés.
Circulaire	Le vecteur accélération est dirigé vers l'intérieur de la trajectoire. Si le mouvement est accéléré, l'angle entre les vecteurs vitesse et accélération est inférieur à 90°. Si le mouvement est ralenti, l'angle est supérieur à 90°.
Circulaire uniforme	Le vecteur accélération est dirigé vers le centre de la trajectoire et est normal au vecteur vitesse.

2 Deuxième loi de Newton

A. Centre de masse

Le centre de masse correspond au point particulier du système où s'applique le poids. Dans la plupart des études, le centre de masse va correspondre au centre d'inertie du système.

Rappel : Le centre d'inertie correspond au point d'application des forces qui s'exercent à distance.

B. Référentiel galiléen

■ Un **référentiel galiléen** est un référentiel dans lequel le principe d'inertie s'applique, c'est-à-dire que si aucune force ne s'applique sur un corps, ou si celles-ci se compensent, le mouvement de ce corps est un mouvement rectiligne uniforme.

Remarque : L'immobilité est un cas particulier de mouvement rectiligne uniforme pour lequel la vitesse est nulle.

■ Tous les référentiels galiléens sont en mouvement de translation rectiligne les uns par rapport aux autres. Tous les référentiels usuels ne sont pas galiléens dans l'absolu, mais ils peuvent être considérés comme quasiment galiléens pour des durées variant de cinq minutes pour le référentiel terrestre à une journée pour le référentiel géocentrique.

C. Principe fondamental de la dynamique

■ La **deuxième loi de Newton**, ou **principe fondamental de la dynamique**, permet de déterminer quel va être le mouvement d'un système si l'on connaît les forces qui agissent sur lui, ou bien de prédire quelles sont les forces qui agissent sur un système par la connaissance de son mouvement. Il s'énonce de la manière suivante :

Dans un référentiel galiléen, la somme vectorielle des forces extérieures qui s'appliquent sur un système est égale au produit de la masse du système par le vecteur accélération du centre d'inertie du système :

$$\sum \vec{F}_{ext} = m \times \vec{a}$$

■ Ainsi, la première loi de Newton, ou principe d'inertie, est un cas particulier de la deuxième loi de Newton. En effet, si les forces se compensent, alors la somme vectorielle de ces forces est égale au vecteur nul, et donc l'accélération est égale au vecteur nul, donc le mouvement est rectiligne uniforme.

COMMENT FAIRE

1 Trouver les coordonnées du vecteur vitesse à partir du vecteur position

EXERCICE TYPE

On considère un objet ponctuel M en mouvement de coordonnées $M(t)(2t + 3\ ;\ 4t)$ dans le repère cartésien $(O,\ \vec{i},\ \vec{j})$.
Quelles sont les coordonnées de son vecteur vitesse ?

CORRIGÉ COMMENTÉ

Les coordonnées du point M sont $M(2t + 3\ ;\ 4t)$. Par conséquent, les coordonnées du vecteur position sont $\overrightarrow{OM}(t)\begin{pmatrix} x(t) = 2t + 3 \\ y(t) = 4t \end{pmatrix}$. Sachant que le vecteur vitesse est égal à la dérivée par rapport au temps du vecteur position, $\vec{v}(t) = \dfrac{\mathrm{d}\overrightarrow{OM}(t)}{\mathrm{d}t}$, on a :

$$\vec{v}(t)\begin{pmatrix} v_x(t) = \dfrac{\mathbf{d}x(t)}{\mathbf{d}t} \\ v_y(t) = \dfrac{\mathbf{d}y(t)}{\mathbf{d}t} \end{pmatrix}.$$

> **Point maths**
>
> La notation $\dfrac{\mathrm{d}}{\mathrm{d}t}$ se lit « dérivée de … par rapport au temps ». Les systèmes physiques pouvant varier suivant des grandeurs spatiales ou temporelles, on doit préciser par rapport à quoi on dérive.

Par conséquent :

- $v_x(t) = \dfrac{\mathrm{d}x(t)}{\mathrm{d}t} = \dfrac{\mathrm{d}(2t + 3)}{\mathrm{d}t} = 2$;
- $v_y(t) = \dfrac{\mathrm{d}y(t)}{\mathrm{d}t} = \dfrac{\mathrm{d}(4t)}{\mathrm{d}t} = 4$.

Ainsi, les coordonnées du vecteur vitesse sont :

$$\vec{v}(t)\begin{pmatrix} \mathbf{2} \\ \mathbf{4} \end{pmatrix}.$$

À RETENIR

Les coordonnées du vecteur vitesse sont obtenues en dérivant par rapport au temps chacune des coordonnées du vecteur position.

2 Trouver les coordonnées du vecteur accélération à partir du vecteur vitesse

EXERCICE TYPE

On considère un objet ponctuel M en mouvement dans le repère cartésien $(O, \vec{i}, \vec{j}, \vec{k})$.

Les coordonnées de son vecteur vitesse sont $\vec{v}(t)\begin{pmatrix} 4t^3 + 3t^2 - 6t + 2 \\ -2t^2 + 1 \\ 5 \end{pmatrix}$.

Quelles sont les coordonnées de son vecteur accélération ?

CORRIGÉ COMMENTÉ

Sachant que le vecteur accélération est égal à la dérivée par rapport au temps du vecteur vitesse, $\vec{a}(t) = \dfrac{\mathrm{d}\vec{v}(t)}{\mathrm{d}t}$, on a : $\boldsymbol{\vec{a}(t)}\begin{pmatrix} \boldsymbol{a_x(t) = \dfrac{dv_x}{dt}} \\ \boldsymbol{a_y(t) = \dfrac{dv_y}{dt}} \\ \boldsymbol{a_z(t) = \dfrac{dv_z}{dt}} \end{pmatrix}$.

Ainsi :

$$a_x(t) = \frac{\mathrm{d}v_x}{\mathrm{d}t} = \frac{\mathrm{d}\left(4t^3 + 3t^2 - 6t + 2\right)}{\mathrm{d}t} = 12t^2 + 6t - 6\,;$$

$$a_y(t) = \frac{\mathrm{d}v_y}{\mathrm{d}t} = \frac{\mathrm{d}\left(-2t^2 + 1\right)}{\mathrm{d}t} = -4t\,;$$

$$a_z(t) = \frac{\mathrm{d}v_z}{\mathrm{d}t} = \frac{\mathrm{d}(5)}{\mathrm{d}t} = 0.$$

Ainsi, les coordonnées du vecteur accélération sont : $\boldsymbol{\vec{a}(t)}\begin{pmatrix} \mathbf{12t^2 + 6t - 6} \\ \mathbf{-4t} \\ \mathbf{0} \end{pmatrix}$.

Point maths

La dérivée d'une fonction polynôme $a \times x^n$ par rapport à x, avec a constante et n entier, se calcule de la façon suivante : $\dfrac{\mathrm{d}(ax^n)}{\mathrm{d}x} = n \times a \times x^{n-1}$.

À RETENIR

Les coordonnées du vecteur accélération sont obtenues en dérivant par rapport au temps chacune des coordonnées du vecteur vitesse.

3 Trouver les coordonnées du vecteur accélération à partir du vecteur position

EXERCICE TYPE

On considère un objet ponctuel M en mouvement de coordonnées :
$M(t)(3t^4 + 6t^2 - 2 \,;\, 4t^3 - 5t^2 + t \,;\, 3t)$ dans le repère cartésien $(O, \vec{i}, \vec{j}, \vec{k})$.
Quelles sont les coordonnées de son vecteur accélération ?

CORRIGÉ COMMENTÉ

Pour obtenir les coordonnées du vecteur accélération à partir des coordonnées du vecteur position, on doit procéder en deux étapes.

- **Passage par les coordonnées du vecteur vitesse**

Les coordonnées du point M sont $M(t)(3t^4 + 6t^2 - 2 \,;\, 4t^3 - 5t^2 + t \,;\, 3t)$. Les coordonnées du vecteur position sont donc : $\overrightarrow{OM}(t)\begin{pmatrix} x(t) = 3t^4 + 6t^2 - 2 \\ y(t) = 4t^3 - 5t^2 + t \\ z(t) = 3t \end{pmatrix}$. Sachant que le vecteur vitesse est égal à la dérivée par rapport au temps du vecteur position, $\vec{v}(t) = \dfrac{\mathrm{d}\overrightarrow{OM}(t)}{\mathrm{d}t}$, on a :

$$\vec{v}(t)\begin{pmatrix} v_x(t) = \dfrac{\mathrm{d}x(t)}{\mathrm{d}t} \\ v_y(t) = \dfrac{\mathrm{d}y(t)}{\mathrm{d}t} \\ v_z(t) = \dfrac{\mathrm{d}z(t)}{\mathrm{d}t} \end{pmatrix}.$$

Par conséquent :

- $v_x(t) = \dfrac{\mathrm{d}x(t)}{\mathrm{d}t} = \dfrac{\mathrm{d}(3t^4 + 6t^2 - 2)}{dt} = 12t^3 + 12t$;
- $v_y(t) = \dfrac{\mathrm{d}y(t)}{\mathrm{d}t} = \dfrac{\mathrm{d}(4t^3 - 5t^2 + t)}{\mathrm{d}t} = 12t^2 - 10t + 1$;
- $v_z(t) = \dfrac{\mathrm{d}z(t)}{\mathrm{d}t} = \dfrac{\mathrm{d}(3t)}{\mathrm{d}t} = 3$.

Ainsi, les coordonnées du vecteur vitesse sont :

$$\vec{v}(t)\begin{pmatrix} 12t^3 + 12t \\ 12t^2 - 10t + 1 \\ 3 \end{pmatrix}.$$

• Passage aux coordonnées du vecteur accélération

Sachant que le vecteur accélération est égal à la dérivée par rapport au temps du vecteur vitesse, $\vec{a}(t) = \dfrac{d\vec{v}(t)}{dt}$, on a : $\vec{a}(t)\begin{pmatrix} a_x(t) = \dfrac{dv_x}{dt} \\ a_y(t) = \dfrac{dv_y}{dt} \\ a_z(t) = \dfrac{dv_z}{dt} \end{pmatrix}$. Ainsi :

- $a_x(t) = \dfrac{dv_x}{dt} = \dfrac{d(12t^3 + 12t)}{dt} = 36t^2 + 12$;
- $a_y(t) = \dfrac{dv_y}{dt} = \dfrac{d(12t^2 - 10t + 1)}{dt} = 24t - 10$;
- $a_z(t) = \dfrac{dv_z}{dt} = \dfrac{d(3)}{dt} = 0$.

Ainsi, les coordonnées du vecteur accélération sont : $\boldsymbol{\vec{a}(t)}\begin{pmatrix} \mathbf{36t^2 + 12} \\ \mathbf{24t - 10} \\ \mathbf{0} \end{pmatrix}$.

À RETENIR

Les coordonnées du vecteur accélération sont obtenues en dérivant deux fois par rapport au temps chacune des coordonnées du vecteur position.

4 Utiliser le repère de Frenet

EXERCICE TYPE

Considérons un objet ponctuel M décrivant un cercle de rayon 5 m. Les coordonnées de son vecteur vitesse dans le repère de Frenet $(M, \vec{u}_t, \vec{u}_n)$ sont :

$\vec{v}(t)\begin{pmatrix} v_t(t) = 2t^2 + t + 2 \\ v_n(t) = 0 \end{pmatrix}$.

Quelles sont les coordonnées de son vecteur accélération dans ce même repère ?

CORRIGÉ COMMENTÉ

Par définition, les coordonnées du vecteur accélération dans le repère de Frenet sont :

$\boldsymbol{\vec{a}(t)}\begin{pmatrix} \boldsymbol{a_t = \dfrac{dv}{dt}} \\ \boldsymbol{a_n = \dfrac{v^2}{R}} \end{pmatrix}$. Il faut donc déterminer $\dfrac{dv}{dt}$ et $\dfrac{v^2}{R}$, c'est-à-dire que l'on doit connaître l'expression de $v(t)$.

Par définition, $v(t) = \|\vec{v}(t)\| = \sqrt{(v_t(t))^2 + (v_n(t))^2}$, et donc $v(t) = \sqrt{(2t^2 + t + 2)^2}$, soit $v(t) = 2t^2 + t + 2$. Ainsi :

- $\dfrac{dv}{dt} = \dfrac{d(2t^2 + t + 2)}{dt} = 4t + 1$;
- $\dfrac{v^2}{R} = \dfrac{(2t^2 + t + 2)^2}{5} = \dfrac{4t^4 + 4t^3 + 9t^2 + 4t + 4}{5}$.

Point maths

Soit le vecteur $\vec{a}\begin{pmatrix} x \\ y \end{pmatrix}$. La norme de ce vecteur se calcule en faisant $\|\vec{a}\| = \sqrt{x^2 + y^2}$.

Dans le repère de Frenet, les coordonnées du vecteur accélération sont :

$$\vec{a}(t)\begin{pmatrix} \mathbf{4t + 1} \\ \dfrac{\mathbf{4t^4 + 4t^3 + 9t^2 + 4t + 4}}{\mathbf{5}} \end{pmatrix}.$$

À RETENIR

Dans le repère de Frenet, les coordonnées des vecteurs vitesse et accélération sont :

$$\vec{v}(t)\begin{pmatrix} v_t = v \\ v_n = 0 \end{pmatrix} \text{ et } \vec{a}(t)\begin{pmatrix} a_t = \dfrac{dv}{dt} \\ a_n = \dfrac{v^2}{R} \end{pmatrix}.$$

5 Utiliser la deuxième loi de Newton

EXERCICE TYPE

1. On considère un objet de masse $m = 500$ g soumis à trois forces (voir schéma ci-contre) : son poids $\vec{P}$, la réaction du support $\vec{R}$ de norme $\|\vec{R}\| = R = 10$ N et une force de traction $\vec{T}$ d'intensité $\|\vec{T}\| = 10$ N. Cet objet se déplace sur un plan horizontal. La réaction du support forme un angle $\alpha = 30°$ avec l'horizontale. Quelles sont les coordonnées du vecteur accélération ?

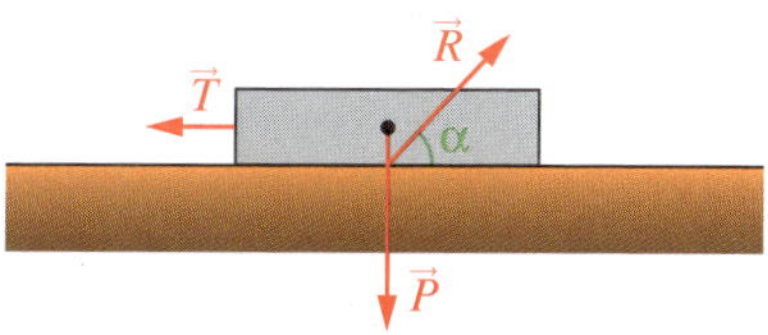

2. On considère un objet de masse $m = 2,0$ kg se déplaçant sur un plan horizontal avec une vitesse constante. Cet objet est soumis à trois forces (voir schéma ci-contre) : son poids $\vec{P}$, la réaction du support $\vec{R}$ (formant un angle $\alpha = 45°$ avec l'horizontale) et une force de traction $\vec{T}$. Déterminer les normes de $\vec{R}$ et de $\vec{T}$.

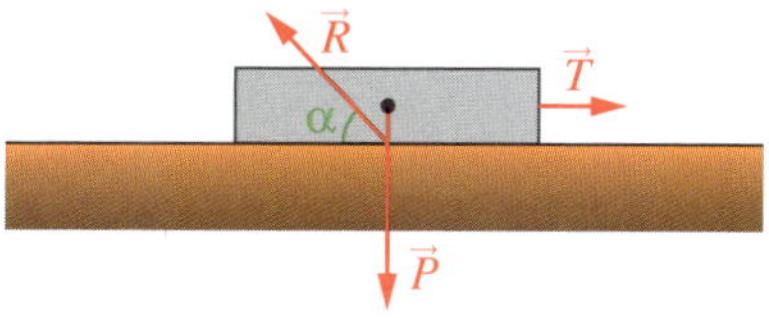

Donnée : intensité du champ de pesanteur : $g = 10$ N.kg^{-1}.

CORRIGÉ COMMENTÉ

1. Le référentiel utilisé dans ce cas est le référentiel du laboratoire, ou référentiel terrestre, supposé galiléen. Le système étudié est l'objet de masse $m = 500$ g et les forces extérieures qui s'exercent sur le système sont au nombre de trois : le poids $\vec{P}$, la réaction du support $\vec{R}$ et la force de traction $\vec{T}$.
Le repère choisi est un repère à deux dimensions seulement $(O, \vec{i}, \vec{j})$.

> **Rappel**
> Avant de commencer toute étude mécanique, il faut préciser trois choses :
> • le référentiel d'étude, en le supposant galiléen (les lois de Newton ne s'appliquent pas sinon) ;
> • le système étudié (car les études mécaniques se font en analysant les forces qu'il subit ; si l'on change le système, les forces dont on doit tenir compte peuvent changer) ;
> • les forces extérieures qui vont s'appliquer sur le système.

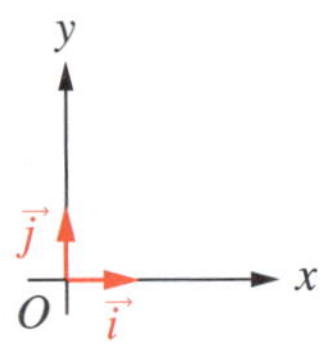

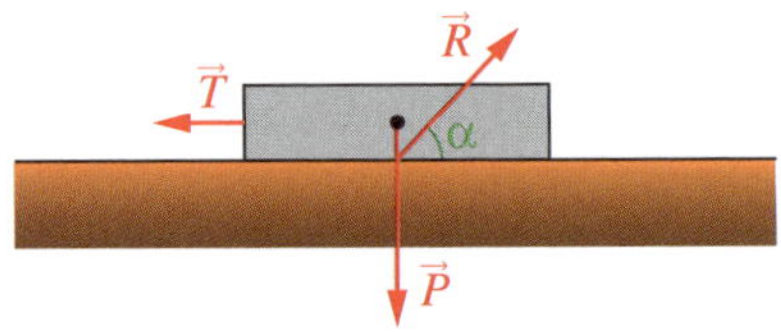

Dans ces conditions, les coordonnées des différents vecteurs sont :

$$\vec{P}\begin{pmatrix} P_x = 0 \\ P_y = -P \end{pmatrix} ; \vec{T}\begin{pmatrix} T_x = -T \\ T_y = 0 \end{pmatrix} \text{ et } \vec{R}\begin{pmatrix} R_x = R \times \cos\alpha \\ R_y = R \times \sin\alpha \end{pmatrix}.$$

Grâce à la deuxième loi de Newton, ou principe fondamental de la dynamique, on sait que la somme vectorielle des forces extérieures qui s'appliquent au système est égale au produit de la masse du système par le vecteur accélération du centre de masse du système : $\boldsymbol{\sum \vec{F}_{ext} = m \times \vec{a}}$.

Ainsi, $\vec{P} + \vec{T} + \vec{R} = m \times \vec{a}$. En passant aux coordonnées, on a :

$$m \times \vec{a}\begin{pmatrix} a_x \\ a_y \end{pmatrix} = \begin{pmatrix} 0 - T + R \times \cos\alpha \\ -P + 0 + R \times \sin\alpha \end{pmatrix} = \begin{pmatrix} R \times \cos\alpha - T \\ R \times \sin\alpha - P \end{pmatrix}.$$

Les coordonnées du vecteur accélération sont donc :

$$\vec{a}\begin{pmatrix} a_x \\ a_y \end{pmatrix} = \frac{1}{m}\begin{pmatrix} R \times \cos\alpha - T \\ R \times \sin\alpha - P \end{pmatrix} = \begin{pmatrix} \dfrac{R \times \cos\alpha - T}{m} \\ \dfrac{R \times \sin\alpha - P}{m} \end{pmatrix} \text{ et donc } \boldsymbol{\vec{a}\begin{pmatrix} \dfrac{R \times \cos\alpha - T}{m} \\ \dfrac{R \times \sin\alpha - P}{m} \end{pmatrix}}.$$

Application numérique :

$$\vec{a}\begin{pmatrix} \dfrac{10 \times \cos 30° - 10}{0{,}5} \\ \dfrac{10 \times \sin 30° - 0{,}5 \times 10}{0{,}5} \end{pmatrix} = \boldsymbol{\vec{a}\begin{pmatrix} -2{,}7 \\ 0 \end{pmatrix}}.$$

> **Rappel**
> Par définition, $P = m \times g$.

> **Remarque**
> Une coordonnée négative ne signifie pas que la vitesse diminue, mais plutôt que le mouvement se fait en sens opposé au sens positif choisi par l'orientation des axes.

2. Le référentiel utilisé dans ce cas est le référentiel du laboratoire, ou référentiel terrestre, supposé galiléen. Le système étudié est l'objet de masse $m = 2{,}0$ kg et les forces extérieures qui s'exercent sur le système sont au nombre de trois : le poids $\vec{P}$, la réaction du support $\vec{R}$ et la force de traction $\vec{T}$.

Le repère choisi est un repère à deux dimensions seulement $(O, \vec{i}, \vec{j})$.

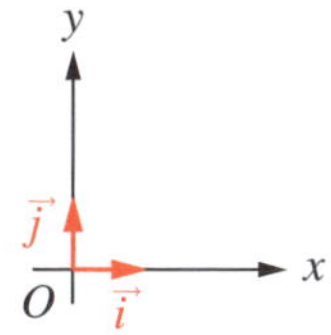

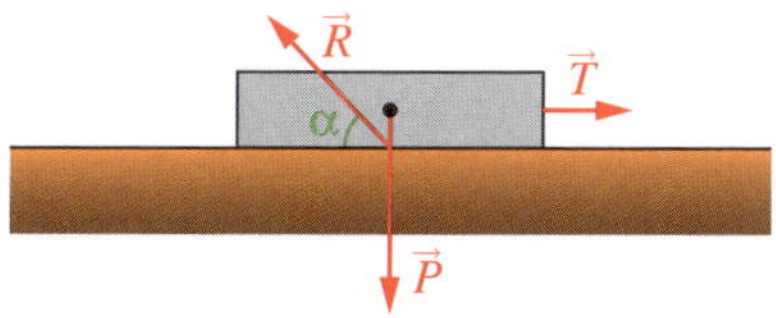

Dans ces conditions, les coordonnées des différents vecteurs sont :

$\vec{P}\begin{pmatrix} P_x = 0 \\ P_y = -P \end{pmatrix}$;

$\vec{T}\begin{pmatrix} T_x = T \\ T_y = 0 \end{pmatrix}$

et $\vec{R}\begin{pmatrix} R_x = -R \times \cos\alpha \\ R_y = R \times \sin\alpha \end{pmatrix}$.

Grâce à la deuxième loi de Newton, ou principe fondamental de la dynamique, on sait que la somme vectorielle des forces extérieures qui s'appliquent au système est égale au produit de la masse du système par le vecteur accélération du centre de masse du système $\boldsymbol{\sum \vec{F}_{ext} = m \times \vec{a}}$.

Ainsi, $\vec{P} + \vec{T} + \vec{R} = m \times \vec{a}$. En passant aux coordonnées, on a par conséquent :

$$m \times \vec{a}\begin{pmatrix} a_x \\ a_y \end{pmatrix} = \begin{pmatrix} 0 + T - R \times \cos\alpha \\ -P + 0 + R \times \sin\alpha \end{pmatrix} = \begin{pmatrix} T - R \times \cos\alpha \\ R \times \sin\alpha - P \end{pmatrix}.$$

Le système est en mouvement rectiligne uniforme, donc son vecteur accélération est égal au vecteur nul. Ainsi, $\begin{pmatrix} T - R \times \cos\alpha \\ R \times \sin\alpha - P \end{pmatrix} = \begin{pmatrix} 0 \\ 0 \end{pmatrix}$, ce qui conduit à deux équations :

$$\begin{cases} T - R \times \cos\alpha = 0 \quad (1) \\ R \times \sin\alpha - P = 0 \quad (2). \end{cases}$$

De (2), on tire que $\boldsymbol{R = \dfrac{P}{\sin\alpha}}$, et de (1), on tire que $T = R \times \cos\alpha$, soit :

$$\boldsymbol{T = \frac{P}{\sin\alpha} \times \cos\alpha}.$$

Application numérique :

$$\boldsymbol{R} = \frac{2{,}0 \times 10}{\sin 45°} = \mathbf{28\ N}$$

et $\boldsymbol{T} = \dfrac{2{,}0 \times 10}{\sin 45°} \times \cos 45° = \mathbf{20\ N.}$

Point maths

1. Déterminer les coordonnées d'un vecteur

Pour déterminer les coordonnées d'un vecteur, il y a deux méthodes :

• Première méthode : on connaît les coordonnées des deux extrémités de ce vecteur.

Soient $A(x_A\,;y_A)$ et $B(x_B\,;y_B)$ les extrémités d'un vecteur. Alors, les coordonnées du vecteur $\overrightarrow{AB}$ sont $\overrightarrow{AB}\begin{pmatrix} x_B - x_A \\ y_B - y_A \end{pmatrix}$.

• Deuxième méthode : on connaît la norme du vecteur et l'angle qu'il fait par rapport à un des axes. Soit un vecteur $\overrightarrow{AB}$, de norme AB, faisant un angle α par rapport à l'horizontale. Chacune de ses coordonnées va s'obtenir en réalisant le produit scalaire entre le vecteur $\overrightarrow{AB}$ et chacun des vecteurs unitaires. Ainsi, suivant l'axe (*Ox*), on a : $x_{AB} = \overrightarrow{AB}\cdot\vec{i} = \|\overrightarrow{AB}\| \times \|\vec{i}\| \times \cos(\overrightarrow{AB}, \vec{i})$, c'est-à-dire la norme de $\overrightarrow{AB}$ multipliée par la norme du vecteur unitaire $\vec{i}$ multipliée par le cosinus de l'angle entre les vecteurs $\overrightarrow{AB}$ et $\vec{i}$. On obtient ainsi :

$x_{AB} = AB \times 1 \times \cos\alpha$, soit $\boldsymbol{x_{AB} = AB \times \cos\alpha}$.

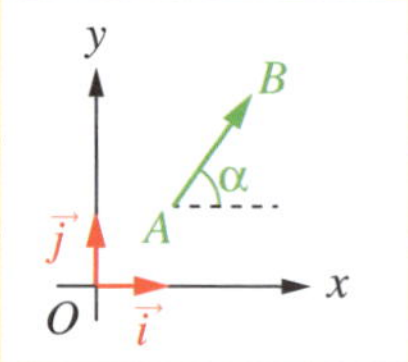

Suivant l'axe (*Oy*), on a $y_{AB} = \overrightarrow{AB}\cdot\vec{j} = \|\overrightarrow{AB}\| \times \|\vec{j}\| \times \cos(\overrightarrow{AB}, \vec{j})$, c'est-à-dire la norme de $\overrightarrow{AB}$ multipliée par la norme du vecteur unitaire $\vec{j}$ multipliée par le cosinus de l'angle entre les vecteurs $\overrightarrow{AB}$ et $\vec{j}$. On obtient ainsi :

$y_{AB} = AB \times 1 \times \cos(90° - \alpha)$, soit $\boldsymbol{y_{AB} = AB \times \sin\alpha}$.

Ainsi, les coordonnées du vecteur $\overrightarrow{AB}$ sont $\overrightarrow{AB}\begin{pmatrix} AB \times \cos\alpha \\ AB \times \sin\alpha \end{pmatrix}$.

2. Opérer sur les vecteurs

• Soient $\vec{u}\begin{pmatrix} x_u \\ y_u \end{pmatrix}$ et $\vec{v}\begin{pmatrix} x_v \\ y_v \end{pmatrix}$ deux vecteurs. Les coordonnées du vecteur $\vec{u} + \vec{v}$ sont $\vec{u} + \vec{v}\begin{pmatrix} x_u + x_v \\ y_u + y_v \end{pmatrix}$.

• Si deux vecteurs $\vec{u}\begin{pmatrix} x_u \\ y_u \end{pmatrix}$ et $\vec{v}\begin{pmatrix} x_v \\ y_v \end{pmatrix}$ sont égaux, alors leurs coordonnées sont égales : $\boldsymbol{x_u = x_v}$ et $\boldsymbol{y_u = y_v}$.

3. Trigonométrie

• $\cos(90° + \alpha) = -\sin\alpha$ • $\cos(90° - \alpha) = \sin\alpha$

• $\cos(180° + \alpha) = -\cos\alpha$ • $\cos(180° - \alpha) = -\cos\alpha$

À RETENIR

• Le principe fondamental de la dynamique, ou deuxième loi de Newton, ne s'applique que dans les référentiels galiléens.

• Dans le cas d'un mouvement rectiligne uniforme, le vecteur accélération est égal au vecteur nul et, ainsi, la somme vectorielle des forces qui s'appliquent sur le système est égale au vecteur nul : on retrouve le principe d'inertie, ou première loi de Newton.

• Le poids se détermine à partir de la masse et de l'intensité de pesanteur : $P = m \times g$, avec m en kg et g en $N.kg^{-1}$.

EXERCICES

Connaître le cours

Pour chaque exercice du *connaître le cours*, indiquer la (ou les) bonne(s) réponse(s) :

1 3 min Description d'un mouvement

	A	B	C
1. Une personne assise sur une chaise est :	immobile	en mouvement	on ne peut pas conclure
2. La vitesse instantanée s'obtient en :	divisant la distance parcourue par la durée de parcours	dérivant le vecteur position par rapport au temps	dérivant le vecteur position par rapport à l'accélération
3. La vitesse moyenne s'obtient en :	dérivant le vecteur position par rapport au temps	multipliant la distance parcourue par la durée de parcours	divisant la distance parcourue par la durée de parcours
4. L'accélération instantanée s'obtient en :	dérivant le vecteur vitesse par rapport au temps	dérivant deux fois le vecteur position par rapport au temps	divisant la variation de vitesse par la durée
5. Le repère de Frenet s'utilise pour les mouvements :	ralentis	quelconques	circulaires

→ Corrigé p. 257

2 2 min Mouvements particuliers

	A	B	C
1. Pour un mouvement rectiligne uniforme, le vecteur accélération est :	un vecteur constant non nul	le vecteur nul	tangent à la trajectoire
2. Pour un mouvement circulaire uniforme, le vecteur accélération est :	tangent à la trajectoire	dirigé vers le centre de la trajectoire	un vecteur constant en norme
3. Pour un mouvement rectiligne quelconque, le vecteur accélération est :	le vecteur nul	constant en direction	perpendiculaire au vecteur vitesse
4. Pour un mouvement circulaire, le vecteur accélération est :	dirigé vers l'intérieur de la trajectoire	constant en direction	perpendiculaire au vecteur vitesse

→ Corrigé p. 257

3 2 min Deuxième loi de Newton

	A	B	C
1. Le centre de masse d'un système :	est le point d'application du poids	est confondu avec le centre d'inertie du système	est le point d'application des forces de frottements
2. Le référentiel terrestre est galiléen :	pour une durée d'environ 1 jour	indéfiniment	pour une durée d'environ 5 minutes
3. Le principe fondamental de la dynamique est la :	première loi de Newton	deuxième loi de Newton	troisième loi de Newton
4. Dans un référentiel galiléen, $\sum \vec{F}_{ext}$ est égale à :	$m \times a$	$\frac{\vec{a}}{m}$	$m \times \vec{a}$

→ Corrigé p. 257

Appliquer le cours et les savoir-faire

4 5 min ★

→ COMMENT FAIRE 1

Déterminer, pour chacun des points suivants, les coordonnées du vecteur vitesse correspondant.

1. $M(t^3 - 2t^2 + 5t - 6\,; 2t^2 - 4t + 1\,; t + 2)$
2. $M(5t^2 + 2t - 3\,; 2t^5 + 2t^3 - 3t)$
3. $M(4\,;6\,;-2)$

→ Corrigé p. 257

5 5 min ★

→ COMMENT FAIRE 2

Déterminer, pour chacun des vecteurs vitesse suivants, les coordonnées du vecteur accélération correspondant.

1. $\vec{v}(t)\begin{pmatrix} 2t^3 + t^2 - 2t + 2 \\ 3t + 6 \\ -4t^3 + 2t^2 - 4t + 1 \end{pmatrix}$ 2. $\vec{v}(t)\begin{pmatrix} 6 \\ 10t + 3 \end{pmatrix}$ 3. $\vec{v}(t)\begin{pmatrix} 1 \\ 3 \\ -2 \end{pmatrix}$

→ Corrigé p. 258

6 5 min ★

→ COMMENT FAIRE 3

Déterminer, pour chacun des points suivants, les coordonnées du vecteur accélération correspondant.

1. $M(3t^2 + 2t - 4\,;\, t^3 - t^2 + 2t + 3\,; 2t + 5)$
2. $M(2t^3 + 3t^2 - 1\,;\, t^4 + 3t^2 + t)$
3. $M(3t + 1\,;\, -2t + 2\,;\, 2)$

→ Corrigé p. 259

7 5 min ★

→ COMMENT FAIRE 4

On considère un objet ponctuel M décrivant un cercle de rayon 2 m. Les coordonnées de son vecteur vitesse dans le repère de Frenet $(M, \vec{u}_t, \vec{u}_n)$ sont $\vec{v}(t)\begin{pmatrix} v_t(t) = 3t + 2 \\ v_n(t) = 0 \end{pmatrix}$.
Quelles sont les coordonnées de son vecteur accélération dans ce même repère ?

→ Corrigé p. 260

8 5 min ★★

→ COMMENT FAIRE 5

On considère un objet de masse $m = 250$ g glissant sans frottement sur un plan incliné formant un angle de 35° par rapport à l'horizontale. Cet objet n'est soumis qu'à deux forces : son poids $\vec{P}$ et la réaction du support $\vec{R}$, normale à la trajectoire, de norme $\|\vec{R}\| = R = 2{,}0$ N.

Donnée : intensité de pesanteur : $g = 9{,}8$ N.kg^{-1}.

1. Faire un schéma de la situation, sans respect d'échelle.
2. Quelles sont les coordonnées du vecteur accélération ?

→ Corrigé p. 260

9 10 min ★★

→ COMMENT FAIRE 5

Considérons un skieur de masse $m = 80$ kg, tracté par un tire-fesses, remontant sans frottement une piste inclinée formant un angle $\alpha = 30°$ par rapport à l'horizontale. On suppose la direction de la force exercée par le tire-fesses parallèle au sol. Dans un repère avec l'axe (Ox) parallèle au sol et orienté vers le sommet de la piste, les coordonnées du vecteur accélération du centre de masse du skieur sont $\vec{a}\begin{pmatrix} 0{,}5 \\ 0 \end{pmatrix}$.

Donnée : intensité de pesanteur : $g = 9{,}8$ N.kg^{-1}.

1. Faire un bilan des forces s'exerçant sur le skieur.
2. Représenter le schéma de la situation, sans souci d'échelle.
3. Quelle est l'intensité de la force exercée par le tire-fesses ?

→ Corrigé p. 261

S'entraîner au raisonnement

10 10 min ★★

Une bille en verre de rayon 1,0 cm et de masse 10 g est lâchée, sans vitesse initiale, dans de l'eau. Cette bille va subir, de la part de l'eau, la poussée d'Archimède : cette force, égale au poids du fluide déplacé, est verticale et dirigée de bas en haut.
Déterminer le vecteur accélération du centre de masse de la bille.

Données : masse volumique de l'eau : $\rho_{eau} = 1{,}0 \times 10^3$ kg.m^{-3} ;
intensité de pesanteur : $g = 9{,}8$ N.kg^{-1} ; volume d'une boule de rayon R : $V = \frac{4}{3}\pi \times R^3$.

→ Corrigé p. 262

11 10 min ★★

Lors des championnats de France de pétanque, on a enregistré à l'aide d'un smartphone la phase de « pointer ». On a ensuite, grâce à un logiciel de pointage, repéré la position de la boule au cours de son mouvement. L'origine du repère $(O, \vec{i}, \vec{j})$ utilisé est située au pied du joueur, l'axe horizontal est orienté dans le sens du jeu et l'axe vertical est orienté vers le haut. La masse de la boule est de 700 g.

Après traitement des pointages, par un logiciel dédié, on obtient les équations paramétriques suivantes pour la boule :

$x(t) = 6,4 \times t + 0,8$ et $y(t) = -4,9 \times t^2 + 6,8 \times t + 1,4$.

1. Déterminer les coordonnées des vecteurs vitesse et accélération de la boule.

2. Calculer les composantes de la somme des forces s'exerçant sur la boule.

3. En déduire la nature des forces s'exerçant sur la boule.

→ Corrigé p. 263

12 15 min ★★★

On considère que le mouvement de la Lune autour de la Terre est un mouvement circulaire uniforme centré sur le centre de la Terre. On considérera que la Lune n'est soumise qu'à une force, la force d'interaction gravitationnelle $\vec{F}$ exercée par la Terre.

1. Faire un schéma, sans souci d'échelle, de la situation, en représentant la force d'interaction gravitationnelle.

2. Déterminer, de façon littérale, les coordonnées du vecteur vitesse de la Lune.

3. Déterminer, de façon littérale, les coordonnées du vecteur accélération de la Lune.

4. En déduire, de façon littérale, l'expression de la valeur de la force d'interaction gravitationnelle. Calculer cette valeur.

5. On sait, depuis les travaux de Newton, que l'expression de la valeur de la force d'interaction gravitationnelle entre deux corps A et B de masses respectives m_A et m_B situés à une distance d l'un de l'autre est $\mathrm{G} \times \frac{m_A \times m_B}{d^2}$, où G est la constante de gravitation universelle : $\mathrm{G} = 6,67 \times 10^{-11}$ N.m^2.kg^{-2}.

Établir, de façon littérale, la masse m_T de la Terre, puis la calculer.

Données : distance Terre-Lune : $D_\mathrm{TL} = 384 \times 10^3$ km ;

masse de la Lune : $m_\mathrm{L} = 7,34 \times 10^{22}$ kg ;

période orbitale de la Lune : $T_\mathrm{L} = 27,5$ j.

→ Corrigé p. 263

EXERCICE DE BAC

Exercice 40 min **13 points**

Cet exercice étudie un modèle très simplifié du mouvement du centre d'inertie G d'un skieur dans différentes phases de son parcours. Le skieur est considéré comme un solide.

Données : masse du skieur et de son équipement : $m = 80$ kg ;
intensité de pesanteur terrestre : $g = 9{,}8$ N.kg^{-1} ;
record du monde de vitesse à ski : 255 km.h^{-1}.

Montée et plat

L'ensemble des forces de frottement est assimilé à une force unique, de sens opposé au vecteur vitesse, de norme constante $F = 50$ N. Le skieur reste constamment en contact avec le sol.

Afin de monter au sommet de la piste, le skieur se présente sur l'aire de départ, horizontale, d'un téléski. Initialement immobile, il s'accroche à une perche formant un angle constant α égal à 45° avec l'horizontale. La perche exerce une force de traction dirigée suivant sa propre direction.

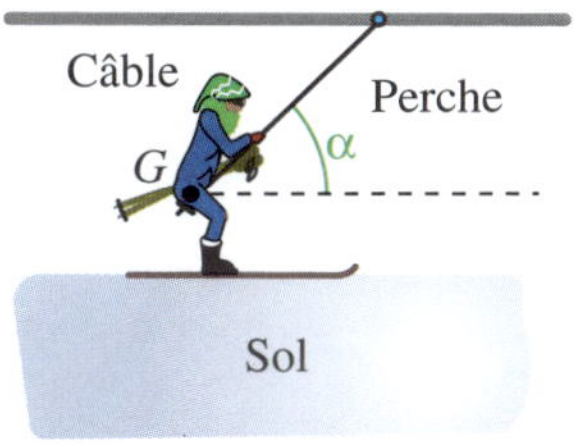

Après un parcours de longueur $\ell = 8{,}0$ m qui dure 8,0 s, la vitesse se stabilise à la valeur $v = 2{,}0$ m.s^{-1}.

1. [2 pts] Faire l'inventaire de toutes les forces s'exerçant sur le skieur pendant la phase de démarrage.
Les représenter sur un schéma sans souci d'échelle.

2. [1 pt] Calculer l'accélération du skieur durant la phase de démarrage.

3. [2 pts] Déterminer l'expression littérale puis la valeur numérique de la force constante $\vec{T}$ exercée par la perche sur le skieur.

4. [2 pts] Le skieur, toujours tiré par la perche, monte à la vitesse constante $v = 2$ m.s^{-1} une pente rectiligne inclinée d'un angle $\beta = 40°$ par rapport à l'horizontale. La perche elle-même forme un angle $\delta = 30°$ avec le sol.
Après avoir schématisé le skieur, déterminer littéralement puis numériquement l'intensité de la force $\vec{T}$ exercée par la perche sur le skieur.

Descente

Le skieur, participant à un concours de vitesse, s'élance à partir d'une position de repos sur une piste rectiligne inclinée d'un angle $\beta' = 28°$ par rapport à l'horizontale.

5. **[2 pts]** En admettant l'existence de force de frottement de même valeur qu'à la montée, quelle vitesse atteindrait-il après 10 s ?

6. **[1 pt]** La vitesse mesurée n'est en réalité que de 107 $km.h^{-1}$. En déduire l'intensité moyenne de la force de frottement supposée constante qui s'exerce sur le skieur au cours de la descente.

7. **[1 pt]** La valeur F de la force de frottement varie en réalité avec la vitesse suivant la loi $F = k \times v^2$ avec un coefficient $k = 0{,}33$ SI. Déterminer l'unité de k.

8. **[2 pts]** Si l'accélération du skieur pouvait s'annuler, pour quelle valeur de la vitesse cela se produirait-il ? On suppose que cette vitesse est la vitesse limite vers laquelle tend celle du skieur au bout d'un temps très long. Peut-il espérer battre le record du monde sur cette piste ?

→ *Corrigé p. 265*

CORRIGÉS

1 → Énoncé p. 251

1. C ; **2. B** ; **3. C** ; **4. A** et **B** ; **5. C**

2 → Énoncé p. 251

1. B ; **2. B** et **C** ; **3. B** ; **4. A**

3 → Énoncé p. 252

1. A et **B** ; **2. C** ; **3. B** ; **4. C**

4 → Énoncé p. 252

1. Les coordonnées du point M sont $M(t^3 - 2t^2 + 5t - 6\ ; 2t^2 - 4t + 1 ; t + 2)$.
Par conséquent, les coordonnées du vecteur position sont :

$$\overrightarrow{OM}(t)\begin{pmatrix} x(t) = t^3 - 2t^2 + 5t - 6 \\ y(t) = 2t^2 - 4t + 1 \\ z(t) = t + 2 \end{pmatrix}.$$

Ainsi :

- $v_x(t) = \dfrac{dx(t)}{dt} = \dfrac{d(t^3 - 2t^2 + 5t - 6)}{dt} = 3t^2 - 4t + 5$;
- $v_y(t) = \dfrac{dy(t)}{dt} = \dfrac{d(2t^2 - 4t + 1)}{dt} = 4t - 4$;
- $v_z(t) = \dfrac{dz(t)}{dt} = \dfrac{d(t + 2)}{dt} = 1$.

> **Rappel**
> On obtient les coordonnées du vecteur vitesse en dérivant celles du vecteur position.

Les coordonnées du vecteur vitesse sont donc : $\vec{v}(t)\begin{pmatrix} \mathbf{3t^2 - 4t + 5} \\ \mathbf{4t - 4} \\ \mathbf{1} \end{pmatrix}$.

2. Les coordonnées du point M sont $M(5t^2 + 2t - 3\ ; 2t^5 + 2t^3 - 3t)$. Par conséquent, les coordonnées du vecteur position sont : $\overrightarrow{OM}(t)\begin{pmatrix} x(t) = 5t^2 + 2t - 3 \\ y(t) = 2t^5 + 2t^3 - 3t \end{pmatrix}$.

Ainsi :

- $v_x(t) = \dfrac{dx(t)}{dt} = \dfrac{d(5t^2 + 2t - 3)}{dt} = 10t + 2$;
- $v_y(t) = \dfrac{dy(t)}{dt} = \dfrac{d(2t^5 + 2t^3 - 3t)}{dt} = 10t^4 + 6t^2 - 3$.

Les coordonnées du vecteur vitesse sont donc : $\vec{v}(t)\begin{pmatrix} \mathbf{10t + 2} \\ \mathbf{10t^4 + 6t^2 - 3} \end{pmatrix}$.

3. Les coordonnées du point M sont $M(4 ; 6 ; -2)$. Par conséquent les coordonnées du vecteur position sont : $\overrightarrow{OM}(t)\begin{pmatrix} x(t) = 4 \\ y(t) = 6 \\ z(t) = -2 \end{pmatrix}$.

Ainsi :

- $v_x(t) = \dfrac{dx(t)}{dt} = \dfrac{d(4)}{dt} = 0$;
- $v_y(t) = \dfrac{dy(t)}{dt} = \dfrac{d(6)}{dt} = 0$;
- $v_z(t) = \dfrac{dz(t)}{dt} = \dfrac{d(-2)}{dt} = 0$.

Rappel

La dérivée d'un vecteur constant est le vecteur nul.

Ainsi, les coordonnées du vecteur vitesse sont $\vec{\boldsymbol{v}}(t)\begin{pmatrix} \mathbf{0} \\ \mathbf{0} \\ \mathbf{0} \end{pmatrix}$. C'est le vecteur nul !

5 → *Énoncé p. 252*

1. Les coordonnées du vecteur vitesse étant $\vec{v}(t)\begin{pmatrix} 2t^3 + t^2 - 2t + 2 \\ 3t + 6 \\ -4t^3 + 2t^2 - 4t + 1 \end{pmatrix}$, on a :

- $a_x(t) = \dfrac{dv_x}{dt} = \dfrac{d(2t^3 + t^2 - 2t + 2)}{dt} = 6t^2 + 2t - 2$;
- $a_y(t) = \dfrac{dv_y}{dt} = \dfrac{d(3t + 6)}{dt} = 3$;
- $a_z(t) = \dfrac{dv_z}{dt} = \dfrac{d(-4t^3 + 2t^2 - 4t + 1)}{dt} = -12t^2 + 4t - 4$.

Rappel

On obtient les coordonnées du vecteur accélération en dérivant celles du vecteur vitesse.

Ainsi, les coordonnées du vecteur accélération sont : $\vec{\boldsymbol{a}}(t)\begin{pmatrix} \mathbf{6t^2 + 2t - 2} \\ \mathbf{3} \\ \mathbf{-12t^2 + 4t - 4} \end{pmatrix}$.

2. Les coordonnées du vecteur vitesse étant $\vec{v}(t)\begin{pmatrix} 6 \\ 10t + 3 \end{pmatrix}$, on a :

- $a_x(t) = \dfrac{dv_x}{dt} = \dfrac{d(6)}{dt} = 0$;
- $a_y(t) = \dfrac{dv_y}{dt} = \dfrac{d(10t + 3)}{dt} = 10$.

Ainsi, les coordonnées du vecteur accélération sont $\vec{\boldsymbol{a}}(t)\begin{pmatrix} \mathbf{0} \\ \mathbf{10} \end{pmatrix}$.

3. Les coordonnées du vecteur vitesse étant $\vec{v}(t)\begin{pmatrix} 1 \\ 3 \\ -2 \end{pmatrix}$, on a :

- $a_x(t) = \dfrac{dv_x}{dt} = \dfrac{d(1)}{dt} = 0$;
- $a_y(t) = \dfrac{dv_y}{dt} = \dfrac{d(3)}{dt} = 0$.
- $a_z(t) = \dfrac{dv_z}{dt} = \dfrac{d(-2)}{dt} = 0$.

Ainsi, les coordonnées du vecteur accélération sont $\vec{a}(t)\begin{pmatrix} \mathbf{0} \\ \mathbf{0} \\ \mathbf{0} \end{pmatrix}$. C'est le vecteur nul !

6 → *Énoncé p. 252*

Rappel

Pour obtenir les coordonnées du vecteur accélération à partir des coordonnées du vecteur position, on doit procéder en deux étapes :
- obtenir les coordonnées du vecteur vitesse en dérivant les coordonnées du vecteur position ;
- obtenir les coordonnées du vecteur accélération en dérivant les coordonnées du vecteur vitesse.

1. Les coordonnées du vecteur position sont $\overrightarrow{OM}(t)\begin{pmatrix} x(t) = 3t^2 + 2t - 4 \\ y(t) = t^3 - t^2 + 2t + 3 \\ z(t) = 2t + 5 \end{pmatrix}$. Ainsi :

- $v_x(t) = \dfrac{\mathrm{d}(3t^2 + 2t - 4)}{\mathrm{d}t} = 6t + 2$ puis $a_x(t) = \dfrac{\mathrm{d}(6t + 2)}{\mathrm{d}t} = 6$;
- $v_y(t) = \dfrac{\mathrm{d}(t^3 - t^2 + 2t + 3)}{\mathrm{d}t} = 3t^2 - 2t + 2$ puis $a_y(t) = \dfrac{\mathrm{d}(3t^2 - 2t + 2)}{\mathrm{d}t} = 6t - 2$;
- $v_z(t) = \dfrac{\mathrm{d}(2t + 5)}{\mathrm{d}t} = 2$ puis $a_z(t) = \dfrac{\mathrm{d}(2)}{\mathrm{d}t} = 0$.

Ainsi, les coordonnées du vecteur accélération sont $\vec{a}(t)\begin{pmatrix} \mathbf{6} \\ \mathbf{6t - 2} \\ \mathbf{0} \end{pmatrix}$.

2. Les coordonnées du vecteur position sont $\overrightarrow{OM}(t)\begin{pmatrix} x(t) = 2t^3 + 3t^2 - 1 \\ y(t) = t^4 + 3t^2 + t \end{pmatrix}$, ainsi :

- $v_x(t) = \dfrac{\mathrm{d}(2t^3 + 3t^2 - 1)}{\mathrm{d}t} = 6t^2 + 6t$ puis $a_x(t) = \dfrac{\mathrm{d}(6t^2 + 6t)}{\mathrm{d}t} = 12t + 6$;
- $v_y(t) = \dfrac{\mathrm{d}(t^4 + 3t^2 + t)}{\mathrm{d}t} = 4t^3 + 6t + 1$ puis $a_y(t) = \dfrac{\mathrm{d}(4t^3 + 6t + 1)}{\mathrm{d}t} = 12t^2 + 6$.

Ainsi, les coordonnées du vecteur accélération sont $\vec{a}(t)\begin{pmatrix} \mathbf{12t + 6} \\ \mathbf{12t^2 + 6} \end{pmatrix}$.

3. Les coordonnées du vecteur position sont $\overrightarrow{OM}(t)\begin{pmatrix} x(t) = 3t + 1 \\ y(t) = -2t + 2 \\ z(t) = 2 \end{pmatrix}$, ainsi :

- $v_x(t) = \dfrac{\mathrm{d}(3t + 1)}{\mathrm{d}t} = 3$ puis $a_x(t) = \dfrac{\mathrm{d}(3)}{\mathrm{d}t} = 0$;
- $v_y(t) = \dfrac{\mathrm{d}(-2t + 2)}{\mathrm{d}t} = -2$ puis $a_y(t) = \dfrac{\mathrm{d}(0)}{\mathrm{d}t} = 0$;
- $v_z(t) = \dfrac{\mathrm{d}(2)}{\mathrm{d}t} = 0$ puis $a_z(t) = \dfrac{\mathrm{d}(0)}{\mathrm{d}t} = 0$.

Ainsi, les coordonnées du vecteur accélération sont $\vec{a}(t)\begin{pmatrix} \mathbf{0} \\ \mathbf{0} \\ \mathbf{0} \end{pmatrix}$. C'est le vecteur nul !

7 → *Énoncé p. 253*

Les coordonnées du vecteur vitesse étant $\vec{v}(t)\begin{pmatrix} v_t(t) = 3t + 2 \\ v_n(t) = 0 \end{pmatrix}$, on a :

$v(t) = \sqrt{(3t + 2)^2 + 0^2} = 3t + 2$

et donc $\frac{dv}{dt} = \frac{d(3t + 2)}{dt} = 3$.

Les coordonnées du vecteur accélération dans le repère de Frenet sont :

$$\vec{a}(t)\begin{pmatrix} a_t = \frac{dv}{dt} \\ a_n = \frac{v^2}{R} \end{pmatrix}, \text{ soit } \vec{a}(t)\begin{pmatrix} 3 \\ \frac{(3t + 2)^2}{2} \end{pmatrix} = \vec{a}(t)\begin{pmatrix} \mathbf{3} \\ \mathbf{4{,}5t^2 + 6t + 2} \end{pmatrix}.$$

8 → *Énoncé p. 253*

1.

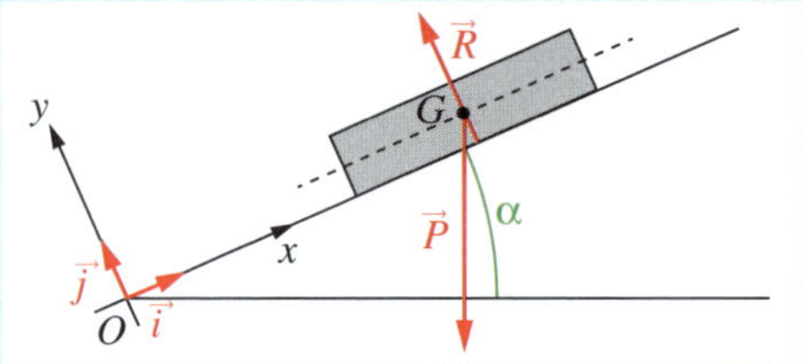

Rappel

S'il n'y a pas de frottement, la réaction est perpendiculaire au support.

2. Référentiel d'étude : référentiel terrestre, supposé galiléen.
Système : objet de masse m.
Bilan des forces : le poids $\vec{P}$ et la réaction du support $\vec{R}$.
Le repère choisi est un repère à deux dimensions seulement $(O, \vec{i}, \vec{j})$ dont l'axe (Ox) est parallèle à la pente.
Dans ces conditions, les coordonnées des différents vecteurs sont :

$$\vec{P}\begin{pmatrix} P_x = -P \times \sin\alpha \\ P_y = -P \times \cos\alpha \end{pmatrix} \text{ et } \vec{R}\begin{pmatrix} R_x = 0 \\ R_y = R \end{pmatrix}.$$

Grâce à la deuxième loi de Newton, ou principe fondamental de la dynamique, on sait que la somme vectorielle des forces extérieures qui s'appliquent au système est égale au produit de la masse du système par le vecteur accélération du centre de masse du système : $\sum \vec{F}_{ext} = m \times \vec{a}$.

Ainsi, $\vec{P} + \vec{R} = m \times \vec{a}$. En passant aux coordonnées, on a :

$$m \times \vec{a}\begin{pmatrix} a_x \\ a_y \end{pmatrix} = \begin{pmatrix} -P \times \sin\alpha + 0 \\ -P \times \cos\alpha + R \end{pmatrix} = \begin{pmatrix} -P \times \sin\alpha \\ R - P \times \cos\alpha \end{pmatrix}.$$

Les coordonnées du vecteur accélération sont donc :

$$\vec{a}\begin{pmatrix} a_x \\ a_y \end{pmatrix} = \frac{1}{m}\begin{pmatrix} -P \times \sin\alpha \\ R - P \times \cos\alpha \end{pmatrix} = \begin{pmatrix} \dfrac{-P \times \sin\alpha}{m} \\ \dfrac{R - P \times \cos\alpha}{m} \end{pmatrix} \text{ et donc :}$$

$$\boldsymbol{\vec{a}\begin{pmatrix} \dfrac{-P \times \sin\alpha}{m} \\ \dfrac{R - P \times \cos\alpha}{m} \end{pmatrix}}.$$

Application numérique :

$$\vec{a}\begin{pmatrix} \dfrac{-0{,}250 \times 9{,}8 \times \sin 35°}{0{,}250} \\ \dfrac{2{,}0 - 0{,}250 \times 9{,}8 \times \cos 35°}{0{,}250} \end{pmatrix} \text{ et donc :}$$

Rappel
Par définition, $P = m \times g$.

$$\boldsymbol{\vec{a}\begin{pmatrix} -5{,}6 \\ 0 \end{pmatrix}}.$$

9 → *Énoncé p. 253*

1. Il y a trois forces qui s'exercent sur le skieur : son poids $\vec{P}$, la réaction du support $\vec{R}$ et la force exercée par le tire-fesses $\vec{F}$.

2.

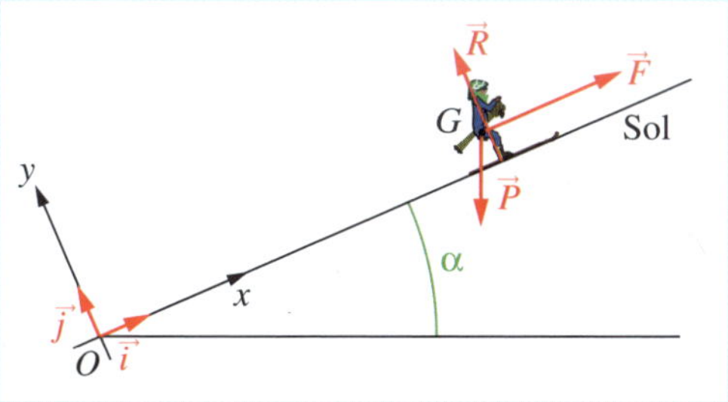

3. Référentiel d'étude : référentiel terrestre, supposé galiléen.
Système : skieur de masse $m = 80$ kg.
Bilan des forces : voir question 1.
En utilisant le repère proposé, les coordonnées des différents vecteurs sont :

$$\vec{P}\begin{pmatrix} -P \times \sin\alpha \\ -P \times \cos\alpha \end{pmatrix}, \ \vec{F}\begin{pmatrix} F \\ 0 \end{pmatrix} \text{et } \vec{R}\begin{pmatrix} 0 \\ R \end{pmatrix}.$$

Grâce à la deuxième loi de Newton, ou principe fondamental de la dynamique, on sait que la somme vectorielle des forces extérieures qui s'appliquent au système est égale au produit de la masse du système par le vecteur accélération du centre de masse du système : $\sum \vec{F}_{ext} = m \times \vec{a}$.

Ainsi, $\vec{P} + \vec{R} + \vec{F} = m \times \vec{a}$. En passant aux coordonnées, on a
$m \times \vec{a}\begin{pmatrix} a_x \\ a_y \end{pmatrix} = \begin{pmatrix} -P \times \sin\alpha + 0 + F \\ -P \times \cos\alpha + R + 0 \end{pmatrix} = \begin{pmatrix} F - P \times \sin\alpha \\ R - P \times \cos\alpha \end{pmatrix}$,
et par conséquent $80 \times \begin{pmatrix} 0{,}5 \\ 0 \end{pmatrix} = \begin{pmatrix} 40 \\ 0 \end{pmatrix} = \begin{pmatrix} F - P \times \sin\alpha \\ R - P \times \cos\alpha \end{pmatrix}$.
En utilisant les coordonnées suivant l'axe (Ox), on a donc :
$F - P \times \sin\alpha = 40$, soit $\boldsymbol{F = P \times \sin\alpha + 40}$.
Application numérique :
$\boldsymbol{F} = 80 \times 9{,}8 \times \sin 30° + 40 = \mathbf{4{,}3 \times 10^2\ N}$.

Point maths

Soient deux vecteurs $\vec{u}$, de coordonnées $\vec{u}\begin{pmatrix} a \\ b \end{pmatrix}$, et $\vec{v}$ tel que $\vec{v} = m \times \vec{u}$. Alors, les coordonnées de $\vec{v}$ sont $\vec{v}\begin{pmatrix} m \times a \\ m \times b \end{pmatrix}$.

10 → *Énoncé p. 253*

Référentiel d'étude : référentiel terrestre, supposé galiléen.
Système : bille en verre, de masse $m = 10$ g.
Bilan des forces : le poids $\vec{P}$ et la poussée d'Archimède $\vec{\pi}$.
En choisissant un axe vertical (Ox) orienté vers le bas, on a alors : $\vec{P}(P)$ et $\vec{\pi}(-\pi)$.
À l'aide de la deuxième loi de Newton, ou principe fondamental de la dynamique, on sait que la somme vectorielle des forces extérieures qui s'appliquent au système est égale au produit de la masse du système par le vecteur accélération du centre de masse du système : $\sum \vec{\boldsymbol{F}}_{\text{ext}} = \boldsymbol{m} \times \vec{\boldsymbol{a}}$, soit $\vec{P} + \vec{\pi} = m \times \vec{a}$.

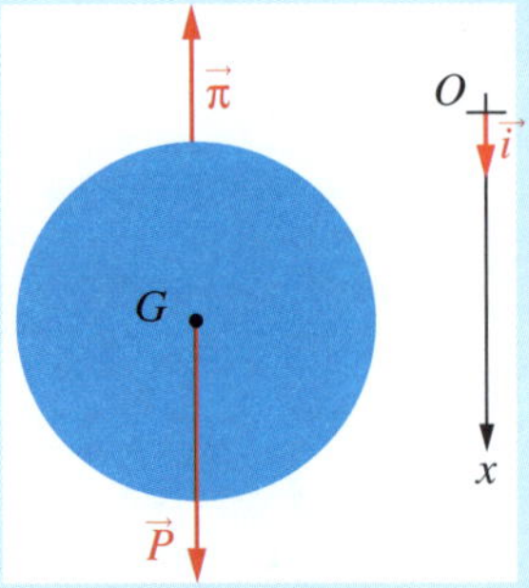

En passant aux coordonnées, on obtient :

$$P - \pi = m \times a_x, \text{ soit } a_x = \frac{P - \pi}{m} = \frac{m \times g - \pi}{m}.$$

Remarque

On choisit un repère constitué d'un seul axe et dirigé vers le bas, car le mouvement est rectiligne descendant.

La poussée d'Archimède est égale au poids du fluide déplacé, soit $\pi = m_{\text{eau}} \times g$, car le fluide déplacé est de l'eau. On obtient donc :

$$\pi = \left(\frac{4}{3} \times \pi \times R^3 \times \rho_{\text{eau}}\right) \times g, \text{ soit :}$$

$$a_x = \frac{m \times g - \left(\frac{4}{3} \times \pi \times R^3 \times \rho_{\text{eau}}\right) \times g}{m},$$

ce qui équivaut à $\boldsymbol{a_x} = \dfrac{\left(\boldsymbol{m} - \frac{\mathbf{4}}{\mathbf{3}} \times \boldsymbol{\pi} \times \boldsymbol{R}^3 \times \boldsymbol{\rho}_{\text{eau}}\right) \times \boldsymbol{g}}{\boldsymbol{m}}$.

Application numérique :

$$\boldsymbol{a_x} = \frac{\left(0{,}010 - \frac{4}{3} \times \pi \times (0{,}01)^3 \times 1{,}0 \times 10^3\right) \times 9{,}8}{0{,}010} = \mathbf{5{,}7\ m.s^{-2}}.$$

Rappel

La masse volumique d'un corps est égale au rapport de la masse de ce corps par le volume qu'il occupe :
$\rho_{\text{corps}} = \dfrac{m_{\text{corps}}}{V_{\text{corps}}}$, avec
ρ_{corps} en kg.m^{-3},
m_{corps} en kg et V_{corps} en m^3.

11 → Énoncé p. 254

1. Grâce aux équations du mouvement, on sait que les coordonnées du vecteur position sont $\overrightarrow{OM}(t)\begin{pmatrix} 6{,}4 \times t + 0{,}8 \\ -4{,}9 \times t^2 + 6{,}8 \times t + 1{,}4 \end{pmatrix}$. En dérivant les coordonnées une première fois par rapport au temps, on obtient le vecteur vitesse de coordonnées $\vec{\boldsymbol{v}}(t)\begin{pmatrix} \mathbf{6{,}4} \\ \mathbf{-9{,}8} \times \boldsymbol{t} + \mathbf{6{,}8} \end{pmatrix}$. Puis, en dérivant une seconde fois par rapport au temps, on obtient le vecteur accélération, de coordonnées $\vec{\boldsymbol{a}}\begin{pmatrix} \mathbf{0} \\ \mathbf{-9{,}8} \end{pmatrix}$.

2. Référentiel d'étude : référentiel terrestre, supposé galiléen.
Système : boule de pétanque, de masse $m = 700$ g.
Bilan des forces : inconnu, mais nommons la somme vectorielle de ces forces $\vec{F}$.
À l'aide de la deuxième loi de Newton, on sait que la somme vectorielle des forces extérieures qui s'appliquent au système est égale au produit de la masse du système par le vecteur accélération du centre de masse du système : $\sum \vec{F}_{ext} = \vec{F} = m \times \vec{a}$.
Les coordonnées de la résultante des forces sont :
$\vec{F} = m \times \vec{a}\begin{pmatrix} 0 \\ -9{,}8 \end{pmatrix}$, soit $\vec{\boldsymbol{F}}\begin{pmatrix} \mathbf{0} \\ -\boldsymbol{m} \times \mathbf{9{,}8} \end{pmatrix}$.

3. La résultante des force est verticale (car F_x, la composante horizontale, est nulle), dirigée vers le bas (car F_y, la composante verticale, est négative) et de norme $m \times 9{,}8$, soit $m \times g$. Une force a ces trois caractéristiques : **le poids**. Ainsi, d'après les équations proposées, seul le poids agit sur la boule de pétanque.

12 → Énoncé p. 254

1.

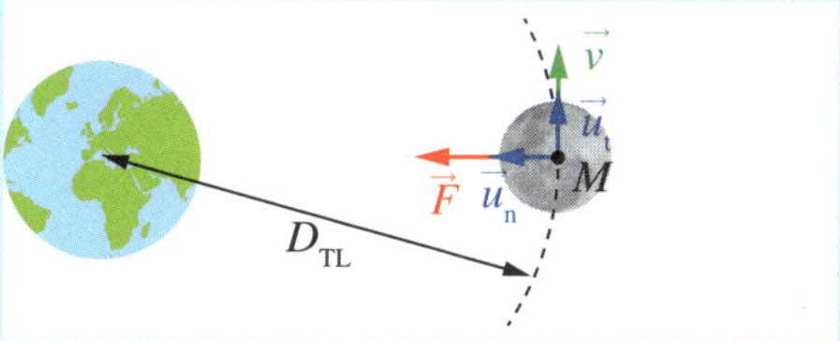

2. La trajectoire de la Lune étant circulaire, on utilisera le repère de Frenet $(M, \vec{u}_t, \vec{u}_n)$. Dans ce repère, les coordonnées du vecteur vitesse sont $\vec{v}(t)\begin{pmatrix} v_t = v \\ v_n = 0 \end{pmatrix}$. Le mouvement étant uniforme, cela signifie que la vitesse est constante et donc que la vitesse instantanée est égale à la vitesse moyenne. Ainsi, $v = \dfrac{d}{\Delta t}$, avec d la distance parcourue et Δt la durée de ce parcours. La Lune parcourt son orbite pendant une durée T_L :

ainsi, $v = \dfrac{2\pi \times D_{TL}}{T_L}$ et donc $\vec{\boldsymbol{v}}(t)\begin{pmatrix} \dfrac{\mathbf{2\pi} \times \boldsymbol{D}_{TL}}{\boldsymbol{T}_L} \\ \mathbf{0} \end{pmatrix}$.

> **Point maths**
> Le périmètre d'un cercle de rayon R est $P = 2 \times \pi \times R$.

3. Le mouvement étant circulaire uniforme, les coordonnées du vecteur accélération de la Lune sont $\vec{a}(t)\begin{pmatrix} a_t = 0 \\ a_n = \dfrac{v^2}{R} \end{pmatrix}$, avec R rayon de la trajectoire, soit D_{TL}.

On obtient donc ici :

$$\vec{a}(t)\begin{pmatrix} a_t = 0 \\ a_n = \dfrac{\left(\dfrac{2\pi \times D_{TL}}{T_L}\right)^2}{D_{TL}} \end{pmatrix}, \text{ soit } \vec{\boldsymbol{a}}(t)\begin{pmatrix} \mathbf{0} \\ \dfrac{\mathbf{4\pi^2 \times D_{TL}}}{\mathbf{T_L^{\,2}}} \end{pmatrix}.$$

4. Référentiel d'étude : référentiel lunocentrique, supposé galiléen.
Système : Lune, de masse m_L.
Bilan des forces : force d'interaction gravitationnelle $\vec{F}$.
À l'aide de la deuxième loi de Newton, on sait que la somme vectorielle des forces extérieures qui s'appliquent au système est égale au produit de la masse du système par le vecteur accélération du centre de masse du système $\boldsymbol{\sum \vec{F}_{ext} = \vec{F} = m_L \times \vec{a}}$.

En passant aux coordonnées, on a $\vec{F}\begin{pmatrix} F_t \\ F_n \end{pmatrix} = m_L \times \vec{a}(t)\begin{pmatrix} 0 \\ \dfrac{4\pi^2 \times D_{TL}}{T_L^{\,2}} \end{pmatrix}$, soit $\vec{F}\begin{pmatrix} 0 \\ m_L \times \dfrac{4\pi^2 \times D_{TL}}{T_L^{\,2}} \end{pmatrix}$.

Ainsi, $F = \|\vec{F}\| = \sqrt{0^2 + \left(m_L \times \dfrac{4\pi^2 \times D_{TL}}{T_L^{\,2}}\right)^2}$, soit $\boldsymbol{F = m_L \times \dfrac{4\pi^2 \times D_{TL}}{T_L^{\,2}}}$.

Application numérique : $\boldsymbol{F} = 7{,}34 \times 10^{22} \times \dfrac{4\pi^2 \times 384 \times 10^6}{(27{,}5 \times 24 \times 3\,600)^2} = \mathbf{1{,}97 \times 10^{20}\ N}$.

5. En supposant que l'expression de la force trouvée à la question **4.** est la force d'interaction gravitationnelle entre la Terre et la Lune, alors on a :

$m_L \times \dfrac{4\pi^2 \times D_{TL}}{T_L^{\,2}} = G \times \dfrac{m_T \times m_L}{D_{TL}^{\,2}}$, ce qui conduit à $\boldsymbol{m_T = \dfrac{4\pi^2 \times D_{TL}^{\,3}}{G \times T_L^{\,2}}}$.

Application numérique : $\boldsymbol{m_T} = \dfrac{4\pi^2 \times (384 \times 10^6)^3}{6{,}67 \times 10^{-11} \times (27{,}5 \times 24 \times 3\,600)^2} = \mathbf{5{,}94 \times 10^{24}\ kg.}$

Rappel

Pour passer de l'année à la seconde et réciproquement, on peut utiliser le schéma ci-dessous :

année ⇄ jour ⇄ heure ⇄ seconde

- année → jour : × 365,25 ; jour → année : /365,25
- jour → heure : × 24 ; heure → jour : /24
- heure → seconde : × 3 600 ; seconde → heure : /3 600

EXERCICE DE BAC

Exercice → Énoncé p. 255

1. Les forces s'exerçant sur le skieur pendant la phase de démarrage sont le poids $\vec{P}$, la réaction du support $\vec{R}$, les forces de frottement $\vec{F}$ et la force de traction $\vec{T}$.

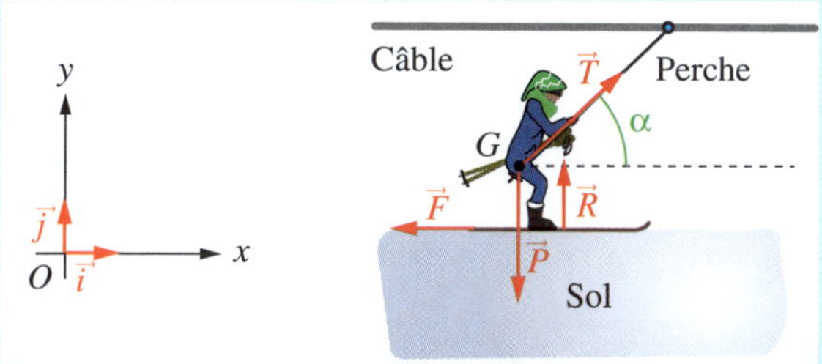

2. L'accélération pendant la phase de démarrage est déterminée en calculant l'accélération moyenne $a = \frac{\Delta v}{\Delta t}$, avec Δv la variation de vitesse et Δt la durée.

Ainsi, $\boldsymbol{a} = \frac{2{,}0 - 0}{8{,}0 - 0} = \mathbf{0{,}25\ m.s^{-2}}$.

3. Référentiel d'étude : référentiel terrestre, supposé galiléen.
Système : skieur et son équipement, de masse $m = 80$ kg.
Bilan des forces : voir question **1**.
En utilisant le repère indiqué sur le schéma, on détermine les coordonnées des différentes forces présentes : $\vec{P}\begin{pmatrix} 0 \\ -P \end{pmatrix}$, $\vec{R}\begin{pmatrix} 0 \\ R \end{pmatrix}$, $\vec{F}\begin{pmatrix} -F \\ 0 \end{pmatrix}$ et $\vec{T}\begin{pmatrix} T \times \cos\alpha \\ T \times \sin\alpha \end{pmatrix}$.
À l'aide de la deuxième loi de Newton, ou principe fondamental de la dynamique, on sait que la somme vectorielle des forces extérieures qui s'appliquent au système est égale au produit de la masse du système par le vecteur accélération du centre de masse du système : $\sum \vec{F}_{ext} = m \times \vec{a}$, soit $\vec{P} + \vec{R} + \vec{F} + \vec{T} = m \times \vec{a}$.
Ainsi, $\vec{P}\begin{pmatrix} 0 \\ -P \end{pmatrix} + \vec{R}\begin{pmatrix} 0 \\ R \end{pmatrix} + \vec{F}\begin{pmatrix} -F \\ 0 \end{pmatrix} + \vec{T}\begin{pmatrix} T \times \cos\alpha \\ T \times \sin\alpha \end{pmatrix} = m \times \vec{a}\begin{pmatrix} a_x \\ a_y \end{pmatrix} = m \times \vec{a}\begin{pmatrix} a \\ 0 \end{pmatrix}$
car le mouvement est horizontal.
En utilisant la coordonnée horizontale, on a alors $0 + 0 - F + T \times \cos\alpha = m \times a$, ce qui conduit à $\boldsymbol{T = \frac{m \times a + F}{\cos\alpha}}$.

Application numérique : $\boldsymbol{T} = \frac{80 \times 0{,}25 + 50}{\cos 45°} = \mathbf{99\ N}$.

4. En utilisant le repère indiqué sur le schéma page suivante, on a les coordonnées suivantes pour les quatre forces : $\vec{P}\begin{pmatrix} -P \times \sin\beta \\ -P \times \cos\beta \end{pmatrix}$, $\vec{R}\begin{pmatrix} 0 \\ R \end{pmatrix}$, $\vec{F}\begin{pmatrix} -F \\ 0 \end{pmatrix}$ et $\vec{T}\begin{pmatrix} T \times \cos\delta \\ T \times \sin\delta \end{pmatrix}$.

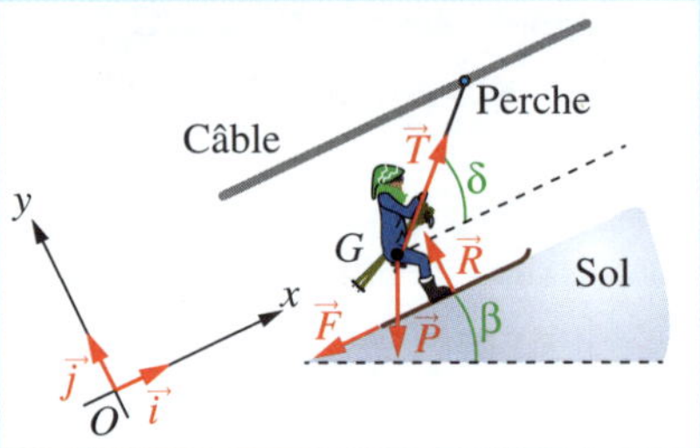

Le mouvement étant rectiligne uniforme, le vecteur accélération est égal au vecteur nul, et donc l'application de la deuxième loi de Newton conduit à $\vec{P} + \vec{R} + \vec{F} + \vec{T} = \vec{0}$, soit :

$$\vec{P}\begin{pmatrix} -P \times \sin\beta \\ -P \times \cos\beta \end{pmatrix} + \vec{R}\begin{pmatrix} 0 \\ R \end{pmatrix} + \vec{F}\begin{pmatrix} -F \\ 0 \end{pmatrix} + \vec{T}\begin{pmatrix} T \times \cos\delta \\ T \times \sin\delta \end{pmatrix} = \vec{0}.$$

En considérant les coordonnées suivant (Ox), on a ainsi :

$-P \times \sin\beta + 0 - F + T \times \cos\delta = 0,$

soit : $\boldsymbol{T = \dfrac{F + P \times \sin\beta}{\cos\delta}}$.

Application numérique : $T = \dfrac{50 + 80 \times 9{,}8 \times \sin 40°}{\cos 30°}$ **= 6,4 × 10² N.**

5. À l'aide du schéma ci-contre, on déduit les coordonnées des trois forces qui agissent sur le système :

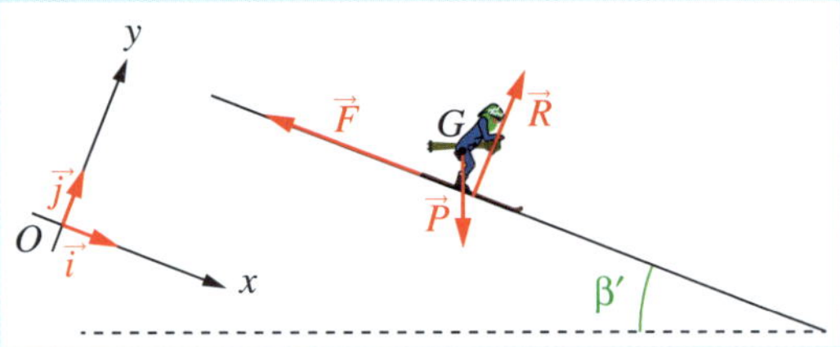

$$\vec{P}\begin{pmatrix} P \times \sin\beta' \\ -P \times \cos\beta' \end{pmatrix}, \vec{R}\begin{pmatrix} 0 \\ R \end{pmatrix}, \vec{F}\begin{pmatrix} -F \\ 0 \end{pmatrix}.$$

Grâce à la deuxième loi de Newton, on sait que la somme vectorielle des forces extérieures qui s'appliquent au système est égale au produit de la masse du système par le vecteur accélération du centre de masse du système :

$\sum \vec{F}_{ext} = \vec{F} + \vec{P} + \vec{R} = m \times \vec{a}.$

En passant aux coordonnées, on obtient :

$$\vec{P}\begin{pmatrix} P \times \sin\beta' \\ -P \times \cos\beta' \end{pmatrix} + \vec{R}\begin{pmatrix} 0 \\ R \end{pmatrix} + \vec{F}\begin{pmatrix} -F \\ 0 \end{pmatrix} = m \times \vec{a}\begin{pmatrix} a_x \\ a_y \end{pmatrix}$$

soit $\begin{pmatrix} P \times \sin\beta' + 0 - F \\ -P \times \cos\beta' + R + 0 \end{pmatrix} = \begin{pmatrix} P \times \sin\beta' - F \\ -P \times \cos\beta' + R \end{pmatrix} = \begin{pmatrix} m \times a_x \\ m \times a_y \end{pmatrix}.$

Le mouvement étant rectiligne le long de la piste, $a_y = 0$ et donc :

$$\begin{pmatrix} P \times \sin\beta' - F \\ -P \times \cos\beta' + R \end{pmatrix} = \begin{pmatrix} m \times a_x \\ 0 \end{pmatrix}.$$

Ainsi, $P \times \sin\beta' - F = m \times a_x = m \times a$, d'où $\boldsymbol{a = \dfrac{P \times \sin\beta' - F}{m}}$.

L'accélération est donc constante, le mouvement est donc un mouvement rectiligne uniforme et donc $\Delta v = a \times \Delta t$, soit $\Delta v = \dfrac{P \times \sin\beta' - F}{m} \times \Delta t$.

Ainsi, $v(10) - v(0) = \dfrac{P \times \sin\beta' - F}{m} \times (10 - 0)$, et donc :

$$\boldsymbol{v(10) = \dfrac{P \times \sin\beta' - F}{m} \times 10}.$$

Application numérique : $v(10) = \dfrac{80 \times 9{,}8 \times \sin 28° - 50}{80} \times 10 = \mathbf{40\ m.s^{-1}}$.

6. En considérant que la vitesse est plus faible que celle calculée (30 $m.s^{-1}$ contre 40 $m.s^{-1}$), on utilise la relation précédente, et on a $\boldsymbol{F = P \times \sin\beta' - m \times \dfrac{v(10)}{10}}$.

Application numérique :

$$F = 80 \times 9{,}8 \times \sin 28° - 80 \times \frac{30}{10}$$

$$\boldsymbol{F = 1{,}3 \times 10^2\,\mathrm{N}}.$$

Méthode

Pour passer de la vitesse en $km.h^{-1}$ à la vitesse en $m.s^{-1}$, on peut utiliser le schéma ci-dessous :

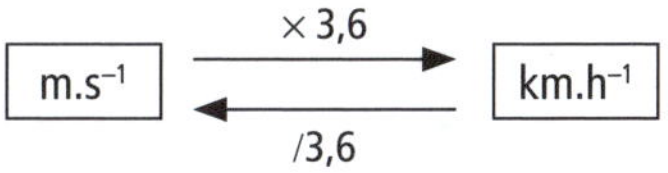

7. De $F = k \times v^2$, on tire $k = \dfrac{F}{v^2}$. Par analyse dimensionnelle, on obtient donc :

$$[k] = \left[\frac{F}{v^2}\right] = \frac{[F]}{[v^2]} = \frac{[F]}{[v]^2} = \frac{\mathrm{kg \times m \times s^{-2}}}{(\mathrm{m \times s^{-1}})^2} = \frac{\mathrm{kg \times m \times s^{-2}}}{\mathrm{m^2 \times s^{-2}}} = \mathrm{kg \times m^{-1}}.$$

8. Si l'accélération du skieur pouvait s'annuler, alors l'équation obtenue à la question **5.** deviendrait $P \times \sin\beta' - F = m \times a = m \times 0 = 0$, soit $P \times \sin\beta' = F$.
En reportant dans cette équation l'expression de F, on a $P \times \sin\beta' = k \times v^2$, d'où $\boldsymbol{v = \sqrt{\dfrac{P \times \sin\beta'}{k}}}$.

Application numérique : $v = \sqrt{\dfrac{80 \times 9{,}8 \times \sin 28°}{0{,}33}} = \mathbf{33\ m.s^{-1}}$.

Le record du monde étant de 255 $km.h^{-1}$, soit 71 $m.s^{-1}$, **le skieur ne le battra pas sur cette piste** !

CHAPITRE 11

Relier les actions appliquées à un système à son mouvement

1 Deux exemples de champ uniforme

■ La notion de champ en physique, très présente, associe à chaque point de l'espace une grandeur physique. On parle de **champ vectoriel** lorsque la grandeur décrite est un vecteur.

■ Un **champ uniforme** est un champ dont les caractéristiques (direction, sens et norme) ne dépendent pas du point de l'espace considéré.

A. Champ de pesanteur

■ Soit $\vec{P}$ le poids d'un objet de masse m.
Le vecteur **champ de pesanteur** $\vec{g}$ est défini par :

$$\vec{g} = \frac{\vec{P}}{m}$$

La valeur de g s'exprime en $N.kg^{-1}$, celle de P en N et m en kg.

■ Localement, le champ de pesanteur est **uniforme**. Il est vertical, orienté vers le bas et sa valeur moyenne à la surface de la Terre est $g = 9{,}8\ N.kg^{-1}$.

B. Champ électrique créé par un condensateur plan

■ Un **condensateur plan** est constitué de deux armatures conductrices planes, parallèles et face à face. Lorsqu'une tension U est appliquée entre ces deux armatures, il règne dans l'espace situé entre les deux un **champ électrique** $\vec{E}$.

■ Ce champ est **uniforme** (sauf à proximité des extrémités des armatures) et il est orienté de l'armature positive vers l'armature négative. Sa valeur dépend de la valeur de la tension U appliquée (en volt) et de la distance d (en mètre) qui sépare les deux armatures. On a :

$$E = \frac{|U|}{d}$$

avec E en $V.m^{-1}$, U en V et d en m.

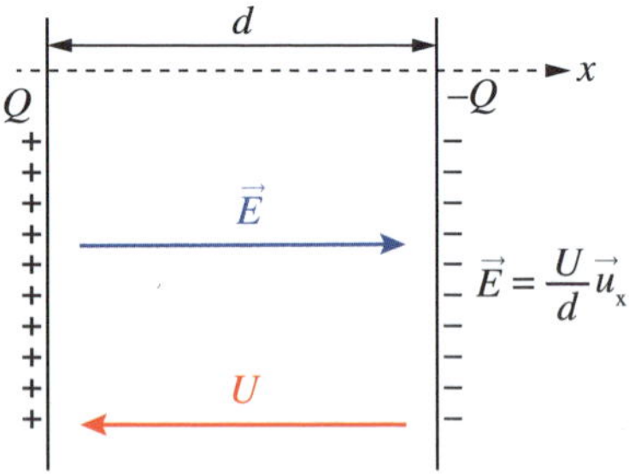

■ Le champ électrique est d'autant plus important que :
- la tension appliquée est grande ;
- la distance entre les armatures est faible.

■ Une particule de charge q placée dans une région de l'espace où règne un champ électrique $\vec{E}$ est soumise à une **force électrostatique** : $\vec{F} = q \times \vec{E}$
Le **vecteur champ électrique** $\vec{E}$ est donc défini par :

$$\vec{E} = \frac{\vec{F}}{q}$$

2 Mouvement dans le champ de pesanteur

A. Étude du mouvement

■ Un objet de masse m, modélisé par son centre de gravité G, est lancé en l'air avec une vitesse initiale $\vec{v_0}$. L'étude se fait dans un repère orthonormé $(O, \vec{i}, \vec{j}, \vec{k})$ choisi tel que la vitesse initiale soit dans le plan vertical $(O, \vec{i}, \vec{j})$. À la date $t = 0$, l'objet se trouve à l'origine du repère.

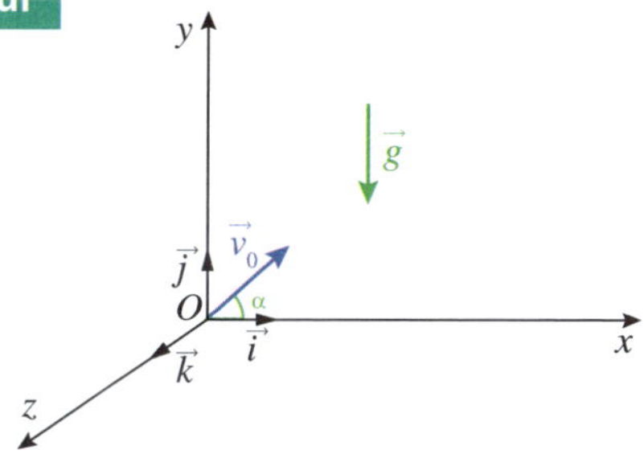

Référentiel	Terrestre considéré galiléen
Système	Objet de masse m
Bilan des forces	Poids de l'objet : $\vec{P} = m \times \vec{g} = -m \times g \times \vec{j}$ On néglige l'action de l'air sur l'objet.
2e loi de Newton	$\vec{P} = m \times \vec{a}_M = m \times (a_x\vec{i} + a_y\vec{j} + a_z\vec{k})$ Soit $\vec{g} = -g \times \vec{j} = a_x\vec{i} + a_y\vec{j} + a_z\vec{k}$

On connaît donc les coordonnées du vecteur accélération :

$$\vec{a}\begin{pmatrix} 0 \\ -g \\ 0 \end{pmatrix}$$

Le champ est uniforme, donc g est constant.

■ Pour connaître les coordonnées du vecteur vitesse, il faut rechercher la primitive par rapport au temps de chaque coordonnée du vecteur accélération en tenant compte de la vitesse initiale ($\vec{v_0} = v_0 \times \cos\alpha \times \vec{i} + v_0 \times \sin\alpha \times \vec{j}$) :

$$\vec{v}\begin{pmatrix} v_0 \times \cos\alpha \\ -gt + v_0 \times \sin\alpha \\ 0 \end{pmatrix}$$

■ Pour connaître les coordonnées du vecteur position, il faut rechercher la primitive par rapport au temps de chaque coordonnée du vecteur vitesse en tenant compte de la position initiale ($\overrightarrow{OG_0} = \vec{0}$).

$$\overrightarrow{OG}\begin{pmatrix} v_0 \times \cos\alpha \times t \\ -\dfrac{1}{2}gt^2 + v_0 \times \sin\alpha \times t \\ 0 \end{pmatrix}$$

On obtient ainsi les coordonnées du vecteur position $x(t)$, $y(t)$ et $z(t)$, qui sont appelées les **équations horaires du mouvement**.

■ **La coordonnée z est constamment nulle, ce qui signifie que le mouvement est plan** : il s'effectue dans le plan $\left(O, \vec{i}, \vec{j}\right)$.

B. Trajectoire

L'équation de la trajectoire dans le repère $\left(O, \vec{i}, \vec{j}\right)$ est de la forme $y = f(x)$.

De l'équation de $x(t)$, on tire $t = \dfrac{x}{v_0 \times \cos\alpha}$, que l'on substitue dans $y(t)$. On obtient :

$$y = -\frac{1}{2}g\left(\frac{x}{v_0 \times \cos\alpha}\right)^2 + v_0 \sin\alpha \times \frac{x}{v_0 \times \cos\alpha}$$

$$= -\frac{1}{2}g\left(\frac{x}{v_0 \times \cos\alpha}\right)^2 + \tan\alpha \times x\,.$$

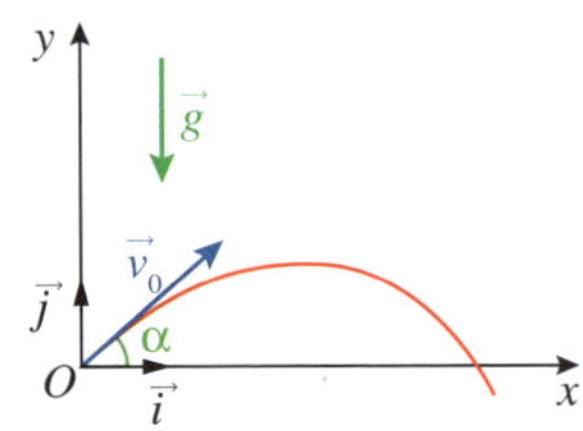

La trajectoire est une **portion de parabole**, représentée en rouge sur le schéma ci-contre.

C. Aspect énergétique

Dans le cas du mouvement dans le champ de pesanteur uniforme, si les frottements sont négligeables, il y a **conservation de l'énergie mécanique**.

La variation d'énergie mécanique au cours du mouvement est donc nulle :

$$\Delta E_m = \Delta E_c + \Delta E_p = 0$$

> **Rappel de Première**
>
> Énergie cinétique : $E_c = \dfrac{1}{2}mv^2$
>
> Énergie potentielle de pesanteur : $E_p = mgy$

Il y a transfert de l'énergie potentielle de pesanteur en énergie cinétique, ou inversement.

3 Mouvement d'une particule chargée dans un champ électrique

A. Équations horaires et trajectoire

■ Une particule M supposée ponctuelle, de masse m et de charge électrique q, est placée dans un champ électrique uniforme $\vec{E}$ avec une vitesse initiale $\overrightarrow{v_0}$. L'étude se fait dans un repère orthonormé $\left(O, \vec{i}, \vec{j}, \vec{k}\right)$ choisi tel que la vitesse initiale soit dans le plan vertical $\left(O, \vec{i}, \vec{j}\right)$. À la date $t = 0$, la particule se trouve à l'origine du repère.

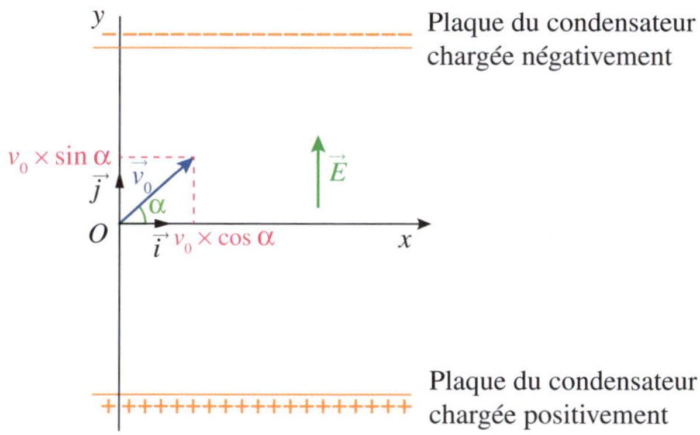

Référentiel : Terrestre considéré galiléen

Système : Particule de masse m, de charge q

Bilan des forces : Force électrique : $\vec{F} = q \times \vec{E} = q \times E \times \vec{j}$

Les valeurs du poids $\vec{P}$ et des forces exercées par l'air sur la particule sont très faibles devant la force électrique : on les néglige.

2e loi de Newton : $\vec{F} = q\vec{E} = m \times \left(a_x\vec{i} + a_y\vec{j} + a_z\vec{k}\right)$

Soit $q \times \frac{E}{m} \times \vec{j} = a_x\vec{i} + a_y\vec{j} + a_z\vec{k}$.

On connaît donc les coordonnées du vecteur accélération :

$$\vec{a}\begin{pmatrix} 0 \\ \dfrac{qE}{m} \\ 0 \end{pmatrix}$$

Par un raisonnement identique au cas du champ de pesanteur, on obtient les équations horaires du mouvement, puis l'équation de la trajectoire :

$$\vec{a}\begin{pmatrix} 0 \\ \dfrac{qE}{m} \\ 0 \end{pmatrix} \xrightarrow{\text{Primitive}} \vec{v}\begin{pmatrix} v_0 \times \cos\alpha \\ \dfrac{qE}{m}t + v_0 \times \sin\alpha \\ 0 \end{pmatrix} \xrightarrow{\text{Primitive}} \overrightarrow{OM}\begin{pmatrix} v_0 \times \cos\alpha \times t \\ \dfrac{qE}{2m}t^2 + v_0 \times \sin\alpha \times t \\ 0 \end{pmatrix}$$

- **La coordonnée z est constamment nulle,** ce qui signifie que **le mouvement est plan** : il s'effectue dans le plan $\left(O, \vec{i}, \vec{j}\right)$.

- On obtient $y = \dfrac{qE}{2m}\left(\dfrac{x}{v_0 \times \cos\alpha}\right)^2 + \tan\alpha \times x$.

La trajectoire est une portion de parabole, représentée en rouge sur le schéma ci-contre dans le cas d'une particule chargée négativement.

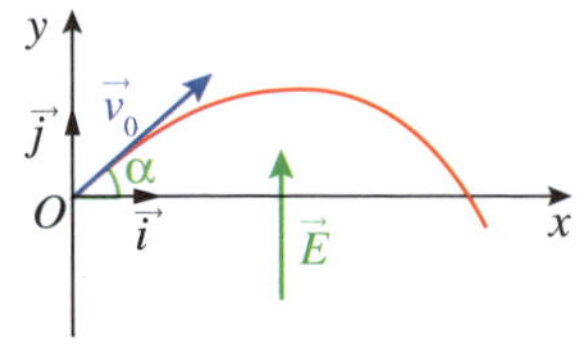

B. Accélérateur de particules

- Dans un **accélérateur linéaire de particules**, le champ électrique $\vec{E}$ et la vitesse initiale de la particule $\vec{v_0}$ sont colinéaires (la vitesse initiale peut être nulle).

- Dans le cas ci-contre, $\vec{v_0} = v_0\vec{i}$ et $\vec{E} = -E\vec{i}$

Une étude similaire au cas précédent donne :

$$x(t) = -\frac{qE}{2m}t^2 + v_0 \times t.$$

Dans le référentiel terrestre supposée galiléen, le théorème de l'énergie cinétique appliquée à la particule entre O et B s'écrit, si la seule force prise en compte est la force électrique :

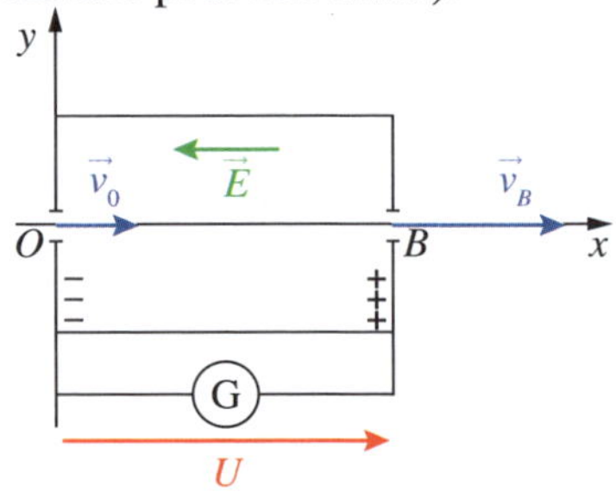

Cas d'une particule chargé négativement

$$E_c(B) - E_c(O) = W_{OB}(\vec{F}) = |q| \times E \times OB$$
$$= |q| \times \frac{U_{OB}}{OB} \times OB = |q|U_{BO} = |q|(V_B - V_O)$$

Application : Si la vitesse de la particule est nulle à l'entrée, on peut trouver la vitesse à la sortie de l'accélérateur, qui vaut : $v_B = \sqrt{\frac{2|q|U}{m}}$. Plus la tension est élevée, plus la vitesse en sortie est grande.

Rappel de Première

Si la force $\vec{F}$ est constante, colinéaire au vecteur $\overrightarrow{AB}$ et de même sens alors :

$$W_{AB}(\vec{F}) = \vec{F}\cdot\overrightarrow{AB} = F \times AB$$

4 Mouvement dans un champ de gravitation

A. Lois de Kepler

Les lois de Kepler (astronome allemand, 1571-1630) ont été formulées historiquement pour décrire le mouvement des planètes autour du Soleil.

- **Première loi de Kepler**

Dans le référentiel héliocentrique, la trajectoire du centre de gravité d'une planète est une **ellipse** dont le centre de gravité du Soleil est l'un des foyers.

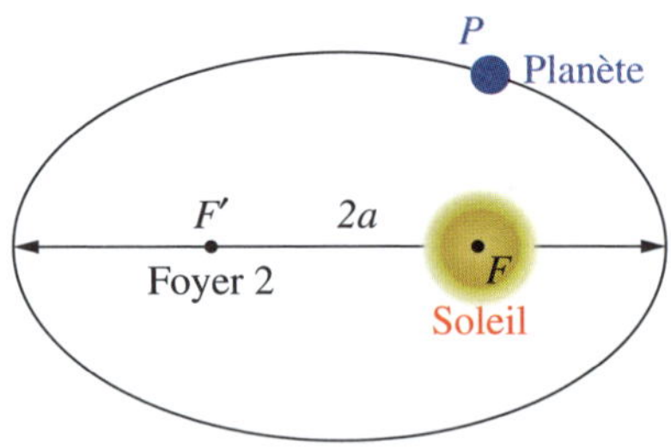

a est le demi-grand axe de l'ellipse

- **Deuxième loi de Kepler**

Le segment de droite reliant le centre du Soleil à celui de la planète balaie des aires égales pendant des durées égales.

Troisième loi de Kepler

Pour toutes les planètes du système solaire, le rapport entre le carré de la période de révolution T et le cube du demi-grand axe est égal à une constante :

$$\frac{T^2}{a^3} = \text{constante}$$

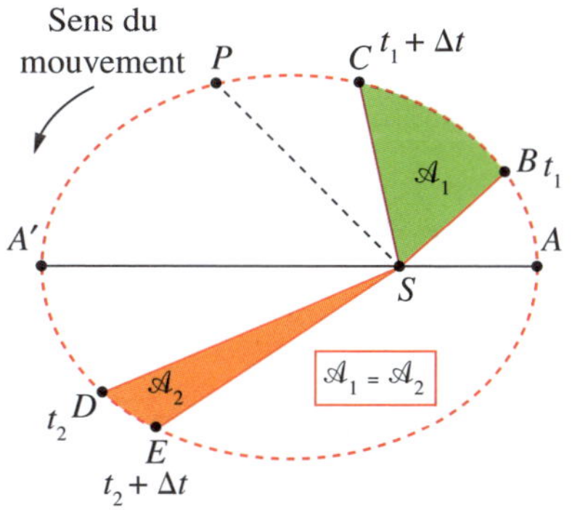

Généralisation : Les trois lois de Kepler énoncées dans le cas de planètes en orbite autour du Soleil peuvent être généralisées à tout satellite ou planète en orbite autour d'un astre de masse M.

Exemple : On souhaite calculer la période de révolution de la planète Mars autour du Soleil.

	Demi-grand axe de l'orbite elliptique	Période de révolution
Terre	$1{,}50 \times 10^8$ km	365,3 jours
Mars	$2{,}28 \times 10^8$ km	?

On utilise la troisième loi de Kepler : $\dfrac{T^2_{\text{Terre}}}{a^3_{\text{Terre}}} = \dfrac{T^2_{\text{Mars}}}{a^3_{\text{Mars}}}$.

D'où $T_{\text{Mars}} = T_{\text{Terre}}\sqrt{\dfrac{a^3_{\text{Mars}}}{a^3_{\text{Terre}}}} = 365{,}3 \times \sqrt{\dfrac{2{,}28^3}{1{,}50^3}} = 684{,}6$ jours.

Dans certains cas, les foyers de l'ellipse sont suffisamment proches pour que l'on puisse approximer l'orbite elliptique par une orbite circulaire de rayon R. La troisième loi de Kepler, qui sera démontrée dans ce cas particulier, s'écrit alors :

$$\frac{T^2}{R^3} = \text{constante}$$

B. Cas du mouvement circulaire

Champ de gravitation

On étudie le mouvement d'un satellite S de masse m, assimilé à un point matériel, en orbite autour de la Terre de centre O et de masse M_T. On se place dans le cadre de l'approximation d'une orbite circulaire de rayon $r = OS$.

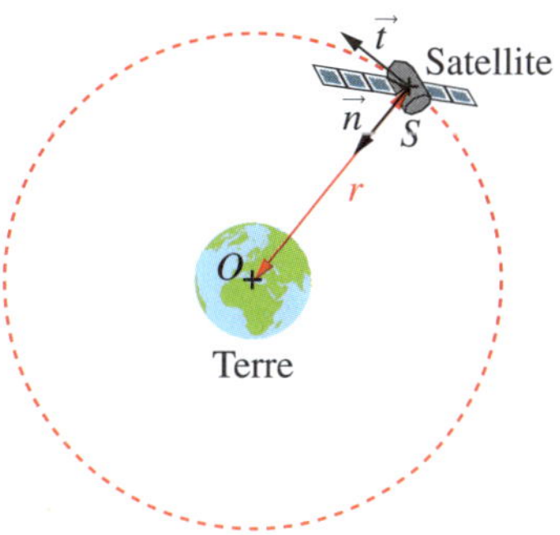

La force d'attraction gravitationnelle exercée par la Terre $\vec{F}_{T/S}$ a pour expression :

$$\vec{F}_{T/S} = G \times \frac{m \times M_T}{r^2}\vec{n}$$

On définit le **champ de gravitation** par : $\vec{\mathcal{G}} = \dfrac{\vec{F}_{T/S}}{m} = G \times \dfrac{M_T}{r^2}\vec{n}$.

Vitesse et accélération

Pour étudier le mouvement du satellite autour de la Terre, on applique la démarche habituelle.

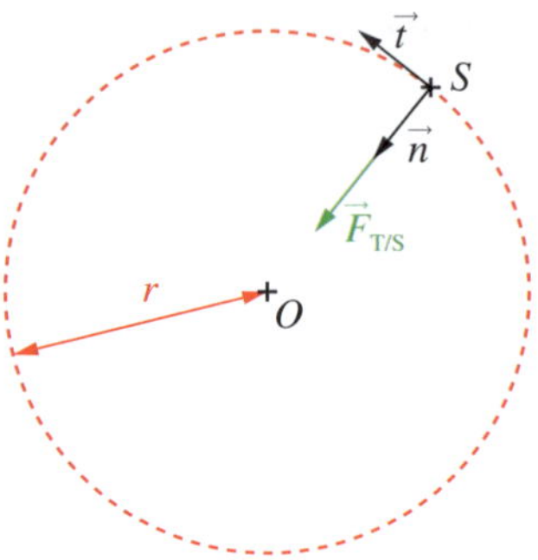

Référentiel : Géocentrique considéré galiléen. On utilise le repère de Frenet $(S, \vec{n}, \vec{t})$, adapté aux mouvements circulaires.

Système : Satellite S de masse m

Bilan des forces : Force de gravitation :

$$\vec{F}_{T/S} = G \times \frac{m \times M_T}{r^2}\vec{n}$$

On néglige l'action des autres astres sur le satellite.

2e loi de Newton :

$$\vec{F}_{T/S} = G \times \frac{m \times M_T}{r^2}\vec{n} = m \times \vec{a}$$

Soit $\vec{a} = G \times \frac{M_T}{r^2}\vec{n}$.

On utilise l'expression de l'accélération dans la base de Frenet : $\vec{a} = \frac{dv}{dt}\vec{t} + \frac{v^2}{r}\vec{n}$.

On en déduit, en identifiant les deux expressions de l'accélération, les coordonnées du vecteur accélération :

$$\vec{a}\begin{pmatrix} a_n = \frac{v^2}{r} = G \times \frac{M_T}{r^2} \\ a_t = \frac{dv}{dt} = 0 \end{pmatrix}$$

Par conséquent :

- **le vecteur accélération est centripète** : il est dirigé vers le centre de la trajectoire.
- le fait que $\frac{dv}{dt} = 0$ implique que la vitesse du satellite est constante : **le mouvement est circulaire uniforme**.
- l'égalité $\frac{v^2}{r} = G \times \frac{M_T}{r^2}$ permet de trouver la vitesse du satellite sur son orbite circulaire : $v = \sqrt{\frac{G \times M_T}{r}}$.

■ Période de révolution

La durée T pour effectuer un tour complet est appelée **période de révolution**. Elle est égale au périmètre de la trajectoire circulaire divisé par la valeur de la vitesse pour un mouvement uniforme :

$$T = \frac{2\pi r}{v}$$

En utilisant l'expression de la vitesse du satellite, on obtient :

$$T = \frac{2\pi r}{v} = \frac{2\pi r}{\sqrt{G \times \frac{M_T}{r}}} = 2\pi\sqrt{\frac{r^3}{G \times M_T}}$$

En élevant cette relation au carré, on retrouve la troisième loi de Kepler dans le cas du mouvement circulaire :

$$\frac{T^2}{r^3} = \frac{4\pi^2}{G \times M_T}$$

■ Satellite géostationnaire

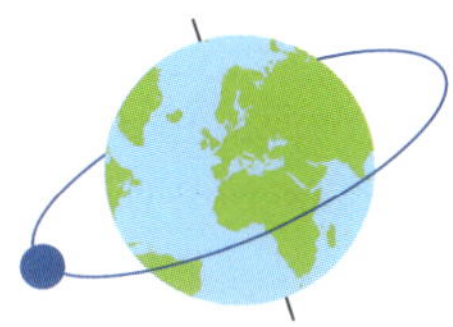

Dans le référentiel géocentrique, la période de révolution T d'un satellite géostationnaire est égale à la période propre de rotation de la Terre, soit 23 h 56 min 4 s (jour sidéral).

Un satellite géostationnaire reste à la verticale d'un point fixe de la surface de la Terre.

Tous les satellites géostationnaires évoluent à une altitude voisine de 35 800 km, suivant une trajectoire circulaire dans le plan de l'équateur terrestre.

COMMENT FAIRE

1 Établir et utiliser les équations horaires du mouvement

EXERCICE TYPE

Une personne de masse $m = 80$ kg fait du saut à l'élastique. Elle se laisse tomber verticalement sans vitesse initiale par rapport au pont d'où elle saute. Durant la première phase du saut, tant que l'élastique n'est pas tendu, on considère qu'il s'agit d'une chute libre (les frottements dus à l'air seront négligés). La hauteur du pont par rapport au fond de la rivière est $H = 50$ m.

On choisit un repère représenté par un axe (Oz) orienté vers le haut, son origine O prise au niveau de la rivière. Le champ de pesanteur terrestre g est $\vec{g} = -g\overrightarrow{u_z}$, avec $g = 9{,}8$ m.s^{-1}.

1. Définir le système et le référentiel d'étude.

2. Déterminer les coordonnées du vecteur accélération du système.

3. Déterminer les équations horaires de la vitesse et de la position du système. Montrer que le mouvement est accéléré.

4. L'élastique mesure $L = 15$ m lorsqu'il n'est pas étiré. Calculer la vitesse du sauteur à l'instant où l'élastique commence à se tendre.

CORRIGÉ COMMENTÉ

1. Le système étudié est **le sauteur** (M), le référentiel d'étude est **le référentiel terrestre**, considéré galiléen.

2. Durant la première phase du saut, on considère qu'il s'agit d'une chute libre : la seule force exercée sur le sauteur est donc son poids $\vec{P} = m \times \vec{g}$.

D'après la deuxième loi de Newton, on a $\vec{P} = m \times \vec{a} = m \times \vec{g}$.

Dans un repère où l'axe (Oz) est ascendant et son origine prise au niveau de la rivière, on a donc la seule composante non nulle de l'accélération qui est a_z, soit :

$$\vec{a}\begin{pmatrix} 0 \\ 0 \\ -g \end{pmatrix}$$

> **Remarque**
> La deuxième loi de Newton, vectorielle, donne trois équations scalaires.

3. En intégrant une première fois en tenant compte du fait que la vitesse initiale du sauteur est nulle, on obtient :

$$\vec{v}\begin{pmatrix} 0 + v_{0x} \\ 0 + v_{0y} \\ -gt + v_{0z} \end{pmatrix}, \text{ soit } \vec{v}\begin{pmatrix} 0 \\ 0 \\ -gt \end{pmatrix}.$$

> **Attention !**
> La composante selon (Oz) de v est négative car la vitesse est orientée vers le bas alors que l'axe (Oz) est orienté vers le haut.

En intégrant la vitesse, on obtient la position du sauteur pendant cette première phase en tenant compte de sa position initiale qui est, à $t = 0$, $z_0 = H$.

$$\overrightarrow{OM}\begin{pmatrix} 0 + x_0 \\ 0 + y_0 \\ -\frac{1}{2}gt^2 + z_0 \end{pmatrix}, \text{ soit } \overrightarrow{\boldsymbol{OM}}\begin{pmatrix} \mathbf{0} \\ \mathbf{0} \\ -\frac{\mathbf{1}}{\mathbf{2}}\boldsymbol{g}\boldsymbol{t}^{\mathbf{2}} + \boldsymbol{H} \end{pmatrix}.$$

On calcule le produit scalaire $\vec{a}\cdot\vec{v} = g^2 \times t > 0$:
le mouvement est accéléré.

> **Point maths**
>
> Si $\vec{u}\begin{pmatrix} x \\ y \\ z \end{pmatrix}$ et $\vec{v}\begin{pmatrix} x' \\ y' \\ z' \end{pmatrix}$, alors :
>
> $\vec{u}\cdot\vec{v} = xx' + yy' + zz'$

4. On peut calculer l'instant t qui correspond à une longueur d'élastique de 15 m : cela correspond à une valeur de z égale à 35 m ($H - L$), car on a pris l'origine du repère au niveau de la rivière. Ensuite, on reporte cette durée dans l'expression de la vitesse.

$$H - L = -\frac{1}{2}gt^2 + H, \text{ soit } t = \sqrt{\frac{2L}{g}}.$$

$$|v| = g \times \sqrt{\frac{2L}{g}} = \sqrt{2gL} = \sqrt{2 \times 9{,}8 \times 15} = \mathbf{17\ m.s^{-1}} = \mathbf{62\ km.h^{-1}}$$

À RETENIR

- On applique la deuxième loi de Newton après avoir choisi un référentiel d'étude et le système puis effectué le bilan des forces.
- On projette l'équation vectorielle obtenue.
- On tient compte des conditions initiales pour trouver les constantes lors de la recherche des primitives.

2 Utiliser trajectoire et énergie mécanique pour résoudre un problème

EXERCICE TYPE

Le poisson archer est une espèce d'une dizaine de centimètres de long, originaire de la Polynésie française. Il peut, en projetant un puissant jet d'eau avec sa bouche, faire tomber des proies en surface avant de les attraper. Le comportement du jet d'eau sera assimilé à celui d'une goutte d'eau de masse m.

On note $\overrightarrow{v_0}$ le vecteur vitesse initiale du centre d'inertie incliné d'un angle α par rapport à l'horizontale.

Une mouche est posée sur une feuille située à une hauteur $H = 75$ cm au-dessus de la surface de l'eau. Le poisson archer utilise son jet d'eau et percute l'insecte au moment où l'eau atteint le sommet de sa trajectoire.

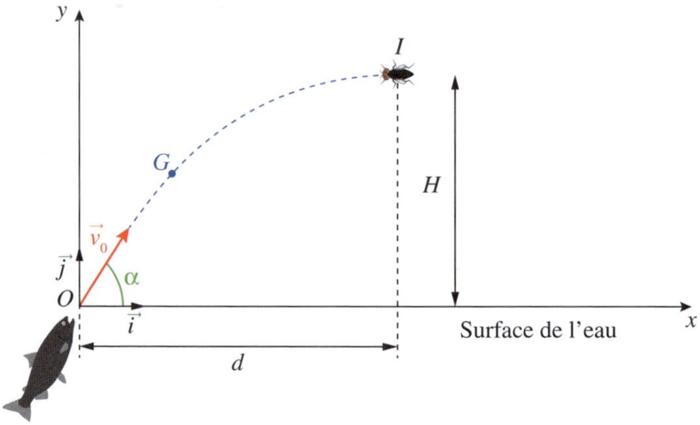

Données : intensité du champ de pesanteur : $g = 9{,}81\ \text{m.s}^{-2}$;
$v_0 = 4{,}0\ \text{m.s}^{-1}$.

1. En appliquant la deuxième loi de Newton, déterminer les coordonnées du vecteur accélération $\overrightarrow{a_G}$ du centre de gravité de la goutte d'eau.

2. Exprimer les coordonnées du vecteur vitesse $\vec{v}$ du centre de gravité de la goutte d'eau au cours du mouvement.

3. Établir l'équation de la trajectoire de la goutte d'eau.

4. Quelle relation peut-on déduire de l'information soulignée dans l'énoncé ?

5. Exprimer l'énergie mécanique de la goutte d'eau en fonction de m, v_0, g, α et H au point O, puis au point d'impact avec l'insecte. On choisira comme origine des énergies potentielles la surface de l'eau : $E_p(y = 0) = 0$.

6. En déduire que la valeur de l'angle permettant au jet d'eau d'atteindre la mouche est telle que $\sin\alpha = \dfrac{\sqrt{2gH}}{v_0}$. Calculer la valeur de cet angle.

CORRIGÉ COMMENTÉ

1. On choisit un référentiel terrestre supposé galiléen. Le système étudié sera la goutte d'eau, qui est soumise à une seule force dans ce cas : son poids $\vec{P} = m \times \vec{g} = -m \times g\vec{j}$. L'action de l'air sur la goutte d'eau est négligée. La deuxième loi de Newton appliquée à la goutte s'écrit : $\vec{P} = m \times \vec{a}_G$.
Les coordonnées du vecteur accélération sont donc : $\boldsymbol{\vec{a}_G}\begin{pmatrix} \mathbf{0} \\ \mathbf{-g} \end{pmatrix}$.

2. Les coordonnées du vecteur vitesse sont obtenues par intégration en tenant compte de la vitesse initiale projetée dans la base $(O, \vec{i}, \vec{j})$: $\overrightarrow{v_0} = v_0 \times \cos\alpha \times \vec{i} + v_0 \times \sin\alpha \times \vec{j}$.

Soit $\boldsymbol{\vec{v}}\begin{pmatrix} \mathbf{v_0 \times \cos\alpha} \\ \mathbf{-gt + v_0 \times \sin\alpha} \end{pmatrix}$.

3. Pour obtenir l'équation de la trajectoire, il faut d'abord obtenir les équations horaires en intégrant une nouvelle fois. On tient compte du fait que la goutte d'eau est à l'origine du repère à l'instant initial. On a :

$$\overrightarrow{OG}\begin{pmatrix} v_0 \times \cos\alpha \times t \\ -\frac{1}{2}gt^2 + v_0 \times \sin\alpha \times t \end{pmatrix}$$

De l'équation $x(t)$, on tire $t = \dfrac{x}{v_0 \times \cos\alpha}$, que l'on substitue dans $y(t)$.

On obtient $\boldsymbol{y = -\dfrac{1}{2}g\left(\dfrac{x}{v_0 \times \cos\alpha}\right)^2 + \tan\alpha \times x}$ et on reconnaît l'équation d'une parabole.

4. L'indication de l'énoncé implique que le point I est le sommet de la parabole. La tangente en ce point, donc à la trajectoire, est horizontale : la vitesse de la goutte d'eau en ce point est donc horizontale. Elle vaut donc $\boldsymbol{v_0 \times \cos\alpha}$.

5. L'énergie mécanique en O vaut :

$E_m(O) = \frac{1}{2}mv_0^2$ car $y(t = 0) = 0$, donc $E_p(O) = 0$.

L'énergie mécanique en I vaut :

$$E_m(I) = \frac{1}{2}mv_I^2 + mgH = \frac{1}{2}mv_0^2 \times \cos^2\alpha + mgH.$$

Comme les frottements ne sont pas pris en compte, l'énergie mécanique se conserve au cours du mouvement. On obtient :

$$\frac{1}{2}mv_0^2 = \frac{1}{2}mv_0^2 \times \cos^2\alpha + mgH.$$

En utilisant la relation mathématique $1 = \cos^2\alpha + \sin^2\alpha$, on obtient la relation donnée par l'énoncé : $\boldsymbol{\sin\alpha = \dfrac{\sqrt{2gH}}{v_0}}$.

Application numérique : $\sin\alpha = \dfrac{\sqrt{2 \times 9{,}8 \times 0{,}75}}{4{,}0} = 0{,}96$, d'où $\boldsymbol{\alpha \approx 74°}$.

Point maths

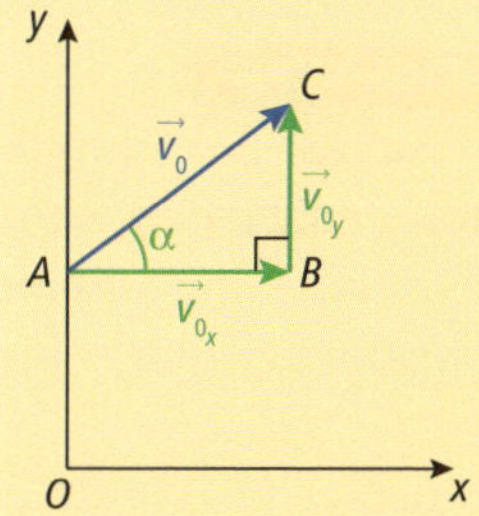

$$\cos\alpha = \frac{AB}{AC} = \frac{v_{0_x}}{v_0}$$

$$\sin\alpha = \frac{BC}{AC} = \frac{v_{0_y}}{v_0}$$

Remarque

Comme $\vec{g}$ est vertical, la composante horizontale de la vitesse reste constante.

À RETENIR

- Pour obtenir l'équation de la trajectoire, il faut d'abord rechercher les équations horaires du mouvement.
- Les compétences mathématiques sur l'étude des fonctions et de leurs courbes représentatives sont utiles pour résoudre ce type d'exercice.
- La conservation de l'énergie mécanique peut s'écrire pour un objet en mouvement dans le champ de pesanteur uniforme s'il y a absence de frottement.

3 Établir la troisième loi de Kepler

EXERCICE TYPE

Météosat est une famille de satellites géostationnaires qui constituent le réseau de satellites météo de l'Europe. Un des derniers satellites lancés, Météosat-10, l'a été en 2012. Situé à une altitude H_S voisine de 36 000 km, il fournit de façon continue des informations couvrant une zone circulaire représentant environ 42 % de la surface de la Terre.

1. Rappeler les caractéristiques d'un satellite géostationnaire (orbite, période de révolution).

2. Donner la troisième loi de Kepler dans le cas général d'une trajectoire elliptique de demi-grand axe a.

3. Dans le cas d'une trajectoire circulaire de rayon $r = R_T + H_S$, établir que l'expression de la vitesse du satellite sur son orbite circulaire est $v = \sqrt{\dfrac{G \times M_T}{R_T + H_S}}$.

4. Établir l'expression de la constante K telle que $\dfrac{T^2}{(R_T + H_S)^3} = K$.

5. Calculer K dans le système international d'unités. En déduire, pour Météosat-10, la valeur de $R_T + H_S$, puis celle de H_S.

Données : masse de la Terre : $M_T = 5{,}98 \times 10^{24}$ kg ; rayon de la Terre : $R_T = 6{,}38 \times 10^3$ km ; période de rotation propre de la Terre : 1 436 minutes ; constante de gravitation universelle : $G = 6{,}67 \times 10^{-11}$ m^3.kg^{-1}.s^{-2}.

CORRIGÉ COMMENTÉ

1. Un satellite géostationnaire a une **orbite comprise dans le plan de l'équateur terrestre** et une **période de révolution égale à la période de rotation propre de la Terre**. Il est immobile dans le référentiel terrestre.

2. Dans le cas d'une trajectoire elliptique de période de révolution T, la troisième loi de Kepler s'écrit : $\boldsymbol{\dfrac{T^2}{a^3}}$ = **constante.**

3. On choisit le référentiel géocentrique, considéré galiléen. Le système étudié est le satellite et on utilise le repère de Frenet $(S, \vec{n}, \vec{t})$ adapté.

La seule force qui s'applique sur le satellite est la force de gravitation :

$$\vec{F}_{T/S} = G \times \frac{m \times M_T}{r^2}\vec{n}$$

La deuxième loi de Newton s'écrit alors :

$$\vec{F}_{T/S} = G \times \frac{m \times M_T}{r^2}\vec{n} = m \times \vec{a} = m\left(\frac{dv}{dt}\vec{t} + \frac{v^2}{r}\vec{n}\right)$$

Remarque

On montre aussi que si l'orbite est supposée circulaire, le mouvement est uniforme car $\dfrac{dv}{dt} = 0$.

La relation vectorielle donne deux relations scalaires :

$$\begin{cases} \dfrac{v^2}{r} = \mathrm{G} \times \dfrac{M_\mathrm{T}}{r^2} \\ \dfrac{\mathrm{d}v}{\mathrm{d}t} = 0 \end{cases}$$

On en déduit : $\boldsymbol{v} = \sqrt{\dfrac{\mathbf{G} \times \boldsymbol{M}_\mathbf{T}}{\boldsymbol{R}_\mathbf{T} + \boldsymbol{H}_\mathbf{S}}}$.

4. La durée T pour effectuer un tour correspond à la période de révolution. Elle est égale au périmètre de la trajectoire circulaire divisé par la valeur de la vitesse pour un mouvement uniforme :

$$T = \frac{2\pi(R_\mathrm{T} + H_\mathrm{S})}{v}$$

En utilisant l'expression de la vitesse du satellite, on obtient :

$$T = \frac{2\pi(R_\mathrm{T} + H_\mathrm{S})}{v} = \frac{2\pi(R_\mathrm{T} + H_\mathrm{S})}{\sqrt{\dfrac{\mathrm{G} \times M_\mathrm{T}}{(R_\mathrm{T} + H_\mathrm{S})}}} = 2\pi\sqrt{\frac{(R_\mathrm{T} + H_\mathrm{S})^3}{\mathrm{G} \times M_\mathrm{T}}}$$

D'où la constante recherchée :

$$\mathbf{K} = \frac{\boldsymbol{T}^2}{(\boldsymbol{R}_\mathbf{T} + \boldsymbol{H}_\mathbf{S})^3} = \frac{\mathbf{4\pi^2}}{\mathbf{G} \times \boldsymbol{M}_\mathbf{T}}$$

> **Remarque**
> Cette constante est la même pour tout satellite de la Terre.

5. $\mathrm{K} = \dfrac{4\pi^2}{\mathrm{G} \times M_\mathrm{T}} = 9{,}90 \times 10^{-14}\ \mathrm{s^2.m^{-3}}$

Connaissant T, on en déduit $R_\mathrm{T} + H_\mathrm{S}$, puis H_S :

$$\boldsymbol{H}_\mathbf{S} = -R_\mathrm{T} + \sqrt[3]{\frac{T^2}{\mathrm{K}}} = -6{,}38 \times 10^6 + \sqrt[3]{\frac{(1\,436 \times 60)^2}{9{,}90 \times 10^{-14}}} = \mathbf{35\ 790\ km}$$

À RETENIR

- Pour l'étude des satellites terrestres, il faut se placer dans le référentiel géocentrique.
- La force de gravitation est une force attractive.
- L'expression de l'accélération d'un objet ponctuel dans la base de Frenet est :

$$\vec{a} = \frac{\mathrm{d}v}{\mathrm{d}t}\vec{t} + \frac{v^2}{r}\vec{n}$$

- Il faut appliquer la deuxième loi de Newton pour trouver l'expression de la vitesse.

EXERCICES

Connaître le cours

Pour chaque exercice du *connaître le cours*, indiquer la (ou les) bonne(s) réponse(s) :

1 3 min Mouvement dans le champ de pesanteur uniforme

	A	B	C
1. La trajectoire dans un champ de pesanteur uniforme est toujours :	plane	rectiligne	parabolique
2. Dans le cas d'une chute libre (frottements négligés), le mouvement est :	accéléré ou décéléré, cela dépend	accéléré	décéléré
3. Dans le cas d'une chute libre (frottements négligés), l'énergie mécanique du système :	augmente	diminue	est constante
4. Dans le cas d'une chute libre (frottements négligés), l'accélération du système :	dépend de sa masse	dépend de son volume	est constante
5. Le repère de Frenet s'utilise pour les mouvements :	ralentis	quelconques	circulaires

→ *Corrigé p. 291*

2 2 min Mouvement d'une particule chargée dans un champ électrique uniforme

On considère une charge ponctuelle placée dans un champ électrique uniforme.

	A	B	C
1. L'accélération de la particule chargée :	dépend de sa charge	dépend de sa masse	est constante
2. Si la charge de la particule est positive, le champ électrique $\vec{E}$ et l'accélération $\vec{a}$ sont :	dans le même sens	de sens contraires	orthogonaux
3. La trajectoire de la particule chargée peut être :	rectiligne	parabolique	circulaire

→ *Corrigé p. 291*

3 2 min Mouvement des satellites et des planètes

	A	B	C
1. Pour étudier le mouvement de la planète Mars autour du Soleil, le référentiel adapté est :	le référentiel géocentrique	le référentiel héliocentrique	un référentiel terrestre
2. La troisième loi de Kepler pour un satellite en orbite circulaire de rayon *R* avec une période de révolution *T* s'écrit :	$\frac{T^2}{R^3}$ = constante	$\frac{R^2}{T^3}$ = constante	$\frac{R^3}{T^2}$ = constante
3. Pour un satellite en orbite circulaire de rayon *R* avec une période de révolution *T* :	la vitesse est constante	l'accélération est constante	le vecteur accélération est constant
4. Un satellite géostationnaire :	est immobile dans le référentiel géocentrique	est à la verticale d'un point fixe de la surface terrestre	a une orbite contenue dans un plan contenant les pôles

→ Corrigé p. 291

Appliquer le cours et les savoir-faire

4 10 min ★

→ COMMENT FAIRE 1

Pour analyser les molécules en chimie organique, on est amené à utiliser un spectromètre de masse. Après avoir été ionisés, des cations $C\ell^+$ sont introduits au voisinage du point *A* pris comme origine du repère. La valeur de la vitesse de l'ion en *A* est négligeable devant celle qu'elle peut atteindre en *B*. On prendra $v_A = 0$ m.s^{-1}. Entre les points *A* et *B*, il règne un champ électrostatique uniforme $\vec{E} = \frac{V_A - V_B}{d}\vec{u_x} = E \times \vec{u_x}$ qui agit sur la particule chargée, où *d* est la distance entre les armatures, V_A et V_B les potentiels respectifs des armatures *A* et *B*.

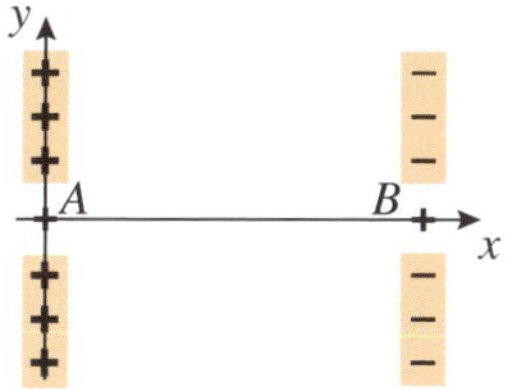

Les frottements et le poids sont négligeables lors de ce mouvement.

1. Établir les équations horaires du mouvement de l'ion $C\ell^+$.

2. Déterminer l'expression de l'instant t_1 qui correspond à l'arrivée du cation en B.

3. En déduire sa vitesse v_B. La calculer.

Données : $e = 1,60 \times 10^{-19}$ C ;
$m_{C\ell^+} = 5,81 \times 10^{-26}$ kg ;
$V_A - V_B = 1\,000$ V.

→ Corrigé p. 291

5 5 min ★

→ COMMENT FAIRE 2

Un enfant a décidé de lancer un caillou sur la Lune : il lance verticalement le caillou de masse $m = 20$ g. Le caillou quitte sa main à une hauteur $h = 1,0$ m au-dessus du sol à une vitesse $v_0 = 9,0$ m.s^{-1}. On néglige les frottements et le caillou est assimilé à un point matériel.
On prend $g = 9,8$ m.s^{-2}.
L'origine de l'énergie potentielle de pesanteur est prise au niveau du sol.

1. Que vaut l'énergie mécanique du caillou au moment où il quitte la main ?

2. À quelle hauteur l'enfant peut-il espérer lancer son caillou ?

→ Corrigé p. 291

6 20 min ★★

→ COMMENT FAIRE 2

Un skateur de masse m, assimilé à un point matériel, part du haut d'une rampe de hauteur H sans vitesse initiale. Il arrive sur un tremplin CD, incliné d'un angle α par rapport au sol. Il effectue un saut et retombe au point E.

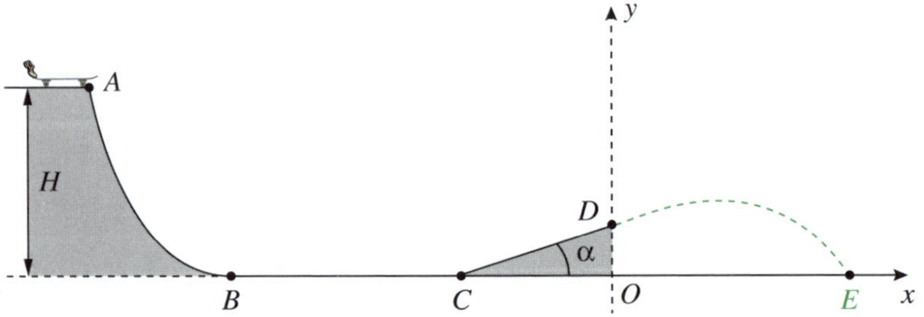

On suppose que les frottements sont négligeables dans tout le problème.

Données : $H = 3,0$ m ; $m = 60$ kg ; $\alpha = 20°$; $CD = 2,0$ m ; $g = 9,81$ m.s^{-2}.

1. Faire le bilan des forces qui s'exercent sur le skateur entre A et D.

2. Déterminer la valeur de la vitesse en D à l'aide d'un raisonnement énergétique en fonction de g, y_A et y_D.

3. Établir l'équation de la trajectoire à partir du point D.

4. Déterminer la longueur du saut, définie comme étant x_E. Commenter.

→ Corrigé p. 292

7 10 min ★ → COMMENT FAIRE 3

Io est un satellite naturel de Jupiter. C'est le premier que l'on rencontre en s'éloignant de la planète et il est situé à environ 420 000 km de la surface de Jupiter. On assimile le mouvement de Io à un mouvement circulaire.

1. Préciser le référentiel d'étude et faire un schéma de la situation en représentant le repère $(I, \vec{t}, \vec{n})$.

2. Appliquer la deuxième loi de Newton et en déduire les coordonnées de l'accélération du centre de gravité de Io.

3. Montrer que le mouvement de Io est uniforme. → *Corrigé p. 293*

S'entraîner au raisonnement

8 30 min ★★★

Lors d'un match de volley, après la course d'élan, le serveur saute de façon à frapper le ballon en un point B_0 situé à la hauteur h au-dessus de la ligne de fond du terrain. La hauteur h désigne alors l'altitude initiale du centre du ballon. Le vecteur vitesse initiale $\vec{v_0}$ du ballon est horizontal et perpendiculaire à la ligne de fond du terrain (voir figure ci-dessous) et est compris dans le plan (xOy).

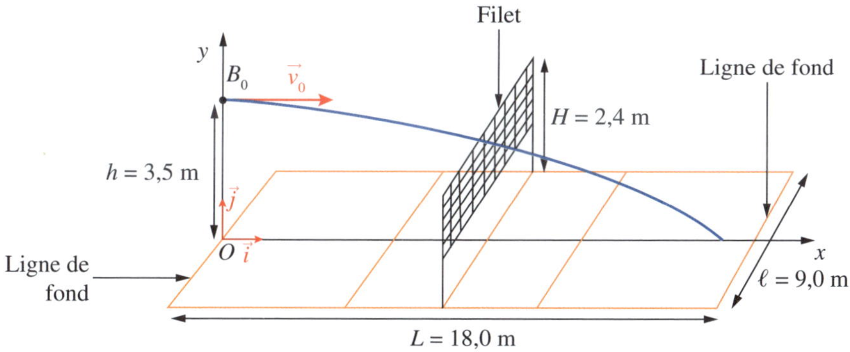

Le mouvement du ballon est étudié dans le référentiel terrestre supposé galiléen muni du repère $(\vec{i}, \vec{j})$ et l'instant de la frappe est choisi comme origine des temps : $t = 0$ s. On étudie le mouvement du centre du ballon sans tenir compte de l'action de l'air, de la rotation du ballon sur lui-même et de ses déformations.

Données : le ballon de volley-ball a une masse $m = 260$ g et un rayon $r = 10$ cm ; intensité du champ de pesanteur : $g = 9{,}81$ m.s^{-2} ; $v_0 = 21{,}0$ m.s^{-1} ;
le service sera considéré comme valide à condition que le ballon franchisse le filet sans le toucher et qu'il retombe dans le terrain adverse.

1. Établir les équations horaires du mouvement du centre du ballon et en déduire que le mouvement a lieu dans le plan (xOy).

2. En déduire l'équation de la trajectoire du ballon.

3. À partir de l'équation de la trajectoire, vérifier que les deux conditions qui permettent d'avoir un service réussi sont valides.

4. Le graphe ci-contre représente l'évolution en fonction du temps de trois énergies du ballon : E_{pp} (énergie potentielle de pesanteur), E_c (énergie cinétique) et E_m (énergie mécanique). Associer chaque courbe 1, 2 et 3 à l'une des trois énergies E_m, E_{pp} et E_c en justifiant.

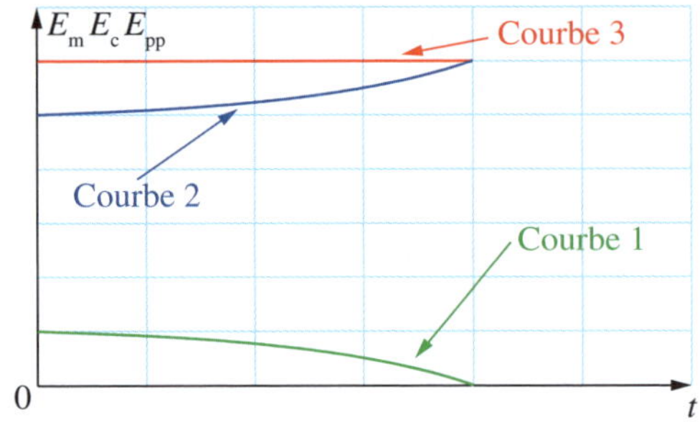

→ Corrigé p. 293

9 30 min ★★

On réalise la déviation d'un faisceau d'électrons (dans le vide) à l'aide d'un champ électrique $\vec{E}$ uniforme et indépendant du temps (voir figure ci-dessous). On mesure la déviation Y sur l'écran par rapport au cas où le champ électrique est nul (2e expérience). On négligera l'action de la pesanteur devant la force électrique. L'électron arrive en O avec un vitesse $\overrightarrow{v_0} = v_0 \times \overrightarrow{u_x}$.

Données : la charge de l'électron est $q = -e$ avec $e = 1{,}6 \times 10^{-19}$ C ;
la masse de l'électron est notée m.

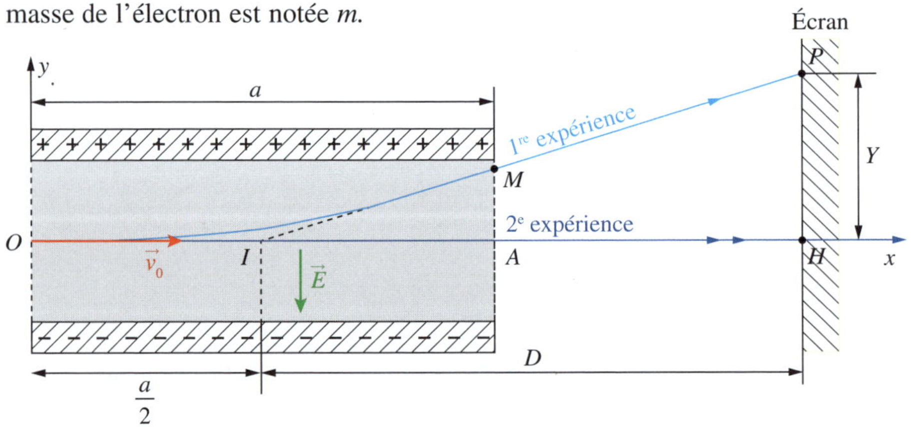

1. Établir l'équation de la trajectoire d'un électron entre les plaques.

2. Déterminer les coordonnées de la vitesse de l'électron et de sa position au point M (à la sortie des plaques) en fonction de a, v_0, E, q et m.

3. Sachant que l'on peut considérer que, sur le trajet MP, l'électron n'est soumis à aucune force (son poids est négligeable), établir les équations horaires du mouvement hors des plaques puis l'expression de Y en fonction de E, m, q, v_0, a et D. On prendra comme nouvelle origine des temps l'instant qui correspond à la sortie de l'espace entre les plaques de l'électron.

4. La première mesure du rapport $\frac{e}{m}$ (appelé charge massique de l'électron) a été faite, en 1897, par le physicien britannique J. J. Thomson avec ce dispositif. On mesure Y = 27 cm pour une vitesse de l'électron de $v_0 = 1,8 \times 10^7$ m.s^{-1}. Calculer $\frac{e}{m}$ et commenter.

Données : a = 10 cm ; E = 50 kV.m^{-1} ; D = 10 cm ;
valeur de la charge massique de l'électron : $1,7588 \times 10^{11}$ C.kg^{-1}. → Corrigé p. 294

10 20 min ★★ *D'après un sujet du Bac*

La zone d'habitabilité se définit par une fourchette de distance entre une planète et son étoile. Elle correspond à une zone dans laquelle la quantité d'énergie reçue par la planète permet à l'eau d'exister sous forme liquide. Dans notre système solaire, c'est le cas de la Terre, située à 1 U.A., qui reçoit environ 1 000 watts par mètre carré d'énergie rayonnée par le Soleil. Si l'on s'approche du Soleil et que l'on dépasse Vénus, situé à 0,723 U.A., la quantité d'énergie reçue est trop importante et l'eau se vaporise. Si l'on s'en éloigne et que l'on dépasse Mars, située à 1,52 U.A., alors l'eau n'existe plus que sous forme de glace. Or, seule l'eau liquide permet à la vie d'exister sous la forme que nous lui connaissons.
La taille et la position de la zone d'habitabilité dépendent naturellement de la puissance de l'étoile qui émet le rayonnement lumineux. Si l'étoile est petite, la zone d'habitabilité sera beaucoup plus proche d'elle que s'il s'agit d'une étoile géante.
Donnée : 1 U.A. = $1,50 \times 10^8$ km.

D'après *http://www.sciencesetavenir.fr*

Une exoplanète est une planète qui tourne autour d'une étoile autre que le Soleil.
On veut ici déterminer la distance séparant l'étoile du système HD 189733 de son exoplanète HD 189733b, détectée en décembre 2005 par une équipe européenne d'astronomes.
L'étoile du système HD 189733 est une étoile dont les caractéristiques sont assez proches de celle du Soleil : les températures de surface sont voisines, la masse de l'étoile est $M_E = 0,82 \times M_0$, où M_0 est la masse du Soleil ($M_0 = 1,989 \times 10^{30}$ kg).
La période de révolution de l'exoplanète HD 189733b autour de son étoile est : T = 2,22 jours.
Donnée : $G = 6,67 \times 10^{-11}$ N.m^2.kg^{-2}.

1. Énoncer la troisième loi de Kepler.

2. Montrer, en utilisant la deuxième loi de Newton et en explicitant les différents termes, que pour une trajectoire circulaire, cette loi s'écrit :

$$\frac{T^2}{r^3} = \frac{4\pi^2}{G \times M_E}$$

3. En déduire la distance moyenne entre la planète et l'étoile.

4. L'exoplanète HD 189733b appartient-elle à la zone d'habitabilité ? → Corrigé p. 295

EXERCICE DE BAC

Exercice 45 min **11 points**

Partie 1. Décollage de la fusée Ariane 5

Pour son lancement, la fusée Ariane 5 a une masse totale M. Sa propulsion est assurée par un ensemble de dispositifs fournissant une force de poussée verticale constante $\vec{F}$. Tout au long du décollage, on admet que la valeur du champ de pesanteur g est également constante. On étudie le mouvement du système {fusée} dans le référentiel terrestre supposé galiléen et on choisit un repère $(O, \vec{j})$ dans lequel $\vec{j}$ est un vecteur unitaire vertical dirigé vers le haut et porté par l'axe (Oy).

À l'instant $t_0 = 0$ s, Ariane 5 est immobile et son centre d'inertie G est confondu avec l'origine O.

On utilise les notations :

a, valeur de l'accélération du centre d'inertie de la fusée, avec $\vec{a} = a_y\vec{j} = a\vec{j}$;

v, valeur de la vitesse de son centre d'inertie, avec $\vec{v} = v_y\vec{j} = v\vec{j}$;

y, valeur de la position de son centre d'inertie, avec $\overrightarrow{OG} = y\vec{j}$.

Données : masse totale de la fusée : $M = 7{,}3 \times 10^5$ kg ;

force de poussée : $F = 1{,}16 \times 10^7$ N ;

intensité de pesanteur : $g = 10$ m.s^{-2}.

Dans ce cas, on supposera que seuls le poids $\vec{P}$ et la force de poussée $\vec{F}$ agissent sur la fusée. Pendant la durée de fonctionnement, on admettra que la masse de la fusée reste constante.

1. [0,5 pt] Sans faire de calcul, représenter ces forces sur un schéma pendant le décollage.

2. [0,5 pt] En appliquant une loi de Newton au système {fusée}, trouver l'expression littérale de la valeur a de l'accélération dès que la fusée a quitté le sol.

3. [0,5 pt] Calculer la valeur de cette accélération a.

4. [1 pt] Pendant le lancement, on suppose que la valeur de l'accélération reste constante. Déterminer l'équation horaire de la valeur $v(t)$ de la vitesse.

5. [1 pt] En déduire l'équation horaire de la valeur $y(t)$ de la position.

6. [0,5 pt] La trajectoire ascensionnelle de la fusée reste verticale jusqu'à la date $t_1 = 6{,}0$ s. Quelle distance la fusée a-t-elle parcourue depuis son décollage ?

7. [0,5 pt] Au cours de ce lancement, Ariane 5 a en réalité parcouru un peu moins de 90 m pendant les 6 premières secondes. Citer un phénomène permettant d'interpréter cette donnée.

Dans la suite de l'exercice, on suppose que la Terre est une sphère de centre T, de masse M_T, de rayon R_T et qu'elle présente une répartition de masse à symétrie sphérique. On assimile par ailleurs le satellite à son centre d'inertie S. L'étude de son mouvement se fait dans un référentiel géocentrique supposé galiléen.

Données : masse de la Terre : $M_T = 6{,}0 \times 10^{24}$ kg ;

rayon de la Terre : $R_T = 6{,}4 \times 10^3$ km ;

constante de gravitation universelle : $G = 6{,}67 \times 10^{-11}$ kg^{-1}.m^3.s^{-2}.

Partie 2. Mise en orbite basse du satellite

La mise en orbite complète du satellite MSG-2 de masse $m = 2{,}0 \times 10^3$ kg s'accomplit en deux étapes. Dans un premier temps, il est placé sur une orbite circulaire à vitesse constante v_S à basse altitude $h = 6{,}0 \times 10^2$ km autour de la Terre et il n'est soumis qu'à la force gravitationnelle exercée par la Terre.

On choisit un repère $(S, \vec{t}, \vec{n})$ dans lequel $\vec{t}$ est un vecteur unitaire tangent à la trajectoire dans le sens du mouvement et $\vec{n}$ un vecteur unitaire perpendiculaire à la trajectoire orienté vers le centre de la Terre.

1. [0,5 pt] Donner l'expression vectorielle de la force gravitationnelle $\overrightarrow{F_{T/S}}$ exercée par la Terre sur le satellite en fonction des données.

2. [1 pt] En appliquant une loi de Newton, trouver l'expression du vecteur accélération $\overrightarrow{a_S}$ du centre d'inertie du satellite.

3. [1,5 pt] Déterminer l'expression de la vitesse v_S du centre d'inertie du satellite. Vérifier que sa valeur est de l'ordre de $7{,}6 \times 10^3$ m.s^{-1} sur son orbite basse.

4. [1 pt] On note T le temps mis par le satellite pour faire un tour autour de la Terre. Comment appelle-t-on cette grandeur ? Montrer qu'elle vérifie la relation :

$$T^2 = \frac{4\pi^2(R_T + h)^3}{G \times M_T}$$

Partie 3. Transfert du satellite en orbite géostationnaire

Une fois le satellite MSG-2 placé sur son orbite circulaire basse, on le fait passer sur une orbite géostationnaire à l'altitude $h' = 3{,}6 \times 10^4$ km. Ce transit s'opère sur une orbite de transfert qui est elliptique. Le schéma de principe est représenté sur la figure ci-dessous.

Le périgée P est sur l'orbite circulaire basse et l'apogée A est sur l'orbite définitive géostationnaire.

À un moment convenu, lorsque le satellite est au point P de son orbite circulaire basse, on augmente sa vitesse de façon bien précise : il décrit ainsi une orbite elliptique de transfert afin que l'apogée A de l'ellipse soit sur l'orbite géostationnaire définitive. On utilise pour cela un petit réacteur qui émet en P, pendant un très court instant, un jet de gaz donnant au satellite l'impulsion nécessaire.

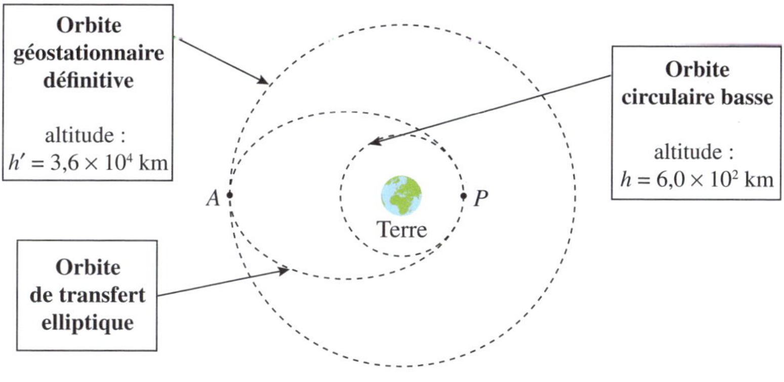

1. **[0,5 pt]** Énoncer la deuxième loi de Kepler, ou « loi des aires ».

2. **[1 pt]** Montrer, en s'aidant éventuellement d'un schéma, que la vitesse du satellite MSG-2 n'est pas constante sur son orbite de transfert. Préciser en quels points de son orbite de transfert sa vitesse est maximale, puis minimale.

3. **[0,5 pt]** Exprimer la distance AP en fonction de R_T, h et h'.
Montrer que $AP = 4{,}9 \times 10^7$ m.

4. **[0,5 pt]** Dans le cas de cette orbite elliptique, la durée de révolution pour faire un tour complet de l'orbite vaut $T' = 10$ h 42 min.
Déterminer la durée minimale Δt du transfert du satellite MSG-2 du point P de son orbite basse au point A de son orbite géostationnaire définitive.

→ *Corrigé p. 296*

CORRIGÉS

1 → *Énoncé p. 282*

1. A ; **2. A** ; **3. C** ; **4. C** ; **5. C**.

2 → *Énoncé p. 282*

1. A, **B** et **C** ; **2. A** ; **3. A** et **B**.

3 → *Énoncé p. 283*

1. B ; **2. A** ; **3. A** et **B** ; **4. B**.

4 → *Énoncé p. 283*

1. Le système étudié est le cation de masse m, de charge +e dans un référentiel terrestre supposé galiléen.

La seule force qui s'exerce est la force électrique : $\vec{F} = q \times \vec{E} = \text{e} \times E \times \overrightarrow{u_x}$.

La deuxième loi de Newton s'écrit :

$$\vec{F} = \text{e} \times E \times \overrightarrow{u_x} = m\left(a_x\overrightarrow{u_x} + a_y\overrightarrow{u_y}\right)$$

Soit $\text{e} \times \frac{E}{m}\overrightarrow{u_x} = a_x\overrightarrow{u_x} + a_y\overrightarrow{u_y}$.

D'où : $\vec{a}\begin{pmatrix} \frac{\text{e}E}{m} \\ 0 \end{pmatrix}$.

> **Rappel**
> La particule est chargée positivement : la force est orientée dans le même sens que $\vec{E}$.

On obtient les équations horaires du mouvement par intégrations successives en tenant compte du fait que la vitesse est nulle initialement (en A) et que l'ion est en A initialement (de coordonnées (0 ; 0)).

$$\vec{a}\begin{pmatrix} \frac{\text{e}E}{m} \\ 0 \end{pmatrix} \xrightarrow{\text{Primitive}} \vec{v}\begin{pmatrix} \frac{\text{e}E}{m}t \\ 0 \end{pmatrix} \xrightarrow{\text{Primitive}} \overrightarrow{OM}\begin{pmatrix} \boldsymbol{x(t) = \frac{\text{e}E}{2m}t^2} \\ \boldsymbol{y(t) = 0} \end{pmatrix}$$

2. Le cation est en B lorsque $x(t_1) = d$, d'où $\boldsymbol{t_1 = \sqrt{\frac{2md}{\text{e}E}}}$.

3. On peut alors calculer la vitesse en reportant l'instant t_1 dans :

$$v_x = \boldsymbol{v_B} = \frac{\text{e}E}{m}t_1 = \frac{\text{e}E}{m} \times \sqrt{\frac{2md}{\text{e}E}} = \sqrt{\frac{2\text{e}Ed}{m}} = \boldsymbol{\sqrt{\frac{2\text{e}\left(V_B - V_A\right)}{m}}}$$

Application numérique : $\boldsymbol{v_B} = \sqrt{\frac{2 \times 1{,}60 \times 10^{-19} \times 1\,000}{5{,}81 \times 10^{-26}}} = \boldsymbol{74{,}2 \times 10^3\ \text{m.s}^{-1}}$.

5 → *Énoncé p. 284*

1. L'énergie mécanique au moment où le caillou quitte la main de l'enfant est :

$$\boldsymbol{E_\text{m}(\text{initiale})} = E_\text{c}(\text{initiale}) + E_\text{p}(\text{initiale}) = \boldsymbol{\frac{1}{2}mv_0^2 + mgh.}$$

2. On néglige les frottements et le caillou n'est soumis qu'à son poids : son énergie mécanique se conserve. Écrivons l'énergie mécanique du caillou à son point le plus haut d'altitude H, lorsque sa vitesse devient nulle (avant qu'il ne redescende) :

$E_m(\text{haut}) = E_c(\text{haut}) + E_p(\text{haut}) = mgH$

La conservation de l'énergie mécanique permet de calculer H :

$$\boldsymbol{H = h + \frac{1}{2g}v_0^2} = 1{,}0 + \frac{1}{2 \times 9{,}8} \times 9{,}0^2 = \mathbf{5{,}1\ m.}$$

6 → *Énoncé p. 284*

1. Entre A et D, le skateur est soumis à son **poids** $\vec{P} = m\vec{g}$ et à la **réaction du sol** $\vec{R}$ orthogonale au sol en tout point car on néglige les frottements.

2. Dans le référentiel terrestre supposé galiléen, on applique le théorème de l'énergie cinétique au skateur entre l'instant où il est en A et l'instant où il est en D :

$E_c(D) - E_c(A) = W_{AB}(\vec{P}) + W_{AB}(\vec{R}) = -\Delta E_p = mg(y_A - y_D)$

Comme $E_c(A) = 0$, on obtient :

$$\boldsymbol{v_D = \sqrt{2g(y_A - y_D)}} = \sqrt{2g(H - CD \times \sin\alpha)}$$

$$\boldsymbol{v_D} = \sqrt{2 \times 9{,}8 \times (3{,}0 - 2{,}0 \times \sin 20°)} = \mathbf{6{,}7\ m.s^{-1}}.$$

> **Remarque**
> La réaction ne travaille pas car elle est orthogonale au déplacement.

3. Au point D, la vitesse vaut donc $\overrightarrow{v_D}$ et fait un angle de 20° avec l'horizontale. L'application de la deuxième loi de Newton au skateur à partir de l'instant (pris comme origine) où il est en D s'écrit :

$\vec{P} = m \times \vec{a}$ qui, en projetant, donne : $\vec{a}\begin{pmatrix} 0 \\ -g \end{pmatrix}$.

> **Remarque**
> Il n'y a plus la réaction du sol à partir de D : il s'agit d'une chute libre.

Par intégrations successives en tenant compte de la vitesse initiale projetée dans le repère $(O, \vec{i}, \vec{j})$, $\overrightarrow{v_D} = v_D \times \cos\alpha \times \vec{i} + v_D \times \sin\alpha \times \vec{j}$, et en tenant compte de la position initiale en D $(0 ; y_D)$:

$$\vec{a}\begin{pmatrix} 0 \\ -g \end{pmatrix} \xrightarrow{\text{Primitive}} \vec{v}\begin{pmatrix} v_D \times \cos\alpha \\ -gt + v_D \times \sin\alpha \end{pmatrix} \xrightarrow{\text{Primitive}} \overrightarrow{OS}\begin{pmatrix} v_D \times \cos\alpha \times t \\ -\frac{1}{2}gt^2 + v_D \times \sin\alpha \times t + y_D \end{pmatrix}$$

Pour l'équation de la trajectoire, on reporte $t = \dfrac{x}{v_D \times \cos\alpha}$ que l'on substitue dans $y(t)$. On obtient :

$$y = -\frac{1}{2}g\left(\frac{x}{v_D \times \cos\alpha}\right)^2 + v_D \sin\alpha \times \frac{x}{v_D \times \cos\alpha} + y_D$$

$$\boldsymbol{y = -\frac{1}{2}g\left(\frac{x}{v_D \times \cos\alpha}\right)^2 + \tan\alpha \times x + y_D}$$

4. Lorsque le skateur arrive au point E, son altitude est nulle, donc $y(E) = 0$. L'équation permettant de trouver x_E est donc :

$$0 = -\frac{1}{2}g\left(\frac{x}{v_D \times \cos\alpha}\right)^2 + \tan\alpha \times x + y_D.$$

On obtient l'équation du second degré sous sa forme numérique :

$$0 = -\frac{1}{2} \times 9,8\left(\frac{x}{6,7 \times \cos 20°}\right)^2 + \tan 20° \times x + 2,0 \times \sin 20° = -0,12x^2 + 0,36x + 0,68$$

La résolution donne deux racines, dont une seule positive : $\boldsymbol{x_E = 4,3}$ **m. Cette valeur est sûrement surévaluée en raison de l'existence de frottements sur la piste et dans l'air**.

7 → *Énoncé p. 285*

1. Le référentiel d'étude est **centré sur Jupiter** et les trois axes sont dirigés vers trois étoiles fixes supposées lontaines. C'est l'analogue du référentiel géocentrique, mais avec Jupiter au centre.

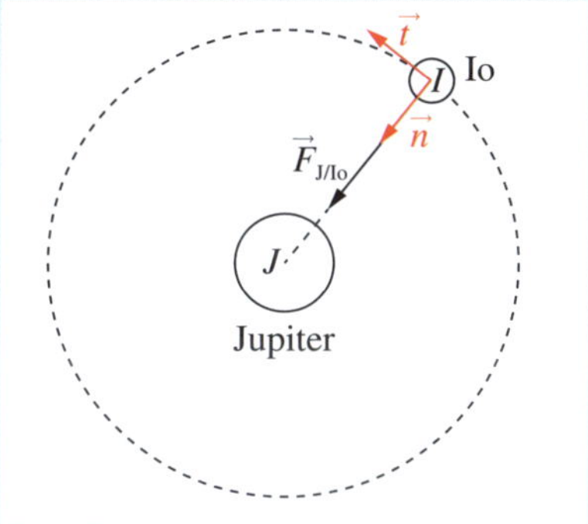

Méthode
Il faut toujours utiliser le repère de Frenet pour les études de mouvements circulaires.

2. En supposant que seule la force de gravitation exercée par Jupiter intervient, on a :

$$\vec{F}_{J/Io} = G \times \frac{M_{Io} \times M_J}{IJ^2}\vec{n} = M_I \times \vec{a}_I, \text{ donc } \vec{a}_I \begin{pmatrix} 0 \\ \dfrac{G \times M_J}{IJ^2} \end{pmatrix}$$

3. En écrivant les coordonnées de l'accélération dans le repère de Frenet, on a :

$$G \times \frac{M_{Io} \times M_J}{IJ^2}\vec{n} = M_{Io} \times \left(\frac{dv}{dt}\vec{t} + \frac{v^2}{r}\vec{n}\right)$$

Sur $\vec{t}$, il vient $\frac{dv}{dt} = 0$, ce qui signifie que la vitesse est constante, donc **le mouvement est uniforme.**

8 → *Énoncé p. 285*

1. L'étude du système {ballon} dans le référentiel terrestre, sans tenir compte de l'action de l'air, permet d'obtenir les équations horaires suivantes, avec une vitesse initiale horizontale, donc $\overrightarrow{v_0} = v_0\vec{i}$, et un vecteur position initiale non nul ($\overrightarrow{OB_0} = h\vec{j}$) :

$$\begin{pmatrix} \boldsymbol{x(t) = v_0 \times t} \\ \boldsymbol{y(t) = -\dfrac{1}{2}gt^2 + h} \\ \boldsymbol{z(t) = 0} \end{pmatrix}$$

On constate que $z(t)$ est toujours nulle, ce qui signifie que **le mouvement se fait dans le plan (xOy)**.

2. On a $t = \dfrac{x}{v_0}$, d'où $\boldsymbol{y = -\dfrac{1}{2}g\left(\dfrac{x}{v_0}\right)^2 + h}$, qui est l'équation de la trajectoire du ballon.

3. Pour que le service soit valide, il faut que :

- $y(x) > H + r$ pour $x = \dfrac{L}{2}$ afin que le ballon passe le filet ;
- le ballon retombe dans le terrain, soit $x(y = r) < L$.

> **Remarque**
> On tient compte de la taille du ballon. Le centre de gravité pourrait être au-dessus du filet sans que le ballon ne le franchisse.

On calcule $y\left(\dfrac{L}{2}\right)$ et on obtient :

$$y\left(\frac{L}{2}\right) = -\frac{1}{2}g\left(\frac{L}{2v_0}\right)^2 + h = -\frac{1}{2} \times 9{,}81 \times \left(\frac{18}{2 \times 21}\right)^2 + 3{,}5 = 2{,}6 \text{ m}.$$

Le centre de gravité du ballon (son centre) est 20 cm au-dessus du filet et, comme le rayon du ballon est de 10 cm, le ballon passe le filet sans le toucher.
On cherche x tel que $y = 0{,}1$:

$$x = v_0\sqrt{\frac{2(h-r)}{g}} = 17{,}5 \text{ m} < 18 \text{ m}.$$

Le service est donc valide.

4. La courbe 3 est une droite horizontale. En négligeant les actions de l'air, l'énergie mécanique du ballon reste constante au cours du mouvement. La **courbe 3** est donc celle de **l'énergie mécanique**.
La **courbe 1** correspond à **l'énergie potentielle de pesanteur** car y diminue lors de la chute du ballon.
La **courbe 2** correspond donc à celle de **l'énergie cinétique**. Cette énergie augmente car, au cours de la chute du ballon, la vitesse du ballon augmente.

9 → *Énoncé p. 286*

1. L'étude du système {électron} dans le référentiel terrestre, sans tenir compte de la pesanteur, permet d'obtenir les équations horaires suivantes (avec une vitesse initiale horizontale, donc $\overrightarrow{v_0} = v_0\vec{i}$, et un vecteur position initiale $\overrightarrow{OM_0} = \vec{0}$) :

$$\begin{pmatrix} \boldsymbol{x(t) = v_0 t} \\ \boldsymbol{y(t) = -\dfrac{qE}{2m}t^2} \\ \boldsymbol{0} \end{pmatrix}$$

> **Remarque**
> Ici, $q < 0$, on a donc bien $y > 0$.

L'équation de la trajectoire est donc $\boldsymbol{y = -\dfrac{qE}{2m}\left(\dfrac{x}{v_0}\right)^2}$.

2. Au point M, les coordonnées de l'électron sont $(a \,;\, y(a))$, soit $\boldsymbol{\left(a \,;\, -\dfrac{qE}{2m}\left(\dfrac{a}{v_0}\right)^2\right)}$.

et les coordonnées de sa vitesse à cet instant, où il quitte l'espace entre les plaques, sont : $\begin{pmatrix} v_0 \\ -\dfrac{qE}{m}\left(\dfrac{a}{v_0}\right) \\ 0 \end{pmatrix}$.

3. À partir du point M, l'électron n'est plus soumis à aucune force. La deuxième loi de Newton appliquée à l'électron permet d'affirmer que son accélération est nulle.

Comme le vecteur accélérateur est nul, on en déduit que $\vec{v}$ est constante en tout point de la trajectoire de M à P (c'est la vitesse en M). Comme $\vec{v} = \dfrac{\mathrm{d}\overrightarrow{OM}}{\mathrm{d}t}$, on obtient, en intégrant les coordonnées de l'électron après qu'il est sorti des plaques et en prenant $t = 0$ lorsque l'électron est en M :

> **Remarque**
> À la sortie des plaques, le mouvement de l'électron est rectiligne uniforme.

$$\boldsymbol{x(t) = v_0 t + x_M}$$
$$\boldsymbol{y(t) = -\frac{qE}{m}\left(\frac{a}{v_0}\right)t + y_M}.$$

Y correspond à la valeur de y à l'instant t_1 où l'électron arrive sur l'écran, c'est-à-dire en $x = D + \dfrac{a}{2}$. On obtient : $v_0 \times t_1 = D + \dfrac{a}{2} - x_M$, soit $t_1 = \dfrac{D - \dfrac{a}{2}}{v_0}$ et :

$$y(t_1) = Y = -\frac{qE}{m}\left(\frac{a}{v_0}\right)\frac{D - \dfrac{a}{2}}{v_0} + y_M = -\frac{qE}{m}\left(\frac{a}{v_0^2}\right)\left(D - \frac{a}{2}\right) - \frac{qE}{2m}\left(\frac{a}{v_0}\right)^2$$
$$= -\frac{qE}{m}\left(\frac{a}{v_0^2}\right)D.$$

4. On en déduit :

$$\frac{e}{m} = \frac{Yv_0^{\,2}}{aDE} = \frac{27 \times 10^{-2} \times (1{,}8 \times 10^7)^2}{0{,}1 \times 0{,}1 \times 50\ 000} = 1{,}7 \times 10^{11}\ \mathrm{C.kg^{-1}}.$$

Ce résultat est cohérent avec la valeur donnée par l'énoncé de la charge massique de l'électron.

10 → *Énoncé p. 287*

1. Troisième loi de Kepler : le carré de la période de révolution T est proportionnel au cube du demi-grand axe a de la trajectoire elliptique, soit : $\dfrac{T^2}{a^3} =$ **constante**.

2. La deuxième loi de Newton appliquée au système {exoplanète de masse m} dans le référentiel de l'étoile supposé galiléen, en considérant que la trajectoire est circulaire et de rayon R, donne, dans le repère de Frenet :

$$\vec{F}_{E/P} = G \times \frac{m \times M_E}{R^2}\vec{n} = m \times \vec{a}.$$

L'égalité des composantes sur le vecteur $\vec{t}$ permet d'écrire $\frac{dv}{dt} = 0$, ce qui signifie que la vitesse de l'exoplanète est constante.

L'égalité des composantes sur le vecteur $\vec{n}$ donne $\frac{v^2}{R} = G \times \frac{M_E}{R^2}$, ce qui permet de trouver la vitesse de l'exoplanète : $v = \sqrt{G \times \frac{M_E}{R}}$.

Pour un tour, on obtient une durée égale à la période de révolution :

$$T = \frac{2\pi R}{v} = \frac{2\pi R}{\sqrt{G \times \frac{M_E}{R}}} = 2\pi\sqrt{\frac{R^3}{G \times M_E}}.$$

Par élévation au carré, on obtient la relation recherchée : $\frac{T^2}{R^3} = \frac{4\pi^2}{G \times M_E}$.

3. On a : $\boldsymbol{R = \sqrt[3]{\frac{G \times M_E \times T^2}{4\pi^2}}}$.

$$R = \sqrt[3]{\frac{6,67 \times 10^{-11} \times 0,82 \times 1,989 \times 10^{30} \times (2,22 \times 24 \times 3\,600)^2}{4\pi^2}}$$

$\boldsymbol{R = 4,6628 \times 10^9}$ **m.**

Rappel
La période doit être exprimée en seconde.

4. Sachant que 1 U.A. = $1,50 \times 10^8$ km = $1,50 \times 10^{11}$ m, on a :

$$R = \frac{4,6628 \times 10^9}{1,50 \times 10^{11}} = \mathbf{3,11 \times 10^{-2}\ U.A.}$$

L'étoile ayant des caractéristiques similaires à celle du Soleil (d'après les données), on peut penser que sa zone d'habitabilité est voisine de celle du Soleil : elle serait donc comprise entre 0,726 U.A. et 1,52 U.A. Comme R n'appartient pas à cet intervalle, l'exoplanète n'est pas dans la zone d'habitabilité de l'étoile HD 189733.

EXERCICE DE BAC

Exercice

→ *Énoncé p. 288*

Partie 1

1. Les forces sont représentées sur le schéma ci-contre.

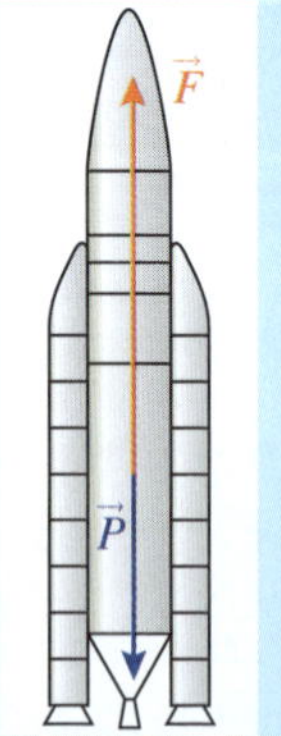

2. La deuxième loi de Newton appliquée à la fusée dans le référentiel galiléen s'écrit : $\vec{P} + \vec{F} = M \times \vec{a}$ qui, en projetant sur l'axe (Oy), donne : $\boldsymbol{a = \frac{F - P}{M}}$.

3. $a = \frac{1,16 \times 10^7 - 7,3 \times 10^5 \times 10}{7,3 \times 10^5}$ **= 5,9 m.s⁻².**

4. Si l'accélération pendant cette phase reste constante, comme $a = \frac{dv}{dt}$, on obtient v en intégrant, sachant que la vitesse à l'instant $t = 0$ est nulle : $\boldsymbol{v = a \times t}$.

5. L'équation horaire $y(t)$ est obtenue après une nouvelle intégration : $\boldsymbol{y(t) = \frac{1}{2}a \times t^2}$, en prenant en compte le fait que la fusée se trouve à l'origine à l'instant $t = 0$.

6. À $t_1 = 6$ s, on a $\boldsymbol{y(t_1)} = 0{,}5 \times 5{,}9 \times 6^2 = \mathbf{106\ m}$.

7. Les frottements ne sont pas pris en compte.

Partie 2

1. $\boldsymbol{\vec{F}_{T/S} = G \times \dfrac{m \times M_T}{(R_T + h)^2}\vec{n}}$.

2. La deuxième loi de Newton appliquée au satellite dans le référentiel géocentrique galiléen s'écrit :

$$G \times \frac{m \times M_T}{(R_T + h)^2}\vec{n} = m \times \vec{a}_S \text{ d'où : } \boldsymbol{\vec{a}_S = \mathrm{G} \times \frac{M_T}{(R_T + h)^2}\vec{n}}.$$

3. On écrit les coordonnées de l'accélération dans le repère de Frenet :

$$\vec{a}_S = \frac{dv}{dt}\vec{t} + \frac{v^2}{(R_T + h)}\vec{n}.$$

Les composantes sur le vecteur $\vec{n}$ sont égales, soit :

$$\frac{v^2}{(R_T + h)} = \mathrm{G} \times \frac{M_T}{(R_T + h)^2}.$$

Ce qui permet d'obtenir $\boldsymbol{v = \sqrt{\mathrm{G} \times \dfrac{M_T}{(R_T + h)}}}$.

Application numérique :

$$v = \sqrt{6{,}67 \times 10^{-11} \times \frac{6{,}0 \times 10^{24}}{(6{,}4 \times 10^6 + 6{,}0 \times 10^5)}} = \mathbf{7{,}6 \times 10^3\ m.s^{-1}}.$$

Rappel
Penser à mettre les distances en mètre.

4. T s'appelle la **période de révolution du satellite**. L'orbite circulaire a pour périmètre $2\pi(R_T + h)$. La vitesse étant constante, la durée pour effectuer un tour est :

$$T = \frac{2\pi(R_T + h)}{v} = \frac{2\pi(R_T + h)}{\sqrt{\mathrm{G} \times \dfrac{M_T}{(R_T + h)}}} = 2\pi\sqrt{\frac{(R_T + h)^3}{\mathrm{G} \times M_T}}.$$

Par élévation au carré, on obtient la relation recherchée.

Partie 3

1. Le segment de droite reliant le centre de la Terre à celui du satellite balaie des aires égales pendant des durées égales.

2. Les aires balayées sont les mêmes mais les trajets parcourus sont différents : la vitesse n'est donc pas constante sur cette orbite de transfert.

La vitesse du satellite est maximale en *P* et minimale en *A*.

3.

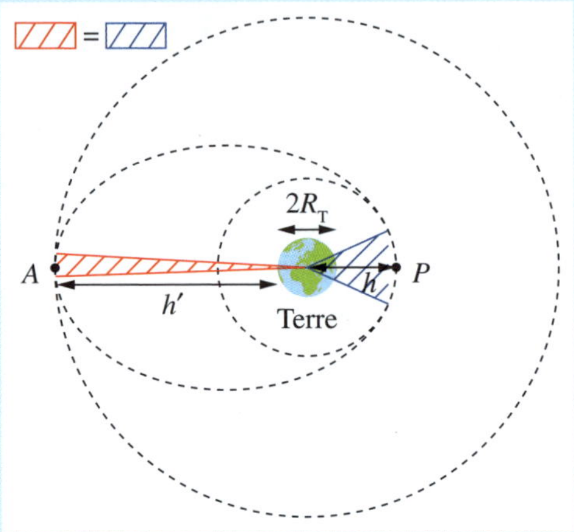

D'après le schéma, $\boldsymbol{AP = 2R_T + h + h'}$.

$\boldsymbol{AP} = 2 \times 6{,}4 \times 10^3 + 6{,}0 \times 10^2 + 3{,}6 \times 10^4 = 4{,}9 \times 10^4$ km $= \mathbf{4{,}9 \times 10^7}$ **m**.

4. Le satellite doit faire un demi-tour, soit une durée :

$$\Delta t = \frac{T'}{2} = \mathbf{5\ h\ 21\ min}.$$

Écoulement d'un fluide

CHAPITRE 12

1 Poussée d'Archimède

■ Tout objet immergé dans un fluide subit une force de poussée verticale qui tend à le faire monter : c'est la **poussée d'Archimède**.

■ Cette poussée est due au fait que la force de pression exercée sur la partie la plus immergée est toujours plus grande que celle exercée sur la partie la moins immergée. Autrement dit, la force de pression du fluide qui pousse l'objet vers le haut est toujours plus grande que celle qui le pousse vers le bas.

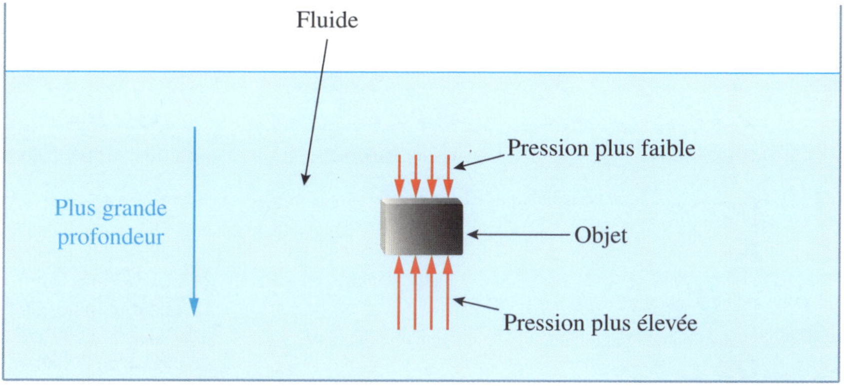

■ **Théorème d'Archimède**

$$P_A = \rho_f \times V_{im} \times g$$

avec P_A : poussée d'Archimède en N ;

ρ_f : masse volumique du fluide en kg.m^{-3} ;

V_{im} : volume de l'objet **immergé** en m^3 ;

g : intensité de pesanteur, environ 9,8 N.kg^{-1}.

Cette équation illustre l'énoncé suivant :

Tout corps plongé dans un fluide subit une force verticale, dirigée vers le haut et dont l'intensité est égale au poids du volume de fluide déplacé. Cette force est la poussée d'Archimède.

Ce théorème a été énoncé par Archimède, un savant grec de Syracuse au cours du IIIe siècle av. J.-C.

Archimède

■ **Conséquences**

Ci-après sont représentés les différents cas de figure avec en noir le vecteur force poids $\vec{P}$, et en rouge la poussée d'Archimède $\overrightarrow{P_A}$.

– (1) Si le poids de l'objet est supérieur à la poussée d'Archimède : l'objet coule.

– (2) Si le poids de l'objet est inférieur à la poussée d'Archimède : l'objet remonte.

– Si le poids de l'objet est égal à la poussée d'Archimède :

- (3) l'objet est immobile dans le fluide : il est « entre deux eaux » ;
- (4) l'objet flotte si le volume immergé est inférieur au volume de l'objet.

(1) : $\boldsymbol{P > P_A}$
l'objet coule

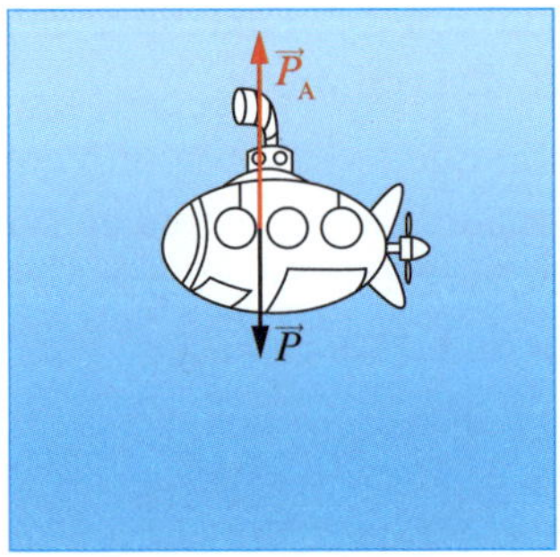

(2) : $\boldsymbol{P < P_A}$
l'objet remonte

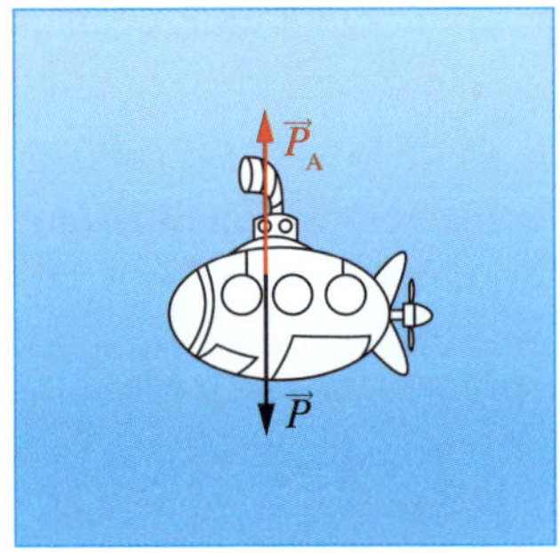

(3) : $\boldsymbol{P = P_A}$
« entre deux eaux »

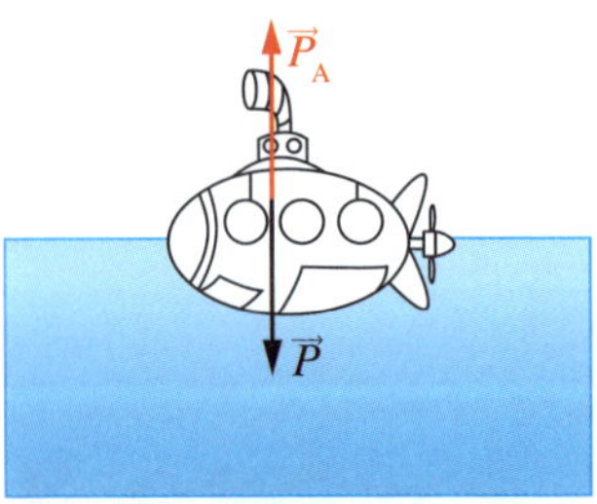

(4) : $\boldsymbol{P = P_A}$
l'objet flotte

> **Remarque**
> La valeur du poids de l'objet est $P = m \times g$; avec P en N ; m : masse de l'objet en kg et g intensité de la pesanteur (9,8 N.kg^{-1}).

2 Vitesse d'un fluide incompressible

■ À un instant donné, on appelle **ligne de courant** une courbe tangente en chacun de ses points au vecteur vitesse de l'écoulement.

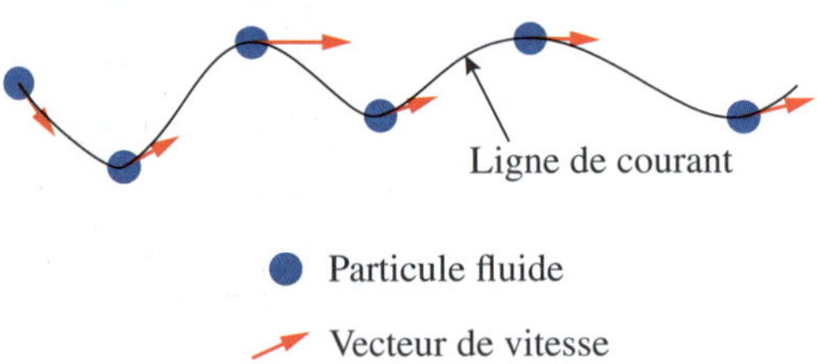

> **Remarque**
> Une **ligne de courant** peut aussi représenter l'évolution de la position de la particule fluide au cours du temps (sa trajectoire).

■ **Écoulement stationnaire** ou **permanent** : dans un régime établi, les lignes de courant ne varient pas au cours du temps. Tous les paramètres sont indépendants du temps.

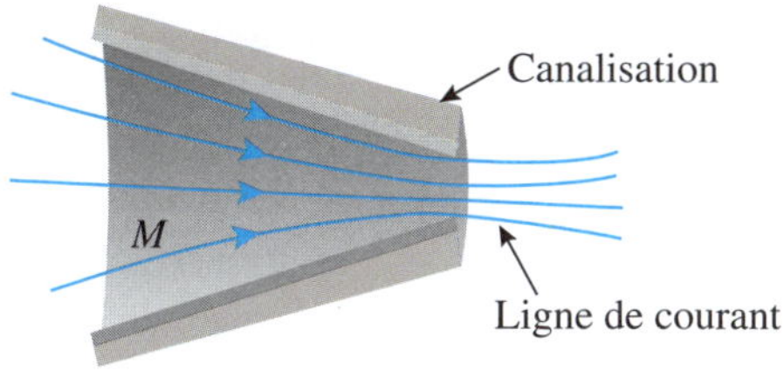

Autrement dit, en un point M donné, l'écoulement aura toujours le même vecteur vitesse au cours du temps.

■ **Débit volumique D_V** : c'est le volume V de fluide écoulé qui traverse une section droite d'un tuyau pendant une durée Δt.

$$D_V = \frac{V}{\Delta t}$$

V est le volume écoulé, en mètre cube (m^3), Δt la durée de l'écoulement en seconde (s) et D_V le débit volumique en mètre cube par seconde ($m^3.s^{-1}$)

■ **Débit volumique et vitesse d'écoulement** : envisageons la circulation d'un liquide à vitesse v constante dans un tuyau cylindrique :

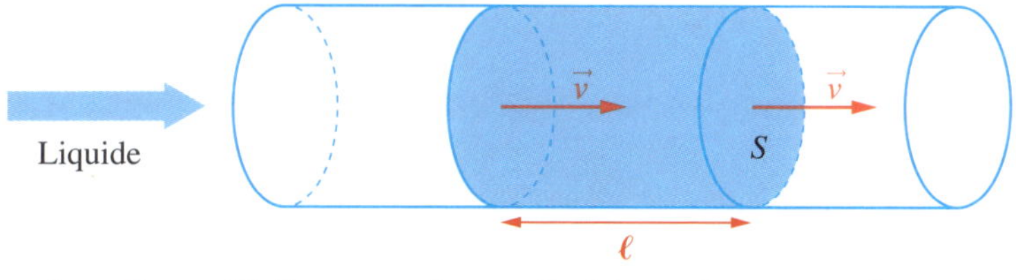

Considérons le volume V d'une portion cylindrique de tuyau, de section droite S constante et de longueur ℓ.
Le volume $V = S \times \ell$ est égal au volume de liquide qui traverse une section S du tuyau pendant une durée Δt.
Chaque section S de liquide parcourt une distance ℓ pendant une durée Δt telle que :
$\ell = v \times \Delta t$, d'où $V = S \times v \times \Delta t$

Donc $D_V = \frac{V}{\Delta t} = \frac{S \times v \times \Delta t}{\Delta t}$ puis $D_V = S \times v$

avec D_V : débit volumique en $m^3.s^{-1}$;
S : section du tuyau en m^2 ;
v : vitesse d'écoulement en $m.s^{-1}$.

> **Rappel**
> $1\ cm^2 = 10^{-4}\ m^2$
> $1\ mm^2 = 10^{-6}\ m^2$

Le débit volumique D_V est égal au produit de la section S par la vitesse d'écoulement v d'un liquide.

■ **Propriétés pour les fluides incompressibles en régime permanent**

Conservation du débit volumique : le débit conserve la même valeur en tout point du tuyau. Le mouvement des particules fluides se poursuit sans interruption dans tout le circuit.

Remarque

Pour un tuyau non cylindrique, dans le cas d'un débit constant, la valeur de la vitesse d'écoulement varie : quand la section droite du tuyau diminue, la vitesse d'écoulement du fluide augmente.

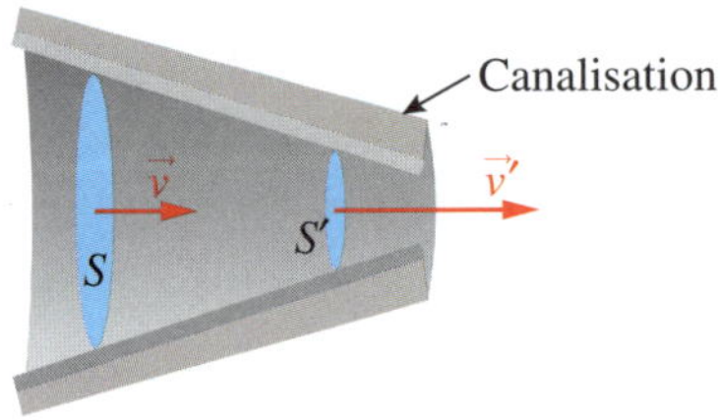

En régime permanent, le débit en volume D_V reste constant à travers toute section droite du tuyau : $D_V = S \times v = S' \times v' =$ constante .

3 Relation de Bernoulli

■ Soit un fluide incompressible dans une canalisation en régime permanent :

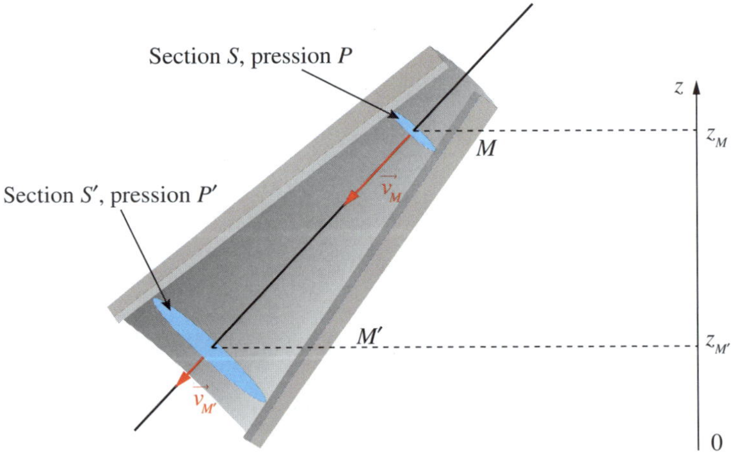

Considérons une ligne de courant qui passe par le centre de cette canalisation et deux sections S et S'.

Les points M et M' sont à l'intersection de la ligne de courant considérée et des sections S et S' respectivement.

Ces points M et M' sont caractérisés par une **vitesse $\vec{v_M}$ et $\vec{v_{M'}}$**, une pression P et P', et une altitude z_M et $z_{M'}$ respectivement.

■ Principe de conservation de l'énergie mécanique

L'énergie mécanique du fluide au point *M* est égale à l'énergie mécanique du fluide au point *M'*.

$$E_m(M) = E_m(M') = \text{constante}$$

L'énergie mécanique E_m est la somme de l'énergie cinétique E_c, de l'énergie potentielle de pesanteur E_{pp} et de l'énergie des forces de pression E_{FP}.

$$E_c(M) + E_{pp}(M) + E_{FP}(M) = E_c(M') + E_{pp}(M') + E_{FP}(M') = \text{constante}$$

Sachant que :

$E_c = \frac{1}{2} \times m \times v^2$; m : la masse en kg ; v la vitesse en m.s^{-1}

$E_{PP} = m \times g \times z$; g : l'intensité de pesanteur 9,8 N.kg^{-1} ; z : l'altitude en m

$E_{FP} = P \times V$; P : la pression en Pa ; V le volume en m^3.

On peut donc écrire que : $E_m(M) = \text{constante}$

$\Leftrightarrow E_c(M) + E_{PP}(M) + E_{FP}(M) = \text{constante}$

$\Leftrightarrow \frac{1}{2}mv^2 + mgz + PV = \text{constante}$

En divisant cette expression par V, on a :

$$\frac{1}{2}\rho v^2 + \rho g z + P = \text{constante}$$

avec ρ, la masse volumique en kg.m^{-3}.

■ Théorème de Bernoulli (Daniel Bernoulli, physicien suisse, 1700-1782)

$$\frac{1}{2}\rho v_M^2 + \rho g z_M + P = \frac{1}{2}\rho v_{M'}^2 + \rho g z_{M'} + P'$$

$$\frac{1}{2}\rho\left(v_M^2 - v_{M'}^2\right) + \rho g\left(z_M - z_{M'}\right) + P - P' = 0$$

avec ρ : la masse volumique en kg.m^{-3} ;

- v : la vitesse en m.s^{-1} ;
- g : l'intensité de pesanteur en N.kg^{-1} (ou en m.s^{-2}) ;
- z : l'altitude en m ;
- P : la pression en Pa.

Remarque

Cette relation est valable pour un fluide incompressible avec un écoulement permanent **sans pompe**.

COMMENT FAIRE

1 Calculer la poussée d'Archimède

EXERCICE TYPE

Un glaçon de forme cylindrique (hauteur $h = 3{,}0$ cm ; rayon $R = 1{,}0$ cm ; température $\theta = 0°$ C) flotte à la surface d'une eau à 0 °C.
On appelle a la hauteur à l'air libre.

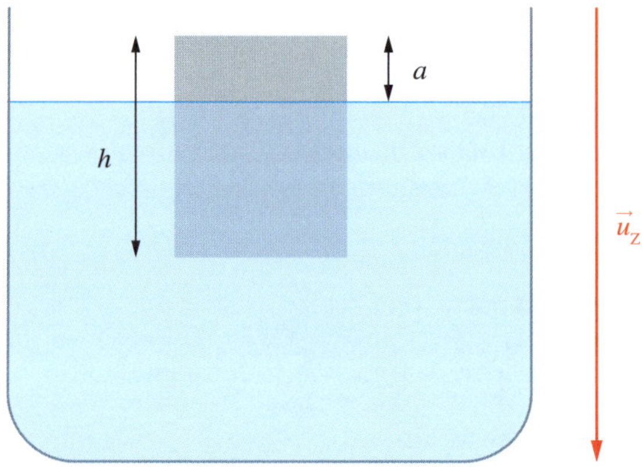

1. Connaissant les masses volumiques de l'eau à l'état liquide $\rho_{liq} = 1{,}00 \times 10^3$ kg.m^{-3} et à l'état solide $\rho_{gl} = 0{,}92 \times 10^3$ kg.m^{-3} à 0 °C, déterminer le rapport a/h.

2. Quelle force doit-on exercer verticalement avec l'extrémité d'une paille pour maintenir ce glaçon à la lisière de la surface de l'eau ? (On rappelle : $g = 9{,}81$ m.s^{-2}.)

CORRIGÉ COMMENTÉ

1. Dans cette situation, le glaçon flotte, donc la valeur de son poids est égale à la valeur de la poussée d'Archimède agissant sur lui.
Or, la poussée d'Archimède est égale à la valeur du poids du volume d'eau déplacé.
D'après le schéma :
• Le poids du glaçon : $P_{gl} = m_{gl} \times g = V_{gl} \times \rho_{gl} \times g$; avec V_{gl}, le volume du glaçon.
Donc $P_{gl} = S \times h \times \rho_{gl} \times g$; avec S la surface de la base du glaçon.
• Le poids du volume d'eau déplacé : $P_A = m_{liq} \times g = V_{déplacé} \times \rho_{liq} \times g$; avec $V_{déplacé}$ le volume d'eau déplacé.
Donc $P_A = S \times (h - a) \times \rho_{liq} \times g$; avec S la surface de la base du glaçon.
En écrivant l'égalité : $P_{gl} = P_A$
$\Leftrightarrow S \times h \times \rho_{gl} \times g = S \times (h - a) \times \rho_{liq} \times g$
$\Leftrightarrow h \times \rho_{gl} = (h - a) \times \rho_{liq}$

$\Leftrightarrow h \times \rho_{gl} = h \times \rho_{liq} - a \times \rho_{liq}$
$\Leftrightarrow a \times \rho_{liq} = h \times \rho_{liq} - h \times \rho_{gl}$
$\Leftrightarrow a \times \rho_{liq} = h \times (\rho_{liq} - \rho_{gl})$

$$\text{d'où } \frac{a}{h} = \frac{\rho_{liq} - \rho_{gl}}{\rho_{liq}}$$

Application numérique : $\frac{a}{h} = \frac{1,00 \times 10^3 - 0,92 \times 10^3}{1,00 \times 10^3} = 0,08.$

Autrement dit, 8 % du glaçon est émergé et donc 92 % est dans l'eau.

2. Pour immerger complètement le glaçon, il faut exercer une force F complémentaire au poids du glaçon.
On peut écrire $P_A = P_{gl} + F$ donc $F = P_A - P_{gl}$.
En remplaçant par les expressions correspondantes, en prenant pour P_A le poids du volume d'eau déplacé qui est égal au volume du glaçon :
$F = S \times h \times \rho_{liq} \times g - S \times h \times \rho_{gl} \times g$

$\Leftrightarrow F = \left(\rho_{liq} - \rho_{gl}\right) \times S \times h \times g$

$\Leftrightarrow F = \left(\rho_{liq} - \rho_{gl}\right) \times \pi \times R^2 \times h \times g$

Application numérique :
$F = (1,00 \times 10^3 - 0,92 \times 10^3) \times 3,14 \times (1,0 \times 10^{-2})^2 \times 3,0 \times 10^{-2} \times 9,81$
$\mathbf{F = 7,4 \times 10^{-3}\ N.}$

À RETENIR

- La poussée d'Archimède est opposée au poids de l'objet dans le fluide.
- La valeur de la poussée d'Archimède est égale au poids du volume de fluide déplacé.
- Calcul du poids : $P = m \times g$; avec P en N, m la masse en kg et g l'intensité de pesanteur en $N.kg^{-1}$ ou en $m.s^{-2}$.
- La masse m peut être calculée en utilisant la masse volumique ρ et le volume V : $m = \rho \times V$.

2 Déterminer la vitesse moyenne d'écoulement

EXERCICE TYPE

Une artère a pour rayon $r = 1,1$ cm.
1. Calculer la surface S de la section droite de cette artère en cm^2.
2. Donner l'expression du débit sanguin D_V en fonction de la vitesse moyenne d'écoulement du sang dans cette artère. Préciser les unités de chaque grandeur.
3. Calculer la valeur de la vitesse moyenne d'écoulement du sang si le débit sanguin D_V est égal à $8,3 \times 10^{-5}$ SI.

CORRIGÉ COMMENTÉ

1. La surface S de l'artère est donnée par : $S = \pi \times r^2$.

Application numérique : $\mathbf{S = \pi \times 1{,}1^2 = 3{,}8\ cm^2}$.

2. L'expression du débit sanguin est : $D_V = S \times v$, avec D_V en $m^3.s^{-1}$, S en m^2 et v en $m.s^{-1}$.

3. La vitesse moyenne d'écoulement du sang est : $v = \dfrac{D_V}{S}$

Application numérique : $\mathbf{v} = \dfrac{8{,}3 \times 10^{-5}}{3{,}8 \times 10^{-4}} = \mathbf{2{,}2 \times 10^{-1}\ m.s^{-1}}$

Rappel
$1\ cm^2 = 10^{-4}\ m^2$

À RETENIR

- Le débit volumique D_V ($m^3.s^{-1}$) peut s'écrire soit en fonction du volume V (m^3) de fluide écoulé au travers une section droite d'un tuyau pendant une durée Δt (s), soit en fonction de la vitesse d'écoulement v ($m.s^{-1}$) du fluide et la surface S (m^2) de la section droite.

$$D_V = \frac{V}{\Delta t} = S \times v$$

- L'unité de débit en volume du système international (SI) est le mètre cube par seconde ($m^3.s^{-1}$). Usuellement, on emploie aussi le litre par minute ($L.min^{-1}$) et le centimètre cube par seconde ($cm^3.s^{-1}$).

3 Utiliser la relation de Bernoulli

EXERCICE TYPE

Le tube de Venturi (du nom du physicien italien du XIXe siècle, Giovanni Venturi), représenté sur le schéma ci-dessous, permet de créer une aspiration ou de mesurer un débit. L'eau s'écoule de bas en haut :

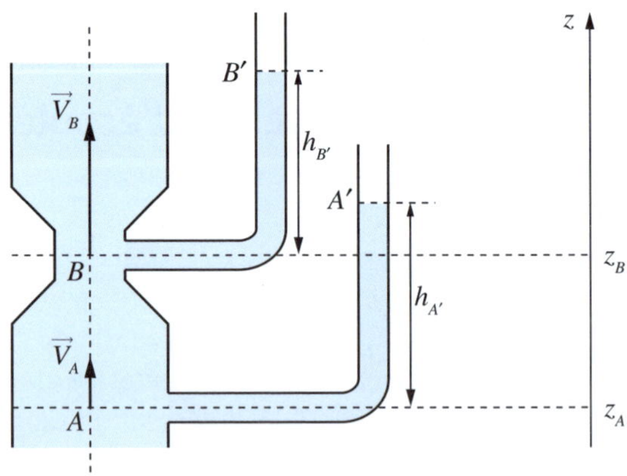

Le diamètre du tube en A est $d_A = 30$ cm, et, en B, il est de $d_B = 15$ cm. Afin de mesurer la pression P_A au point A et la pression P_B au point B, deux manomètres à colonne d'eau (tubes piézométriques) sont connectés au Venturi. Ces tubes piézométriques sont gradués et permettent de mesurer les niveaux $h_{A'} = 3{,}061$ m et $h_{B'} = 2{,}541$ m respectivement des surfaces libres A' et B'.

On donne :

– l'altitude de la section A : $z_A = 0$ m ;

– l'altitude de la section B : $z_B = 50$ cm ;

– la vitesse d'écoulement en A : $v_A = 82{,}5$ cm.s^{-1} ;

– l'accélération de la pesanteur $g = 9{,}8$ m.s^{-2} ou intensité de pesanteur $g = 9{,}8$ N.kg^{-1} ;

– la pression au niveau des surfaces libres $P_{A'} = P_{B'} = P_{atm} = 1$ bar ;

– la masse volumique de l'eau $\rho = 1\,000$ kg.m^{-3}.

On suppose que le fluide est parfait et incompressible. L'écoulement est stationnaire.

1. Écrire l'équation de continuité entre les points A et B. En déduire la vitesse d'écoulement v_B.

2. Écrire l'équation de Bernoulli entre les points A et B. En déduire la différence de pression entre ces points.

3. Où doit-on se placer si on veut une aspiration ? Est-ce en accord avec la lecture des tubes piézométriques ?

CORRIGÉ COMMENTÉ

1. En raison de la conservation de la masse, il y a égalité du débit volumique :

$$D_{VA} = D_{VB} \Leftrightarrow S_A \times v_A = S_B \times v_B \Leftrightarrow v_B = \frac{S_A}{S_B} \times v_A = \frac{\pi \times \left(d_A/2\right)^2}{\pi \times \left(d_B/2\right)^2} \times v_A = \left(\frac{d_A}{d_B}\right)^2 \times v_A$$

$$\Leftrightarrow \boldsymbol{v_B} = \left(\frac{30}{15}\right)^2 \times 82{,}5 \times 10^{-2} = \mathbf{3{,}3\ m.s^{-1}}.$$

2. L'équation de Bernoulli entre les points A et B s'écrit:

$$\frac{1}{2}\rho v_A^2 + \rho g z_A + P_A = \frac{1}{2}\rho v_B^2 + \rho g z_B + P_B$$

La différence de pression entre les points A et B est :

$$P_A - P_B = \frac{1}{2}\rho v_B^2 + \rho g z_B - \frac{1}{2}\rho v_A^2 - \rho g z_A$$

$$\Leftrightarrow P_A - P_B = \frac{1}{2}\rho\left(v_B^2 - v_A^2\right) + \rho g\left(z_B - z_A\right)$$

$$\Leftrightarrow P_A - P_B = \frac{1}{2} \times 1\,000 \times (3{,}3^2 - 0{,}825^2) + 1\,000 \times 9{,}8 \times (0{,}50 - 0)$$

$$\Leftrightarrow \boldsymbol{P_A - P_B} = \mathbf{1{,}0 \times 10^4\ Pa}.$$

3. D'après la question **2.**, on a $P_A > P_B$. Au point B, il y a une dépression, donc une aspiration. Un exemple bien connu de cet effet est celui de la trompe à eau utilisée notamment en chimie pour la filtration sous vide.
D'après les tubes piézométriques, le niveau au point B est plus bas que celui du point A ($h_{A'} > h_{B'}$), donc la pression en B est plus faible que la pression en A (voir la relation fondamentale de l'hydrostatique vue en Première).
De manière plus générale, lorsqu'un écoulement permanent d'un fluide incompressible subit un étranglement, la pression à l'intérieur du tube diminue à cet endroit et la vitesse augmente afin de respecter le théorème de Bernoulli.

À RETENIR

- Pour un écoulement permanent d'un fluide incompressible, la valeur de $P + \frac{1}{2}\rho v^2 + \rho g h$ sera la même en tout point d'une ligne de courant.
- Les unités : la pression P en Pa ; ρ la masse volumique en kg.m^{-3} ; v la vitesse d'écoulement en m.s^{-1} ; g l'intensité de pesanteur : 9,81 N.kg^{-1} (ou m.s^{-2}) ; h la hauteur en m.
- Le long de l'écoulement, il y a conservation du débit volumique : $D_{VA} = D_{VB}$.
- Dans un tuyau, lorsque les lignes de courants se rapprochent entre elles (en raison d'un étranglement), la pression diminue et forcément la vitesse augmente pour que la relation de Bernoulli soit respectée.

EXERCICES

Connaître le cours

Pour chaque exercice du *connaître le cours*, indiquer la (ou les) bonne(s) réponse(s) :

1 2 min Poussée d'Archimède

	A	B	C
1. La poussée d'Archimède :	est responsable de la trajectoire des satellites en orbite	n'existe que dans l'eau	existe aussi dans l'air
2. La poussée d'Archimède est :	toujours verticale	toujours dirigée vers le haut	dépend de la forme de l'objet
3. La valeur de la poussée d'Archimède est :	égale au poids du volume du corps immergé	égale au poids du volume de fluide déplacé	dépend de la nature du corps immergé
4. Grâce à la poussée d'Archimède :	un avion vole	un bateau flotte	un ballon Montgolfière flotte

→ Corrigé p. 316

2 2 min Vitesse d'écoulement et débit volumique

	A	B	C
1. La vitesse d'écoulement peut s'exprimer en :	$m.s^{-1}$	$L.s^{-1}$	$km.h^{-1}$
2. Pour un fluide parfait en écoulement permanent :	la vitesse d'écoulement augmente quand la section du tuyau augmente	la vitesse d'écoulement diminue quand la section du tuyau augmente	la vitesse d'écoulement ne dépend pas de la section du tuyau
3. Le débit volumique :	a pour unité $m^3.h^{-1}$	est proportionnel à la section du tuyau	ne dépend pas de la section du tuyau
4. Le débit volumique :	augmente quand la vitesse d'écoulement augmente	est proportionnel au temps	dépend uniquement de la vitesse d'écoulement

→ Corrigé p. 316

3 2 min Relation de Bernoulli

	A	B	C
1. La relation de Bernoulli :	traduit une conservation de l'énergie mécanique	traduit une conservation de l'énergie cinétique uniquement	traduit une conservation de l'énergie de pression uniquement
2. Si *v*, *P*, *z* sont respectivement la vitesse, la pression et l'altitude, d'une particule fluide, quelle est l'expression de son énergie cinétique E_c ? *V*, ρ et *g* sont respectivement le volume de la particule, la masse volumique du fluide et l'accélération due à la pesanteur.	$E_c = \frac{1}{2}\rho \times V \times v^2$	$E_c = \rho \times g \times h$	$E_c = P/\rho$
3. D'après la relation de Bernoulli :	quand la vitesse de l'écoulement diminue, la pression à cet endroit augmente	quand la vitesse de l'écoulement augmente, la pression à cet endroit augmente	la relation de Bernoulli ne donne pas ces informations
4. La relation de Bernoulli entre deux points *M* et *M'* est :	$\frac{1}{2}\rho v_M^2 + \rho g z_M + P = \frac{1}{2}\rho v_{M'}^2 + \rho g z_{M'} + P'$	$\frac{1}{2}\rho v_M + \rho g z_M + P = \frac{1}{2}\rho v_{M'} + \rho g z_{M'} + P'$	$\frac{1}{2}(v_M^2 - v_{M'}^2) + g(z_M - z_{M'}) + \frac{(P - P')}{\rho} = 0$

→ Corrigé p. 316

Appliquer le cours et les savoir-faire

4 8 min ★

→ COMMENT FAIRE 1

À l'aide d'un dynamomètre, on mesure le poids $P = 10$ N d'un cube d'arête a.
On l'immerge ensuite complètement dans de l'eau ; le dynamomètre indique cette fois $P' = 2$ N.

Données : masse volumique de l'eau $\rho_{eau} = 1\,000$ kg.m^{-3} ; intensité de pesanteur $g = 9{,}8$ m.s^{-2}.

1. Schématiser les expériences.
2. Déterminer l'arête a du cube.

On recommence l'expérience avec un cube de même arête, mais en bois, ayant une masse volumique $\rho_{bois} = 160$ kg.m^{-3}. Mais au moment d'immerger le cube, on est confronté à une surprise…

3. Quelle est cette surprise ?
4. Déterminer le pourcentage de volume de l'objet immergé.
5. En changeant la forme de l'objet, peut-on faire varier ce pourcentage ?

→ Corrigé p. 316

5 4 min ★ → COMMENT FAIRE 2

La fuite d'une chasse d'eau est d'environ une goutte par seconde (volume d'une goutte ≈ 1 mL).

1. Quelle quantité d'eau (en m^3) sera perdue chaque année si on ne la répare pas ?
2. Quel sera le coût annuel de cette fuite sur la base d'un prix de 4 €/m^3 d'eau ?

→ Corrigé p. 318

6 4 min ★ → COMMENT FAIRE 2

Un tuyau de forme conique et de longueur L = 20 m déverse 30 L d'eau par minute dans un bassin de 10 m^3.

À l'entrée du tuyau, le diamètre de la section droite S est d = 15,0 cm et, à la sortie du tuyau, le diamètre de la section droite S' est d' = 5,0 cm.

1. Évaluer le débit en volume de l'eau dans le tuyau en L.min^{-1}, puis en unités SI.
2. Le régime d'écoulement de l'eau étant considéré comme permanent, en combien de temps le bassin est-il plein ?
3. Calculer la vitesse de l'eau :

a) à l'entrée du tuyau (v_e) ;

b) à la sortie du tuyau (v_s).

Comparer ces deux vitesses.

→ Corrigé p. 318

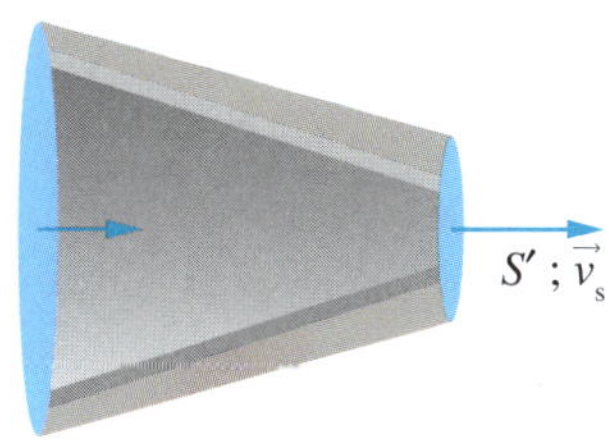

7 8 min ★ → COMMENT FAIRE 3

Écoulement d'un liquide par un orifice : théorème de Torricelli

Ce théorème est établi en 1644 par Torricelli, physicien italien (1608-1647). Cette relation, qui donne la vitesse d'écoulement d'un liquide par un orifice, sous l'action de la pesanteur, peut être démontrée par la relation de Bernoulli. Considérons le cas d'un barrage (schéma page suivante) :

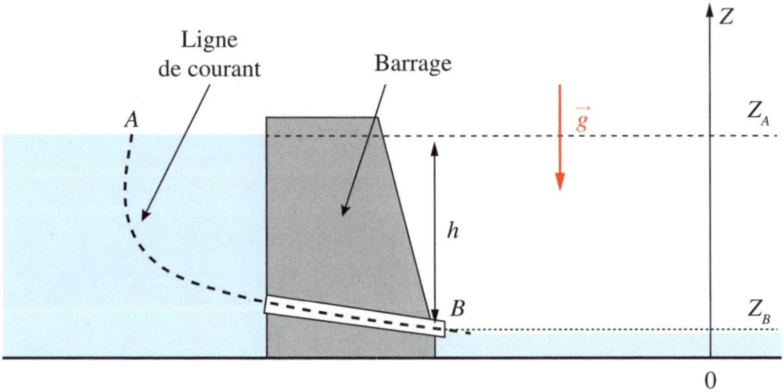

1. En appliquant la relation de Bernoulli, calculer la vitesse de l'eau à l'extrémité *B* d'une conduite alimentée par un barrage, sachant que la surface libre du liquide est suffisamment grande, comparée à la section de la conduite, pour que l'on puisse considérer que le mouvement est stationnaire.

2. Lors d'une brocante, Séléna a trouvé un grand sablier sur lequel il y a des graduations régulières, mais malheureusement sans sable… Elle veut mettre de l'eau colorée à la place. Que pensez-vous de son idée ? → *Corrigé p. 318*

S'entraîner au raisonnement

8 ⏱ 5 min ★

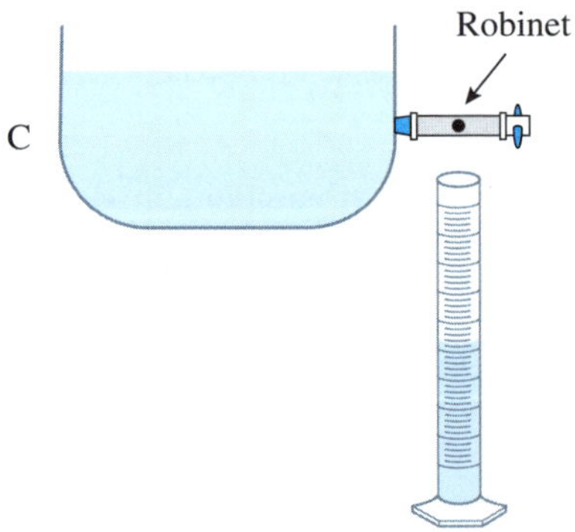

Une cuve, notée C, est munie d'un robinet situé au-dessus d'une éprouvette. Le débit en volume moyen du robinet est $D_V = 1{,}0 \times 10^{-5}$ m^3.s^{-1} et la section de l'éprouvette est $S = 2{,}0 \times 10^{-3}$ m^2.

1. Donner la définition du débit en volume D_V.

2. Quelle est la vitesse moyenne v de la montée du liquide dans l'éprouvette ? → *Corrigé p. 319*

9 ⏱ 5 min ★

Considérons deux boules, une pleine en bois de rayon $r_{bois} = 20$ cm, et l'autre creuse en acier de rayon $r_{acier} = 20$ cm et d'épaisseur $e = 8$ mm.

Données : masse volumique en kg.m^{-3} du bois $\rho_{bois} = 700$; de l'eau $\rho_{eau} = 1\,000$; de l'acier $\rho_{acier} = 7\,800$; intensité de pesanteur $g = 9{,}8$ m.s^{-2}.

1. Déterminer le poids de ces deux boules.

2. Déterminer la poussée d'Archimède qui s'exercerait sur chacune des boules si elles étaient totalement immergées dans l'eau.

3. Ces boules pourraient-elles flotter à la surface de l'eau ?

4. Si oui, quel est le pourcentage du volume immergé ? → Corrigé p. 320

10 5 min ★

Le tube de Pitot est une invention de l'ingénieur français Henri Pitot, généralement utilisé pour mesurer la vitesse de l'air par rapport à un avion. C'est un double tube très fin que l'on place parallèlement aux lignes de courant d'un fluide en écoulement stationnaire. Le tube intérieur, percé d'un petit trou *A* à l'avant, est complètement indépendant du tube extérieur qui lui est percé de plusieurs petits trous (généralement cinq) répartis suivant un cercle annulaire en *B*.

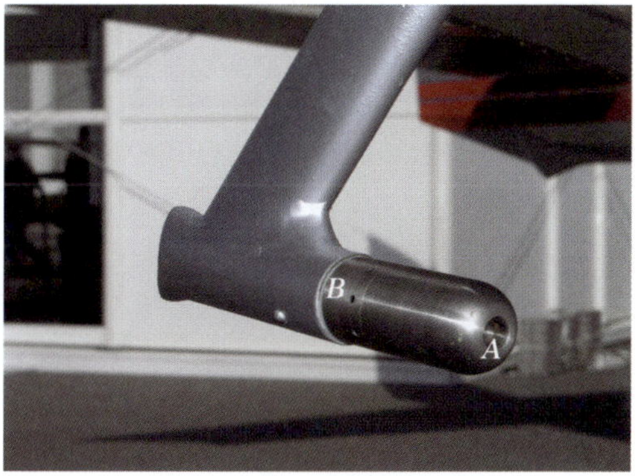

Tube de Pitot
(©shutterstock/Flying Camera)

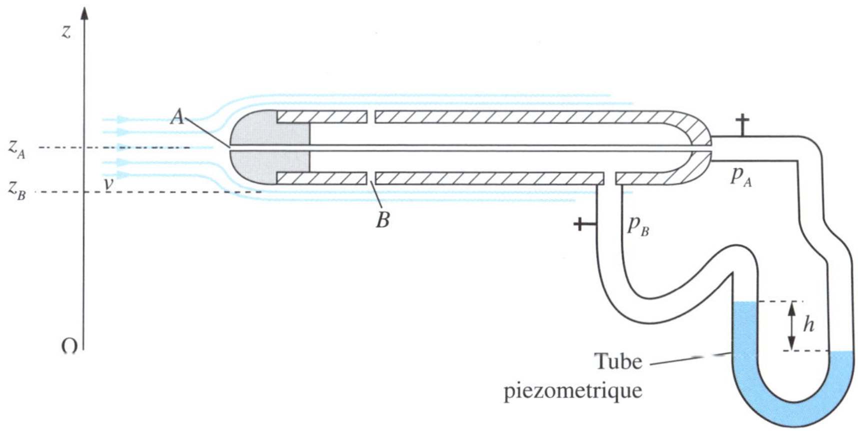

Question : Comment relier la différence de hauteur *h* de l'eau dans les tubes piézométriques à la vitesse d'écoulement de l'air ?

Indices : il faut appliquer le théorème de Bernoulli, supposer que $z_A \approx z_B$ et que $v_A = 0$ m.s^{-1}. → Corrigé p. 320

11 8 min ★

Un siphon est un tube, en U renversé, que l'on utilise pour vidanger un récipient rempli d'un liquide.

Dans une cuve cylindrique de diamètre $D = 1$ m, remplie d'eau, on utilise un tube en U de section uniforme. On a $h_A = 20$ cm et $h_S = 25$ cm.

1. Déterminer v_B, la vitesse d'écoulement de l'eau. On suppose que $P_A = P_B = P_{atm}$, avec P_{atm} la pression atmosphérique.

2. Le diamètre du tuyau d'évacuation est de $d = 5{,}0$ cm ; au bout de combien de temps le siphon va-t-il se désamorcer ?

Remarque : on négligera la faible vitesse du liquide au point *A* de la surface libre.

→ *Corrigé p. 321*

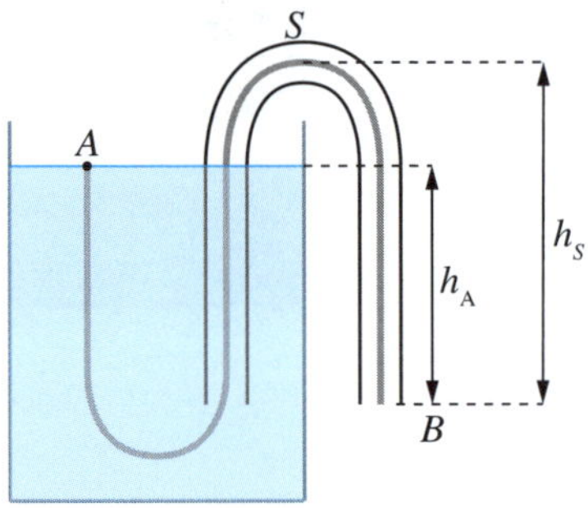

EXERCICE DE BAC

Exercice 25 min **10 points**

Dans une canalisation horizontale de diamètre $D = 9{,}0$ cm, on veut mesurer le débit d'eau. On intercale un tube de Venturi ($D = 9{,}0$ cm, $d = 3{,}0$ cm). La dénivellation h du mercure dans un tube en U peut être mesurée avec précision.

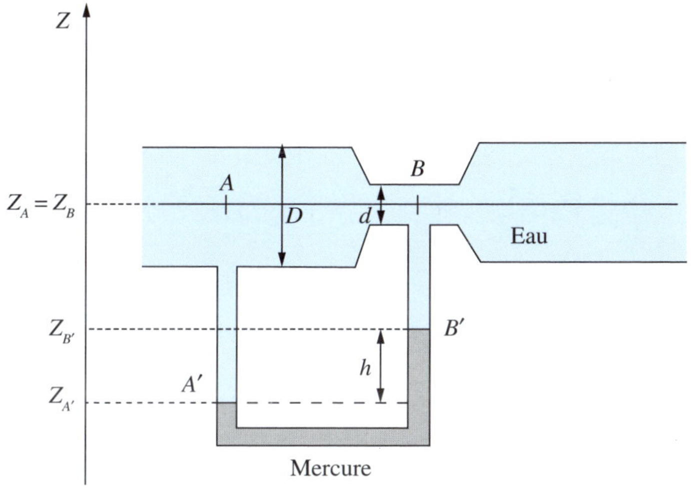

Données : masse volumique de l'eau : $\rho_{eau} = 1\ 000$ kg.m^{-3} ; masse volumique du mercure : $\rho_{mercure} = 13\ 600$ kg.m^{-3} ; accélération de la pesanteur : $g = 9{,}81$ m.s^{-2} ; on considère que le fluide est parfait.

1. [1,5 pt] En considérant la conservation du débit volumique, en déduire la vitesse d'écoulement v_B dans la section S_B en fonction de la vitesse v_A dans la section S_A.

2. [1,5 pt] En appliquant la loi fondamentale de la statique des fluides entre les points A' et B' relative à l'équilibre du mercure, déterminer la différence de pression $(P_{A'} - P_{B'})$ en fonction de g, $\rho_{mercure}$, $Z_{A'}$ et $Z_{B'}$.

3. [1,5 pt] De même, déterminer l'expression de la différence de pression $(P_A - P_{A'})$ en fonction dc g, ρ_{eau}, $Z_{A'}$ ct Z_A.

4. [1,5 pt] De même, déterminer l'expression de la différence de pression $(P_{B'} - P_B)$ en fonction de g, ρ_{eau}, $Z_{B'}$ et Z_B.

5. [1 pt] Additionner les relations trouvées en **2.**, **3.** et **4.** ; en déduire la relation entre $(P_A - P_B)$ en fonction de $\rho_{mercure}$, ρ_{eau}, g et h.

6. [1 pt] Appliquer le théorème de Bernoulli entre A et B. Donner l'expression de la vitesse d'écoulement v_A en fonction de la différence de pression $(P_A - P_B)$ et de ρ_{eau}.

7. [1 pt] En déduire l'expression du débit volumique D_V en fonction de D, $\rho_{mercure}$, ρ_{eau}, g et h.

8. [1 pt] Quel est le débit volumique en m^3.h^{-1} pour une dénivellation $h = 4{,}0$ mm ?

→ Corrigé p. 321

1 → *Énoncé p. 309*

1. **C** ; **2.** **A** et **B** ; **3.** **B** ; **4.** **B** et **C**.

2 → *Énoncé p. 309*

1. **A** et **C** ; **2.** **B** ; **3.** **A** et **B** ; **4.** **A**.

3 → *Énoncé p. 310*

1. **A** ; **2.** **A** ; **3.** **A** ; **4.** **A** et **C**.

4 → *Énoncé p. 310*

1.

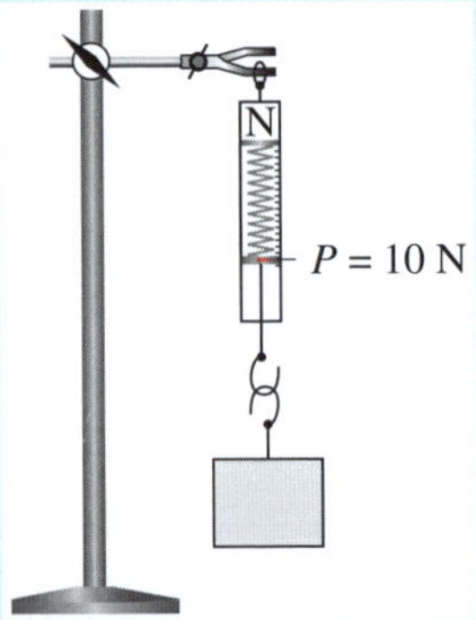

Expérience 1 : mesure du poids du cube à l'aide d'un dynamomètre ; $P = 10$ N.

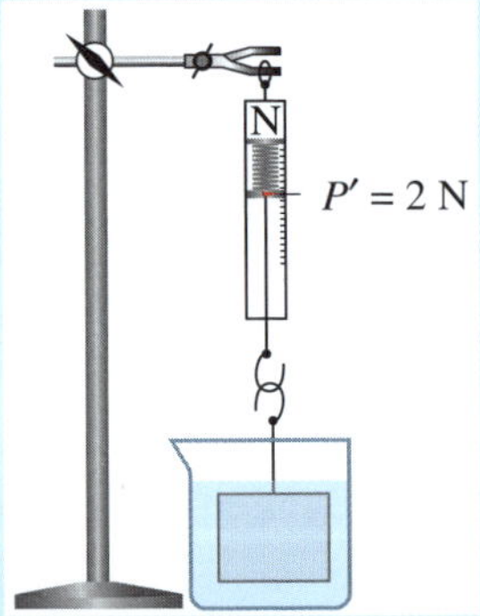

Expérience 2 : le cube est immergé dans de l'eau, le dynamomètre indique le poids $P' = 2$ N.

Rappel

Un dynamomètre est un instrument de mesure des **forces** utilisant notamment un système élastique, comme un ressort.

2. Si le dynamomètre indique des valeurs différentes dans les deux expériences, c'est parce que la poussée d'Archimède est plus conséquente dans l'eau que dans l'air.

En faisant un schéma :

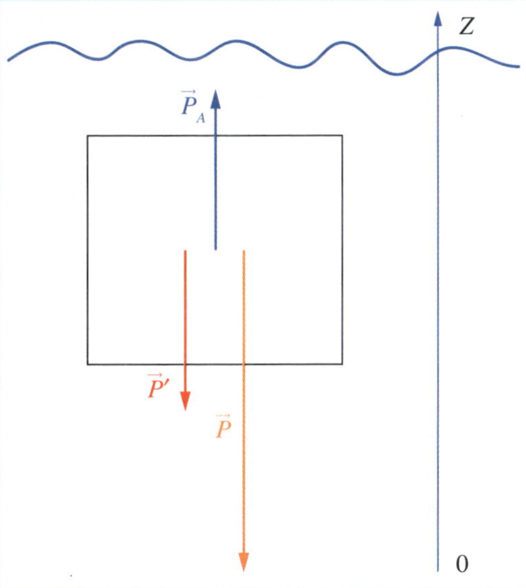

$\vec{P} + \vec{P_A} = \vec{P'}$

En projetant cette relation sur l'axe Oz :

$P_A - P = -P'$

$P_A = P - P'$

Application numérique :

$P_A = 10 - 2 = 8$ N.

On peut écrire également que la poussée d'Archimède P_A, c'est le poids du volume d'eau déplacé et, dans l'expérience 2, le volume d'eau déplacé est le volume du cube :

$P_A = V_{cube} \times \rho_{eau} \times g$

D'où $V_{cube} = \dfrac{P_A}{\rho_{eau} \times g}$.

On sait que $V_{cube} = a^3 \Leftrightarrow a = (V_{cube})^{1/3}$ donc $a = \left(\dfrac{P_A}{\rho_{eau} \times g}\right)^{\frac{1}{3}}$.

A. N. : $a = \left(\dfrac{8}{1000 \times 9{,}8}\right)^{\frac{1}{3}} = 0{,}093459$ m.

L'arête du cube vaut $a = 9{,}3 \times 10^{-2}$ m = 9,3 cm.

3. Calculons le poids du cube en bois : $P_{cub/bois} = m_{cub/bois} \times g = V_{cube} \times \rho_{bois} \times g$.

A. N. : $P_{cub/bois} = (9{,}3 \times 10^{-2})^3 \times 160 \times 9{,}8 = 1{,}3$ N.

Or, quand le cube est complètement immergé, $P_A = 8$ N, qui est dirigé vers le haut. Comme $P < P_A$; la surprise est donc que le **cube en bois flotte sur l'eau**.

4. Quand l'objet flotte, on a : $\vec{P} + \vec{P_A} = \vec{0}$; donc $P_A = P$.

En remplaçant : $V_{immergé} \times \rho_{eau} \times g = V_{cube} \times \rho_{bois} \times g$

$\Leftrightarrow V_{immergé} \times \rho_{eau} = V_{cube} \times \rho_{bois}$

$\Leftrightarrow \dfrac{V_{immergé}}{V_{cube}} = \dfrac{\rho_{bois}}{\rho_{eau}}$

Ainsi, le pourcentage de volume de l'objet immergé est : $\dfrac{\rho_{bois}}{\rho_{eau}} \times 100$.

A. N. : $\dfrac{160}{1\,000} \times 100$ **= 16 %.**

5. Quelle que soit la forme de l'objet, le volume immergé sera toujours de 16 %.

5 → *Énoncé p. 311*

Conversions

1 mL = 1 cm³ = 10^{-6} m³
1 m³ = 10^3 L
1 h = 60 min
1 min = 60 sec

1. Le débit volumique est $D_V = 1$ mL.s^{-1}.
Soit t le nombre de secondes dans une année
$\Rightarrow t = 365{,}25 \times 24 \times 3\,600 = 3{,}16 \times 10^7$ s.
Par suite, en une année, le volume d'eau perdu est :
$V = 3{,}16 \times 10^7$ mL = **31,6 m³**.

2. Le coût annuel est : 31,6 × 4 = **126,23 €.**

6 → *Énoncé p. 311*

1. $D_V = 30$ L.min^{-1} = 1 800 L.h^{-1} = **1,8 m³.h⁻¹**.

2. Le bassin a un volume de $V = 10$ m³. Le temps nécessaire pour le remplir est $t = \dfrac{V}{D_V}$

A. N. : $t = \dfrac{10}{1{,}8} = 5{,}6$ h = **5 h 33 min 20 s.**

3. $D_V = S \times v \Rightarrow v = \dfrac{D_V}{S}$; avec $S = \pi \times \left(\dfrac{d}{2}\right)^2$

a) A. N. : $v_e = \dfrac{1{,}8}{\pi \times \left(\dfrac{15 \times 10^{-2}}{2}\right)^2} = 102$ m.h^{-1} = **2,8 cm.s⁻¹**.

b) $v_s = \dfrac{1{,}8}{\pi \times \left(\dfrac{5 \times 10^{-2}}{2}\right)^2} = 917$ m.h^{-1} = **25 cm.s⁻¹**.

Quand le diamètre est divisé par 3, la vitesse d'écoulement est multipliée par 9.

7 → *Énoncé p. 311*

1. On applique la relation de Bernoulli entre les points A et B en lesquels $P_A = P$ et $P_B = P$ (pression atmosphérique, car A et B sont en contact avec l'air) :

$$\frac{\rho \times v_A^2}{2} + \rho \times g \times z_A = \frac{\rho \times v_B^2}{2} + \rho \times g \times z_B$$

$\Leftrightarrow v_B^{\,2} - v_A^{\,2} = 2 \times g\,(z_A - z_B)$

Il y a conservation du débit volumique :

$$D_{VA} = D_{VB} \Leftrightarrow S_A \times v_A = S_B \times v_B \Leftrightarrow v_A = v_B \times \frac{S_B}{S_A}$$

donc : $v_B^2\left(1 - \dfrac{S_B^2}{S_A^2}\right) = 2 \times g \times h$ avec $h = z_A - z_B$

d'où $v_B = \left(\dfrac{2 \times g \times h}{1 - \dfrac{S_B^2}{S_A^2}} \right)^{1/2}$

Cependant, on peut dire que $S_B << S_A$ donc $v_B \approx \sqrt{2 \times g \times h}$.

En conclusion, la vitesse de la particule fluide à la sortie est celle qu'elle aurait acquise après une chute libre de hauteur h. Cette vitesse est indépendante de la masse et de la masse volumique du fluide (on a la même vitesse pour de l'eau, de l'huile, etc. pour une même hauteur).
Mais la vitesse dépend de la hauteur sans lui être proportionnelle.
2. Il y a beaucoup de frottements entre les grains de sable et la paroi ; ainsi, la vitesse de chute des grains ne dépend pas de la hauteur de sable dans le sablier et les graduations sont régulières. Autrement dit, la vitesse « d'écoulement » du sable est indépendante de la hauteur. Alors que pour l'eau, même colorée, la vitesse d'écoulement dépend de la hauteur : au début de l'écoulement, la vitesse sera plus grande qu'à la fin ; les graduations n'auraient pas le même espace entre elles.

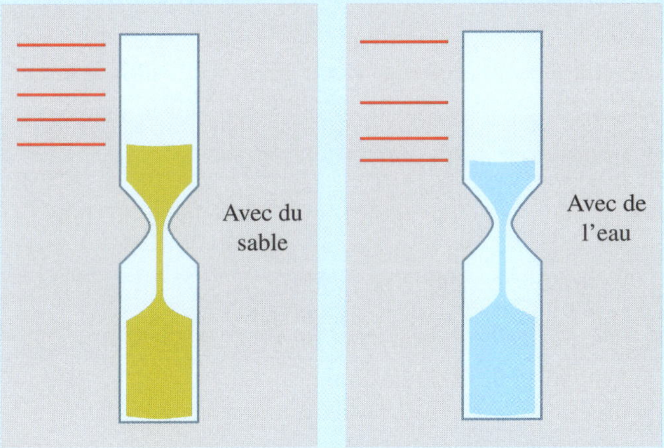

Point maths

$D_V = \dfrac{V}{\Delta t} = S \times v$

$\Leftrightarrow V = S \times v \times \Delta t$

$\Leftrightarrow S = \dfrac{D_V}{v}$

$\Leftrightarrow v = \dfrac{D_V}{S}$

$\Leftrightarrow \Delta t = \dfrac{V}{D_V}$

8 → *Énoncé p. 312*

1. Définition du débit volumique : c'est le volume V de fluide écoulé qui traverse une section droite d'un tuyau pendant une durée Δt : $D_V = \dfrac{V}{\Delta t}$ avec V en m^3 ; Δt en s et D_V en m^3.s^{-1}. Mais on peut aussi exprimer le débit volumique en fonction de la vitesse d'écoulement v (m.s^{-1}) et de la surface de la section droite S (m^2) : $D_V = S \times v$.
2. On a le même débit volumique à la sortie du robinet et dans l'éprouvette, car il n'y a pas de perte :

$v = \dfrac{D_V}{S}$.

A. N. : $v = \dfrac{1{,}0 \times 10^{-5}}{2{,}0 \times 10^{-3}} = \mathbf{5 \times 10^{-3}\ m.s^{-1}}$.

La vitesse moyenne de la montée du liquide dans l'éprouvette est de $\mathbf{5 \times 10^{-3}\ m.s^{-1}}$

9 → *Énoncé p. 312*

1. • **Poids de la boule en bois :**

$P_{\text{boule bois}} = m_{\text{boule bois}} \times g = V_{\text{boule bois}} \times \rho_{\text{bois}} \times 9{,}8 = \dfrac{4}{3} \times \pi \times r_{\text{bois}}^{\ 3} \times \rho_{\text{bois}} \times 9{,}8$

A. N. : $\boldsymbol{P}_{\textbf{boule bois}} = \dfrac{4}{3} \times \pi \times 0{,}20^3 \times 700 \times 9{,}8 = \mathbf{2{,}3 \times 10^2\ N}$.

• **Poids de la boule creuse en acier :**

$P_{\text{boulecreuse acier}} = m_{\text{boulecreuse acier}} \times g =$ [volume boule acier de rayon 20 cm – volume boule acier de rayon (20 cm – 8 mm)] $\times \rho_{\text{acier}} \times 9{,}8$

A. N. : $\boldsymbol{P}_{\textbf{boulecreuse acier}} = \left[\dfrac{4}{3} \times \pi \times 0{,}20^3 - \dfrac{4}{3} \times \pi \times (0{,}20 - 0{,}008)^3\right] \times 7{,}8 \times 10^3 \times 9{,}8$

$= \mathbf{3{,}0 \times 10^2\ N}$.

2. La poussée d'Archimède est égale au poids du volume de fluide déplacé. Les deux boules, ayant le même volume et étant entièrement immergées, vont subir la même poussée d'Archimède : $P_A = V_{\text{boule}} \times \rho_{\text{eau}} \times g$.

A. N. : $\boldsymbol{P}_{\mathbf{A}} = \dfrac{4}{3} \times \pi \times 0{,}20^3 \times 1\,000 \times 9{,}8 = \mathbf{3{,}3 \times 10^2\ N}$.

3. Ces deux boules peuvent flotter, car leur poids est inférieur à la poussée d'Archimède.

4. À l'équilibre, la poussée d'Archimède est égale au poids.

• **Boule en bois :** $P_{\text{boule bois}} = P_A \Leftrightarrow P_{\text{boule bois}} = V_{\text{immergé}} \times 1\,000 \times 9{,}8$

$V_{\text{immergé}} = \dfrac{2{,}3 \times 10^2}{1\,000 \times 9{,}8} = 0{,}0234\ \text{m}^3$ soit **70 % de la boule**.

• **Boule creuse en acier :**

$P_{\text{boulecreuse acier}} = P_A \Leftrightarrow P_{\text{boulecreuse acier}} = V_{\text{immergé}} \times 1\,000 \times 9{,}8$

$V_{\text{immergé}} = \dfrac{3{,}0 \times 10^2}{1\,000 \times 9{,}8} = 0{,}0306\ \text{m}^3$ soit **91 % de la boule**.

Point maths
Calcul du pourcentage du volume immergé :
$\dfrac{V_{\text{immergé}} \times 100}{V_{\text{boule}}}$

10 → *Énoncé p. 313*

D'après la relation de Bernoulli, appliquée à une même ligne de courant pratiquement horizontale passant par A et B, on a, avec ρ désignant la masse volumique du fluide :

$$\frac{\rho \times v_A^2}{2} + P_A + \rho \times g \times z_A = \frac{\rho \times v_B^2}{2} + P_B + \rho \times g \times z_B$$

Comme $z_A \approx z_B$ et que $v_A = 0$ m.s⁻¹,

ainsi : $P_A = \dfrac{\rho \times v_B^2}{2} + P_B \Leftrightarrow \boldsymbol{v_B = v = \left[\dfrac{2}{\rho} \times (P_A - P_B)\right]^{1/2}}$.

La différence $(P_A - P_B)$ est mesurée à l'aide d'un manomètre différentiel à eau. En effet, la différence de hauteur h de l'eau dans le tube en U permet de la calculer : $(P_A - P_B) = \rho_{eau} \times g \times h$.

D'où $\boldsymbol{v = \left(2 \times g \times h \times \dfrac{\rho_{eau}}{\rho}\right)^{1/2}}$.

11 → Énoncé p. 314

1. Appliquons la relation de Bernoulli à la ligne de courant *ASB* entrant dans le siphon. Il vient, en désignant par ρ la masse volumique de l'eau et en négligeant la faible vitesse du liquide au point *A* de la surface libre :

$$0 + P_A + \rho \times g \times z_A = \frac{\rho \times v_B^2}{2} + P_B + \rho \times g \times z_B$$

Comme $P_A = P_B = P_{atm}$,
la vitesse d'écoulement vaut $v_B = \sqrt{2 \times g \times h_A}$
avec h_A la hauteur de *A* comptée à partir de *B*.
A. N. : $\boldsymbol{v_B} = \sqrt{2 \times 9{,}8 \times 0{,}20} = \mathbf{2{,}0\ m.s^{-1}}$.

2. Tant que la branche du tube en U est dans l'eau, le siphon fonctionne.
Donc le volume à évacuer est :

$$V = \pi \times \frac{D^2}{4} \times h_A = \pi \times \frac{1}{4} \times 0{,}20 = 0{,}16\ \text{m}^3.$$

Le débit volumique :
$D_V = v_B \times S$; avec S la surface de la section droite du tube

$$D_V = v_B \times \pi \times \frac{d^2}{4} = 2{,}0 \times \pi \times \frac{0{,}050^2}{4} = 0{,}0039\ \text{m}^3.\text{s}^{-1}.$$

D'où $\boldsymbol{\Delta t = \dfrac{V}{D_V} = \dfrac{0{,}16}{0{,}0039} = 41\ s}$.

Le siphon va fonctionner pendant 41 s et tout le niveau h_A va se vider.

EXERCICE DE BAC

Exercice → Énoncé p. 315

1. Conservation du débit volumique :

$$S_A \times v_A = S_B \times v_B$$

$$\Leftrightarrow \boldsymbol{v_B} = \frac{S_A}{S_B} \times v_A = \left(\frac{D}{d}\right)^2 \times v_A = \boldsymbol{9 \times v_A}$$

2. $P_{A'} - P_{B'} = \rho_{mercure} \times g \times (Z_{B'} - Z_{A'})$

3. $P_A - P_{A'} = \rho_{eau} \times g \times (Z_{A'} - Z_A)$

4. $P_{B'} - P_B = \rho_{eau} \times g \times (Z_B - Z_{B'})$

5. En faisant la somme de ces relations :

$P_{A'} - P_{B'} + P_A - P_{A'} + P_{B'} - P_B = \rho_{mercure} \times g \times (Z_{B'} - Z_{A'}) + \rho_{eau} \times g \times (Z_{A'} - Z_A) + \rho_{eau} \times g \times (Z_B - Z_{B'})$

$\Leftrightarrow P_A - P_B = \rho_{mercure} \times g \times (Z_{B'} - Z_{A'}) + \rho_{eau} \times g \times (Z_{A'} - Z_A + Z_B - Z_{B'})$

$\Leftrightarrow P_A - P_B = \rho_{mercure} \times g \times (Z_{B'} - Z_{A'}) + \rho_{eau} \times g \times (Z_{A'} - Z_{B'})$ car $Z_A = Z_B$

en posant $h = Z_{B'} - Z_{A'}$

$\Leftrightarrow \boldsymbol{P_A - P_B = (\rho_{mercure} - \rho_{eau}) \times g \times h}$**.**

6. On considère que l'eau un fluide parfait ; appliquons le théorème de Bernoulli entre A et B :

$$\frac{\rho_{eau} \times v_A^2}{2} + \rho_{eau} \times g \times Z_A + P_A = \frac{\rho_{eau} \times v_B^2}{2} + \rho_{eau} \times g \times Z_B + P_B$$

$$\Leftrightarrow \frac{\rho_{eau} \times v_A^2}{2} - \frac{\rho_{eau} \times v_B^2}{2} + \rho_{eau} \times g \times \left(Z_A - Z_B\right) + P_A - P_B = 0$$

$$\Leftrightarrow \frac{v_A^2 - v_B^2}{2} + \frac{P_A - P_B}{\rho_{eau}} + g \times \left(Z_A - Z_B\right) = 0$$

Comme $Z_A = Z_B$, on a $\boldsymbol{\dfrac{v_A^2 - v_B^2}{2} + \dfrac{P_A - P_B}{\rho_{eau}} = 0}$**.**

De plus, $\boldsymbol{v_B = 9 \times v_A}$

$$\boldsymbol{\frac{v_A^2 - \left(9 \times v_A\right)^2}{2} + \frac{\left(\rho_{mercure} - \rho_{eau}\right) \times g \times h}{\rho_{eau}} = 0}$$

$$\Leftrightarrow \boldsymbol{\frac{80 \times v_A{}^2}{2} = \frac{\left(\rho_{mercure} - \rho_{eau}\right) \times g \times h}{\rho_{eau}}}$$

$$\Leftrightarrow \boldsymbol{v_A = \sqrt{\frac{\left(\rho_{mercure} - \rho_{eau}\right) \times g \times h}{40 \times \rho_{eau}}}}.$$

7. Le débit volumique : $\boldsymbol{D_V} = S_A \times v_A = \dfrac{\pi \times D^2}{4} \times \boldsymbol{\sqrt{\dfrac{\left(\rho_{mercure} - \rho_{eau}\right) \times g \times h}{40 \times \rho_{eau}}}}$.

8. A. N. :

$$D_V = \frac{\pi \times (9{,}0 \times 10^{-2})^2}{4} \times \sqrt{\frac{\left(13\,600 - 1\,000\right) \times 9{,}81 \times 4 \times 10^{-3}}{40 \times 1\,000}}$$

$= 7{,}0 \times 10^{-4} \times 3\,600 = 2{,}5\ m^3.h^{-1}$.

Le débit volumique est donc : $\boldsymbol{D_V = 2{,}5\ m^3.h^{-1}}$.

L'ÉNERGIE : CONVERSIONS ET TRANSFERTS

L'énergie est un concept abstrait mais connu de tous. La thermodynamique est une branche de la physique qui en étudie les échanges, notamment au niveau de l'atmosphère.

Modèle du gaz parfait

CHAPITRE 13

1 Notion de gaz parfait

■ L'**état d'un gaz** est défini par **trois grandeurs physiques** qui sont la **pression *P***, la **température absolue *T*** et le **volume *V***.

La pression d'un gaz sur une paroi est due aux chocs des particules de gaz sur cette paroi. Plus le nombre de chocs par unité de surface et de temps est important, plus la pression est élevée.

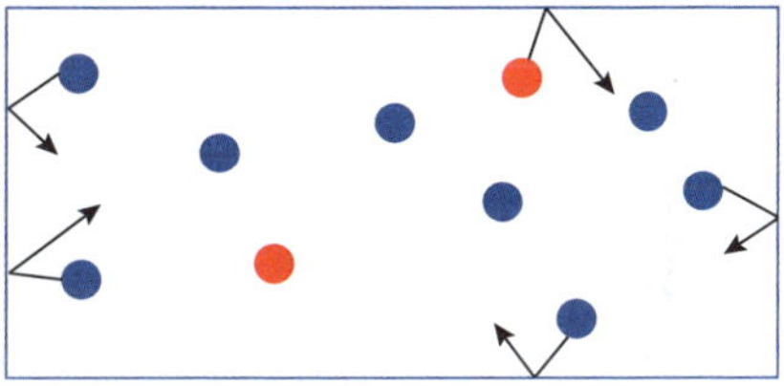

La température renvoie à l'agitation thermique des particules. Plus la température est élevée, plus grande est la vitesse moyenne d'agitation de celles-ci.

■ Lors de l'étude de la **transformation d'un gaz**, c'est-à-dire le **passage d'un état 1 à un état 2** (qui s'accompagne alors de la modification d'au moins deux grandeurs physiques), **le gaz constitue le système et tout le reste le « milieu extérieur »**.

■ Lorsque la **valeur de chaque grandeur ne change plus au cours du temps** et qu'elle est **la même en tout point du système**, on dit que **le gaz est dans un état d'équilibre thermodynamique**. À ce moment-là, les trois grandeurs sont liées entre elles par une relation du type $f(P, T, V) = 0$.

■ **Le nombre de particules par unité de volume peut être caractérisé par la grandeur masse volumique ρ.**

■ **Un gaz est dit parfait si ses particules constitutives** satisfont aux conditions suivantes :

- elles **peuvent être assimilées à des points** (et occupent donc une portion d'espace négligeable dans le volume global de gaz) ;
- **les interactions entre elles sont uniquement des chocs élastiques**.

Le comportement des gaz parfaits est décrit par différentes lois.

2 Des lois historiques…

A. Loi de Boyle-Mariotte (1679)

■ Lors d'une **transformation s'effectuant à température constante** (transformation **isotherme**), le produit de la pression par le volume est constant pour un gaz parfait.

$$PV = \text{cte}$$

État 1 : P_1, $\boldsymbol{T_1}$, V_1 → **Transformation isotherme** → État 2 : P_2, $\boldsymbol{T_2 = T_1}$, V_2

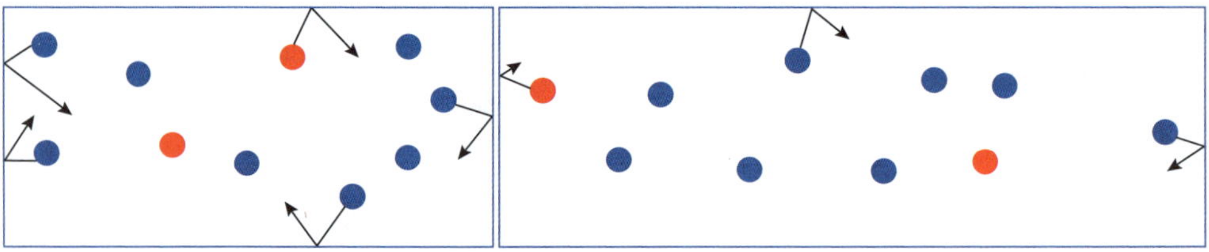

■ **Intuitivement :** l'espace offert aux particules est plus important, mais l'agitation thermique n'a pas varié. Le nombre de chocs par unité de surface et de temps est plus faible : la pression diminue.

Loi de Boyle-Mariotte : $P_1V_1 = P_2V_2$

Si $V_2 > V_1$, nécessairement $P_2 < P_1$.

B. Loi de Charles (1787)

■ Lors d'une **transformation s'effectuant à pression constante** (transformation **isobare**), le rapport du volume par la température est constant pour un gaz parfait.

$$\frac{V}{T} = \text{cte}$$

État 1 : $\boldsymbol{P_1}$, T_1, V_1 → **Transformation isobare** → État 2 : $\boldsymbol{P_2 = P_1}$, T_2, V_2

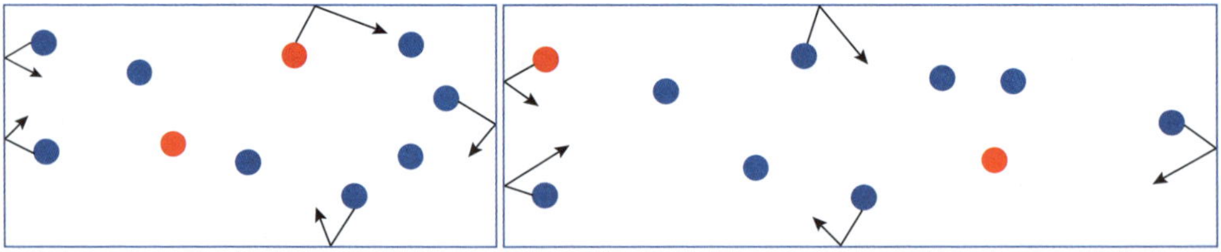

■ **Intuitivement :** l'espace offert aux particules est plus important. Si l'on veut que le nombre de chocs par unité de surface et de temps soit le même, il faut que l'agitation des particules soit plus élevée : la température augmente.

Loi de Charles : $\frac{V_1}{T_1} = \frac{V_2}{T_2}$

Si $V_2 > V_1$, nécessairement $T_2 > T_1$.

C. Loi de Gay-Lussac (1802)

Louis Joseph Gay-Lussac (1778-1850), médaille gravée par Antoine Bovy, 1850 (©Paris Musées/Musée Carnavalet)

■ Lors d'une **transformation s'effectuant à volume constant** (transformation **isochore**), le rapport de la pression par la température est constant pour un gaz parfait.

$$\frac{P}{T} = \text{cte}$$

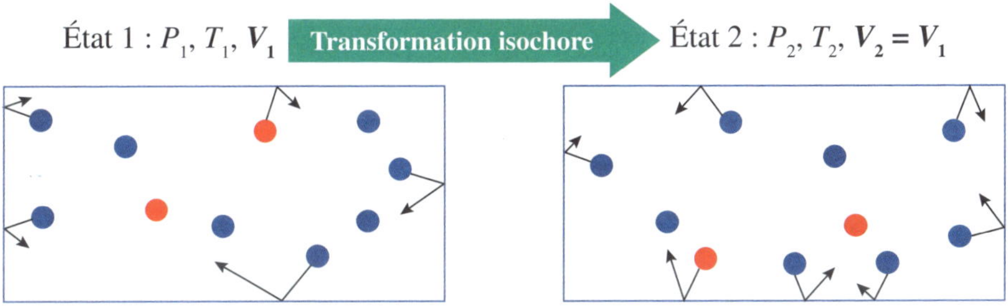

■ **Intuitivement :** le volume étant inchangé, si la température augmente, le nombre de chocs par unité de surface et de temps augmente également. La pression en fait de même.

Loi de Gay-Lussac : $\frac{P_1}{T_1} = \frac{P_2}{T_2}$

Si $T_2 > T_1$, nécessairement $P_2 > P_1$.

3 … à l'équation d'état des gaz parfaits

■ En tenant compte de toutes ces lois, il en résulte **qu'un gaz est parfait s'il vérifie l'équation d'état** :

$$PV = n\text{R}T$$

avec P : pression du gaz, en pascal (Pa) ;
V : volume du gaz, en mètre cube (m^3) ;
n : quantité de matière du gaz, en mole (mol) ;
R : constante universelle des gaz parfaits (R = 8,314 $J.mol^{-1}.K^{-1}$) ;
T : température absolue du gaz, en kelvin (K).

■ **Dans le cas d'un système constitué de plusieurs gaz parfaits, chaque gaz se comporte comme s'il occupait le volume *V* seul. La pression P_i due à un gaz est appelée pression partielle et la pression totale est la somme des pressions partielles.**

On peut donc écrire que :

- $P_i = \dfrac{n_i \mathrm{R} T}{V}$
- $P = \sum_i P_i = \dfrac{\sum_i n_i \mathrm{R} T}{V} = \dfrac{n \mathrm{R} T}{V}$ où n désigne la quantité de matière de l'ensemble des gaz.

■ **Remarques**

- La **température absolue *T* et la température θ en degré Celsius sont liées par la relation : $T = \theta + 273$.**
- **Différentes unités de pression sont utilisées dans la littérature scientifique et notamment** :
  - le bar (bar) : 1 bar = 10^5 Pa ;
  - l'atmosphère (atm) : 1 atm = 1,013 bar = 1 013 hPa ;
  - le millimètre de mercure (mm Hg) : 760 mm Hg = 1 atm.
- On parle souvent des **C**onditions **N**ormales de **T**empérature et de **P**ression **(CNTP)** lorsque l'on travaille avec des gaz. Dans ces conditions, ***P* = 1 atm et *T* = 273 K**.

4 Comportement des gaz réels

■ **Les gaz ont un comportement de gaz parfait à basse pression**, autrement dit lorsque le nombre de particules par unité de volume est suffisamment faible. **Ce gaz est alors suffisamment dilué pour que les deux conditions énoncées en début de chapitre soient vérifiées.**

■ **Dans le cas contraire, le modèle du gaz parfait n'est plus applicable. On parle alors de gaz réels**. L'équation d'état des gaz parfaits s'en trouve modifiée suivant :

$$(P + \Pi)(V - B) = n\mathrm{R}T$$

Quantification des interactions entre particules (Π)

Volume occupé par les particules de gaz (B)

Les termes Π et *B* sont étroitement liés au gaz considéré.

■ Van der Waals a établi une équation tenant compte de ces éléments correctifs :

$$\left(P + \frac{n^2 a}{V^2}\right)(V - nb) = n\mathrm{R}T$$

avec P : pression du gaz (kPa) ;
n : quantité de matière du gaz (mol) ;
a : constante de pression de cohésion (bar.L^2.mol^{-2}) ;
V : volume du gaz (L) ;
b : constante de covolume (L.mol^{-1}) ;
R : constante universelle des gaz parfaits (R = 8,314 J.mol^{-1}.K^{-1}) ;
T : température absolue du gaz (K).

Note : Cette dernière équation n'est pas à mémoriser. Elle sera indiquée lorsque nécessaire, les unités et les valeurs tabulées de *a* et de *b* étant également précisées.

COMMENT FAIRE

1 Exploiter l'équation d'état du gaz parfait

EXERCICE TYPE

(extrait d'un sujet de BTS)

Une bombe aérosol neuve, de volume $V = 200$ mL, contient comme propulseur du gaz diazote, considéré comme gaz parfait.
La pression maximale que peut supporter la bombe aérosol, en toute sécurité, est $P_{max} = 10{,}0$ bar.

1. À la température $\theta = 25$ °C, le gaz propulseur occupe 40 % du volume du boîtier et se trouve à la pression $P = 6{,}00$ bar.
Déterminer la quantité de matière n de gaz propulseur présente dans le dispositif.

2. Déterminer la température θ_{max} de la bombe neuve pour atteindre la valeur P_{max} (pour ce calcul, on supposera que le volume du gaz propulseur reste constant).

3. Cette situation peut-elle arriver dans la vie courante ? Indiquer éventuellement comment.

Donnée : constante des gaz parfaits $R = 8{,}314$ J.mol^{-1}.K^{-1}.

CORRIGÉ COMMENTÉ

1. Le diazote étant un gaz parfait, on peut utiliser l'équation d'état
$PV = nRT$.
Isolons n :

$$n = \frac{PV}{RT}$$

Effectuons les conversions nécessaires :

- $P = 6{,}00 \text{ bar} = 6{,}00 \times 10^5$ Pa ;
- $T = \theta + 273 = 25 + 273 = 298$ K ;
- $V = \dfrac{40}{100} \times 200 = 80 \text{ mL} = 80 \times 10^{-6}$ m^3 ;

> **Rappel**
> Utiliser les unités appropriées pour les différentes grandeurs intervenant dans l'équation d'état d'un gaz parfait.

$$n = \frac{6{,}00 \times 10^5 \times 80 \times 10^{-6}}{8{,}314 \times 298}$$

$$\mathbf{n = 1{,}9 \times 10^{-2} \text{ mol}}.$$

2. D'après l'énoncé, on serait dans le cas d'une transformation isochore.
On peut donc écrire, d'après la loi de Gay-Lussac, que :

$$\frac{P}{T} = \frac{P_{max}}{T_{max}}$$

$$T_{max} = \frac{P_{max} \times T}{P}$$
$$= \frac{10{,}0 \times 10^5 \times 298}{6{,}00 \times 10^5}$$
$$T_{max} = 497 \text{ K}.$$

Soit $\boldsymbol{\theta_{max} = T - 273 = 224\ °C}$.

Remarque

Il est pratique d'utiliser les lois de Boyle-Mariotte, de Charles ou encore de Gay-Lussac.
Cependant, il est tout à fait possible de répondre à la question en utilisant l'équation d'état :
$P_{max}V = n\text{R}T_{max}$, V, n et P_{max} étant connus.

3. Cette température « critique » peut très bien être atteinte si l'aérosol est jeté dans le feu, par exemple.

À RETENIR

- Il faut s'assurer que le gaz étudié a un comportement de gaz parfait pour pouvoir utiliser la loi $PV = n\text{R}T$. Sauf indication contraire dans l'énoncé, cela sera toujours le cas.
- Il est indispensable d'exprimer les grandeurs dans les unités appropriées (qui sont ici les unités légales) lors de l'utilisation de l'équation d'état d'un gaz parfait.
- Penser à utiliser les lois de Boyle-Mariotte (lors d'une transformation isotherme), de Charles (transformation isobare) et de Gay-Lussac (transformation isochore) lorsque nécessaire.

2 Identifier les limites d'un modèle

EXERCICE TYPE

On considère une enceinte de volume $V = 10{,}0$ L contenant $n = 20{,}0$ mol d'hélium He et maintenue à une température $\theta = 30$ °C.

1. En considérant que l'hélium a un comportement de gaz parfait, calculer la valeur de la pression P dans le système. Exprimer le résultat en bar.

2. En réalité, la pression dans l'enceinte est de 53 bar. Expliquer l'écart avec la valeur calculée précédemment.

3. En utilisant l'équation d'état de Van der Waals décrivant le comportement des gaz réels, retrouver la valeur de la pression effectivement mesurée.

Données :

- constante des gaz parfaits R = 8,314 $\text{J.mol}^{-1}.\text{K}^{-1}$;
- équation de Van der Waals : $\left(P + \frac{n^2a}{V^2}\right)(V - nb) = n\text{R}T$

avec P en kPa, n en mol, V en L et T en K ;
- pour l'hélium : $a = 0{,}0346\ \text{bar.L}^2.\text{mol}^{-2}$ et $b = 0{,}0238\ \text{L.mol}^{-1}$.

CORRIGÉ COMMENTÉ

1. Appliquons l'équation d'état du gaz parfait :

$$PV = n\mathrm{R}T$$

$$P = \frac{n\mathrm{R}T}{V}$$

avec $V = 10{,}0\ \mathrm{L} = 10{,}0 \times 10^{-3}\ \mathrm{m}^3$;

$T = \theta + 273 = 30 + 273 = 303\ \mathrm{K}$;

$$P = \frac{20{,}0 \times 8{,}314 \times 303}{10{,}0 \times 10^{-3}} = 50{,}4 \times 10^5\ \mathrm{Pa}\ .$$

Sachant que 1 bar = 10^5 Pa, **la pression dans le système devrait donc être de 50,4 bar.**

2. La valeur mesurée fait apparaître un écart sensible par rapport à cette valeur théorique. En effet, la pression ici (plusieurs dizaines de bars) ne permet pas de considérer l'hélium comme suffisamment dilué : le volume occupé par les atomes n'est pas négligeable, tout comme les forces s'exerçant entre eux.

3. Calculons la valeur de la pression à l'aide de l'équation d'état de Van der Waals.

$$\left(P + \frac{n^2a}{V^2}\right)(V - nb) = n\mathrm{R}T$$

$$P + \frac{n^2a}{V^2} = \frac{n\mathrm{R}T}{V - nb}$$

$$P = \frac{n\mathrm{R}T}{V - nb} - \frac{n^2a}{V^2}$$

$$= \frac{20{,}0 \times 8{,}314 \times 303}{10{,}0 - 20{,}0 \times 0{,}0238} - \frac{(20{,}0)^2 \times 0{,}0346}{(10{,}0)^2}$$

$$\mathbf{P = 5{,}29 \times 10^3\ kPa = 5{,}29 \times 10^6\ Pa = 52{,}9\ bar.}$$

On retrouve bien la valeur mesurée.

> **Remarque**
>
> Il s'agit ici d'une « simple » application de formule. Deux points importants cependant :
> - faire preuve d'une grande rigueur pour isoler la grandeur à calculer ;
> - être vigilant au niveau des conversions sur le résultat final.

À RETENIR

- Il faut savoir qu'un gaz a un comportement de gaz parfait lorsqu'il est suffisamment dilué.
- On a recours au modèle du gaz réel lorsque les limites du gaz parfait sont éprouvées (particules non ponctuelles et/ou interactions non négligeables entre elles).
- Il faut faire attention aux unités mentionnées dans l'énoncé lors de l'utilisation de l'équation d'état d'un gaz réel.

EXERCICES

Données communes :

- Constante des gaz parfaits : R = 8,314 $J.mol^{-1}.K^{-1}$;
- Température absolue T : T(K) = θ(°C) + 273 ;
- 1 bar = 10^5 Pa ;
- 1 atm = 1,013 bar = 1 013 hPa.

Connaître le cours

Pour chaque exercice du *connaître le cours*, indiquer la (ou les) bonne(s) réponse(s) :

1 3 min Modèle du gaz parfait

	A	B	C
1. Un gaz est dit parfait si :	le volume propre de ses particules est négligeable devant le volume occupé par ce gaz	les interactions gravitationnelles entre ses particules sont fortes	les interactions entre ses particules sont uniquement des chocs élastiques
2. Pour un gaz parfait, on a :	PT = cte à V = cte	TV = cte à P = cte	PV = cte à T = cte
3. Les grandeurs d'état d'un gaz parfait vérifient la relation :	$PV = n\text{R}T$	$\frac{P}{T} = \frac{V}{n\text{R}}$	$\frac{P}{T} = \frac{n\text{R}}{V}$
4. À V et T donnés, 1 mole de dioxygène se trouve à la pression P_0. Dans les mêmes conditions, quelle serait la pression de 2 moles de dihydrogène ?	on ne sait pas	P_0	$2 \times P_0$

→ Corrigé p. 340

2 4 min Grandeurs macroscopiques et échelle microscopique

	A	B	C
1. La pression d'un gaz est liée :	à la vitesse d'agitation de ses particules	à l'espace offert à ses particules	au volume propre de ses particules
2. Lors d'une transformation isochore, lorsque la température d'un gaz augmente :	sa pression diminue	sa pression augmente	la vitesse d'agitation des particules augmente

3. Lors d'une transformation isotherme, si son volume augmente :	le nombre de chocs par unité de surface et de temps ne change pas	le nombre de chocs par unité de surface et de temps augmente	le nombre de chocs par unité de surface et de temps diminue
4. Lors d'une transformation isobare, si son volume diminue :	le nombre de chocs par unité de surface et de temps ne change pas	la température diminue	la température augmente

→ *Corrigé p. 340*

Appliquer le cours et les savoir-faire

3 ⏱ 7 min ★

→ COMMENT FAIRE 1

Un gaz parfait se trouve à un état d'équilibre tel que $P = 2{,}0$ atm, $V = 1{,}5$ L et $\theta = 50$ °C.

1. Calculer la quantité de matière n de ce gaz.

2. Ce gaz subit une transformation telle que $P' = 1{,}0$ atm et $\theta' = 20$ °C. Quel est son nouveau volume V' ?

→ *Corrigé p. 340*

4 ⏱ 8 min ★

→ COMMENT FAIRE 1

Une seringue fermée, de volume $V = 20$ mL, contient de l'air à la pression $P = 1\,013$ hPa et à une température $\theta = 20$ °C. On déplace son piston, la température restant constante. Le nouveau volume est alors $V' = 15$ mL.

1. La pression a-t-elle augmenté ou diminué ? Justifier à l'aide du modèle microscopique.

2. L'air ayant un comportement de gaz parfait, calculer la quantité de matière n de gaz dans la seringue.

3. Déterminer la valeur de la pression P' suite à la transformation.

→ *Corrigé p. 340*

5 ⏱ 10 min ★

→ COMMENT FAIRE 1

On considère une enceinte constituée de gaz supposés parfaits et séparés par une cloison amovible et de volume négligeable. La température dans le système vaut $\theta = 20$ °C. L'un des compartiments contient du dioxygène et l'autre du diazote.

Dioxygène O_2	Diazote N_2
$V_1 = 20{,}0$ L	$V_2 = 10{,}0$ L
$P_1 = 2{,}0$ bar	$P_2 = 3{,}0$ bar

1. Calculer la quantité de matière en dioxygène (n_1) et en diazote (n_2) dans le système.

2. Déterminer la valeur de la pression P_f dans l'enceinte après retrait de la cloison.

Cette opération s'effectue à température constante et sans perte de matière.

3. L'enceinte est ensuite refroidie. Comment évolue la pression dans celle-ci ? Justifier à l'aide du modèle microscopique.

→ *Corrigé p. 341*

6 6 min ★★

→ COMMENT FAIRE 2

On introduit, dans un récipient de volume $V = 10{,}0$ mL, une masse $m = 1{,}5$ g de vapeur de mercure Hg.

Calculer la valeur de la pression à une température $\theta = 20$ °C. Dans ces conditions, le mercure ne se comporte plus comme un gaz parfait.

Données :

- $M(\text{Hg}) = 200{,}6$ g.mol^{-1} ;
- équation de Van der Waals : $\left(P + \dfrac{n^2a}{V^2}\right)(V - nb) = n\text{R}T$

avec P en kPa, n en mol, V en L et T en K ;

- pour l'hélium : $a = 8{,}200$ bar.L^2.mol^{-2} et $b = 0{,}01696$ L.mol^{-1}.

→ *Corrigé p. 342*

S'entraîner au raisonnement

7 8 min ★★

À une température de 0 °C et sous une pression de 1 013 hPa, la masse volumique de l'air vaut $\rho(\text{air}) = 1{,}292$ kg.m^{-3}.

En supposant que l'air a un comportement de gaz parfait, retrouver cette valeur par le calcul.

Donnée : $M(\text{air}) = 28{,}966$ g.mol^{-1}.

→ *Corrigé p. 342*

8 8 min ★★

On s'intéresse dans cet exercice au dioxyde de carbone dont le comportement est assimilé à celui d'un gaz parfait.

Données : $\rho(\text{air}) = 1{,}292$ kg.m^{-3} à 0 °C et 1 013 hPa ; $M(CO_2) = 44{,}0$ g.mol^{-1} ;

densité d'un gaz $d(\text{gaz}) = \dfrac{\rho(\text{gaz})}{\rho(\text{air})}$ dans les mêmes conditions de température et de pression.

1. Montrer par le calcul que le dioxyde de carbone est un gaz plus dense que l'air.

2. Justifier l'utilisation de ce gaz dans certains extincteurs.

→ Corrigé p. 343

9 10 min ★★

Sur la portière d'une voiture, il est indiqué que les pneus avant doivent être gonflés à une pression de 2,3 bar. Cette pression ne correspond pas à la pression absolue de l'air dans le pneu, mais à la différence avec la pression atmosphérique qui est de 1,0 bar. On supposera que l'air a un comportement de gaz parfait et que le volume intérieur du pneu est de 30 L et constant lors des transformations abordées ici. La température ambiante est de 20 °C.

Donnée : $M(O_2) = 32{,}0\ \text{g.mol}^{-1}$.

1. Le pneu étant correctement gonflé, à la température ambiante, calculer la masse de dioxygène qu'il contient.

2. Un conducteur gonfle son pneu, après avoir roulé, à la pression indiquée par le constructeur. La température dans les pneus est alors voisine de 50 °C. Expliquer pourquoi il aurait dû ajouter 0,3 bar à la valeur indiquée, comme cela est préconisé par les fabricants de pneus. → Corrigé p. 344

10 10 min ★★

On considère $n = 0{,}10$ mol d'un gaz parfait, à une température $\theta = 20$ °C et dans une enceinte de volume $V = 1{,}0$ L.

Un manomètre indique une pression de 2,2 bar dans cette enceinte.

1. En utilisant l'équation d'état du gaz parfait, calculer la pression théorique P. Commenter le résultat.

2. En réalité, il convient de prendre en considération l'incertitude ΔP sur la pression calculée.

Écrire alors le résultat sous la forme $(P \pm \Delta P)$ bar sachant que :

- $\dfrac{\Delta P}{P} = \sqrt{\left(\dfrac{\Delta n}{n}\right)^2 + \left(\dfrac{\Delta T}{T}\right)^2 + \left(\dfrac{\Delta V}{V}\right)^2}$;
- $\Delta n = 0{,}01$ mol ; $\Delta T = 0{,}5$ K ; $\dfrac{\Delta V}{V} = 0{,}2\ \%$.

3. Conclure quant à la recevabilité de la valeur calculée. → Corrigé p. 344

11 15 min ★★★

Un cycliste pesant 68,0 kg tout équipé souhaite gonfler le pneu avant (AV) de son vélo. Il prévoit d'aller rouler sur terrain dur. Son vélo pèse 7,0 kg et est de type TS. La taille de ce pneu tubeless est de 1,85.

On suppose que le pneu est totalement dégonflé au départ et de volume intérieur

constant $V = 2{,}0$ L. La température est de 20 °C pendant toute cette opération et la pression atmosphérique de 1,0 bar.
À l'aide du tableau ci-après indiquant les pressions relatives (c'est-à-dire la différence entre la pression dans le pneu et la pression de l'air) et les caractéristiques de la pompe, calculer le nombre de coups de pompe nécessaire pour gonfler ce pneu.
Donnée : volume molaire d'un gaz à 20 °C et 1 013 hPa : $V_m = 22{,}4$ L.mol^{-1}.

Caractéristiques de la pompe

Longueur : 180 mm
Capacité : 105 cm^3 d'air/coup de pompe
Diamètre : 34 mm
Pression maximale : 11 bar
Poids : 160 g

		Poids du cycliste avec son vélo en kg											
Type du vélo	Taille du pneu	60	65	75	80	85	90	95	100	105	110	115	120
		Pression en bars											
TS AV	1,60	2,5	2,6	2,8	2,9	3	3,1	3,3	3,4	3,5	3,6	3,8	3,9
TS AV	1,85	2	2,1	2,3	2,4	2,5	2,6	2,8	2,9	3	3,1	3,3	3,4
TS AV	2,00	1,7	1,8	2	2,1	2,2	2,3	2,5	2,6	2,7	2,8	3	3,1
TS AR	1,60	3	3,1	3,3	3,4	3,5	3,6	3,8	3,9	4	4,1	4,3	4,4
TS AR	1,85	2,2	2,3	2,5	2,9	3	3,1	3,3	3,4	3,5	3,6	3,8	3,9
TS AR	2,00	2,2	2,3	2,5	2,6	2,7	2,8	3	3,1	3,2	3,3	3,5	3,6
Rigide AV	1,60	2,3	2,4	2,5	2,6	2,7	2,8	3	3,1	3,2	3,3	3,5	3,6
Rigide AV	1,85	1,8	1,9	2	2,1	2,2	2,3	2,5	2,6	2,7	2,8	3	3,1
Rigide AV	2,00	1,6	1,7	1,8	1,9	2	2,1	2,3	2,4	2,5	2,6	2,8	2,9
Rigide AR	1,60	2,8	2,9	3,1	3,2	3,3	3,4	3,6	3,7	3,8	3,9	4,1	4,2
Rigide AR	1,85	2,3	2,4	2,6	2,7	2,8	2,9	3,1	3,2	3,3	3,4	3,6	3,7
Rigide AR	2,00	2,1	2,2	2,4	2,5	2,6	2,7	2,9	3	3,1	3,2	3,4	3,5
Sur terrain mou (chemin de terre meuble ou boue) : résultat du tableau – 0,2 bars													
Sur terrain dur : résultat du tableau + 0,3 bars													
Pour utilisateurs de pneus tubeless : résultat du tableau – 0,2 bars													

→ *Corrigé p. 345*

EXERCICE DE BAC

Exercice 40 min **10 points**

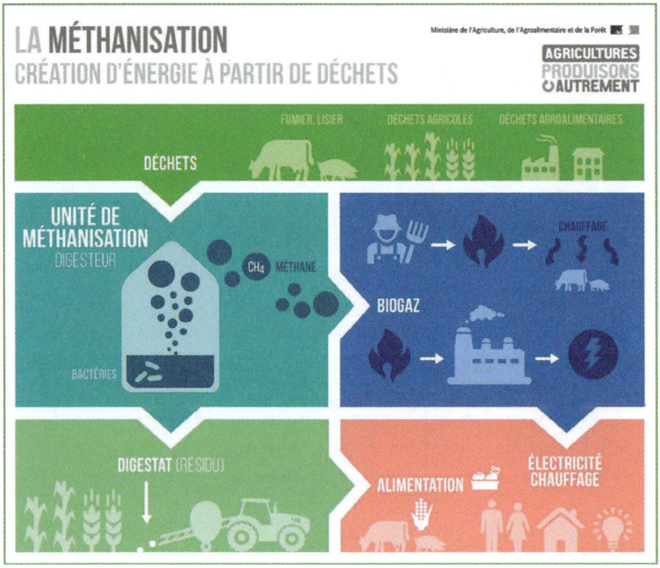

La méthanisation consiste à produire du biogaz à partir de déchets organiques. Réduction des déchets, chauffage domestique, fonctionnement des centrales thermiques, réutilisation agricole : les applications sont nombreuses ! À l'heure où il s'agit de relever de grands défis énergétiques, ce procédé se révèle ainsi très intéressant.

(**Source :** *Ministère de l'agriculture, de l'agroalimentaire et de la forêt*)

Schéma d'une unité de méthanisation

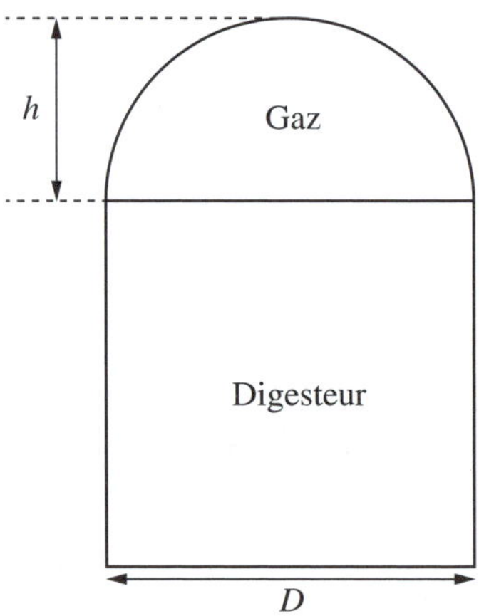

Principe de la méthanisation

Une unité de production se compose d'une cuve cylindrique en béton, le digesteur, contenant la matière organique qui va se décomposer en milieu anaérobie.

La température y est maintenue constante et doit être comprise entre 35 et 40 °C.

Cette décomposition donne un résidu solide, le digestat, et du biogaz, mélange de gaz contenant principalement du méthane et du dioxyde de carbone.

Ce gaz s'accumule dans une poche ayant la forme d'une calotte sphérique et constituée d'une membrane souple.

La mesure du débit de gaz (mesuré en mètre cube par heure, $m^3.h^{-1}$) est corrigée par le calcul pour le ramener à des conditions normalisées de température et de pression (norme DIN 1342). **On parle alors de Normo mètre cube par heure ($Nm^3.h^{-1}$).**

On considère, dans cet exercice, une unité de production telle que $D = 10{,}0$ m et $h = 2{,}5$ m.

La température y est maintenue constante à $\theta_U = 38$ °C de manière à optimiser la méthanisation et le débit vaut $d = 125$ Nm^3.h^{-1}. Le biogaz produit comporte 60 % en volume de méthane.

Pour simplifier, l'unité de méthanisation est considérée ici comme un système fermé (pas d'échange de matière avec le milieu extérieur) et le méthane comme un gaz parfait.

Données :

- constante des gaz parfaits : R = 8,314 J.mol^{-1}.K^{-1} ;
- conditions normalisées de température et de pression : $P = 1\,013$ hPa et $\theta = 0$ °C ;
- température absolue T : T(K) = θ(°C) + 273 ;
- équation de Van der Waals (gaz réels) : $\left(P + \frac{n^2 a}{V^2}\right)(V - nb) = n\text{R}T$

avec P en kPa, n en mol, V en L et T en K ;
pour le méthane : $a = 2{,}283$ bar.L^2.mol^{-2} et $b = 0{,}04278$ L.mol^{-1} ;

- 1 kWh = 3 600 kJ ;
- consommation énergétique annuelle moyenne par habitant : $E_{hab} = 1{,}0$ MWh ;
- énergie libérée par la combustion d'une mole de méthane : $E_{meth} = 838$ kJ.mol^{-1}.

1. a) [1,5 pt] Calculer la quantité de matière n_{gaz} de biogaz formé au bout d'une heure de fonctionnement de cette unité de méthanisation.

b) [0,5 pt] En déduire la quantité de matière n_{meth} de méthane dans ce mélange de gaz.

2. a) [1 pt] Calculer la pression P_{meth} de n_{meth} moles de méthane lorsque $V = 125$ m^3 et $\theta = 0$ °C en considérant que ce gaz a en fait un comportement de gaz réel.

b) [0,5 pt] Déduire du résultat précédent la valeur de la pression P_{biogaz} du biogaz.

c) [0,5 pt] Comparer votre dernier résultat à la valeur de la pression atmosphérique normale. Montrer que cela conforte l'information soulignée dans l'énoncé.

3. On considère dans cette question l'espace permettant de stocker le gaz produit, délimité par le digesteur et la membrane souple.

a) [1 pt] Calculer son volume V_{CS}, à l'aide de la formule ci-après, en supposant qu'il s'agit d'une calotte sphérique.

$$\mathbf{V_{CS}} = \frac{\pi h}{6} \times \left(\frac{3D^2}{4} + h^2\right)$$

b) [1 pt] Calculer la pression P'_{meth} due au méthane dans ce volume au bout d'une heure de fonctionnement.

c) [0,5 pt] En déduire la valeur de la pression P'_{biogaz} du biogaz.

d) [0,5 pt] Justifier la présence de soupapes de respiration dans un méthaniseur.

e) [1 pt] Quel pourrait être l'intérêt d'avoir une température moindre dans le méthaniseur ? Pourquoi cette solution ne peut-elle être retenue ?

4. [1,5 pt] Calculer le nombre d'habitants dont la consommation énergétique serait couverte par cette unité de méthanisation. Commenter votre résultat.

5. [0,5 pt] Certaines voix s'élèvent contre la méthanisation. Expliquer pourquoi.

→ *Corrigé p. 346*

1 → *Énoncé p. 333*

1. **A** et **C** ; 2. **C** ; 3. **A** et **C** ; 4. **C.**

2 → *Énoncé p. 333*

1. **A**, **B** et **C** ; 2. **B** et **C** ; 3. **C** ; 4. **A** et **B.**

3 → *Énoncé p. 334*

1. Utilisons l'équation d'état d'un gaz parfait pour déterminer la quantité de matière n :

$PV = n\text{R}T$

$n = \dfrac{PV}{\text{R}T}$ avec $P = 2{,}0 \text{ atm} = 2{,}0 \times 1\,013 \text{ hPa} = 2{,}0 \times 1\,013 \times 10^2 \text{ Pa}$

$V = 1{,}5 \text{ L} = 1{,}5 \times 10^{-3} \text{ m}^3$

$T = \theta + 273 = 50 + 273 = 323 \text{ K}$

$$n = \frac{2{,}0 \times 1\,013 \times 10^2 \times 1{,}5 \times 10^{-3}}{8{,}314 \times 323}$$

$\boldsymbol{n = 0{,}11}$ **mol.**

2. Calculons le volume V' pour ce nouvel état du système, la quantité de matière étant inchangée :

$P'V' = n\text{R}T'$

$V' = \dfrac{n\text{R}T'}{P'}$ avec $P = 1{,}0 \text{ atm} = 1{,}0 \times 1\,013 \text{ hPa} = 1{,}0 \times 1\,013 \times 10^2 \text{ Pa}$

$T' = \theta' + 273 = 20 + 273 = 293 \text{ K}$

$$V' = \frac{0{,}11 \times 8{,}314 \times 293}{1{,}0 \times 1\,013 \times 10^2}$$

$\boldsymbol{V' = 2{,}7 \times 10^{-3}}$ **m³.**

Soit $V' = 2{,}7$ L.

4 → *Énoncé p. 334*

1. Lors de cette transformation isotherme, le volume offert au gaz a diminué : la pression a donc augmenté.

En effet, l'agitation thermique des molécules n'étant pas modifiée, le nombre de chocs par unité de surface et de temps va augmenter.

2. Utilisons l'équation d'état des gaz parfaits pour déterminer la quantité de matière n :

$PV = n\text{R}T$

$n = \dfrac{PV}{\text{R}T}$ avec $P = 1\,013 \text{ hPa} = 1\,013 \times 10^2 \text{ Pa}$

$V = 20 \text{ mL} = 20 \times 10^{-6} \text{ m}^3$

$T = \theta + 273 = 20 + 273 = 293 \text{ K}$

Remarque

Cette quantité de matière n est la somme des quantités de matière des différents gaz constituant l'air :
$n = n(N_2) + n(O_2) + n(\text{Ar}) + \ldots$

$$n = \frac{1\,013 \times 10^2 \times 20 \times 10^{-6}}{8{,}314 \times 293}$$

$\boldsymbol{n = 8{,}3 \times 10^{-4}}$ **mol.**

3. Déterminons la valeur de la pression P'.

La transformation s'effectuant à température constante, on peut écrire que :

$$PV = P'V'$$

$$P' = \frac{PV}{V'} = \frac{1\,013 \times 20}{15}$$

$$P' = 1{,}4 \times 10^3 \text{ hPa.}$$

Remarque

Cette résolution (plutôt que d'utiliser l'équation du gaz parfait $P'V' = nRT$) permet de gagner du temps (au niveau des conversions notamment).

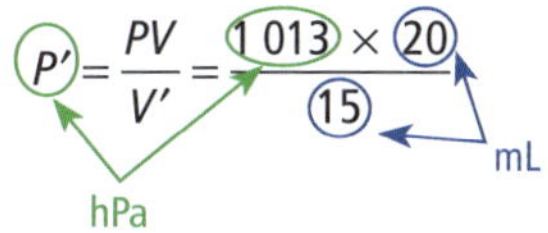

5 → *Énoncé p. 334*

1. Déterminons la quantité de matière de gaz dans chaque compartiment.

- Pour le dioxygène :

$$P_1V_1 = n_1RT$$

$$n_1 = \frac{P_1V_1}{RT} \quad \text{avec} \quad P_1 = 2{,}0 \text{ bar} = 2{,}0 \times 10^5 \text{ Pa}$$

$$V_1 = 20{,}0 \text{ L} = 20{,}0 \times 10^{-3} \text{ m}^3$$

$$T = \theta + 273 = 20 + 273 = 293 \text{ K}$$

$$n_1 = \frac{2{,}0 \times 10^5 \times 20{,}0 \times 10^{-3}}{8{,}314 \times 293}$$

$\boldsymbol{n_1 = 1{,}6}$ **mol.**

Rappel

Garder les valeurs de n_1 et de n_2 avec toutes les décimales en mémoire dans la calculatrice pour les rappeler lors des calculs ultérieurs.

- Pour le diazote :

$$n_2 = \frac{P_2V_2}{RT} \quad \text{avec} \quad P_2 = 3{,}0 \text{ bar} = 3{,}0 \times 10^5 \text{ Pa}$$

$$V_2 = 10{,}0 \text{ L} = 10{,}0 \times 10^{-3} \text{ m}^3$$

$$T = \theta + 273 = 20 + 273 = 293 \text{ K}$$

$$n_2 = \frac{3{,}0 \times 10^5 \times 10{,}0 \times 10^{-3}}{8{,}314 \times 293}$$

$\boldsymbol{n_2 = 1{,}2}$ **mol.**

2. Après retrait de la cloison, on se retrouve avec un système tel que :

- $V_f = V_1 + V_2 = 20{,}0 + 10{,}0 = 30{,}0 \text{ L} = 30{,}0 \times 10^{-3} \text{ m}^3$;
- la quantité de matière de gaz enfermés $n_f = n_1 + n_2 = 2{,}9$ mol.

Le système étant constitué d'un mélange de gaz parfaits, on peut écrire que :

$$P_fV_f = (n_1 + n_2)RT = n_fRT$$

$$P_f = \frac{n_fRT}{V_f} = \frac{2{,}9 \times 8{,}314 \times 293}{30{,}0 \times 10^{-3}}$$

$\boldsymbol{P_f = 2{,}3 \times 10^5}$ **Pa = 2,3 bar.**

3. L'enceinte étant refroidie, l'agitation thermique des molécules diminue, tout comme le nombre de chocs par unité de surface et de temps. La pression va diminuer.

6 → *Énoncé p. 335*

Le mercure n'ayant pas un comportement de gaz parfait dans ces conditions, on a recours à l'équation de Van der Waals. Isolons P dans cette dernière :

$$\left(P + \frac{n^2a}{V^2}\right)(V - nb) = n\text{R}T$$

$$P + \frac{n^2a}{V^2} = \frac{n\text{R}T}{V - nb}$$

$$P = \frac{n\text{R}T}{V - nb} - \frac{n^2a}{V^2} \quad \text{avec } V = 10{,}0 \text{ mL} = 10{,}0 \times 10^{-3} \text{ L}$$

$$T = \theta + 273 = 20 + 273 = 293 \text{ K}$$

$$n = \frac{m}{M(\text{Hg})} = \frac{1{,}5}{200{,}6} = 7{,}5 \times 10^{-3} \text{ mol}$$

$$P = \frac{7{,}5 \times 10^{-3} \times 8{,}314 \times 293}{10{,}0 \times 10^{-3} - 7{,}5 \times 10^{-3} \times 0{,}01696} - \frac{(7{,}5 \times 10^{-3})^2 \times 8{,}200}{(10{,}0 \times 10^{-3})^2}$$

$P = 1{,}8 \times 10^3$ kPa

Soit P = 18 bar.

> **Remarque**
> $1{,}8 \times 10^3 \text{ kPa} = 1{,}8 \times 10^3 \times 10^3 \text{ Pa} = 1{,}8 \times 10^6 \text{ Pa}$
> $1{,}8 \times 10^6 \text{ Pa} = 18 \times 10^5 \text{ Pa} = 18 \text{ bar}$

7 → *Énoncé p. 335*

L'air étant un gaz parfait (un mélange de gaz parfaits plus exactement), nous pouvons écrire que :

$$PV(\text{air}) = n(\text{air})\text{R}T$$

d'où $n(\text{air}) = \dfrac{PV(\text{air})}{\text{R}T}$.

De plus, nous avons la relation entre quantité de matière, masse et masse molaire :

$$n(\text{air}) = \frac{m(\text{air})}{M(\text{air})}$$

donc :

$$\frac{m(\text{air})}{M(\text{air})} = \frac{PV(\text{air})}{\text{R}T}.$$

Enfin, modifions cette écriture de manière à faire intervenir la masse volumique qui correspond au rapport de la masse par le volume :

$$\frac{m(\text{air})}{V(\text{air})} = \frac{PM(\text{air})}{\text{R}T} = \rho(\text{air})$$

$$\frac{PM(\text{air})}{\text{R}T} = \rho(\text{air}) \quad \text{avec } P = 1\,013 \text{ hPa} = 1\,013 \times 10^2 \text{ Pa}$$

$$T = \theta + 273 = 0 + 273 = 273 \text{ K}$$

$$M(\text{air}) = 28{,}966 \text{ g.mol}^{-1} = 28{,}966 \times 10^{-3} \text{ kg.mol}^{-1}$$

$$\rho(\text{air}) = \frac{1\,013 \times 10^2 \times 28{,}966 \times 10^{-3}}{8{,}314 \times 273}$$

$\boldsymbol{\rho(\text{air}) = 1{,}29\ \text{kg.m}^{-3}}$.

Nous retrouvons bien la valeur indiquée dans l'énoncé.

8 → *Énoncé p. 335*

1. Calculons tout d'abord la masse volumique du dioxyde de carbone dans les CNTP (T = 273 K et P = 1 013 hPa).

$$PV(CO_2) = n(CO_2)RT$$

d'où $n(CO_2) = \dfrac{PV(CO_2)}{RT}$.

De plus, nous avons la relation entre quantité de matière, masse et masse molaire :

$$n(CO_2) = \frac{m(CO_2)}{M(CO_2)}$$

donc :

$$\frac{m(CO_2)}{M(CO_2)} = \frac{PV(CO_2)}{RT}.$$

Enfin, modifions cette écriture de manière à faire intervenir la masse volumique qui correspond au rapport de la masse par le volume :

$$\frac{m(CO_2)}{V(CO_2)} = \frac{PM(CO_2)}{RT} = \rho(CO_2)$$

$\dfrac{PM(CO_2)}{RT} = \rho(CO_2)$ avec $P = 1\,013\ \text{hPa} = 1\,013 \times 10^2\ \text{Pa}$

$M(CO_2) = 44{,}0\ \text{g.mol}^{-1} = 44{,}0 \times 10^{-3}\ \text{kg.mol}^{-1}$

$$\rho(CO_2) = \frac{1\,013 \times 10^2 \times 44{,}0 \times 10^{-3}}{8{,}314 \times 273}$$

$\boldsymbol{\rho(CO_2) = 1{,}96\ \text{kg.m}^{-3}}$.

Nous en déduisons la valeur de sa densité :

$$d(CO_2) = \frac{\rho(CO_2)}{\rho(\text{air})} = \frac{1{,}96}{1{,}292}$$

$\boldsymbol{d(CO_2) = 1{,}52 > 1}$.

Le dioxyde de carbone est bien un gaz plus dense que l'air.

2. L'intérêt de son utilisation dans les extincteurs est qu'il va prendre la place de l'air au niveau du sol du fait de sa densité, privant ainsi le feu du comburant.

Remarque

Si la masse molaire n'est pas convertie à ce niveau, la masse volumique calculée sera en g.m^{-3}. Il faudra alors convertir cette dernière en kg.m^{-3} pour pouvoir calculer la densité.

9 → Énoncé p. 336

1. Déterminons au préalable la pression absolue dans le pneu :

P(relative) = P(absolue) – P(atmosphère)

P(absolue) = P(relative) + P(atmosphère) = 2,3 + 1,013 = 3,3 bar = $3{,}3 \times 10^5$ Pa.

Utilisons la loi des gaz parfaits pour déterminer la quantité de matière n :

$$PV = n\mathrm{R}T$$

$$n = \frac{PV}{\mathrm{R}T} \quad \text{avec } T = \theta + 273 = 20 + 273 = 293\ \text{K}$$

$$V = 30\ \text{L} = 30 \times 10^{-3}\ \text{m}^3$$

$$n = \frac{3{,}3 \times 10^5 \times 30 \times 10^{-3}}{8{,}314 \times 293}$$

$\boldsymbol{n}$ **= 4,1 mol.**

Le dioxygène constituant 21 % de l'air en volume, on peut écrire que :

$$n(\mathrm{O_2}) = \frac{21}{100} \times n = \frac{21}{100} \times 4{,}1 = 0{,}86\ \text{mol}.$$

On en déduit la masse de dioxygène.

$$\boldsymbol{m(\mathrm{O_2}) = n(\mathrm{O_2}) \times M(\mathrm{O_2}) = 0{,}86 \times 32{,}0 = 27\ \mathrm{g}.}$$

2. Supposons que le conducteur a gonflé ses pneus à la pression indiquée par le constructeur après avoir roulé. La température dans le pneu est alors de 50 °C.

• État initial : P_{initial} = 3,3 bar et T_{initial} = 50 + 273 = 323 K.

• État final : P_{final} = ? et T_{final} = 20 + 273 = 293 K.

Le volume du pneu étant constant, lorsqu'il va refroidir, le gaz qu'il renferme va subir une transformation isochore. Donc :

$$\frac{P_{\text{initial}}}{T_{\text{initial}}} = \frac{P_{\text{final}}}{T_{\text{final}}}$$

$$P_{\text{final}} = \frac{P_{\text{initial}} \times T_{\text{final}}}{T_{\text{initial}}} = \frac{3{,}3 \times 273}{293}$$

$$P_{\text{final}} = 3{,}1\ \text{bar}.$$

La pression relative dans le pneu est donc de 3,1 – 1,013 = 2,1 bar à température ambiante. Le pneu s'avère sous-gonflé, d'où la préconisation du fabricant.

Rappel

Il est bien évidemment possible de répondre à la question en utilisant l'équation d'état dans « sa forme complète ». Elle permet alors de déteminer la quantité de matière dans le système.

10 → Énoncé p. 336

1. $PV = n\mathrm{R}T$

$$P = \frac{n\mathrm{R}T}{V} \quad \text{avec } T = \theta + 273 = 20 + 273 = 293\ \text{K}$$

$$V = 1{,}0\ \text{L} = 1{,}0 \times 10^{-3}\ \text{m}^3$$

$$P = \frac{0{,}10 \times 8{,}314 \times 293}{1{,}0 \times 10^{-3}} = 2{,}4 \times 10^5\ \text{Pa}$$

Soit $\boldsymbol{P}$ = 2,4 bar.

Nous ne retrouvons pas la valeur indiquée par le manomètre.

2. Calculons ΔP :

$$\frac{\Delta P}{P} = \sqrt{\left(\frac{\Delta n}{n}\right)^2 + \left(\frac{\Delta T}{T}\right)^2 + \left(\frac{\Delta V}{V}\right)^2}$$

$$\Delta P = P \times \sqrt{\left(\frac{\Delta n}{n}\right)^2 + \left(\frac{\Delta T}{T}\right)^2 + \left(\frac{\Delta V}{V}\right)^2}$$

$$\Delta P = 2{,}4 \times \sqrt{\left(\frac{0{,}01}{0{,}10}\right)^2 + \left(\frac{0{,}5}{293}\right)^2 + \left(\frac{0{,}2}{100}\right)^2}$$

$\boldsymbol{\Delta P = 0{,}3}$ **bar.**

Soit : $\boldsymbol{P = (2{,}4 \pm 0{,}3)}$ **bar.**

Remarque

La calculatrice affiche « 0,243684374… ». Pour une incertitude, il faut conserver un seul chiffre significatif, en arrondissant par excès.
D'où $\Delta P = 0{,}3$ bar .

3. La plage de valeurs recevables inclut la valeur mesurée par le manomètre. Notre résultat est donc cohérent avec cette dernière.

Remarque

La valeur mesurée par le manomètre est également entachée d'une incertitude.

11 → *Énoncé p. 336*

Déterminons la valeur de la pression relative p adéquate :

$p = 2{,}3$ (TS AV 1,85 ; cycliste + vélo = 75,0 kg) + 0,3 (terrain dur) – 0,2 (tubeless) = 2,4 bar

$p = 2{,}4 \times 10^5$ Pa.

Utilisons la loi des gaz parfaits pour déterminer la quantité de matière n de gaz à ajouter :

$$pV = n\mathrm{R}T$$

$$n = \frac{pV}{\mathrm{R}T} \quad \text{avec } T = \theta + 273 = 20 + 273 = 293 \text{ K}$$

$$V = 2{,}0 \text{ L} = 2{,}0 \times 10^{-3} \text{ m}^3$$

$$n = \frac{2{,}4 \times 10^5 \times 2{,}0 \times 10^{-3}}{8{,}314 \times 293} = 0{,}20 \text{ mol.}$$

On en déduit le volume d'air correspondant dans les CNTP :

$V = n \times V_m = 0{,}20 \times 22{,}4 = 4{,}4$ L.

Remarque

La pression absolue dans ce pneu vaut :
$P(\text{absolue}) = p + P(\text{atmosphère})$
$= 2{,}4 + 1{,}0 = 3{,}4$ bar.
Ce calcul est dispensable ici.
On s'intéresse en effet à la quantité d'air à ajouter, le pneu contenant déjà 1,0 bar d'air au départ. Il faut donc raisonner avec la pression relative p pour déterminer le nombre de coups de pompe nécessaires.

Enfin, il est indiqué qu'un coup de pompe délivre 105 cm³ d'air, soit 0,105 L.

$$\frac{4{,}4}{0{,}105} = 42.$$

Le gonflage de ce pneu nécessiterait donc 42 coups de pompe.

EXERCICE DE BAC

Exercice → Énoncé p. 338

1. a) Le débit de cette unité est de 125 $Nm^3.h^{-1}$. D'après les indications sur cette norme de débit, on a au bout d'une heure de fonctionnement, dans les CNTP, un volume de biogaz qui est de 125 m^3.

Utilisons l'équation d'état des gaz parfaits pour déterminer la quantité de matière n_{gaz} de gaz formés :

$$PV = n_{gaz}RT$$

$$n_{gaz} = \frac{PV}{RT} \text{ avec } P = 1\,013 \text{ hPa} = 1\,013 \times 10^2 \text{ Pa}$$

$$T = \theta + 273 = 0 + 273 = 273 \text{ K}$$

$$n_{gaz} = \frac{1\,013 \times 10^2 \times 125}{8{,}314 \times 273}$$

$$\mathbf{n_{gaz} = 5{,}58 \times 10^3 \text{ mol.}}$$

1. b) Le méthane constitue 60 % du biogaz, ce qui représente une quantité de matière :

$$n_{meth} = \frac{60}{100} \times n_{gaz} = \frac{60}{100} \times 5{,}58 \times 10^3$$

$$\mathbf{n_{meth} = 3{,}3 \times 10^3 \text{ mol.}}$$

2. a) On suppose ici que le méthane a en fait un comportement de gaz réel. Calculons la pression de n_{meth} moles à l'aide de l'équation de Van der Waals.

$$\left(P_{meth} + \frac{n_{meth}{}^2 a}{V^2}\right)\left(V - n_{meth}b\right) = n_{meth}RT$$

Rappel

- Ce terme permet de quantifier les interactions entre les molécules de méthane.
- Ce terme correspond au volume occupé par les molécules de méthane (on parle également de *covolume*).

$$P_{meth} + \frac{n_{meth}{}^2 a}{V^2} = \frac{n_{meth}RT}{V - n_{meth}b}$$

$$P_{meth} = \frac{n_{meth}RT}{V - n_{meth}b} - \frac{n_{meth}{}^2 a}{V^2} \text{ avec } V = 125 \text{ m}^3 = 125 \times 10^3 \text{ L}$$

$$P_{meth} = \frac{3{,}3 \times 10^3 \times 8{,}314 \times 273}{125 \times 10^3 - 3{,}3 \times 10^3 \times 0{,}04278} - \frac{(3{,}3 \times 10^3)^2 \times 2{,}283}{(125 \times 10^3)^2}$$

$$\mathbf{P_{meth} = 61 \times 10^3 \text{ Pa.}}$$

2. b) Le méthane représente 60 % du biogaz.

Donc : $P_{meth} = \frac{60}{100} \times P_{biogaz}$

$$P_{biogaz} = \frac{100}{60} \times P_{meth} = \frac{100}{60} \times 61 \times 10^3$$

$$\mathbf{P_{biogaz} = 1{,}0 \times 10^5 \text{ Pa} \approx 1 \text{ atm.}}$$

2. c) La pression du biogaz correspond bien à la pression atmosphérique normale. On peut donc considérer dans cet exercice que le méthane se comporte comme un gaz parfait.

Remarque

On a en effet considéré dans le **1.** que le méthane avait un comportement de gaz parfait, ce qui a permis de calculer la quantité de matière n_{meth}, avec $T = 273$ K et $P = 1$ atm.

On a ensuite « injecté » cette valeur dans l'équation de Van der Waals. On a alors montré que, pour une telle quantité de matière de méthane, à 273 K et avec un comportement de gaz réel, la pression dans le système est bien de 1 atm, ce qui conforte l'information soulignée dans l'énoncé.
En revanche, un résultat trop éloigné de cette valeur l'aurait invalidée.

3. a) $V_{CS} = \frac{\pi h}{6} \times \left(\frac{3D^2}{4} + h^2\right) = \frac{\pi \times 2{,}5}{6} \times \left(\frac{3 \times (10{,}0)^2}{4} + 2{,}5^2\right)$

$\mathbf{V_{CS} = 1{,}1 \times 10^2\ m^3.}$

3. b) On en déduit la valeur de la pression P'_{meth} due au méthane dans ce volume.

$P'_{meth} V_{CS} = n_{meth} R T_U$ avec $T_U = \theta_U + 273 = 38 + 273 = 311$ K

$$P'_{meth} = \frac{n_{meth} R T_U}{V_{CS}} = \frac{3{,}3 \times 10^3 \times 8{,}314 \times 311}{1{,}1 \times 10^2}$$

$\mathbf{P'_{meth} = 8{,}1 \times 10^4\ Pa = 0{,}81\ bar.}$

3. c) $P'_{biogaz} = \frac{100}{60} \times P'_{meth} = \frac{100}{60} \times 0{,}81$

$\mathbf{P'_{biogaz} = 1{,}4\ bar.}$

3. d) Les soupapes de respiration permettent de réguler la valeur de la pression dans l'espace de stockage, comme dans un autocuiseur. Sans cela, il y aurait un risque d'explosion.

3. e) Une température moindre permettrait de faire baisser la pression dans le méthaniseur (le nombre de chocs par unité de surface et de temps étant moindre). Cependant, cette solution ne peut être retenue, car cela nuirait à l'efficacité de la méthanisation.

4. L'énergie libérée par la combustion d'une mole de méthane est de 838 kJ.
Pendant une heure de fonctionnement, il se forme n_{meth} moles de méthane. Soit E l'énergie que l'on peut récupérer par combustion.

1 mol ↔ 838 kJ

$n_{meth} = 3{,}3 \times 10^3$ mol ↔ E

$$E = \frac{3{,}3 \times 10^3 \times 838}{1} = \mathbf{2{,}8 \times 10^6\ kJ.}$$

Pour une année de fonctionnement (24 heures dans une journée et 365,25 jours dans une année), on aurait une énergie $E_{total} = E \times 24 \times 365{,}25 = 2{,}5 \times 10^{10}$ kJ.
Par an, un habitant consomme en moyenne 1,0 MWh soit $1{,}0 \times 10^3$ kWh.
Sachant que 1 kWh = 3 600 kJ, cela représente une énergie $E_{hab} = 3{,}6 \times 10^6$ kJ.

Le nombre d'habitants dont les besoins en énergie seraient couverts est donné par :

$$\frac{E_{\text{total}}}{E_{\text{hab}}} = \frac{2{,}5 \times 10^{10}}{3{,}6 \times 10^{6}} = 6{,}8 \times 10^{3}$$

Le fonctionnement en continu et durant une année de cette unité de méthanisation permettrait de couvrir les besoins en énergie de près de 7 000 personnes !
Évidemment, ce calcul ne permet de donner qu'un ordre de grandeur, mais il montre bien la pertinence du développement des méthaniseurs comme réponse aux enjeux énergétiques.

5. Des aspects négatifs existent : gêne olfactive, pollution visuelle, risques d'incendie et d'explosion, fuites de méthane. Soulignons que, si le méthane est un combustible à fort potentiel, il est aussi l'un des principaux gaz à effet de serre.

Premier principe de la thermodynamique

CHAPITRE 14

1 Les états de la matière

■ On distingue essentiellement trois états de la matière :
• **l'état solide** : les particules constitutives peuvent être des atomes, des ions ou des molécules ; elles sont régulièrement distribuées dans l'espace. Les interactions entre particules sont importantes, ce qui assure rigidité et cohésion au solide.
• **l'état liquide :** l'organisation des particules est désordonnée. Les interactions entre particules sont importantes mais permettent le mouvement des unes par rapport aux autres.
• **l'état gazeux :** les particules sont quasiment libres, elles se déplacent suivant des mouvements désordonnés. Les interactions entre particules sont faibles, car elles sont éloignées les unes des autres, ce qui assure des propriétés de compressibilité importantes.

■ On parle d'**état condensé** de la matière pour les états **solide et liquide** : un système à l'état condensé a un volume qui varie très peu sous l'influence de la température (peu dilatable) et très peu sous l'influence de la pression (peu compressible) : de tels systèmes seront considérés comme des systèmes **incompressibles**.

2 Décrire un système thermodynamique

A. Décrire le système

■ On appelle **système thermodynamique** un corps délimité par une surface fermée (réelle ou fictive). Tout le reste de l'espace constitue le **milieu extérieur**.

■ Il est important en thermodynamique de bien définir le système étudié et de bien connaître la surface S qui le délimite.

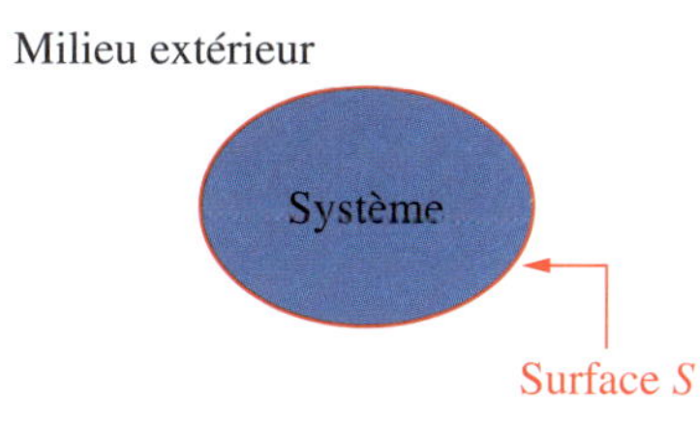

B. Grandeurs descriptives du système

■ Pour caractériser un système, on utilise de nombreuses grandeurs caractéristiques, parmi lesquelles on peut citer :
• sa **masse** m, qui s'exprime en kg.
• son **volume** V, qui s'exprime en m^3.

• sa **masse volumique** $\rho = \frac{m}{V}$, dans le cas d'une répartition homogène de la matière dans le système, qui s'exprime en kg.m^{-3}.

• sa **température absolue** T, qui s'exprime en kelvin (K). Le lien entre les échelles de température Celsius θ(°C) et kelvin T(K) est : $T(\text{K}) = \theta(°\text{C}) + 273$.

Remarque : un écart de température peut s'exprimer indifféremment en °C ou en K : $\Delta\theta = \Delta T$.

• sa **pression** P, qui s'exprime en pascal (Pa) et qui est définie en un point du système.

■ **L'état du système** est décrit par la connaissance de ces grandeurs qui le caractérisent.

3 Énergie et échanges d'énergie

A. Les formes d'énergie

■ **En mécanique**, l'énergie d'un système est caractérisée par :

• son énergie cinétique E_c ;

• son énergie potentielle E_p.

En l'absence de frottements, l'énergie mécanique $E_m = E_c + E_p$ se conserve (voir le chapitre 11). S'il y a des frottements, de l'énergie se dissipe : cela se traduit souvent par un échauffement du système.

■ **Les particules** (atomes, molécules) qui constituent un système, quel que soit son état physique, **sont en mouvement** désordonné : c'est l'agitation thermique, que l'on mesure à l'échelle macroscopique par la **température**.

■ Plus l'agitation thermique est importante, plus **l'énergie cinétique microscopique** (c'est-à-dire l'énergie cinétique de chaque particule) est grande.

■ Les interactions entre particules (électromagnétiques, forte et faible) et l'interaction gravitationnelle confèrent au système une **énergie potentielle microscopique**.

■ **L'énergie interne *U*** d'un système thermodynamique résulte de la contribution des énergies microscopiques :

$$U = \sum_{\text{particules}} E_{\text{cinétique micro}} + \sum_{\text{particules}} E_{\text{potentielle micro}}$$

Elle s'exprime en joule (J).

■ **L'énergie totale** d'un système est la somme de son énergie interne et de son énergie mécanique :

$$E_{\text{tot}} = U + E_m$$

Elle s'exprime en joule (J).

B. Les échanges énergétiques

■ Le système peut échanger de l'énergie avec le milieu extérieur. Ces échanges d'énergie sont de deux types :

• échange d'énergie sous forme de **travail** (noté W). Par exemple, l'existence d'une force de frottement au niveau de la surface S qui délimite le système peut être la source d'un échange d'énergie de ce type.

• échange d'énergie sous forme de **transfert thermique** ou **chaleur** (noté Q). Par exemple, une source de chaleur au contact du système (plaque électrique) peut être à l'origine d'un tel échange.

■ Ces échanges, appelés aussi transferts d'énergie, peuvent avoir lieu du milieu extérieur vers le système, ou inversement. **Un transfert thermique s'effectue spontanément (ou naturellement) des zones chaudes vers les zones froides.**

■ Il n'est pas interdit d'effectuer un transfert thermique des zones froides vers les zones chaudes, mais cela ne se fera pas spontanément et nécessitera un apport d'énergie.

4 Le premier principe de la thermodynamique

A. Transformation en thermodynamique

■ Un système à l'**équilibre thermodynamique** est tel que les grandeurs qui le caractérisent sont constantes et ne subit aucun échange d'énergie avec l'extérieur.

■ En thermodynamique, un système subit une transformation (ou évolution) lorsqu'il passe d'un état d'équilibre à un autre état d'équilibre.

■ Lors d'une transformation, il peut exister des échanges d'énergie qui entraînent une modification de l'énergie totale du système.

■ **Par convention**, le travail W et le transfert thermique Q sont comptés positivement s'ils sont reçus par le système et négativement s'ils sont cédés au milieu extérieur.

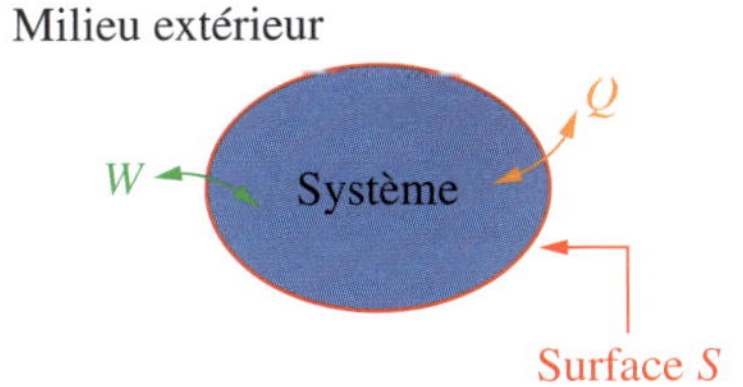

• W ou $Q > 0$: le transfert d'énergie est effectivement reçu par le système, il va du milieu extérieur vers le système.

• W ou $Q < 0$: le transfert d'énergie est effectivement cédé par le système : il va du système vers le milieu extérieur.

B. Énoncé du premier principe

■ Lors d'une transformation entre un état initial (i) et un état final (f), la variation d'énergie totale $\Delta E_{tot} = E_{tot_f} - E_{tot_i}$ d'un système est la conséquence d'échanges d'énergies entre ce système et le milieu extérieur, soit par travail W (mécanique ou électrique par exemple), soit par transfert thermique Q.

■ **Le premier principe de la thermodynamique** donne le bilan d'énergie correspondant :

$$\underbrace{\Delta E_{tot}}_{\text{Variation de l'énergie totale du système}} = \Delta U + \Delta E_m = \underbrace{W + Q}_{\text{Transferts d'énergie entre le système et le milieu extérieur}}$$

avec $\Delta U = U_f - U_i$ et $\Delta E_m = E_{m_f} - E_{m_i}$.

Cas usuel : dans de nombreux cas, le système est au repos et son énergie mécanique est constante. Le premier principe s'écrit alors :

$$\Delta U = U_f - U_i = W + Q$$

C. Cas d'une transformation dite infinitésimale

■ Il arrive que l'on doive faire des bilans d'énergie sur de **très courtes durées**, notées **d*t***. Dans ce cas, les transferts d'énergie entre le système et le milieu extérieur sont très faibles : on les note δW et δQ. Il en résulte une très faible variation de l'énergie totale du système, notée dE_{tot}.

L'écriture du premier principe est alors :

$$dE_{tot} = dU + dE_m = \delta W + \delta Q$$

Petites varations : notation avec un « d » (dE_{tot}, dU, dE_m)

Petits « paquets » d'énergie : notation avec un « δ » (δW, δQ)

Cas usuel : dans le cas où le système est au repos, l'écriture du premier principe devient :

$$dU = \delta W + \delta Q$$

5 Cas d'un système incompressible

A. Capacité thermique

■ Lorsque la température d'un **corps en phase condensée** de masse m (liquide ou solide) passe de la température T_1 à la température T_2, son énergie interne U varie.

Cette variation d'énergie interne, notée ΔU, a pour expression :

$$\Delta U = m \times c \times \underbrace{(T_2 - T_1)}_{\Delta T}$$

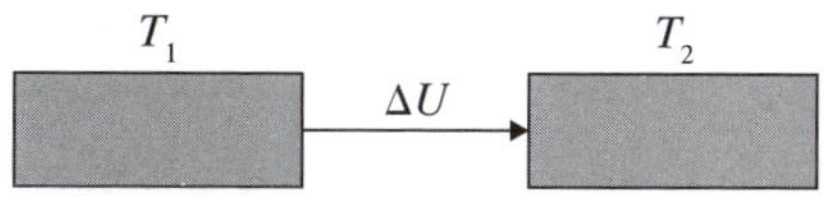

Corps (liquide ou solide) de masse m

avec ΔU en J, ΔT en K, m en kg et c, la **capacité thermique massique du corps**, en $\text{J.kg}^{-1}.\text{K}^{-1}$.

■ $C = m \times c$ est la **capacité thermique** du système et s'exprime en J.K^{-1}. On peut donc aussi écrire :

$$\Delta U = U_2 - U_1 = C \times (T_2 - T_1) = C \times \Delta T$$

■ D'après le premier principe appliqué au système de masse m supposé au repos, cette variation d'énergie interne est due à un transfert d'énergie entre le système et le milieu extérieur. Si $T_2 > T_1$, alors ΔU est positif, donc l'énergie interne du système augmente lors de la transformation car $U_2 > U_1$: c'est donc qu'il a reçu de l'énergie de la part du milieu extérieur. Cette énergie apportée par l'extérieur au système peut l'être :
- uniquement sous forme de travail ;
- ou uniquement sous forme d'un transfert thermique ;
- ou répartie entre travail et transfert thermique.

Interprétation physique : La capacité thermique C représente l'énergie à apporter au système pour voir sa température varier de 1 K (ou 1 °C). Elle dépend de la nature du corps, de sa masse et de son état physique.

B. Variation infinitésimale de température

■ Si l'on fait tendre la température T_2 vers la température T_1, alors la variation de température du corps entre les deux états est dite infinitésimale (très faible) et elle se note dT.

■ Ainsi, lorsque la température d'un **corps en phase condensée** de masse m (liquide ou solide) passe de la température T à la température T + dT, son énergie interne U varie. Cette variation d'énergie interne, notée dU, a pour expression :

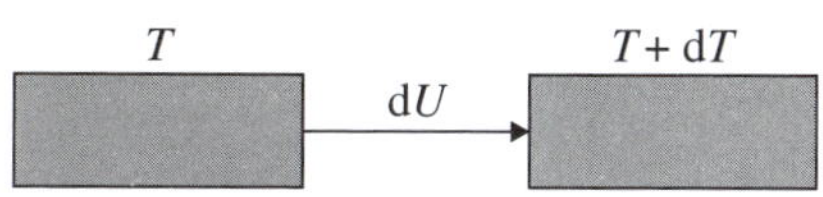

Corps (liquide ou solide) de masse m

$$\mathrm{d}U = m \times c \times \mathrm{d}T$$

Méthode

Pour effectuer un bilan énergétique :
– définir le système thermodynamique étudié ;
– relever la nature des transferts énergétiques (par travail et/ou par transfert thermique) entre le système et le milieu extérieur ;
– repérer le sens des transferts afin de connaître leur signe ;
– écrire le premier principe de la thermodynamique.

COMMENT FAIRE

1 Interpréter et exploiter les transferts thermiques

EXERCICE TYPE

On fait chauffer 0,5 L d'eau, initialement prise à 20 °C, dans une casserole au moyen d'une plaque électrique de puissance $P = 2\ 000$ W. La température de la plaque électrique en fonctionnement est estimée à 600 °C. La pression extérieure est de 1 bar et la température extérieure de 20 °C.

1. On considère que 85 % de l'énergie délivrée par la plaque électrique est transférée à l'eau. Faire un schéma de la situation en représentant les transferts thermiques mis en jeu.

2. En appliquant le premier principe de la thermodynamique, déterminer la température de l'eau au bout d'une minute.

3. Établir l'équation différentielle vérifiée par la température de l'eau contenue dans la casserole.

4. En déduire la loi $T(t)$ donnant l'évolution de la température en fonction du temps.

5. Combien de temps faut-il pour atteindre l'ébullition ?

Données : capacité thermique massique de l'eau : $c_{eau} = 4{,}18$ kJ.kg^{-1}.K^{-1} ;
température d'ébullition de l'eau sous pression de 1 bar : 100 °C ;
masse volumique de l'eau : $\rho_{eau} = 1{,}0$ kg.L^{-1}.

CORRIGÉ COMMENTÉ

1. Les transferts thermiques se font spontanément du chaud vers le froid. Ici, la plaque électrique est à 600 °C, donc l'énergie thermique va **de la plaque vers l'eau (flèche bleue)** de la casserole (85 %) et **de la plaque vers l'extérieur (flèches orange)** (15 %).

2. Considérons comme système l'eau contenue dans la casserole. Le seul transfert d'énergie mis en jeu ici est un transfert thermique. Le système est au repos, donc le premier principe s'écrit dans ce cas : $\Delta U = U_f - U_i = Q$.

Or l'eau est considérée comme incompressible, donc :
$\Delta U = m \times c_{eau} \times \Delta T = \rho \times V \times c_{eau} \times \Delta T$.
Calculons l'énergie reçue par l'eau en 1 minute :

$$Q = \frac{85}{100} \times 2\,000 \times 1 \times 60 = 1{,}02 \times 10^5 \text{ J} = 102 \text{ k.}$$

On obtient $\Delta T = \dfrac{Q}{\rho \times V \times c_{eau}} = \dfrac{102}{1 \times 0{,}5 \times 4{,}18} = 49$ K.

La température de l'eau au bout d'une minute est donc :
$T = (273 + 20) + 49 = 342$ K, soit **θ = 69 °C.**

> **Rappel**
> L'écart de température peut s'exprimer indifféremment en °C ou en K : $\Delta\theta = \Delta T$. Le résultat est le même.

3. Le premier principe de la thermodynamique appliqué à l'eau entre deux instants très proches t et $t + dt$ donne :
$dU = m \times c_{eau} \times dT = \delta Q = P \times dt$.

On en déduit l'équation différentielle : $\dfrac{\mathbf{d}\boldsymbol{T}}{\mathbf{d}\boldsymbol{t}} = \dfrac{\boldsymbol{P}}{\boldsymbol{\rho \times V \times c_{eau}}}$.

4. Comme $\dfrac{P}{\rho \times V \times c_{eau}}$ est constant, la loi donnant l'évolution de la température en fonction du temps est une fonction affine du temps : $T(t) = \dfrac{P}{\rho \times V \times c_{eau}} \times t + A$.

La constante A est obtenue grâce aux conditions initiales, soit $T(0) = 273 + 20 = 293$ K.

D'où : $\boldsymbol{T(t) = \dfrac{P}{\rho \times V \times c_{eau}} \times t + 293}$.

5. L'ébullition commence lorsque la température atteint la valeur de 100 °C, soit 373 K. Cela est le cas à l'instant :

$$t = \frac{T_{éb} - T(0)}{P} \times \rho \times V \times c_{eau}$$

$$t = \frac{373 - 293}{2\,000} \times 1{,}0 \times 10^3 \times 0{,}5 \times 4{,}18 = \mathbf{84\ s.}$$

> **Astuce**
> Une donnée en $J.g^{-1}.K^{-1}$ est identique à une donnée en $kJ.kg^{-1}.K^{-1}$.
> Par exemple, $4{,}18\ J.g^{-1}.K^{-1} = 4{,}18\ kJ.kg^{-1}.K^{-1}$.

À RETENIR

- Les transferts thermiques s'effectuent spontanément du chaud vers le froid.
- Lors des applications numériques, il faut bien regarder les unités à utiliser.
- C'est l'application du premier principe sous sa forme infinitésimale qui permet l'obtention d'équations différentielles.

2 Effectuer l'étude énergétique d'un système thermodynamique

EXERCICE TYPE

La stéatite est une roche qui peut être utilisée sous forme de petits cubes de 2 cm de côté comme alternative aux glaçons : cela permet de refroidir une boisson sans la diluer.
On introduit, dans un verre contenant 10 cL d'une boisson assimilée à de l'eau (liquide incompressible), 4 cubes de stéatite préalablement placés dans le congélateur à la température de $\theta_2 = -18$ °C.
La température initiale de la boisson est $\theta_1 = 16$ °C.
Au bout de quelques minutes, la température de la boisson se stabilise à une valeur θ_3.

1. Sachant que l'état final est un état d'équilibre, quelle est la température des pierres dans cet état ?

2. Exprimer la variation d'énergie interne de la boisson en fonction de son volume V, de la masse volumique de l'eau, de la capacité thermique massique de l'eau et des températures θ_1 et θ_3.

3. Exprimer la variation d'énergie interne des pierres en fonction du volume d'une pierre v, de la masse volumique de la stéatite, de la capacité thermique massique de la stéatite et des températures θ_1 et θ_3.

On suppose que la boisson n'échange de l'énergie qu'avec les pierres, et inversement. Il n'y a pas d'échange énergétique sous forme de travail.

4. Appliquer le premier principe de la thermodynamique à la boisson.

5. Appliquer le premier principe de la thermodynamique aux pierres.

6. En déduire une relation permettant de trouver la valeur de la température finale, puis la calculer.

7. La température réellement obtenue est en réalité légèrement supérieure. Donner un argument permettant d'interpréter ce fait.

Données :

	Eau	Stéatite
Masse volumique ($kg.m^{-3}$)	$1{,}0 \times 10^3$	$3{,}0 \times 10^3$
Capacité thermique massique ($kJ.K^{-1}.kg^{-1}$)	4,2	1,0

CORRIGÉ COMMENTÉ

1. Les pierres ont **la même température** que la boisson à l'état final, soit θ_3.

2. L'eau est considérée comme incompressible, donc :
$$\Delta U_{eau} = m_{eau} \times c_{eau} \times \Delta T = \rho_{eau} \times V \times c_{eau} \times (T_3 - T_1) = \boldsymbol{\rho_{eau} \times V \times c_{eau} \times (\theta_3 - \theta_1)}.$$

3. Considérons le système constitué par les quatre cubes de pierre. La variation d'énergie interne des pierres (système incompressible) est :

$\Delta U_{pierres} = m_{pierres} \times c_{stéa} \times \Delta T = 4 \times \rho_{stéa} \times v \times c_{stéa} \times (T_3 - T_2)$

$\boldsymbol{\Delta U_{pierres} = 4 \times \rho_{stéa} \times v \times c_{stéa} \times (\theta_3 - \theta_2)}$

4. Le système considéré est la boisson. Par hypothèse, le seul transfert énergétique qui existe est celui avec les pierres : on le note Q_1 car c'est un transfert thermique. Il n'y a pas de transfert d'énergie par travail, donc : $\boldsymbol{\Delta U_{eau} = Q_1}$.

5. Le système considéré est l'ensemble des pierres. Par hypothèse, le seul transfert énergétique qui existe est celui avec la boisson : on le note Q_2 car c'est un transfert thermique. Il n'y a pas de transfert d'énergie par travail, donc : $\boldsymbol{\Delta U_{pierres} = Q_2}$.

> **Remarque**
> Aux questions 4 et 5, les systèmes étudiés sont au repos, donc la variation d'énergie mécanique est nulle.

6. Comme les échanges énergétiques se limitent à ceux entre les pierres et la boisson, on peut affirmer que l'énergie reçue par les pierres a été donnée par la boisson. La boisson est plus chaude que les pierres, donc le sens du transfert thermique va de la boisson vers les pierres. Ainsi, Q_2 est positif car l'énergie est réellement reçue par les pierres, alors que Q_1 est négatif car l'énergie est réellement fournie par la boisson.

> **Remarque**
> Un transfert thermique peut être positif ou négatif : cela dépend de quel point de vue on se place.

On obtient $Q_1 = -Q_2$, soit $\Delta U_{eau} = -\Delta U_{pierres}$.

$\rho_{eau} \times V \times c_{eau} \times (\theta_3 - \theta_1) = -4 \times \rho_{stéa} \times v \times c_{stéa} \times (\theta_3 - \theta_2)$

La seule inconnue est θ_3. On obtient :

$$\theta_3 = \frac{\rho_{eau} \times V \times c_{eau} \times \theta_1 + 4\rho_{stéa} \times v \times c_{stéa} \times \theta_2}{\rho_{eau} \times V \times c_{eau} + 4\rho_{stéa} \times v \times c_{stéa}}$$

$$\theta_3 = \frac{1{,}0\times10^3\times0{,}1\times10^{-3}\times4{,}2\times10^3\times16+4\times3{,}0\times10^3\times(2\times10^{-2})^3\times1{,}0\times10^3\times(-18)}{1{,}0\times10^3\times0{,}1\times10^{-3}\times4{,}2\times10^3+4\times3{,}0\times10^3\times(2\times10^{-2})^3\times1{,}0\times10^3} = \mathbf{9{,}7\,°C}$$

> **Astuce**
> On peut appliquer le premier principe au système global {boisson + pierres}. Ce système n'échange pas d'énergie avec l'extérieur : $\Delta U_{global} = \Delta U_{eau} + \Delta U_{pierres} = 0$, ce qui permet bien sûr d'obtenir la même relation !

7. On peut raisonnablement penser que l'air ambiant est plus chaud que le liquide dans le verre. Il existe donc **un transfert thermique qui n'a pas été pris en compte dans le calcul** : celui de l'air vers la boisson (énergie reçue réellement par la boisson).

À RETENIR

- La relation permettant d'exprimer la variation de l'énergie interne pour un système incompressible est à connaître.
- Faire un bilan d'énergie en thermodynamique, c'est appliquer le premier principe.
- Les transferts énergétiques qui apparaissent dans l'expression du premier principe sont algébriques.

EXERCICES

Connaître le cours

Pour chaque exercice du *connaître le cours*, indiquer la (ou les) bonne(s) réponse(s) :

1 5 min Énergie et échange d'énergie

	A	B	C
1. L'énergie interne d'un système résulte :	des contributions microscopiques	des contributions microscopiques et macroscopiques	des contributions macroscopiques
2. Lorsque la température d'un système augmente :	son énergie interne diminue	son énergie interne augmente	son énergie interne ne varie pas
3. Les transferts thermiques s'effectuent spontanément :	du chaud vers le froid	du froid vers le chaud	cela dépend des situations
4. Le transfert d'énergie par travail est :	toujours positif	toujours négatif	parfois positif, parfois négatif

→ Corrigé p. 364

2 5 min Le premier principe de la thermodynamique

	A	B	C
1. En l'absence de transfert thermique et de travail :	l'énergie interne est constante	l'énergie interne augmente	l'énergie interne diminue
2. Si l'énergie interne est constante, alors on sait que :	$W + Q = 0$	$W = 0$ ou $Q = 0$	$W = 0$ et $Q = 0$
3. Lors d'une transformation, l'énergie interne d'un système augmente de 10 kJ avec un transfert thermique reçu par le système de 6 kJ. Alors :	$W = 16$ kJ	$W = 4$ kJ	$W = -4$ kJ
4. Lors d'une transformation, un système reçoit un transfert thermique de 5 kJ et fournit un travail de 5 kJ. Alors :	$\Delta U = 10$ kJ	$\Delta U = -10$ kJ	$\Delta U = 0$

→ Corrigé p. 364

3 5 min Cas des systèmes incompressibles

	A	B	C
1. Sont considérés comme des systèmes incompressibles :	les liquides	les gaz	les solides
2. Lorsque la température d'un système incompressible diminue :	$\Delta U > 0$	$\Delta U < 0$	$\Delta U = 0$
3. Un système incompressible de capacité thermique 2 kJ.K^{-1} passe de la température 10 °C à la température 20 °C. Alors :	$\Delta U = -20$ kJ	$\Delta U = 20$ kJ	$\Delta U = 30$ kJ

→ *Corrigé p. 364*

Appliquer le cours et les savoir-faire

4 10 min ★

→ COMMENT FAIRE 1

Une douche solaire est constituée d'un sac en plastique noir d'une contenance de 20 L que l'on expose au soleil afin de faire chauffer l'eau. On considère que la température ambiante est de 25 °C et que la puissance surfacique due au Soleil est de 800 W.m^{-2}.

1. Décrire les transferts thermiques subis par l'eau de la douche solaire lors de son réchauffement.

2. La température de l'eau se stabilise à 50 °C. Décrire les transferts thermiques à partir de cet instant et justifier la réponse par application du premier principe de la thermodynamique.

3. Calculer la variation d'énergie interne de l'eau, sachant qu'elle était initialement à une température de 10 °C.

Données : capacité thermique massique de l'eau : $c_{eau} = 4\ 180$ J.K^{-1}.kg^{-1} ;
masse volumique de l'eau : $\rho = 1{,}0$ kg.L^{-1}.

→ *Corrigé p. 364*

5 10 min ★

→ COMMENT FAIRE 2

Un mug contenant 350 mL d'eau est mis à réchauffer dans un four à micro-ondes afin de préparer un thé. La température initiale de l'eau est $\theta_1 = 20$ °C. Au bout d'une durée Δt, la température de l'eau a atteint $\theta_2 = 74{,}5$ °C.

1. Calculer la variation d'énergie interne de l'eau lors de cette opération. Comment cela se traduit-il au niveau microscopique ?

2. Quelle est l'énergie thermique transférée par le four à micro-ondes à l'eau ?

3. Sachant que la durée de chauffage est de 2 min, en déduire la puissance thermique moyenne P_{th} restituée par ce four à micro-ondes.
Données : capacité thermique massique de l'eau : $c_{eau} = 4\ 180\ J.K^{-1}.kg^{-1}$;
masse volumique de l'eau : $\rho = 1{,}0\ kg.L^{-1}$.
→ Corrigé p. 364

6 15 min ★★

→ COMMENT FAIRE 2

Une baignoire pour nourrisson a une capacité de 30 litres d'eau. Afin de préparer le bain d'un nourrisson, l'un de ses parents remplit la baignoire avec un volume V_1 égal à 10 litres d'eau à une température $\theta_1 = 42$ °C. La température optimale de l'eau étant $\theta_3 = 37$ °C, il faut ajouter un volume V_2 d'eau froide à la température $\theta_2 = 17$ °C pour l'atteindre.
On considère qu'il n'y a ni transfert thermique ni transfert par travail entre l'eau de la baignoire et l'extérieur.

1. Exprimer la variation d'énergie interne d'un volume V d'eau passant d'une température T_1 à une température T_2.

2. Appliquer le premier principe de la thermodynamique à toute l'eau de la baignoire. On traitera le système comme la somme de deux sous-systèmes : l'eau initialement chaude et l'eau initialement froide.

3. En déduire une relation permettant de trouver la valeur du volume d'eau froide à ajouter et le calculer.

4. La baignoire va-t-elle déborder ?

Données : capacité thermique massique de l'eau : $c_{eau} = 4\ 180\ J.K^{-1}.kg^{-1}$;
masse volumique de l'eau : $\rho = 1{,}0\ kg.L^{-1}$.
→ Corrigé p. 365

S'entraîner au raisonnement

7 15 min ★★

L'une des plus grandes centrales solaires actuellement en service est la centrale d'Ivanpah, située en Californie dans le désert de Mojave, près de Las Vegas. Elle génère 392 MW d'électricité à partir de trois tours solaires sur un site de 1 400 ha. Chaque tour reçoit la lumière du soleil concentrée par des miroirs appelés héliostats. L'énergie reçue est utilisée pour chauffer de l'eau dans les évaporateurs situés au sommet des tours.

La température de celle-ci atteint près de 600 °C. L'eau est utilisée en circuit fermé. Le refroidissement de la vapeur, après passage dans la turbine, s'effectue avec des condenseurs à air. Ce système de refroidissement permet à la centrale de ne consommer que très peu d'eau par rapport aux autres centrales thermiques.
Le fonctionnement de cette centrale est modélisé par la chaîne énergétique suivante :

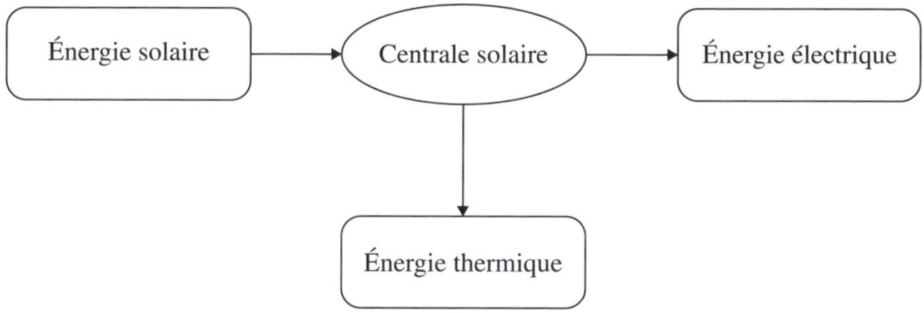

1. Faire l'inventaire des transferts énergétiques de la centrale en précisant leurs signes.

2. Comment se traduit la conservation de l'énergie de la centrale solaire ?

3. Si l'énergie solaire disponible sur le site est de 2 000 kWh/(m^2.an), évaluer le rendement de la centrale solaire. Le rendement est défini comme la valeur absolue du rapport entre l'énergie électrique fournie et l'énergie solaire disponible.

4. En déduire l'énergie thermique évacuée dans les condenseurs à air.

Données : 1 kWh = 3 600 kJ ; 1 ha = 10 000 m^2.

→ Corrigé p. 365

8 20 min ★★

Un coureur est assimilé à un corps de masse m et de capacité thermique massique c. Lorsqu'il court, le fonctionnement de ses muscles développe une puissance notée $P = 60$ W.

1. Dans cette question, la vitesse du coureur est constante et la route est horizontale.

a) Décrire les échanges d'énergie mis en jeu par le coureur.

b) Que penser de la température du corps du sportif ? En déduire la valeur de sa variation d'énergie interne.

c) Calculer la puissance thermique P_{th} échangée entre le coureur et le milieu extérieur.

2. Dans cette question, la route est inclinée d'un angle de 10° par rapport à l'horizontale et la vitesse du coureur est toujours constante. Il emprunte la route dans le sens montant.
On supposera que le transfert thermique avec le milieu extérieur est le même qu'à la question **1**.

a) Écrire le premier principe de la thermodynamique en précisant les modifications apportées par rapport au cas de la question **1**.

b) Que penser de la puissance développée par les muscles sur cette route inclinée ?

→ Corrigé p. 366

EXERCICE DE BAC

Exercice 30 min **6 points**

D'après un sujet du Bac

Des chercheurs de l'université de Tokyo ont découvert une céramique capable de stocker de l'énergie. Son principe de fonctionnement est simple : une courte exposition au soleil permet de la « charger » ! Cette énergie peut être stockée pendant une longue durée et restituée selon les besoins.

Sous certaines conditions (élévation de température, exposition à un rayonnement électromagnétique, application d'un courant électrique…), le matériau change de structure cristalline. L'énergie reçue permet le passage du beta-pentoxyde de trititane (β-Ti_3O_5) au lambda-pentoxyde de trititane (λ-Ti_3O_5). Pour réaliser cette transformation, le matériau doit recevoir une énergie volumique $E = 230$ J.cm^{-3}.

Stockage puis restitution de l'énergie

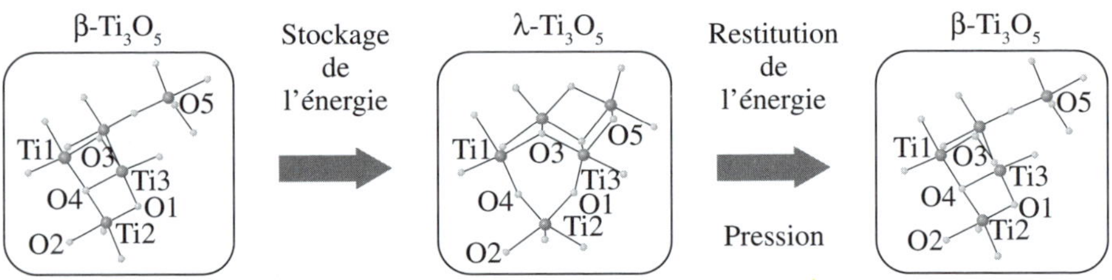

Pour restituer l'énergie, il suffit de soumettre ce matériau à une certaine pression.

Les caractéristiques de la pastille cylindrique de pentoxyde de trititane utilisée dans les expériences présentées dans cet exercice sont :

- diamètre : 13,0 mm ;
- épaisseur : 0,500 mm ;
- masse : 0,265 g.

D'après Tokoro H. *et al.* (2015). *External stimulation-controllable heat-storage ceramics. Nature communications. 6. 7037. 10. 1038/ncomms8037*

Stockage de l'énergie

On expose la pastille au soleil. On suppose qu'il n'y a aucun transfert d'énergie entre la pastille et son environnement proche. La puissance surfacique reçue de la part du Soleil est, ce jour-là, $p = 1\,000$ W.m^{-2}.

1. [1 pt] Vérifier que l'énergie qu'il faut fournir à la pastille utilisée dans l'expérience vaut $E_{past} = 15,3$ J.

2. [1 pt] Sachant que la face supérieure de la pastille est éclairée, calculer le temps d'exposition au soleil, en supposant que la totalité de l'énergie reçue de la part du Soleil est « utile ».

3. [0,5 pt] Que représente l'énergie interne d'un système ?

4. [0,5 pt] Que penser de l'énergie interne de la pastille lors de cette opération ?

Restitution de l'énergie

Pour libérer l'énergie stockée, il suffit d'exercer une pression qui va entraîner la transformation inverse de celle réalisée lors du stockage. Le dispositif utilisé en laboratoire utilise une enceinte avec du diazote dont on peut faire varier la pression.

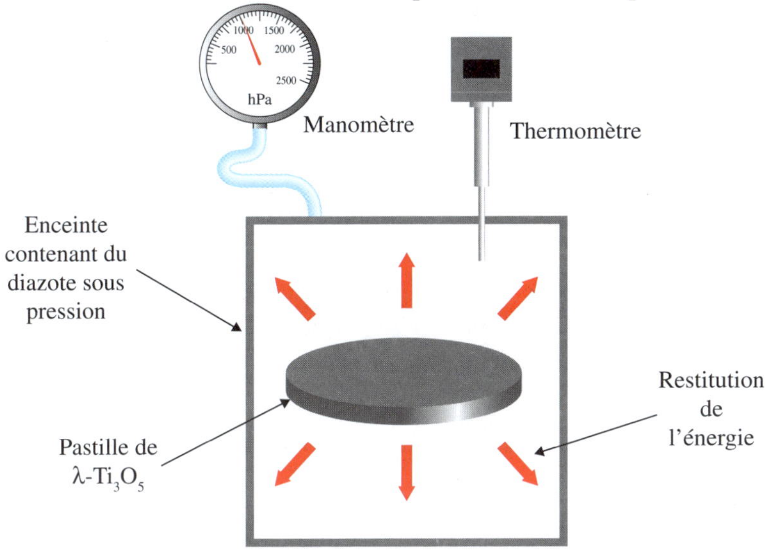

Au cours de l'expérience, l'enceinte utilisée est considérée comme parfaitement isolée thermiquement et elle contient 40,0 mmol de diazote. Lorsque la pression P est exercée, la pastille restitue l'énergie stockée, ce qui entraîne une élévation de la température du gaz de 18,2 K. L'équilibre thermique est alors atteint.

Données :

- la variation d'énergie interne d'un gaz dont la température varie de ΔT, supposé parfait, est donnée par $\Delta U = \frac{5}{2} n_{gaz} \times \mathrm{R} \times \Delta T$, où n_{gaz} est la quantité de matière de gaz (en mol) dans l'enceinte et R la constante des gaz parfaits : $\mathrm{R} = 8{,}31\ \mathrm{J.K^{-1}.mol^{-1}}$;
- capacité thermique massique de l'eau : $c_{eau} = 4\ 180\ \mathrm{J.K^{-1}.kg^{-1}}$;
- masse volumique de l'eau : $\rho = 1{,}0\ \mathrm{kg.L^{-1}}$.

5. [0,5 pt] Appliquer le premier principe de la thermodynamique au gaz. En déduire le transfert thermique reçu par le gaz au cours de l'expérience.

6. [0,5 pt] Comparer à la valeur de l'énergie stockée dans la pastille. Commenter le résultat.

7. [2 pts] En considérant que les échanges thermiques s'effectuent sans perte, calculer la masse de pentoxyde de trititane nécessaire pour chauffer 250 mL d'eau pure depuis la température ambiante jusqu'à 80 °C.

Le candidat est invité à prendre des initiatives et à présenter la démarche même s'il n'a pas abouti.

→ Corrigé p. 366

CORRIGÉS

1 → *Énoncé p. 358*

1. A ; 2. B ; 3. A ; 4. C.

2 → *Énoncé p. 358*

1. A ; 2. A ; 3. B ; 4. C.

3 → *Énoncé p. 359*

1. A et **C ; 2. B ; 3. B.**

4 → *Énoncé p. 359*

1. Considérons le système constitué du sac plastique et de l'eau qu'il contient. Les transferts thermiques mis en jeu sont :

– **le transfert du Soleil à la douche solaire**.

– **le transfert thermique entre la douche solaire et l'air ambiant**. Au départ, il est dans le sens de l'air vers la douche solaire, car l'eau est à une température inférieure à celle de l'air, puis, lorsque la température de l'eau dépasse 25 °C, le sens du transfert s'inverse.

2. Lorsque la température se stabilise, les transferts thermiques ne s'arrêtent pas pour autant ! **Les deux transferts thermiques précédents sont toujours présents**. L'application du premier principe au système {douche solaire} donne :

$\Delta U = Q_{\text{Soleil}} + Q_{\text{air}}$.

Comme la température est constante, on en déduit que $\Delta U = 0$, donc : $\boldsymbol{Q_{\text{Soleil}} = -Q_{\text{air}}}$.

Les deux transferts sont de signes opposés : l'un est reçu (celui du Soleil) par la douche, l'autre est cédé (celui de l'air) et les deux transferts se compensent exactement.

> **Attention !**
> Il peut exister des transferts d'énergie même si la température du système ne varie pas.

3. On peut calculer la variation d'énergie interne en considérant que le sac plastique intervient peu :

$\Delta U_{\text{eau}} = m_{\text{eau}} \times c_{\text{eau}} \times \Delta T = \rho_{\text{eau}} \times V \times c_{\text{eau}} \times (T_f - T_i)$

$\Delta U_{\text{eau}} = \rho_{\text{eau}} \times V \times c_{\text{eau}} \times (\theta_f - \theta_i) = 1{,}0 \times 20 \times 4\,180 \times (50 - 10)$ **= 3 344 kJ**.

5 → *Énoncé p. 359*

1. La variation d'énergie interne de l'eau est $\Delta U = m \times c_{\text{eau}} \times \Delta\theta = \rho \times V \times c_{\text{eau}} \times \Delta\theta$.

Application numérique : $\Delta U = 1{,}0 \times 0{,}350 \times 4\,180 \times (74{,}5 - 20)$ **= 79,7 kJ.**

Il y a augmentation de l'énergie cinétique microscopique des molécules d'eau.

2. Le premier principe appliqué à l'eau contenue dans la tasse s'écrit : $\boldsymbol{\Delta U = Q}$, où Q représente le transfert thermique reçu par l'eau de la part du four à micro-ondes.

3. Comme $P_{\text{th}} = \dfrac{Q}{\Delta t}$, on obtient $\boldsymbol{P_{\text{th}}} = \dfrac{79{,}7 \times 10^3}{120}$ **= 664 W.**

6 → Énoncé p. 360

1. L'eau est considérée comme incompressible, donc :
$\Delta U_{eau} = m_{eau} \times c_{eau} \times \Delta T = \rho_{eau} \times V \times c_{eau} \times (T_2 - T_1)$

2. Le système considéré est l'eau contenue dans la baignoire à la température finale de $\theta_3 = 37$ °C. Au départ, les deux volumes d'eau ne sont pas à la même température : on calcule pour chaque volume la variation d'énergie interne correspondante, puis on somme les résultats obtenus. La variation d'énergie interne est donc :

> **Remarque**
> On peut appliquer le premier principe à l'eau initialement chaude, puis à l'eau initialement froide, et écrire que l'énergie reçue par l'une est fournie par l'autre.

$\Delta U_{eau} = \Delta U_{froid} + \Delta U_{chaud} = \rho_{eau} \times V_1 \times c_{eau} \times (\theta_3 - \theta_1) + \rho_{eau} \times V_2 \times c_{eau} \times (\theta_3 - \theta_2)$.

Par hypothèse, il n'y a ni transfert thermique ni transfert par travail entre l'eau et l'extérieur. Par application du premier principe, on a donc $\boldsymbol{\Delta U_{eau} = 0}$.

3. On obtient : $\rho_{eau} \times V_1 \times c_{eau} \times (\theta_3 - \theta_1) + \rho_{eau} \times V_2 \times c_{eau} \times (\theta_3 - \theta_2) = 0$.
D'où on tire l'expression de V_2 :

$$V_2 = -\frac{\theta_3 - \theta_1}{\theta_3 - \theta_2} V_1 = -\frac{37 - 42}{37 - 17} \times 10 = \mathbf{2{,}5\ L}.$$

4. **La baignoire ne débordera pas** car sa capacité est de 30 L et qu'il y aura à la fin 12,5 L d'eau.

7 → Énoncé p. 360

1. Au niveau de la centrale solaire, il y a trois échanges d'énergie :
- **énergie solaire** : elle est reçue par la centrale, donc comptée **positivement** ($Q_{sol} > 0$) ;
- **énergie électrique** : elle est fournie par la centrale, donc comptée **négativement** ($W_{élec} < 0$) ;
- **énergie thermique** : elle est aussi fournie par la centrale à l'air ambiant ($Q_{ther} < 0$) : c'est de l'énergie perdue.

2. L'énergie totale de la centrale se conservant, sa variation d'énergie totale est nulle.
Le premier principe appliqué à la centrale s'écrit : $\boldsymbol{Q_{sol} + Q_{ther} + W_{élec} = 0}$.

3. Pour commencer, il faut calculer l'énergie électrique fournie par la centrale en un an : $W_{élec} = -392 \times 10^6 \times 365 \times 24 \times 3\,600 = -1{,}2 \times 10^{16}$ J.
On calcule ensuite l'énergie solaire collectée sur toute la surface des miroirs :
$Q_{sol} = 1\,400 \times 10\,000 \times 2\,000 \times 3\,600 \times 10^3 = 1{,}0 \times 10^{17}$ J.
On peut alors calculer le rendement tel qu'il est défini dans l'énoncé :

$$r = \left|\frac{W_{élec}}{Q_{sol}}\right| = \frac{1{,}2 \times 10^{16}}{1{,}0 \times 10^{17}} = 0{,}12.$$

On a donc un rendement de 12 %.

4. La relation établie à la question **2** permet de connaître l'énergie thermique perdue en un an : $Q_{ther} = -W_{élec} - Q_{sol} = 1{,}2 \times 10^{16} - 1{,}0 \times 10^{17} = \mathbf{-8{,}8 \times 10^{16}\ J}$.

8 → *Énoncé p. 361*

1. a) Pour le coureur, il y a deux échanges d'énergie :

- **travail des muscles :** cette énergie est reçue par le coureur, donc comptée positivement ($W > 0$) ;
- **énergie thermique** évacuée grâce au contact de la peau et l'air ainsi que la transpiration : elle est cédée à l'extérieur par le coureur, donc comptée négativement ($Q < 0$)

b) La température du corps du sportif est constante. Son énergie interne est donc constante car $\Delta U = m \times c \times \Delta T = 0$.

c) Le premier principe appliqué au coureur s'écrit : $\Delta E_{tot} = \Delta U + \Delta E_{méca} = W_1 + Q$.

Comme la vitesse est constante, son énergie cinétique l'est aussi. La route est horizontale, donc l'énergie potentielle de pesanteur est aussi constante. L'énergie totale du coureur est donc constante.

Ainsi, $W_1 + Q = 0$ et $Q = -W_1$.

Dans le cas où la puissance développée par les muscles est constante, on obtient, sur une durée Δt :

$W_1 = P \times \Delta t$,

soit $\boldsymbol{P_{th}} = \dfrac{Q}{\Delta t} = -\dfrac{W_1}{\Delta t} = \mathbf{-60\ W}$.

> **Rappel**
> Lorsque le système n'est pas au repos, il faut penser à la contribution macroscopique dans le premier principe.

2. a) Dans ce cas, l'énergie potentielle de pesanteur du coureur varie : elle augmente car le coureur monte, ainsi $\Delta E_p > 0$. **L'énergie interne est toujours constante ; ainsi que l'énergie cinétique s'il garde une vitesse constante.**

Le premier principe appliqué au coureur sur cette partie s'écrit $\boldsymbol{\Delta E_p = W_2 + Q}$.

b) Si l'on suppose que l'échange thermique est lui aussi conservé, il en résulte que $W_2 = -Q + \Delta E_p$. Comme $-Q > 0$ et $\Delta E_p > 0$, on en déduit que $W_2 > W_1$: **l'effort musculaire est plus important.**

EXERCICE DE BAC

Exercice → *Énoncé p. 362*

1. On commence par calculer le volume de la pastille. Ainsi, connaissant l'énergie volumique nécessaire à la transformation, on pourra calculer E_{past}.

On a $V_{past} = \pi \times R^2 \times e$ (volume d'un cylindre) et $E_{past} = V_{past} \times E$.

Application numérique :

$$\boldsymbol{E_{past}} = \pi \times \left(\frac{13{,}0}{2} \times 10^{-1}\right)^2 \times 0{,}500 \times 10^{-1} \times 230 = \mathbf{15{,}3\ J}.$$

> **Remarque**
> On met les mesures en cm, car *E* est en J.cm^{-3}.

2. La surface exposée au Soleil est πR^2. On en déduit la puissance reçue par la pastille de la part du Soleil : $P_{past} = p \times \pi \times R^2$ et, comme $P_{past} = \dfrac{E_{past}}{\Delta t}$, on trouve :

$$\Delta t = \frac{E_{past}}{P_{past}} = \frac{15{,}3}{1\,000 \times \pi \times (6{,}5 \times 10^{-3})^2} = \mathbf{115\ s}.$$

3. L'énergie interne U d'un système thermodynamique résulte de **la contribution des énergies microscopiques (cinétique et potentielle d'interaction)**.

4. Sachant que la pastille est au repos et que le seul transfert d'énergie mis en jeu est reçu de la part du Soleil par la pastille, le premier principe permet d'affirmer que **l'énergie interne de la pastille a augmenté pendant l'opération de charge.**

5. Le premier principe appliqué au gaz s'écrit : $\boldsymbol{\Delta U = \frac{5}{2} n_{gaz} \times \mathrm{R} \times \Delta T = Q}$.

On peut donc calculer le transfert thermique reçu par le gaz :

$$Q = \frac{5}{2} \times 40{,}0 \times 10^{-3} \times 8{,}31 \times 18{,}2 = \mathbf{15{,}1\ J}.$$

6. On peut calculer un écart relatif pour les deux valeurs obtenues :

$$\text{écart} = \left(\frac{|Q - E_{past}|}{E_{past}} \right) = 1{,}3 \times 10^{-2}.$$

L'écart est faible (environ 1,3 %), les valeurs sont donc concordantes et la restitution de l'énergie semble excellente.

7. Lors de l'échauffement de 250 mL d'eau, l'énergie interne varie de :

$$\Delta U = m_{eau} \times c_{eau} \times \Delta T = \rho_{eau} \times V \times c_{eau} \times (T_2 - T_1).$$

Prenons pour valeur de la température ambiante 20 °C. L'écart de température est donc de 60 °C. En supposant que toute l'énergie stockée est restituée à l'eau :

> **Remarque**
> La valeur de la température ambiante est à estimer en prenant une valeur raisonnable, entre 15 °C et 25 °C par exemple.

$$\Delta U = m_{eau} \times c_{eau} \times \Delta T = \rho_{eau} \times V_{eau} \times c_{eau} \times \Delta T = Q = V_{tritane} \times E = \frac{m_{tritane}}{\rho_{tritane}} \times E.$$

Connaissant le volume, il faut accéder à la masse. La masse volumique n'est pas fournie, mais il est possible de la calculer, car on connaît la masse et le volume d'une pastille.

Ainsi : $\rho = \dfrac{m_{past}}{V_{past}}$. On obtient la relation :

$$m_{tritane} = \frac{\rho_{eau} \times V_{eau} \times c_{eau} \times \Delta T}{E} \times \rho_{tritane} = \frac{\rho_{eau} \times V_{eau} \times c_{eau} \times \Delta T}{E} \times \frac{m_{past}}{V_{past}}.$$

Application numérique :

$$\boldsymbol{m_{tritane}} = \frac{1 \times 0{,}250 \times 4\,180 \times 60}{230 \times 10^6} \times \frac{0{,}265 \times 10^{-3}}{\pi \times (6{,}5 \times 10^{-3})^2 \times 0{,}500 \times 10^{-3}} = \mathbf{1{,}09\ kg}.$$

Cela semble assez élevé par rapport à la masse d'eau réchauffée (0,25 kg), donc la technologie n'est pas adaptée à ce genre d'applications.

CHAPITRE 15 Les transferts thermiques

1 Les différents modes de transfert thermique

■ On appelle **transfert thermique** l'échange de chaleur d'un corps chaud vers un corps froid (voir chapitre 14). Cet échange se fait toujours du corps chaud vers le corps froid jusqu'à l'équilibre thermique, c'est-à-dire la même température finale pour les deux corps.

■ Il existe trois types de transferts thermiques : la conduction thermique, la convection et le rayonnement

A. La conduction thermique

Dans ce mode de transfert, l'agitation thermique des atomes passe de proche en proche : chaque atome communique une partie de son énergie cinétique à l'atome voisin. Ce mode de transfert se fait **sans transport de matière** et concerne les solides.

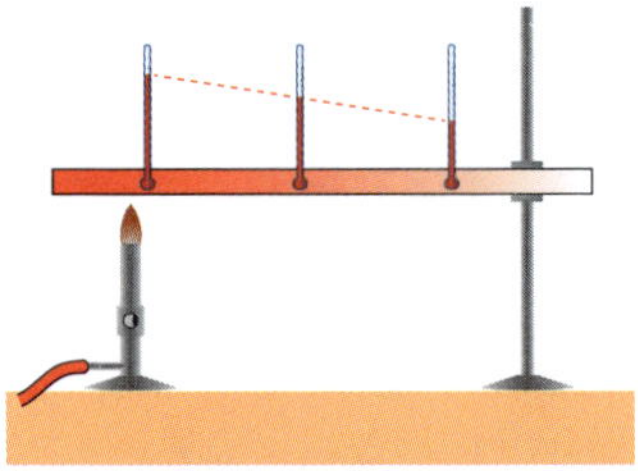

B. La convection

Lorsqu'on chauffe un fluide (liquide ou gaz), on diminue sa densité. Celui-ci va donc monter et, en se mélangeant avec le fluide froid, homogénéiser la température de l'ensemble (courant de convection). Ce mode de transfert se fait donc **avec transport de matière.**

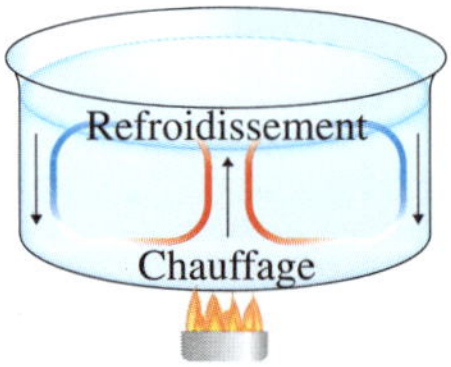

C. Le rayonnement

■ Tout corps à une température T émet un rayonnement électromagnétique pouvant se déplacer dans le vide et susceptible d'être absorbé par un autre corps qui pourra ainsi être chauffé. C'est ainsi que la Terre est chauffée par le Soleil.

■ La **loi de Stefan-Boltzmann** établit que la puissance P rayonnée par un corps de surface S est liée à la température T par la relation :

$$P = \sigma \times S \times T^4$$

avec P en watt (W) ;

$\sigma = 5{,}67 \times 10^{-8}$ W.m².K⁻⁴ , constante de Stefan-Boltzmann ;

T : température du corps en kelvin (K) ;

S : surface du corps en m².

2 La conduction thermique

A. Conductivité et résistance thermiques

■ La **conductivité thermique** d'un matériau, notée λ, désigne sa capacité à laisser passer la chaleur. Elle s'exprime en $W.m^{-1}.K^{-1}$. Plus cette conductivité thermique est élevée, plus le matériau conduit la chaleur en facilitant le transfert thermique.

■ La **résistance thermique** R_{th} d'une paroi décrit sa capacité à s'opposer au passage de la chaleur. Pour un matériau d'épaisseur e et de conductivité λ, elle est définie par :

$$R_{th} = \frac{e}{\lambda \times S}$$

avec R_{th} : résistance thermique de la paroi (en $K.W^{-1}$) ;

e : épaisseur du matériau (en m) ;

λ : conductivité thermique du matériau (en $W.m^{-1}.K^{-1}$) ;

S : aire de la surface d'échange (en m^2).

Remarques :

• Plus R_{th} est grand, plus le matériau est isolant.

• La résistance d'une paroi composée de différentes couches de matériaux est égale à la somme des résistances thermiques de chacune des couches.

B. Flux thermique

■ Soit une paroi rectangulaire constituée de deux surfaces S et d'épaisseur e. Si les deux parois sont soumises à des températures T_1 et T_2 différentes, un transfert thermique va se faire spontanément du côté le plus chaud vers le côté le plus froid.

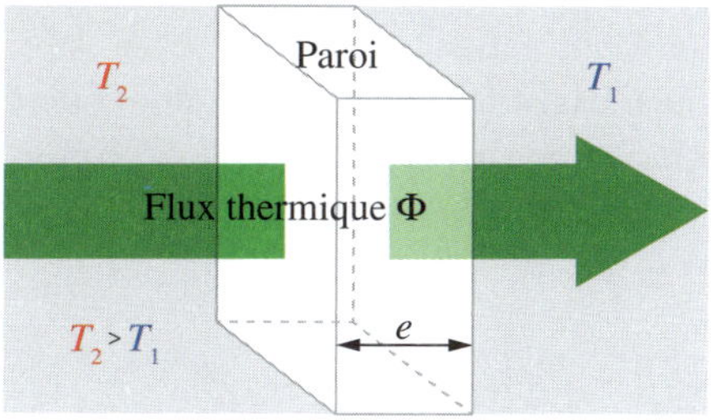

L'énergie est transférée de la pièce chaude vers la pièce froide.

On définit alors le **flux thermique** Φ comme la quantité de chaleur Q transférée par unité de temps Δt à travers ce matériau :

$$\Phi = \frac{Q}{\Delta t}$$

avec Φ : flux thermique (en W) ;

Q : quantité de chaleur transférée par conduction à travers la paroi (en J) ;

Δt : durée du transfert thermique (en s).

■ Lorsque le flux est constant (on parle de régime permanent), Φ est proportionnel à la différence de température $T_2 - T_1$: c'est **la loi de Fourier**.

$$\Phi = \frac{\lambda \times S \times (T_2 - T_1)}{e} = \frac{T_2 - T_1}{R_{th}}$$

avec Φ : flux thermique à travers la paroi (en W) ;
e : épaisseur du matériau (en m) ;
λ : conductivité thermique du matériau (en $W.m^{-1}.K^{-1}$) ;
S : aire de la surface d'échange (en m^2) ;
T_2 et T_1 : températures de part et d'autre de la paroi ($T_2 > T_1$) (en K ou en °C) ;
R_{th} : résistance thermique de la paroi (en $K.W^{-1}$).

C. Loi de refroidissement de Newton

■ La **loi de refroidissement de Newton** s'énonce ainsi : la vitesse du refroidissement d'un corps inerte est proportionnelle à la différence de température entre ce corps $T(t)$ et celle du milieu ambiant T_a. Elle est donnée par la relation :

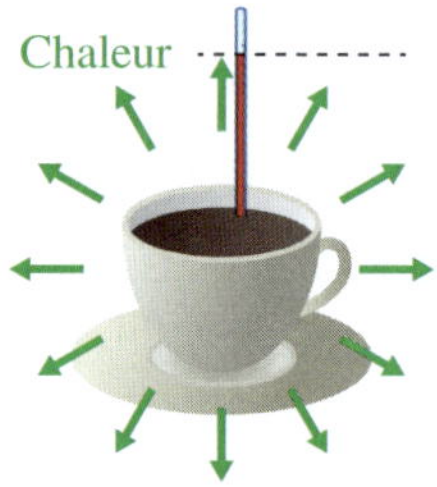

$$\frac{dT}{dt} = -k \times (T(t) - T_a)$$

où T_a est la température du milieu ambiant, k une constante positive qui dépend du corps et $\frac{dT}{dt}$ la dérivée de la température par rapport au temps.

■ Après résolution de cette équation différentielle, on trouve :

$$T(t) = \boldsymbol{T_a + (T(0) - T_a) \times e^{-k \times t}}$$

où $T(0)$ est la température initiale du corps.
La courbe suivante montre l'évolution au cours du temps de la température d'un corps à la température initiale $T(0)$ dans un milieu de température T_a.

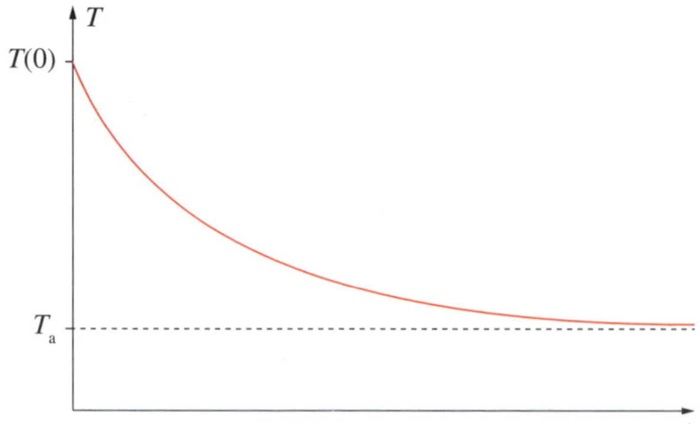

3 Bilan radiatif de la Terre*

■ Le Soleil produit plus de 99 % de l'énergie reçue par la Terre. Cette énergie, issue des réactions thermonucléaires à l'intérieur de notre étoile, nous parvient sous forme de **rayonnements électromagnétiques**.

■ Effectuer le **bilan radiatif de la Terre** consiste à faire la différence entre l'énergie reçue par la planète et l'énergie renvoyée vers l'espace.

A. Puissance émise par le Soleil

Pour la puissance émise par le Soleil, on utilise la loi de Stefan-Boltzmann (voir p. 324) : $P = \sigma \times S \times T^4$. La température à la surface du Soleil est $T = 5\,800$ K et son rayon R est de l'ordre de $6{,}96 \times 10^8$ m. On obtient donc : $P = \sigma \times 4\pi \times R^2 \times T^4$ (la surface d'une sphère de rayon R étant donnée par la relation $S = 4\pi \times R^2$), soit :

$P = 5{,}67 \times 10^{-8} \times 4 \times \pi \times (6{,}96 \times 10^8)^2 \times 5\,800^4$

$\mathbf{P = 3{,}91 \times 10^{26}\ W}$

B. Puissance reçue par la Terre

■ La puissance solaire, émise à partir d'une sphère et constante, va se propager sous forme sphérique dans toutes les directions.

On cherche la puissance reçue par unité de surface par la Terre située à une distance moyenne $D = 1{,}50 \times 10^{11}$ m

$$P_s = \frac{P}{S_{\text{sphère}}} = \frac{P}{4 \times \pi \times D^2} = \frac{3{,}91 \times 10^{26}}{4 \times \pi \times \left(1{,}50 \times 10^{11}\right)^2}$$

$$= 1{,}38 \times 10^3\ \text{W.m}^{-2}$$

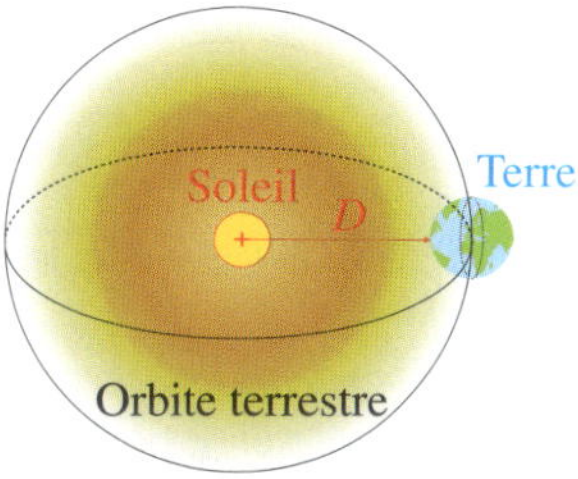

■ La puissance ainsi reçue par la Terre correspond à la puissance traversant un disque de rayon équivalent. Cette puissance va être répartie sur toute la surface terrestre :

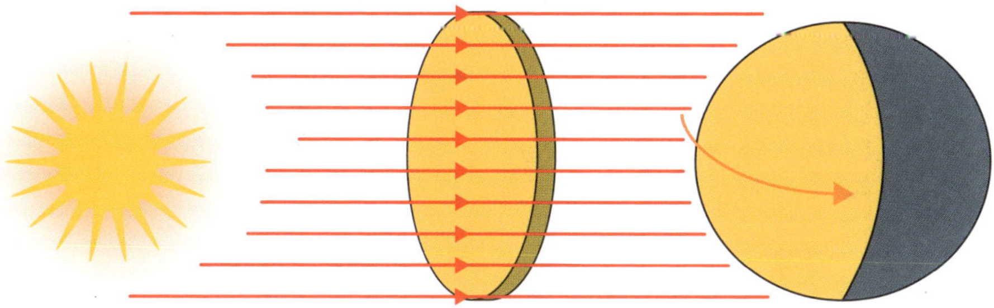

$$P = P_S \times \frac{S_{\text{disque}}}{S_{\text{sphère}}} = P_S \times \frac{\pi \times R_T^2}{4 \times \pi \times R_T^2} = \frac{P_S}{4} = 345\ \text{W.m}^{-2}$$

*Ce paragraphe ne pourra pas faire l'objet d'une question à l'épreuve écrite du Bac.

C. Albédo terrestre, absorption et effet de serre

■ Une partie de la lumière reçue par la Terre est réfléchie par celle-ci. On appelle **albédo** la fraction du rayonnement solaire réfléchie vers l'espace sans être absorbée. Sur Terre, l'albédo moyen est d'environ 30 %.

■ L'énergie solaire parvenant sur Terre est **absorbée** soit par l'atmosphère, soit par la Terre ou les océans. Cela provoque une élévation de leur température et une réémission vers l'espace d'un rayonnement électromagnétique infrarouge.

■ Une partie de ce rayonnement infrarouge est piégée par l'atmosphère qui est ainsi réchauffée : c'est **l'effet de serre**. Sans cet effet de serre, la température de la Terre serait de –18 °C. On estime que, grâce à l'effet de serre, la puissance surfacique émise par la surface de la Terre est de l'ordre de 390 W.m^{-2}.
Grâce à la loi de Stefan-Boltzmann, on peut calculer la température moyenne T à la surface de la Terre :

$P_s = \dfrac{P}{S} = \sigma \times T^4$, avec P_s la puissance surfacique en W.m^{-2}. D'où :

$$T = \sqrt[4]{\frac{P_s}{\sigma}} = \sqrt[4]{\frac{390}{5{,}67 \times 10^{-8}}} = 288 \text{ K}$$ soit **15 °C.**

Rappel

La relation entre la température θ en °C et la température T en K est donnée par :
$T = 273 + \theta$

■ L'effet de serre permet d'avoir une température moyenne idéale pour le développement de la vie sur Terre. Mais l'augmentation du taux de dioxyde de carbone dans l'atmosphère entraîne une augmentation de la température moyenne à la surface de la planète.

D. Bilan

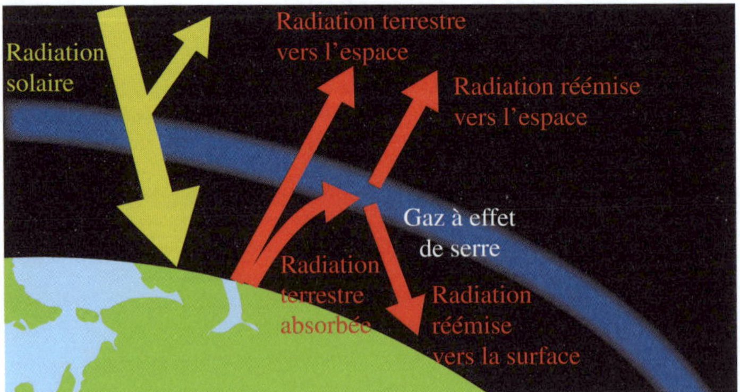

1 Identifier les transferts thermiques et utiliser la loi de Stefan-Boltzmann

EXERCICE TYPE

1. Lorsqu'on utilise une douche solaire, on expose aux rayons solaires un film plastique noir contenant de l'eau. Identifier les trois types de transferts thermiques mis en jeu.

2. Même question avec une tasse de café à 50 °C posée en plein soleil sur une table à 20 °C alors que la température ambiante vaut 25 °C.

3. Pour chauffer une chambre, on utilise un radiateur assimilable à un parallélépipède rectangle de largeur 50 cm, de longueur 80 cm et de 5,0 cm de largeur. Sa puissance est de 1 000 W.
Calculer la température T du radiateur.

CORRIGÉ COMMENTÉ

1. Le Soleil transmet de l'énergie au film plastique par **rayonnement**.
Cette énergie est amenée à l'eau par **conduction** à travers le film, car c'est le seul transfert de chaleur possible dans un solide.
L'eau à proximité du film est chauffée. Cela crée de la **convection** à l'intérieur du liquide.

2. Le Soleil transmet de l'énergie à la tasse par **rayonnement**.
La tasse et son contenu sont à 50 °C, alors que la table sur laquelle la tasse est posée est à 20 °C : il y a donc transfert thermique sous forme de **conduction** entre la tasse et la table, seul mode de transfert possible entre deux solides.
Il y a aussi un transfert thermique sous forme de **convection** entre la surface du café au contact de l'air qui refroidit et le reste du liquide.

3. On utilise la loi de Stefan-Boltzmann :

$$P = \sigma \times S \times T^4$$

$$T = \sqrt[4]{\frac{P}{\sigma \times S}}$$

Point maths

La surface d'un parallélépipède rectangle est donnée par la formule : $S = 2 \times (L \times \ell + h \times \ell + L \times h)$

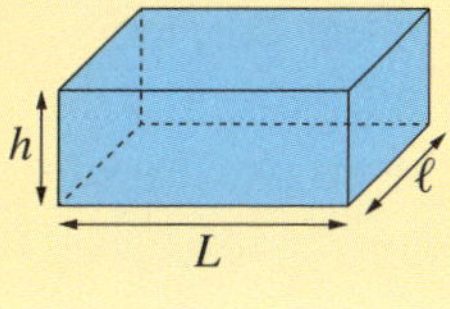

$$T = \sqrt[4]{\frac{1\,000}{5{,}67 \times 10^{-8} \times 2 \times (0{,}50 \times 0{,}80 + 0{,}50 \times 0{,}050 + 0{,}80 \times 0{,}050)}} = \mathbf{371\ K.}$$

À RETENIR

Il existe trois modes de transfert de chaleur :
- la conduction, dans les solides et sans transport de matière ;
- la convection, dans les fluides et avec transport de matière ;
- le rayonnement, qui peut se faire dans le vide. La puissance rayonnée se calcule grâce la loi de Stefan-Boltzmann : $P = \sigma \times S \times T^4$.

2 Étudier la conduction thermique dans les matériaux

EXERCICE TYPE

Un mur, de 6,0 m de longueur sur 3,0 m de hauteur, est constitué d'une épaisseur de 20 cm de parpaings.

1. Quel est le nom du mode de transfert thermique qui a lieu ici ? Expliquer son principe en quelques mots.
2. Calculer la résistance thermique de ce mur.
3. La température extérieure est de 30 °C et la température intérieure est de 16 °C. Calculer le flux thermique à travers ce mur.

On veut isoler ce mur en ajoutant un bardage en bois constitué d'une lame d'air de 3,0 cm et d'une épaisseur de bois de 2,0 cm.

4. Calculer la nouvelle résistance thermique $R_{th(mur)}$.
5. Calculer le nouveau flux thermique.
6. L'isolation du mur est-elle efficace ?

Données : conductivités thermiques en $W.m^{-1}.K^{-1}$:
$\lambda_{parpaing} = 0{,}90$; $\lambda_{air} = 0{,}025$; $\lambda_{bois} = 0{,}040$.

CORRIGÉ COMMENTÉ

1. Le seul transfert thermique possible dans les solides est la **conduction thermique. La chaleur se déplace de proche en proche sans transport de matière.**

> **Rappel**
> Le transfert de chaleur se fait toujours du corps le plus chaud vers le corps le plus froid.

2. Calculons la résistance thermique du matériau :

$$R_{th} = \frac{e}{\lambda_{parpaing} \times S}$$

$$\boldsymbol{R_{th}} = \frac{0{,}20}{0{,}9 \times 18} = \mathbf{1{,}2 \times 10^{-2}\ K.W^{-1}}.$$

3. Utilisons la loi de Fourier :

$$\Phi = \frac{T_2 - T_1}{R_{th}}$$

$$\Phi = \frac{30 - 16}{1,2 \times 10^{-2}} = \mathbf{1,2 \times 10^3\ W}$$

4. Le mur est maintenant constitué de trois matériaux : le parpaing, l'air et le bois. La résistance totale est la somme des résistances de chacun d'eux.

$$R_{th(mur)} = R_{th(parpaing)} + R_{th(air)} + R_{th(bois)}$$

$$R_{th(mur)} = \frac{e}{\lambda_{parpaing} \times S} + \frac{e'}{\lambda_{bois} \times S} + \frac{e''}{\lambda_{air} \times S}$$

$$R_{th(mur)} = \left(\frac{e}{\lambda_{parpaing}} + \frac{e'}{\lambda_{bois}} + \frac{e''}{\lambda_{air}}\right) \times \frac{1}{S}$$

$$\boldsymbol{R_{th(mur)}} = \left(\frac{0,20}{0,90} + \frac{0,030}{0,025} + \frac{0,020}{0,040}\right) \times \frac{1}{18} = \mathbf{1,1 \times 10^{-1}\ K.W^{-1}}.$$

5. Utilisons à nouveau la loi de Fourier :

$$\Phi_2 = \frac{T_2 - T_1}{R_{th}}$$

$$\boldsymbol{\Phi_2} = \frac{30 - 16}{1,1 \times 10^{-1}} = \mathbf{1,3 \times 10^2\ W}.$$

> **Rappel**
> La différence de deux températures exprimées en degré Celsius donne le même résultat que la différence de ces mêmes températures exprimées en kelvin.

6. Calculons le rapport entre les deux flux, avant et après isolation :

$$r = \frac{\Phi}{\Phi_2}$$

$$\boldsymbol{r} = \frac{1,2 \times 10^3}{1,3 \times 10^2} \approx \mathbf{9,2}.$$

Le flux est neuf fois moins important après isolation du mur : l'isolation est donc efficace.

À RETENIR

- La conduction thermique des matériaux dépend :

– de la conductivité thermique λ (en $W.m^{-1}.K^{-1}$) du matériau, qui caractérise la quantité de chaleur se propageant par conduction thermique ;

– de la résistance thermique du matériau (en $K.W^{-1}$), liée à sa conductivité thermique, à sa surface et à son épaisseur.

- Le flux thermique Φ (en W) est la quantité de chaleur Q transférée par unité de temps Δt à travers ce matériau : $\Phi = \dfrac{Q}{\Delta t}$.

3 Appliquer la loi de refroidissement de Newton

EXERCICE TYPE

La loi de refroidissement énoncée par Newton est la suivante : « La vitesse de refroidissement d'un corps est proportionnelle à la différence de température entre ce corps et le milieu ambiant. »

On souhaite l'appliquer au refroidissement d'une tasse de café chaud. On verse dans une tasse du café chauffé à 80 °C, dans une pièce où la température ambiante est de $T_a = 20$ °C. Dans l'exercice, le temps t s'exprime en minute.

1. Donner l'équation différentielle donnant l'évolution temporelle de la température de la tasse de café

2. À partir de l'équation précédente, donner l'évolution de la température en fonction du temps.

3. Au bout de combien de temps la boisson atteindra-t-elle une température de 50 °C ?

4. Cette tasse a été oubliée dans la salle. Quelle sera sa température le lendemain ?

Donnée : coefficient de proportionnalité : $k = 0{,}20$.

CORRIGÉ COMMENTÉ

1. La loi de refroidissement de Newton s'écrit sous la forme :

$$\frac{dT}{dt} = -k \times (T(t) - T_a)$$

$$\frac{dT}{dt} = -0{,}20 \times (\boldsymbol{T(t) - 20}).$$

2. L'équation précédente s'écrit :

$$\frac{dT}{dt} = -0{,}20 \times (T(t) - 20) = -0{,}20 \times T(t) + 4.$$

Elle a pour solution $T(t) = A \times e^{-0{,}20 \times t} + 20$, où A est une constante qui dépend des conditions initiales.

$T(0) = A \times e^{-0{,}20 \times 0} + 20 = A + 20 = 80$, donc A = 60.

D'où $\boldsymbol{T(t) = 60 \times e^{-0{,}20 \times t} + 20}$**.**

3. Calculons le temps nécessaire grâce à la formule précédente :

$$50 = 60 \times e^{-0{,}20 \times t} + 20$$

$$e^{-0{,}20 \times t} = \frac{50 - 20}{60} = \frac{30}{60} = \frac{1}{2}$$

$$-0{,}20 \times t = \ln\left(\frac{1}{2}\right)$$

$t = 3{,}47$ min = **3 min 28 s.**

> **Point maths**
>
> Les solutions d'une équation différentielle du type :
>
> $$\frac{dT}{dt} = a \times T(t) + b$$
>
> sont de la forme $T(t) = A \times e^{a \times t} - \frac{b}{a}$
>
> où A est une constante qui se détermine en tenant compte des conditions initiales.

4. Au bout de plusieurs heures, le café atteint la température de la salle, c'est-à-dire **20 °C**.

À RETENIR

La loi de refroidissement de Newton donne l'évolution de la température d'un corps au cours du temps :

$$\frac{dT}{dt} = -k \times (T(t) - T_a)$$

où k est une constante dépendant du corps et T_a la température ambiante.

4 Établir le bilan radiatif de la Terre

EXERCICE TYPE

Interpréter le document suivant et en déduire l'albédo de la planète Terre.

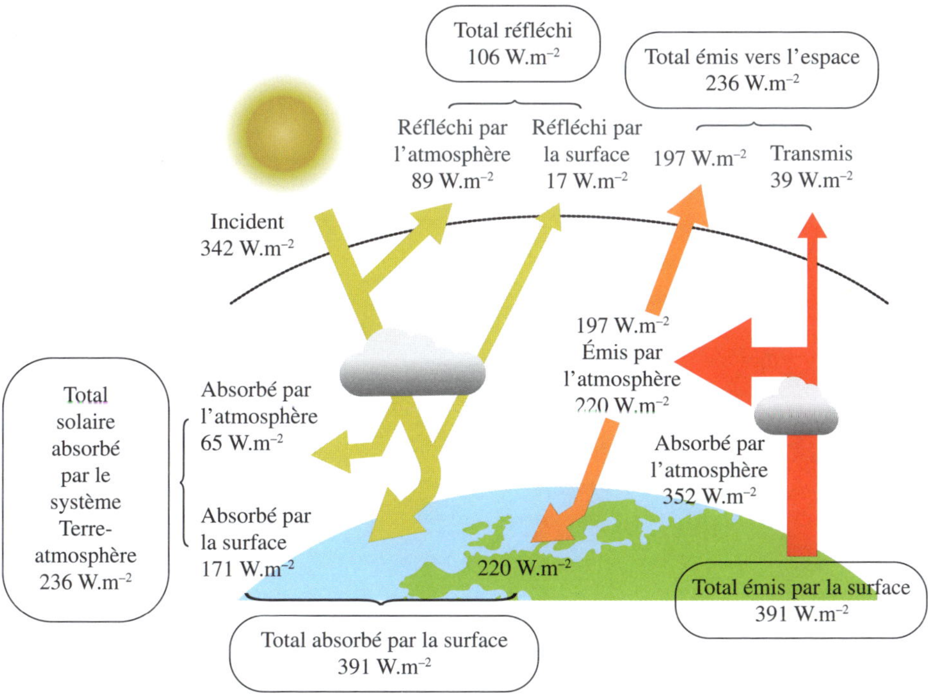

CORRIGÉ COMMENTÉ

Ce document nous présente le **bilan radiatif de la Terre**.

Le flux incident solaire arrivant sous forme de rayonnement thermique (342 $W.m^{-2}$) est en partie réfléchi vers l'espace par l'atmosphère (89 $W.m^{-2}$) et la surface de la Terre (17 $W.m^{-2}$). L'autre partie est absorbée par l'atmosphère (65 $W.m^{-2}$), le sol et les océans (171 $W.m^{-2}$).

Cette énergie est réémise sous forme d'un rayonnement électromagnétique, lui-même absorbé en grande partie par l'atmosphère, qui se réchauffe : c'est l'effet de serre.

L'albédo est le rapport entre l'énergie lumineuse réfléchie et l'énergie lumineuse incidente

Ici, $A = \dfrac{(89 + 17)}{342} = \dfrac{106}{342} = 0{,}31$ **soit un albédo de 31 %.**

À RETENIR

- En effectuant le bilan radiatif de la Terre, on fait la différence entre l'énergie reçue par la planète et l'énergie renvoyée vers l'espace.
- L'atmosphère piège une partie du rayonnement terrestre : c'est l'effet de serre.
- La loi de Stefan-Boltzmann permet de calculer la température moyenne terrestre.

EXERCICES

Connaître le cours

Pour chaque exercice du *connaître le cours*, indiquer la (ou les) bonne(s) réponse(s) :

1 — 2 min — Les différents modes de transferts thermiques

	A	B	C
1. La conduction thermique se fait :	dans les liquides	dans les solides	dans les gaz
2. La convection thermique se fait :	avec déplacement de matière	sans déplacement de matière	dans le vide
3. Le rayonnement thermique :	peut se faire dans le vide	correspond à une onde électromagnétique	correspond à une onde mécanique

→ Corrigé p. 389

2 — 2 min — La conduction thermique

	A	B	C
1. Plus la conductivité thermique λ est faible :	plus le matériau est un bon isolant thermique	plus le matériau est un bon conducteur thermique	plus la résistance thermique est élevée
2. La résistance thermique R_{th} :	est liée à l'épaisseur du matériau	est liée à la conductivité thermique λ du matériau	est liée à la surface du matériau
3. La résistance thermique R_{th} d'un mur constitué de brique et de plâtre se calcule par :	$R_{th} = R_{brique} + R_{plâtre}$	$\frac{1}{R_{th}} = \frac{1}{R_{brique}} + \frac{1}{R_{plâtre}}$	$R_{th} = R_{brique} - R_{plâtre}$
4. Le flux thermique Φ s'exprime en :	watt	joule	newton

→ Corrigé p. 389

3 — 2 min — Bilan radiatif de la Terre

	A	B	C
1. La puissance solaire reçue par la Terre :	est absorbée par l'atmosphère	est entièrement réfléchie par l'atmosphère	est en partie absorbée et en partie réfléchie
2. La Terre réémet l'énergie reçue par le Soleil. Une fraction de celle-ci est captée par l'atmosphère. Ce phénomène est appelé :	pression atmosphérique	albédo	effet de serre
3. L'albédo est le rapport :	$\frac{\text{Flux solaire incident}}{\text{Flux solaire réfléchi}}$	$\frac{\text{Flux solaire réfléchi}}{\text{Flux solaire incident}}$	$\frac{\text{Flux solaire transmis}}{\text{Flux solaire incident}}$

→ Corrigé p. 389

Appliquer le cours et les savoir-faire

4 20 min ★ → COMMENT FAIRE 2

On considère un panneau de construction constitué d'épicéa et de dimensions 6,0 m × 3,0 m × 0,20 m. On étudie ses capacités en tant qu'isolant thermique.

1. Déterminer l'unité de la résistance thermique.
2. Déterminer la valeur de la résistance thermique du panneau en épicéa.
3. Déterminer l'épaisseur de béton armé nécessaire pour qu'une paroi de même surface que le panneau ait les mêmes performances thermiques.

Commenter le résultat.

Données : conductivités thermiques en $W.m^{-1}.K^{-1}$:

$\lambda_{\text{épicéa}}$: 0,11 ;

$\lambda_{\text{béton armé}}$: 2,2.

→ Corrigé p. 389

5 20 min ★★ → COMMENT FAIRE 1 et 2

Les fenêtres en bois d'une habitation sont constituées de deux feuilles de verre de 4,0 mm séparées par un espace hermétique clos renfermant 12,0 mm d'air. On étudie une fenêtre de surface $S = 4{,}0\ m^2$.

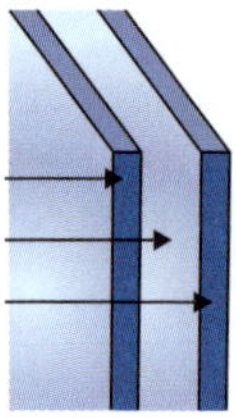

La réglementation en vigueur est la suivante : le coefficient de transmission thermique U d'un vitrage doit être inférieur à un niveau maximal réglementaire de $2{,}0\ W.m^{-2}.K^{-1}$.

Le coefficient de transmission thermique U d'une paroi homogène multicouche est l'énergie thermique qui traverse cette paroi en régime permanent, par unité de temps, par unité de surface et pour une différence de température de 1 °C entre la face interne et la face externe.

1. Citer le (ou les) mode(s) de transfert thermique à travers le vitrage. En donner une interprétation microscopique.
2. Déterminer la valeur du flux thermique traversant la fenêtre en double vitrage pour un écart de température de 10 °C entre l'intérieur et l'extérieur du bâtiment.
3. En supposant que seul le mode d'échange précédent intervient, peut-on dire que ce vitrage respecte la règlementation ? Justifier.
4. Proposer, en justifiant, deux solutions pour améliorer les performances thermiques de ce vitrage.

Données : conductivités thermiques en $W.m^{-1}.K^{-1}$:

λ_{verre} : 1,2 ;

λ_{air} : 0,026 ;

λ_{argon} : 0,018.

→ Corrigé p. 389

6 20 min ★ → COMMENT FAIRE 3

On dépose un cube d'aluminium de 12 cm de côté chauffé à 90° C dans une pièce dont la température est maintenue à $T_a = 20$ °C.
Le refroidissement de ce cube suit la loi de Newton : $T(t) = T_a + (T(0) - T_a) \times e^{-k \times t}$

où $k = \dfrac{6 \times \alpha}{\mu \times A \times c}$, avec $\alpha = 210$; μ la masse volumique du cube en $kg.m^{-3}$; A le côté du cube en m et c la capacité thermique massique du cube en $J.kg^{-1}.K^{-1}$.
t s'exprime en seconde.

1. Calculer k.

2. Donner l'expression donnant la variation de la température en fonction du temps.

3. Quel est le temps nécessaire pour observer une diminution de moitié de la température initiale du cube ?

4. Un cube de cuivre de dimensions identiques et à la même température initiale mettra-t-il le même temps pour voir sa température initiale divisée par deux ?

Données :

	μ ($kg.m^{-3}$)	c ($J.kg^{-1}.K^{-1}$)
Aluminium	2 700	897
Cuivre	8 960	380

→ Corrigé p. 390

7 10 min ★ → COMMENT FAIRE 4

Indiquez à quel numéro du schéma ci-dessous correspondent les expressions suivantes.

- rayonnement absorbé par la Terre
- rayonnement réfléchi par la Terre
- rayonnement piégé par l'effet de serre
- rayonnement solaire incident
- rayonnement réémis par la Terre
- rayonnement réfléchi par l'atmosphère

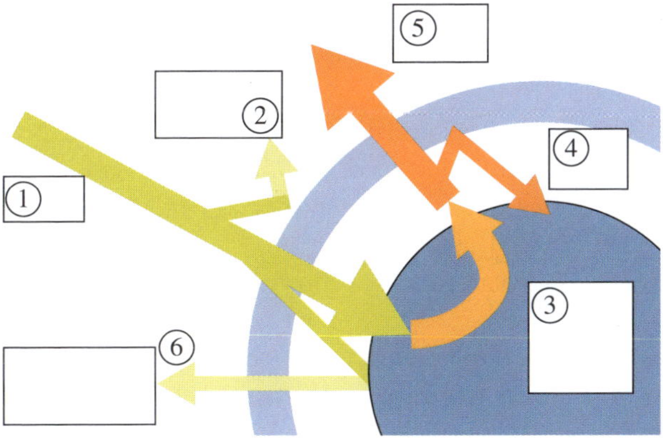

→ Corrigé p. 391

S'entraîner au raisonnement

8 25 min ★★

Un pan de mur de 20 m^2 sépare l'intérieur de l'extérieur d'une maison. De l'intérieur vers l'extérieur, les matériaux utilisés sont les suivants :

- plâtre d'épaisseur $e_1 = 1{,}3$ cm et de conductivité thermique $\lambda = 0{,}32$ W.m^{-1}.K^{-1} ;
- polystyrène d'épaisseur $e_2 = 5{,}0$ cm ;
- béton d'épaisseur $e_3 = 20$ cm et de conductivité thermique $\lambda' = 1{,}4$ W.m^{-1}.K^{-1} ;
- polystyrène d'épaisseur $e_4 = e_2 = 5{,}0$ cm ;
- ciment projeté d'épaisseur $e_5 = 1{,}5$ cm et de conductivité thermique $\lambda'' = 1{,}1$ W.m^{-1}.K^{-1}.

1. Quel est le rôle du polystyrène ? Justifier le choix de ce matériau.

2. Déterminer la résistance thermique équivalente $R_{\text{th(totale)}}$ pour le pan de mur.

3. Entre le polystyrène et la laine de chanvre, et dans le cadre du développement durable, quel matériau serait-il préférable d'utiliser ? La réponse sera soigneusement argumentée et comportera un calcul.

Données : Conductivités thermiques et bilans carbone :

	Polystyrène	Laine de chanvre
Conductivité thermique λ (W.m^{-1}.K^{-1})	0,036	0,039
Bilan carbone*	Élevé	Faible

*Le bilan carbone d'un produit ou d'une entité humaine (individu, groupe, collectivité) est un outil de comptabilisation des émissions de gaz à effet de serre, tenant compte de l'énergie primaire et de l'énergie finale du produit.

→ *Corrigé p. 391*

9 40 min ★★

Soucieux de réduire ses dépenses de chauffage, Frédéric décide d'améliorer l'isolation thermique de son habitation. Sa maison possédant un grenier non chauffé, il décide d'en isoler le sol. Améliorer l'isolation thermique des pièces non chauffées permet en effet de réduire les dépenses de chauffage. Frédéric se demande quel matériau utiliser.

1. Dans quel sens s'effectuera le transfert thermique dans la maison ?

2. Donner l'expression puis calculer le flux thermique Φ à travers le sol du grenier.

3. À l'aide du tableau de données ci-après, identifier le matériau le plus adapté pour isoler le plancher du grenier. Justifier.

4. La résistance thermique totale du sol du grenier doit atteindre la valeur $R = 6{,}3 \times 10^{-2}$ K.W^{-1}.

Sachant que, lorsque plusieurs parois sont accolées, la résistance thermique totale est égale à la somme des résistances thermiques de chaque paroi, calculer la résistance thermique de l'isolant choisi à la question **3**.

5. Tous les matériaux proposés dans le tableau ci-dessous s'achètent dans le commerce sous forme de panneaux rigides. Quelle épaisseur minimale doit posséder le panneau du matériau choisi par Frédéric ?

Données : température du grenier : $T_1 = 5{,}0$ °C ;
température de la maison : $T_2 = 20$ °C ;
surface du sol du grenier : $S = 80$ m^2 ;
résistance thermique du sol du grenier : $R = 7{,}5 \times 10^{-3}$ K.W^{-1}.

	Laine de roche	Polystyrène extrudé	Liège naturel expansé	Cellulose
Conductivité thermique λ en W.m^{-1}.K^{-1}	0,035	0,033	0,042	0,039

➔ *Corrigé p. 392*

10 50 min ★★

On considère une maison de plain-pied de surface habitable 68 m^2, dont l'isolation du sol, des murs extérieurs et des combles (espaces sous la toiture) est prévue selon les données du tableau suivant :

	Surface (m^2)	Matériaux	Épaisseur (cm)	Conductivité thermique λ (W.m^{-1}.K^{-1})	Résistance thermique (S.I.)
Sol	70	mortier de chaux	25	0,17	0,021
Vitres	15	triple vitrage verre/air	3,6	0,023	0,10
Combles (espaces sous la toiture)	79	gypse/cellulose	1,3	0,35	0,053
		granulé de chanvre	20	0,048	
Murs extérieurs	85	enduit de plâtre	1,5	0,50	
		briques plâtrières	5,0	0,80	
		panneaux en liège expansé	6,0	0,040	
		brique creuse standard	20	0,60	
		enduit sable/chaux	2,5	1,05	

1. Déterminer, par analyse dimensionnelle de la relation $\Phi = \dfrac{T_i - T_e}{R_{th}}$, l'unité d'une résistance thermique.

2. Pour une surface donnée à isoler, expliquer qualitativement dans quel sens doivent évoluer les caractéristiques d'une paroi pour augmenter l'isolation de l'habitation.

3. Calculer la résistance thermique des murs extérieurs R_m, en précisant l'unité.

4. Pour obtenir une résistance thermique identique à celle des combles, quelle devrait être la valeur de l'épaisseur d'une couche de laine de verre de conductivité thermique $\lambda_{lv} = 0{,}038$ W.m^{-1}.K^{-1} ?

On suppose désormais que l'on utilise uniquement ce matériau. Dans la région où est prévue la construction de la maison, la température extérieure moyenne du sol en hiver est d'environ 10 °C et celle de l'air extérieur est de 4 °C. Un poêle à bois maintient la température intérieure de la maison constante à T_i = 19 °C.
Pendant une journée, les valeurs des transferts thermiques sont alors :
- pour les murs extérieurs : Q_m = 56 MJ ;
- pour les vitres : Q_v ;
- pour le sol : Q_s = 37 MJ ;
- pour les combles : Q_c = 24 MJ.

Rappel : 1 kWh correspond à 3,6 MJ.

5. Préciser le sens dans lequel s'effectuent les transferts thermiques.

6. Calculer Q_v. En déduire la valeur de la chaleur fournie par un poêle à bois pendant une journée.

7. Dans ces conditions, si, par an, la période de chauffage dure 100 jours, peut-on considérer la maison comme passive, c'est-à-dire consommer moins de 15 kWh par m² habitable et par an de chauffage ? → *Corrigé p. 392*

11 40 min ★★

On considère un centre de données, c'est-à-dire un lieu où se trouvent regroupés les équipements constituant le système d'information de l'entreprise (ordinateurs, serveurs, routeurs…). Ces équipements dégagent de grandes quantités de chaleur.
On cherche à savoir si un système d'évacuation de chaleur est nécessaire au bon fonctionnement du matériel informatique.

Données :

Matériau	Laine de verre	Polystyrène	Laine de roche	Béton armé	Polymère
Conductivité thermique λ ($W.K^{-1}.m^{-1}$)	0,032	0,038	0,034	2,2	0,18

- 1 kWh = 3,6 × 10^6 J
- Conditions d'obtention du label HQE (Haute Qualité Environnementale) :

On note Z la résistance thermique d'une paroi ayant une surface de 1 m². Pour obtenir le label HQE, la valeur de Z doit avoir une valeur minimale, notée Z_{HQE}. Cette valeur minimale dépend de la paroi étudiée. Les valeurs minimales sont données sur le schéma ci-contre.

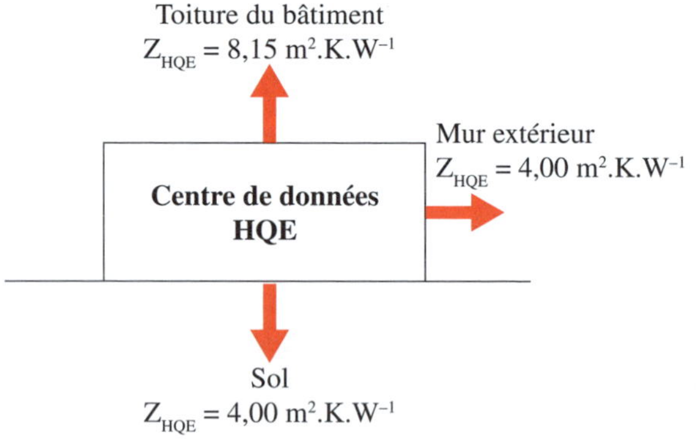

• La résistance thermique R_{th} d'une paroi plane est définie par la relation $R_{th} = \frac{Z}{S}$, où $Z = \frac{e}{\lambda}$,

avec e : épaisseur de la paroi (en m) ;
λ : conductivité thermique (en unité du système international USI) ;
S : surface de la paroi (en m^2) ;
Z : résistance thermique d'une paroi ayant une surface égale à 1 m^2.

Partie 1. Isolation thermique des murs du centre de données

Lors de l'élaboration des plans du centre de données, l'objectif était d'obtenir le label HQE pour le bâtiment.

Dans toute cette partie, on raisonnera sur un mur extérieur dont la surface est de 1,0 m^2.

1. Quelle devrait être l'épaisseur du mur extérieur si celui-ci n'était constitué que de béton armé ?

2. L'épaisseur des murs en béton armé est en réalité de 20 cm. Pour améliorer la résistance thermique des murs, on se propose d'ajouter une couche d'isolant et de la recouvrir de panneaux en polymère de 5,0 cm d'épaisseur afin de réaliser une étanchéité à l'eau et à l'air (schéma ci-dessous).

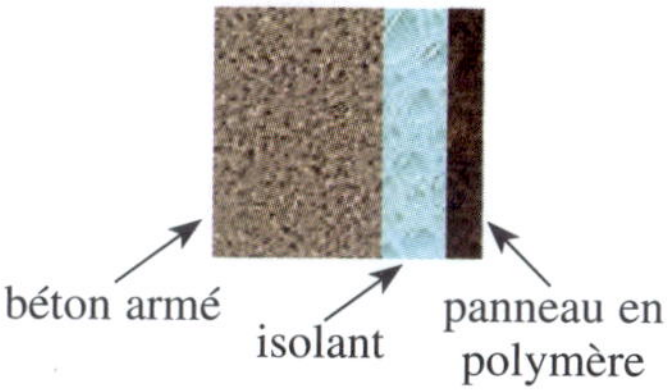

a) L'isolant choisi est la laine de verre. Justifier ce choix.

b) Déterminer l'épaisseur minimale de laine de verre nécessaire pour que la condition d'obtention du label HQE soit vérifiée.

Partie 2. Bilan thermique du centre de données

Le bâtiment, contenant 20 000 serveurs, a une longueur de 80 m, une largeur de 50 m et une hauteur de 10 m. Il respecte les normes HQE.

La puissance électrique consommée par un serveur est de 480 W.

On admettra que toute l'énergie électrique consommée par les 20 000 serveurs est transformée en énergie thermique.

On se placera dans la situation où la valeur de la résistance thermique de chaque paroi de surface de 1,0 m^2 est égale à la valeur minimale Z_{HQE}.

1. Citer les trois modes de transfert qui permettent aux serveurs de céder de l'énergie thermique à la pièce où ils sont stockés.

2. Montrer, dans le cadre des hypothèses faites, que l'énergie thermique $Q_{serveurs}$ libérée en une journée par les serveurs est égale à $8{,}3 \times 10^{11}$ J.

3. Les températures moyennes dans l'endroit où est situé le bâtiment, au cours d'une journée d'hiver, sont rassemblées dans le tableau ci-dessous.

	Air extérieur	**Sol**	**Intérieur**
Température (°C)	7,0	11	23

a) Calculer le transfert thermique Q_{sol} à travers le sol pour une journée d'hiver.
b) Sachant que les transferts thermiques à travers les murs et la toiture, pour une journée d'hiver, sont respectivement $Q_{murs} = 9{,}0 \times 10^8$ J et $Q_{toiture} = 6{,}8 \times 10^8$ J, déterminer l'énergie thermique totale perdue par l'ensemble des parois du centre de données au cours d'une journée d'hiver.
c) Que risque-t-il de se passer au niveau du matériel si rien n'est fait ?

→ *Corrigé p. 394*

EXERCICE DE BAC

Exercice 50 min **7 points**

Obligatoire depuis l'année 2006 lors de la vente d'un logement et depuis 2007 lors de la location d'un logement, le diagnostic de performance énergétique (DPE) renseigne sur la performance énergétique d'un logement ou d'un bâtiment, en évaluant sa consommation d'énergie totale annuelle (chauffage, eau chaude, électroménager).
La lecture du DPE est facilitée par une étiquette énergie comportant 7 classes de A à G (A correspondant à la meilleure performance, G à la plus mauvaise, voir ci-contre).

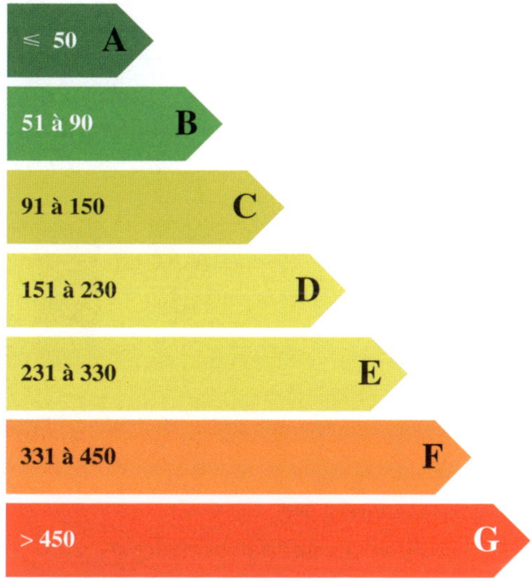

Consommations énergétiques en kWh/an et par m² de surface habitable

Un couple souhaite connaître le DPE d'une maison sans étage de surface habitable 100 m². La maison est construite dans une région où la température de l'air extérieur durant la période de chauffage vaut en moyenne $T_e = 4{,}0$ °C. Pendant la période de chauffage, l'intérieur de la maison est maintenu à une température constante $T_i = 19$ °C grâce au système de chauffage. On estime la durée annuelle de chauffage à 120 jours.

Données :

• Caractéristiques thermiques de la maison :

	Surface (m²)	Matériau	Épaisseur e (mm)	Conductivité thermique λ (W.m⁻¹.K⁻¹)	Résistance thermique R_{th} (K.W⁻¹)
Toiture	115	Laine de chanvre	100	0,042	$R_{th(toit)}$
		Terre cuite (tuile)	40	0,60	
Murs	91	Plâtre	13	0,46	0,020
		Polystyrène	50	0,036	
		Brique pleine	210	0,50	

• Valeurs des flux thermiques moyens lorsque $T_e = 4,0$ °C et $T_i = 19$ °C :

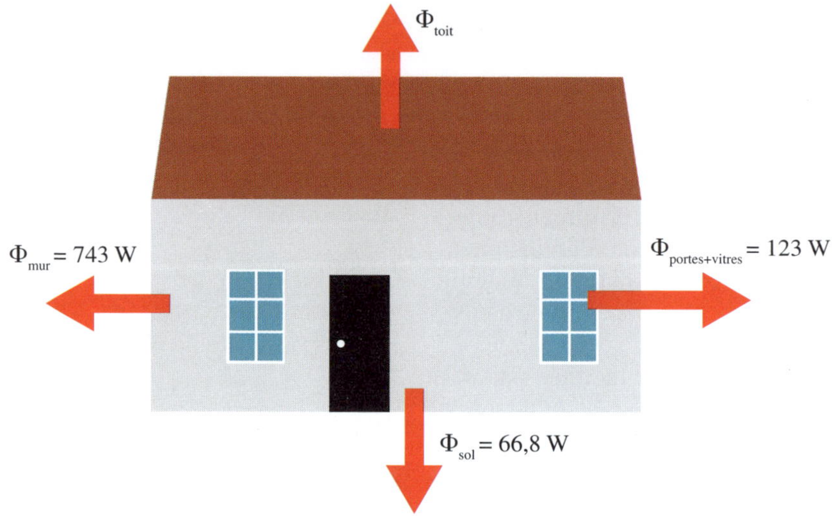

• 1 kWh = $3,6 \times 10^6$ J

1. [1,5 pt] Les transferts thermiques s'effectuent suivant trois modes.
Associer à chacune des propriétés suivantes le nom du transfert thermique correspondant.

• Propriété 1 : le transfert thermique dans un milieu matériel se fait de proche en proche sans transport de matière.

• Propriété 2 : le transfert thermique ne nécessite pas de milieu matériel et se fait sans transport de matière.

• Propriété 3 : le transfert thermique se fait par déplacement macroscopique de matière, généralement au sein d'un gaz ou d'un liquide.

2. [2,5 pts] Calculer la résistance thermique de la toiture, notée $R_{th(toit)}$, et en déduire que le flux thermique moyen à travers le toit en hiver est égal à $\Phi_{toit} = 7,1 \times 10^2$ W.

3. [3 pts] Afin de conserver une température constante dans la maison, la puissance moyenne du système de chauffage doit être égale au flux thermique moyen sortant de la maison.
En estimant que le chauffage représente 60 % de la consommation d'énergie annuelle, déterminer la classe énergétique de cette maison. → *Corrigé p. 395*

CORRIGÉS

1 → *Énoncé p. 379*

1. B ; **2. A** ; **3. A** et **B.**

2 → *Énoncé p. 379*

1. A et **C** ; **2. A**, **B** et **C** ; **3. A** ; **4. A.**

3 → *Énoncé p. 379*

1. C ; **2. C** ; **3. B.**

4 → *Énoncé p. 380*

1. La formule de la résistance thermique est :

$$R_{th} = \frac{e}{\lambda \times S}$$

e : m ; λ : $W.m^{-1}.K^{-1}$; S : m^2

La résistance thermique est donc en $K.W^{-1}$.

2. $R_{th} = \dfrac{e}{\lambda \times S}$

$$\boldsymbol{R_{th}} = \frac{0{,}20}{0{,}11 \times 6{,}0 \times 3{,}0} = \mathbf{0{,}10\ K.W^{-1}}.$$

3. Pour avoir les mêmes performances énergétiques, les résistances thermiques des deux matériaux doivent être égales :

$R_{th(béton)} = R_{th(panneau)}$, soit :

$$\frac{e_{béton}}{\lambda_{béton} \times S} = \frac{e_{panneau}}{\lambda_{épicéa} \times S}$$

$$e_{béton} = \frac{e_{panneau} \times \lambda_{béton}}{\lambda_{épicéa}}$$

$$\boldsymbol{e_{béton}} = \frac{0{,}20 \times 2{,}2}{0{,}11} = \mathbf{4{,}0\ m}.$$

> **Remarque**
> Plus la résistance thermique d'un matériau est élevée, plus celui-ci est un bon isolant thermique.

Pour avoir les mêmes performances d'isolation, le mur en béton devrait faire 4 mètres d'épaisseur. C'est irréaliste, donc **le béton n'est pas un bon isolant thermique**.

5 → *Énoncé p. 380*

1. Ici, les trois modes de transfert sont présents :
– le **rayonnement**, car la vitre est chauffée par les rayons provenant du Soleil ;
– la **conduction** dans le verre : les atomes communiquent leur énergie de proche en proche ;

– la **convection** : l'air emprisonné entre les deux feuilles de verre est chauffé et devient moins dense. Il s'élève et se mélange à l'air plus froid.

2. $$\Phi = \frac{T_2 - T_1}{R_{\text{th(totale)}}}$$

$$\Phi = \frac{T_2 - T_1}{R_{\text{th(verre 1)}} + R_{\text{th(air)}} + R_{\text{th(verre 2)}}}$$

$$\Phi = \frac{T_2 - T_1}{\dfrac{e_{\text{verre}}}{\lambda_{\text{verre}} \times S} + \dfrac{e_{\text{air}}}{\lambda_{\text{air}} \times S} + \dfrac{e_{\text{verre}}}{\lambda_{\text{verre}} \times S}}$$

$$\Phi = \frac{T_2 - T_1}{\dfrac{1}{S} \times \left(2 \times \dfrac{e_{\text{verre}}}{\lambda_{\text{verre}}} + \dfrac{e_{\text{air}}}{\lambda_{\text{air}}}\right)}$$

$$\Phi = \frac{S \times (T_2 - T_1)}{2 \times \dfrac{e_{\text{verre}}}{\lambda_{\text{verre}}} + \dfrac{e_{\text{air}}}{\lambda_{\text{air}}}}$$

$$\Phi = \frac{4{,}0 \times 10}{\dfrac{2 \times 4{,}0 \times 10^{-3}}{1{,}2} + \dfrac{12{,}0 \times 10^{-3}}{0{,}026}} = \mathbf{85\ W.}$$

Rappel

Le résultat final doit comporter le même nombre de chiffres significatifs que le terme de l'opération qui en comporte le moins.

3. Calculons U à partir de la formule précédente :

$$\Phi = \frac{S \times (T_2 - T_1)}{2 \times \dfrac{e_{\text{verre}}}{\lambda_{\text{verre}}} + \dfrac{e_{\text{air}}}{\lambda_{\text{air}}}}$$, avec $S = 1{,}0\ \text{m}^2$ et $T_2 - T_1 = 1{,}0\ °\text{C}$.

On a :

$$U = \frac{1{,}0}{\dfrac{2 \times 4{,}0 \times 10^{-3}}{1{,}2} + \dfrac{12{,}0 \times 10^{-3}}{0{,}026}} = \mathbf{2{,}1\ W.m^{-2}.K^{-1}.}$$

U est supérieur à $2{,}0\ \text{W.m}^{-2}.\text{K}^{-1}$. **Les fenêtres ne respectent donc pas la réglementation.**

4. On peut :

– **remplacer l'air entre les deux feuilles de verre par de l'argon**, dont la conductivité thermique est plus faible ;

– **mettre des feuilles de verres plus épaisses.**

6 → *Énoncé p. 381*

1. $$k = \frac{6 \times 210}{2\ 700 \times 0{,}12 \times 897} = \mathbf{4{,}3 \times 10^{-3}\ S.I.}$$

2. D'après les valeurs de l'énoncé :

$T(t) = 20 + (90 - 20) \times e^{-4{,}3\times10^{-3}\times t} = \mathbf{20 + 70 \times e^{-4{,}3\times10^{-3}\times t}}$

3. On cherche le temps nécessaire pour que $T = \frac{T(0)}{2} = 45$ °C.

$$e^{-4,3\times10^{-3}\times t} = \frac{45-20}{70}$$

Soit $\boldsymbol{t} = -\dfrac{\ln\left(\dfrac{45-20}{70}\right)}{4,3\times10^{-3}} = \mathbf{2,4\times10^2\ s.}$

4. On calcule tout d'abord k pour le cuivre :

$$k = \frac{6\times210}{8\,960\times0,12\times380} = 3,1\times10^{-3}\ \text{S.I.}$$

Comme à la question **3**, on calcule le temps nécessaire pour que $T = 45$ °C.

$$t = -\frac{\ln\left(\dfrac{45-20}{70}\right)}{3,1\times10^{-3}} = 3,3\times10^2\ \text{s.}$$

Le morceau de cuivre mettra donc plus de temps à refroidir.

Remarque

La capacité thermique massique c est une grandeur qui reflète la capacité d'un matériau à accumuler de l'énergie sous forme thermique, pour une masse de 1 kilogramme quand sa température augmente de 1 K.

7 → *Énoncé p. 381*

① rayonnement solaire incident
② rayonnement réfléchi par l'atmosphère
③ rayonnement absorbé par la Terre
④ rayonnement piégé par l'effet de serre
⑤ rayonnement réémis par la Terre
⑥ rayonnement réfléchi par la Terre

8 → *Énoncé p. 382*

1. En comparant les conductivités thermiques des différents matériaux, on constate que celle du polystyrène est bien inférieure aux autres. Cela veut dire que **le polystyrène est un isolant.**

2. La résistance thermique de chaque épaisseur de matériau se calcule grâce à la formule :

$$R_{\text{th}} = \frac{e}{\lambda\times S}$$

$$R_{\text{th(plâtre)}} = \frac{e_1}{\lambda\times S} = \frac{1,3\times10^{-2}}{0,32\times20} = 2,0\times10^{-3}\ \text{K.W}^{-1}$$

$$R_{\text{th(béton)}} = \frac{e_3}{\lambda'\times S} = \frac{20\times10^{-2}}{1,4\times20} = 7,1\times10^{-3}\ \text{K.W}^{-1}$$

$$R_{\text{th(ciment)}} = \frac{e_5}{\lambda''\times S} = \frac{1,5\times10^{-2}}{1,1\times20} = 6,8\times10^{-4}\ \text{K.W}^{-1}$$

$$R_{\text{th(polyst)}} = \frac{e_2+e_4}{\lambda_{\text{poly}}\times S} = \frac{10\times10^{-2}}{0,036\times20} = 0,14\ \text{K.W}^{-1}$$

La résistance thermique totale est égale à la somme des résistances thermiques de chaque élément :

$R_{\text{th(totale)}} = R_{\text{th(plâtre)}} + R_{\text{th(béton)}} + R_{\text{th(ciment)}} + R_{\text{th(polyst)}}$

$\boldsymbol{R_{\text{th(totale)}} = 0{,}15\ \text{K.W}^{-1}}$

3. Calculons la résistance thermique d'une épaisseur de 10 cm (2 × 5 cm) de chacun des matériaux :

$$R_{\text{th(polyst)}} = \frac{10 \times 10^{-2}}{0{,}036 \times 20} = 0{,}14\ \text{K.W}^{-1}$$

$$R_{\text{th(chanvre)}} = \frac{10 \times 10^{-2}}{0{,}039 \times 20} = 0{,}13\ \text{K.W}^{-1}.$$

Le chanvre et le polystyrène ont des résistances thermiques très proches l'une de l'autre. Par contre, **le bilan carbone du chanvre en fait un matériau plus adapté du point de vue écologique**.

9 → *Énoncé p. 382*

1. Le transfert thermique se fait toujours de la pièce la plus chaude vers la pièce la plus froide : **il se fait donc de la maison** ($T_2 = 20$ °C) **vers le grenier** ($T_1 = 5{,}0$ °C).

2. $$\Phi = \frac{T_2 - T_1}{R}$$

$$\Phi = \frac{20 - 5{,}0}{7{,}5 \times 10^{-3}} = \mathbf{2{,}0 \times 10^3\ W}.$$

3. Plus la conductivité thermique du matériau est petite, plus le matériau s'oppose au passage de la chaleur. **Le matériau le plus adapté est donc, d'après le tableau, le polystyrène extrudé.**

4. La résistance totale est la somme de la résistance du sol et de celle de la paroi :
$R_{\text{tot}} = R_{\text{sol}} + R_{\text{paroi}}$, d'où $R_{\text{paroi}} = R_{\text{tot}} - R_{\text{sol}}$.
$R_{\text{paroi}} = 6{,}3 \times 10^{-2} - 7{,}5 \times 10^{-3} = 6{,}3 \times 10^{-2} - 0{,}75 \times 10^{-2} = \mathbf{5{,}6 \times 10^{-2}\ K.W^{-1}}$.

5. Calculons l'épaisseur minimale du panneau du matériau :
$R_{\text{paroi}} \geqslant 5{,}6 \times 10^{-2}\ \text{K.W}^{-1}$, d'où :

$$\frac{e}{\lambda \times S} \geqslant 5{,}6 \times 10^{-2}$$

$e \geqslant 5{,}6 \times 10^{-2} \times \lambda \times S$

$e \geqslant 5{,}6 \times 10^{-2} \times 0{,}033 \times 80 = 0{,}15$ m.

Le panneau doit avoir une épaisseur minimale de 15 cm.

10 → *Énoncé p. 383*

1. $$\Phi = \frac{T_i - T_e}{R_{\text{th}}} \text{ donc } R_{\text{th}} = \frac{\overbrace{T_i - T_e}^{\text{K}}}{\underbrace{\Phi}_{\text{W}}}.$$

$\boldsymbol{R_{\text{th}}}$ **est donc en K.W⁻¹**.

2. Pour avoir une meilleure isolation, il faut, à surface S équivalente, une résistance thermique élevée. Or $R_{th} = \dfrac{e}{\lambda \times S}$.
Pour augmenter la résistance thermique, on peut donc :
– augmenter l'épaisseur e de la paroi (e au numérateur) ;
– diminuer λ en choisissant un matériau moins bon conducteur thermique.

3. La résistance thermique totale du mur est égale à la somme des résistances de chacun des matériaux le composant :

$$R_m = R_{th(\text{enduit plâtre})} + R_{th(\text{brique})} + R_{th(\text{panneau})} + R_{th(\text{brique creuse})} + R_{th(\text{enduit})}$$

$$R_m = \left(\frac{1{,}5 \times 10^{-2}}{0{,}50} + \frac{5{,}0 \times 10^{-2}}{0{,}80} + \frac{6{,}0 \times 10^{-2}}{0{,}040} + \frac{20 \times 10^{-2}}{0{,}60} + \frac{2{,}5 \times 10^{-2}}{1{,}05}\right) \times \frac{1}{85}$$

$\boldsymbol{R_m = 0{,}023\ \text{K.W}^{-1}}$**.**

4. Pour avoir une résistance équivalente, la résistance thermique de l'épaisseur de laine de verre doit valoir 0,053 K.W^{-1} pour une surface S de 79 m^2.

$R_{\text{combles}} = \dfrac{e}{\lambda_{lv} \times S}$, d'où $e = R_{\text{combles}} \times \lambda_{lv} \times S$.

$e = 0{,}053 \times 0{,}038 \times 79 =$ **0,16 m.**

5. Les transferts thermiques se font du chaud vers le froid. Ici, **ils se font de l'intérieur de la maison vers le sol et l'extérieur.**

6. $\Phi = \dfrac{Q_v}{\Delta t}$, mais aussi $\Phi = \dfrac{T_i - T_e}{R_{th}}$. Donc $\dfrac{Q_v}{\Delta t} = \dfrac{T_i - T_e}{R_{th}}$.

Exprimons alors Q_v : $Q_v = \dfrac{(T_i - T_e) \times \Delta t}{R_{th}}$.

Convertissons la durée d'une journée en seconde et calculons Q_v :

$\boldsymbol{Q_v} = \dfrac{(19 - 4) \times 24 \times 3\,600}{0{,}10} = 1{,}296 \times 10^7\ \text{J} =$ **13 MJ.**

> **Rappel**
> 1 mégajoule (MJ) = 10^6 J

Pour garder une température constante, la chaleur perdue doit être compensée par la chaleur apportée par le chauffage :

$Q_{\text{poêle}} = Q_v + Q_m + Q_s + Q_c$

$\boldsymbol{Q_{\text{poêle}}} = 13 + 56 + 37 + 24 =$ **130 MJ chaque jour.**

7. Convertissons cette énergie en kWh :

$Q_{\text{poêle}} = \dfrac{130}{3{,}6} = 36{,}1$ kWh.

Calculons maintenant l'énergie consommée pour le chauffage en un an (en comptant 100 jours de chauffage) :

$Q_{\text{poêle/an}} = Q_{\text{poêle}} \times 100 = 3{,}61 \times 10^3\ \text{kWh.an}^{-1}$.

Rapportons cela à la surface habitable :

$Q_{\text{pôele/an/m}^2} = \dfrac{Q_{\text{poêle/an}}}{S} = \dfrac{3{,}61 \times 10^3}{68} = 53\ \text{kWh.m}^{-2}.\text{an}^{-1}$.

Nous sommes au-dessus des critères d'une maison passive.

11 → Énoncé p. 384

Partie 1

1. D'après le document : $Z_{HQE} = 4{,}00\ m^2.K^{-1}.W^{-1}$.
La conductivité thermique du béton armé est $\lambda = 2{,}2\ W.K^{-1}.m^{-1}$.

Or, $Z = \frac{e}{\lambda}$, d'où $e = Z \times \lambda$.

$e = 4{,}00 \times 2{,}2 = 8{,}8$ m.

Un mur extérieur en béton devrait avoir une épaisseur de 8,8 m.

2. a) Pour une surface de 1,0 m² : $R_{th} = \frac{Z}{S} = Z = \frac{e}{\lambda}$.

À épaisseur constante, la résistance thermique est d'autant plus grande que la conductivité thermique λ est faible. La laine de verre possède une conductivité thermique bien plus faible que celle du béton ; **elle constitue donc un meilleur isolant thermique**.

b) La résistance thermique totale est égale à la somme des résistances de l'ensemble des matériaux : béton, laine de verre et polymère.

Pour $S = 1{,}0\ m^2$, on a : $R_{th} = \frac{e}{\lambda} = Z$.

$$Z = R_{th} = R_{th(béton)} + R_{th(laine)} + R_{th(polym)}$$

$$Z = \frac{e_{béton}}{\lambda_{béton}} + \frac{e_{laine}}{\lambda_{laine}} + \frac{e_{polym}}{\lambda_{polym}}$$

d'où $\frac{e_{laine}}{\lambda_{laine}} = Z - \frac{e_{polym}}{\lambda_{polym}} - \frac{e_{béton}}{\lambda_{béton}}$.

Soit $e_{laine} = \lambda_{laine} \times \left(Z - \frac{e_{polym}}{\lambda_{polym}} - \frac{e_{béton}}{\lambda_{béton}}\right)$.

$$e_{laine} = 0{,}032 \times \left(4{,}00 - \frac{0{,}050}{0{,}18} - \frac{0{,}20}{2{,}2}\right) = 0{,}12\ m.$$

L'épaisseur de laine de verre nécessaire pour obtenir le label HQE est de 12 cm.

Partie 2

1. Les serveurs échangent de l'énergie thermique :
- par **convection** avec l'air ambiant ;
- par **conduction** avec les supports de serveurs ;
- par **rayonnement**, car tout corps émet des rayonnements électromagnétiques

2. Pour un serveur :
$Q_{serveur} = P \times \Delta t = 480 \times 24 \times 3\,600 = 4{,}1 \times 10^7$ J.
Pour l'ensemble des serveurs :
$Q_{serveurs} = 20\,000 \times 480 \times 24 \times 3\,600 = \mathbf{8{,}3 \times 10^{11}\ J}$.
Ce résultat confirme l'hypothèse de l'énoncé.

Remarque

Un watt-heure correspond à l'énergie consommée par un appareil de puissance 1 watt pendant une heure, soit 3 600 s. Cela correspond à 3 600 J.

3. a) Calculons le transfert thermique à travers le sol Q_{sol}.

$$Q_{\text{sol}} = \Phi \times \Delta t = \frac{T_{\text{int}} - T_{\text{ext}}}{R_{\text{th}}} \times \Delta t$$

Ici, la surface du sol S vaut $L \times \ell = 50 \times 80 = 4\,000\ \text{m}^2$.

Or $R_{\text{th}} = \frac{Z}{S}$, d'où :

$$Q_{\text{sol}} = \frac{\left(T_{\text{int}} - T_{\text{ext}}\right) \times S \times \Delta t}{Z}$$

$$\boldsymbol{Q_{\text{sol}}} = \frac{(23 - 11) \times 4\,000 \times 24 \times 3\,600}{4{,}00} = \mathbf{1{,}0 \times 10^9\ J.}$$

Rappel

Pour passer de la journée à la seconde, on peut utiliser le schéma ci-dessous :

jour → × 24 → heure → × 3 600 → seconde

seconde → / 3 600 → heure → / 24 → jour

b) L'énergie thermique perdue par le bâtiment est égale à la somme des énergies perdues par le sol, les murs et la toiture.

$Q_{\text{totale}} = Q_{\text{sol}} + Q_{\text{murs}} + Q_{\text{toiture}}$

$\boldsymbol{Q_{\text{totale}}} = 1{,}0 \times 10^9 + 9{,}0 \times 10^8 + 6{,}8 \times 10^8 = \mathbf{2{,}6 \times 10^9\ J.}$

c) Les serveurs libèrent une chaleur $Q_{\text{serveurs}} = 8{,}3 \times 10^{11}$ J supérieure à la chaleur évacuée par le bâtiment ($Q_{\text{totale}} = 2{,}6 \times 10^9$ J).

Si cet excès de chaleur n'est pas évacué, **la température risque d'endommager les serveurs.**

EXERCICE DE BAC

Exercice → *Énoncé p. 387*

1. Propriété 1 : **conduction**. Propriété 2 : **rayonnement**. Propriété 3 : **convection**.

2. Pour calculer le flux thermique passant par le toit, il faut commencer par calculer la résistance thermique du toit.

Cette résistance thermique est la somme des résistances thermiques de chacun des matériaux le composant :

$R_{\text{th(toit)}} = R_{\text{th(laine)}} + R_{\text{th(tuile)}}$, avec $R_{\text{th}} = \frac{e}{\lambda \times S}$ et $S = 115\ \text{m}^2$.

$$R_{\text{th(toit)}} = \frac{100 \times 10^{-3}}{0{,}042 \times 115} + \frac{40 \times 10^{-3}}{0{,}60 \times 115} = 2{,}1 \times 10^{-2}\ \text{K.W}^{-1}.$$

Nous pouvons maintenant calculer le flux thermique avec la relation :

$$\Phi = \frac{T_i - T_e}{R_{th}}$$

$$\Phi = \frac{19 - 4{,}0}{2{,}1 \times 10^{-2}} = 7{,}0 \times 10^2 \text{ W.}$$

Ce résultat est proche du résultat présenté dans l'énoncé ($\Phi_{toit} = 7{,}1 \times 10^2$ W).

3. Nous allons tout d'abord calculer le flux total sortant de la maison.

$\Phi_{total} = \Phi_{toit} + \Phi_{murs} + \Phi_{sol} + \Phi_{portes+vitres}$

$\Phi_{total} = 7{,}1 \times 10^2 + 743 + 66{,}8 + 123 = 1{,}6 \times 10^3$ W.

Pour garder une température constante dans la maison, ce flux (assimilable à une puissance) doit être compensé par la puissance du chauffage : $P = 1{,}6 \times 10^3$ W.

Calculons maintenant la consommation énergétique du chauffage par m² et par an.

La maison de surface $S = 100$ m² est chauffée pendant 120 jours.

Convertissons le temps en heure pour pouvoir exprimer l'énergie en kWh :

$\Delta t = 120 \times 24 = 2\,880$ h.

Nous pouvons maintenant calculer la consommation surfacique :

$$E_{surfacique} = \frac{P \times \Delta t}{S}$$

$$E_{surfacique} = \frac{1{,}6 \times 2\,880}{100} = 46 \text{ kWh.m}^{-2}\text{.an}^{-1}.$$

Remarque

L'énergie E (en joule) se calcule à partir de la puissance P (en watt) et du temps Δt (en seconde) grâce à la relation $E = P \times \Delta t$.

Or, d'après l'énoncé, cette consommation ne représente que 60 % de la consommation totale. Déterminons donc la consommation totale :

$$E = \frac{E_{surfacique}}{0{,}60}$$

$$E = \frac{46}{0{,}60} = 77 \text{ kWh.m}^{-2}\text{.an}^{-1}.$$

La maison a pour classe énergétique B.

ONDES ET SIGNAUX

La physique contribue au développement des télécommunications. Les ondes sont partout. Mais attention aux interférences !

Les phénomènes ondulatoires

CHAPITRE 16

1 Caractéristiques d'une onde sonore

■ Une onde mécanique est caractérisée par la propagation d'une perturbation dans un milieu matériel. Il y a transport d'énergie sans transport de matière.
Le son est une onde mécanique ; la perturbation est une alternance de **compressions et de dilatations** du milieu qui se propage dans tout l'espace qui lui est offert.

■ Pour émettre un son, la source va délivrer une certaine puissance, que l'on nomme **puissance acoustique,** exprimée en watt (W).
La puissance reçue par unité de surface est **l'intensité sonore I.** L'unité de I est donc le watt par mètre carré ($W.m^{-2}$).

■ L'être humain peut entendre des sons dont les fréquences s'étalent d'environ 20 Hz à 20 kHz.
Cependant, pour entendre une fréquence appartenant à cette bande passante, il faut que l'intensité sonore associée ait une valeur seuil. Ainsi, l'oreille humaine normale va-t-elle entendre un son de 1 000 Hz si l'intensité sonore vaut au moins **$I_0 = 10^{-12}$ W.m^{-2}. Cette dernière valeur est importante car elle constitue l'intensité sonore de référence de l'acoustique physique.**
Lorsqu'on évalue la capacité auditive d'un individu, on va mesurer cette valeur seuil pour différentes fréquences.

■ La perception de l'oreille n'est pas linéaire. En effet, deux instruments jouant avec la même intensité ne seront pas perçus deux fois plus forts qu'un seul.
On définit donc **le niveau d'intensité sonore L** :

$$L = 10 \times \log\left(\frac{I}{I_0}\right)$$

avec $I_0 = 10^{-12}$ W.m^{-2} ;
I : intensité sonore en W.m^{-2} ;
L : niveau d'intensité sonore en dB.

> **Point maths**
> $\log(A \times B) = \log A + \log B$
> $\log\left(\frac{A}{B}\right) = \log A - \log B$
> La fonction **puissance de 10** est la fonction réciproque de la fonction **log** : $10^{(\log x)} = x$;
> de même : $\log(10^x) = x$;
> $\log(1) = 0$.

Le niveau d'intensité sonore se mesure directement avec un **sonomètre.**
Attention : *La suite du cours concerne aussi bien les ondes mécaniques, comme le son, que les ondes électromagnétiques (des rayonnements gamma jusqu'aux ondes radio en passant par la lumière visible).*

2 Diffraction

■ Lorsqu'un faisceau d'ondes (lumière ou sonore) cylindrique (surfaces d'ondes planes, rayons d'ondes parallèles) rencontre une ouverture circulaire dont le diamètre ***a*** est inférieur ou du même ordre de grandeur que **la longueur d'onde λ** du faisceau, il se produit un phénomène physique appelé **diffraction**. Le faisceau cylindrique est transformé en faisceau conique d'angle d'ouverture α.

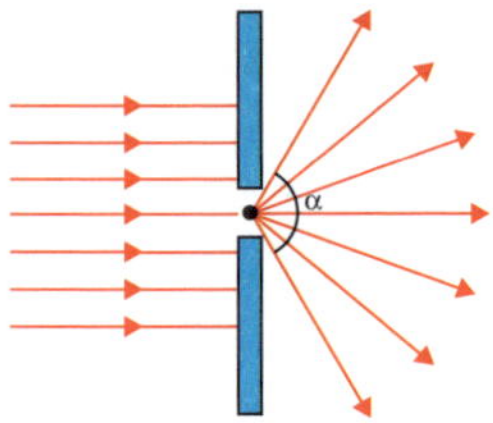

C'est comme si l'onde, en arrivant à l'ouverture ou sur un obstacle, était « repropagée ».

■ L'angle d'ouverture du cône de diffraction est donné par la relation :

$$\alpha = \frac{2 \times \lambda}{a}$$

avec :
λ : longueur d'onde en m ; *a* : diamètre de l'ouverture circulaire en m.
α est exprimé en rad.

■ En réalité, il se produit plus qu'un étalement, car l'onde produit un phénomène d'interférence que l'on nomme **figure de diffraction**.
Par exemple, lorsqu'une lumière monochromatique issue d'un laser traverse une fente étroite (ou un fil), elle produit sur un écran une figure de diffraction. Cette figure n'a pas la forme de l'ouverture ; elle est perpendiculaire à l'ouverture et se compose d'un maximum d'intensité large et brillant (appelé **tache centrale**) et d'un nombre de maxima d'intensité moins brillants et plus étroits (**taches secondaires**) de chaque côté, ces maxima d'intensité étant séparés par des minima d'intensité (taches sombres appelées **zones d'extinction**).
En optique géométrique, une telle figure serait totalement inattendue…

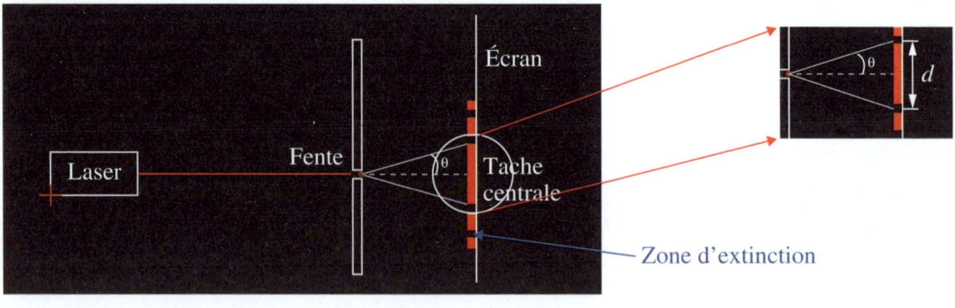

$$\theta \approx \frac{\lambda}{a}$$

avec :
θ : angle de diffraction en rad ;
λ : longueur d'onde en m ;
a : largeur de l'ouverture en m ;
d : dimension de la tache centrale en m.

Remarques

1. L'angle θ est situé entre le milieu de la tache centrale et le milieu du premier minimum de lumière.
2. La mesure de la tache centrale $\boldsymbol{d}$ se fait entre les milieux des deux premières taches sombres autour de la tache centrale.

■ La longueur d'onde du laser $\boldsymbol{\lambda}$ et la largeur $\boldsymbol{a}$ de l'ouverture sont du même ordre de grandeur.

Si λ n'est pas du même ordre de grandeur que $\boldsymbol{a}$**,** on doit envisager deux cas :
– Si $\lambda << a$, alors θ sera proche de 0, c'est-à-dire qu'il n'y a pas de déviation de l'onde.
– Si $\lambda >> a$, alors θ sera très grand (supérieur à $\pi/2$), ce qui signifie que la lumière sera envoyée dans toutes les directions.

■ Dans le cas d'une figure de diffraction, on peut trouver une relation entre la longueur d'onde λ et la dimension de la tache centrale $\boldsymbol{d}$ en utilisant la distance $\boldsymbol{L}$ entre la fente et l'écran.

$$\tan\theta = \frac{\text{côté opposé}}{\text{côté adjacent}} = \frac{d/2}{L} = \frac{d}{2L}$$

Pour θ (rad) très petit devant 1, on peut approximer : $\tan\theta \approx \sin\theta \approx \theta$.
On a alors :

$$\theta \approx \frac{d}{2L}$$

On a deux approximations de θ que l'on peut rapprocher :

$$\frac{\lambda}{a} = \frac{d}{2L}$$

Point maths

Exprimer une grandeur en fonction des autres paramètres :

$\lambda = \frac{ad}{2L}$ ou $a = \frac{2\lambda L}{d}$ ou $d = \frac{2\lambda L}{a}$

3 Interférences

■ Les bulles d'eau savonneuse et les nappes d'huiles peuvent révéler des couleurs saisissantes lorsqu'elles sont éclairées par le soleil. Ces couleurs sont produites, non pas par la réfraction comme les arcs-en-ciel, mais par un autre phénomène : des **interférences** constructives et destructives de la lumière.
Les ondes se combinent, soit pour supprimer, soit pour accentuer certaines couleurs dans le spectre de la lumière solaire incidente. C'est un phénomène de **superposition**.
Les interférences permettent notamment de réaliser des hologrammes.

■ Une onde monochromatique peut être modélisée par une succession de crêtes et de creux, comme une fonction sinusoïdale :

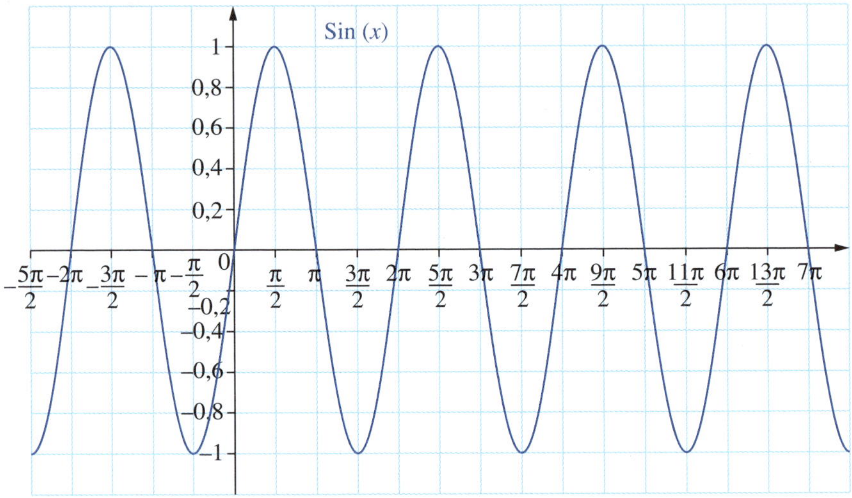

■ On considère d'abord deux ondes monochromatiques de même longueur d'onde se superposant :

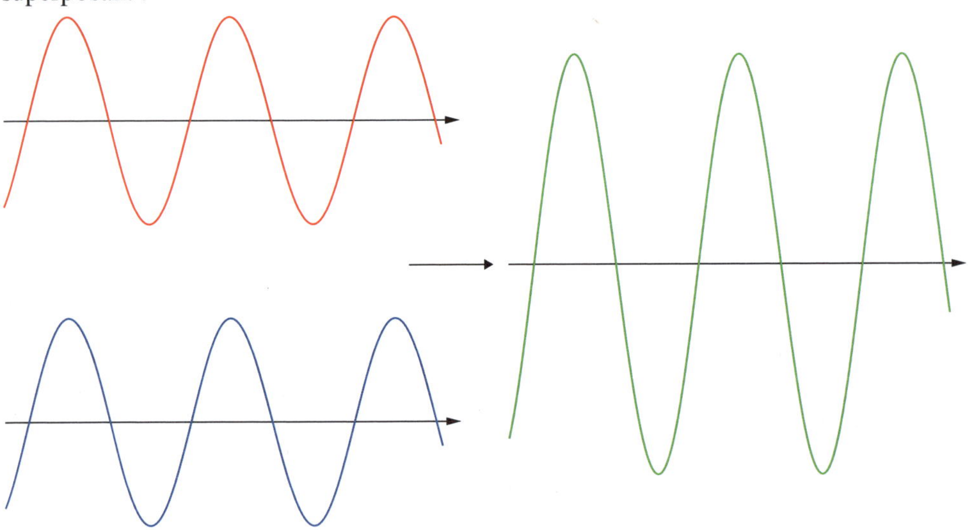

Si les creux et les crêtes coïncident, les ondes se renforcent : elles sont en **phase** ; on parle donc d'**interférences constructives**.

Plusieurs valeurs du déphasage, qui correspond à la différence de phase entre les deux ondes, permettent d'obtenir ce type d'interférences : 0 ; -2π ; 2π ; -4π ; 4π ; etc. soit $2k\pi$ avec $k \in \mathbb{Z}$.

- Voici un autre cas de superposition :

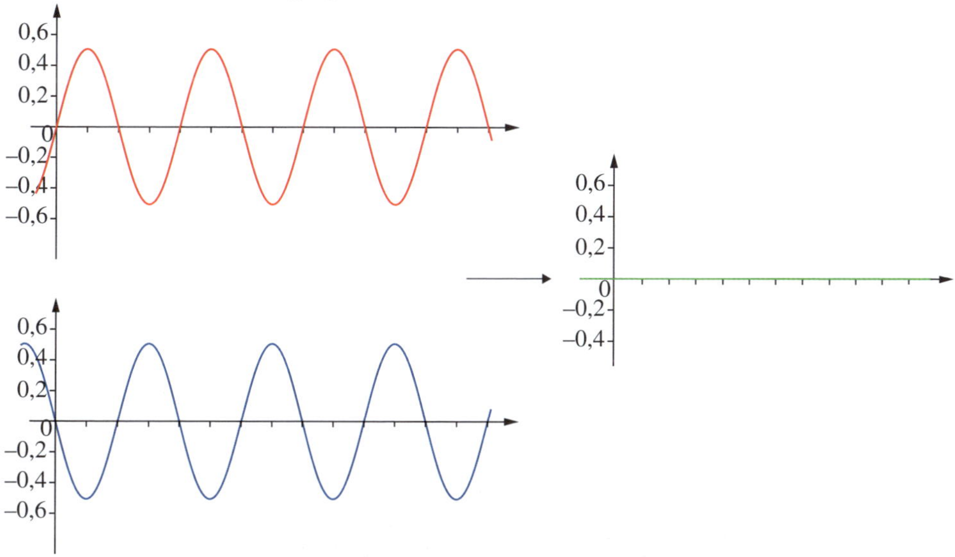

Si un creux de l'une coïncide avec une crête de l'autre, les ondes s'annulent : elles sont en **opposition de phase**, on parle donc d'interférences **destructives.**
Là aussi, plusieurs valeurs du déphasage sont possibles : $-\pi$; π ; -3π ; 3π ; etc. soit $(2k+1)\pi$ avec $k \in \mathbb{Z}$.

- Autrement dit, pour voir quels types d'interférences on aura en un point M, il faut donc considérer le déphasage entre les deux ondes qui y interfèrent.

Définissons maintenant la différence de marche δ.

Soient S_1 et S_2 deux sources synchrones (sources ponctuelles émettant des ondes de même fréquence et en phase à l'origine).

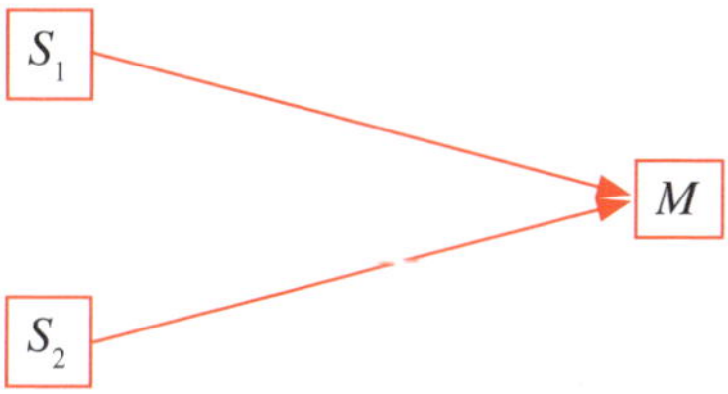

Différence de marche :
$\delta = S_2M - S_1M$
δ peut être positif ou négatif.

Au point M, l'interférence de 2 ondes, issues de 2 sources synchrones et de longueur d'onde λ, sera :
– **constructive** si $\delta = k\lambda$ (avec $k \in \mathbb{Z}$) ;
– **destructive** si $\delta = (k + 1/2)\lambda$ (avec $k \in \mathbb{Z}$).

Remarque : si la différence de marche est quelconque, alors l'amplitude n'est ni nulle, ni maximale.

■ Pour la lumière, on ne peut pas avoir plusieurs sources synchrones ; c'est pourquoi les interférences lumineuses sont créées en divisant l'onde émise par une seule source, de sorte qu'elle prenne deux trajets différents, créant ainsi une différence de marche : c'est le dispositif des fentes d'Young.

Un faisceau laser est envoyé sur une plaque percée de deux fentes fines, proches l'une de l'autre (la distance entre les deux fentes est notée a et elle est inférieure au millimètre) :

Montage des fentes d'Young

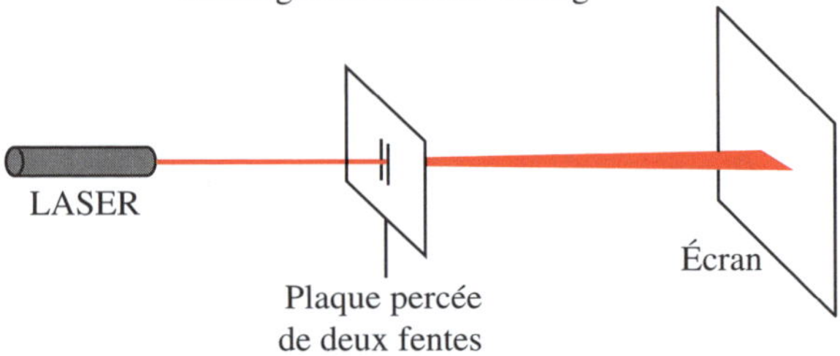

On observe sur l'écran une alternance de franges brillantes et sombres.

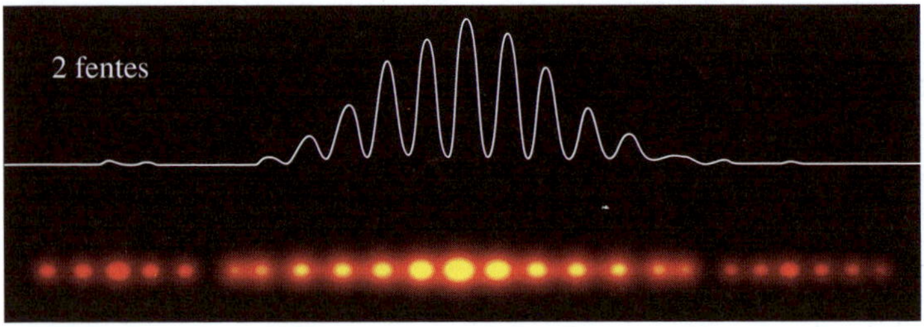

Remarque
La courbe au-dessus de la tache centrale est le profil d'intensité. On remarque dans la tache centrale une alternance de taches claires et de taches sombres.

(https://phitem.univ-grenoble-alpes.fr/diffraction-interferences/diffraction-interferences-173444.kjsp)

En effet, chaque fente diffracte la lumière. Un point de l'écran reçoit donc 2 ondes, ayant traversé 2 fentes différentes. On observe ainsi une figure de diffraction donnée par une fente fine, avec des franges beaucoup plus fines à l'intérieur de celle-ci : ce sont des **franges d'interférences**.

Les franges sont à égales distances et la distance qui les sépare est **l'interfrange,** notée $\boldsymbol{i}$.

Expérimentalement, on montre que $\boldsymbol{i}$ augmente si :

- la distance D entre l'écran et les fentes augmente ;
- la longueur d'onde λ de la source utilisée augmente ;
- la distance a entre les fentes diminue.

On aura donc pour l'interfrange i :

$$i = \frac{\lambda D}{a}$$

avec : l'interfrange $\boldsymbol{i}$ en m ; la longueur d'onde $\boldsymbol{\lambda}$ dans le milieu en m ; la distance entre l'écran et les fentes $\boldsymbol{D}$ en m ; la distance $\boldsymbol{a}$ entre les fentes en m.

Démonstration de la formule de l'interfrange

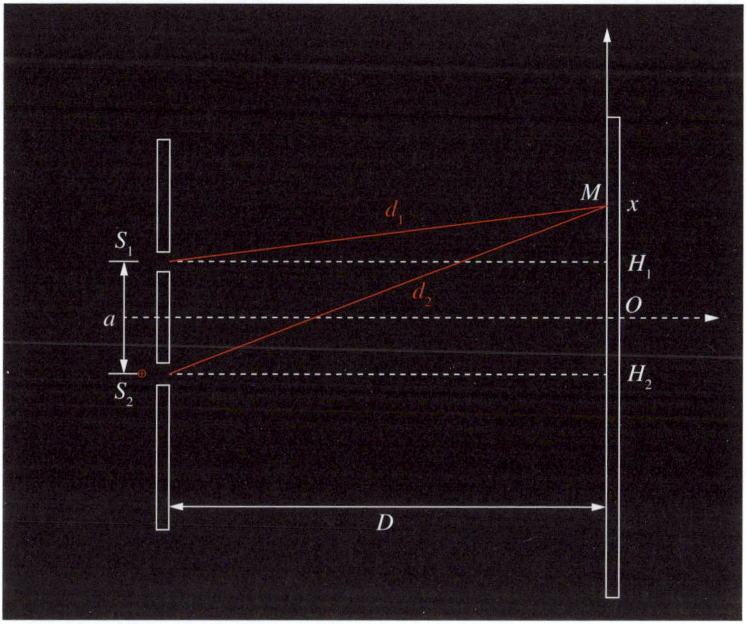

On suppose que $D >> a$ et que $D >> x$.

Calculons la différence de marche pour le point M en utilisant le théorème de Pythagore dans les triangles S_1H_1M et S_2H_2M :

$$d_2^2 = D^2 + \left(x + \frac{a}{2}\right)^2 \text{ et } d_1^2 = D^2 + \left(x - \frac{a}{2}\right)^2$$

$$d_2^2 - d_1^2 = 2xa.$$

En utilisant une identité remarquable :

$$d_2^2 - d_1^2 = \left(d_2 - d_1\right)\left(d_2 + d_1\right) = \delta 2D.$$

En effet, la différence de marche $\delta = (d_2 - d_1)$ et, comme $D >> x$, alors $(d_2 + d_1) \approx 2D$.

En regroupant les deux égalités, on a : $\delta 2D = 2xa$.

Donc $\delta = \dfrac{xa}{D}$.

Le point M est au centre d'une frange brillante si la différence de marche $\delta = k\lambda$.

$$k\lambda = \frac{xa}{D} \Rightarrow x = \frac{k\lambda D}{a}$$

La frange brillante après le point M se trouve à : $x' = \dfrac{(k+1)\lambda D}{a}$.

Entre les deux franges, on aura donc :

$x' - x = \dfrac{\lambda D}{a} = i$ (interfrange).

Ce qu'il fallait démontrer.

4 Effet Doppler*

■ La **fréquence** d'un phénomène périodique est perçue **différemment** par un observateur selon qu'il existe ou non un **déplacement** relatif entre lui et le phénomène. Cet effet a été démontré en **1842** par le physicien autrichien Johann Christian **Doppler**. Il a été vérifié expérimentalement en 1845 par Buys Ballot en Hollande « à l'aide d'une locomotive tirant un wagon découvert sur lequel prenaient place plusieurs trompettistes ».

– **La fréquence augmente** si la source et l'observateur **se rapprochent.**

– **La fréquence diminue** si la source et l'observateur **s'éloignent.**

■ L'effet Doppler s'applique non seulement aux ondes sonores, mais aussi aux ondes électromagnétiques (micro-ondes, ondes radio et lumière visible).

A. Démonstration de l'effet Doppler

■ **Premier cas :** soit une source fixe qui émet des ondes périodiques, de période T, se propageant dans le milieu à la célérité c.
Un observateur fixe situé à une distance D de la source reçoit les ondes sonores avec un retard, mais avec la même période.

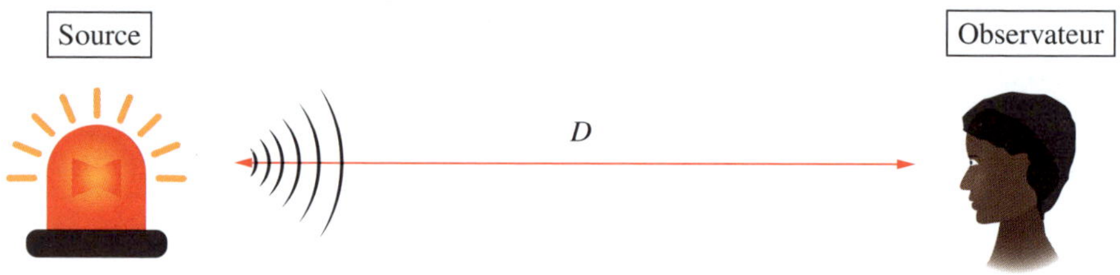

■ **Second cas :** la même source que précédemment se déplace à la vitesse v en direction de l'observateur qui est fixe.
À une date $t_1 = 0$, la première période est émise, lorsque la source est à la distance D de l'observateur. Celui-ci la reçoit à la date $t_2 = D/c$.
La deuxième période de l'onde est émise à la date $t_3 = T$: la source ayant parcouru la distance vT, elle se trouve à $D - vT$ de l'observateur.

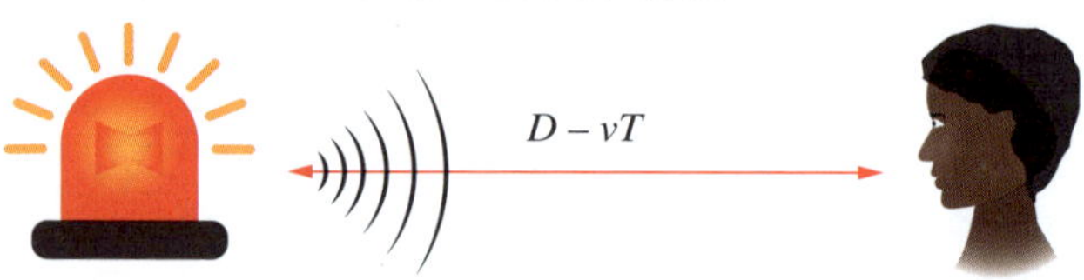

La durée de son trajet jusqu'à l'observateur est $(D - vT)/c$, donc l'observateur la reçoit à la date $t_4 = T + (D - vT)/c$.
Pour l'observateur, la période est alors $T' = t_4 - t_2$ soit $T' = T - vT/c = (1 - v/c)T$.

*Ce paragraphe ne pourra pas faire l'objet d'une question à l'épreuve écrite du Bac.

On remarque que T' est différent de T.

$$T' = T\left(1 - \frac{v}{c}\right)$$

Remarque

Si la source s'éloigne de l'observateur fixe, on utilise la même méthode, mais on remplace v par $-v$ et on aura $T' = T\left(1 + \frac{v}{c}\right)$.

On peut aussi déterminer la fréquence f' ou la longueur d'onde λ' de l'onde perçue :

$$f' = \frac{1}{T'} = \frac{f}{1 - \frac{v}{c}} = f\left(\frac{1}{1 - \frac{v}{c}}\right) = f\left(\frac{c}{c - v}\right)$$

$$\lambda' = cT' = \lambda\left(1 - \frac{v}{c}\right)$$

■ On peut faire des approximations dans le cas où la vitesse de la source v est faible par rapport à la célérité c de l'onde :

– Lorsque la source se **rapproche** de l'observateur :

$$f' = f\left(1 + \frac{v}{c}\right)$$

– Lorsque la source **s'éloigne** de l'observateur :

$$f' = f\left(1 - \frac{v}{c}\right)$$

La différence $f' - f$ est notée δf ; c'est le **décalage Doppler.**

$$\delta f = f\frac{v}{c}$$

Attention !

L'unité de :
– δf en Hz
– f (fréquence d'émission) en Hz
– v (vitesse de la source par rapport à l'observateur) : $m.s^{-1}$
– c (célérité de l'onde) : $m.s^{-1}$

– Quand la source se **rapproche** de l'observateur, la fréquence est **plus élevée** et vaut : $\boldsymbol{f + \delta f}$.

– Quand la source s'**éloigne** de l'observateur, la fréquence est **plus faible** et vaut : $\boldsymbol{f - \delta f}$.

B. Applications

– Déterminer la vitesse, c'est le principe d'un Radar (***RA****dio* ***D****etection* ***A****nd* ***R****anging*).
– En médecine, on peut mesurer la vitesse du sang.
– En astronomie, l'analyse du spectre de la lumière émise par un astre permet de mettre en évidence un décalage en fréquence.

Si l'on a un décalage vers le **bleu** (la fréquence augmente), alors l'astre se rapproche de nous.

En revanche, si l'on observe un décalage vers **le rouge** (la fréquence diminue), alors l'astre s'éloigne de nous.

On peut également étudier le décalage des raies d'absorption du spectre des étoiles.

COMMENT FAIRE

1 Calculer une intensité sonore

EXERCICE TYPE

Lors d'un concert, un trompettiste en jouant de son instrument produit un son d'un niveau sonore de 80 dB.

1. Calculez la valeur de l'intensité sonore correspondante.

2. Calculez la valeur du niveau sonore lorsque deux trompettistes jouent de la même manière et en même temps, sachant que seules les intensités sonores s'additionnent.

CORRIGÉ COMMENTÉ

1. Avant d'effectuer le calcul, il faut donner l'expression littérale de l'intensité sonore :

$$L = 10\log\left(\frac{I}{I_0}\right)$$

$$\frac{L}{10} = \log\left(\frac{I}{I_0}\right)$$

La fonction inverse de log, c'est la puissance de 10 :

$$10^{\frac{L}{10}} = 10^{\log\left(\frac{I}{I_0}\right)}$$

$$10^{\frac{L}{10}} = \frac{I}{I_0}$$

D'où :

$$I = I_0 \times 10^{\frac{L}{10}}$$

Application numérique :

$I = 10^{-12} \times 10^{(80/10)} = 10^{-4}$ W.m^{-2}

$$\boldsymbol{I = 1{,}0 \times 10^{-4}\ \text{W.m}^{-2}}$$

2. Comme les deux trompettistes jouent de manière identique, ils vont avoir la même intensité sonore.

Donc l'intensité sonore finale I_f : $I_f = 2 \times I$.

Le niveau d'intensité sonore final sera :

> **Point maths**
> $\log(A \times B) = \log A + \log B$

$$L_f = 10 \times \log\left(\frac{I_f}{I_0}\right) = 10 \times \log\left(\frac{2I}{I_0}\right) = 10 \times \log(2) + 10 \times \log\left(\frac{I}{I_0}\right)$$

On reconnaît l'expression de L :

$$L_f = 10 \times \log(2) + L$$

On peut calculer : $10 \times \log(2) \approx 3$.

Donc $L_f = 3 + L = 3 + 80 = 83$.

En conclusion, le niveau sonore lorsque deux trompettistes jouent de la même manière et en même temps est de $\boldsymbol{L_f = 83}$ **dB.**

À RETENIR

- La formule du niveau d'intensité sonore : $L = 10 \times \log\left(\frac{I}{I_0}\right)$

L'unité du niveau sonore L est le décibel (dB).
avec I l'intensité sonore en $W.m^{-2}$: c'est une puissance par unité de surface.
$I_0 = 10^{-12}$ $W.m^{-2}$: c'est une valeur de référence.

- La fonction puissance de 10 est la fonction réciproque de la fonction logarithme décimal :

$$y = \log(x) \Leftrightarrow x = 10^y$$

- Ne pas oublier les unités et de tenir compte du nombre de chiffres significatifs.
- On peut ajouter les intensités sonores afin de déterminer le niveau sonore final : $I_f = I_1 + I_2 + \ldots$

Attention !
Les niveaux sonores ne s'ajoutent pas, car l'échelle logarithmique a un rapport de 10 entre chaque graduation.

2 Étudier une diffraction

EXERCICE TYPE

On souhaite déterminer le diamètre d'un cheveu en utilisant la diffraction. Pour cela, on utilise un cheveu d'épaisseur a éclairé par un faisceau issu d'un laser He-Ne de longueur d'onde $\lambda = 632$ nm. Sur un écran placé à $D = 2{,}50$ m, on mesure la longueur de la tache centrale : $d = 5{,}4$ cm.

1. Déterminer l'ouverture angulaire de la tache centrale.
2. Rappeler l'expression de cet angle en fonction de λ et a.
3. En déduire le diamètre a du cheveu.

CORRIGÉ COMMENTÉ

1. En plaçant le cheveu sur le trajet d'un rayon laser, on forme une figure de diffraction qui est perpendiculaire au cheveu. La mesure de la taille de la tache centrale de diffraction vaut $d = 5{,}4$ cm d'après l'énoncé.

On détermine l'ouverture angulaire de la tache centrale :

$$\tan\theta = \frac{\left(\frac{d}{2}\right)}{D} = \frac{d}{2D}$$

Application numérique :

$$\tan\theta = \frac{5{,}4 \times 10^{-2}}{2 \times 2{,}50} = 1{,}1 \times 10^{-2} \ll 1.$$

L'angle en radian est petit devant 1, donc $\tan\theta \approx \theta$.
Ainsi, θ **= 1,1 × 10⁻² rad**.

2. D'après le cours, θ a aussi pour expression $\theta = \dfrac{\lambda}{a}$ avec λ la longueur d'onde du laser utilisé et a l'épaisseur du cheveu.

On utilise un laser rouge ayant pour longueur d'onde λ = 632 nm.

3. $a = \dfrac{\lambda}{\theta}$

Application numérique :

$$a = \frac{632 \times 10^{-9}}{1{,}1 \times 10^{-2}} = 5{,}9 \times 10^{-5}\ \text{m}.$$

L'estimation du diamètre du cheveu est de 60 μm.

Remarque

1 nm (nanomètre) = 10^{-9} m

1 μm (micromètre) = 10^{-6} m

À RETENIR

• La distance entre l'obstacle et l'écran doit être grande devant la dimension de la tache centrale.

• L'expression de l'ouverture angulaire de la tache centrale : $\theta = \dfrac{\lambda}{a} = \dfrac{d}{2D}$

avec θ en rad, λ la longueur d'onde du laser en m, a la taille de l'obstacle ou de la fente en m, d la dimension de la tache centrale en m et D la distance entre l'écran et l'obstacle en m.

3 Mesurer une différence de marche

EXERCICE TYPE

Dans une cuve à ondes, dispositif utilisé en laboratoire pour visualiser les ondes à la surface de l'eau, deux pointes frappent l'eau de manière synchrone et créent ainsi des ondes de longueurs d'onde λ = 10 mm.

1. Un point situé à 1,5 cm de l'une et à 2,5 cm de l'autre correspond-il à un maximum ou un minimum d'amplitude ? Justifier.

2. Même question pour un point situé à 1,0 cm de l'une et 2,5 cm de l'autre.

CORRIGÉ COMMENTÉ

1. Un schéma pour visualiser le système :

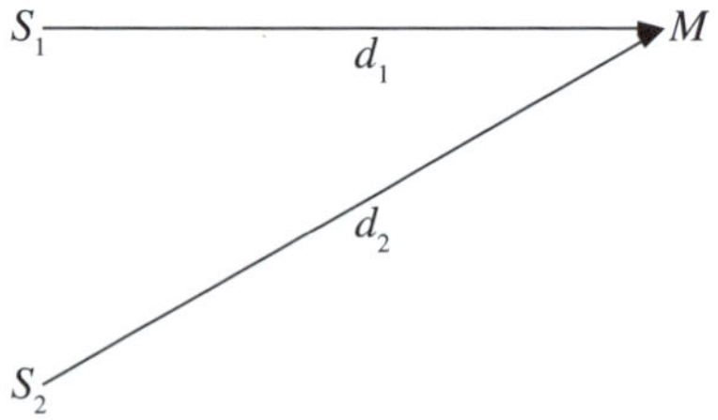

Calculons la différence de marche : $\delta = d_2 - d_1$.
Application numérique : $\delta = 2{,}5 - 1{,}5 = 1{,}0$ cm.
Comme $\delta = 1 \times \lambda$, l'amplitude est donc maximale : ce sont des interférences constructives.

2. Même raisonnement : $\delta = 2{,}5 - 1{,}0 = 1{,}5$ cm.

Mais cette fois $\delta = \left(1 + \frac{1}{2}\right)\lambda$, donc l'amplitude est minimale : ce sont des interférences destructives.

À RETENIR

- Au point M, l'interférence de deux ondes de longueur d'onde λ est :
– **constructive** si la différence de marche $\delta = k \times \lambda$;
– **destructive** si $\delta = \left(k + \frac{1}{2}\right) \times \lambda$, avec k un entier relatif.

La différence de marche δ (en m) est la différence des longueurs entre une source et un point M de l'espace : $\delta = S_2M - S_1M$.
δ peut être positive ou négative.

4 Déterminer un interfrange

EXERCICE TYPE

On réalise une expérience d'interférence à l'aide d'un laser émettant une lumière monochromatique de longueur d'onde λ.
À quelques centimètres du laser, on place un écran percé de deux fentes distantes de $a = 0{,}40$ mm. Des franges sont observées sur un écran situé à $D = 3{,}0$ m.
La largeur sur l'écran d'un ensemble de sept franges consécutives est de 25 mm.

1. Quelle est la longueur d'onde du laser ?

2. Pourquoi mesurer six interfranges au lieu d'un ?

CORRIGÉ COMMENTÉ

1. Il faut utiliser la formule de l'interfrange, car elle contient la longueur d'onde λ du laser.
En effet, dans cette formule, la distance entre les centres de deux franges, est

$$i = \frac{\lambda \times D}{a}$$

La longueur d'onde s'en déduit : $\lambda = \frac{a \times i}{D}$
avec a, i, D et λ en m.

Dans l'expérience, on a mesuré 6 interfranges. Pour en connaître une, il faut faire une division.
Application numérique : $\lambda = (4{,}0 \times 10^{-4} \times (25/6) \times 10^{-3})/3{,}0 = 5{,}6 \times 10^{-7}$ m = 560 nm.
2. Mesurer 6 interfranges au lieu de 1 seul permet d'obtenir une meilleure précision. En effet, la moyenne des valeurs mesurées est la meilleure estimation qui puisse être faite.

À RETENIR

- La formule de l'interfrange : $i = \dfrac{\lambda \times D}{a}$

i : l'interfrange, c'est-à-dire la distance entre les centres de deux franges brillantes ou sombres (m) ;
λ : la longueur d'onde du laser utilisé (m) ;
D : la distance entre l'écran et l'obstacle (m) ;
a : la distance entre les 2 fentes ou trous (m).
Pour **augmenter *i*,** on peut **augmenter la longueur d'onde,** c'est-à-dire aller vers le rouge, ou **augmenter la distance entre l'écran et l'obstacle**, ou encore **diminuer la distance entre les fentes.**

- À partir de la formule de l'interfrange, on peut isoler :

$$\lambda = \frac{a \times i}{D} \text{ ou } D = \frac{a \times i}{\lambda} \text{ ou } a = \frac{\lambda \times D}{i}$$

5 Calculer un effet Doppler

EXERCICE TYPE

La sirène d'un camion de pompiers à l'arrêt émet un son sinusoïdal de fréquence $f = 480$ Hz. Lors d'un déplacement d'urgence de ce véhicule, un piéton reste immobile pour le regarder passer toute sirène hurlante. Le piéton perçoit, pour cette sirène, un son de fréquence $f' = 508$ Hz. Quelle est la vitesse v du camion ? La célérité du son dans l'air est $c = 340$ m.s^{-1}.

CORRIGÉ COMMENTÉ

Déterminons, dans un premier temps, le décalage Doppler entre la fréquence du son à l'arrêt et celle du son perçu par le piéton : $\delta f = f' - f = 508 - 480 = 28$ Hz.
Dans un second temps, utilisons la formule du décalage Doppler à faible vitesse :

$$\delta f = \frac{f \times v}{c}$$

Isolons v : $v = \dfrac{c \times \delta f}{f}$.

Application numérique : $v = \dfrac{340 \times 28}{480} = 20\ \text{m.s}^{-1}$.

La vitesse du camion est de v = 20 m.s^{-1} = 71 km.h^{-1}.

Rappel

Vitesse :
1 m.s^{-1} = 3,6 km.h^{-1}
v(km/h) = v(m/s) × 3,6
v(m/s) = v(km/h)/3,6

À RETENIR

Une source se déplaçant à la vitesse v émet une onde de célérité c, dont la fréquence d'émission f est perçue par un observateur fixe avec un décalage Doppler de fréquence :

Remarque

Ne pas confondre δf le décalage Doppler, et δ la différence de marche pour les interférences.

$$\delta f = f' - f = f \times \frac{v}{c}$$

Attention !

Cette formule n'est valable que pour des vitesses v petites par rapport à la célérité de l'onde.

- Si l'observateur et la source se rapprochent l'un de l'autre, la fréquence perçue est $f' = f + \delta f$.
- Si l'observateur et la source s'éloignent l'un de l'autre, la fréquence perçue est $f' = f - \delta f$.

EXERCICES

Connaître le cours

Pour chaque exercice du *connaître le cours*, indiquer la (ou les) bonne(s) réponse(s) :

1 — 1 min — Niveau d'intensité sonore

	A	B	C
1. L'oreille humaine est capable d'entendre les sons ayant une fréquence comprise entre :	20 et 20 000 Hz	20 Hz et 20 KHz	20 et 200 000 Hz
2. Le niveau d'intensité sonore *L* se mesure :	en décibel	en $W.m^{-2}$	en $W.m^{-1}$
3. L'intensité sonore se mesure :	en décibel	en $W.m^{-2}$	en $W.m^{-1}$
4. Si l'intensité sonore d'un son est 2 fois plus importante :	la fréquence est doublée	la puissance par unité de surface double	son niveau d'intensité sonore double

→ Corrigé p. 424

2 — 3 min — Diffraction

	A	B	C
1. Le phénomène de diffraction :	a lieu lorsqu'une onde rencontre un obstacle	ne s'observe que pour les ondes lumineuses	respecte le principe de la propagation rectiligne de la lumière
2. Il est possible de voir le phénomène de diffraction lorsqu'un faisceau de lumière monochromatique :	arrive sur un fil très fin	arrive sur une fente très fine	change de milieu
3. Le phénomène de diffraction dépend :	de la dimension de la fente	de la longueur d'onde de l'onde incidente	de la célérité de l'onde incidente
4. L'onde diffractée :	présente une tache claire et une tache sombre	a la même direction de propagation que l'onde incidente	présente des maxima et des minima d'amplitude
5. L'onde est diffractée si :	la dimension de l'obstacle est petite par rapport à la longueur d'onde	la dimension de l'obstacle est grande par rapport à la longueur d'onde	la dimension de l'obstacle est de l'ordre de grandeur de la distance écran-obstacle
6. La taille de la tache centrale :	augmente si la couleur du laser passe du rouge au vert	augmente si la taille de l'obstacle diminue	augmente si la distance source-obstacle augmente

→ Corrigé p. 424

3 6 min Interférences

	A	B	C
1. Le phénomène d'interférences :	s'observe avec deux ondes de longueurs d'onde quelconques	permet d'obtenir une amplitude identique en tout point	ne s'observe que si les deux sources vibrent à la même fréquence
2. Pour observer une figure d'interférence en lumière monochromatique, il faut :	deux lampes monochromatiques indépendantes et différentes	deux lampes monochromatiques indépendantes mais identiques	une seule lampe monochromatique et un système permettant d'obtenir deux sources secondaires
3. Dans la figure d'interférences obtenue avec des fentes d'Young en lumière monochromatique, la frange centrale est :	deux fois plus large que les franges latérales	de même largeur que les autres franges	deux fois moins large que les franges latérales
4. Deux ondes se superposant en phase	s'amplifient	s'annulent	restent identiques
5. Il y a interférence constructive en un point *M* lorsque :	deux ondes cohérentes arrivent en phase en ce point *M*	la différence de marche en ce point *M* est un multiple entier de la longueur d'onde	deux ondes cohérentes arrivent en opposition de phase en ce point *M*
6. Deux ondes de même longueur d'onde 3 cm se propagent à la surface de l'eau. En un point *M* où elles se superposent :	les interférences sont constructives si la différence de marche vaut 6 cm	les interférences sont destructives si la différence de marche vaut 9 cm	l'amplitude est maximale si la différence de marche vaut 4 cm
7. L'interfrange *i* :	augmente quand la longueur d'onde augmente	augmente quand la distance obstacle-écran augmente	augmente quand la distance entre les fentes augmente
8. Deux stations de radio sont distantes de 250 m et émettent en phase des ondes de longueurs d'onde 100 m. Un point *A* est à 450 m des deux stations. Qu'observe-t-on ?	des interférences constructives en *A*	des interférences destructives en *A*	rien, car c'est à la même distance des deux sources

→ Corrigé p. 424

4 2 min Effet Doppler

	A	B	C
1. Quand on parle de l'effet Doppler, quelles sont les ondes concernées ?	toutes les ondes	seulement les ondes sonores	seulement les ondes électromagnétiques
2. On considère un émetteur et un récepteur d'onde. Dans quelles conditions l'effet Doppler se manifeste-t-il ?	l'émetteur est en mouvement et le récepteur au repos	l'émetteur et le récepteur sont au repos	l'émetteur est au repos et le récepteur est en mouvement
3. Comment un piéton perçoit-il le son du klaxon d'une voiture qui s'éloigne de lui ?	plus aigu que si la voiture est à l'arrêt	identique	plus grave que si la voiture est à l'arrêt
4. Comment un piéton perçoit-il la fréquence du son du klaxon d'une voiture qui s'éloigne de lui ?	identique	plus petite que si la voiture est à l'arrêt	plus grande que si la voiture est à l'arrêt
5. Une femme enceinte passe une échographie Doppler. À quoi sert ce type d'échographie ?	à mesurer la vitesse des mouvements du fœtus	à mesurer la vitesse de la femme enceinte	à mesurer le débit sanguin dans le cœur du fœtus
6. Pour mesurer la vitesse des étoiles par rapport à la Terre, on utilise :	le bruit des étoiles	la lumière émise par les étoiles	les raies d'absorption du spectre des étoiles
7. Qu'appelle-t-on le décalage vers le rouge (ou « redshift ») en astrophysique ?	c'est le décalage du spectre d'un corps céleste qui s'éloigne de l'observateur	c'est le décalage du spectre d'un corps céleste qui s'approche de l'observateur	c'est l'absorption de certaines fréquences par le milieu interstellaire
8. Une voiture de pompier, sirène allumée, passe devant un piéton, puis s'en éloigne. Le son alors perçu par le piéton :	a une longueur d'onde plus faible	a une longueur d'onde plus élevée	a toujours la même longueur d'onde
9. Un émetteur d'ultrasons de fréquence $f = 30{,}0$ kHz s'éloigne d'un récepteur à la vitesse $v = 15$ m.s^{-1}. La célérité des ondes est $c = 340$ m.s^{-1}. La fréquence du son perçu par le récepteur est :	31,3 kHz	30,0 kHz	28,7 kHz

→ Corrigé p. 424

Appliquer le cours et les savoir-faire

5 5 min ★ → COMMENT FAIRE 1

1. L'intensité sonore délivrée par une enceinte est multipliée par 2. Que peut-on dire du niveau sonore correspondant ?

2. Le niveau sonore d'un morceau de musique augmente et passe de 70 dB à 80 dB. Que peut-on dire de l'intensité sonore correspondante ? → Corrigé p. 424

6 6 min ★ → COMMENT FAIRE 1

Dans l'industrie, le soufflage d'air comprimé entraîne souvent des niveaux sonores élevés. En France, le premier seuil de déclenchement de protection est établi dès une exposition moyenne de 80 dB sur une période de 8 h.
Un ouvrier travaille sur une machine émettant un son de niveau sonore $L_1 = 75$ dB. Les autres machines de l'atelier produisent des sons tels que le niveau sonore reçu par l'opérateur vaut $L_2 = 79$ dB.

1. Calculer les intensités sonores I_1 et I_2 associées aux niveaux sonores L_1 et L_2.

2. En déduire le niveau sonore total en supposant que les intensités sonores s'additionnent.

3. Doit-on déclencher le premier seuil de protection pour l'ouvrier quand toutes les machines sont en marche ? → Corrigé p. 424

7 6 min ★ → COMMENT FAIRE 2

Les baffles, ou enceintes, peuvent être constitués de plusieurs haut-parleurs de différents diamètres.
Par exemple, dans une enceinte percée d'un trou de diamètre $d = 20$ cm se trouve un haut-parleur circulaire.

1. Calculez les longueurs d'onde des sons dont les fréquences sont respectivement : 170 Hz ; 1,7 kHz et 17 kHz.
On sait que la célérité du son dans l'air vaut c : 340 m.s^{-1}.

2. Parmi ces trois sons, lesquels sont diffractés à la sortie du haut-parleur ? Si l'on ne se trouve pas exactement en face de l'enceinte, va-t-on mieux entendre les graves ou les aigus ?

3. Pourquoi les enceintes comportent-elles donc plusieurs haut-parleurs de diamètres différents ? → Corrigé p. 425

8 7 min ★ → COMMENT FAIRE 3

On réalise des interférences lumineuses à l'aide de fentes d'Young. Les fentes F_1 et F_2 sont distantes de $a = 0{,}20$ mm et les interférences sont observées sur un écran situé à la distance $D = 1{,}0$ m de ces fentes.

La source lumineuse F est un laser de longueur d'onde $\lambda = 640$ nm. Elle est située à égale distance de F_1 et F_2.
Soit un point M de la figure d'interférences observée sur l'écran ; M est situé à la distance d_1 de F_1 et d_2 de F_2.

1. Faire le schéma de l'expérience sans souci d'échelle.
2. À quelles conditions le point M sera-t-il sur une frange brillante ? sur une frange sombre ?
3. Que peut-on dire des points M suivants ?

a) M est tel que $d_2 - d_1 = 0$ µm ;
b) M est tel que $d_2 - d_1 = 3{,}20$ µm ;
c) M est tel que $d_2 - d_1 = 2{,}24$ µm.

→ Corrigé p. 425

9 5 min ★

→ COMMENT FAIRE 4

On conserve le même dispositif que précédemment, mais on décale l'écran d'observation.
On peut mesurer sur l'écran la distance entre 13 franges brillantes consécutives : elle vaut $l = 9{,}75$ cm.

1. Définir ce qu'on appelle une interfrange i, et donner sa formule.
2. Déterminer la distance D' entre l'écran et le dispositif des doubles fentes.
3. Pourquoi mesure-t-on la distance correspondant à 13 franges brillantes consécutives plutôt que celle à 2 franges brillantes consécutives ?

→ Corrigé p. 426

10 5 min ★

→ COMMENT FAIRE 5

Lors du défilé d'un carnaval, une figurante est habillée d'un vert qui diffuse une lumière de longueur d'onde dans le vide $\lambda = 550$ nm, et siffle un son de fréquence $f = 480$ Hz. Par rapport à un spectateur, elle s'éloigne de lui à la vitesse $v = 65{,}0$ cm/s.

1. Calculer la fréquence apparente du son f_r et la longueur d'onde apparente λ_r pour la lumière, pour le spectateur
2. Ces variations seront-elles perceptibles pour le spectateur ?

Données : Célérité du son dans l'air : $c_{son} = 340$ m.s^{-1}.
Célérité de la lumière dans le vide : $c = 3{,}00 \times 10^8$ m.s^{-1}.
Limite de perception par l'homme d'une variation de fréquence sonore : $\Delta f > 1$ Hz.

→ Corrigé p. 426

11 5 min ★

→ COMMENT FAIRE 5

Vitesse d'une galaxie
On identifie la raie d'absorption d'un élément dans le spectre de la lumière issue d'une galaxie. Sa longueur d'onde lorsque la source de lumière est au repos est de 350 nm.

On reçoit ici une longueur d'onde valant 313 nm.

1. D'après ces données, quel est le mouvement de la galaxie par rapport à la Terre ?
2. Calculer la vitesse de la galaxie. → Corrigé p. 426

S'entraîner au raisonnement

12 10 min ★

Un haut-parleur, posé sur le sol, émet un son d'une fréquence de 100 Hz dans toutes les directions au-dessus de lui. Un sonomètre, placé à une distance r au-dessus du haut-parleur, mesure un niveau sonore L. La puissance sonore émise par le haut-parleur se répartit de manière homogène sur la demi-sphère de rayon r, de centre le haut-parleur et de surface $2\pi r^2$. Le seuil d'audibilité d'un être humain pour un son de fréquence 100 Hz est $L = 38$ dB.
Pour $r = 0{,}25$m, le niveau mesuré est $L = 56$ dB.

1. Calculer la valeur du niveau sonore quand r est doublé.
2. Calculer à quelle distance doit se trouver un être humain pour ne plus entendre le son. → Corrigé p. 427

13 10 min ★★

(D'après un sujet du Bac)

La production de certains catalyseurs nécessite de déposer un métal noble (Pd, Pt, Au) sur un support inerte comme de la silice (SiO_2). La silice commerciale se présente sous forme de petits grains blancs de taille différente : il est nécessaire de trier ces grains à l'aide de tamis pour fabriquer des catalyseurs tous identiques.
Le but de cet exercice est de vérifier la taille des mailles d'un tamis en effectuant une expérience de diffraction par un faisceau LASER.

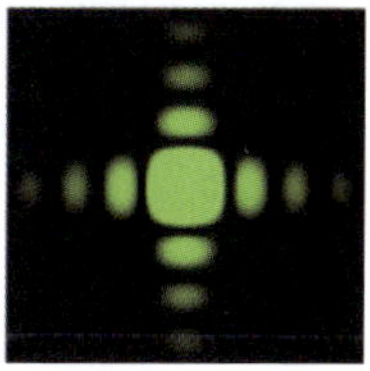

Un faisceau LASER monochromatique, de longueur d'onde dans le vide $\lambda_0 = 532$ nm et se propageant dans l'air, est dirigé vers un tamis de laboratoire (sorte de grille) à maille carrée de côté a.
On observe sur un écran une figure de diffraction identique à celle représentée à droite. La tache centrale est un carré de côté $L = 2{,}66$ cm.
Le LASER est placé à une distance $d = 40$ cm du tamis ; la distance entre le tamis et l'écran vaut $D = 2{,}0$ m.

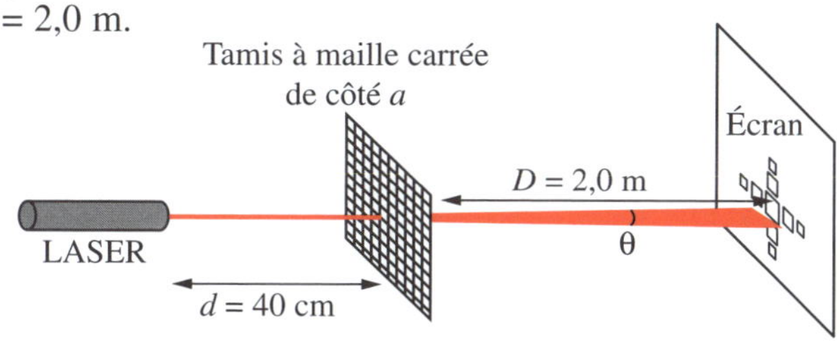

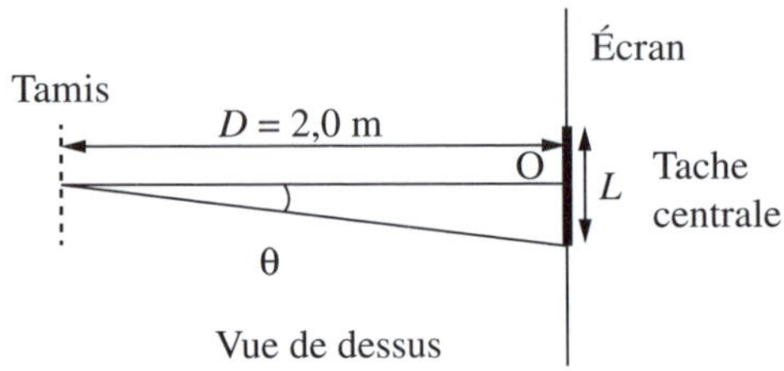

Un tamis à maille carrée possède des propriétés diffractantes identiques à celles observées lors de la superposition de deux fentes de même largeur et disposées perpendiculairement l'une par rapport à l'autre.

1. Montrer, en s'aidant du schéma, que l'écart angulaire θ noté sur le schéma peut s'écrire $\theta = L/2D$. On se placera dans l'approximation des petits angles : $\tan \theta = \theta$ (rad).

2. Rappeler la relation qui lie l'écart angulaire θ à la longueur d'onde λ et au côté a de la maille.

3. Exprimer, puis calculer la dimension a d'une maille du tamis en utilisant les données expérimentales de l'énoncé.

→ *Corrigé p. 427*

14 10 min ★★

(D'après un sujet du Bac)

La technique du disque LASER repose sur une méthode optique : un faisceau de lumière cohérente (LASER) vient frapper le disque en rotation. Des cavités de largeur 0,6 µm, dont la longueur oscille entre 0,833 µm et 3,56 µm, sont creusées à la surface réfléchissante du disque, produisant des variations binaires de l'intensité lumineuse du rayon réfléchi qui sont enregistrées par un capteur.

Plus précisément, lorsque le faisceau passe de la surface plane (plat) à une cavité (creux), il se produit des interférences et la valeur binaire 1 est attribuée. Au contraire, tant que le faisceau reste dans un creux ou sur un plat, le capteur détecte le même faisceau original et fait correspondre à cet état la valeur binaire 0.

plat
creux

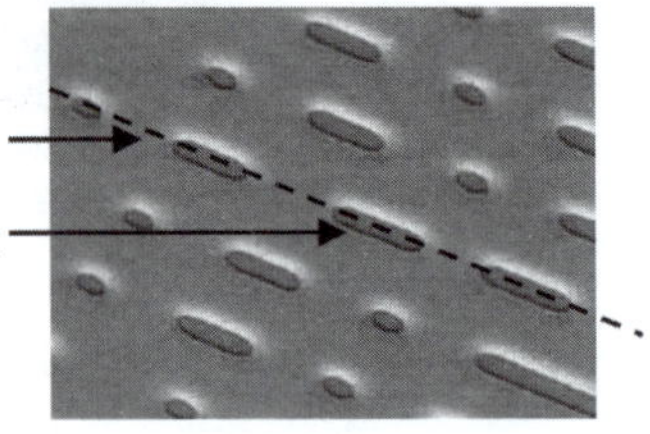

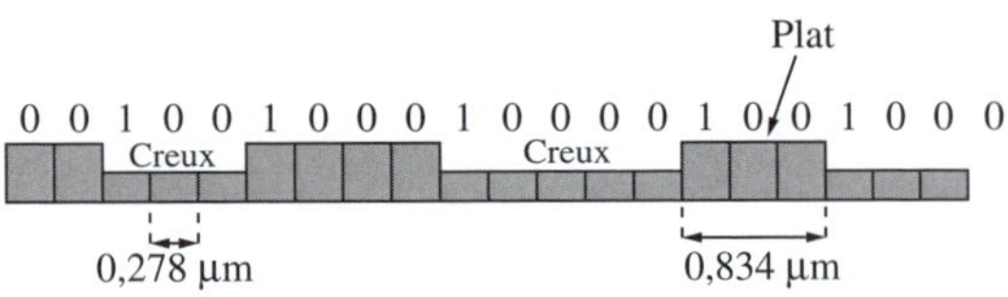

Le faisceau lumineux, constitué d'une lumière monochromatique de longueur d'onde λ_0 dans le vide, est émis par la diode LASER.

Il traverse une couche protectrice transparente en polycarbonate dont l'indice est $n = 1,55$, puis il est réfléchi par le disque et détecté par la photodiode.

Lors de la détection d'un 0, le faisceau est entièrement réfléchi par un plat ou par un creux (figure 1). Tous les rayons composant le faisceau ont donc parcouru un même trajet.
Lors de la détection d'un 1, le faisceau laser passe d'un plat à un creux ou inversement (figure 2).
Une partie du faisceau est alors réfléchie par le plat et l'autre partie par le creux. Tous les rayons composant le faisceau n'ont donc pas parcouru le même trajet.
On note ΔL la différence de parcours des deux parties du faisceau qui se superposent et interfèrent lors de leur détection.

Figure 1

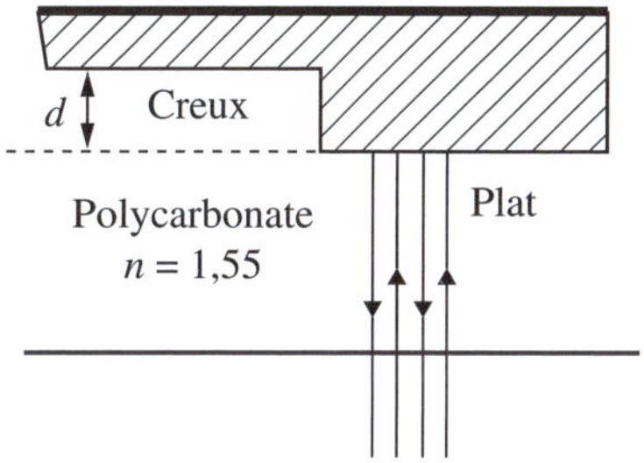

Figure 2

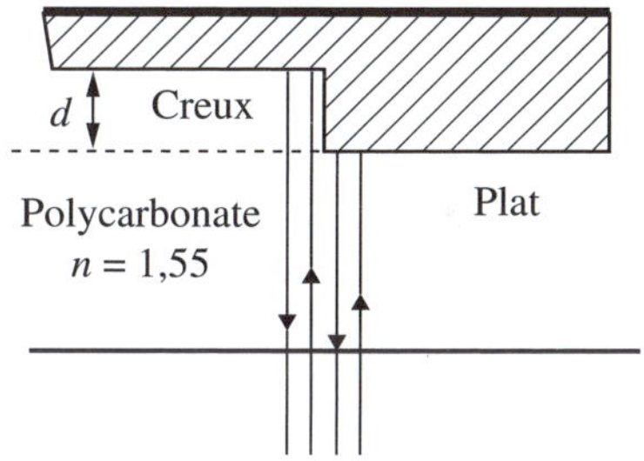

Dans le polycarbonate, la longueur d'onde de la lumière monochromatique constituant le faisceau est $\lambda = \lambda_0/n$.

1. Donner la condition que doit vérifier ΔL pour que les interférences soient destructives.

2. Montrer que la profondeur minimale d du creux s'exprime en fonction de λ, la longueur d'onde de la lumière laser dans le polycarbonate, par la relation : $d = \dfrac{\lambda}{4}$.

3. Calculer d pour un CD lu par un faisceau LASER de longueur d'onde dans le vide $\lambda_0 = 780$ nm.

4. Dans quel cas le capteur reçoit-il plus de lumière (figure 1 ou figure 2) ?
Justifier la réponse.

→ Corrigé p. 428

15 5 min ★★

La vélocimétrie Doppler

La vélocimétrie Doppler consiste à mesurer la vitesse du sang dans les vaisseaux superficiels, en analysant l'écho sur les globules rouges en mouvement.
La variation de fréquence entre le signal réfléchi et le signal incident est donnée par la relation : $\Delta\nu = \nu_1 - \nu_0 = 2 \times \dfrac{\nu_0}{c} \times V \times \cos\theta$.

ν_1 : la fréquence de l'onde réfléchie en Hz.
ν_0 : la fréquence de l'onde incidente en Hz.
c : célérité des ultrasons dans les tissus mous en m.s^{-1}.
V : vitesse du globule rouge en m.s^{-1}.
θ : angle $\left(\vec{v}, \overrightarrow{GS}\right)$; G : globule rouge et S : sonde.

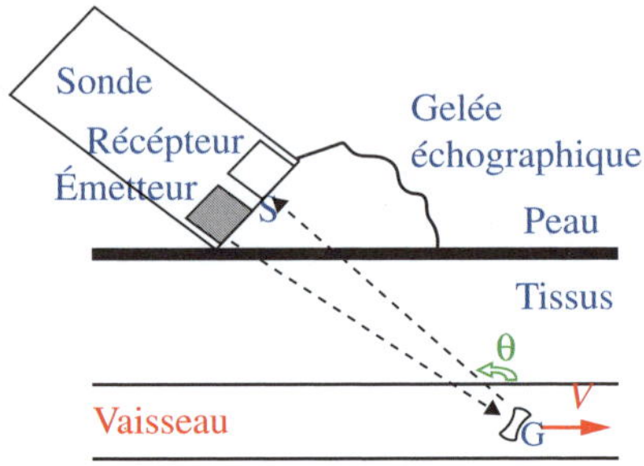

La fréquence Doppler $\Delta\nu$ produit un son audible d'autant plus aigu que la vitesse V du globule rouge est importante.

Une application : Quelle est la vitesse du globule rouge dans les conditions suivantes ?

- Orientation de la sonde par rapport au vaisseau : $\theta = 60°$.
- Célérité des ultrasons dans les tissus mous : $c = 1\ 540\ \text{m.s}^{-1}$.
- Fréquence des ultrasons utilisée : $\nu_0 = 1{,}5$ MHz.
- Fréquence Doppler relevée : $\Delta\nu = 500$ Hz.

→ *Corrigé p. 428*

16 12 min ★★

(D'après un sujet du Bac)

Un véhicule muni d'une sirène est immobile. La sirène retentit et émet un son de fréquence $f = 680$ Hz.

Ce véhicule se rapproche maintenant d'un observateur immobile.

Pendant l'intervalle de temps T, le son parcourt la distance λ. Pendant cette durée, le véhicule parcourt la distance $d = v \times T$.

La longueur d'onde λ' perçue par l'observateur a donc l'expression suivante :

$$\lambda' = \lambda - v \times T \ \textbf{(1)}$$

Donnée : célérité du son dans l'air : $c_{\text{son}} = 340\ \text{m.s}^{-1}$.

1. Rappeler la relation générale liant la vitesse de propagation, la longueur d'onde et la fréquence.
2. En déduire que la relation **(1)** permet d'écrire : $f' = f \times \dfrac{c}{c - v}$ (f' étant la fréquence sonore perçue par l'observateur).
3. Le son perçu est-il plus grave ou plus aigu que le son d'origine ? Justifier.

Dans un second temps, le véhicule s'éloigne de l'observateur à la même vitesse v.

4. Donner, sans démonstration, les expressions de la nouvelle longueur d'onde λ'' et de la nouvelle fréquence f'' perçues par l'observateur en fonction de f, v et c.
5. Le son perçu est-il plus grave ou plus aigu que le son d'origine ? Justifier.
6. Exprimer, puis estimer en km.h^{-1}, en arrondissant les valeurs à des nombres entiers, la vitesse du véhicule qui se rapproche de l'observateur sachant que ce dernier perçoit alors un son de fréquence $f' = 716$ Hz.

→ *Corrigé p. 429*

EXERCICE DE BAC

Exercice 20 min 10 points

On vous invite à prendre des initiatives et à présenter la démarche suivie, même si elle n'a pas abouti. La démarche est évaluée et nécessite d'être correctement présentée.

Vous êtes en mission secrète pour votre gouvernement dans un pays lointain afin de découvrir si les cristaux fabriqués par ce pays représentent une menace ou pas…

- **Première étape** [3 pts]

Vous êtes devant le complexe industriel où sont fabriqués ces cristaux ; il est entouré d'une seule route circulaire dont le diamètre est de $d = 7{,}00$ km. Les gardes patrouillent dans une voiturette électrique qui siffle.

À l'arrêt, grâce à votre téléphone qui vous donne la fréquence d'un son enregistré, vous trouvez comme fréquence 1 000 Hz. Quand les gardes se rapprochent de vous dans leur voiturette, vous mesurez un son d'une fréquence de 1 035 Hz.

Déterminer le temps dont vous disposez pour aller fouiller l'usine avant que les gardes ne repassent devant vous.

- **Deuxième étape** [3 pts]

Vous êtes à l'intérieur de l'usine à la sortie de la chaîne de fabrication des cristaux. Pour mesurer la taille des cristaux, vous allez utiliser un laser rangé dans votre poche. Malheureusement, à force de courir, les frottements ont effacé les informations inscrites sur le boîtier du laser.

Vous avez à votre disposition une règle graduée, un décamètre et une plaque de métal percée de deux petits trous distants de 0,20 mm.

Expliquer comment déterminer la longueur d'onde de votre laser. Calculer sa valeur.

Voici les données de votre manipulation :
- Distance laser-obstacle : 20,0 cm.
- Distance laser-écran : 3,00 m.
- Distance entre 9 franges sombres : 7,30 cm.

- **Troisième étape** [3 pts]

Avec le même laser, vous allez mesurer la taille du plus gros cristal.

Avec la même configuration que précédemment, vous trouvez que la tache centrale mesure 4,0 cm.

Si la taille des cristaux dépasse 125 μm, la planète est alors en danger ; sinon, il s'agit juste de cristaux de décoration ! **Montrer comment la tache centrale de la figure de diffraction permet d'évaluer la dangerosité de ces cristaux.**

Vous allez transmettre vos informations à votre hiérarchie.

Faites votre rapport. [1 pt]

Mission accomplie…

Données : Célérité du son dans l'air : $c_{son} = 340$ m.s^{-1}.

Célérité de la lumière dans l'air : $c = 3 \times 10^8$ m.s^{-1}.

→ Corrigé p. 429

CORRIGÉS

1 → *Énoncé p. 414*

1. **A** et **B** ; **2.** **A** ; **3.** **B** ; **4.** **B**.

2 → *Énoncé p. 414*

1. **A** ; **2.** **A** et **B** ; **3.** **A** et **B** ; **4.** **C** ; **5.** **A** ; **6.** **B**.

3 → *Énoncé p. 415*

1. **C** ; **2.** **C** ; **3.** **B** ; **4.** **A** ; **5.** **A** et **B** ; **6.** **A** ; **7.** **A** et **B** ; **8.** **A**.

4 → *Énoncé p. 416*

1. **A** ; **2.** **A** et **C** ; **3.** **C** ; **4.** **B** ; **5.** **C** ; **6.** **B** et **C** ; **7.** **A** ; **8.** **B** ; **9.** **C**.

5 → *Énoncé p. 417*

1. Soit L et I le niveau et l'intensité sonores au départ.

On peut donc écrire que : $L = 10\log\left(\dfrac{I}{I_0}\right)$.

Soit L' et I' le niveau et l'intensité sonores finaux avec, d'après l'énoncé, $I' = 2I$.

$$L' = 10\log\left(\frac{I'}{I_0}\right) = 10\log\left(\frac{2I}{I_0}\right) = 10\log 2 + 10\log\left(\frac{I}{I_0}\right) = 3 + L.$$

Le niveau sonore a donc augmenté de 3 dB.

2. Lorsque le niveau sonore d'un morceau de musique passe de $L_1 = 70$ dB à $L_2 = 80$ dB, on peut écrire :

$$L_2 = L_1 + 10 = 10\log\left(\frac{I_2}{I_0}\right) \Leftrightarrow \frac{L_1}{10} + \frac{10}{10} = \log\left(\frac{I_2}{I_0}\right) \Leftrightarrow 10^{\left(\frac{L_1}{10}+1\right)} = \frac{I_2}{I_0}$$

$$\Leftrightarrow 10^{\left(\frac{L_1}{10}\right)} \times 10 = \frac{I_2}{I_0}$$

$$\Leftrightarrow 10^{\left(\frac{10\log\frac{I_1}{I_0}}{10}\right)} \times 10 = \frac{I_2}{I_0} \Leftrightarrow \frac{I_1}{I_0} \times 10 = \frac{I_2}{I_0}$$

Donc : $\boldsymbol{I_2 = 10 \times I_1}$.

6 → *Énoncé p. 417*

1. Appliquons la formule : $I = I_0 \times 10^{\frac{L}{10}}$.

$I_1 = 10^{-12} \times 10^{75/10} = 3{,}2 \times 10^{-5}$ W.m^{-2}.

$I_2 = 10^{-12} \times 10^{79/10} = 7{,}9 \times 10^{-5}$ W.m^{-2}.

2. L'intensité totale est $I = I_1 + I_2$.

$I = 3{,}2 \times 10^{-5} + 7{,}9 \times 10^{-5} = 1{,}1 \times 10^{-4}$ W.m^{-2}.

Point maths

$\log(a \times b) = \log a + \log b$

$\log(10^a) = a$

$10^{(\log a)} = a$

$10^{(a+b)} = 10^a \times 10^b$

Le niveau sonore associé est :

$$L = 10 \log\left(\frac{I}{I_0}\right) = 10 \log\left(\frac{1{,}1 \times 10^{-4}}{10^{-12}}\right) = 80{,}5 \text{ dB.}$$

3. Durant huit heures de travail, si toutes les machines sont en marche, le niveau sonore (80,5 dB) est supérieur à la limite admise (80 dB). L'ouvrier risque un problème auditif.

7 → *Énoncé p. 417*

1. On sait que $\lambda = c/f$

- Pour $f = 170$ Hz $\rightarrow \lambda = 340/170 = 2{,}00$ m.
- Pour $f = 1{,}7$ kHz $\rightarrow \lambda = 340/(1{,}7 \times 10^3) = 0{,}20$ m.
- Pour $f = 17$ kHz $\rightarrow \lambda = 340/(1{,}7 \times 10^4) = 2{,}0 \times 10^{-2}$ m.

Rappel
1 kHz = 10^3 Hz
10^{-2} m = 1 cm

2. Les sons diffractés sont les aigus, car ils correspondent aux faibles longueurs d'onde, qui ne sont pas grandes devant *d*. Un auditeur qui n'est pas placé en face du haut-parleur entend donc mieux les aigus que les graves.

3. Les enceintes ont plusieurs haut-parleurs de diamètres différents, car chacun n'émet pas les mêmes fréquences (grâce à un filtre qui sélectionne les bonnes fréquences pour chaque haut-parleur), de façon à ce que le son diffracté par chaque haut-parleur le soit à peu près avec le même angle.

8 → *Énoncé p. 417*

1.

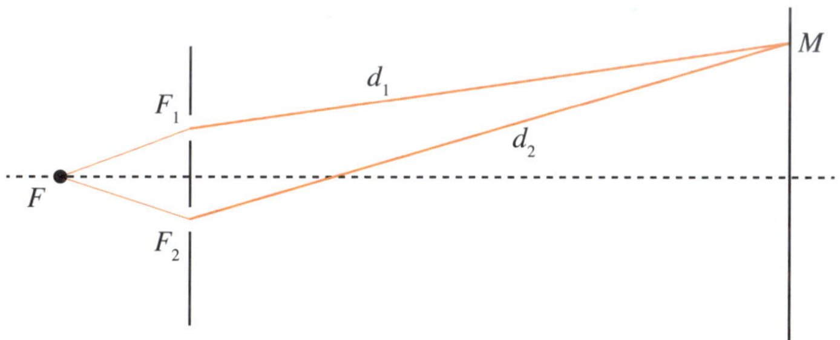

Dispositif des fentes d'Young

2. Il faut que la différence de marche $d_2 - d_1$ au point *M* soit égale à un nombre entier de longueurs d'onde λ pour obtenir des interférences constructives, c'est-à-dire observer une frange brillante.

$\delta = d_2 - d_1 = k \times \lambda$ (avec *k* un entier) $\Leftrightarrow$ interférences constructives.

Si la différence $d_2 - d_1$ est égale à un nombre demi-entier de longueurs d'onde au point *M*, l'interférence est destructive : on observe une frange sombre.

$\delta = d_2 - d_1 = \left(k + \frac{1}{2}\right) \times \lambda$ (avec *k* un entier) $\Leftrightarrow$ interférences destructives.

3. a) $\delta = 0$ nm ; donc $k = 0$ et M est sur une frange brillante au centre de l'écran.
b) $\delta = 3{,}20 \times 10^3$ nm $= 5 \times 640 = 5 \times \lambda$; donc $k = 5$; donc M est sur une frange brillante.
c) $\delta = 2{,}24 \times 10^3$ nm $= 3{,}5 \times \lambda = \left(3 + \frac{1}{2}\right) \times \lambda$; donc M est sur une frange sombre.

9 → Énoncé p. 418

1. L'interfrange i est la distance séparant le milieu de 2 franges brillantes consécutives ou 2 franges sombres consécutives.

La relation est $i = \dfrac{\lambda \times D'}{a}$

avec λ : la longueur d'onde du laser en m ;
D' : distance entre l'obstacle et l'écran en m ;
a : la distance entre les fentes en m.

2. D'après la relation de l'interfrange : $D' = \dfrac{a \times i}{\lambda}$.

Cependant entre 13 franges, il y a 12 interfranges.
Ainsi $i = 9{,}75/12 = 0{,}813$ cm.
En faisant l'application numérique pour calculer D' :

$$D' = \frac{0{,}20 \times 10^{-3} \times 0{,}813 \times 10^{-2}}{640 \times 10^{-9}} = 2{,}54 \text{ m.}$$

La distance entre l'obstacle et l'écran est $D' = 2{,}54$ m.
3. Pour une meilleure précision de la mesure, il est préférable de mesurer la distance la plus grande possible et limiter ainsi l'incertitude

10 → Énoncé p. 418

1. Effet Doppler :

• Pour le son : en utilisant la formule $f_r = f \times \left(\dfrac{c}{c + v}\right)$.

A. N. : $f_r = 480 \times \left(\dfrac{340}{340 + 0{,}650}\right) =$ **479 Hz.**

> **Rappel**
> • La vitesse doit être en m.s^{-1}.
> 65,0 cm.s^{-1} = 0,650 m.s^{-1}
> • Conversion :
> 1 nm = 1×10^{-9} m

• Pour la lumière : en utilisant la formule $\lambda_r = \lambda \times \left(\dfrac{c + v}{c}\right)$.

A. N. : $\lambda_r = 550 \times 10^{-9} \times \left(\dfrac{3{,}00 \times 10^8 + 0{,}650}{3{,}00 \times 10^8}\right) =$ **550 nm.**

2. Non, ces variations sont trop faibles pour être perçues par le spectateur.

11 → Énoncé p. 418

1. Comme la longueur d'onde reçue sur Terre est inférieure à celle émise au repos, la galaxie se rapproche de nous.

2. À partir de la formule $\lambda' = \lambda\left(1 - \frac{v}{c}\right) = \lambda - \lambda \times \frac{v}{c} \Leftrightarrow \frac{\lambda - \lambda'}{\lambda} = \frac{v}{c}$

$$\boldsymbol{v = c \times \frac{\lambda - \lambda'}{\lambda}}$$

A. N. : $v = 3{,}00 \times 10^8 \times \frac{350 - 313}{350} = \mathbf{3{,}17 \times 10^7\ m.s^{-1}}$.

La galaxie se rapproche de nous à la vitesse de $3{,}17 \times 10^7$ m.s^{-1}.

12 → Énoncé p. 419

1. La puissance P émise par la source se répartit uniformément sur une demi-sphère de rayon r. Sur chaque point de cette demi-sphère, l'intensité sonore I est la même et vaut :

$$I = \frac{P}{2\pi r^2}.$$

> **Rappel**
> $I = P/S$ avec P la puissance émise en watt (W), S la surface en m^2 et I en W.m^{-2}.

Or, $L = 10\log\left(\frac{I}{I_0}\right) = 10\log\left(\frac{P}{2\pi r^2 \times I_0}\right)$.

Quand on double r :

$$L' = 10\log\left(\frac{P}{2\pi(2 \times r)^2 \times I_0}\right) = 10\log\left(\frac{P}{2\pi r^2 \times I_0 \times 4}\right) = 10\log\left(\left(\frac{P}{2\pi r^2 \times I_0}\right) \times \frac{1}{4}\right)$$

$$= 10\log\left(\frac{P}{2\pi r^2 \times I_0}\right) + 10\log\left(\frac{1}{4}\right) = 10\log\left(\frac{P}{2\pi r^2 \times I_0}\right) - 10\log(4)$$

$L' = L - 10\log(4) = L - 6{,}0.$

Le niveau sonore est donc atténué de 6,0 dB à chaque fois que le rayon r est doublé.

2. Pour ne plus entendre le son à la fréquence choisie, le niveau sonore doit être égal à 38 dB. Or, $56 - 38 = 18$ dB $= 6{,}0 \times 3$ dB.

Le rayon doit donc être successivement doublé trois fois d'affilée pour que l'oreille n'entende plus le son.

Ainsi, il doit être multiplié par $2^3 = 8$. L'oreille n'entend plus le son pour une distance $r = 0{,}25 \times 8 = 2{,}0$ m.

13 → Énoncé p. 419

1.

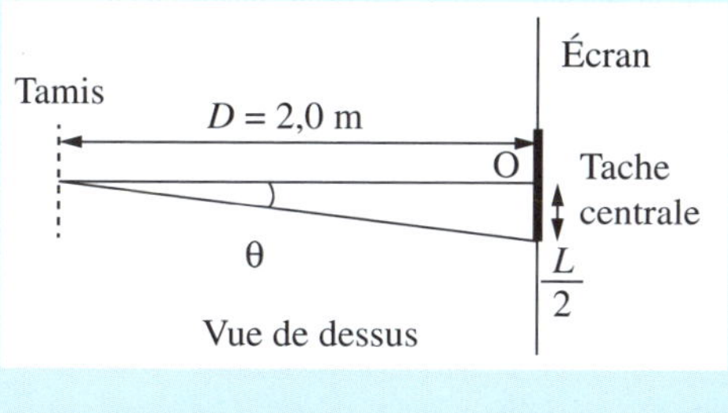

Dans le triangle rectangle ci-avant : $\tan\theta = \dfrac{\frac{L}{2}}{D} = \dfrac{L}{2 \times D}$; or $\tan\theta \approx \theta$.

On obtient alors : $\theta = L/(2 \times D)$.

Unités

θ en rad, λ et a dans la même unité.

2. $\theta = \dfrac{\lambda}{a}$.

3. D'après la relation précédente : $a = \dfrac{\lambda}{\theta}$ et $\theta = \dfrac{L}{2 \times D}$ donc $a = \dfrac{\lambda}{\frac{L}{2 \times D}}$.

Ainsi, $a = \dfrac{2 \times D \times \lambda}{L}$.

A. N. : $a = \dfrac{2 \times 2{,}0 \times 532 \times 10^{-9}}{2{,}66 \times 10^{-2}} = 8{,}0 \times 10^{-5}$ m $= 80$ µm.

La dimension de la maille du tamis est $a = 80$ µm.

14 → Énoncé p. 420

1. Pour que les interférences soient destructives, il faut que la différence de marche soit un nombre impair de fois la demi-longueur d'onde :

$\Delta L = (2k + 1) \times \dfrac{\lambda}{2}$ (avec k un entier relatif).

2. Le faisceau laser fait un aller-retour dans le creux, donc $\Delta L = 2 \times d$, et $|\Delta L|$ est minimale si $k = 0$.

$$2 \times d = \frac{\lambda}{2} \Leftrightarrow d = \frac{\lambda}{4}$$

3. Comme $\lambda = \dfrac{\lambda_0}{n}$, alors $d = \dfrac{\lambda_0}{4 \times n}$.

A. N. : $d = \dfrac{780}{4 \times 1{,}55} = 126$ nm.

Il faut donc que le CD soit creusé de sillons de profondeur $d = 126$ nm.

4. Le capteur reçoit le plus de lumière lorsque les interférences sont constructives. C'est-à-dire lorsque tous les rayons lumineux du faisceau LASER parcourent la même distance.

Cette situation est représentée sur la **figure 1.**

15 → Énoncé p. 421

D'après la formule : $V = \dfrac{\Delta\nu \times c}{2 \times \nu_0 \times \cos\theta}$.

A. N. : $\boldsymbol{V} = \dfrac{500 \times 1\,540}{2 \times 1{,}5 \times 10^6 \times \cos 60°} = \mathbf{0{,}51\ m.s^{-1}}$.

Point maths

Vérifier que votre calculatrice est bien en mode « degré » pour le calcul du cosinus.

16 → *Énoncé p. 422*

1. $\lambda = \dfrac{c}{f}$ avec λ : la longueur d'onde en m ; c : la célérité de l'onde en $m.s^{-1}$ et f la fréquence en Hz.

2. D'après la relation (1) :

$$\lambda' = \lambda - v \times T \Leftrightarrow \frac{c}{f'} = \frac{c}{f} - v \times \frac{1}{f} \Leftrightarrow \frac{c}{f'} = \frac{1}{f}(c - v)$$

$$\Leftrightarrow \frac{f'}{c} = \frac{f}{c - v} \Leftrightarrow f' = f \times \left(\frac{c}{c - v}\right).$$

3. Comme $c > c - v$, on a $\dfrac{c}{c - v} > 1$, donc $f' > f$; ainsi, le son perçu est plus aigu que le son émis.

4. Par analogie avec la relation (1), on remplace v par $-v$ et on a $\lambda'' = \lambda + v \times T$.

De même, $f'' = f \times \left(\dfrac{c}{c + v}\right)$.

5. Cette fois $\dfrac{c}{c + v} < 1$, donc $f'' < f$; ainsi, le son perçu est plus grave que le son émis.

6. Le véhicule se rapproche, on utilise la relation $f' = f \times \left(\dfrac{c}{c - v}\right)$. On isole v :

$$f' \times (c - v) = f \times c \Leftrightarrow f' \times c - v \times f' = f \times c$$

$$\Leftrightarrow f' \times c - f \times c = v \times f' \Leftrightarrow c \times (f' - f) = v \times f'$$

$$\Leftrightarrow v = \frac{c \times (f' - f)}{f'}.$$

A. N. : $v = \dfrac{340 \times (716 - 680)}{716} \times 3{,}6 = \mathbf{61{,}5\ km.h^{-1}}$.

En arrondissant à l'entier le plus proche : $v = 62\ km.h^{-1}$.

Astuce

Pour la vitesse : conversion de $m.s^{-1}$ en $km.h^{-1}$:
1 h = 3 600 s ; 1 m = 10^{-3} km.
Donc : $v(m.s^{-1})$ → × 3,6 → $v(km.h^{-1})$; $v(km.h^{-1})$ → /3,6 → $v(m.s^{-1})$

EXERCICE DE BAC

Exercice → *Énoncé p. 423*

Première étape

Grâce à l'effet Doppler, on peut déterminer la vitesse de la voiturette des gardes :

$$\delta f = f\frac{v}{c} \Leftrightarrow v = \frac{\delta f}{f} \times c.$$

A. N. : $v = \dfrac{35}{1\,000} \times 340 = \mathbf{12\ m.s^{-1}}$.

La vitesse de la voiturette est de $v = 12 \text{ m.s}^{-1}$ soit $12 \times 3{,}6 = 43 \text{ km.h}^{-1}$.
La distance à parcourir pour les gardiens est le périmètre du cercle de 7 km de diamètre :
$$P = \pi \times d$$
A. N. : $P = \pi \times 7 \approx 22$ km.

Comme $v = \dfrac{d}{t}$, le temps pour faire un tour est $t = \dfrac{d}{v}$.

A. N. : $t = \dfrac{22}{43{,}2} = 0{,}5$ h.

Le temps disponible avant que les gardes ne repassent au point de départ est de **30 min**.

Deuxième étape

On met en place le dispositif des fentes d'Young qui donne des franges d'interférences rectilignes et équidistantes, séparées par un interfrange i, où $i = \lambda \times \dfrac{D}{a}$.

Donc $\lambda = \dfrac{i \times a}{D}$

avec λ la longueur d'onde du laser utilisé en m, i l'interfrange en m, a la distance entre les fentes en m et D la distance entre l'obstacle et l'écran en m.

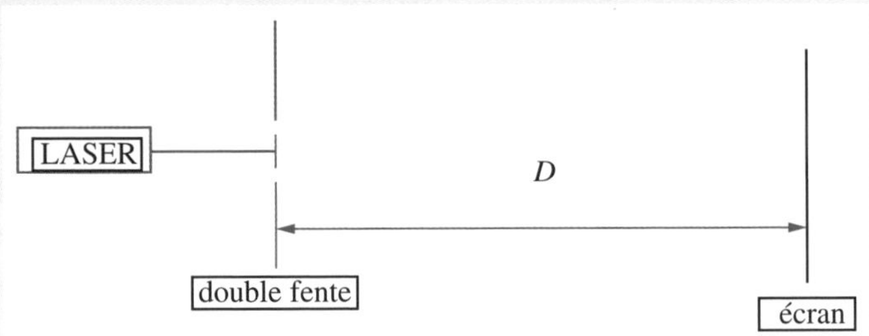

Comme on a mesuré la distance entre 9 franges sombres (pour diminuer les erreurs), c'est qu'il y a 8 interfranges. D'où $i = 7{,}3/8 = 0{,}91$ cm $= 9{,}1$ mm.

Pour la longueur d'onde : $\lambda = \dfrac{9{,}1 \times 10^{-3} \times 0{,}20 \times 10^{-3}}{(3{,}00 - 20 \times 10^{-2})} = 6{,}5 \times 10^{-7} \text{ m} = 650$ nm.

La longueur du laser est de 650 nm.

Troisième étape

En utilisant la diffraction, on remplace la double fente par le cristal. On obtient à l'écran un étalement de la lumière avec une tache centrale qui mesure $d = 40$ cm.

Grâce à la relation des petits angles : $\theta = \dfrac{d}{2D} = \dfrac{\lambda}{a}$ avec a : la taille du cristal en m.

D'où $a = \dfrac{\lambda \times 2 \times D}{d}$.

A. N. : $\boldsymbol{a} = \dfrac{650 \times 10^{-9} \times 2 \times (3{,}00 - 20 \times 10^{-2})}{4{,}0 \times 10^{-2}} = \mathbf{9{,}1 \times 10^{-5}}$ **m**.

La taille du plus gros cristal est d'environ 100 µm. Pour l'instant, aucun danger…

Lunette astronomique

CHAPITRE 17

1 Étude de la lunette astronomique

■ Une lunette astronomique est un instrument qui collecte la lumière : l'objet observé est donc vu plus grand et plus lumineux.

■ C'est en 1609 que l'astronome italien Galilée présente la première lunette astronomique (découverte des satellites de Jupiter, des montagnes de la Lune, des nébuleuses, etc.). Son confrère allemand Johannes Kepler en perfectionne le principe, en proposant une formule optique à deux lentilles convergentes.

Galilée (1564–1642)

■ Une lunette astronomique est constituée d'un **objectif** assimilable à une lentille convergente de grande distance focale f_1 (jusqu'à 19 m comme à l'observatoire Yerkes) et d'un **oculaire** constitué d'une lentille convergente de faible distance focale f_2 (quelques cm) jouant le rôle de loupe.
En effet, l'oculaire placé devant l'œil permet d'observer l'image intermédiaire réelle A_1B_1 fournie par l'objectif.
L'oculaire en fournit une image définitive virtuelle renversée : celle-ci ne peut pas être projetée sur un écran et elle est à l'envers.

■ Pour les observations astronomiques, une image renversée ne pose pas de problème. Cependant il existe des redresseurs pour des observations terrestres.

■ Un observateur possédant un œil normal utilise la lunette dans sa configuration **afocale :** le foyer objet $\boldsymbol{F_2}$ de l'oculaire coïncide avec le foyer image $\boldsymbol{F'_1}$ de l'objectif.

2 Construction des images

■ L'astre, objet AB, étant à l'infini (A est dans la direction de l'axe optique), il est vu par l'œil sous un angle α. L'objectif de la lunette donne de cet astre une image réelle A_1B_1.

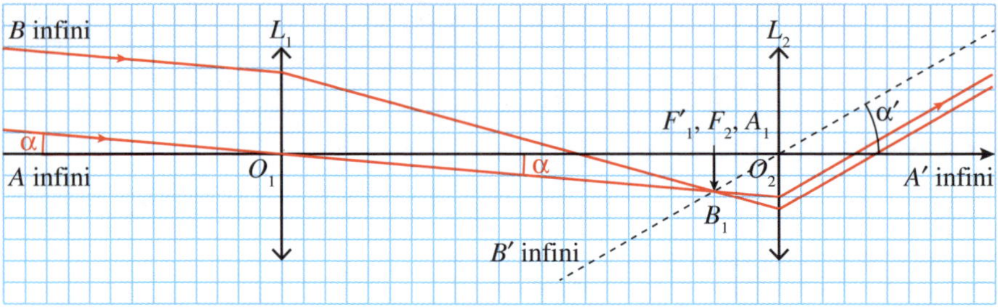

■ L'image intermédiaire A_1B_1 se forme dans le plan passant par F'_1 ; A_1 est confondu avec F'_1 et F_2. $A'B'$, l'image définitive de AB, se trouve à l'infini ; en effet, A' est à l'infini dans la direction de l'axe optique et B' se trouve sur la droite (B_1O_2). Tous les rayons passant par B_1 ressortent de la lentille L_2 parallèles à la droite (B_1O_2).

3 Grossissement de la lunette astronomique

■ Le grossissement de la lunette se définit par $G = \dfrac{\alpha'}{\alpha}$

■ Pour des angles en radian et petits (c'est-à-dire inférieurs à 0,17 rad ≈ 9°), on a :

$$\tan \alpha \approx \alpha = \frac{A_1B_1}{f'_1}$$

$$\tan \alpha' \approx \alpha' = \frac{A_1B_1}{f'_2}$$

$$\text{Donc } G = \frac{\dfrac{A_1B_1}{f'_2}}{\dfrac{A_1B_1}{f'_1}} = \frac{A_1B_1}{f'_2} \times \frac{f'_1}{A_1B_1} = \frac{f'_1}{f'_2}.$$

On retient : $G = \dfrac{f'_1}{f'_2}$

Rappel

- $f'_1 = O_1F_1$, c'est la distance focale de la lentille L_1.
- $f'_2 = f_2 = O_2F_2$, c'est la distance focale de la lentille L_2.

4 Caractéristiques d'une lunette commerciale

■ En général, sur une lunette, les constructeurs indiquent les **distances focales** de l'oculaire et de l'objectif. Ces distances focales permettent ensuite de calculer **le grossissement** de l'instrument.

■ L'autre donnée importante est le diamètre de l'objectif, car il détermine la quantité de lumière captée par l'instrument. Plus le diamètre est important, meilleure sera la qualité de la lunette.

■ On peut également augmenter le grossissement en rajoutant une **lentille de Barlow**, qui est une lentille divergente. Cependant, on va perdre en qualité d'image.

Exemple : sur un site commercial, on trouve le modèle suivant :
« Sky-Watcher 70/700 avec un système de mise au point à crémaillère de 31,75 mm. Cette lunette astronomique est livrée avec deux oculaires : super 25 mm et super 10 mm. »

Explications :

– L'objectif de cette lunette a un diamètre de 70 mm et une distance focale f'_1 de 700 mm.

– Ce modèle dispose de deux oculaires de $f'_2 = 25$ mm et 10 mm.

On aura donc deux grossissements possibles : $G_1 = \dfrac{700}{25} = 28$ et $G_2 = \dfrac{700}{10} = 70$.

On remarque que plus la valeur de l'oculaire est élevée, moins le grossissement sera grand.

Cependant, un faible grossissement donne davantage de champ visuel et une image plus lumineuse.

– La lunette est équipée d'un système à crémaillère afin de rendre **la lunette afocale**, et ceci pour un plus grand confort d'observation. En effet, l'œil sans défaut est au repos quand il regarde un objet à l'infini.

Une lunette astronomique

COMMENT FAIRE

1 Construire des images à travers une lunette astronomique afocale

EXERCICE TYPE

Soit une lunette afocale dont l'objectif et l'oculaire sont des lentilles minces convergentes L_1 et L_2 d'axe optique commun et de distances focales $f'_1 = 34{,}0$ cm et $f'_2 = 12{,}0$ cm.

1. Schématiser la lunette à l'échelle 1/4.

2. Le diamètre apparent d'un objet AB à l'infini est $\alpha = 5{,}0°$, A étant dans la direction de l'axe optique de la lunette. L'image définitive $A'B'$ de la lunette est vue à la sortie de la lunette sous un angle α'.
Construire l'image intermédiaire A_1B_1 de AB par L_1, puis l'image définitive $A'B'$ par L_2.

CORRIGÉ COMMENTÉ

1. La distance séparant les deux lentilles est la somme des deux distances focales, car l'énoncé précise que la lunette est afocale, donc F'_1, est confondu avec F_2.
Sur un même axe optique, on représente les deux lentilles séparées d'une distance de 11,5 cm.

> **Remarque**
> Le schéma est demandé à l'échelle 1/4 ; les valeurs réelles seront donc divisées par 4 pour obtenir les mesures du schéma.
> Attention ! les angles restent les mêmes.

2. A_1 et F'_1 sont confondus. Pour construire B_1, on trace un rayon issu de B passant par O_1 et B_1 sera dans le plan focal de F'_1.
La direction de B' est donnée par le rayon B_1O_2.

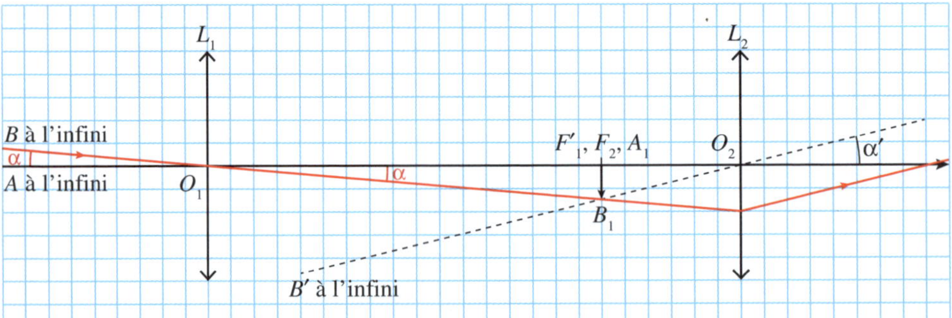

Le schéma n'est pas à l'échelle.

À RETENIR

- L'image d'un objet à l'infini à travers une lentille convergente se forme dans le plan focal image.
- L'image d'un objet se trouvant dans le plan focal objet d'une lentille convergente se forme à l'infini.

2 Calculer le grossissement d'une lunette astronomique

EXERCICE TYPE

Soit une lunette afocale dont l'objectif et l'oculaire sont des lentilles minces convergentes L_1 et L_2 d'axe optique commun et de distances focales $f'_1 = 33{,}0$ cm et $f'_2 = 12{,}0$ cm.

1. Dans l'approximation des petits angles, exprimer α en fonction de f'_1 et A_1B_1, puis α' en fonction de f'_2 et A_1B_1.

2. Le diamètre apparent d'un objet AB à l'infini est $\alpha = 5{,}0°$, A étant dans la direction de l'axe optique de la lunette. L'image définitive $A'B'$ de la lunette est vue à la sortie de la lunette sous un angle α'.

Exprimer le grossissement G en fonction de f'_1 et f'_2.

Calculer G, A_1B_1 et α'.

CORRIGÉ COMMENTÉ

1. Voir schéma p. 390. Dans l'approximation des petits angles, on considère que $\tan\alpha \approx \alpha$.

On se place dans le triangle $O_1A_1B_1$. On peut écrire que $\tan\alpha \approx \alpha = \dfrac{A_1B_1}{O_1A_1} = \dfrac{A_1B_1}{f'_1}$ car $O_1A_1 = f'_1$.

$$\boldsymbol{\alpha = \frac{A_1B_1}{f'_1}} \quad (1)$$

De même dans le triangle $O_2A_1B_1$, $\boldsymbol{\alpha' = \dfrac{A_1B_1}{f'_2}}$.

2. Par définition, $G = \dfrac{\alpha'}{\alpha} = \dfrac{A_1B_1}{f'_2} \times \dfrac{f'_1}{A_1B_1}$

donc $\boldsymbol{G = \dfrac{f'_1}{f'_2}}$.

Application numérique : $G = \dfrac{33{,}0}{12{,}0} = 2{,}75$.

$\boldsymbol{G = 2{,}75}$.

La relation (1) donne : $A_1B_1 = f'_1 \times \alpha$, avec α en radian.

Application numérique : $A_1B_1 = \dfrac{33{,}0 \times 5{,}0 \times \pi}{180} = 2{,}879793$

$\boldsymbol{A_1B_1 = 2{,}9}$ **cm.**

> **Remarque**
> Les données ont 3 chiffres significatifs (CS), donc le résultat doit être exprimé avec 3 CS.

> **Remarque**
> Comme la donnée la moins précise n'a que 2 CS, le résultat final doit avoir au maximum 2 CS ; ne pas oublier l'unité.

Nous avons G et α, d'où $\alpha' = G \times \alpha$.
Application numérique : $\alpha' = 2{,}75 \times 5{,}0 = 13{,}75$.
$\alpha' = 14°$.

Rappel
Conversion des angles :
$$\frac{\text{angle en degré} \times \pi}{180} = \text{angle en radian}$$

À RETENIR

- Pour des angles α petits et en radian, on peut écrire que :
$$\tan \alpha \approx \alpha \approx \text{côté opposé/côté adjacent}$$
- Le grossissement s'écrit $G = \frac{\alpha'}{\alpha} = \frac{f'_1}{f'_2}$ avec α' et α dans la même unité, f'_1 et f'_2 dans la même unité.

3 Étudier les caractéristiques d'une lunette commerciale

EXERCICE TYPE

Sur un site de vente en ligne, on trouve une annonce pour une lunette astronomique :
« La lunette astronomique Alien se distingue par un design compact et portable, ainsi qu'une importante performance optique destinée à encourager tout nouvel arrivant dans l'univers des astronome amateur !
Caractéristiques : 50/600 ; livrée avec trois oculaires de 20 mm, de 12 mm et 4 mm et d'un renvoi coudé redresseur d'image. »

1. Que signifie l'information 50/600 donnée dans les caractéristiques ?
2. Calculer les grossissements possibles.
3. La notice indique également que cette lunette convient parfaitement aux observations terrestres. Expliquer comment cela est possible.

CORRIGÉ COMMENTÉ

1. 50/600 : 50 est le diamètre du tube en mm, et 600 est la distance focale de l'objectif en mm.

2. Les grossissements possibles se calculent à partir de la formule : $G = \frac{f'_1}{f'_2}$, avec $f'_1 = 600$ mm.

Applications numériques : $G_1 = \frac{600}{20} = 30$; $G_2 = \frac{600}{12} = 50$; $G_3 = \frac{600}{4} = 150$.

On aura au choix un grossissement de 30 fois, 50 fois ou 150 fois.

3. La lunette astronomique est constituée de deux lentilles convergentes, donc l'image finale sera renversée. Pour observer le ciel, une image inversée ne pose pas de problème ; en revanche, pour une observation terrestre, une image à l'envers peut perturber. C'est pourquoi on a à disposition un redresseur d'image qu'on pourra installer sur la lunette au niveau de l'oculaire.

À RETENIR

• Les caractéristiques d'une lunette commerciale :
– diamètre du tube en mm ;
– distance focale de l'objectif en mm ;
– distances focales des oculaires en mm ;
– calcul du grossissement :
G = distance focale de l'objectif/distance focale de l'oculaire.

EXERCICES

Connaître le cours

Pour chaque exercice du *connaître le cours*, indiquer la (ou les) bonne(s) réponse(s) :

1 2 min Principe d'une lunette astronomique

	A	B	C
1. Une lunette astronomique dispose d'un objectif :	placé proche de l'œil	qui est constitué d'une lentille convergente de grande distance focale	qui est constitué d'une lentille convergente de petite distance focale
2. L'oculaire donne :	une image réelle et droite	une image virtuelle	une image réelle et renversée
3. Une lunette astronomique afocale :	est constituée d'une lentille	est constituée de deux lentilles superposées	permet d'avoir un confort d'observation
4. La distance focale de l'objectif :	est plus petite que celle de l'oculaire	est plus grande que celle de l'oculaire	est de même ordre de grandeur que celle de l'oculaire

→ *Corrigé p. 443*

2 1 min Le grossissement

	A	B	C
1. Le grossissement est :	en radian	en degré	sans unité
2. Le grossissement est :	un rapport d'angles	un rapport de distances focales	un rapport de longueurs de la lentille
3. Le grossissement dépend :	de l'objet observé	de la distance entre l'œil et la lunette	ni de l'objet observé, ni de la distance entre l'œil et la lunette

→ *Corrigé p. 443*

3 1 min Lunette commerciale

	A	B	C
1. Sur une annonce, on peut lire : lunette astronomique 60/900 :	distance focale de l'oculaire : 60 mm	grossissement : 900 fois	distance focale de l'objectif : 90 cm
2. Livrée avec deux oculaires de 20 mm et 4 mm :	distance focale de l'oculaire : 20 mm ou 4 mm	grossissement : 5 fois	grossissement : 80 fois
3. Livrée également avec un redresseur :	à utiliser obligatoirement pour observer les étoiles	à utiliser avec l'un des oculaires	utile pour observer des objets terrestres

→ *Corrigé p. 443*

Appliquer le cours et les savoir-faire

4 3 min ★

→ COMMENT FAIRE 1

Schématiser à l'échelle 1/12 une lunette astronomique modélisée par deux lentilles convergentes de vergence $C_1 = 0{,}83\ \delta$ et $C_2 = 11\ \delta$.

→ *Corrigé p. 443*

5 3 min ★

→ COMMENT FAIRE 2

Une lunette de grossissement 100 est utilisée pour observer Jupiter dont le diamètre apparent est égal à 33 secondes d'arc.
Sous quel angle l'observateur voit-il Jupiter à travers l'instrument ?

→ *Corrigé p. 443*

6 10 min ★★

→ COMMENT FAIRE 3

Sur un site de vente, on peut lire :
« Lunette terrestre et astronomique : longueur du tube 82 cm ; objectif 60 mm ; focale de 800 mm ; livrée avec trois oculaires (20 ; 12,5 et 6 mm), un redresseur, une lentille de Barlow (doublant le grossissement de chaque oculaire) et une monture azimutale ; poids : 7 kg. »

1. De quel oculaire la lunette doit-elle être munie pour obtenir un grossissement de 133 ?
2. Quel est le nom du dispositif qui permet de parvenir à un grossissement de 266 ?

3. On observe un objet de 2,0 m de haut placé à 10 km du lieu d'observation. Les réglages effectués permettent d'obtenir une image de l'objet qui semble être de même taille, mais situé à 250 m.

a) Déterminer l'oculaire utilisé.

b) Pour un œil normal, la distance angulaire minimale de vision distincte est $\varepsilon = 3 \times 10^{-4}$ rad. Est-il possible d'observer cet objet à l'œil nu ?

→ *Corrigé p. 444*

S'entraîner au raisonnement

7 10 min ★

Une lunette astronomique afocale est composée :
– d'un objectif : lentille mince convergente de distance focale 100 cm ;
– d'un oculaire : lentille mince convergente de vergence $C_{\text{oculaire}} = 20\ \delta$.

1. Quelle est la distance O_1O_2 des deux centres optiques ?

2. Faire une figure à l'échelle 1/5.

3. Tracer la marche d'un rayon incident parallèle à l'axe optique.

→ *Corrigé p. 444*

8 10 min ★

La lunette de l'observatoire de Yerkes, la plus grande au monde en fonction, est équipée d'un objectif de diamètre de 102 cm et d'une distance focale de 19,4 m. L'oculaire est constitué d'une lentille convergente de vergence de 25 δ.

1. Cette lunette est afocale. Faire un schéma de la lunette modélisée par un ensemble de deux lentilles minces.
Dessiner la marche d'un faisceau lumineux issu d'un point situé à l'infini.

2. Démontrer que le grossissement a aussi pour expression un rapport de distances focales.

3. Quel est le grossissement de cette lunette ?

→ *Corrigé p. 445*

9 15 min ★★ → COMMENT FAIRE 3

Une lunette astronomique a un objectif constitué d'une lentille convergente de distance focale $f'_1 = 10$ cm et d'un oculaire constitué d'une lentille convergente de distance focale $f'_2 = 1$ cm. On observe un astre de diamètre AB. L'axe optique de la lunette passe par le centre de l'astre. Les rayons extrêmes issus des bords de l'astre forment entre eux un angle 2α appelé *diamètre angulaire apparent de l'astre*.

1. L'objectif donne de l'astre observé une image de diamètre A_1B_1. Où se trouve-t-elle ? Quelle est sa nature ?

2. On règle la lunette pour qu'elle soit afocale. Comment sont placés les foyers des lentilles dans ce cas ? Où se trouve alors l'image définitive ?

3. On appelle 2β le diamètre angulaire apparent de l'astre vu à travers la lunette, c'est-à-dire l'angle sous lequel l'image de l'astre est observée à travers l'oculaire. Dans ces conditions, calculer le grossissement.

4. La grande lunette de l'Observatoire de Meudon possède un objectif de distance focale à $f'_2 = 16{,}2$ m et un oculaire de vergence $C_2 = 100\ \delta$.

a) Calculer son grossissement.

b) Calculer le diamètre angulaire apparent sous lequel est vu Jupiter dans la lunette sachant qu'à l'œil nu : $2\alpha = 1{,}6 \times 10^{-4}$ rad.

c) Quelle serait la taille d'un objet qui, vu à la distance de 1,0 m, aurait le même diamètre angulaire apparent ?

→ Corrigé p. 446

Observatoire de Meudon.

EXERCICE DE BAC

Exercice 25 min 10 points

En 1611, Kepler propose le principe de la lunette astronomique, avec des lentilles convergentes pour l'oculaire et l'objectif. Il améliore la lunette de Galilée, mais l'image est renversée. Kepler ne mettra cependant pas son idée en pratique, et il faudra attendre 1617 pour voir apparaître les premières lunettes astronomiques.

Johannes Kepler (1571–1630)

On se propose de modéliser une lunette astronomique à l'aide de deux lentilles convergentes :
- une lentille L_1 de distance focale $f'_1 = 60$ cm ;
- une lentille L_2 de distance focale $f'_2 = 10$ cm.

On se place dans le cas où l'image intermédiaire A_1B_1 est située dans le plan focal objet de la lentille L_2. La distance entre les centres optiques des deux lentilles est fixée à 70 cm.

1. [1 pt] Quel rôle joue A_1B_1 pour la lentille L_2 ?

2. [1 pt] Comment, dans ce système optique, nomme-t-on les lentilles L_1 et L_2 ?

3. [2 pts] Sur un schéma à l'échelle 1/10 pour l'axe horizontal et 1/1 pour l'axe vertical, représenter les deux lentilles L_1 et L_2, les foyers des deux lentilles L_1 et L_2, l'image intermédiaire A_1B_1 de hauteur 1 cm et tracer deux rayons lumineux traversant les deux lentilles en passant par B_1

4. [1 pt] D'après la construction précédente, où se trouve l'objet AB ? où se trouve l'image définitive A_2B_2 ?

5. [1 pt] Définir le diamètre apparent α de l'objet et le diamètre apparent α' de l'image.

6. [1 pt] Indiquer ces deux diamètres apparents sur le schéma.

7. [2 pts] Exprimer le grossissement de la lunette en fonction des distances focales des deux lentilles, puis le calculer.

8. [1 pt] En déduire un moyen d'augmenter le grossissement d'une lunette astronomique.

→ Corrigé p. 446

CORRIGÉS

1 → *Énoncé p. 438*

1. **B** ; **2.** **B** ; **3.** **C** ; **4.** **B.**

2 → *Énoncé p. 438*

1. **C** ; **2.** **A** et **B** ; **3.** **C**.

3 → *Énoncé p. 439*

1. **C** ; **2.** **A** ; **2.** **B** et **C**.

4 → *Énoncé p. 439*

La distance focale vaut : $f = \frac{1}{C}$, avec f en m et C en dioptrie (δ).

D'où $f_1 = \frac{1}{0,83} = 1,2$ m et $f_2 = \frac{1}{11} = 0,091$ m.

À l'échelle 1/12, on a donc $f_1 = \frac{1,2}{12} = 0,10$ m = 10 cm et

$f_2 = \frac{0,091}{12} = 0,0076$ m = 0,76 cm.

Comme la lunette est afocale, la distance séparant les deux lentilles sur le schéma sera de 10 + 0,76 = 10,76 cm.

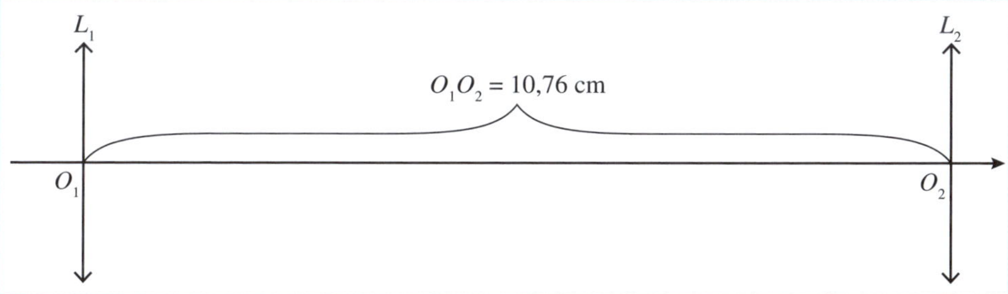

5 → *Énoncé p. 439*

Le grossissement vaut $G = 100$; or, par définition, $G = \frac{\alpha'}{\alpha}$, avec α : l'angle sous lequel on observe l'objet à l'œil nu et α′ : l'angle sous lequel on voit l'objet à travers l'oculaire. α et α′ sont exprimés en radian.

Point maths

- **Convertir des secondes d'arc en degré**
1° = 3 600 secondes d'arc,
donc 33 secondes d'arc = $\left(\frac{33}{3\,600}\right)^\circ$.
- **Convertir des degrés en radian**
un tour complet : 360° = 2 π,
un demi-tour : 180° = π.
Donc $\left(\frac{33}{3\,600}\right)^\circ$ en rad : $\frac{33}{3\,600} \times \frac{\pi}{180}$.

Ici, il faut donc convertir $\alpha = 33$ secondes d'arc en radian.

$\alpha' = G \times \alpha$

Application numérique :

$$\alpha' = \frac{100 \times 33\pi}{3\,600 \times 180} = 1{,}6 \times 10^{-2} \text{ rad.}$$

6 → *Énoncé p. 439*

1. $\frac{800}{6} = 133{,}3$: donc l'oculaire utilisé est le **6 mm**.

2. On utilise la lentille de Barlow qui double le grossissement.

3. a) Calcul des diamètres apparents : c'est le rapport de la taille de l'objet sur la distance entre cet objet et l'observateur.

Ainsi, pour α, la taille de l'objet est de 2 m et la distance est de 10 km, soit 10×10^3 m.

$$\alpha = \frac{2{,}0}{10 \times 10^3} = 2{,}0 \times 10^{-4} \text{ rad.}$$

Pour α', la taille de l'objet est toujours de 2 m et la distance est de 250 m.

$$\alpha' = \frac{2{,}0}{250} = 8{,}0 \times 10^{-3} \text{ rad.}$$

Donc $G = \frac{\alpha'}{\alpha} = \frac{8{,}0 \times 10^{-3}}{2{,}0 \times 10^{-4}} = 40.$

Mais le grossissement peut aussi s'exprimer en fonction des distances focales :

$$G = \frac{f'_1}{f'_2}.$$

Par suite, la distance focale de l'oculaire utilisé est : $\frac{f'_1}{G} = \frac{800}{40} =$ **20 mm.**

Rappel

Pour le grossissement G :

$G = \frac{f'_1}{f'_2}$; grandeur sans unité ;

f'_1 et f'_2 doivent avoir la même unité.

Mais on peut aussi calculer G en faisant le rapport des diamètres apparents :

$G = \frac{\alpha'}{\alpha}$; α et α' en radian ou en degré.

b) Comme on a $\alpha < \varepsilon$, il est impossible d'observer cet objet à l'œil nu.

7 → *Énoncé p. 440*

1. La distance focale de l'oculaire est :

$$f'_2 = \frac{1}{20} = 0{,}050 \text{ m} = 5{,}0 \text{ cm.}$$

Comme la lunette est afocale, on a $O_1O_2 = 100 + 5{,}0 = 105$ cm.

2. La distance entre les deux lentilles sur le schéma sera de **21 cm**.

3. Le rayon incident parallèle à l'axe optique avant l'objectif émerge de la lentille L_1 en passant par F_1 et ressort de L_2 parallèle à l'axe optique comme il passe par son foyer objet F_2.

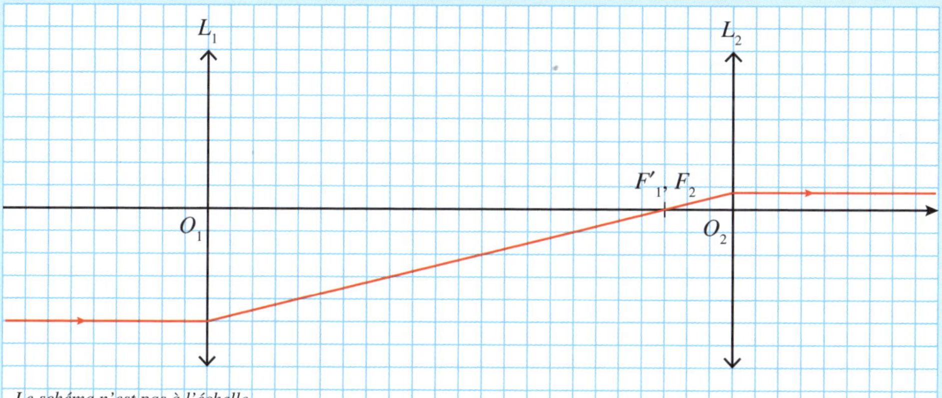

Le schéma n'est pas à l'échelle.

8 → *Énoncé p. 440*

1. On commence par tracer un rayon qui vient du point objet se trouvant à l'infini et passant par O_1. Il coupe le plan focal image de la lentille L_1 en un point B_1. Enfin, ce rayon émerge de L_2 parallèlement à la droite O_2B_1.

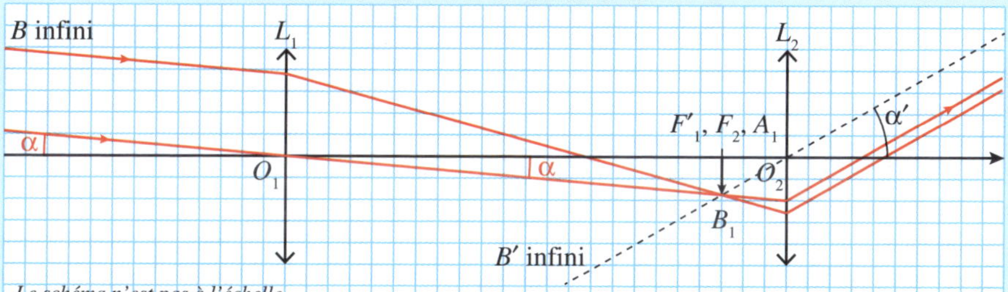

Le schéma n'est pas à l'échelle.

2. Le grossissement de la lunette se définit par $G = \dfrac{\alpha'}{\alpha}$.

Pour des angles en radian et petits (c'est-à-dire inférieurs à 0,17 rad ≈ 9°), on a :

$\tan \alpha \approx \alpha = \dfrac{A_1B_1}{f'_1}$

$\tan \alpha' \approx \alpha' = \dfrac{A_1B_1}{f'_2}$.

Donc $G = \dfrac{\dfrac{A_1B_1}{f'_2}}{\dfrac{A_1B_1}{f'1}} = \dfrac{A_1B_1}{f'_2} \times \dfrac{f'_1}{A_1B_1} = \dfrac{f'_1}{f'_2}$ on retient : $\boldsymbol{G = \dfrac{f'_1}{f'_2}}$.

3. La distance focale de l'oculaire $f'_2 = \dfrac{1}{25} = 0{,}040$ m = 4,0 cm.

$G = \dfrac{19{,}4}{0{,}040} = \mathbf{485}$.

9 → Énoncé p. 440

1. A_1B_1 se trouve dans le plan passant par F'_1 et perpendiculaire à l'axe optique, et A_1 est confondu avec F'_1.
C'est une image réelle et renversée.

2. Les foyers des lentilles sont superposés : F'_1 est confondu avec F_2. L'image définitive se trouve à l'infini.

3. $G = \dfrac{10}{1} = 1 \times 10^1$.

4. a) $f'_2 = \dfrac{1}{C_2} = \dfrac{1}{100} = 1{,}00 \times 10^2\ \text{m} = \mathbf{10{,}0\ cm}$

$G = \dfrac{16{,}2}{1{,}00 \times 10^{-2}} = 1{,}62 \times 10^3$.

b) $2\beta = G \times 2\alpha = 1\,620 \times 1{,}6 \times 10^{-4} = \mathbf{0{,}26\ rad.}$

c) La taille d'un objet vu à 1 m avec le même diamètre angulaire apparent est :
$0{,}26 \times 1{,}0 = 0{,}26\ \text{m} = 26\ \text{cm}$.

EXERCICE DE BAC

Exercice → Énoncé p. 442

1. A_1B_1 est son objet.

2. L_1 est l'objectif et L_2 l'oculaire.

3.

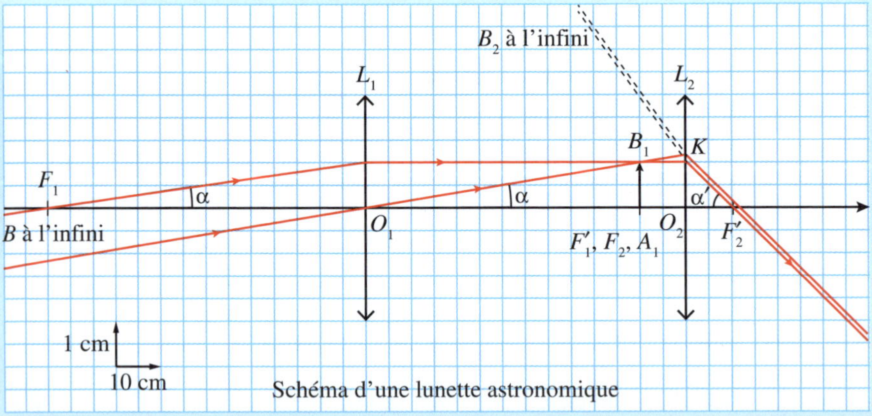

4. L'objet AB est à l'infini, car son image est dans le plan contenant F'_1 et perpendiculaire à l'axe optique.
L'image définitive A_2B_2 est à l'infini, car son objet est situé dans le plan contenant F_2.

5. Le diamètre apparent α de l'objet est l'angle sous lequel on observe l'objet AB à l'œil nu.
Le diamètre apparent α' de l'image est l'angle sous lequel on voit l'objet AB à travers l'oculaire. Les diamètres apparents s'expriment en radian.

6. Voir schéma ci-avant de la lunette astronomique.

7. Dans le triangle $O_2F'_2K$ rectangle en O_2, avec K projeté de B_1 sur L_2, on peut écrire $\tan\alpha' = \dfrac{O_2K}{O_2F'_2} = \alpha'$ car est α' petit.

Comme $O_2K = A_1B_1$ et $O_2F'_2 = O_2F_2 = f'_2$, on a $\alpha' = \dfrac{A_1B_1}{f'_2}$.

De même dans le triangle $O_1B_1A_1$ rectangle en A_1, on a $\alpha = \dfrac{A_1B_1}{f'_1}$.

Par définition : $G = \dfrac{\alpha'}{\alpha}$.

$$G = \frac{\dfrac{A_1B_1}{f'_2}}{\dfrac{A_1B_1}{f'1}} = \frac{A_1B_1}{f'_2} \times \frac{f'_1}{A_1B_1} = \frac{f'_1}{f'_2}.$$

Application numérique : $\mathbf{G = \dfrac{60}{10} = 6{,}0.}$

> **Point maths**
>
> Pour des angles petits, c'est-à-dire inférieurs à 10° quand la valeur de l'angle est en degré, ou plus petits que 1 pour des angles en radian, on peut faire l'approximation suivante :
>
> $\tan\alpha \approx \sin\alpha \approx \alpha$
>
> **Attention ! α doit être en radian.**

8. Pour augmenter le grossissement, il suffit d'augmenter la distance focale f'_1 de l'objectif ou de diminuer la distance focale f'_2 de l'oculaire.
Cependant, il est plus simple de changer d'oculaire et de lui adjoindre une lentille de Barlow.

Modèle particulaire de la lumière

CHAPITRE 18

Les cellules photoélectriques sont utilisées dans notre vie quotidienne : caméras vidéo, systèmes de sécurité, appareils de vision nocturne, etc.

1 L'effet photoélectrique

A. Un peu d'histoire...

En 1887, les expériences de Heinrich Hertz (1857-1894) mettent en évidence l'effet photoélectrique. Il éclaire un objet en zinc chargé négativement par un rayonnement ultraviolet. Il remarque que l'objet se décharge. Et si l'on intercale une lame de verre (qui bloque les ultraviolets) entre la source lumineuse et l'objet en zinc, rien ne se produit : l'objet reste chargé. On peut en conclure que certaines radiations lumineuses sont capables d'arracher des électrons à un métal. Dans le cas du zinc, ces radiations sont du domaine de l'ultraviolet. La lumière peut faire déplacer des électrons, d'où l'effet « photoélectrique ».

B. Lois de Lenard

À la suite d'une maladie, Hertz meurt prématurément et son assistant Philipp Lenard poursuit l'étude de l'effet photoélectrique.

■ **Première loi de Lenard** : seuil photoélectrique
Pour un métal donné, seules des longueurs d'onde **inférieures à** une longueur d'onde **seuil** peuvent provoquer l'effet photoélectrique. On peut calculer la fréquence seuil :

$$\nu_0 = \frac{c}{\lambda_0}$$

Comme la fréquence est l'inverse de la longueur d'onde, toutes fréquences ν **supérieures** à la fréquence seuil ν_0 peuvent donc provoquer l'effet photoélectrique.

• Soit un tube vide d'air qui comporte deux électrodes :
– la cathode C : plaque métallique concave revêtue intérieurement d'une couche photoémissive (métal électropositif tel que Cs, K, Na).
– l'anode A : une tige métallique qui recueille les électrons émis par la cathode.

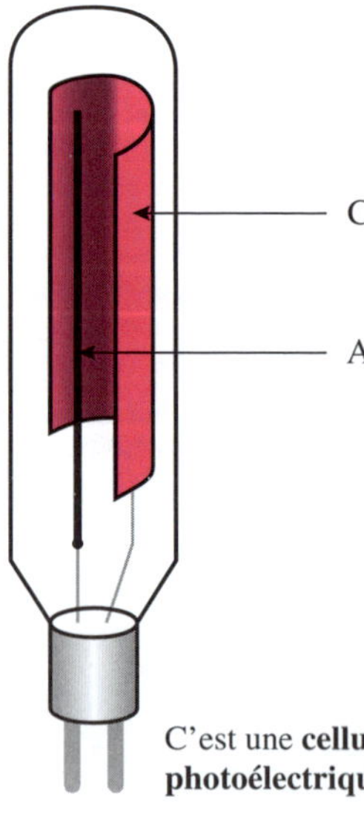

C'est une **cellule photoélectrique**.

• Une cellule photoélectrique, lorsqu'elle est éclairée avec la bonne lumière, libère des électrons qui peuvent être capturés et circuler dans un circuit électrique. Pour étudier le comportement d'un tel composant, on le place dans un circuit électrique et on peut tracer sa caractéristique (*I* en fonction de *U*) : dans un montage électrique, on éclaire la cellule photoélectrique par un rayonnement de fréquence $\nu > \nu_0$. La puissance lumineuse reste constante tout au long de l'expérience.

À l'aide d'un potentiomètre, on fait varier la tension U_{AC}, qui peut être positive ou négative, et on relève à chaque fois l'intensité du courant à travers le circuit.

– Quand U_{AC} est positive, les électrons disponibles au niveau de la cathode seront « aspirés » dans le circuit.

– Quand U_{AC} est négative, les électrons disponibles au niveau de la cathode seront « soufflés » vers la cathode.

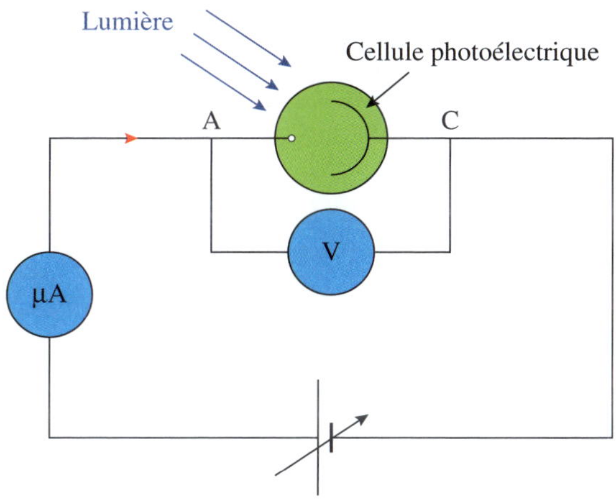

Résultat :

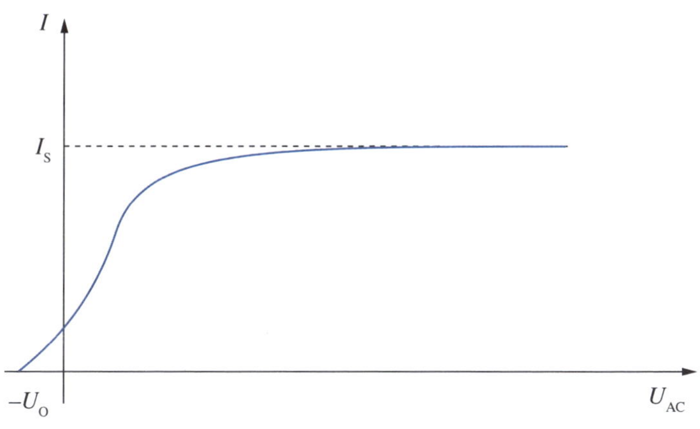

• Commentaires :
– On note l'existence d'une intensité maximale : « intensité de saturation » I_S.
– Pour $U_{AC} = 0$, le courant n'est pas nul.
– Pour $U_{AC} < -U_0$, les électrons ne parviennent plus à atteindre l'anode. U_0 est le « **potentiel d'arrêt** ».
– La mesure de U_0 permet de connaître l'énergie maximale des électrons émis par la cathode.

■ **Deuxième loi de Lenard :** influence de la puissance transportée par le faisceau
L'intensité du courant de saturation est proportionnelle à la puissance lumineuse reçue par la cathode.
Il y a plus de photons, donc plus d'électrons extraits ; cependant l'énergie cinétique des électrons est inchangée car l'énergie des photons incidents est inchangée.

■ **Troisième loi de Lenard :** influence de la fréquence du faisceau incident
Le potentiel d'arrêt et, par conséquent, l'énergie cinétique maximale des électrons émis par la cathode est fonction affine de la fréquence du rayonnement.
Les droites obtenues pour différents métaux ont le même coefficient directeur.

C. Interprétation de l'effet photoélectrique

Cette interprétation a été faite par Albert Einstein en 1905 (prix Nobel en 1921).

■ La lumière est constituée d'un ensemble de corpuscules, appelées photons, transportant chacun un quantum d'énergie : $E = \mathrm{h} \times \nu = \mathrm{h} \times \dfrac{c}{\lambda}$

avec h, la constante de Planck : $\mathrm{h} = 6{,}623 \times 10^{-34}$ J.s ;
c, la vitesse de la lumière dans le vide : $c = 3 \times 10^{8}$ m.s^{-1} ;
ν, la fréquence de l'onde en Hz ;
λ, la longueur d'onde dans le vide en m ;
E s'exprime en joule (J).

■ L'effet photoélectrique correspond à un choc entre le photon incident et un électron du métal avec transfert total de l'énergie du photon à l'électron extrait.
L'énergie $E = \mathrm{h} \times \nu$ du photon sert :
– à extraire l'électron du métal (énergie d'extraction $\boldsymbol{W_0}$ qui correspond à l'énergie de liaison de l'électron, avec $W_0 = \mathrm{h} \times \nu_0$, où ν_0 est la fréquence seuil),
– à lui communiquer de l'énergie cinétique $\boldsymbol{E_c}$.

$$E = \mathrm{h} \times \nu = W_0 + E_{\text{perdue}} + E_c$$

■ **Remarque :** pour un électron proche de la surface, on a : $E_c = E_{c\,\max}$ et $E_{\text{perdue}} = 0$ J.

2 Quelques applications

A. Photomultiplicateur

■ Un photomultiplicateur est capable de compter des photons un par un…
Il est constitué :
– d'une photocathode éclairée par un faible rayonnement ;
– de plusieurs dynodes (électrodes qui libèrent plusieurs électrons suite à l'impact d'un électron) portées à des potentiels de plus en plus élevés ;
– d'une anode qui reçoit les électrons de la dernière dynode.

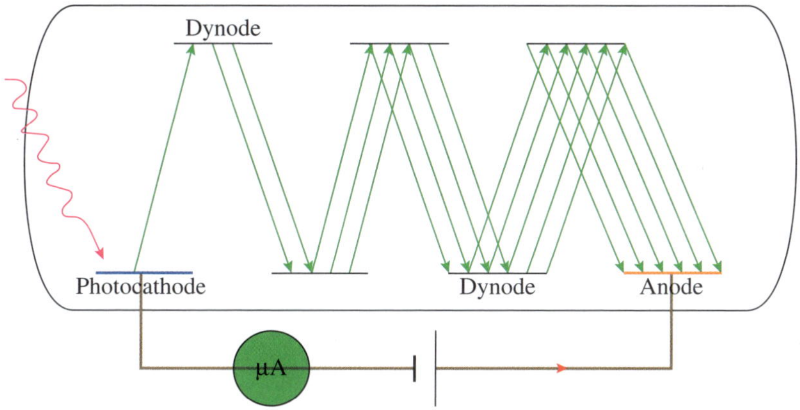

■ **Fonctionnement**

• La première dynode est portée à un potentiel plus grand que celui de la photocathode, et chaque dynode présente un potentiel plus important que celui de la précédente. De même, l'anode a un potentiel plus grand que celui de la dernière dynode.
La photocathode reçoit des photons et émet des électrons par effet photoélectrique.
Les électrons quittent la photocathode et sont accélérés par la différence de potentiel entre la photocathode et la première dynode ; ils arrivent donc sur la première dynode avec plus d'énergie. Lorsqu'ils frappent la première dynode, il y a émission d'électrons secondaires avec un rapport de 5 à 10 électrons secondaires émis pour un électron incident. Et ainsi de suite avec les dynodes suivantes. À chaque dynode, on multiplie par 5 à 10 le nombre d'électrons secondaires émis.
Finalement, les électrons atteignent l'anode et produisent un courant mesurable sur le microampèremètre.

• Ce dispositif permet d'obtenir à la sortie jusqu'à 10^6 à 10^8 électrons secondaires pour un électron émis à la photocathode : il peut donc être utilisé avec des flux lumineux très faibles.
On dit, pour cette raison, qu'un photomultiplicateur est capable de compter les photons un par un.

On utilise ce dispositif pour :
- les expériences d'astroparticules,
- la physique des hautes énergies,
- la sécurité dans les aéroports,
- l'imagerie médicale.

B. Cellules photovoltaïques

– Elles sont constituées de **semi-conducteurs**, principalement à base de silicium, qui produisent un courant électrique quand elles sont soumises à un rayonnement électromagnétique. C'est l'**effet photovoltaïque**.

– Un semi-conducteur n'est ni un isolant ni un conducteur, mais en recevant de l'énergie issue d'un photon, il devient conducteur. En effet, les électrons peuvent quitter la bande de valence et passer dans la bande de conduction qui était jusqu'alors interdite. L'écart énergétique ΔE entre ces deux bandes est appelé **gap**.

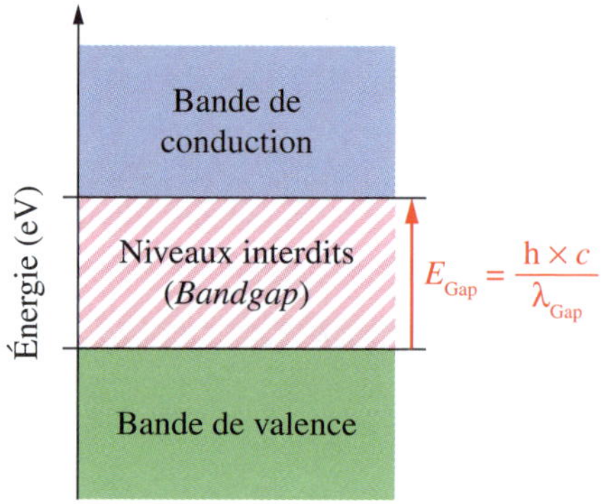

Le gap des isolants est plus grand que celui des semi-conducteurs.

■ La performance d'une cellule photovoltaïque est caractérisée par son rendement η (sans unité, compris entre 0 et 1) :

$$\eta = \frac{P_{él}}{P_{lum}} = \frac{U \times I}{E \times S}$$

avec $P_{él}$: la puissance électrique en watt (W) ;
U : la tension aux bornes de la cellule en volt (V) et I le courant délivré en ampère (A) ;
P_{lum} : la puissance lumineuse (W) ;
E : l'éclairement en $W.m^{-2}$;
S : la surface de la cellule en m^2.

Le rendement des panneaux photovoltaïques est inférieur à 20 %.

C. Diodes électroluminescentes (DEL)

C'est un dipôle électronique qui émet de la lumière lorsqu'il est parcouru par un courant électrique par effet photovoltaïque. La lumière émise est donc constituée de photons d'énergie égale au gap du semi-conducteur utilisé.

COMMENT FAIRE

Données : charge élémentaire : $e = 1,6 \times 10^{-19}$ C ; constante de Planck : $h = 6,62 \times 10^{-34}$ J.s ; masse de l'électron : $m_e = 9,1 \times 10^{-31}$ kg ; célérité de la lumière dans le vide : $c = 3,0 \times 10^8$ m.s^{-1}.

1 Calculer E_{cmax} et le potentiel d'arrêt

EXERCICE TYPE

Une cellule photoélectrique au césium (Cs) dont la fréquence seuil est $4,6 \times 10^{14}$ Hz reçoit une radiation monochromatique de longueur d'onde $\lambda = 0,50$ µm.

1. Calculer l'énergie cinétique maximale des électrons émis.
2. Calculer le potentiel d'arrêt.

CORRIGÉ COMMENTÉ

1. D'après la relation d'Einstein :

$$E_{photon} = h \times \nu = \frac{h \times c}{\lambda} = W_0 + E_{cmax}$$

d'où $E_{cmax} = \dfrac{h \times c}{\lambda} - W_0 = \dfrac{h \times c}{\lambda} - h \times \nu_0$

Application numérique :

$$E_{cmax} = \frac{6,62 \times 10^{-34} \times 3 \times 10^8}{0,50 \times 10^{-6}} - 6,62 \times 10^{-34} \times 4,6 \times 10^{14}$$

$$E_{cmax} = 9,3 \times 10^{-20} \text{ J.}$$

2. $\boldsymbol{Ec_{max} = e \times U_0}$
avec e la charge élémentaire et U_0 le potentiel d'arrêt.

Donc $U_0 = \dfrac{E_{cmax}}{e}$

A. N. : $U_0 = \dfrac{9,3 \times 10^{-20}}{1,6 \times 10^{-19}} = 0,58$ V

> **Attention !**
> L'écriture du résultat final doit respecter le nombre de chiffres significatifs. Ici, les données ont 2 chiffres significatifs, donc le résultat sera donné avec 2 chiffres significatifs au maximum.

À RETENIR

- Unités :
  - les énergies en joule (J) ;
  - les fréquences ν en hertz (Hz) ;
  - la célérité de la lumière $c = \lambda \times \nu$ où c est en m.s^{-1}, λ la longueur d'onde en m, ν la fréquence en Hz ou s^{-1} ;
  - le potentiel d'arrêt en volt (V).

- Énergie d'un photon : $E_{photon} = h \times \nu$.
- Énergie d'extraction : $W_0 = h \times \nu_0$; ν_0 la fréquence seuil pour obtenir l'effet photoélectrique.
- Énergie cinétique : $E_c = \frac{1}{2} \times m \times v^2$; m en kg, la masse de la particule qui se déplace à la vitesse v en $m.s^{-1}$.

On peut aussi écrire que $E_c = e \times U_0$; e la charge élémentaire en C et U_0 le potentiel d'arrêt en V.

2 Interpréter la 2e loi de Lenard : puissance du faisceau incident et intensité de saturation

EXERCICE TYPE

Considérons une cellule photoélectrique éclairée par un rayonnement de fréquence ν.
Relation 1 : en utilisant les hypothèses d'Einstein, exprimer la puissance reçue à la cathode en fonction de N le nombre de photons arrivant à la cathode et τ la durée.
Relation 2 : exprimer le rendement quantique r.
En utilisant les deux relations, interpréter la 2e loi de Lenard, c'est-à-dire la relation entre intensité de saturation I_S et puissance du faisceau incident.

CORRIGÉ COMMENTÉ

Soit N le nombre de photons arrivant à la cathode pendant la durée τ.
La puissance reçue à la cathode, c'est-à-dire l'énergie reçue en une seconde vaut :

$$P = \frac{N}{\tau} E_{photon} = \frac{N}{\tau} \times h \times \nu \quad (1)$$

Sur N photons, seuls N' sont efficaces, c'est-à-dire capables d'extraire N' électrons.

$r = \frac{N'}{N}$ (2) est le rendement quantique (de l'ordre de 1 %).

N' : nombre d'électrons extraits à la cathode en τ secondes.
N : nombre de photons arrivant sur la cathode en τ secondes.

> **Remarques**
> – Un rendement est une grandeur sans unité et inférieure ou égale à 1.
> – Pour une cellule photoélectrique, le rendement est de l'ordre de 1 %, donc 99 % de l'énergie reçue sera perdue sous forme de chaleur.

$I_s = \frac{|Q|}{\tau} = \frac{N' \times e}{\tau}$. Tous les électrons émis à la cathode sont captés par l'anode.

$I_s = \frac{N' \times e}{\tau} = \frac{N \times r \times e}{\tau}$ d'après (2). Or, $N = \frac{P \times \tau}{h \times \nu}$ d'après (1)

D'où $I_s = \frac{P \times \tau}{h \times \nu} \times \frac{r \times e}{\tau} = \frac{r \times e}{h \times \nu} \times P = k \times P$ en posant $k = \frac{r \times e}{h \times \nu}$

I_s est bien proportionnel à la puissance reçue P.

À RETENIR

- L'énergie lumineuse totale E est égale à l'énergie d'un photon E_{photon} que multiplie la quantité de photons présente N : $E = N \times E_{photon}$.
- La puissance P est un débit énergétique : $P = \frac{E}{\tau}$; avec P en watt (W) ; E l'énergie en joule (J) et τ le temps en seconde (s).
- Le rendement r n'a pas d'unité. Ce rapport doit toujours être inférieur ou égale à 1. On l'exprime souvent en pourcentage (%) ; pour cela, on prend le résultat du rapport que l'on multiplie par 100.

3 Interpréter la 3e loi de Lenard : fréquence du faisceau incident

EXERCICE TYPE

1. En utilisant les hypothèses d'Einstein, donner la répartition de l'énergie d'un photon incident impliqué dans l'effet photoélectrique.

2. Interpréter la 3e loi de Lenard, c'est-à-dire montrer que E_{cmax} est une fonction affine de ν, la fréquence du photon incident.

CORRIGÉ COMMENTÉ

1. $E_{photon} = h \times \nu = W_0 + E_{perdue} + E_c$

$E_c = h \times \nu - W_0 - E_{perdue}$.

2. E_c est maximale lorsque l'électron est proche de la surface. Dans ce cas, $E_{perdue} = 0$, puisqu'il n'y a pas de collisions avec la matière avant la sortie du métal.

On a alors : $E_{c_{max}} = h \times \nu - W_0 = h \times \nu - h \times \nu_0 = h \times (\nu - \nu_0)$

E_{cmax} est bien une fonction affine de ν, c'est-à-dire de la forme :

$E_{cmax} = ax + b$, avec $x = \nu$, $a = h$ et $b = -h \times \nu_0$.

Comme $E_{cmax} = e \times U_0$, E_{cmax} est une fonction affine de U_0, donc U_0 est une fonction affine de ν.

Les droites obtenues pour différents métaux ont le même coefficient directeur.

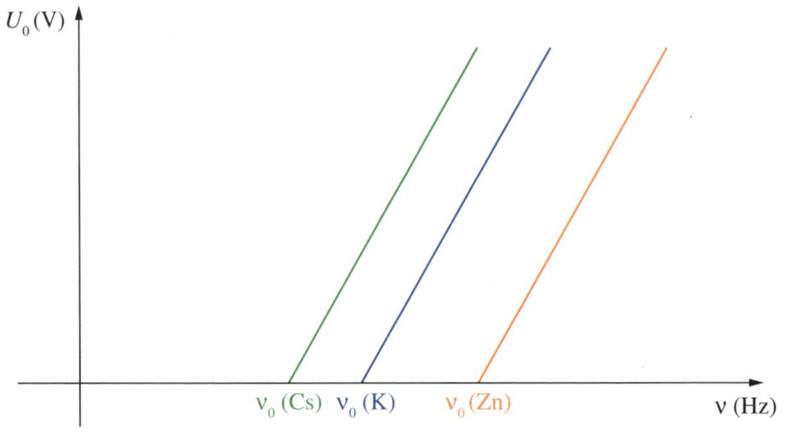

À RETENIR

- Hypothèse d'Einstein : considérer la lumière comme des grains de matière sans masse avec une énergie qui vaut : $E_{photon} = h \times \nu$; avec h la constante de Planck ($6{,}62 \times 10^{-34}$ J.s) ; ν la fréquence (en Hz) et E_{photon} en joule (J)
- W_0 est l'énergie d'extraction de l'électron en joule (J).
- E_c est l'énergie cinétique de l'électron éjecté en joule (J).

4 Étudier un photomultiplicateur

EXERCICE TYPE

Des photons, de longueur d'onde λ = 414 nm, arrachent à la photocathode des « photoélectrons » qui sont ensuite focalisés sur la première dynode. Le rendement quantique (rapport du nombre de photoélectrons émis au nombre de photons reçus) de cette photocathode est de 20 %.

Chaque électron frappant une dynode provoque l'émission de plusieurs électrons dits électrons secondaires. Chaque dynode multiplie par $K = 5$ le nombre d'électrons reçus.

Le photomultiplicateur comporte 10 dynodes. Les électrons émis par cette 10e dynode arrivent sur l'anode et génèrent un courant anodique dont l'intensité est de 24 mA.

1. Calculer le nombre d'électrons collectés par l'anode par seconde : Ne_A.
2. Calculer le nombre d'électrons émis par la photocathode par seconde : Ne_p.
3. Calculer le nombre de photons reçus par la photocathode par seconde : Np_p.
4. En déduire la puissance du rayonnement reçu par la photocathode

CORRIGÉ COMMENTÉ

1. $I = \dfrac{|Q|}{\tau} = \dfrac{Ne_A \times e}{1}$;

donc $Ne_A = \dfrac{I}{e}$

A. N. : $Ne_A = \dfrac{24 \times 10^{-3}}{1{,}6 \times 10^{-19}}$

$= 1{,}5 \times 10^{17}$ électrons/s.

Rappel

Le courant électrique est un débit de charges :

$$I = \frac{|Q|}{\Delta t}$$

avec Q : la charge électrique en coulomb (C),
Δt : une durée en seconde (s),
I : le courant électrique en ampère (A).

2. $Ne_A = Ne_p \times 5^{10}$;

donc $Ne_p = \dfrac{Ne_A}{5^{10}} = 1{,}5 \times 10^{10}$ électrons/s.

3. $Ne_p = 20\ \% \times Np_p = \dfrac{20}{100} \times Np_p$

d'où $Np_p = \dfrac{100}{20} \times Ne_p = 7{,}68 \times 10^{10}$ photons/s.

4. $P = \dfrac{E}{\tau} = \dfrac{Np_p \times E_{photon}}{1} = \dfrac{Np_p \times \dfrac{h \times c}{\lambda}}{1}$

A. N. : $P = \dfrac{7{,}68 \times 10^{10} \times 6{,}62 \times 10^{-34} \times 3{,}00 \times 10^{8}}{414 \times 10^{-9}} = 3{,}68 \times 10^{-8}$ W.

À RETENIR

• Le courant électrique est un débit de charges ; dans un métal, les charges sont des électrons :

$$I = \frac{|Q|}{\tau}$$

avec I en ampère (A) ; Q en coulomb (C) et τ en seconde (s).

• Pour connaître le rapport R entre le nombre d'électrons arrivant sur l'anode et le nombre d'électrons libérés par la photocathode, il faut connaître le nombre de dynodes D et savoir combien il y a d'électrons secondaires pour un électron incident K : $R = K^D$.

5 Étudier des panneaux solaires photovoltaïques

EXERCICE TYPE

Les caractéristiques d'un module photovoltaïque sont données dans le tableau ci-dessous lorsque le module reçoit une puissance rayonnante de 1 000 W sur 1 m² de surface de module.

Caractéristiques électriques (à 1 000 W.m⁻²)

Température cellules	25 °C	50 °C
P_{max} (W)	36	32,5
U à P_{max} (V)	16,3	14,4
I à 10 V (A)	2,36	2,35
I court-circuit (A)	2,45	2,50
U circuit ouvert (V)	20,3	18,4

Rappel

rendement ρ ou η :

$$= \frac{\text{puissance fournie par le module}}{\text{puissance reçue par le module}} \times 100$$

1. Sur l'allure de la caractéristique tension-intensité ci-dessous (tension en abscisse et intensité en ordonnée) de ce module photovoltaïque, à 50 °C, pour une puissance rayonnante reçue ε = 1 000 W.m⁻², placer les points suivants :

a) le point de fonctionnement **A** correspondant à l'intensité de court-circuit ;

b) le point de fonctionnement **B** correspondant à un circuit ouvert ;

c) le point de fonctionnement **C** correspondant à la puissance électrique maximale disponible.

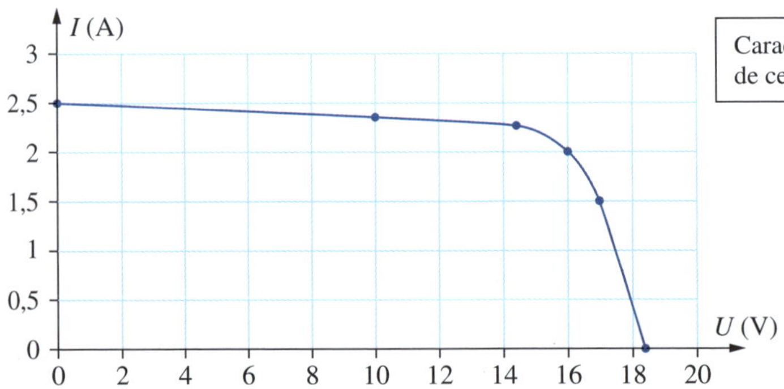

Caractéristique tension-intensité de ce module photovoltaïque

2. Ce module reçoit, à 50 °C, une puissance rayonnante surfacique de 1 000 W.m⁻². La tension à ses bornes, lorsqu'il fonctionne, est égale à 10 V.

a) D'après les données, quelle est alors la valeur de l'intensité I du courant ?

b) Quelle est la puissance électrique fournie ?

c) La surface du module est égale à 0,185 m². Calculer le rendement énergétique du module.

CORRIGÉ COMMENTÉ

1.

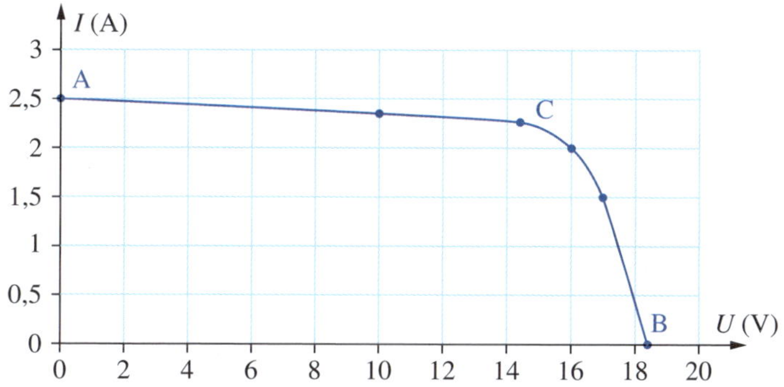

a) Le point **A** : l'intensité de court-circuit correspond à l'intensité du courant lorsque les deux bornes de la cellule photovoltaïque sont reliées par un fil conducteur (elle est en court-circuit, c'est-à-dire $U = 0$ V).

b) Le point **B** : « circuit ouvert » veut dire $I = 0$ A.

c) Le point **C** : la puissance électrique maximale est égale au produit de la tension et du courant à la puissance maximale : $P_M = U_M \times I_M$.

Comme $P_M = 32{,}5$ W ; $U_M = 14{,}4$ V ; donc $I_M = \frac{P_M}{U_M} \Leftrightarrow I_M = \frac{32{,}5}{14{,}4} = 2{,}26$ A.

2. a) $I = 2{,}35$ A.

b) $P = U \times I = 23{,}5$ W.

c) Le rendement vaut $\rho = \frac{23{,}5}{0{,}185 \times 1\ 000} \times 100 = 12{,}7\ \%$.

À RETENIR

- L'effet photoélectrique est la production d'un courant électrique au sein d'un matériau soumis à un rayonnement électromagnétique.
- La puissance lumineuse P_{lum} reçue par une cellule photoélectrique (en watt, W) est le produit de l'éclairement ε (en watt par mètre carré, $W.m^{-2}$) par l'aire S (en mètre carré, m^2) de cette cellule.
- La puissance électrique $P_{él}$ (en watt, W) délivrée par une cellule photovoltaïque est le produit de la tension aux bornes de cette cellule U (en volt, V) par le courant délivré I (en ampère, A).
- La performance d'une cellule photovoltaïque est caractérisée par son rendement ρ qui est égal au quotient de la puissance électrique délivrée par cette cellule par la puissance lumineuse incidente $\rho = \frac{P_{él}}{P_{lum}} = \frac{U \times I}{\varepsilon \times S}$ avec ρ, sans dimension.

EXERCICES

Données : constante d'Avogadro : $N_A = 6{,}02 \times 10^{23}\ mol^{-1}$; constante de Planck : $h = 6{,}62 \times 10^{-34}$ J.s ; masse de l'électron : $m_e = 9{,}1 \times 10^{-31}$ kg ; célérité de la lumière dans le vide : $c = 3{,}00 \times 10^8\ m.s^{-1}$; 1 eV = $1{,}6 \times 10^{-19}$ J.

Connaître le cours

Pour chaque exercice du *connaître le cours*, indiquer la (ou les) bonne(s) réponse(s) :

1 ⏱ 3 min Effet photoélectrique

	A	B	C
1. L'effet photoélectrique est une interaction entre :	un électron incident et un électron lié de l'atome cible	un photon incident et un électron lié de l'atome cible	un photon incident et un électron libre, ou faiblement lié, de l'atome cible
2. Un photon incident X peut provoquer un effet photoélectrique :	si son énergie est supérieure à l'énergie de liaison d'un électron de la couche 1s de l'atome cible	si son énergie est inférieure à l'énergie de liaison d'un électron de la couche 1s de l'atome cible	si son énergie est supérieure à l'énergie de liaison du noyau de l'atome cible
3. On éclaire, avec un projecteur de lumière verte, une ampoule photoélectrique… Rien ne se passe. Que faut-il faire ?	mettre d'autres projecteurs de lumière verte	éclairer en rouge avec la même puissance lumineuse	éclairer en bleu avec la même puissance lumineuse
4. Dans l'ampoule photoélectrique :	il faut faire du vide	il faut que l'air à l'intérieur soit sans poussières	l'anode est la partie qui émet des électrons sous la bonne lumière incidente

→ *Corrigé p. 467*

EXERCICES

2 3 min Lois de Lenard

	A	B	C
1. L'effet photoélectrique n'a lieu que si :	la fréquence du rayonnement est au moins égale à la fréquence seuil	la longueur d'onde du rayonnement est inférieure ou égale à longueur d'onde seuil	l'anode est constituée d'un métal photoémissif
2. L'énergie cinétique maximale en joule des électrons a pour formule :	$E_{cmax} = \frac{1}{2} m \times v^2$ m la masse en kg et v la vitesse en $m.s^{-1}$	$E_{cmax} = e \times U_0$ avec e la charge élémentaire en C et U_0 le potentiel d'arrêt en V	$E_{cmax} = m \times c^2$ avec m la masse de l'électron en kg et c la célérité de la lumière dans le vide
3. L'intensité du courant de saturation :	est proportionnelle à la puissance lumineuse reçue	est une constante	est une fonction affine de la fréquence du rayonnement
4. Le potentiel d'arrêt :	est fonction affine de la puissance de rayonnement	est fonction affine de la fréquence du rayonnement	est fonction affine de l'énergie cinétique maximale des électrons émis

→ Corrigé p. 467

3 3 min Interprétation de l'effet photoélectrique

	A	B	C
1. Hypothèse d'Einstein : l'énergie du photon sert entièrement :	à extraire l'électron du métal	à donner une énergie cinétique à l'électron	à extraire l'électron du métal et à lui donner une énergie cinétique
2. L'électron expulsé a une énergie cinétique maximale :	quand il est à l'intérieur du métal	quand il est à la surface du métal	quelle que soit sa position dans le métal, ne compte que la couche électronique
3. Le rendement quantique r :	est le rapport entre le nombre de photons incidents sur le nombre d'électrons extraits	est le rapport entre le nombre d'électrons extraits sur le nombre de photons incidents	est de l'ordre de 90 %
4. D'après Einstein :	$E_{photon} = W_0 + E_{cmax}$	$E_{photon} = W_0 + E_{cmax} + E_{perdue}$	$E_{photon} = E_{cmax}$

→ Corrigé p. 467

Appliquer le cours et les savoir-faire

4 8 min ★ → COMMENT FAIRE 1

Pour étudier l'émission photoélectrique par un métal pur placé dans le vide, on utilise une cellule photoémissive dont la cathode est recouverte de césium pur et éclairée par une radiation monochromatique de longueur d'onde $\lambda = 0{,}41$ µm. Le montage suivant permet de tracer la caractéristique $I_{AC} = f(U_{AC})$ de la cellule qui reçoit une puissance lumineuse constante.

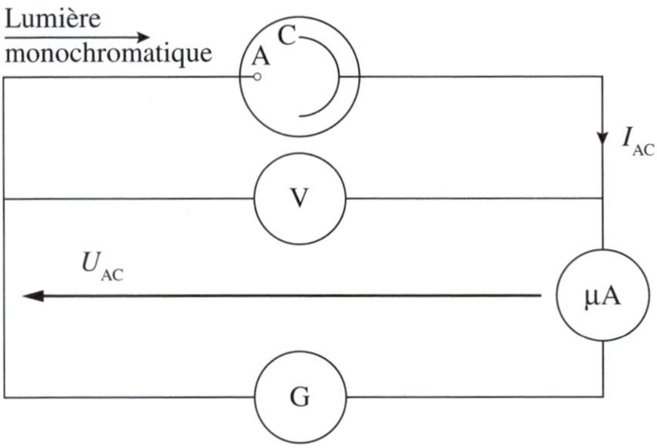

G est un générateur de courant continu donnant une tension pouvant varier de –9 V à + 9 V.

1. Interpréter l'allure de la caractéristique (fig. 2).

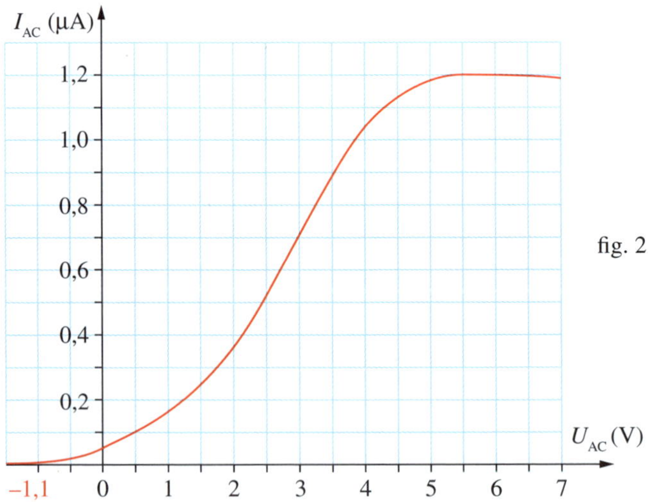

fig. 2

2. Qu'appelle-t-on potentiel d'arrêt de la cellule ? Montrer qu'il permet de connaître l'énergie cinétique maximale des électrons lorsqu'ils sortent du métal déposé sur la cathode. Calculer numériquement cette énergie cinétique maximale, ainsi que la vitesse maximale d'émission des électrons.

3. En justifiant votre réponse, en déduire l'énergie d'extraction W_0 d'un électron de la cathode. Calculer W_0 en J et en eV. Qu'appelle-t-on longueur d'onde seuil λ_0 ? Calculer sa valeur.

4. Donner l'intensité du courant de saturation. En déduire le nombre maximal d'électrons atteignant l'anode en 1 seconde. → Corrigé p. 467

5 — 5 min ★

→ COMMENT FAIRE 2

Une cellule photoémissive est éclairée par un rayonnement de fréquence $5{,}5 \times 10^{14}$ Hz. À l'aide d'un générateur, on applique une tension $U_{AC} = 20$ V qui accélère les électrons émis par effet photoélectrique. On observe une intensité de saturation de $I_S = 2{,}0$ mA lorsque la puissance reçue par la photocathode vaut 0,360 W.

1. On définit la sensibilité de la cellule σ par le rapport entre l'intensité de saturation et la puissance reçue par la photocathode. Calculer la sensibilité de cette cellule.

2. Calculer le rendement quantique de cette cellule. → Corrigé p. 468

6 — 8 min ★

→ COMMENT FAIRE 3

On dispose d'une cellule photoélectrique au potassium dont le travail d'extraction est $W_0 = 2{,}2$ eV. On détermine, pour cette cellule, la tension d'arrêt en fonction de diverses fréquences d'éclairage. On obtient les résultats suivants. (On a indiqué dans le tableau la valeur absolue de la tension d'arrêt.)

ν (Hz)	$7{,}00 \times 10^{14}$	$8{,}00 \times 10^{14}$	$9{,}00 \times 10^{14}$
$\lvert U_0 \rvert$ **(V)**	0,69	1,10	1,52

1. Tracer la courbe $\nu = f(\lvert U_0 \rvert)$ et conclure.

2. En déduire la valeur du seuil photoélectrique de cette photocathode. Ce résultat est-il en accord avec la valeur de W_0 ?

3. Déterminer la valeur de la constante de Planck (h) à partir de la courbe réalisée. Cette valeur correspond-elle à la valeur communément admise ? → Corrigé p. 468

7 — 6 min ★

→ COMMENT FAIRE 4

Un faisceau éclaire une cathode d'une cellule photoélectrique. Le seuil de cette cathode au césium vaut $f_0 = 4{,}54 \times 10^{14}$ Hz et son rendement quantique vaut $r = 0{,}05$. On a $V_A - V_C$.

1. Donner l'allure de la caractéristique $I = f(U_{AC})$.

2. Calculer le travail d'extraction W_0 en eV et la vitesse d'un électron sortant de la cathode si la longueur d'onde de rayonnement émis est $\lambda = 500$ nm.

3. Calculer la vitesse d'un électron lorsqu'il atteint l'anode si $U = 100$ V.

4. Etablir la relation entre I_S, l'intensité de saturation, et la puissance lumineuse P reçue par la cathode. Déterminer I_S sachant que $P = 10^{-3}$ W.

5. L'intensité de ce courant étant faible, on l'amplifie en utilisant un photomultiplicateur : la lumière vient provoquer un effet photoélectrique sur la photocathode et les électrons arrachés sont accélérés par des dynodes sur lesquelles ils arrachent à leur tour 3 électrons secondaires. Le photomultiplicateur contient 10 dynodes.

6. Déterminer l'intensité du courant à la sortie du photomultiplicateur.

→ *Corrigé p. 469*

S'entraîner au raisonnement

8 10 min ★

1. Rappeler en quelques mots en quoi consiste l'effet photoélectrique. En quelle année, Albert Einstein proposa-t-il une explication faisant intervenir la notion de particule de lumière ?

2. La relation proposée par Einstein est :
$h \times f = E_{cmax} + W_0$ (1) où E_{cmax} est l'énergie maximale d'un photoélectron et W_0 est le travail d'extraction du métal.

a) Interpréter physiquement l'équation (1) et, notamment, préciser pourquoi un électron peut être éjecté du métal avec une énergie cinétique inférieure à E_{cmax}.

b) Récrire l'équation (1) en faisant intervenir f_0 et $V_{arrêt}$.

3. Afin de mesurer h, la constante de Planck, on détermine $V_{arrêt}$ pour différentes valeurs de f. Le graphe obtenu est représenté ci-dessous. En déduire la valeur expérimentale de h. Conclure.

$V_{arrêt}$ en fonction de f

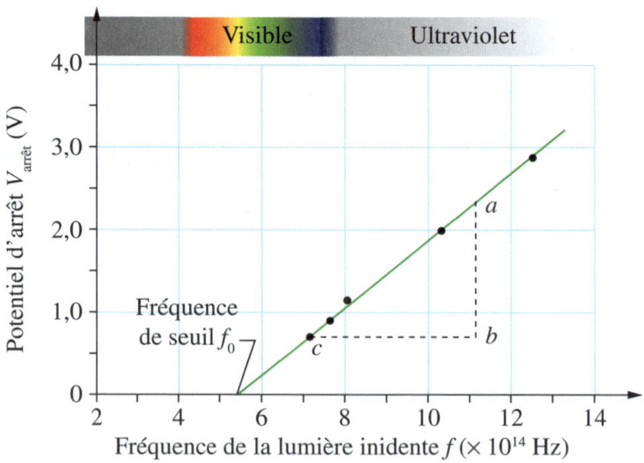

→ *Corrigé p. 470*

9 5 min ★

Une cathode d'une cellule photoélectrique est caractérisée par un travail d'extraction de 2,5 eV. On éclaire avec de la lumière monochromatique de longueur d'onde 400 nm. On applique une différence de potentiel $V_A - V_C = 10$ V entre la cathode et l'anode.

1. Calculer l'énergie cinétique des électrons photoémis, ainsi que la tension d'arrêt.

2. Calculer l'énergie cinétique des électrons lors de leur arrivée sur l'anode.

3. Pour cette tension, la cellule est saturée ($I = I_S$). Sachant que la puissance du faisceau lumineux vaut 400 mW et le courant de saturation $I_S = 5{,}0$ mA, calculer le rendement de la cellule. → *Corrigé p. 470*

10 5 min ★

Une cellule photoélectrique au césium (Cs) dont la fréquence seuil est $4{,}6 \times 10^5$ GHz reçoit une radiation monochromatique de longueur d'onde $\lambda = 0{,}50$ µm.

1. Calculer l'énergie cinétique maximale des électrons émis.

2. Calculer le potentiel d'arrêt. → *Corrigé p. 471*

11 10 min ★

Laure, habitante de l'île de La Réunion, veut profiter au maximum du soleil… En moyenne, l'énergie solaire annuelle de sa ville est de 1 800 kWh/m²/an. Elle souhaite donc installer des panneaux photovoltaïques sur le toit de sa maison pour alimenter tous ses appareils électriques.

1. Calculer l'énergie annuelle reçue par des panneaux solaires de 50 m².

2. Le rendement des panneaux est de 20 %. Quelle est l'énergie électrique fournie par ces panneaux ?

3. Sachant que sa consommation quotidienne est de $1{,}08 \times 10^7$ J, ces panneaux solaires suffiront-ils à eux seuls pour être en autonomie électrique ? Que pensez-vous de la démarche de Laure ? → *Corrigé p. 471*

EXERCICE DE BAC

Exercice 30 min **10 points**

On souhaite installer, sur le toit d'un entrepôt, des panneaux photovoltaïques sous forme de bandes à coller, dans les creux du toit, de dimensions 300 mm × 7 500 mm. On prévoit 450 bandes. Les caractéristiques intensité-tension d'un panneau photovoltaïque sont données dans le document ci-dessous.

On se propose de déterminer si cette installation permet à l'entrepôt d'être en autonomie électrique.

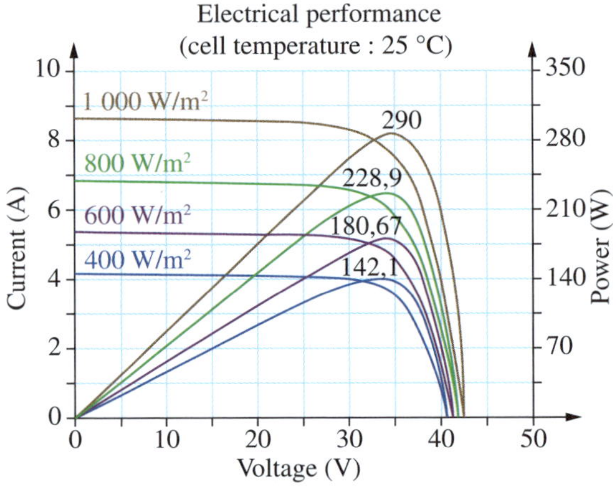

http://www.plaisance-pratique.com/spip.php?page=imprimir_articulo&id_article=362#

1. [1 pt] Rappeler succinctement ce qu'est l'effet photovoltaïque.

Les cellules de ces panneaux sont en silicium, qui est un semi-conducteur. Le gap, c'est-à-dire l'énergie nécessaire à l'électron pour passer de la bande de valence à la bande de conduction, vaut $\Delta E = 1{,}11$ eV.

2. [1 pt] Quelle est la longueur d'onde maximale λ_{PV} de la radiation permettant l'observation de cet effet ?

3. [1 pt] Déterminer la puissance maximale P_{max} délivrée par un panneau pour un flux lumineux surfacique φ (ou irradiance) de 1 000 $W.m^{-2}$.

4. [2 pts] En déduire la tension U_{max}, puis l'intensité I_{max} au point de la puissance maximale.

5. [1 pt] Déterminer la puissance lumineuse reçue par un panneau P_{lum}.

6. [1 pt] En déduire le rendement d'un panneau photovoltaïque.

7. [2 pts]Reprendre les questions **3.**, **5.** et **6.** pour d'autres irradiances. Est-ce que l'irradiance influe sur le rendement du panneau photovoltaïque ?

8. [1 pt] Cet entrepôt a une consommation journalière diurne (8 h) moyenne de 500 kWh. Avec cette installation, peut-on envisager l'autonomie électrique ? Si oui, que proposez-vous pour l'excédent ?

→ *Corrigé p. 472*

CORRIGÉS

1 → *Énoncé p. 460*

1. B ; **2. A** ; **3. C** ; **4. A**.

2 → *Énoncé p. 461*

1. A et **B** ; **2. A** et **B** ; **3. A** ; **4. B**.

3 → *Énoncé p. 461*

1. C ; **2. B** ; **3. B** ; **4. A**.

4 → *Énoncé p. 462*

1. • $U_{AC} < -1,1$ V ; $I_{AC} = 0$: les électrons émis par la cathode sont trop freinés par la tension $U_{AC} < 0$ pour atteindre l'anode.
• $U_{AC} \in [-1,1 \text{ V} ; 0 \text{ V}]$: les électrons sont toujours freinés par la tension $U_{AC} < 0$, mais certains atteignent néanmoins l'anode puisqu'un courant non nul est décelé.
• $U_{AC} \in [0 \text{ V} ; 5,5 \text{ V}]$: les électrons sont cette fois accélérés ; ils atteignent l'anode d'autant plus facilement que la tension accélératrice est importante.
• $U_{AC} > 5,5$ V : tous les électrons émis par la cathode sont captés par l'anode ; l'intensité I_{AC} est maximale (intensité de saturation).

2. Le potentiel d'arrêt U_0 est tel que $I_{AC} = 0$ lorsque $U_{AC} \leqslant -U_0$.
Lorsque $U_{AC} = -U_0$, certains électrons arrivent tout juste à l'anode où ils se déposent avec une vitesse nulle ; ces électrons parviennent à l'anode malgré la forte tension $U_{AC} = -U_0$ qui les freinent, car ils sont émis de la cathode avec une énergie cinétique maximale.
Appliquons le TEC entre la cathode et l'anode pour cette situation particulière.

> **Rappel**
> 1 eV (électron-volt) = $1,6 \times 10^{-19}$ J.
> C'est l'énergie que va acquérir un électron lâché entre deux plaques d'une différence de potentiel de 1 V.

$$\Delta E_{C_{C\to A}} = \underbrace{E_{C_A}}_{0} - \underbrace{E_{C_C}}_{E_{c\max}} = qU_{CA} = -eU_{CA} = eU_{AC} = e(-U_0) = -eU_0$$

On a donc $E_{c\max} = e \times U_0 = 1,6 \times 10^{-19} \times 1,1 = 1,76 \times 10^{-19}$ J = 1,1 eV.

On en déduit la vitesse maximale des électrons lorsqu'ils sont émis à la cathode :

$$E_{c\max} = \frac{1}{2} m v_{\max}^2 \;;\; v_{\max} = \sqrt{\frac{2E_{c\max}}{m}} = \sqrt{\frac{2 \times 1,76 \times 10^{-19}}{9,11 \times 10^{-31}}} = 6,22 \times 10^5 \text{ m.s}^{-1}.$$

3. Relation de transfert d'énergie :

$$E_{photon} = W_0 + E_{C_{max}} \; ; W_0 = E_{photon} - E_{C_{max}} = \frac{h \times c}{\lambda} - E_{C_{max}}$$

$$W_0 = \frac{6,62 \times 10^{-34} \times 3,00 \times 10^{8}}{0,41 \times 10^{-6}} - 1,76 \times 10^{-19} = 3,08 \times 10^{-19} \text{ J} = 1,93 \text{ eV}.$$

λ_0 est la longueur d'onde seuil (effet photoélectrique si $\lambda < \lambda_0$).

$$W_0 = \frac{h \times c}{\lambda_0} ; \lambda_0 = \frac{h \times c}{W_0} = \frac{6,62 \times 10^{-34} \times 3,00 \times 10^{8}}{3,08 \times 10^{-19}} = 6,45 \times 10^{-7} \text{ m} = 0,65 \; \mu\text{m}.$$

4. $I_s = 1,2\ \mu$A.

$$I_S = \frac{|Q|}{\tau} = \frac{N \times e}{\tau} ; \frac{N}{\tau} = \frac{I_S}{e} = \frac{1,2 \times 10^{-6}}{1,6 \times 10^{-19}} = 7,5 \times 10^{12} \text{ électrons/s.}$$

5 → *Énoncé p. 463*

1. On a $\sigma = \frac{I_S}{P} = \frac{2 \times 10^{-3}}{0,360} = 5,6 \times 10^{-3}$ A.W^{-1}.

2. On a $r = \frac{I_S \times h \times \nu}{e \times P} = \frac{2 \times 10^{-3} \times 6,62 \times 10^{-34} \times 5,5 \times 10^{14}}{1,6 \times 10^{-19} \times 0,360} = 1,3 \times 10^{-2}$ soit un rendement $r = 1,3$ %.

6 → *Énoncé p. 463*

1. On obtient la courbe suivante :

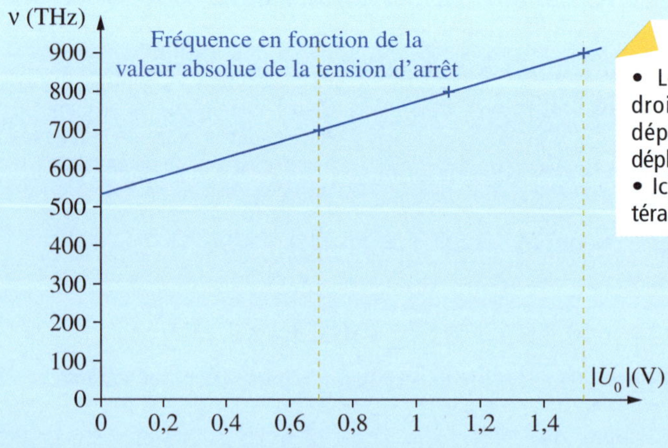

Rappel

- Le coefficient directeur d'une droite est le quotient d'un déplacement vertical sur un déplacement horizontal.
- Ici, l'unité des ordonnées est en térahertz (THz) : 1 THz = 10^{12} Hz.

On obtient une droite d'équation $\nu = 2,41 \times 10^{14} \, |U_0| + 5,34 \times 10^{14}$.

On a, d'après le théorème de l'énergie cinétique : $U_0 = \frac{-E_c}{e}$ donc $|U_0| = \frac{E_c}{e}$.

On a également $h \times \nu = W_0 + E_c$ avec $W_0 = h \times \nu_0$, d'où l'équation suivante :
$h \times \nu = h \times \nu_0 + e \times |U_0|$. Et donc $\nu = \dfrac{e}{h} \times |U_0| + \nu_0$ qui est l'équation de la droite ci-dessus.

2. D'après l'équation ci-dessus, le seuil photoélectrique correspond à l'ordonnée à l'origine de la droite : $\nu_0 = 5{,}34 \times 10^{14}$ Hz.

Remarque

$W_0 = h \times \nu_0 = 3{,}5 \times 10^{-19}$ soit 2,2 eV. Cette valeur est compatible avec le travail d'extraction.

3. D'après l'équation de la droite, le coefficient directeur est $a = \dfrac{e}{h}$, donc $h = \dfrac{e}{a} = \dfrac{1{,}6 \times 10^{-19}}{2{,}41 \times 10^{14}} = 6{,}64 \times 10^{-34}$ J.s, ce qui est très proche de la valeur admise.

7 → Énoncé p. 463

1. Courbe :

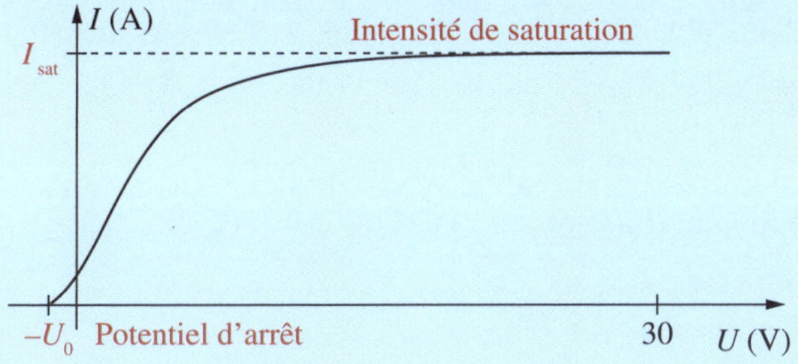

Rappel

Théorème de l'énergie cinétique pour un électron soumis à une différence de potentiel U :
$\Delta E_c = E_{c\,\text{final}} - E_{c\,\text{initial}} = W_{\text{électron}} = e \times U$
avec e, la charge élémentaire : $1{,}6 \times 10^{-19}$ C et $W_{\text{électron}}$, le travail électrique en (J).
$E_c = \dfrac{1}{2} \times m \times v^2$ avec m, la masse en kg et v la vitesse en $m.s^{-1}$ et E_c en joule (J).

2. On a $W_0 = h \times f_0 = 6{,}62 \times 10^{-34} \times 4{,}54 \times 10^{14} = 3 \times 10^{-19}\ J = \dfrac{3 \times 10^{-19}}{1{,}6 \times 10^{-19}} = 1{,}88$ eV.

L'énergie cinétique de l'électron vaut $E_c = \dfrac{1}{2} \times m \times v^2 = E_{ph} - W_0$ soit

$$v = \sqrt{\frac{2 \times (E_{ph} - W_0)}{m}} = \sqrt{\frac{2 \times \left(\dfrac{6{,}62 \times 10^{-34} \times 3{,}00 \times 10^{8}}{500 \times 10^{-9}} - 3 \times 10^{-19}\right)}{9{,}1 \times 10^{-31}}}$$

$= 4{,}62 \times 10^{5}\ m.s^{-1}$ avec $E_{ph} = \dfrac{h \times c}{\lambda}$.

3. Le travail électrique appliqué est $W = e \times U$. L'énergie cinétique totale de l'électron lorsqu'il atteint l'anode est donc égale à celle qu'il avait en quittant la cathode, plus l'énergie acquise grâce à la tension accélératrice, d'après le théorème de l'énergie cinétique :

$$E_{c_{\text{anode}}} - E_{c_{\text{cathode}}} = W$$

Donc $E_{c_{\text{anode}}} = E_{c_{\text{cathode}}} + e \times U = E_{ph} - W_0 + eU = 1{,}6 \times 10^{-17}$ J

$$v_{\text{anode}} = \sqrt{\frac{2 \times E_{c_{\text{anode}}}}{m}} = \sqrt{\frac{2 \times 1{,}6 \times 10^{-17}}{9{,}1 \times 10^{-31}}} = 5{,}9 \times 10^{6}\ m.s^{-1}$$

4. $r = \dfrac{n}{N}$ où n est le nombre de photons efficaces (ceux qui arrachent des électrons) et N le nombre total de photons reçus par la cathode. Pendant une durée Δt, on a : $n = \dfrac{I_{sat} \times \Delta t}{e}$ et $N = \dfrac{P \times \Delta t}{h \times f_0}$. Donc $r = \dfrac{I_{sat} \times \Delta t \times h \times f_0}{P \times \Delta t \times e}$ soit $I_{sat} = \dfrac{r \times P \times e}{h \times f_0}$.

A. N. : $\boldsymbol{I_{sat}} = \dfrac{0{,}05 \times 10^{-3} \times 1{,}6 \times 10^{-19}}{6{,}62 \times 10^{-34} \times 4{,}54 \times 10^{14}} = \mathbf{20 \times 10^{-6}\ A.}$

5. $\boldsymbol{I} = I_{sat} \times n^k = 20 \times 10^{-6} \times 3^{10} = \mathbf{1{,}2\ A.}$

8 → Énoncé p. 464

1. L'effet photoélectrique est une interaction lumière-métal. Certaines radiations lumineuses sont capables d'arracher des électrons à un métal.

Albert Einstein proposa une explication faisant intervenir la notion de particule de lumière en 1905

2. a) L'énergie du photon incident, $E = h \times \nu$, sert à extraire l'électron du métal (énergie d'extraction W_0 qui correspond à l'énergie de liaison de l'électron) et à lui communiquer de l'énergie cinétique (E_{cmax}).

b) $W_0 = h \times f_0$ avec f_0 la fréquence seuil de l'effet photoélectrique.

$E_{cmax} = e \times V_{arrêt}$ avec $V_{arrêt}$ le potentiel d'arrêt ;

donc $h \times f = e \times V_{arrêt} + h \times f_0$

3. D'après la réponse 2., on peut écrire : $V_{arrêt} = \dfrac{h}{e} \times f - \dfrac{h}{e} \times f_0$.

Sur le graphe obtenu, le coefficient directeur de la droite est :

$$\frac{h}{e} = \frac{\Delta V_{arrêt}}{\Delta f} = \frac{ab}{bc} = \frac{2{,}35 - 0{,}72}{(11{,}2 - 7{,}2) \times 10^{14}} = 4{,}1 \times 10^{-15}.$$

Donc $\mathbf{h} = 4{,}1 \times 10^{-15} \times e = \mathbf{6{,}5 \times 10^{-34}\ J.s}$

En conclusion : on retrouve approximativement la même valeur que Planck lors de l'étude du rayonnement du corps noir.

9 → Énoncé p. 465

1. $E_{photon} = E_{c_{max}} + W_0 \Leftrightarrow h \times f = E_{c_{max}} + W_0$

$\Leftrightarrow h \times \dfrac{c}{\lambda} = E_{c_{max}} + W_0 \Leftrightarrow h \times \dfrac{c}{\lambda} - W_0 = E_{c_{max}}$

A. N. : $\boldsymbol{E_{c_{max}}} = 6{,}62 \times 10^{-34} \times \dfrac{3{,}00 \times 10^8}{400 \times 10^{-9}} - 2{,}5 \times 1{,}6 \times 10^{-19} = \mathbf{9{,}7 \times 10^{-20}\ J}$

Comme $E_{c_{max}} = e \times V_{arrêt}$, ainsi

$\boldsymbol{V_{arrêt}} = \dfrac{E_{c_{max}}}{e} = \dfrac{9{,}7 \times 10^{-20}}{1{,}6 \times 10^{-19}} = \mathbf{0{,}6\ V}$

Rappel

Célérité de la lumière : $c = \lambda \times f$ avec λ la longueur d'onde en m ; f la fréquence en Hz et c en $m.s^{-1}$.

Donc $f = \dfrac{c}{\lambda}$

2. Sous une différence de potentiel $V_A - V_C = 10$ V, l'énergie cinétique des électrons lors de leur arrivée sur l'anode vaut : $E_c = e \times (V_A - V_C)$.

A. N. : $E_c = 1{,}6 \times 10^{-18}$ J.

3. On a $r = \dfrac{I_S \times h \times \nu}{e \times P} = \dfrac{5{,}0 \times 10^{-3} \times 6{,}62 \times 10^{-34} \times \dfrac{3{,}00 \times 10^{8}}{400 \times 10^{-9}}}{1{,}6 \times 10^{-19} \times 0{,}400} = 3{,}4 \times 10^{-2}$

soit un rendement $\boldsymbol{r = 3{,}4\ \%}$.

10 → *Énoncé p. 465*

Unités

1 GHz = 10^9 Hz

1mm = 10^{-6} m

1.
$$E_{photon} = E_{cmax} + W_0 \Leftrightarrow h \times f = E_{cmax} + h \times f_0$$
$$\Leftrightarrow h \times \frac{c}{\lambda} = E_{cmax} + h \times f_0$$
$$\Leftrightarrow h \times \frac{c}{\lambda} - h \times f_0 = E_{cmax}$$

A. N. :

$$\boldsymbol{E_{cmax}} = 6{,}62 \times 10^{-34} \times \frac{3{,}00 \times 10^{8}}{0{,}50 \times 10^{-6}} - 6{,}62 \times 10^{-34} \times 4{,}6 \times 10^{5} \times 10^{9} = \boldsymbol{9{,}3 \times 10^{-20}\ \text{J}}$$

2. $E_{cmax} = e \times V_{arrêt}$ donc

$$\boldsymbol{V_{arrêt}} = \frac{E_{cmax}}{e} = \frac{9{,}3 \times 10^{-20}}{1{,}6 \times 10^{-19}} = \boldsymbol{0{,}6\ \text{V}}$$

11 → *Énoncé p. 465*

Conversions

1 J = 1 W.s

1 Wh = 3 600 W.s = 3 600 J

1 kWh = $3{,}6 \times 10^6$ J

1. L'énergie annuelle reçue par ces panneaux de 50 m² est de :

$E_{lum} = 50 \times 1\,800 = 9{,}0 \times 10^4$ kWh/an.

2. Comme $r = \dfrac{E_{élec}}{E_{lum}}$ donc $E_{élec} = r \times E_{lum}$

$E_{élec} = 0{,}2 \times 9{,}0 \times 10^4 = 1{,}8 \times 10^4$ kWh/an.

3. La consommation annuelle de Laure est :

$E_{cons} = 1{,}08 \times 10^7 \times 365{,}25 = 3{,}9 \times 10^9$ J, soit $\dfrac{3{,}9 \times 10^9}{3{,}6 \times 10^6} = 1{,}1 \times 10^3$ kWh /an.

En comparant la production annuelle à la consommation de Laure, on peut penser qu'elle atteint l'autonomie électrique. Cependant, dans sa démarche, il manque le stockage, car l'énergie produite au niveau des panneaux doit être consommée immédiatement. Il faut donc inclure des batteries et penser aux pertes générées par le stockage.

EXERCICE DE BAC

Exercice → Énoncé p. 466

1. Lorsqu'un photon d'énergie supérieure ou égale au gap (l'énergie nécessaire à l'électron pour passer de la bande de valence à la bande de conduction) frappe un matériau semi-conducteur (ni un conducteur, ni un isolant, par exemple du cristal de silicium), il est absorbé. L'électron monte alors dans la bande de conduction et un courant apparaît dans le matériau : c'est l'effet photovoltaïque.

2. $\Delta E = \text{h} \times \dfrac{c}{\lambda} \Leftrightarrow \lambda = \text{h} \times \dfrac{c}{\Delta E}$

A. N. : $\lambda_{PV} = 6{,}62 \times 10^{-34} \times \dfrac{3{,}00 \times 10^{8}}{1{,}11 \times 1{,}6 \times 10^{-19}} = \mathbf{1{,}12 \times 10^{-6}\ m}$.

3. En utilisant le graphique, on regarde le maximum pour la courbe *Power* en fonction *Voltage* de la même couleur que la courbe *Current* en fonction *Voltage* (ici, le marron). P_{max} = 290 W délivrée par un panneau pour un flux lumineux surfacique φ (ou irradiance) de 1 000 W.m^{-2}.

4. D'après le graphique, la puissance maximale est atteinte pour une tension de $\boldsymbol{U_{max}}$ **= 35 V.**

Comme $P_{max} = U_{max} \times I_{max}$, ainsi $I_{max} = \dfrac{P_{max}}{U_{max}} \Leftrightarrow \boldsymbol{I_{max}} = \dfrac{290}{35} = \mathbf{8{,}3\ A}$.

5. $P_{lum} = 1\,000 \times 0{,}300 \times 7{,}500 = 2\,250$ W.

6. Rendement $\eta = \dfrac{P_{max}}{P_{lum}}$; A. N. : $= \dfrac{290}{2\,250} = 0{,}13 = \mathbf{13\ \%}$.

7. Pour une irradiance de 800 W.m^{-2} : $\eta = \dfrac{228{,}9}{800 \times 0{,}300 \times 7{,}500} = \mathbf{0{,}13 = 13\ \%}$.

Pour une irradiance de 600 W.m^{-2} : $\eta = \dfrac{180{,}67}{600 \times 0{,}300 \times 7{,}500} = \mathbf{0{,}13 = 13\ \%}$.

On peut en conclure que l'irradiance n'influe pas sur le rendement de panneau photovoltaïque.

8. On a 450 bandes, donc une puissance totale de $P_{total} = 290 \times 450 = 1{,}30 \times 10^{5}$ W.

L'énergie reçue pour 8 h d'ensoleillement maximale est :

$$E_{total} = \frac{1{,}30 \times 10^{5} \times 8 \times 3\,600}{3{,}6 \times 10^{6}} \approx 1\,000\ \text{kWh}.$$

A priori, l'entrepôt peut être autonome, car sa consommation journalière est inférieure à la production des panneaux en supposant un ensoleillement de 8 h.

Ces conditions ne sont pas réalistes (un ensoleillement maximal pendant 8 h) ; en tout cas, s'il y a un excédent, on pourra le réinjecter sur le réseau ou prévoir un système de batteries pour le stockage.

Dynamique d'un système électrique

CHAPITRE 19

1 Intensité d'un courant électrique en régime variable

■ Le déplacement ordonné de charges électriques dans un circuit est appelé **courant électrique**. Très souvent, les porteurs de charge sont des électrons. Par convention, le sens du courant est le sens opposé à celui du déplacement des électrons. Dans un récepteur, le courant électrique circule du potentiel (tension) le plus élevé vers le potentiel le moins élevé.

■ On appelle **intensité** d'un courant électrique traversant la section S d'un conducteur la **quantité d'électricité** traversant S par **unité de temps** :

$$i(t) = \frac{\mathrm{d}q}{\mathrm{d}t} \quad (\mathrm{d}q \text{ traversant } S \text{ pendant } \mathrm{d}t)$$

avec $i(t)$ l'intensité en ampère (A) ; dq en coulomb (C) ; dt en seconde (s).

2 Le condensateur

■ Un condensateur C est un dipôle électrique formé par l'association de deux conducteurs en regard, appelés **armatures**. Lorsqu'il est soumis à une différence de potentiel u non nulle, des charges opposées $q_A = q$ et $q_B = -q$ s'accumulent sur les deux armatures.

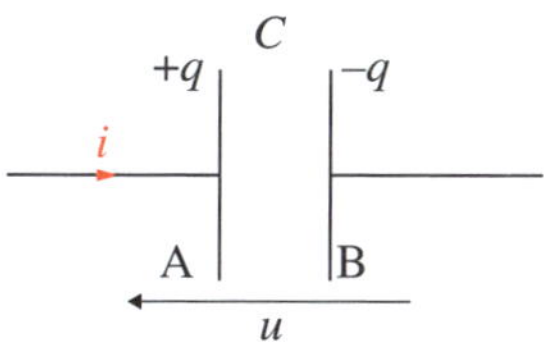

■ Très souvent, les armatures sont deux surfaces conductrices séparées par une faible épaisseur d'un **matériau isolant**, aussi appelé **diélectrique**, comme l'air sec, l'alumine ($A\ell_2O_3$), le polyéthylène, le papier, le papier métallisé, le papier huilé, le verre, la céramique…

■ Historiquement, le premier condensateur est la bouteille de Leyde, inventée au XVIIIe siècle. Une bouteille en verre isolant est remplie à moitié environ d'eau et est tapissée extérieurement par une feuille métallique. La feuille externe et l'eau forment les armatures. Le verre est le diélectrique.

■ Les caractéristiques d'un condensateur dépendent :
– de sa géométrie ;
– de la nature du diélectrique.
La forme géométrique la plus simple est celle du **condensateur plan** dont les armatures sont deux plaques conductrices parallèles distantes de d.

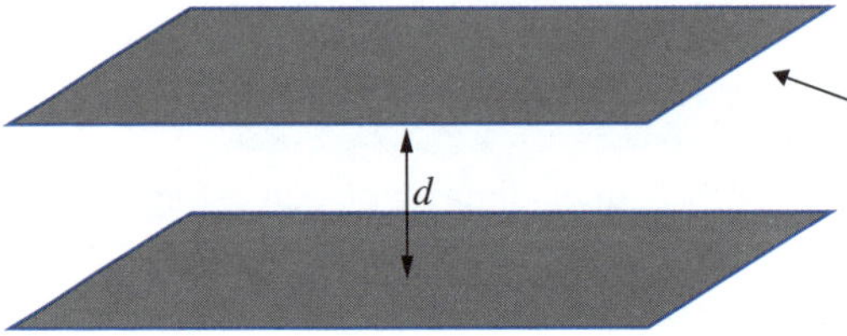

■ Pour chaque condensateur, il existe une tension maximale applicable à ses bornes. Cette tension est dite **disruptive** ou de claquage.
Au-delà de la tension de claquage, une étincelle peut apparaître dans l'isolant et provoquer la destruction du condensateur.

■ La charge Q d'un condensateur est proportionnelle à la tension U appliquée à ses armatures.

$Q = C \times U$ avec Q en coulomb (C) et U en volt (V).

La constante de proportionnalité C est appelée **capacité du condensateur** et s'exprime en farad (F), en hommage à Michael Faraday (1791-1867), physicien et chimiste britannique connu pour ses travaux dans le domaine de l'électromagnétisme.
Le terme de « capacité » se justifie bien. En effet, le condensateur a la capacité d'emmagasiner une charge Q d'autant plus importante que la valeur de C est grande.

■ On peut toujours appliquer cette relation de proportionnalité lorsque la tension u_{AB} appliquée aux bornes du condensateur varie au cours du temps :

$$q(t) = C \times u_{AB}(t)$$

■ Dans la pratique, l'unité de la capacité n'est pas adaptée aux ordres de grandeur usuels. On emploie alors les sous-multiples du farad : 1 picofarad (pF) = 10^{-12} F ; 1 nanofarad (nF) = 10^{-9} F ; 1 microfarad (μF) = 10^{-6} F, etc.

■ On utilise les condensateurs pour stabiliser les alimentations (découplage : quelques centaines de nF), filtrer les signaux électriques (quelques nF), avoir de la mémoire pour quelques bits dans les ordinateurs, servir de temporisateur pour allumer une lampe (quelques centaines de μF à quelques mF), servir d'oscillateur pour un métronome, enlever les parasites hautes fréquences d'un moteur, éviter l'effet rebond d'un interrupteur, etc.

3 Circuit RC série : charge du condensateur

■ On appelle **dipôle *RC*** l'association en série d'un condensateur de capacité C et d'une résistance R.

■ Un échelon de tension est un signal électrique de la forme :
$u(t) = 0$ pour $t < 0$; $u(t) = E$ pour $t \geqslant 0$.

A. Établissement de l'équation différentielle

■ On étudie un circuit RC soumis à un échelon de tension de valeur E.

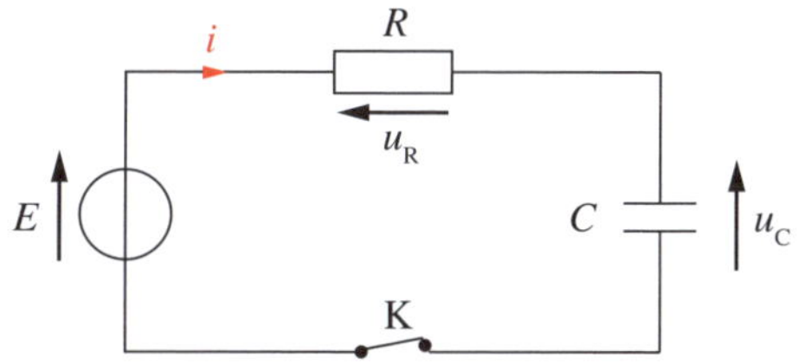

Le condensateur est initialement déchargé. À $t = 0$, on ferme l'interrupteur K. On applique la loi d'additivité des tensions (aussi appelée loi des mailles) :

$$E - u_R - u_C = 0$$
$$\Leftrightarrow u_R + u_C = E$$

Or, d'après la loi d'Ohm, $u_R = R \times i$. D'où :

$$R \times i + u_c = E$$

Comme $i = \dfrac{\mathrm{d}q}{\mathrm{d}t}$ et $q = C \times u_C$, on a : $i = \dfrac{\mathrm{d}(C \times u_C)}{\mathrm{d}t} = C \times \dfrac{\mathrm{d}u_C}{\mathrm{d}t}$ (car C est une constante).

L'équation devient : $$R \times C \times \frac{\mathrm{d}u_C}{\mathrm{d}t} + u_C = E$$

avec R en ohm (Ω) ; C en farad (F) et E en volt (V).

■ On obtient une **équation différentielle** linéaire du premier ordre à coefficients constants et second membre constant.

■ En posant $\boldsymbol{\tau = RC}$, on peut écrire : $$\tau \times \frac{\mathrm{d}u_C}{\mathrm{d}t} + u_C = E \qquad (1)$$

■ On peut également remplacer u_C par $\dfrac{q}{C}$:

$$R \times C \times \frac{1}{C} \times \frac{\mathrm{d}q}{\mathrm{d}t} + \frac{q}{C} = E \Leftrightarrow \frac{\mathrm{d}q}{\mathrm{d}t} + \frac{q}{RC} = \frac{E}{R} \Leftrightarrow \frac{\mathrm{d}q}{\mathrm{d}t} + \frac{1}{\tau}q = \frac{E}{R} \qquad (2)$$

B. Résolution de l'équation différentielle

Pour obtenir la solution la plus générale de l'équation (1), on additionne :
– une solution de l'équation homogène associée (sans second membre) qui correspond à la réponse du circuit RC sans excitation : c'est ce que l'on appelle le régime libre ;
– et une solution particulière qui correspond au régime permanent.

■ **Solution de l'équation homogène**

On cherche une solution à l'équation homogène de la forme $u_1 = \mathrm{A} \times \mathrm{e}^{\alpha t}$, avec A et α des constantes. On injecte u_1 dans l'équation homogène : $\tau \times \alpha \mathrm{A}\mathrm{e}^{\alpha t} + \mathrm{A}\mathrm{e}^{\alpha t} = 0$.
Cela donne $\alpha = -\dfrac{1}{\tau}$.

■ **Solution particulière**

On cherche une solution particulière u_2 constante. On a $\dfrac{\mathrm{d}u_2}{\mathrm{d}t} = 0$, donc $u_2 = E$.

■ **Solution globale**

$$u_C(t) = u_1 + u_2 = \mathrm{A} \times \mathrm{e}^{-\frac{t}{\tau}} + E$$

■ **Utilisation de la condition initiale pour déterminer *A***

Le condensateur est initialement déchargé. La tension à ses bornes est donc nulle.
À $t = 0$, $u_C(0) = 0$, donc $A + E = 0$ et $A = -E$.
Finalement, la tension aux bornes du condensateur qui se charge est :

$$u_C(t) = E\left(1 - \mathrm{e}^{-\frac{t}{\tau}}\right)$$

■ L'allure de la tension aux bornes du condensateur lors de sa charge est :

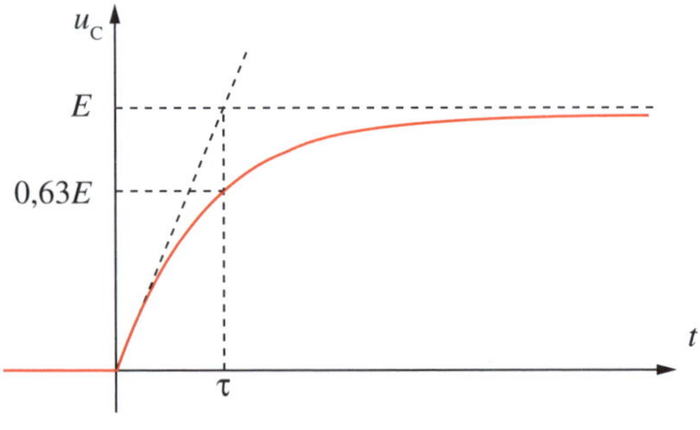

■ La tension $u_C(t)$ aux bornes d'un condensateur ne passe pas instantanément de 0 V à une valeur non nulle lors de la fermeture du circuit : la **tension** $u_C(t)$ est une grandeur **continue**.

■ À partir de l'expression de la tension aux bornes du condensateur, on peut obtenir la fonction donnant la valeur de la charge q de l'armature positive du condensateur :

$$q(t) = C \times u_C(t) = C \times E \times \left(1 - \mathrm{e}^{-\frac{t}{\tau}}\right)$$

■ τ est appelé **constante de temps** et permet de caractériser la vitesse de charge du condensateur. Plus τ est faible, plus le condensateur se charge vite. On peut l'obtenir graphiquement. En effet :
– pour $t = \tau$; $u_C = 0{,}63 \times E$;
– la tangente à l'origine coupe l'asymptote $u_C = E$ au point d'abscisse $t = \tau$.

■ Pour $0 \leqslant \tau < 5\tau$, le condensateur se charge : le régime est dit **transitoire**.
Pour $t \geqslant 5\tau$, le condensateur est totalement chargé : c'est le régime **permanent**.

■ L'expression de l'intensité $i(t)$ du courant dans le circuit s'obtient en dérivant $q(t)$ par rapport au temps, car $i(t) = \dfrac{\mathrm{d}q}{\mathrm{d}t}$, ou en utilisant la relation $i(t) = C \times \dfrac{\mathrm{d}u}{\mathrm{d}t}$.
Donc, au cours de la charge d'un conducteur par un échelon de tension, l'intensité du courant dans le circuit s'écrit :

$$i(t) = \frac{E}{R}\mathrm{e}^{-\frac{t}{\tau}}$$

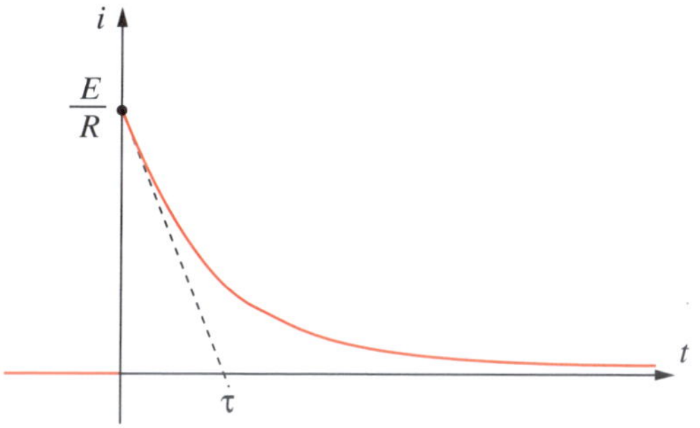

Remarque
La tangente à l'origine coupe l'axe des abscisses au point d'abscisse $t = \tau$.

Contrairement aux courbes de $u_C(t)$ et de $q(t)$, la courbe de $i(t)$ présente une **discontinuité** à l'instant $t = 0$ correspondant à la fermeture du circuit.

4 Circuit *RC* série : décharge du condensateur

A. Établissement de l'équation différentielle

■ On suppose que le condensateur a été complètement chargé. À $t = 0$, on bascule l'interrupteur en position 2 :

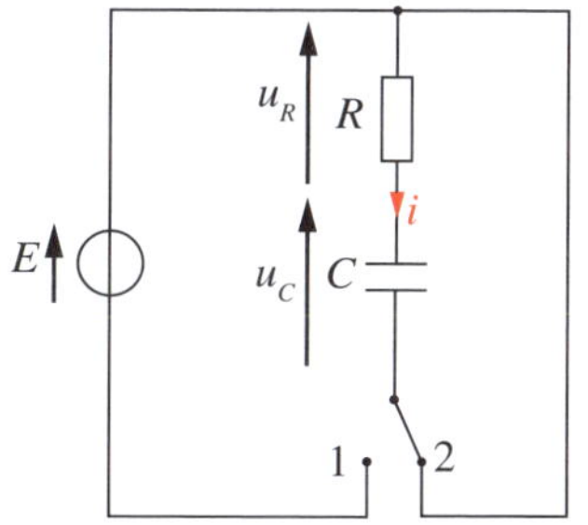

Le condensateur se trouve en série avec uniquement la résistance R. En l'absence de générateur dans le circuit, les électrons accumulés sur l'armature négative B lors de la charge du condensateur se déplacent vers l'armature A positive. Un bref courant électrique apparaît dans le circuit.

■ D'après la loi des mailles : $u_C + u_R = 0$;
d'après la loi d'Ohm : $u_R = R \times i$.
Comme $i = \dfrac{dq}{dt}$ et $q = C \times u_C$; $i = C\dfrac{du_C}{dt}$.
On obtient donc l'équation différentielle suivante :

$$RC\frac{du_C}{dt} + u_C = 0.$$

En posant τ **=** $\boldsymbol{RC}$, on a :

$$\tau \times \frac{du_C}{dt} + u_C = 0$$

et également :

$$\tau \times \frac{dq}{dt} + q = 0$$

B. Résolution de l'équation différentielle

■ Il s'agit une équation différentielle linéaire du premier ordre à coefficients constants sans second membre. La solution est de la forme : $u_C(t) = \mathrm{A}e^{\alpha t}$, avec A et α des constantes.
On injecte $u_C(t)$ dans l'équation : $\tau \times \alpha \mathrm{A}e^{\alpha t} + \mathrm{A}e^{\alpha t} = 0$.
Cela donne : $\alpha = -\dfrac{1}{\tau}$.

La solution s'écrit donc : $u_C(t) = \mathrm{A}e^{-\frac{t}{\tau}}$.

■ Pour déterminer A, on utilise la condition initiale : le condensateur, initialement chargé, **se décharge dans la résistance**. La tension u_C reste positive et diminue pour s'annuler en même temps que le courant.
À $t = 0$; $u_C(0) = E$, donc $\mathrm{A} = E$.

■ Finalement, la tension aux bornes du condensateur qui se décharge s'écrit :

$$u_C(t) = E \times e^{-\frac{t}{\tau}}$$

On peut vérifier que la fonction $u_C(t)$ est bien **continue**.

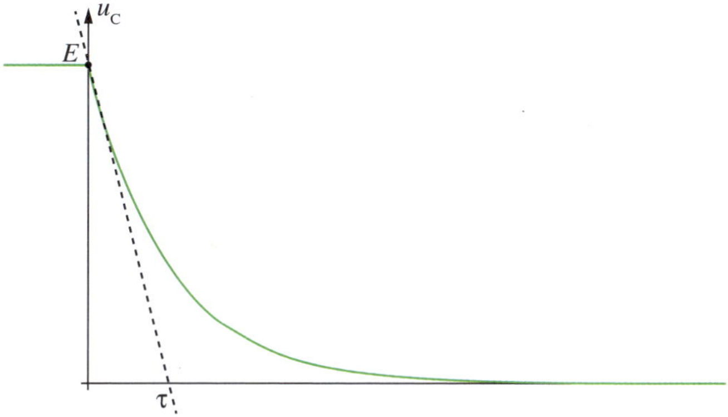

■ Pour l'intensité dans le circuit : $i(t) = C\dfrac{du_C}{dt}$, d'où :

$$i(t) = -\frac{E}{R}e^{-\frac{t}{\tau}}$$

L'inversion du sens du courant entre la fin de la charge et le début de la décharge engendre une **discontinuité** de la fonction $i(t)$.

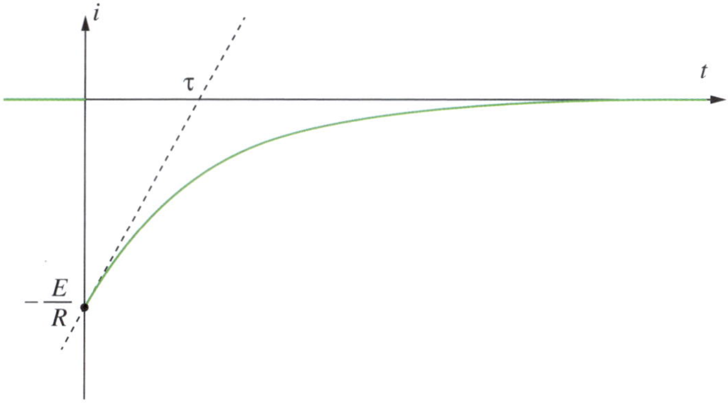

En effet, l'intensité augmente progressivement de la valeur initiale $-\dfrac{E}{R}$, obtenue après basculement de l'interrupteur en position 2, à la valeur 0 correspondant à l'instant où la décharge du condensateur est terminée et où u_C devient nulle (c'est le **régime permanent**).

Là encore, la tangente à l'origine des deux courbes coupe l'axe des abscisses au point d'abscisse $t = \tau$, la constante de temps du dipôle RC.

5 Capteurs capacitifs

■ Afin de mesurer les niveaux des liquides dans un récipient opaque ou de compter des matériaux en vrac, on utilise des **capteurs capacitifs**. Ils ont une grande sensibilité et sont utilisés dans différents domaines comme l'agroalimentaire, la chimie, l'automobile…

On utilise la variation du champ électrique entre les électrodes du capteur.

En effet, lorsque les électrodes détectent un objet dans leur champ, des oscillations sont induites, ce qui entraîne une modification de la capacité du condensateur dans le capteur.

Cette variation de capacité est mesurée en continu par l'électronique intégrée. Plus la capacité est grande, plus le niveau est élevé, et inversement. On peut ainsi associer la capacité au niveau correspondant.

■ Ces capteurs fonctionnent **sans contact** et sont très résistants dans des environnements hostiles.

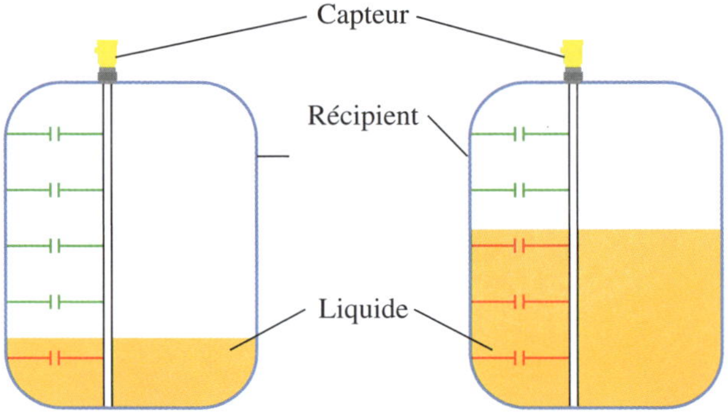

Un condensateur sur une carte électronique.

COMMENT FAIRE

1 Orienter un circuit

EXERCICE TYPE

On réalise un circuit électrique comportant un générateur de tension, une résistance et un condensateur montés en série.

1. Schématiser le circuit.
2. Orienter le circuit, c'est-à-dire choisir arbitrairement un sens pour le circuit série. Le représenter sur le schéma par une flèche.
3. Placer les flèches de tension aux bornes des différents dipôles. Nommer les tensions ainsi représentées.

CORRIGÉ COMMENTÉ

1.

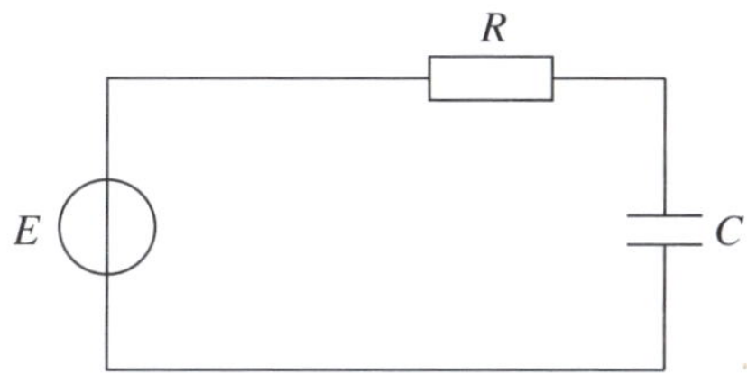

2. De manière arbitraire, on choisit un sens pour le circuit série.

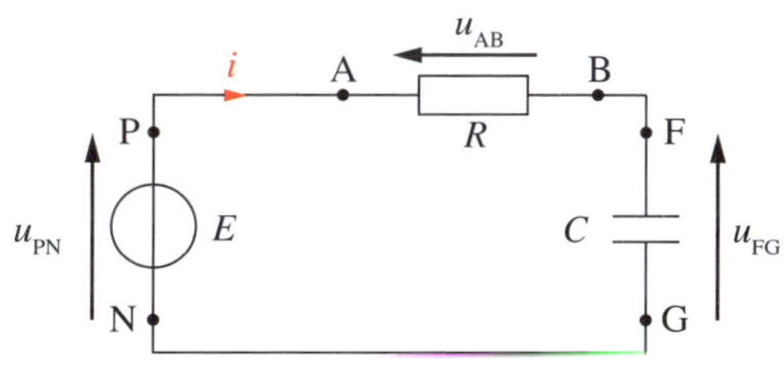

3. Voir schéma ci-dessus. La tension u_{AB} entre les deux bornes A et B d'un dipôle est égale à la différence de potentiel électrique ($V_A - V_B$) entre ces deux points. La tension u_{AB}, grandeur algébrique exprimée en volt (V), est représentée sur le schéma par une flèche tracée hors du circuit et orientée de B vers A.

En **convention récepteur**, la flèche précisant l'orientation du circuit est **en sens contraire** par rapport à la flèche utilisée pour représenter la tension u_{AB}.

En **convention générateur**, les deux flèches sont dans le **même sens**.

À RETENIR

• Le choix du sens d'orientation du circuit est arbitraire (c'est vous qui décidez) mais, une fois qu'il est fait, on ne le change plus : il est matérialisé sur le schéma par une flèche.
• Si le courant électrique a le même sens que le sens d'orientation choisi, alors il est positif. Dans le cas contraire, il est négatif.
• La tension u_{AB} est égale à la différence de potentiel électrique : $V_A - V_B$.
• En convention générateur, les flèches précisant l'orientation du circuit et la flèche utilisée pour représenter la tension sont dans le même sens.
• En convention récepteur, les deux flèches sont en sens opposés.

2 Étudier la charge du condensateur dans un circuit *RC* série

EXERCICE TYPE

Un circuit électrique (schématisé ci-dessous) comporte, en série, un générateur idéal de tension de force électromotrice $E = 15{,}0$ V, un conducteur ohmique de résistance R inconnue, un condensateur de capacité $C = 150$ µF et un interrupteur K.
Le condensateur est initialement déchargé. À la date $t = 0$ s, on ferme le circuit.

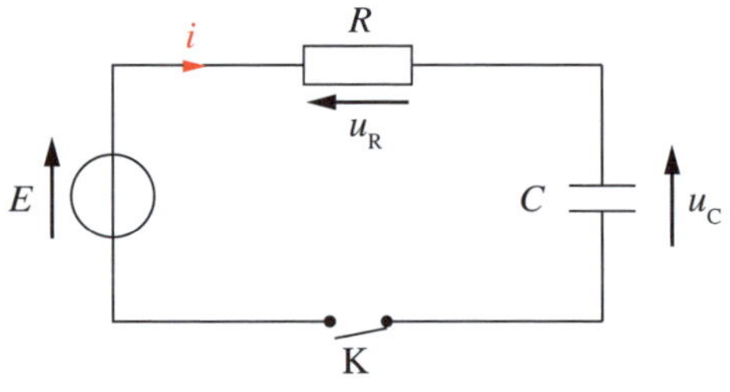

1. Établir l'équation différentielle, notée (1), à laquelle obéit u_C.

2. Vérifier que $u_C(t) = E\left(1 - e^{-\frac{t}{\tau}}\right)$, avec $\tau = RC$, est solution de l'équation (1) et respecte la condition initiale.

3. Par une analyse dimensionnelle, vérifier que τ est bien homogène à une durée.

4. À l'aide de la courbe $u_C = f(t)$ tracée ci-après, déterminer graphiquement la valeur de τ par la méthode de son choix.

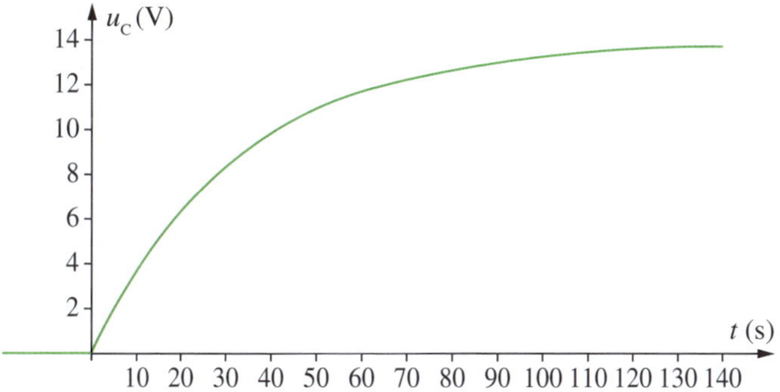

5. En déduire la valeur de la résistance R. Cette valeur sera donnée avec 2 chiffres significatifs.

CORRIGÉ COMMENTÉ

1. Relation entre le courant $i(t)$ et la charge q du condensateur :

$$i(t) = \frac{dq(t)}{dt}.$$

En convention récepteur :

– la charge q du condensateur et la tension u_C à ses bornes sont liées par la relation : $q(t) = C \times u_C(t)$;

– la tension u_R aux bornes du conducteur ohmique et l'intensité i du courant sont liées par la loi d'Ohm : $u_R(t) = R \times i(t)$.

D'où $u_R(t) = R\frac{dq(t)}{dt} = RC\frac{du_C}{dt}$.

Or, d'après la loi des mailles : $u_C(t) + u_R(t) = E$.

D'où l'équation différentielle (1) : $\boldsymbol{u_C(t) + RC\frac{du_C(t)}{dt} = E}$.

2. Si $u_C(t) = E(1 - e^{-\frac{t}{\tau}})$, alors la dérivée de u_C par rapport au temps est : $\frac{du_C}{dt} = \frac{E}{\tau}e^{-\frac{t}{\tau}}$.

En reportant dans l'équation différentielle (1), on obtient :

$$E\left(1 - e^{-\frac{t}{\tau}}\right) + RC\frac{E}{\tau}e^{-\frac{t}{\tau}} = E, \text{ soit } E + E\left(\frac{RC}{\tau} - 1\right)e^{-\frac{t}{\tau}} = E.$$

Cette relation est donc bien vérifiée quelle que soit la date t, si $\tau = RC$.

De plus, $u_C(t = 0) = E(1 - e^0) = 0$: **le condensateur est donc bien initialement déchargé.**

3. D'après la relation charge-tension : $q = C \times u_C$ et $q = i \times t$.

Et, d'après la loi d'Ohm : $u_R = R \times i$.

En faisant une analyse dimensionnelle :

$$[C] = \frac{[q]}{[u_C]} = \frac{[I] \times [T]}{[U]} \quad \text{et} \quad [R] = \frac{[U]}{[I]}$$

Donc $[\tau] = [RC] = \frac{[U]}{[I]} \times \frac{[I] \times [T]}{[U]} = [T]$.

Le produit RC est **homogène à un temps**. Son unité est la **seconde**.

4. La constante de temps τ est la durée nécessaire pour que, lors de la charge, la tension u_C atteigne 63 % de la valeur finale de E (15,0 V), soit :

$0,63 \times E = 0,63 \times 15,0 = 9,5$ V. Sur le graphe, on lit $u_C = 9,5$ V à la date $t = \boldsymbol{\tau = 33}$ **s**.

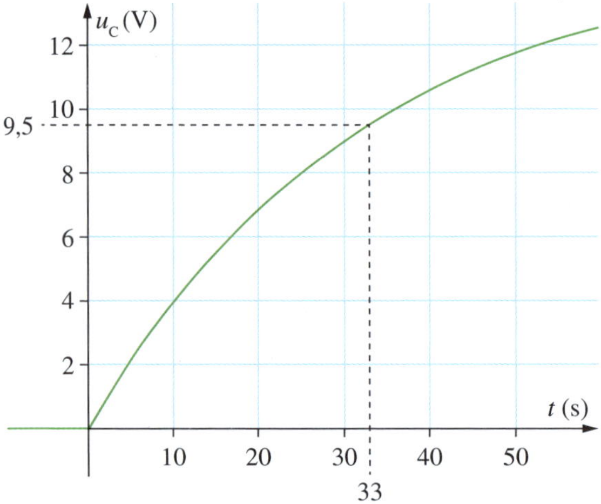

Remarque

On peut tracer la tangente à l'origine mais la méthode est, en général, moins précise.

Point maths

Quand $t = \tau$, $u_C = E(1 - e^{-1}) = E \times 0,63$.
Donc, quand $t = \tau$, la tension u_C vaut 63 % de E.

5. $\tau = RC$, d'où $R = \frac{\tau}{C}$, soit $R = \frac{33}{150 \times 10^{-6}} = 220\ 000$.

La valeur de la résistance avec 2 chiffres significatifs est donc : $\boldsymbol{R = 2,2 \times 10^5\ \Omega}$.

À RETENIR

- Lorsque le dipôle RC est soumis à un échelon de tension à partir de $t = 0$, l'équation différentielle vérifiée par la tension u_C aux bornes du condensateur est :

$$\tau \frac{du_C}{dt} + u_C = E \text{, avec } \tau = RC.$$

- La solution de cette équation est :

$$u_C(t) = E\left(1 - e^{-\frac{t}{\tau}}\right)$$

- Le produit $\tau = RC$, homogène à un temps, est appelé constante de temps du dipôle. Pour déterminer expérimentalement sa valeur, on peut utiliser la courbe $u_C(t)$ lors de la charge : quand $t = \tau$, la tension aux bornes au condensateur vaut $u_C(\tau) = 0,63 \times E$ (63 % de sa valeur finale).

3 Étudier la décharge du condensateur dans un circuit *RC* série

EXERCICE TYPE

On réalise un circuit électrique en branchant en série un condensateur C chargé par un générateur de tension continue $E = 12$ V, une résistance $R = 500\ \Omega$ et un interrupteur K. À l'instant $t = 0$, on ferme le circuit. Le condensateur se décharge dans la résistance.

1. En appliquant la loi d'additivité des tensions lors de la décharge, établir la relation entre les tensions aux bornes des différents dipôles. Montrer que l'on obtient, pour $t > 0$:

$$RC\frac{\mathrm{d}u_C}{\mathrm{d}t} + u_C = 0.$$

2. Vérifier que la solution $u_C(t)$ de l'équation différentielle établie peut être exprimée sous la forme : $u_C(t) = \mathrm{A}\,\mathrm{e}^{-\frac{t}{\tau}}$, avec A constante que l'on exprimera à l'aide des conditions initiales.

3. Établir l'expression $i(t)$. Tracer l'allure de la courbe correspondant à $i(t)$ lors de la décharge.

CORRIGÉ COMMENTÉ

1. Schéma du circuit :

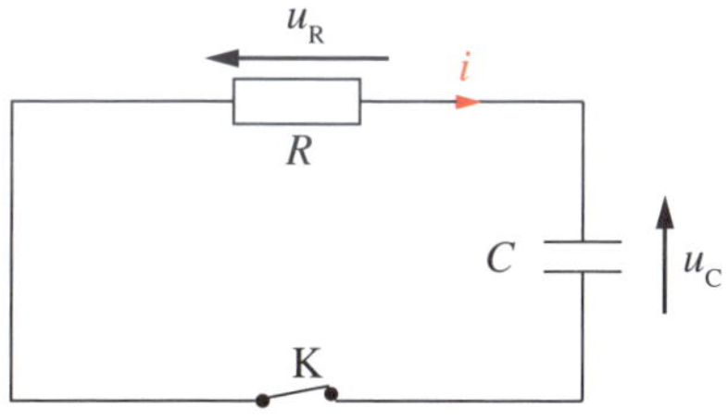

Remarque
Nous gardons cette convention pour l'orientation du circuit afin d'éviter des signes « – » dans les équations.

Selon la loi d'additivité des tensions : $u_C + u_R = 0$.

Soit $u_C + Ri = 0$ (1). Or, $i = \frac{\mathrm{d}q}{\mathrm{d}t}$ et $q = C \times u_C$; donc $i = C\frac{\mathrm{d}u_C}{\mathrm{d}t}$ en remplaçant i dans l'équation (1). Il vient : $u_C + R\left(C\frac{\mathrm{d}u_C}{\mathrm{d}t}\right) = 0$, d'où $RC\frac{\mathrm{d}u_C}{\mathrm{d}t} + u_C = 0$. **On obtient bien la bonne équation différentielle.**

2. Si $u_C(t) = \mathrm{A}\,\mathrm{e}^{-\frac{t}{\tau}}$, alors $\frac{\mathrm{d}u_C}{\mathrm{d}t} = -\frac{\mathrm{A}}{\tau}\mathrm{e}^{-\frac{t}{\tau}}$.

D'où $RC\frac{\mathrm{d}u_C}{\mathrm{d}t} + u_C = -\frac{\mathrm{A}RC}{\tau}\mathrm{e}^{-\frac{t}{\tau}} + \mathrm{A}\mathrm{e}^{-\frac{t}{\tau}} = 0$. **La solution vérifie l'équation différentielle** en posant $\tau = RC$.

Calcul de la constante A : à l'instant $t = 0$, $u_C = E$, soit $u_C(0) = \text{A}e^0 = E$.
D'où A = E. La tension u_C, solution de l'équation différentielle, s'écrit donc :
$$\boldsymbol{u_C(t) = E\,\mathrm{e}^{-\frac{t}{\tau}}}.$$
3. On peut écrire $i(t) = C\dfrac{\mathrm{d}u_C}{\mathrm{d}t}$; d'où $i(t) = -\dfrac{CE}{\tau}\mathrm{e}^{-\frac{t}{\tau}}$.

En simplifiant, car $\tau = RC$, on a : $\boldsymbol{i(t) = -\dfrac{E}{R}\mathrm{e}^{-\frac{t}{\tau}}}$.

Lors de la décharge du condensateur, l'intensité $i(t)$ a donc l'allure suivante :

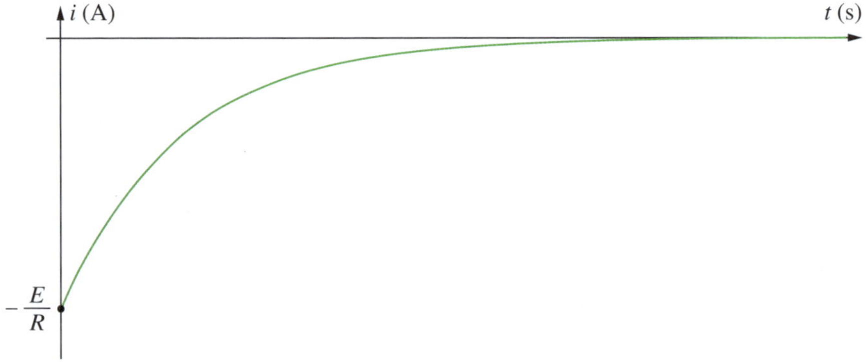

À RETENIR

- Lorsqu'un dipôle RC est soumis à un échelon de tension descendant, le condensateur se décharge et la tension à ses bornes vérifie l'équation différentielle : $\tau\dfrac{\mathrm{d}u_C}{\mathrm{d}t} + u_C = 0$, en posant $\tau = RC$.
- Lors de la décharge, la tension aux bornes du condensateur ne s'annule pas instantanément : elle décroît selon une loi exponentielle.
- L'inversion de sens du courant entre la fin de la charge et le début de la décharge engendre une discontinuité de la fonction $i(t)$.
- Lors de la décharge du condensateur, la tension u_C atteint 37 % de sa valeur initiale E au bout d'une durée τ.
- Lors de la décharge, la tangente à l'origine de la courbe $u_C = f(t)$ coupe l'axe des temps au point d'abscisse $t = \tau$.

Point maths

On a $\mathrm{e}^{-1} = 0{,}37$, donc, quand $t = \tau$,
$i(\tau) = -\dfrac{E}{R} \times 0{,}37$
$u_C(\tau) = E \times 0{,}37$.

EXERCICES

Connaître le cours

Pour chaque exercice du *connaître le cours*, indiquer la (ou les) bonne(s) réponse(s) :

1 2 min Intensité d'un courant électrique en régime variable

	A	B	C
1. L'unité du courant électrique est :	le coulomb (C)	l'ampère (A)	le volt (V)
2. En convention générateur, la flèche de la tension	est opposée au sens du courant	de même sens que le courant	n'a aucun rapport avec le sens du courant
3. En convention récepteur, la flèche de la tension :	est opposée au sens du courant	de même sens que le courant	n'a aucun rapport avec le sens du courant

→ *Corrigé p. 497*

2 2 min Le condensateur

	A	B	C
1. La somme des charges électriques portées par les armatures d'un condensateur est :	toujours nulle	nulle au début de la charge seulement	nulle en fin de charge seulement
2. Les caractéristiques d'un condensateur dépendent :	de la nature des armatures	de la nature de l'isolant	de la forme du condensateur
3. Le farad est l'unité utilisée pour :	la charge du condensateur	la capacité du condensateur	le calibrage du condensateur

→ *Corrigé p. 497*

3 2 min Circuit *RC* série : charge du condensateur

On considère un condensateur préalablement déchargé monté en série avec une résistance et un générateur de tension continue de 10 V. À $t = 0$, on ferme l'interrupteur du montage pour la charge du condensateur.

	A	B	C
1. Au bout de 5 secondes, la tension aux bornes du condensateur vaut :	2 V	5 V	il manque des informations

2. Le temps nécessaire pour que la tension aux bornes du condensateur atteigne 3,7 V est :	la demi-vie du condensateur	un temps quelconque	la constante de temps τ
3. La constante de temps peut être augmentée en :	augmentant la résistance	diminuant la résistance	ce n'est pas le bon dipôle

→ *Corrigé p. 497*

4 2 min Circuit *RC* série : décharge du condensateur

	A	B	C
1. Lors de la décharge d'un condensateur :	la tension est une grandeur continue	le courant est une grandeur continue	la tension et le courant sont des grandeurs continues
2. L'équation différentielle que satisfait la tension u_C aux bornes du condensateur (en posant $\tau = RC$) est :	$\tau \frac{du_C}{dt} + u_C = 0$	$\frac{du_C}{dt} + \frac{1}{\tau} u_C = 0$	$\frac{du_C}{dt} + \tau \times u_C = 0$
3. Une solution de cette équation différentielle est :	$u_C = E\,e^{\frac{t}{\tau}}$	$u_C = E\,e^{-\frac{t}{\tau}}$	$u_C = E\,e^{-\frac{\tau}{t}}$

→ *Corrigé p. 497*

Appliquer le cours et les savoir-faire

5 5 min ★

→ COMMENT FAIRE 1

Soit un circuit électrique comportant, en série, un générateur de tension continue E, deux résistances R_1 et R_2 et un condensateur de capacité C.

1. Schématiser le circuit.
2. Nommer chaque borne de dipôle par une lettre majuscule non ambiguë (par exemple, ni C ni E)
3. Orienter le circuit en représentant une flèche sur le schéma.
4. Placer les flèches des tensions aux bornes des différents dipôles. Nommer les tensions ainsi représentées.

→ *Corrigé p. 497*

6 8 min ★

→ COMMENT FAIRE 1 et 2

On réalise un montage électrique en série avec un générateur de tension continue, une résistance R et un condensateur de capacité C_1. Sur ce condensateur, on branche un deuxième condensateur en parallèle de capacité C_2.

1. Schématiser le circuit et l'orienter.

2. Simplifier le montage en remplaçant les deux condensateurs par un condensateur de capacité équivalente C, sachant que la capacité équivalente pour des condensateurs en parallèle est égale à la somme des capacités de ces condensateurs.

3. Établir l'équation différentielle satisfaite par la tension $u_C(t)$.

4. Vérifier que la fonction $u_C(t) = E\left(1 - e^{-\frac{t}{\tau}}\right)$, avec $\tau = RC$, est solution de l'équation différentielle précédemment établie.

5. En déduire l'expression de l'intensité $i(t)$. → Corrigé p. 497

7 5 min ★ → COMMENT FAIRE 3

Le montage ci-dessous comporte un générateur de f.é.m. $E = 9{,}0$ V, un condensateur de capacité C, un conducteur ohmique de résistance $R = 10\ \Omega$ et un commutateur K. Le condensateur est initialement chargé. Un ordinateur muni d'une carte d'acquisition permet d'enregistrer l'évolution au cours du temps de la tension u_C. L'acquisition des données commence quand on bascule le commutateur K de la position 1 à la position 2 (graphe ci-dessous)

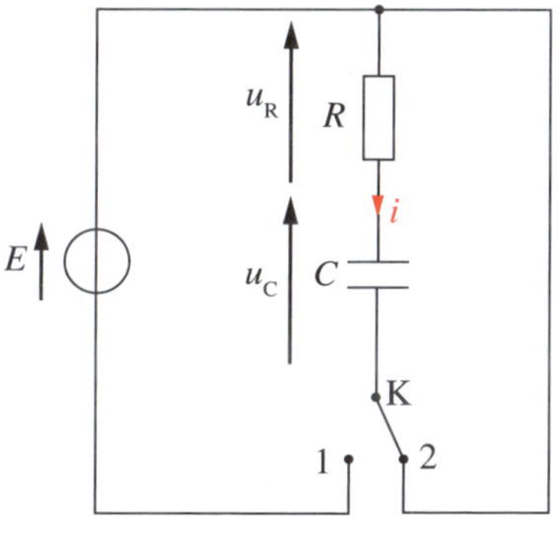

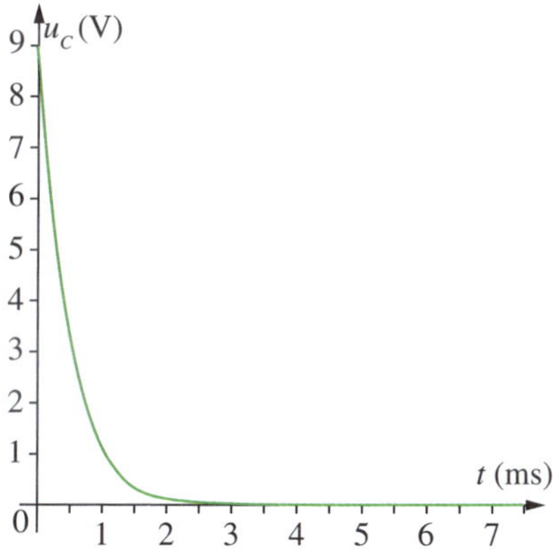

1. Quel est le phénomène physique mis en évidence ?
2. Déterminer, par la méthode graphique, la constante de temps τ.
3. En déduire une valeur approchée de la capacité du condensateur.
4. On reprend la même expérience avec un condensateur de capacité deux fois plus grande. Donner l'allure de la courbe obtenue. Justifier brièvement. → Corrigé p. 498

S'entraîner au raisonnement

8 5 min ★

La courbe ci-après a été obtenue par acquisition de la tension aux bornes d'un condensateur au cours de sa charge. Le circuit réalisé comprend, en série, le condensateur, une résistance $R = 100\ \Omega$, un interrupteur K et un générateur de tension continue de force électromotrice $E = 5{,}0$ V.

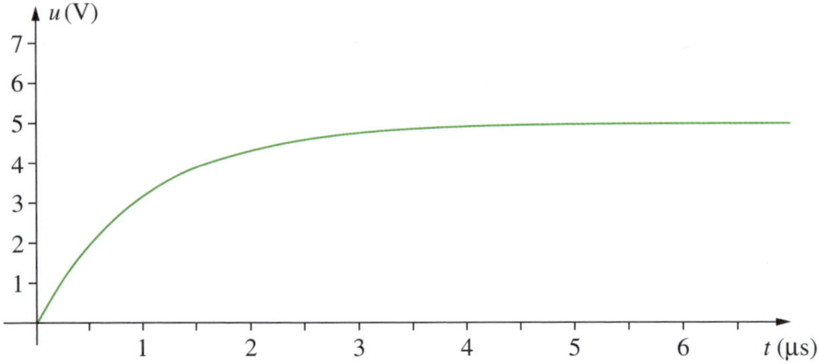

1. Proposer un schéma du dispositif.

2. Déterminer graphiquement la constante de temps τ du dipôle RC.

3. En déduire la valeur de la capacité C du condensateur. → Corrigé p. 500

9 15 min ★★

Le montage ci-contre permet d'étudier l'évolution de la tension u_{AB} aux bornes d'un condensateur de capacité C, en série avec une résistance (R_1 ou R_2 selon la position du commutateur). Une interface, reliée à un ordinateur, permet l'acquisition de la tension u_{AB} au cours du temps. Initialement, le commutateur est en position 1 depuis longtemps.

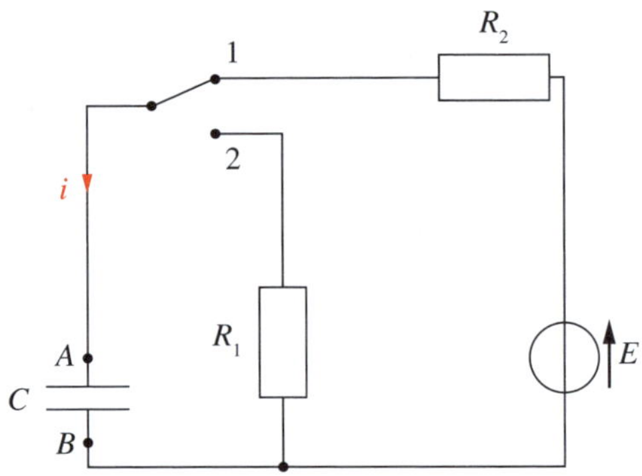

1. À $t = 0$, quel est l'état de la charge du condensateur ?

2. À quoi correspond la courbe ci-dessous ?

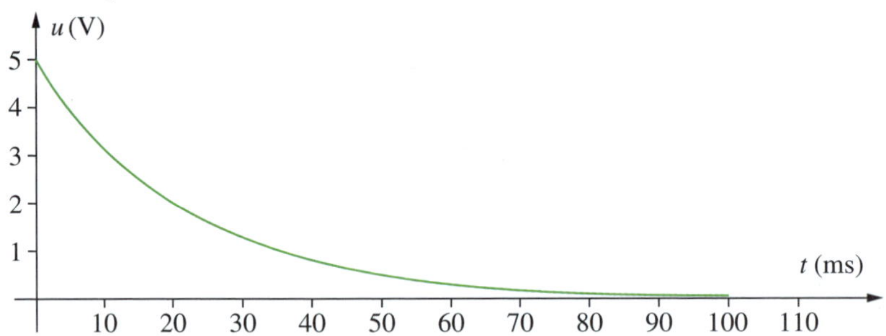

3. Quelle est la manipulation à effectuer sur le circuit pour obtenir cette courbe ?

4. En respectant l'orientation choisie, préciser le signe de l'intensité i du courant lors de la décharge du condensateur.

5. En appliquant la loi d'additivité des tensions, montrer que l'équation différentielle vérifiée par la tension u_{AB}, lorsque le commutateur est en position 2, est de la forme :

$$\frac{1}{\alpha} \times \frac{du_{AB}}{dt} + u_{AB} = 0$$

où α est une constante que l'on exprimera en fonction des caractéristiques des différents dipôles du circuit.

6. Montrer que le rapport $\frac{1}{\alpha}$ est homogène à un temps. Quel nom lui donne-t-on ?

7. Proposer une solution de l'équation différentielle.

8. En déduire l'expression du logarithme népérien de la solution proposée.
(*Rappels mathématiques* : $\ln(ab) = \ln(a) + \ln(b)$; $\ln(a^x) = x\ln(a)$; $\ln(e) = 1$.)

9. Le logiciel utilisé a permis de tracer la courbe correspondant à la fonction $\ln(u_{AB}) = f(t)$ et de déterminer l'expression de la fonction : $\ln(u_{AB}) = -45{,}5 \times t + 1{,}61$.

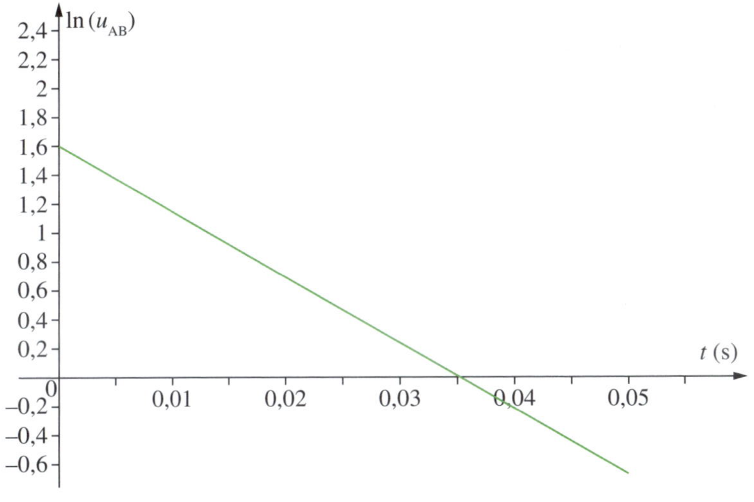

Montrer que l'allure de cette courbe est en accord avec l'expression obtenue pour la solution de l'équation différentielle.

10. Avec laquelle des trois valeurs proposées pour la constante de temps τ les résultats de la modélisation sont-ils en accord ?

a) $\tau = 0{,}46$ ms **b)** $\tau = 2{,}2$ ms **c)** $\tau = 22$ ms

→ Corrigé p. 500

10 8 min ★

Séléna, élève de terminale, veut faire la chasse aux gaspillages. Pour ce faire, elle souhaite récupérer l'eau de pluie pour l'utiliser dans les toilettes. Elle aimerait connaître le niveau d'eau à l'intérieur du bac à tout moment, mais celui-ci est opaque. Se rappelant son cours de spécialité, Séléna décide de fabriquer un capteur capacitif, associé à un microcontrôleur, pour essayer de retrouver le niveau d'eau dans le bac.

1. Schématiser le bac et le capteur capacitif qui sera constitué de deux plaques conductrices.

2. Quand le niveau d'eau change, quel paramètre change également dans le capteur ?

Avec un microcontrôleur, il est facile de mesurer une durée jusqu'à la détection d'une tension souhaitée. Voici, ci-dessous, un exemple de montage :

3. Selon vous, quelle tension sera intéressante à détecter ?

4. Compléter l'algorithme suivant pour déterminer la capacité du condensateur en mF.

```
Décharger le condensateur
Début de la charge du condensateur
T0 ← mesure instant initial          « temps en µs »
Tant que tension mesurée ...
    T1 ← mesure temps                « temps en µs »
Fin Tant que
tau = ...
C = ...
Afficher C"mF"
```

5. Que doit faire Séléna au préalable pour utiliser à bon escient ce capteur ?

→ *Corrigé p. 501*

11 12 min ★★

À un dipôle RC, on associe un montage électronique qui commande l'allumage d'une lampe :

– la lampe s'allume lorsque la tension u_C aux bornes du condensateur est inférieure à une valeur limite $u_{al} = 6{,}0$ V ;

– la lampe s'éteint dès que la tension u_C aux bornes du condensateur est supérieure à cette valeur limite $u_{al} = 6{,}0$ V.

Le circuit obtenu est le suivant :

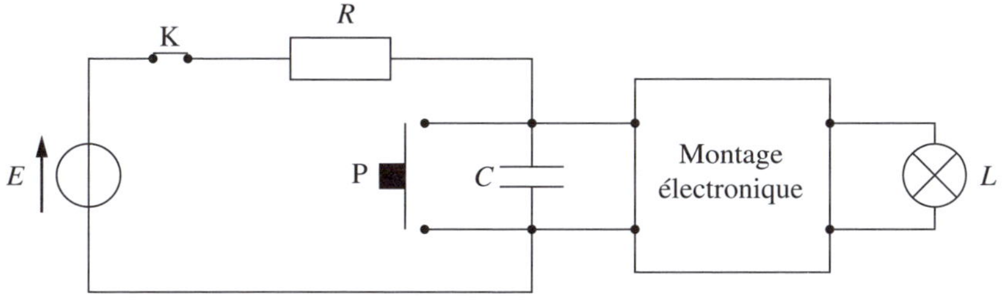

Lorsqu'on appuie sur le bouton poussoir P, ce dernier entre en contact avec les deux bornes du condensateur et se comporte comme un fil conducteur de résistance nulle. Il provoque la décharge instantanée du condensateur. Lorsqu'on relâche le bouton poussoir, ce dernier se comporte alors comme un interrupteur ouvert.
Le condensateur est initialement chargé avec une tension égale à 12 V et la lampe est éteinte. On appuie sur le bouton poussoir P.

1. Que devient la tension u_C aux bornes du condensateur pendant cette phase de contact ? La lampe s'allume-t-elle ? Justifier la réponse.

2. On relâche le bouton poussoir. Comment évolue qualitativement la tension aux bornes du condensateur au cours du temps ?

3. En déduire l'évolution de l'état de la lampe après avoir relâché le bouton poussoir.

4. L'expression de la tension aux bornes du condensateur lors d'une charge est :

$$u_C(t) = E\left(1 - e^{-\frac{t}{\tau}}\right).$$

Calculer la valeur de la date t_{al} à laquelle u_C atteint la valeur limite u_{al}, sachant que la constante de temps de ce dipôle RC vaut $\tau = 25$ s.

5. La tension E aux bornes du générateur étant constante, on voudrait augmenter la durée d'allumage t_{al}. Quels sont les deux paramètres du circuit électrique sur lesquels on peut agir ? Préciser pour chacun d'entre eux comment ils doivent varier.

→ Corrigé p. 502

EXERCICE DE BAC

Exercice 30 min **10 points**

D'après un exercice du Bac

1re partie

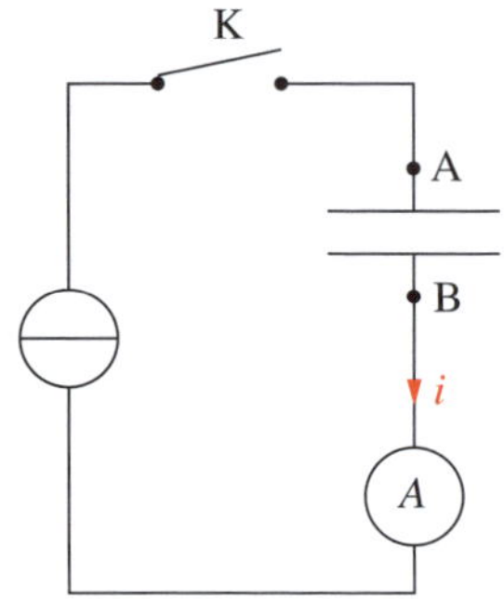

On réalise le circuit ci-contre (schéma n° 1) constitué d'un générateur de courant, d'un condensateur, d'un ampèremètre et d'un interrupteur. Le condensateur est préalablement déchargé. À la date $t = 0$ s, on ferme l'interrupteur K. L'ampèremètre indique alors une valeur constante pour l'intensité : $I = 12$ µA.

Un ordinateur muni d'une interface (non représentée) relève, à des intervalles de temps réguliers, la tension u_{AB} aux bornes du condensateur. Les résultats sont les suivants :

t (s)	0	0,5	1,0	1,5	2,0	2,5	3,0	3,5	4,0
u_{AB} (V)	0,00	1,32	2,64	4,00	5,35	6,70	7,98	9,20	10,6

1. [1 pt] Rappeler la relation permettant de calculer la charge q du condensateur en fonction de I. Calculer q à la date $t = 3{,}0$ s.

2. [1 pt] On a représenté (graphe n° 1) la courbe donnant la charge q du condensateur en fonction de u_{AB}. Déterminer à partir de cette dernière, par une méthode que l'on explicitera, la valeur de la capacité C du condensateur.

3. [1 pt] La valeur indiquée par le constructeur est $C = 4{,}7$ µF à 10 % près. La valeur obtenue est-elle en accord avec la tolérance du constructeur ?

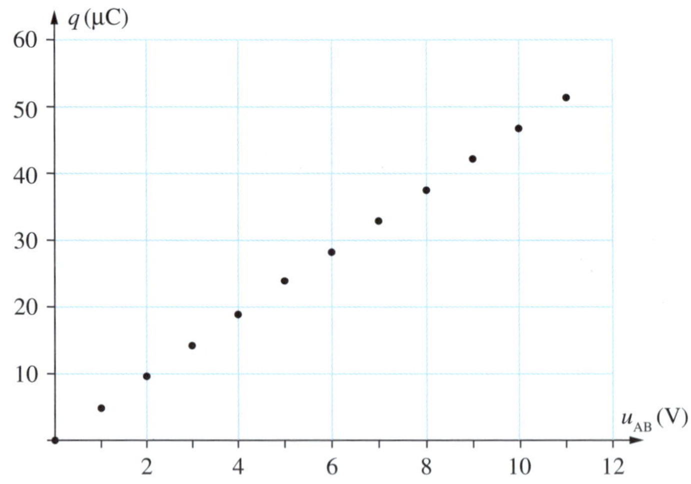

Graphe n° 1

2de partie

On étudie maintenant la charge et la décharge d'un condensateur à travers un conducteur ohmique. Pour cela, on réalise le montage suivant (schéma n° 2).

Le condensateur est initialement déchargé et, à la date $t = 0$ s, on bascule l'interrupteur en position 1.

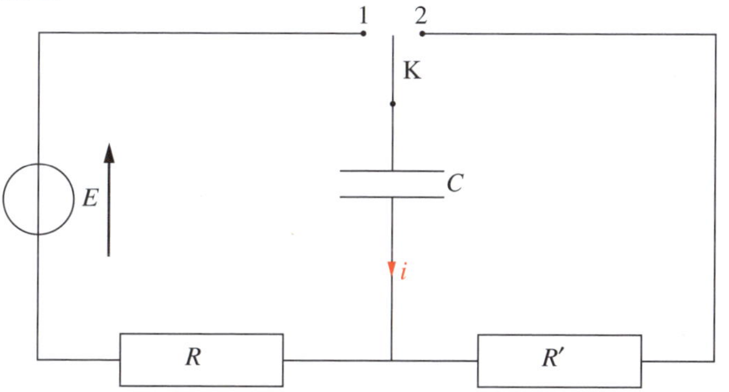

Schéma n° 2

Données : $R = 2{,}2$ kΩ ; $C = 4{,}7$ µF ; $R' = 10$ kΩ.

1. [1 pt] Établir l'équation différentielle $E = RC\dfrac{du_C}{dt} + u_C$ vérifiée par la tension u_C aux bornes du condensateur pendant la phase de charge.

2. [1 pt] La solution analytique de cette équation est de la forme : $u_C = A(1 - e^{-\alpha t})$, compte tenu de la condition initiale relative à la charge du condensateur.
En vérifiant que cette expression est solution de l'équation différentielle, identifier A et α en fonction de E, R et C.

3. [0,5 pt] À partir du graphe n° 2 page suivante, déterminer la valeur de E.

4. La méthode d'Euler permet de calculer, pas à pas, les valeurs de u_C et de $\left(\dfrac{du_C}{dt}\right)$ à intervalles de temps réguliers choisis Δt. Si Δt est considéré comme suffisamment petit dans le cadre de l'expérience, on peut écrire :

$$u_C(t + \Delta t) = u_C(t) + \left(\frac{du_C}{dt}\right) \times \Delta t$$

On choisit $\Delta t = 1$ ms.

a) **[0,5 pt]** À l'aide de l'équation différentielle établie à la question **1.**, déterminer la valeur initiale de la dérivée notée : $\left(\dfrac{du_C}{dt}\right)_0$.

b) [1 pt] En appliquant la méthode d'Euler, compléter le tableau suivant :

t (ms)	0	1	2	3
$u_C(t)$ (…)	0			
$\dfrac{du_C}{dt}$ (…)				

5. Sur le graphe n° 2, on a représenté trois courbes :

- Courbe n° 1 : courbe obtenue par la méthode d'Euler avec un pas $\Delta t = 5$ ms.
- Courbe n° 2: courbe obtenue par la méthode d'Euler avec un pas $\Delta t = 2$ ms.
- Courbe n° 3 : représentation de la solution analytique de l'équation différentielle.

a) **[0,5 pt]** Quelle est l'influence du pas Δt utilisé dans la méthode d'Euler ?

b) **[0,5 pt]** Quels sont les avantages et les inconvénients d'avoir un Δt très grand ou très petit ?

c) **[0,5 pt]** Qu'entend-on, à la question **4.**, par « si Δt est considéré comme suffisamment petit dans le cadre de l'expérience » ?

6. **[0,5 pt]** Définir la constante de temps du circuit. Déterminer sa valeur à partir du graphe n° 2 par une méthode que l'on explicitera. En déduire une nouvelle valeur expérimentale de C et la comparer à la valeur nominale donnée dans la première partie.

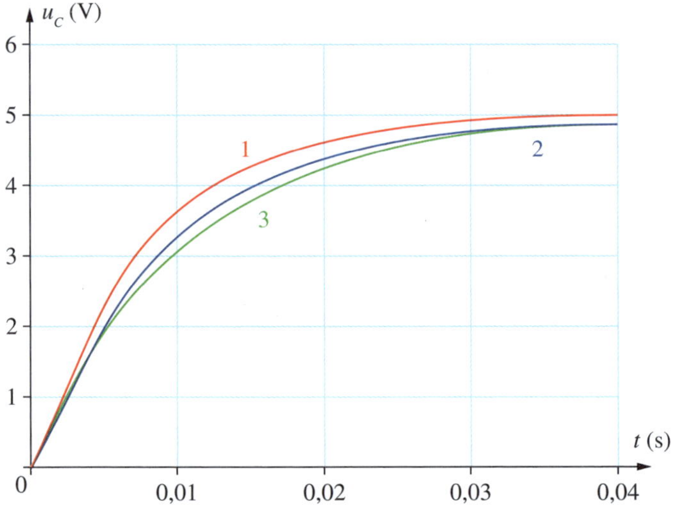

Graphe n° 2

7. On bascule alors l'interrupteur en position 2. En justifiant, indiquer si chacune des propositions suivantes est vraie ou fausse.

a) **[0,5 pt]** La durée de la décharge du condensateur est supérieure à celle de la charge.

b) **[0,5 pt]** La constante de temps du circuit lors de la décharge est égale à $(R + R') \times C$.

→ *Corrigé p. 502*

CORRIGÉS

1 → *Énoncé p. 487*

1. **B** ; **2.** **C** ; **3.** C.

2 → *Énoncé p. 487*

1. **A** ; **2.** **B** et **C** ; **3.** **B.**

3 → *Énoncé p. 487*

1. **C** ; **2.** **B** ; **3.** **A.**

4 → *Énoncé p. 488*

1. **A** ; **2.** **A** et **B** ; **3.** **B.**

5 → *Énoncé p. 488*

1. et **2.**

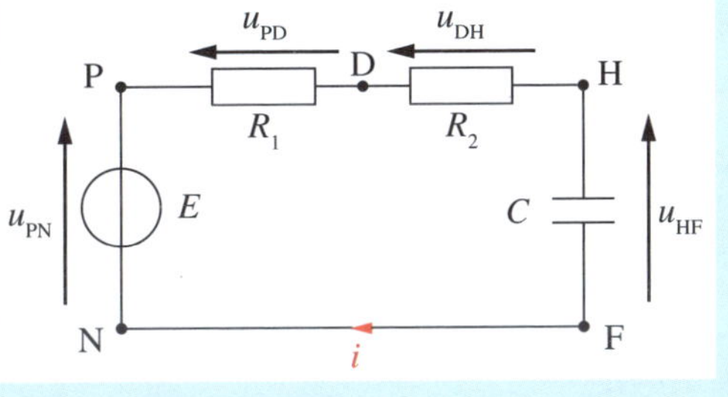

3. Pour orienter le circuit, on choisit arbitrairement un sens pour le circuit série. Dans ce cas, l'orientation choisie est la même que le sens du courant électrique, c'est-à-dire de la borne + (P) vers la borne – (N) (voir schéma ci-dessus).
4. Pour placer les flèches de tensions sur les récepteurs, on prend un sens opposé au sens du circuit (voir schéma ci-dessus).

6 → *Énoncé p. 488*

1.

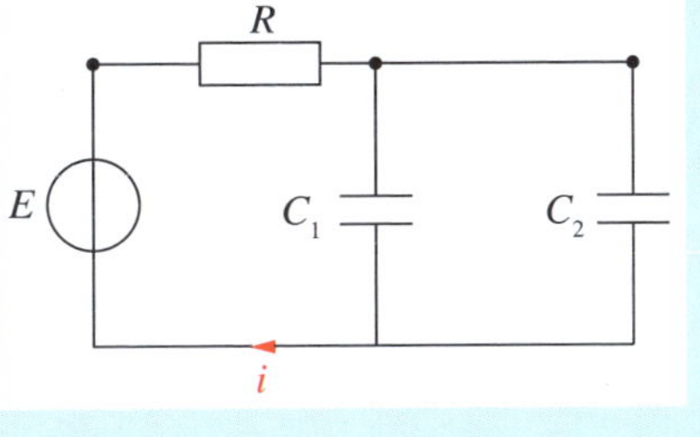

2.

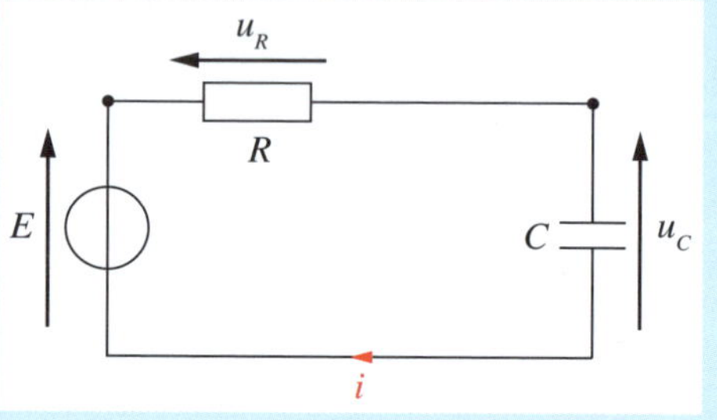

Pour déterminer la capacité du condensateur équivalent, il faut additionner les deux capacités : $\boldsymbol{C = C_1 + C_2}$.

3. En utilisant la loi d'additivité des tensions : $u_C + u_R = E$.

En utilisant la loi d'Ohm : $u_C + R \times i = E$, avec $i = \dfrac{\mathrm{d}q}{\mathrm{d}t}$ et $q = C \times u_C$.

Il vient : $u_C + RC\dfrac{\mathrm{d}u_C}{\mathrm{d}t} = E$, d'où $\boldsymbol{\tau \times \dfrac{\mathrm{d}u_C}{\mathrm{d}t} + u_C = E}$, avec $\tau = RC$.

4. La fonction $u_C(t) = E\left(1 - \mathrm{e}^{-\frac{t}{\tau}}\right)$ est solution de l'équation différentielle si elle vérifie l'équation précédente.

Sachant que $\dfrac{\mathrm{d}u_C}{\mathrm{d}t} = \dfrac{E}{\tau}\mathrm{e}^{-\frac{t}{\tau}}$, on a :

$$\tau \times \frac{E}{\tau}\mathrm{e}^{-\frac{t}{\tau}} + E - E\mathrm{e}^{-\frac{t}{\tau}} = E\mathrm{e}^{-\frac{t}{\tau}} + E - E\mathrm{e}^{-\frac{t}{\tau}} = E.$$

La fonction $\boldsymbol{u_C(t) = E\left(1 - \mathrm{e}^{-\frac{t}{\tau}}\right)}$ est bien solution de l'équation différentielle.

> **Point maths**
>
> • La dérivée par rapport au temps de la fonction exponentielle est :
>
> $$\frac{\mathrm{d}}{\mathrm{d}t}(\mathrm{e}^{At}) = A\mathrm{e}^{At}$$
>
> • La fonction exponentielle est sa propre dérivée et elle prend la valeur de 1 en 0.

5. $q(t) = Cu_C(t) = CE\left(1 - \mathrm{e}^{-\frac{t}{\tau}}\right)$

et $i(t) = \dfrac{\mathrm{d}q(t)}{\mathrm{d}t} = \dfrac{CE}{\tau}\mathrm{e}^{-\frac{t}{\tau}} = \dfrac{E}{R}\mathrm{e}^{-\frac{t}{\tau}}$.

Donc $\boldsymbol{i(t) = \dfrac{E}{R}\mathrm{e}^{-\frac{t}{\tau}}}$.

7 → *Énoncé p. 489*

1. Le phénomène mis en jeu est la **décharge du condensateur** dans la résistance.

2. On sait que, quand $t = \tau$, la tension aux bornes du condensateur lors d'une décharge est égale à 37 % de E. Donc, on reporte sur le graphique la tension $u_C = 0{,}37 \times 9 = 3{,}3$ V et on lit le temps correspondant.

D'après le graphique : $\boldsymbol{\tau = 0{,}50}$ **ms**.

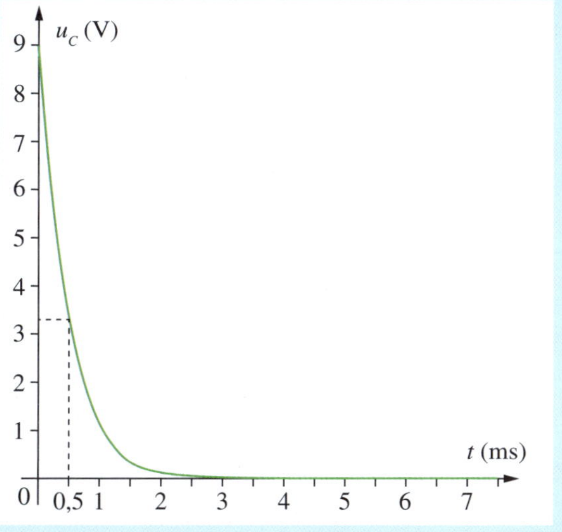

3. Comme $\tau = RC = 0{,}50 \times 10^{-3}$ s, alors $C = \dfrac{\tau}{R}$.

En faisant l'application numérique : $C = \dfrac{0{,}50 \times 10^{-3}}{10} = 5{,}0 \times 10^{-5}$ F. Donc la capacité du condensateur est $\boldsymbol{C = 50\ \mu\text{F}}$.

4. Si l'on double la capacité de C, la constante de temps sera 2 fois plus grande (voir graphe ci-dessous).

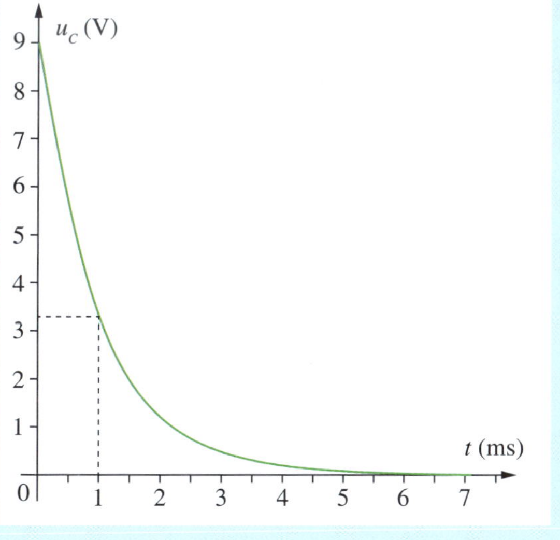

8 → *Énoncé p. 489*

1.

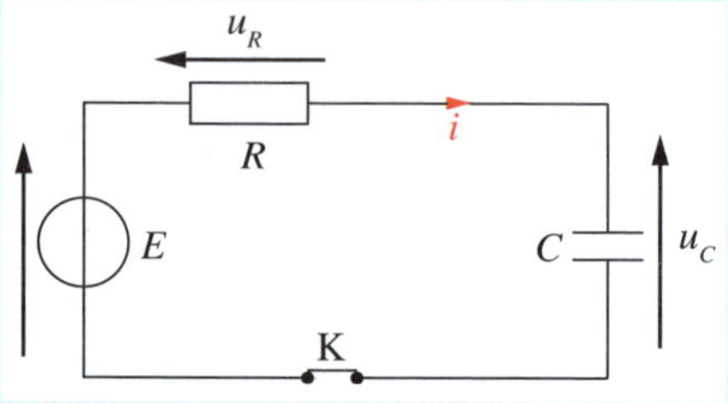

2. Une fois chargé, le condensateur aura à ses bornes une tension $u_C = E$.

Par contre, quand $t = \tau$, la tension aux bornes du condensateur est $u_C = \dfrac{63}{100}E$.

En plaçant sur le graphique $u = 0{,}63 \times 5{,}0 = 3{,}2$ V, on lit le temps correspondant, soit $\boldsymbol{t = \tau = 1{,}0\ \mu s}$.

3. La constante de temps est $\tau = RC$, donc $C = \dfrac{\tau}{R}$.

Soit $C = \dfrac{1{,}0 \times 10^{-6}}{100} = 1{,}0 \times 10^{-8}$ F.

La capacité du condensateur est de 10 nF.

> **Remarque**
> Attention aux unités ! τ s'exprime en seconde (s), R en ohm (Ω) et C en farad (F).

9 → *Énoncé p. 490*

1. À $t = 0$, le condensateur est **complètement chargé**.

2. Cette courbe correspond à la **décharge du condensateur** à travers la résistance R_1.

3. Il suffit de basculer le commutateur en position 2.

4. Le courant circule dans le **sens opposé** à celui choisi pour l'orientation du circuit. i est donc négatif lors de la décharge du condensateur.

5. D'après la loi d'additivité des tensions : $\boldsymbol{u_{R_1} + u_{AB} = 0}$; avec $u_{AB} = u_C$.

D'après la loi d'Ohm : $u_{R_1} = R_1 \times i$.

Comme $i = \dfrac{dq}{dt}$ et $q = C \times u_C$, en remplaçant, on a : $\boldsymbol{R_1 C \dfrac{du_C}{dt} + u_C = 0}$.

$\dfrac{1}{\alpha} = R_1 C \Leftrightarrow \boldsymbol{\alpha = \dfrac{1}{R_1 C}}$.

6. L'équation différentielle doit être homogène pour les unités, c'est-à-dire : [V] + [V].

Donc u_C est en volt [V] et $\dfrac{1}{\alpha} \times \dfrac{du_C}{dt}$ en volt [V] également.

Comme $\dfrac{du_C}{dt}$ est en $\dfrac{[V]}{[s]}$, $\boldsymbol{\dfrac{1}{\alpha}}$ **doit être en [s].**

$\dfrac{1}{\alpha} = R_1 C = \tau$. C'est la **constante de temps**.

7. Une solution de cette équation différentielle est **:** $\boldsymbol{u_{AB}(t) = E \times e^{-\frac{t}{\tau}}}$.

8. $\ln(u_{AB}) = \ln\left(E \times e^{-\frac{t}{\tau}}\right) \Leftrightarrow \ln(u_{AB}) = \ln(E) + \ln\left(e^{-\frac{t}{\tau}}\right)$

$\Leftrightarrow \mathbf{\ln(u_{AB}) = \ln(E) - \frac{t}{\tau}}$, car $\ln(e^x) = x$.

9. L'allure de la courbe est celle d'une fonction affine, avec comme ordonnée à l'origine $\ln(E)$ et comme coefficient directeur $-\frac{1}{\tau}$.

Donc $\ln(E) = 1{,}61$ et $-\frac{1}{\tau} = -45{,}5$.

10. $\tau = \frac{1}{45{,}5} = 0{,}022$ s, soit $\boldsymbol{\tau}$ **= 22 ms** (réponse **c)**).

10 → *Énoncé p. 491*

1.

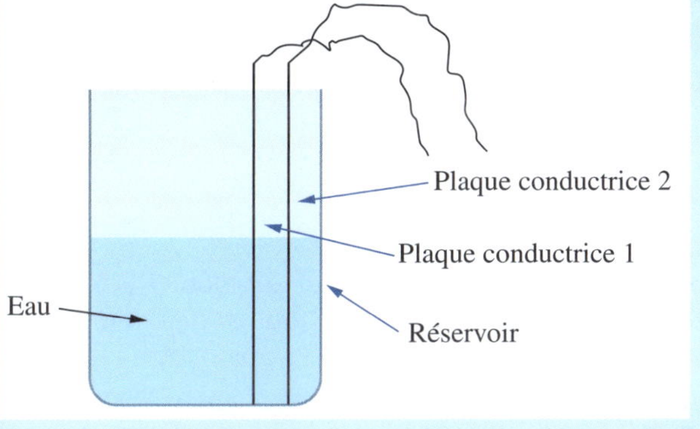

Les plaques doivent garder le même écart et être bien fixées au réservoir. On crée ainsi un condensateur.

2. Quand le niveau d'eau change dans le réservoir, c'est **la capacité du condensateur** qui change.

3. Lors de la charge du condensateur, le temps nécessaire pour que la **tension aux bornes du condensateur** vaille 63 % de la tension maximale est la constante de temps τ. C'est donc cette tension qui sera intéressante, car $\tau = R \times C$.

4.

```
Décharger le condensateur
Début de la charge du condensateur
T0 ← mesure instant initial                « temps en μs »
Tant que tension mesurée est inférieure ou égale à 0,63E
    T1 ← mesure temps                      « temps en μs »
Fin Tant que
tau = T1 – T0
C = ((tau × 10⁻⁶)/R) × 10³
Affichage C "mF"
```

Remarque

La différence de temps donnée par le microcontrôleur est en microseconde. Or, pour déterminer C en farad avec R en ohm, il faut que τ soit en seconde ($\times 10^{-6}$). Mais la valeur finale de C doit être donnée en mF, d'où la dernière conversion ($\times 10^3$).

5. Il faut au préalable **étalonner le capteur**, c'est-à-dire mesurer la valeur de la capacité C du condensateur créé en fonction du volume d'eau V dans la cuve. On trace ensuite la courbe $C = f(V)$. Le capteur sera fiable sur la plage linéaire du graphique.

11 → Énoncé p. 492

1. Pendant la phase de contact, la tension aux bornes du condensateur devient **instantanément nulle.** La tension u_C devient inférieure à u_{al} et alors **la lampe s'allume**.
2. Lorsqu'on relâche le bouton poussoir, le condensateur se charge : $\boldsymbol{u_C}$ **augmente exponentiellement de 0 V à 12 V**.
3. La charge du condensateur n'étant pas instantanée, **la lampe reste allumée** pendant une certaine durée **puis s'éteint** dès que la tension u_C atteint la valeur u_{al}.
4. À la date $t = t_{al}$, on a $u_C = u_{al}$:

$$E\left(1 - e^{-\frac{t_{al}}{\tau}}\right) = u_{al} \Leftrightarrow 1 - e^{-\frac{t_{al}}{\tau}} = \frac{u_{al}}{E} \Leftrightarrow 1 - \frac{u_{al}}{E} = e^{-\frac{t_{al}}{\tau}}$$

$$\Leftrightarrow \ln\left(1 - \frac{u_{al}}{E}\right) = -\frac{t_{al}}{\tau} \Leftrightarrow \frac{t_{al}}{\tau} = \ln\left(\frac{E}{E - u_{al}}\right)$$

$$\Leftrightarrow t_{al} = \tau \times \ln\left(\frac{E}{E - u_{al}}\right).$$

Point maths

$$\ln\left(\frac{a}{b}\right) = -\ln\left(\frac{b}{a}\right)$$

Application numérique : $\boldsymbol{t_{al}} = 25 \times \ln\left(\frac{12}{12 - 6}\right)$ **= 17 s.**

5. Pour augmenter la durée d'allumage, il faut augmenter la valeur de la constante de temps $\tau = RC$. **Il faut donc augmenter *R*, *C* ou les deux en même temps.**

EXERCICE DE BAC

Exercice → Énoncé p. 494

1re partie

1. $\boldsymbol{q = I \times \Delta t}$, où q est la charge portée par une armature du condensateur exprimée en coulomb, I l'intensité du courant exprimée en ampère et Δt la durée de la charge exprimée en seconde.
À la date $t = 3{,}0$ s, on a $\boldsymbol{q} = 12 \times 10^{-6} \times 3{,}0 = \mathbf{3{,}6 \times 10^{-5}}$ **C.**
2. La courbe de $q = f(u_{AB})$ est une droite passant par l'origine. La charge q est donc proportionnelle à la tension u_{AB}. On sait que $q = C \times u_{AB}$.
C est le coefficient directeur de la droite. On prend deux points sur la droite :

$$C = \frac{q(12) - q(0)}{u_{AB}(12) - u_{AB}(0)} = \frac{55 \times 10^{-6} - 0}{12 - 0} = 4{,}6 \times 10^{-6} \text{ F}$$

La valeur de *C* est 4,6 µF.

Remarque
On prolonge la droite et on prend les points les plus extrêmes.

3. Le constructeur indique la valeur de C à 10 % près, soit :

$$4{,}7 - \frac{10}{100} \times 4{,}7\ \mu\text{F} < C < 4{,}7 + \frac{10}{100} \times 4{,}7\ \mu\text{F}.$$

Donc 4,2 µF < C < 5,2 µF.

La valeur trouvée de 4,6 µF est **en accord** avec la tolérance du constructeur.

2de partie

1. D'après la loi d'additivité des tensions, on a :

$E = u_R + u_C$ (1)

D'après la loi d'Ohm : $u_R = R \times i$.

Or, $i = \dfrac{\mathrm{d}q}{\mathrm{d}t}$ et $q = C \times u_C$.

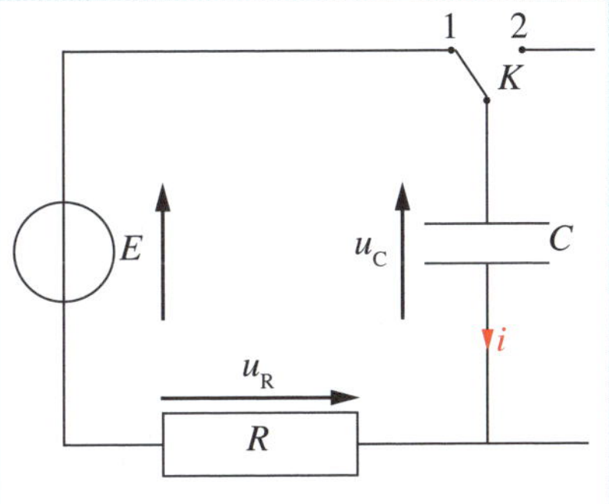

Comme C est une constante, $i = C\dfrac{\mathrm{d}u_C}{\mathrm{d}t}$.

En remplaçant dans la relation (1) :

$$\boldsymbol{E = RC \times \frac{\mathrm{d}u_C}{\mathrm{d}t} + u_C}.$$

C'est l'équation différentielle que vérifie la tension u_C aux bornes du condensateur pendant la charge.

2. La solution proposée $u_C = \mathrm{A}(1 - \mathrm{e}^{-\alpha t})$ peut s'écrire $u_C = \mathrm{A} - \mathrm{A}\mathrm{e}^{-\alpha t}$.

On sait que, quand le condensateur est chargé, la tension à ses bornes est E.

Donc $\mathbf{A} = \boldsymbol{E}$ car, pour t tendant vers $+\infty$, $\mathrm{e}^{-\alpha t}$ tend vers 0.

De plus, $\dfrac{\mathrm{d}u_C}{\mathrm{d}t} = \alpha E\mathrm{e}^{-\alpha t}$.

En remplaçant dans l'équation différentielle :

$$E = R \times C \times \alpha \times E \times \mathrm{e}^{-\alpha t} + E - E \times \mathrm{e}^{-\alpha t} \Leftrightarrow E = E + E\mathrm{e}^{-\alpha t}(RC\alpha - 1)$$

Pour que cette relation soit valable quel que soit t, il faut que :

$$RC\alpha - 1 = 0 \Leftrightarrow \boldsymbol{\alpha = \frac{1}{RC}}.$$

3. Quand t tend vers $+\infty$, alors u_C tend vers E.

D'après le graphe n° 2, u_C tend vers 5,0 V, donc **E = 5,0 V.**

> **Point maths**
>
> Graphiquement, quand t tend vers l'infini, la courbe se rapproche d'une asymptote horizontale $u_C = E$.

4. a) L'équation différentielle est : $E = RC \times \dfrac{\mathrm{d}u_C}{\mathrm{d}t} + u_C$.

Donc, à la date t : $\left(\dfrac{\mathrm{d}u_C}{\mathrm{d}t}\right)_t = \dfrac{E - u_C(t)}{RC}$.

À la date $t = 0$ s, $u_C(0) = 0$ V :

$$\left(\frac{\mathrm{d}u_C}{\mathrm{d}t}\right)_0 = \frac{E - 0}{RC}$$

$$= \frac{5{,}0}{2{,}2 \times 10^3 \times 4{,}7 \times 10^{-6}} = \mathbf{4{,}8 \times 10^2\ V.s^{-1}}.$$

b)

t (ms)	0	1	2	3
$u_C(t)$ (V)	0	0,48	0,92	1,3
$\frac{du_C}{dt}$ (V.s⁻¹)	$4{,}8 \times 10^2$	$4{,}4 \times 10^2$	$3{,}9 \times 10^2$	$3{,}6 \times 10^2$

Calculs :

$$u_C(t + \Delta t) = u_C(t) + \left(\frac{du_C}{dt}\right)_t \times \Delta t$$

• $u_C(0 + 1) = u_C(0) + \left(\frac{du_C}{dt}\right)_0 \times \Delta t$

$u_C(1) = 0 + 4{,}8 \times 10^2 \times 1 \times 10^{-3} = \mathbf{0{,}48\ V.}$

• $\left(\frac{du_C}{dt}\right)_1 = \frac{E - u_C(1)}{R \times C}$

$\left(\frac{du_C}{dt}\right)_1 = \frac{5{,}0 - 0{,}48}{2{,}2 \times 10^3 \times 4{,}7 \times 10^{-6}} = \mathbf{4{,}4 \times 10^2\ V.s^{-1}.}$

• $u_C(2) = u_C(1) + \left(\frac{du_C}{dt}\right)_1 \times \Delta t$

$u_C(2) = 0{,}48 + 4{,}4 \times 10^2 \times 1 \times 10^{-3} = \mathbf{0{,}92\ V.}$

• $\left(\frac{du_C}{dt}\right)_2 = \frac{E - u_C(2)}{R \times C}$

$\left(\frac{du_C}{dt}\right)_2 = \frac{5{,}0 - 0{,}92}{2{,}2 \times 10^3 \times 4{,}7 \times 10^{-6}} = \mathbf{3{,}9 \times 10^2\ V.s^{-1}.}$

• $u_C(3) = u_C(2) + \left(\frac{du_C}{dt}\right)_2 \times \Delta t$

$u_C(3) = 0{,}92 + 3{,}9 \times 10^2 \times 1 \times 10^{-3} = \mathbf{1{,}3\ V.}$

• $\left(\frac{du_C}{dt}\right)_3 = \frac{E - u_C(3)}{R \times C}$

$\left(\frac{du_C}{dt}\right)_3 = \frac{5{,}0 - 1{,}3}{2{,}2 \times 10^3 \times 4{,}7 \times 10^{-6}} = \mathbf{3{,}6 \times 10^2\ V.s^{-1}.}$

Remarque

On peut traiter facilement ces calculs soit à l'aide d'un tableur, soit avec une programmation sous Python, par exemple.

5. a) Sur le graphe n° 2, on constate que, plus le pas Δt choisi est petit, plus la courbe obtenue par la méthode d'Euler se rapproche de la courbe représentative de la solution de l'équation différentielle. **L'approximation effectuée pour le calcul de $u_C(t)$ est meilleure quand le pas Δt est faible**.

b) Lorsque le pas Δt est très grand, il n'y a alors que peu de points pour tracer la courbe représentative de $u_C(t)$. On a donc moins de calculs à faire. Dans ce cas, la courbe est obtenue rapidement, mais elle est éloignée de la courbe réelle.

Lorsque le pas Δt est très faible, il faut effectuer de très nombreux calculs, mais la courbe obtenue est proche de la courbe réelle.

c) La tension aux bornes du condensateur devient égale à la f.é.m. du générateur au bout d'environ 0,04 s. Pour que la méthode d'Euler donne de bons résultats, **il faut choisir un pas Δt très inférieur à cette durée**. Ainsi, la courbe sera construite avec un nombre de points assez important entre $t = 0$ s et $t = 0{,}04$ s.

6. La constante de temps τ est la durée au bout de laquelle le condensateur est chargé à 63 % : $u_C(\tau) = 0{,}63 \times E = 0{,}63 \times 5{,}0 = 3{,}15$ V.

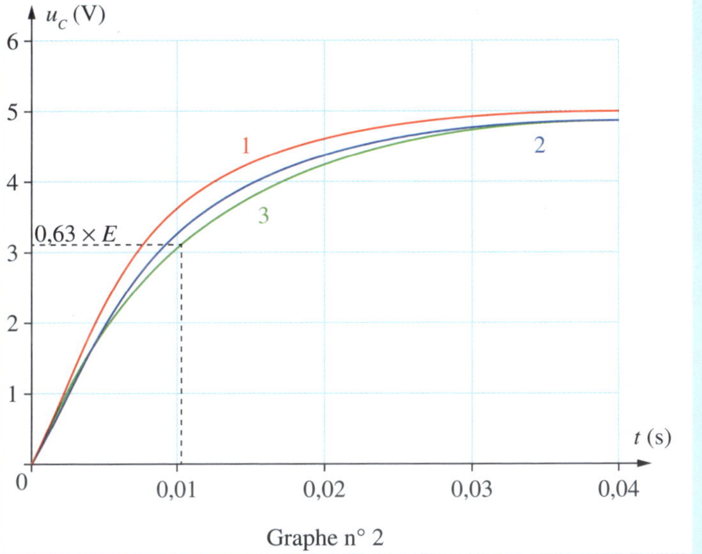

Graphe n° 2

En utilisant la courbe 3, **τ vaut entre 0,010 et 0,011 s.**

$\tau = RC \Leftrightarrow C = \dfrac{\tau}{R}$.

$\boldsymbol{C = \dfrac{0{,}011}{2{,}2 \times 10^3} = 5{,}0 \times 10^{-6}\ \text{F} = 5{,}0\ \mu\text{F}}$ ou

$\boldsymbol{C = \dfrac{0{,}010}{2{,}2 \times 10^3} = 4{,}5 \times 10^{-6}\ \text{F} = 4{,}5\ \mu\text{F}}$.

> **Remarque**
> Le choix de la courbe doit être celui qui se rapproche le plus de la réalité. C'est donc la courbe qui donne la solution analytique de l'équation différentielle.

À la question **3.** de la **partie 1**, on avait établi que, d'après le constructeur, $4{,}2\ \mu\text{F} < C < 5{,}2\ \mu\text{F}$. La valeur obtenue graphiquement reste dans cet intervalle.

7. a) Pour la charge : $\tau = RC = 0{,}01$ s.

Pour la décharge : $\tau' = R'C = 10 \times 10^3 \times 4{,}7 \times 10^{-6} = 0{,}047$ s.

La durée de la décharge du condensateur est supérieure à celle de la charge.

La proposition est vraie.

b) Le condensateur se décharge dans la résistance R'. La résistance R n'est donc pas concernée. $\tau' = R' \times C$.

La proposition est fausse.

ANNEXES

GRANDEURS PHYSIQUES

Dans le système international (SI), il existe 7 unités de base (les 7 premières du tableau, celles sur fond rouge) et toutes les autres unités rattachées au SI peuvent être exprimées à l'aide de ces unités de base.

Grandeur	Symbole des grandeurs	Unité	Symbole des unités	Système international
longueur	D, d, L, R, λ…	mètre	m	
masse	m	kilogramme	kg	
temps	t, Δt	seconde	s	
température	T ou θ	kelvin	K	
intensité	I ou i	ampère	A	
quantité de matière	n	mole	mol	
intensité lumineuse	I ou I_v	candela	cd	
activité (radioactive)	A	becquerel	Bq	s^{-1}
capacité électrique	C	farad	F	$kg^{-1}.m^{-2}.s^{4}.A^{2}$
champ magnétique	B	tesla	T	$kg.s^{-2}.A^{-1}$
charge électrique et quantité d'électricité	Q ou q	coulomb	C	A.s
conductance électrique	G	siemens	S	$kg^{-1}.m^{-2}.s^{3}.A^{2}$
force	F	newton	N	$kg.m.s^{-2}$
force électromotrice et tension électrique	E et U ou u	volt	V	$kg.m^{2}.s^{-3}.A^{-1}$
fréquence	F, N ou ν	hertz	Hz	s^{-1}
inductance	L	henry	H	$kg.m^{2}.s^{-2}.A^{-2}$
pression	P	pascal	Pa	$kg.m^{-1}.s^{-2}$
puissance et flux thermique	P, Φ	watt	W	$kg.m^{2}.s^{-3}$
résistance	R	ohm	Ω	$kg.m^{2}.s^{-3}.A^{-2}$
travail, énergie et quantité de chaleur	W, E et Q	joule	J	$kg.m^{2}.s^{-2}$

pK_a DE COUPLES ACIDE/BASE À 25 °C

Couple acide/base	pK_a
eau / ion hydroxyde H_2O / HO^-	14,0
ion diméthylammonium/*N*-méthylméthanamine $(CH_3)_2NH_2^+$ / $(CH_3)_2NH$	11,0
ion méthylammonium/méthanamine $CH_3NH_3^+$ / CH_3NH_2	10,7
ion hydrogénocarbonate/ion carbonate HCO_3^- / CO_3^{2-}	10,3
ion ammonium/ammoniac NH_4^+/NH_3	9,20
acide hypochloreux/ion hypochlorite $HC\ell O$/$C\ell O^-$	7,30
dioxyde de carbone/ion hydrogénocarbonate CO_2, H_2O/HCO_3^-	6,35
acide éthanoïque/ion éthanoate CH_3CO_2H/$CH_3CO_2^-$	4,75
ion anilinium/aniline $C_6H_5NH_3^+$/$C_6H_5NH_2$	4,62
acide benzoïque/ion benzoate $C_6H_5CO_2H$/$C_6HCO_2^-$	4,20
acide méthanoïque/ion méthanoate HCO_2H/HCO_2^-	3,75
ion hydrogénosulfate/ion sulfate HSO_4^-/ SO_4^{2-}	1,90
ion oxonium/eau H_3O^+/H_2O	0

CONDUCTIVITÉS MOLAIRES IONIQUES À 25 °C

Ion	λ ($mS.m^2.mol^{-1}$)
ion sodium Na^+	5,01
ion argent Ag^+	6,19
ion potassium K^+	7,35
ion calcium Ca^{2+}	11,90
ion oxonium H_3O^+	35,0
ion éthanoate $CH_3CO_2^-$	4,09
ion permanganate MnO_4^-	6,10
ion nitrate NO_3^-	7,14
ion chlorure $C\ell^-$	7,63
ion sulfate SO_4^{2-}	16,0
ion hydroxyde HO^-	19,9

SPECTROSCOPIE INFRAROUGE

Liaison	Nombre d'onde en cm^{-1}	Intensité **F** : forte ; **m** : moyenne ; **f** : faible
O–H (sans liaison hydrogène)	3 580-3 670	**f** ; fine
O–H (avec liaison hydrogène)	3 200-3 400	**F** ; large
N–H amine	3 100-3 500	**m**
N–H amide	3 100-3 500	**F**
$C_②$–H	3 300-3 310	**m** ou **F**
$C_③$–H	3 000-3 100	**m**
$C_④$–H	2 800-3 000	**F**
$C_③$–H aldéhyde	2 750-2 900	**m**
O–H acide carboxylique	2 500-3 200	**F** à **m** ; large
C≡C	2 100-2 250	**f**
C=O anhydride	1 700-1 840	**F** ; 2 bandes
C=O ester	1 700-1 740	**F**
C=O aldéhyde et cétone	1 650-1 730	**F**
C=O acide carboxylique	1 680-1 710	**F**
C=O amide	1 650-1 700	**F**
C=C	1 625-1 685	**m**
C=C aromatique	1 450-1 600	variable ; 3 ou 4 bandes
N–H amine ou amide	1 560-1 640	**F** ou **m**
$C_④$–H	1 415-1 470	**F**
$C_④$–H (CH_3)	1 365-1 385	**F** ; 2 bandes
C–O	1 050-1 450	**F**
C–N	1 000-1 400	**F**
C–C	1 000-1 250	**F**

Remarque : $C_②$: carbone digonal ; $C_③$: carbone trigonal ; $C_④$: carbone tétraédrique.

COUPLES OXYDANT-RÉDUCTEUR

Oxydant	Réducteur
Ion peroxodisulfate $S_2O_8^{2-}$	SO_4^{2-} ion sulfate
Peroxyde d'hydrogène H_2O_2	H_2O eau
Ion permanganate MnO_4^-	Mn^{2+} ion manganèse
Ion or Au^{3+}	Au métal or
Dichlore $C\ell_2$	$C\ell^-$ ion chlorure
Ion dichromate $Cr_2O_7^{2-}$	Cr^{3+} ion chrome (III)
Dioxygène O_2	H_2O eau
Ion nitrate NO_3^-	NO_2^- ion nitrite
Ion nitrate NO_3^-	NO monoxyde d'azote
Ion argent Ag^+	Ag métal argent
Ion fer (III) Fe^{3+}	Fe^{2+} ion fer (II)
Dioxygène O_2	H_2O_2 peroxyde d'hydrogène
Diode I_2	I^- ion iodure
Ion cuivre (II) Cu^{2+}	Cu métal cuivre
Ion sulfate SO_4^{2-}	SO_2 dioxyde de soufre
Ion tétrathionate $S_4O_6^{2-}$	$S_2O_3^{2-}$ ion thiosulfate
Ion hydrogène H^+	H_2 dihydrogène
Ion plomb Pb^{2+}	Pb métal plomb
Ion étain Sn^{2+}	Sn métal étain
Ion nickel Ni^{2+}	Ni métal nickel
Ion fer (II) Fe^{2+}	Fe métal fer
Ion zinc Zn^{2+}	Zn métal zinc
Ion aluminium $A\ell^{3+}$	$A\ell$ métal aluminium
Ion Cerium (IV) Ce^{4+}	Ce^{3+} ion cerium (III)
Ion perchlorate $C\ell O_4^-$	$C\ell^-$ ion chlorure
Acide hypochloreux $HC\ell O$	$C\ell_2$ dichlore
Heptoxyde de dichlore $C\ell_2O_7$	$C\ell O_2^-$ ion chlorite
Ion sulfite SO_3^{2-}	$S_2O_4^{2-}$ ion dithionithe

CLASSIFICATION PÉRIODIQUE DES ÉLÉMENTS

Légende

Numéro atomique — 4 — Masse atomique en g.mol[-1] — 9,0 — Symbole — Be — Nom — Béryllium

noir = solide (sauf Br et Hg : liquide) ; bleu = gaz ; vert = préparé par synthèse

période																		
I	1 H 1,0 Hydrogène																	2 He 4,0 Hélium
II	3 Li 6,9 Lithium	4 Be 9,0 Béryllium											5 B 10,8 Bore	6 C 12,0 Carbone	7 N 14,0 Azote	8 O 16,0 Oxygène	9 F 19,0 Fluor	10 Ne 20,2 Néon
III	11 Na 23,0 Sodium	12 Mg 24,3 Magnésium											13 Al 27,0 Aluminium	14 Si 28,1 Silicium	15 P 31,0 Phosphore	16 S 32,1 Soufre	17 Cl 35,5 Chlore	18 Ar 39,9 Argon
IV	19 K 39,1 Potassium	20 Ca 40,1 Calcium	21 Sc 45,0 Scandium	22 Ti 47,9 Titane	23 V 50,9 Vanadium	24 Cr 52,0 Chrome	25 Mn 54,9 Manganèse	26 Fe 55,8 Fer	27 Co 58,9 Cobalt	28 Ni 58,7 Nickel	29 Cu 63,5 Cuivre	30 Zn 65,4 Zinc	31 Ga 69,7 Gallium	32 Ge 72,6 Germanium	33 As 74,9 Arsenic	34 Se 79,0 Sélénium	35 Br 79,9 Brome	36 Kr 83,8 Krypton
V	37 Rb 85,5 Rubidium	38 Sr 87,6 Strontium	39 Y 88,9 Yttrium	40 Zr 91,2 Zirconium	41 Nb 92,9 Niobium	42 Mo 95,9 Molybdène	43 Tc 99 Technétium	44 Ru 101,1 Ruthénium	45 Rh 102,9 Rhodium	46 Pd 106,4 Palladium	47 Ag 107,9 Argent	48 Cd 112,4 Cadmium	49 In 114,8 Indium	50 Sn 118,7 Étain	51 Sb 121,8 Antimoine	52 Te 127,6 Tellure	53 I 126,9 Iode	54 Xe 131,3 Xénon
VI	55 Cs 132,9 Césium	56 Ba 137,3 Baryum	57 La 138,9 Lanthane	72 Hf 178,5 Hafnium	73 Ta 180,9 Tantale	74 W 183,9 Tungstène	75 Re 186,2 Rhénium	76 Os 190,2 Osmium	77 Ir 192,2 Iridium	78 Pt 195,1 Platine	79 Au 197,0 Or	80 Hg 200,6 Mercure	81 Tl 204,4 Thallium	82 Pb 207,2 Plomb	83 Bi 209,0 Bismuth	84 Po 210 Polonium	85 At 210 Astate	86 Rn 222 Radon
VII	87 Fr 223 Francium	88 Ra 226 Radium	89 Ac 227 Actinium	104 Rf 267 Rutherfordium	105 Db 268 Dubrium	106 Sg 269 Seaborgium	107 Bh 270 Bohrium	108 Hs 277 Hassium	109 Mt 278 Meitnérium	110 Ds 281 Darmstadtium	111 Rg 282 Roentgenium	112 Cn 285 Copernicium	113 Nh 286 Nihonium	114 Fl 289 Flérovium	115 Mc 289 Moscovicum	116 Lv 293 Livernorium	117 Ts 294 Tennesse	118 Og 294 Oganesson

VI	58 Ce 140,1 Cérium	59 Pr 140,9 Praséodyme	60 Nd 144,2 Néodyme	61 Pm 145 Prométhium	62 Sm 150,4 Samarium	63 Eu 152,0 Europium	64 Gd 157,3 Gadolinium	65 Tb 158,9 Terbium	66 Dy 162,5 Dysprosium	67 Ho 164,9 Holmium	68 Er 167,3 Erbium	69 Tm 168,9 Thulium	70 Yb 173,0 Ytterbium	71 Lu 175,0 Lutétium
VII	90 Th 232,0 Thorium	91 Pa 231,0 Protactinium	92 U 238,0 Uranium	93 Np 237,0 Neptunium	94 Pu 242 Plutonium	95 Am 243 Américium	96 Cm 247 Curium	97 Bk 247 Berkélium	98 Cf 251 Californium	99 Es 254 Einsteinium	100 Fm 253 Fermium	101 Md 256 Mendélévium	102 No 254 Nobélium	103 Lr 257 Lawrencium